Literarischer Anzeiger
zu den
Entscheidungen des Reichsgerichts.
Verlag von **Veit & Comp.** in Leipzig.

№	Der „Literarische Anzeiger" erscheint in zwanglosen Nummern und bildet eine unentgeltliche Beilage der Entscheidungen des Reichsgerichts in Zivilsachen und in Strafsachen. Für seinen Inhalt ist ausschließlich die Verlagsbuchhandlung verantwortlich. Preis der einmal gespaltenen Petitzeile 60 ₰.	61.

Metzger & Wittig, Leipzig.

Entscheidungen

des

Reichsgerichts.

Herausgegeben

von

**den Mitgliedern des Gerichtshofes
und der Reichsanwaltschaft.**

Entscheidungen in Zivilsachen.

Neue Folge.

Elfter Band.

Der ganzen Reihe einundsechzigster Band.

Leipzig,
Verlag von Veit & Comp.
1906

Entscheidungen

des

Reichsgerichts

in

Zivilsachen.

Neue Folge.

Elfter Band.

Der ganzen Reihe einundsechzigster Band.

Leipzig,
Verlag von Veit & Comp.
1906

Druck von Metzger & Wittig in Leipzig.

Inhalt.

I. Reichsrecht.

II. Preußisches Recht.

III. Prozeßrecht.

1. 1. Begriff des Erbbaurechts; Zulässigkeit seiner Bestellung unter Bedingungen und Zeitbestimmungen?

2. Unterliegt der Vertrag wegen Begründung eines Erbbaurechts dem Immobiliarstempel nach Tarifst. 32 des preußischen Stempelsteuergesetzes vom 31. Juli 1895?

VII. Zivilsenat. Urt. v. 16. Mai 1905 i. S. Brandenburg. Carbidwerk (Kl.) w. preuß. Fiskus (Bekl.). Rep. VII. 578/04.

I. Landgericht I Berlin.
II. Kammergericht daselbst.

Die N.'er Aktiengesellschaft zu B. schloß unter dem 30. Juli 1902 mit der Klägerin einen Vertrag, mittels dessen sie sich zur Bestellung eines Erbbaurechts in Ansehung gewisser Parzellen der ihr gehörigen Herrschaft St. zugunsten der Klägerin verpflichtete. Das Erbbaurecht sollte insbesondere dem Zwecke der Fabrikation von Karbid dienen und umfaßte die zu diesem Zweck errichteten und zu errichtenden Baulichkeiten mit Nebenanlagen. Der Vertrag wurde auf die Dauer von 30 Jahren gegen eine jährliche, in gewissen Perioden steigende Vergütung geschlossen; jedoch wurde vereinbart, daß er sich, wenn von keiner Seite gekündigt werde, immer um fünf Jahre verlängere. Am 9. Januar 1903 wurde das Erbbaurecht in der Form des § 1015 B.G.B. vor dem Amtsgerichte zu D. bestellt und auf dem Blatte der Herrschaft St. eingetragen; auch wurde für dasselbe ein besonderes Grundbuchblatt angelegt. Das Amtsgericht erforderte zu dem Vertrage, der nur mit 1,50 ℳ verstempelt war, gemäß der Tarifst. 32 zum preußischen Stempelsteuergesetze vom 31. Juli 1895 unter Zugrundelegung eines Wertes von 985000 ℳ einen Stempel von noch 9848,50 ℳ. Die Klägerin bestritt ihre Verpflichtung zur Entrichtung des Stempels, indem sie die Tarifst. 71

Ziff. 2 für anwendbar erachtete, und erhob, nachdem die Einziehung des Betrages vorläufig ausgesetzt war, Klage gegen den Fiskus mit dem Antrage, den Beklagten zu verurteilen, anzuerkennen: a) daß die Forderung von 1 Prozent Stempel zu dem die Bestellung des Erbbaurechts betreffenden Vertrage nicht gerechtfertigt, und b) daß der Vertrag mit 1,50 ℳ genügend verstempelt sei. Die Klage wurde von den Vorinstanzen abgewiesen. Auch die Revision ist erfolglos geblieben.

Gründe:

„1. Die Revision bekämpft im wesentlichen nur die auf die Gründe des Landgerichts gestützte Annahme des Berufungsurteils, daß durch den Vertrag vom 12./30. Juli 1902 von der N.'er Aktiengesellschaft zugunsten der Klägerin die Verbindlichkeit zur Bestellung eines Erbbaurechts eingegangen worden sei. Diese auf der Auslegung des Parteiwillens beruhende Annahme läßt einen rechtlichen Verstoß nicht erkennen. Kommt es auch auf die Bezeichnung, welche die Beteiligten dem vertragsmäßig eingeräumten Rechte geben, nicht entscheidend an, so ist es doch nicht ohne Bedeutung, daß sie sich des Ausdrucks „Erbbaurecht" bedienen und damit von vornherein ihre Absicht zutage treten lassen, ein dingliches Recht, nicht bloß obligatorische Beziehungen untereinander, zur Entstehung zu bringen. Der Inhalt des Rechts entspricht aber auch den gesetzlichen Merkmalen des Erbbaurechts als derjenigen Grundstücksbelastung, welche dem Berechtigten das vererbliche und veräußerliche Recht gewährt, auf oder unter der Oberfläche des Grundstücks ein Bauwerk zu haben (§ 1012 B.G.B.). Die Klägerin soll befugt sein, die dem Fabrikbetrieb, insbesondere der Fabrikation von Karbid dienenden Baulichkeiten samt Nebenanlagen, die bereits vorhandenen wie die von ihr zu errichtenden, in Anspruch zu nehmen. Das Grundstück soll ihr also als Baugrund dienen, und in dieser Benutzungsart liegt das Wesentliche des Erbbaurechts (Motive zum ersten Entwurf Bd. 3 S. 469. 479), wobei es nicht darauf ankommt, ob die baulichen Anlagen bereits bestanden haben, oder erst hergestellt werden sollten. Mit dem Wesen des Erbbaurechts ist die Setzung einer zeitlichen Grenze jedenfalls in der Art, wie es im gegenwärtigen Falle geschehen ist, nicht unverträglich. Der Abs. 2 des § 925 B.G.B. fehlt in dem die Bestellung des Erbbaurechts regelnden

§ 1015 B.G.B., und die Motive sprechen es ausdrücklich aus, daß weder eine zeitliche Maximalgrenze noch eine solche Minimalgrenze habe bestimmt werden sollen (S. 467). Ob im Einzelfalle die Festsetzung einer geringen Dauer des Rechts Bedenken gegen die Absicht, ein Erbbaurecht zu bestellen, hervorzurufen vermag, kann auf sich beruhen. Vorliegend ist zunächst eine Zeit von 30 Jahren festgesetzt, die sich aber, wenn keine Kündigung erfolgt, immer um fünf Jahre verlängert. Es handelt sich also um ein Recht von verhältnismäßig langer Dauer, die jetzt auch Oberneck bei der Einräumung eines Erbbaurechts zugunsten einer juristischen Person für genügend erachtet (Das Reichsgrundbuchrecht, 3. Aufl. § 80 S. 499. 500; vgl. ferner Biermann, Sachenrecht, 2. Aufl. Anm. 1 zu § 1012 B.G.B.). Nun ist es zwar richtig, daß — worauf die Revision besonders hinweist — beim Eintritte gewisser Umstände, namentlich in den im § 10 des Vertrages bezeichneten Fällen, aber auch bei nicht pünktlicher Zahlung der Vergütung (auf welche noch zurückzukommen ist), das Erbbaurecht erlöschen kann. Indessen schließt das Gesetz auch nicht die Beifügung von Bedingungen, insbesondere von kassatorischen Klauseln, aus, und es stehen daher die angegebenen Abmachungen mit dem Begriffe des Erbbaurechts nicht in Widerspruch (Oberneck u. Biermann, a. d. a. O.; Dernburg, Sachenrecht 3. Aufl. § 162 Ziff. 4; Motive S. 468 Ziff. 8). Die Veräußerlichkeit des Rechts ist im Vertrage nicht besonders erwähnt, mithin nicht aufgehoben, und die Vererblichkeit ist nur tatsächlich so lange nicht gegeben, als das Recht nicht in den Händen einer physischen Person sich befindet. Unwesentlich für das Erbbaurecht ist die Regelung eines Entgelts; dieser Punkt ist lediglich dem Parteibelieben überlassen. Wenn in dem Vertrage von der Zahlung eines jährlichen Pachtzinses gesprochen wird, so kann hieraus angesichts der sonstigen Vereinbarungen, welche die Bestellung eines Erbbaurechts außer Zweifel setzen, nichts gefolgert werden. Von einer Pacht ist übrigens, wie der erste Richter zutreffend bemerkt, schon deshalb nicht die Rede, weil es an der Gewährung des Fruchtgenusses fehlt (§ 581 B.G.B.).

2. Handelt es sich sonach um einen obligatorischen, auf die Begründung eines Erbbaurechts gerichteten entgeltlichen Vertrag, so fragt es sich weiter, ob er stempelrechtlich einen Vertrag darstellt, der ein lästiges Veräußerungsgeschäft in Ansehung einer im Inlande

befindlichen unbeweglichen Sache, oder eines einer solchen gleichgeachteten Rechts enthält, ob also der Berufungsrichter die Tarifst. 32 zum Stempelsteuergesetze vom 31. Juli 1895 mit Recht angewendet hat. Das Erbbaurecht ist keine unbewegliche Sache; aber nach § 1017 Abs. 1 B.G.B. gelten für dasselbe die sich auf Grundstücke beziehenden Vorschriften; es wird also einer unbeweglichen Sache gleichgeachtet. Deshalb fällt ein lästiger Vertrag, der auf die Übertragung eines bereits bestehenden Erbbaurechts gerichtet ist und einen Wechsel in der Person des Erbbauberechtigten bezweckt, unbedenklich unter die Tarifst. 32, wie auch die dingliche Übereignung sich in den Formen der Auflassung vollzieht und stempelrechtlich nach Tarifst. 8 zu behandeln ist (§ 1017 Abs. 2 B.G.B.). Zweifelhaft kann nur sein, ob der obligatorische, auf die Begründung eines Erbbaurechts abzielende Vertrag der gleichen Betrachtung unterliegt. Darüber besteht kein Streit, daß die Veräußerungsgeschäfte der Tarifst. 32 in dem engeren, die Belastung nicht umfassenden Sinne zu nehmen sind, daß mithin bei körperlichen Sachen die Veräußerung zu vollem Eigentum gegeben sein muß, während die Einräumung bloßer Gebrauchs- und Nutzungsrechte, die Bestellung von Dienstbarkeiten und Pfandrechten, ebenso wie die Miete und Pacht, keine Veräußerungsgeschäfte nach Tarifst. 32 sind (Hummel-Specht, Kommentar, Bem. 14. 15. 28 zu Tarifst. 32). Wäre daher in der Bestellung eines Erbbaurechts lediglich die Belastung eines Grundstücks, ähnlich der Einräumung einer persönlichen Dienstbarkeit zu erblicken, so müßte für die stempelrechtliche Beurteilung die Tarifst. 32 ausscheiden. Das Erbbaurecht ist aber nicht, wie es nach dem Wortlaute des § 1012 B.G.B. scheinen könnte, schlechthin nur Belastung; es wird vielmehr, weil die Stellung des Berechtigten sich dem Eigentum nähert, nach dem schon erwähnten § 1017 B.G.B. wie ein Grundstück behandelt. Darum verpflichtet sich, wer ein Erbbaurecht zu gewähren verspricht, nicht bloß zu einer entsprechenden Belastung seines Grundstückes, sondern zur Schaffung eines einem Grundstücke gleichgeachteten Rechts, und darum schreibt auch das Gesetz vor, daß die nach § 873 B.G.B. zur Begründung des Erbbaurechts erforderliche Einigung in der Form der Auflassung, wennschon ohne die Beschränkungen des Abs. 2 des § 925 B.G.B., vor sich zu gehen habe (§ 1015 B.G.B.). Der Besteller eines Erbbaurechts entäußert sich eines grundstücksgleichen Rechts, und, von dieser Seite betrachtet, handelt es sich nicht sowohl um eine Beschränkung des Eigentums, als vielmehr um die Neubegründung eines Rechts, welches ebenso, wie der dem Besteller verbleibende Grund und Boden, nach den für Grundstücke geltenden Normen am Rechtsverkehre teilnehmen soll. Es unterliegt deshalb keinem Bedenken, den obligatorischen Vertrag über die Bestellung eines Erbbaurechts als ein Veräußerungsgeschäft, das ein einer unbeweglichen Sache gleichgeachtetes Recht betrifft, anzusehen. Der Wortlaut der Tarifst. 32 steht dieser Auffassung nicht zwingend entgegen, und im Sinne des Gesetzgebers kann es gewiß nicht gelegen haben, Veräußerungen bestehender Erbbaurechte dem einprozentigen Stempel des Tarifs zu unterwerfen, dagegen den Vertrag, durch den ein Erbbaurecht erst entstehen soll, von diesem Stempel freizulassen. Es war daher der Meinung der Vorinstanzen, die übrigens nicht, wie der Revisionsgegner annimmt, von Hummel-Specht geteilt wird (Bem. 15. 20 Ziff. II zu Tarifst. 32, anders Heinitz, 2. Aufl. Ziff. II B zu Tarifst. 8 S. 276 und Ziff. II 4 B b c), beizutreten." ...

---

2. Wie wirkt bei Wechselforderungen die Zahlung?

I. Zivilsenat. Urt. v. 17. Mai 1905 i. S. U. (Kl.) w. L. & N. (Bekl.). Rep. I. 76/05.

I. Landgericht Memel.
II. Oberlandesgericht Königsberg.

Die Beklagte war Inhaberin eines auf die Klägerin gezogenen, von dieser akzeptierten, am 1. April 1902 fällig gewesenen Wechsels vom 11. Juli 1900 über 3441,95 M.

Unstreitig war dieses Akzept der Beklagten als Blankoakzept gegeben worden unter der Abrede, daß die Beklagte berechtigt sein solle, den Wechsel auf den Betrag ihrer Forderungen aus dem Konto der U.'schen Erben auszufüllen und gegen die Klägerin in Höhe dieses Betrages geltend zu machen. Die Beklagte setzte den Betrag ihrer Forderungen an die U.'schen Erben in den Wechsel ein, wurde dann aber später von diesen wegen der Forderungen befriedigt.

Mit der erhobenen Klage verlangte daher die Klägerin die Feststellung, daß der Beklagten ein Anspruch gegen sie aus dem Wechsel nicht mehr zustehe, und die Verurteilung der Beklagten zur Herausgabe des Wechsels.

Die Beklagte wendete ein, am 10. September 1900 sei zwischen einem der Inhaber der verklagten Firma, G. N., und der Klägerin mündlich verabredet, daß der von der Klägerin der verklagten Firma gegebene Garantiewechsel auch für diejenigen Schulden bestehen bleiben solle, welche ihr Sohn Ch. U. auf sein eigenes Konto bei der Beklagten gemacht habe und noch machen werde, nnd diese Schulden überstiegen die Summe von 3441,95 *M.*

Letzteres bestritt die Klägerin nicht. Sie leugnete aber die behauptete Verabredung und machte geltend, daß diese wegen Fehlens der Form des § 766 B.G.B. nichtig sein würde.

Das Oberlandesgericht K. machte die Entscheidung von einem richterlichen Eide des Gesellschafters G. N. über die erwähnte Behauptung der Beklagten abhängig.

Die Revision wurde zurückgewiesen aus folgenden

Gründen:

„Mit Recht und aus zutreffenden Gründen (vgl. Entsch. des R.G.'s in Zivils. Bd. 48 S. 155, Bd. 51 S. 114) hat das Berufungsgericht angenommen, daß die Klägerin sich hier nicht auf den § 766 B.G.B. berufen könne.

Die Revision gibt dies auch selbst zu, meint aber geltend machen zu können, daß die Wechselforderung durch Zahlung der Schuld der U.'schen Erben erloschen sei und nach diesem Erlöschen nicht durch die von der Beklagten behauptete Abrede habe wiederhergestellt werden können. Diesem Angriffe ist zunächst entgegenzuhalten, daß er von einer unrichtigen tatsächlichen Voraussetzung ausgeht. Aus dem Hinweis auf den Vermerk, den nach Angabe der Beklagten der Gesellschafter N. auf den Wechsel gesetzt hat, und auch aus der Einredebehauptung selbst ergibt sich, daß nach dieser die nachträgliche Abrede zwar nach der Ausfüllung des Blankoakzepts, aber vor der Zahlung dessen, was die U.'schen Erben schuldig waren, getroffen sein soll, und aus der Fassung des Eides, von dem das Berufungsgericht seine Entscheidung abhängig macht, ist zu schließen, daß es genau das von der Beklagten Behauptete bis zu dem auferlegten Eide für bewiesen erachtet hat.

Verfehlt würde der Revisionsangriff aber auch dann sein, wenn seine tatsächliche Voraussetzung zuträfe. Bei Wechselforderungen wirkt die Zahlung nicht so, wie bei gewöhnlichen Forderungen. Ungeachtet der Zahlung besteht die Wechselforderung weiter, wenn die Wechselurkunde unzerstört und ohne Quittungsvermerk im Besitze dessen verbleibt, der Wechselgläubiger geworden war. Gegen diesen erwächst nur eine Einrede der Arglist, wenn er sein formales Recht dazu mißbraucht, das bereits Empfangene noch einmal zu fordern.

Vgl. Entsch. des R.G.'s in Zivils. Bd. 11 S. 21.

Von einer solchen Einrede kann im vorliegenden Falle keine Rede sein, wenn durch Parteiabrede für die in den Händen der Beklagten belassene Wechselurkunde nach Beseitigung des ursprünglichen ein neuer Schuldgrund geschaffen worden ist." ...

3. Ist ein eigenhändiges Testament gültig, wenn sich die Unterschrift des Testators nur auf einem verschlossenen Umschlage vorfindet, der die Bemerkung enthält, daß derselbe das Testament des Unterschreibenden enthalte?

B.G.B. § 2231 Nr. 2.

IV. Zivilsenat. Urt. v. 18. Mai 1905 i. S. W. (Kl.) w. C. (Bekl.). Rep. IV. 7/05.

I. Landgericht Metz.
II. Oberlandesgericht Colmar.

Gründe:

„Auf dem Blatte Papier, auf welchem die Verfügung zugunsten des Klägers von dem Rentner C. in französischer Sprache niedergeschrieben worden ist, findet sich zwar an der Spitze der Erklärung Ort und Tag angegeben — Metz den 11. April 1901 —, dagegen fehlt die Unterschrift. Das Schriftstück ist, wie das Berufungsgericht festgestellt hat, von C. in einen Briefumschlag gelegt und verschlossen worden. Auf den Umschlag hat C. geschrieben: „Voilà mon testament, on l'ouvrira, quand je serai mort.“ Unter diesen Worten steht die Unterschrift des C.

Das Berufungsgericht hat ausgeführt; in § 2231 Nr. 2 B.G.B. werde eine von dem Erblasser unterschriebene Erklärung verlangt. Schon das Wort „unterschreiben“ weise darauf hin, daß der Name des Erblassers räumlich unter der Erklärung, d. h. am Schlusse, stehen müsse, so daß die Unterschrift das Testament abschließe und dessen Inhalt äußerlich decke. Man könne annehmen, daß ein auf mehreren losen Blättern geschriebenes Testament die erforderliche Unterschrift trage, wenn die Unterschrift auf dem letzten dieser Blätter stehe. Unter Umständen könne auch eine auf einem Briefumschlag befindliche Unterschrift als diejenige des in dem Umschlag liegenden Testaments anzusehen sein, sofern der Inhalt der Schriftstücke in einem derartigen Zusammenhange stehe, daß diese eine einheitliche Willenserklärung enthielten und deshalb eine einzige untrennbare Urkunde darstellten. Allein in dem vorliegenden Falle fehle es an dem erforderlichen Zusammenhang zwischen der Aufschrift auf dem Briefumschlag und dem Inhalt des eingeschlossenen Schriftstücks. Die Aufschrift enthalte nichts weiter als den Vermerk des Erblassers, daß sich in dem Briefumschlag sein Testament befinde, und die Aufforderung an den Verwahrer, es nach seinem Tode zu eröffnen. Diese Erklärungen hätten dem Verwahrer auch mündlich oder in einem besonderen Schriftstück abgegeben werden können. Irgendeine Anknüpfung an den Inhalt der Einlage enthalte die Aufschrift nicht; es fehle jeder innere und äußere Zusammenhang zwischen der Aufschrift und dem eingeschlossenen Schriftstück. Die bloße Erwähnung des Testaments in der Aufschrift könne nicht als ein solcher Zusammenhang betrachtet werden; noch weniger sei darin ein Beweis zu finden, daß der Erblasser durch die Aufschrift und deren Unterzeichnung das Testament habe zum Abschluß bringen wollen. Der Erblasser habe das Testament nur deshalb in den Umschlag eingeschlossen, weil er seinen Inhalt der Einsichtnahme anderer Personen habe entziehen, nicht weil er Testament und Umschlag inhaltlich zu einem Ganzen habe verbinden wollen. Daß der Erblasser seinen Namen in den Eingang des Testaments geschrieben habe, könne die Unterschrift nicht ersetzen.

Die Revision macht geltend, die in dem Umschlag befindliche Urkunde bilde mit dem Umschlag ein einheitliches Ganze; das Datum auf der Einlage und die Namenszeichnung auf dem Umschlage seien als zusammengehörig anzusehen; die Namensunterschrift auf dem Umschlage bilde den Abschluß des ganzen Testaments.

Dem Angriff kann Erfolg nicht gewährt werden. Nach § 2231 Nr. 2 B.G.B. kann ein Testament durch eine von dem Erblasser unter Angabe des Ortes und Tages eigenhändig geschriebene und unterschriebene Erklärung errichtet werden. Es bedarf also die Erklärung der Unterschrift. Die Unterschrift, die dem Unterschreibenden eigentümliche Namensschrift, muß unter der Erklärung stehen, den Inhalt der Erklärung der äußeren Erscheinung nach decken (vgl. Entsch. des R.G.'s in Zivils. Bd. 57 S. 67, Bd. 36 S. 243; Motive Bd. 1 S. 185). Die Entscheidung der Frage, ob und inwieweit im einzelnen Falle eine Unterschrift eine Erklärung deckt, liegt wesentlich auf tatsächlichem Gebiet. In dem angefochtenen Urteil ist festgestellt, daß die Unterschrift des Erblassers auf einem Briefumschlag unter einem Vermerk steht, der selbständige Bedeutung hat, und der nicht etwa als Fortsetzung des in dem Umschlag befindlichen Schriftstücks sich darstellt. Das Berufungsgericht hat angenommen, die Unterschrift decke nur den Vermerk auf dem Umschlag, nicht aber den Inhalt des Schriftstücks, das die letztwilligen Verfügungen des Erblassers enthalte; nur jener Vermerk sei unterschrieben, nicht aber das in dem Umschlage befindliche Testament des Erblassers; das Testament sei demzufolge nichtig. Diese Erwägungen des Berufungsgerichts unterliegen keinen rechtlichen Bedenken." ...

---

4. 1. Ist ein Landesgesetz, das für den Umfang einer ganzen Ortschaft das Halten von Schweinen verbietet und dadurch dort den Betrieb von Schweinemästereien verhindert, der Reichs-Gewerbeordnung gegenüber gültig? Steht nicht wenigstens in entsprechender Anwendung der §§ 51. 52 dieses Gesetzes den durch die Erlassung eines solchen Landesgesetzes betroffenen Schweinemästern ein Anspruch auf Entschädigung zu?

2. Greifen hier die Grundsätze des gemeinen Rechts über die für Aufhebung wohlerworbener Rechte durch die Gesetzgebung zu leistende Entschädigung ein?

VI. Zivilsenat. Urt. v. 18. Mai 1905 i. S. Sch. (Kl.) w. Hamburg. Polizeibehörde (Bekl.). Rep. VI. 347/04.

I. Landgericht Hamburg.
II. Oberlandesgericht daselbst.

In dieser Sache hatte der Kläger anfangs in erster Reihe die Feststellung begehrt, daß das an ihn von der verklagten Behörde erlassene Verbot, auf seinem Grundstücke in Hamburg-Barmbeck mehr als fünf Schweine zu halten, nicht berechtigt sei, erklärte aber, nachdem er in erster Instanz mit seiner Klage ganz abgewiesen war, im Laufe der Berufungsinstanz jenen prinzipalen Antrag, abgesehen von seinem Einflusse auf die Kostenentscheidung, wegen Veränderung der Verhältnisse für erledigt und hielt im übrigen nur noch seinen eventuellen, auf Schadensersatz gerichteten Klagantrag aufrecht. Das Berufungsgericht wies jedoch auch insoweit die Berufung zurück. Auch die Revision des Klägers ist zurückgewiesen worden.

Aus den Gründen:

... „Der eventuelle Klagantrag ... ist gerichtet auf Ersatz des Schadens, der dem Kläger durch die „Entfernung" seines Gewerbebetriebes, der Schweinemästerei, d. h. durch die Verhinderung der weitern Ausübung desselben auf seinem in Hamburg-Barmbeck belegenen Grundstücke, erwachse.... Hiermit hat es die folgende Bewandtnis. Der Kläger hat jenes Grundstück zu einer Zeit, als der Vorort Barmbeck, in dem es lag, noch nicht zur Stadt Hamburg gezogen war, zum Betriebe der Schweinemästerei eingerichtet und seitdem eine solche in immer steigendem Umfange dort betrieben. Durch ein hamburgisches Gesetz vom 22. Juni 1894 ist Barmbeck zur Stadt Hamburg gezogen, und damit zugleich, wie alle anderen innerhalb der letzteren geltenden Rechtsnormen, auch das Mandat vom 27. September 1709, durch welches nach der für diese Instanz maßgebenden Feststellung des Berufungsgerichts das Halten von Schweinen innerhalb der Stadt verboten wird, dort eingeführt worden. Dem Senate war aber in dem erwähnten Gesetze von 1894 die Befugnis begelegt, bis auf weiteres die Anwendung der in dem neuangeschlossenen Stadtteil jetzt erst eingeführten älteren gesetzlichen Bestimmungen für einzelne Fälle auszuschließen, und diese Befugnis hatte er, soweit es hier in Betracht kommt, der Polizeibehörde delegiert. Diese hat den Weiterbetrieb der Schweinemästerei auf dem fraglichen Grundstücke jahrelang stillschweigend geduldet, dann aber im Jahre 1903 dem Kläger untersagt, mehr als fünf Schweine daselbst zu halten; eine vom Kläger dagegen an den Senat gerichtete Beschwerde hatte keinen weiteren Erfolg, als daß das Verbot erst mit dem 1. Januar 1904 in Kraft getreten ist.

Der Kläger stützt seinen Schadensersatzanspruch teils auf allgemeine Grundsätze des gemeinen deutschen Rechts, teils auf die besonderen in den §§ 51 und 52 der Reichs-Gewerbeordnung enthaltenen Bestimmungen. In Ansehung der letzteren ist dabei zu bemerken, daß sie in den beiden hier möglicherweise in Betracht kommenden Fassungen von 1883 und 1900 übereinstimmend lauten. Da, wie sich ergibt, aus keinem dieser Gründe der Anspruch sich rechtfertigen läßt, so kann bei den betreffenden Erörterungen von der Frage abgesehen werden, ob der Schadensersatz nicht eventuell höchstens nach Maßgabe derjenigen Ausdehnung zu gewähren sein würde, die der Gewerbebetrieb des Klägers im Jahre 1894, zur Zeit der hier erheblichen Veränderung in der Gesetzgebung, erreicht hatte; ebenso von der, auch in den Vorinstanzen gar nicht erörterten, Frage, ob und inwieweit ein solcher Entschädigungsanspruch gegen die Polizeibehörde, und nicht vielmehr gegen die Finanzdeputation als Vertreterin des hamburgischen Staates zu erheben sein würde.

Was die Bestimmungen des gemeinen Rechts betrifft, so hat allerdings das Reichsgericht in früheren Entscheidungen es für einen gemeinrechtlichen Satz erklärt, daß im Falle der Aufhebung eines wohlerworbenen Rechts durch die Gesetzgebung ohne weiteres ein privatrechtlicher Anspruch gegen den Staat auf volle Entschädigung stattfinde, soweit nicht dieser Anspruch durch die Gesetzgebung besonders ausgeschlossen worden sei.

Vgl. besonders Entsch. des R.G.'s in Zivils. Bd. 12 S. 3.

Aber wenn man auch die Richtigkeit dieser Ansicht unterstellt, so fehlt es doch hier, wie das Oberlandesgericht mit Recht ausgeführt hat, an der Voraussetzung des wohlerworbenen Rechts. Der fragliche Gewerbebetrieb, den der Kläger lediglich auf Grund der allgemeinen Gewerbefreiheit unternommen hat, bildet ebensowenig den Gegenstand eines besonderen Privatrechts, wie das frühere Halten einer großen Anzahl von Schweinen auf dem betreffenden Grundstücke. In jener früheren Reichsgerichts-Entscheidung ist sogar (a. a. O. S. 4) für sehr zweifelhaft erklärt worden, ob auch nur die gewerblichen Ausschließungsrechte, die auf der ehemaligen Zunftverfassung der Gewerbe beruhten, als wohlerworbene Rechte in dem hier fraglichen Sinne gelten könnten.

Was aber die §§ 51. 52 Gew.O. anlangt, so wird dort der höheren Verwaltungsbehörde das Recht beigelegt, wegen überwiegender Nachteile und Gefahren für das Gemeinwohl die fernere Benutzung einer jeden gewerblichen Anlage zu jeder Zeit zu untersagen, und daran dann die weitere Folge geknüpft, daß dem Besitzer Schadensersatz zu leisten sei; wer im einzelnen Falle der Ersatzpflichtige sei, darüber bestehen freilich verschiedene Ansichten; indessen würde hier nach Maßgabe der besonderen hamburgischen Verhältnisse kein Zweifel obwalten können, daß es der Staat sein würde. Allerdings ist, trotz der entgegengesetzten Meinung von Biermann (Privatrecht und Polizei in Preußen § 7 S. 44 flg.), davon auszugehen, daß auf eine gewerbliche Anlage, die von vornherein gegen geltende Rechtsnormen verstieß, die §§ 51 und 52 nicht anwendbar sind (vgl. Entsch. des R.G.'s in Zivils. Bd. 50 S. 6 flg.); aber ein solcher Fall ist hier, wenigstens was die Zeit bis 1894 anlangt, auch nicht gegeben. Andererseits ist aber dem Berufungsgericht auch darin beizustimmen, daß die ganze Voraussetzung eines Eingreifens der höheren Verwaltungsbehörde (d. i. in Hamburg des Senates) aus besonderen Gründen hier gar nicht vorliegt. Es hat vielmehr die untere Verwaltungsbehörde in gewollter Anwendung einer allgemeinen Rechtsnorm das fragliche Verbot erlassen; insoweit ist dieser Fall dem laut der Entsch. in Zivils. Bd. 50 a. a. O. abgeurteilten ganz ähnlich, und trifft das dort gegen eine analoge Anwendung des § 51 Gew.O. Bemerkte auch hier zu (vgl. auch daselbst Bd. 26 S. 342 flg.). Nun könnte man freilich vielleicht die Ansicht verteidigen, daß, wenn sogar schon die höhere Verwaltungsbehörde die Fortbenutzung jeder gewerblichen Anlage untersagen könne, dies um so mehr der Landesgesetzgebung zustehen müsse, aber natürlich, insoweit dadurch an sich gegen die allgemeinen Grundsätze der Gewerbeordnung verstoßen würde, nur unter entsprechender Anwendung der die zu gewährende Entschädigung betreffenden Bestimmungen des § 51; und ferner ließe sich dafür, daß ein Landesgesetz, das eine bestimmte Art von Gewerbebetrieb für den Bereich einer ganzen Ortschaft überhaupt untersagte, gegen die in der Gewerbeordnung enthaltene allgemeine Gewährleistung der Gewerbefreiheit verstoßen würde, vielleicht ein Argument vom Gegenteile gewinnen aus dem § 23 Gew.O., insofern dort im Abs. 2 nur die Untersagung der Benutzung von Privatschlächtereien für ganze Orte unter gewissen Voraussetzungen der Landesgesetzgebung freigelassen wird, und im übrigen im Abs. 3 nur solche landesrechtliche Vorschriften vorgesehen sind, welche gewisse gewerbliche Anlagen oder Arten von Anlagen für einzelne Ortsteile ausschließen. Indessen würde sich doch selbst unter der letzteren Voraussetzung immer noch fragen, ob denn ein solches gegen die Gewerbeordnung verstoßendes Landesgesetz wirklich eine analoge Anwendung der Entschädigungsnormen des § 51 herbeiführen, und nicht vielmehr nach Art. 2 der Reichsverfassung nichtig sein würde. Die letztere Annahme würde allerdings andererseits insofern für die vorliegende Sache erheblich werden, als dann die Entscheidung des Oberlandesgerichts, daß die Beklagte durch das von ihr erlassene Verbot ihre Befugnisse nicht überschritten habe, vielleicht sich als reichsrechtlich unhaltbar darstellen würde. Jedoch alles dies kann deswegen auf sich beruhen, weil das fragliche hamburgische Gesetz gar nicht eine Art von gewerblichen Anlagen oder von Gewerbebetrieb als solche verbietet, sondern aus gesundheitspolizeilichen Gründen überhaupt das Halten von Schweinen in der Stadt untersagt. Daß hiervon u. a. auch Gewerbebetriebe betroffen werden, würde keinenfalls der Gewerbeordnung widerstreiten; denn es besteht von jeher allgemeines Einverständnis darüber, daß dieses Gesetz polizeilichen Eingriffen aus anderen als gewerbepolizeilichen Rücksichten nicht im Wege steht.

Vgl. auch Entsch. des R.G.'s in Zivils. Bd. 48 S. 71 flg.

Bei dieser Sachlage hat auch die Vorfrage, ob die Schweinemästerei überhaupt unter die Bestimmungen der Gewerbeordnung fällt, oder ob sie nach § 6 Abs. 1, als ein Zweig der „Viehzucht“, im allgemeinen davon ausgenommen ist, unentschieden bleiben können.

Die Revision mußte jedenfalls zurückgewiesen werden." ...

---

5. Sind die Enkel eines Erblassers zur gesetzlichen Erbfolge berufen, wenn ihr Parens durch Beschränkung auf den Pflichtteil von der Erbfolge ausgeschlossen ist? Wann trifft das letztere zu?

B.G.B. §§ 1924. 1953. 2344. 2346. 2349. 1938. 2303. 2087.

VII. Zivilsenat. Urt. v. 19. Mai 1905 i. S. W. u. Gen. (Bekl.) w. G. u. Gen. (Kl.). Rep. VII. 489/04.

I. Landgericht Magdeburg.
II. Oberlandesgericht Naumburg a. S.

Die am 13. März 1901 verstorbene Witwe Klara Sch. hatte am 5. März 1881 mit ihrem bereits im Jahre 1896 verstorbenen Ehemann ein wechselseitiges Testament errichtet. Der Ehemann berief darin zu seiner Erbin seine Ehefrau, mit der Maßgabe, daß das, was von seinem Vermögen beim Tode der letzteren noch vorhanden sein werde, an ihre Geschwister als fideikommissarische Substituten fallen solle. Die Ehefrau Sch. bestimmte folgendes: „Ich, Klara Sch., ernenne zu meinen Erben: 1. meinen Ehemann, 2. meine vor Eingehung meiner ersten Ehe geborene Tochter Ida K., 3. meine Tochter Anna aus erster Ehe mit dem Rendanten B. Ich bestimme, daß meine zu 2 und 3 genannten Kinder aus meinem Nachlaß nicht mehr, als den gesetzlichen Pflichtteil, und zwar in barem Gelde, erhalten. Für die Wertsermittelung ist ausschließlich die gerichtliche Taxe maßgebend. Den Verkauf von Nachlaßgegenständen zu verlangen, sind also meine Töchter nicht befugt...." Die Klägerinnen sind die Töchter der vorehelichen Tochter der Witwe Klara Sch., der nachmals verehelichten Ida G. geb. K. Sie machten geltend, daß sie, da der Ehemann Sch. vor seiner Ehefrau verstorben sei, und die auf den Pflichtteil in Geld beschränkten Töchter der letzteren nicht als Erbinnen in Betracht kommen könnten, als alleinige gesetzliche Erbinnen ihrer Großmutter anzusehen seien. Als solche forderten sie von den Beklagten die Herausgabe verschiedener Gegenstände, die zum Nachlasse der Witwe Sch. gehört hätten und von jenen in Besitz genommen seien. Die Beklagten bestritten insbesondere die Aktivlegitimation der Klägerinnen. Die Vorinstanzen erachteten diese für gegeben und gelangten zur teilweisen Verurteilung der Beklagten. Die Revision ist zurückgewiesen.

Gründe:

... „In der Sache selbst mußte dem Rechtsmittel der Erfolg versagt werden. Zwar konnten die Beklagten geltend machen, daß wegen des Testaments der Witwe Sch. die gesetzliche Erbfolge in deren Nachlaß zugunsten der klagenden Geschwister G. nicht eröffnet worden sei, und daß daher diesen die Aktivlegitimation fehle. Aber der Berufungsrichter hat den Einwand im Anschluß an die Gründe der ersten Instanz mit Recht verworfen, und der nach dieser Richtung erhobene Revisionsangriff ist nicht begründet. Die Frage der Erbfolge in den Nachlaß der Witwe Sch. richtet sich, da sie nach dem 31. Dezember 1899 verstorben ist, nach neuem Recht (Art. 213 Einf.-Ges. zum B.G.B.). Nun legen die Vorinstanzen das Testament der Erblasserin vom Jahre 1881 dahin aus, daß die darin benannten Töchter Ida K. und Anna B. trotz ihrer Bezeichnung als Erben nicht als solche berufen seien, daß ihnen vielmehr nur der Pflichtteil nicht als Bruchteil des Nachlasses, sondern als eine bestimmte, nach dem Werte des Nachlasses zu berechnende Summe, hinterlassen sei. Gegen diese Auslegung sind rechtliche Bedenken nicht zu erheben. Insbesondere kommt es für die Beurteilung der Frage, ob jemand zum Erben eingesetzt ist, nicht auf den vom Erblasser gebrauchten Ausdruck an. Entscheidend ist sein aus dem Inhalte der Verfügung zu ermittelnder Wille, ob die von ihm benannte Person, mag ihr der Name eines Erben gegeben sein oder nicht, den Nachlaß als solchen, bzw. einen Bruchteil davon erhalten soll, oder ob ihr nur einzelne Gegenstände des Vermögens, namentlich eine Geldsumme, zugewendet sind (§ 2087 B.G.B.; §§ 4. 254 flg. A.L.R. I. 12). Dies bezweifelt auch die Revision nicht, und sie stellt anscheinend auch nicht in Abrede, daß die Witwe Sch. ihren Töchtern den Pflichtteil nicht in Form der Erbeinsetzung, sondern als Vermächtnis hinterlassen habe." (Im folgenden wird ein nicht interessierender Angriff erledigt.) ... „Ist dies aber der Fall, so sind die Töchter der Witwe Sch. durch letztwillige Verfügung von der gesetzlichen Erbfolge ausgeschlossen (§§ 1938. 2303 B.G.B.), und es kann sich nur noch fragen, wer nunmehr, nachdem die Erbeinsetzung des Ehemannes hinfällig geworden ist, an die Stelle der nur mit dem Pflichtteile bedachten Kinder tritt, ob der Ausschluß von der Erbfolge auch die Nachkommenschaft der Tochter Ida K., später verehelichten S., umfaßt (die ersteheliche Tochter der Witwe Sch. hat keine Kinder). Daß der Wille der Erblasserin dahin gegangen sei, auch ihre Enkel von der gesetzlichen Erbfolge auszuschließen, hat der Berufungsrichter nicht festgestellt. Es wäre auch bedenklich gewesen, ohne weiteres diesen Willen aus der entsprechenden, für die Töchter getroffenen Bestimmung zu entnehmen, weil es nicht sicher ist, ob die Erblasserin bereits im Jahre 1881, als sie ihr Testament errichtete, die Möglichkeit einer Nachkommenschaft derselben in den Kreis ihrer Erwägungen gezogen hat. Das Gesetz selbst aber bietet keine Handhabe, das Intestaterbrecht der Abkömmlinge des von der Erbfolge Ausgeschlossenen zu verneinen. Zwar bestimmt der § 1924 Abs. 2 B.G.B: „Ein zur Zeit des Erbfalls lebender Abkömmling schließt die durch ihn mit dem Erblasser verwandten Abkömmlinge von der Erbfolge aus", und im Abs. 3 ist gesagt, daß an die Stelle eines zur Zeit des Erbfalls nicht mehr lebenden Abkömmlings die durch ihn mit dem Erblasser verwandten Abkömmlinge treten. Eine streng wörtliche Auslegung des Gesetzes würde hiernach zu einer den Klägern ungünstigen Entscheidung führen. Allein eine solche Auslegung verbietet sich mit Rücksicht auf andere Vorschriften, die den gegenteiligen Willen des Gesetzgebers klar erkennen lassen. In den Fällen der Ausschlagung der Erbschaft oder der Erbunwürdigkeit eines Erben gilt nach den §§ 1953. 2344 B.G.B. der Anfall an den Ausschlagenden oder Erbunwürdigen als nicht erfolgt; derjenige erhält die Erbschaft, der berufen sein würde, wenn jener zur Zeit des Erbfalles nicht gelebt hätte. Der noch lebende Abkömmling schließt also in diesen Fällen seine Nachkommen von der Erbschaft nicht aus. Für den Fall des Erbverzichts ist freilich bestimmt, daß er im Zweifel sich auf den ganzen Stamm erstrecke (§§ 2346. 2349 B.G.B.). Aber aus den Beratungen der 2. Kommission ergibt sich, daß es sich hierbei um eine aus Gründen der Billigkeit getroffene, eine Ausnahme von dem Grundgedanken des selbständigen Erbrechts der Abkömmlinge darstellende Vorschrift handelt (Protokolle Bd. 5 S. 606. 607), daß mithin, wenn sie nicht vorliegt, oder wenn die Beteiligten etwas anderes festgesetzt haben, die Wirkungen des Verzichtes sich auf den Verzichtenden beschränken würden. Für den Fall ein Abkömmling durch letztwillige Verfügung von der Erbfolge ausgeschlossen ist, fehlt es an einer ausdrücklichen Norm. Sie war im § 1972 des 1. Entwurfes enthalten, der die vier Fälle der Ausschlagung, des Ausschlusses, des Erbverzichtes und der Erbunwürdigkeit umfaßte. In der 2. Kommission war beantragt, die Vorschrift dahin zu fassen: „Ist ein gesetzlicher Erbe durch letztwillige Verfügung oder durch Erbverzicht ausgeschlossen, so bestimmt sich die gesetzliche Erbfolge in gleicher Weise, wie wenn er vor dem Erblasser gestorben wäre.“ Eine sachliche Änderung war nicht bezweckt; der Antragsteller ging davon aus, daß die Fälle der Ausschlagung und der Erbunwürdigkeit bereits durch andere Bestimmungen gedeckt seien. Der Antrag wurde der Redaktionskommission überwiesen (Protokolle Bd. 5 S. 483 Ziff. III). Daß hiernach die Kommission nicht die Absicht gehabt hat, das Erbrecht der entfernteren Abkömmlinge im Falle des Ausschlusses ihrer Vorfahren zu beseitigen, daß sie vielmehr in Übereinstimmung mit dem bereits angedeuteten Grundgedanken des Gesetzbuchs von der gegenteiligen Meinung ausgegangen ist, erscheint unzweifelhaft. Wenn diese Meinung trotzdem nicht den vorgeschlagenen besonderen Ausdruck im Gesetze gefunden hat, so ist der Grund lediglich darin zu suchen, daß die Redaktionskommission eine weitere Bestimmung für überflüssig hielt, vielleicht, wie Frommhold in dem die Entstehungsgeschichte des Gesetzes entwickelnden Aufsatze Bd. 12 des Archivs für bürgerliches Recht (S. 305 flg.) annimmt, im Hinblick auf § 1938 B.G.B. Da man für die weitergehende Wirkung des Erbverzichtes eine ausdrückliche Vorschrift für nötig hielt, und diese für den Ausschluß fehlt, so kann in der Tat mit Sicherheit darauf geschlossen werden, daß die Entziehung des Erbrechts nicht über die Person des Betroffenen hinauswirkt, und daß somit dessen Abkömmlinge beim Mangel einer abweichenden letztwilligen Verfügung ihr gesetzliches Erbrecht nicht verlieren. In der Literatur wird diese Ansicht ganz überwiegend vertreten (vgl. die Übersicht bei v. Staudinger-Herzfelder 2. Aufl. Bem. 2 zu § 1924 B.G.B.; hinzuzufügen ist noch Dernburg, Erbrecht § 15 Ziff. III), und der Senat hat keinen

Anstand genommen, sich ihr anzuschließen und den ausgeschlossenen Parens so zu behandeln, wie wenn er zur Zeit des Erbfalles nicht mehr gelebt hätte. Daß der völligen Enterbung die Zuwendung des Pflichtteiles in der Form eines Geldanspruchs für die vorliegende Frage rechtlich gleichsteht, ist bereits hervorgehoben. Danach läßt sich gegen die Auffassung des Berufungsrichters, daß die Geschwister G. die gesetzlichen Erben ihrer Großmutter geworden seien, nichts einwenden." ...

---

6. Zur Auslegung des § 25 Nr. 2 der auf Grund des preußischen Gesetzes vom 16. September 1899, betr. die Dienststellung des Kreisarztes und die Bildung von Gesundheitskommissionen, erlassenen Dienstanweisung vom 23. März 1901.

III. Zivilsenat. Urt. v. 23. Mai 1905 i. S. J. (Kl.) w. preuß. Fiskus (Bekl.). Rep. III. 521/04.

I. Landgericht I Berlin.
II. Kammergericht daselbst.

Der Kläger, nach Maßgabe des Gesetzes vom 16. September 1899 und der Dienstanweisung vom 23. März 1901 als nicht vollbesoldeter Kreisarzt des IX. Bezirks in Berlin angestellt, hatte in der Zeit vom 10. April bis zum 16. August 1904 im Auftrage des Polizeipräsidiums daselbst verschiedene ärztliche Verrichtungen im ortspolizeilichen Interesse ausgeführt. Die von ihm für diese Tätigkeit beanspruchte Vergütung wurde mit Beziehung auf § 17 der Instruktion des Berliner Polizeipräsidiums für die Polizeiphysiker vom 20. August 1859, lautend: „bei Ausführung der im Interesse der Medizinalpolizei und der öffentlichen Gesundheitspflege geschehenen Amtshandlungen haben die Physiker auf Gebühren keinen Anspruch", abgelehnt. Auf erhobene Klage wurde Beklagter zur Zahlung der nach dem Gesetz vom 9. März 1872, betr. die den Medizinalbeamten für die Besorgung gerichtsärztlicher, medizinaler oder sanitätspolizeilicher Geschäfte zu gewährenden Vergütungen, liquidierten Gebühren verurteilt. Das Berufungsgericht wies dagegen die Klage ab. Auf die Revision des Klägers wurde das Berufungsurteil aufgehoben und das erste Urteil wiederhergestellt, aus folgenden

Gründen:

„Das Berufungsgericht begründet seine klagabweisende Entscheidung mit der Ausführung, daß der § 17 der für die Polizeiphysiker zu Berlin unterm 20. August 1859 vom Polizeipräsidium erlassenen, durch Ministerialverfügung genehmigten Instruktion, welcher, in Abweichung von dem für den Umfang der preußischen Monarchie durch das Gesetz vom 9. März 1872 geschaffenen allgemeinen Rechtsstand, den Physikern in Berlin Gebühren für die im ortspolizeilichen Interesse vorgenommenen Verrichtungen versagt, auf die infolge des Gesetzes vom 16. September 1899, betreffend die Dienststellung des Kreisarztes, für die Stadt Berlin ernannten Kreisärzte Anwendung finden müsse. Dieser Ausführung kann nicht beigetreten werden. Es kann dahingestellt bleiben, ob dem Gesetze vom 16. September 1899 die Nichtanwendung der im § 17 der Instruktion getroffenen Bestimmung auf die Kreisärzte ohne weiteres zu entnehmen ist; jedenfalls wird eine solche Anwendung durch dieses Gesetz in seiner Verbindung mit der vom Minister der Medizinalangelegenheiten auf Grund des § 17 Abs. 2 desselben erlassenen Dienstanweisung vom 23. März 1901 ausgeschlossen. Dieselbe, welche die amtliche Stellung des Kreisarztes, seine Obliegenheiten und vertrauensärztliche Tätigkeit eingehend und für den ganzen Umfang der Monarchie gleichmäßig ordnet, regelt insbesondere auch die Diensteinkommensverhältnisse der nicht vollbesoldeten Kreisärzte ohne Rücksicht auf deren Amtssitz in durchaus einheitlicher Weise. Das führt zu der Annahme, daß mit den Gebühren, welche unter Nr. 2 des § 25 der Anweisung als Teil des Diensteinkommens aufgeführt sind, die Gebühren gemeint sind, welche auf Grund des Gesetzes vom 9. März 1872 in Ermangelung besonderer, zu unentgeltlicher Dienstleistung verpflichtender Bestimmung liquidiert werden, daß folgeweise bis dahin geltende Normen, durch welche die Erhebung der nach diesem Gesetz zu liquidierenden Gebühren für einzelne Bezirke der Monarchie ausnahmsweise ausgeschlossen wurde, außer Anwendung gesetzt sind, einer Annahme, welche nur abzulehnen ist, wenn der sonstige Inhalt des Gesetzes vom 16. September 1899 oder der Dienstanweisung ihr widersprechende

Bestimmungen enthält. Dies ist nicht der Fall. Insonderheit spricht nicht gegen dieselbe die im § 24 der Dienstanweisung wie im § 3 des Gesetzes vom 16. September 1899 bezüglich der Gebühren getroffene Anordnung. Es ist nicht richtig, daß mit der Bezugnahme auf die bestehenden Vorschriften, die sich hier findet, das Weiterbestehen der zur Zeit des Inkrafttretens des Gesetzes und der Dienstanweisung bestehenden Vorschriften anerkannt ist, wie solches im angefochtenen Urteil angenommen wird; der bestehenden Vorschriften ist augenscheinlich nur in dem Sinne gedacht, daß die zur Zeit der ärztlichen Verrichtung bestehenden Vorschriften deren Vergütung bestimmen. Ebensowenig lassen sich die Motive zu dem Gesetzentwurf zur Widerlegung der Annahme verwerten. Mag immerhin die Unzulänglichkeit der Besoldung und der Mangel der Pensionsfähigkeit für den Erlaß des Gesetzes bestimmend gewesen sein, auch nicht die Absicht bestanden haben, der Dienststellung des Kreisarztes im übrigen einen von der des Physikers abweichenden Rechtscharakter zu geben; der Wille, die Gebührenerhebung für den ganzen Umfang der Monarchie einheitlich zu regeln, wird dadurch nicht in Frage gestellt.

Der Wegfall des § 17 der Instruktion bewirkt die Rechtmäßigkeit des vom Kläger erhobenen Anspruchs in dem vom Landgericht zuerkannten Umfange. Nach dem in der Berufungsinstanz festgestellten Sachverhältnis besteht unter den Parteien kein Streit mehr darüber, daß die Verrichtungen, für die durch das erstinstanzliche Urteil die Gebühren zugesprochen sind, insgesamt im ortspolizeilichen Interesse auf Ersuchen der Polizeibehörde vorgenommen sind, und daß für dieselben nach zutreffenden Sätzen vom Kläger liquidiert worden ist."

7. Kann ein die Revisionssumme übersteigender Wert des Beschwerdegegenstandes als glaubhaft gemacht angenommen werden, wenn der Revisionskläger in der Berufungsinstanz Erhöhung der ihm in erster Instanz zugesprochenen Summe beantragt, das Maß dieser Erhöhung aber ganz dem richterlichen Ermessen überlassen hatte?

V. Zivilsenat. Urt. v. 24. Mai 1905 i. S. S. (Kl.) w. Schlesische Aktiengesellschaft für Bergbau u. Zinkhüttenbetrieb (Bekl.). Rep. V. 582/04.

I. Landgericht Beuthen O./S.
II. Oberlandesgericht Breslau.

Der Kläger klagte wegen an seinem Grundstück erlittenen Bergschadens gegen die beklagte Bergbaugesellschaft mit den Anträgen, die Beklagte zu verurteilen,

1. die auf dem Grundstück befindlichen Gebäude ordnungsmäßig zu reparieren,
2. eine ihrer Höhe nach vom Gericht festzustellende Entschädigung für den durch den Bergbau der Beklagten an seinem Grundstück Blatt 390 Chropaczow entstandenen Schaden nebst Zinsen zu zahlen.

Der erste Richter verurteilte die Beklagte 1. zur Wiederherstellung der Gebäude, 2. zur Zahlung einer Summe von 2174 ℳ nebst Zinsen, 3. zum Ersatz der während der Reparatur entstehenden Mietsausfälle und Räumungskosten.

Die Summe von 2174 ℳ entspricht dem nach der Reparatur der Gebäude verbleibenden Minderwert.

Der Kläger legte Berufung ein mit dem Antrage, die Beklagte über das im ersten Urteil Zugesprochene hinaus zur Zahlung einer weiteren Entschädigungssumme für den Minderwert seines durch ihren Bergbau beschädigten Grundstücks zu verurteilen, deren Höhe richterlichem Ermessen überlassen bleibt.

Die Berufung des Klägers wurde zurückgewiesen.

Die von ihm mit dem Antrage, das angefochtene Urteil aufzuheben und nach seinen Berufungsanträgen zu erkennen, eingelegte Revision ist als unzulässig verworfen worden.

Gründe:

„Nach § 546 Z.P.O. ist in Rechtsstreitigkeiten über vermögensrechtliche Ansprüche die Zulässigkeit der Revision durch einen den Betrag von 1500 ℳ übersteigenden Wert des Beschwerdegegenstandes bedingt. Der Beschwerdegegenstand — wenn das Berufungsurteil im ganzen Umfange angefochten wird — ist dasjenige, was die Partei mit dem Berufungsantrage begehrt, aber durch die angefochtene Entscheidung nicht erreicht hat. Im vorliegenden Falle ging das Begehren des Klägers auf Erhöhung der ihm in erster Instanz als dauernder Minderwert des beschädigten Gebäudes zugesprochenen

Summe. Dabei wurde ausdrücklich die Höhe der weiteren Entschädigungssumme dem richterlichen Ermessen überlassen. Eine Erhöhung der Entschädigung in einer bestimmten, insbesondere einer den Betrag von 1500 *M* übersteigenden Summe war nicht gefordert. Der Beschwerdegegenstand ist also hier der abgewiesene Antrag auf Erhöhung der Entschädigung überhaupt. Hätte der Berufungsrichter diesem Antrage in beliebiger Höhe, beispielsweise auch nur in Höhe von 100 *M*, stattgegeben, so wäre damit dem Berufungsantrage formell und buchstäblich Genüge geschehen, und es würde schon aus diesem Grunde dem weiteren Rechtsmittel der Revision der Boden entzogen sein. Andererseits würde in diesem Falle der Berufungsrichter nicht in der Lage gewesen sein, die Berufung „im übrigen" zurückzuweisen und demgemäß den Kläger mit einem Teil der Kosten zu belasten. Weiter, als daß dem in der Berufungsinstanz gestellten Antrage Folge zu geben wäre, geht das mit der Revision verfolgte Interesse des Klägers nicht. Dieser Antrag bietet aber keinen Anhalt für die Annahme eines den Betrag von 1500 *M* übersteigenden Wertes des Beschwerdegegenstandes. Daß in der Berufungsinstanz der Wert des Streitgegenstandes von dem Vertreter des Klägers auf Befragen auf 3000 *M* angegeben und auch vom Gericht so hoch festgesetzt worden ist, kann zugunsten der Revision nicht in Betracht kommen, da für den Umfang und Inhalt des Streit- und Beschwerdegegenstandes lediglich die gestellten A n t r ä g e maßgebend sind.

Wenn nun auch die Bezifferung eines erhobenen Entschädigungsanspruchs kein notwendiges Erfordernis der Klage bilden mag (vgl. Entsch. des R.G.'s in Zivils. Bd. 21 S. 387), so legt doch ein Fall, wie der vorliegende, die Frage nahe, ob Anträge, die, augenscheinlich um dadurch die kostenpflichtige Abweisung einer Mehrforderung zu vermeiden, die Höhe einer geltend gemachten G e l d f o r d e r u n g absichtlich im unklaren lassen, in d e r B e r u f u n g s i n s t a n z noch zuzulassen sind, und ob nicht in einem solchen Fall gemäß § 139 Z.P.O. von der richterlichen Befugnis und Verpflichtung auf Klarstellung des Antrags hinzuwirken, Gebrauch zu machen sei. Es kann das aber hier dahingestellt bleiben, weil, selbst wenn in dieser Beziehung dem Berufungsrichter eine Säumnis zur Last gelegt werden könnte, dadurch doch nicht die dem Gegenstande nach unzulässige Revision zu begründen sein würde.

Hiernach war die Revision, wie dies auch in einem wesentlich gleichliegenden Falle — abgedruckt in Seuffert's Archiv Bd. 58 S. 171 — geschehen ist, als unzulässig zu verwerfen."

---

8. Ist die Einrichtung einer Gasröhrenleitung in einer bereits bestehenden Ortsstraße als Einrichtung einer Anlage im Sinne des § 150 preuß. Allg. Berggesetzes vom 24. Juni 1865 anzusehen?

II. Zivilsenat. Urt. v. 26. Mai 1905 i. S. Gemeinden H. u. E. (Kl.) w. Gewerkschaft R. (Bekl.). Rep. II. 559/04.

I. Landgericht Cleve.
II. Oberlandesgericht Köln.

Die obige Frage ist vom Reichsgericht verneint worden aus folgenden

Gründen:

„Die klagenden Gemeinden verlangen auf Grund des § 148 preuß. Allg. Berggeſ. vom 24. Juni 1865 Ersatz des Schadens, welcher ihnen an Kosten der Wiederherstellung beschädigter Teile der Gasröhrenleitung und durch Entweichen von Gas infolge Undichtwerdens von Röhrenverbindungen (Muffen) an dem Röhrennetz ihrer im Jahre 1897 errichteten Gasanstalt in den Jahren 1898 und 1899 erwachsen ist, und den sie auf den Bergbaubetrieb der Beklagten als Ursache zurückführen. Das Berufungsgericht geht bei seiner Entscheidung davon aus, daß den Klägerinnen ein Schaden der behaupteten Art entstanden, und daß derselbe durch den Bergbaubetrieb der Beklagten verursacht worden ist; es hält daher die Beklagte für verpflichtet, für den Schaden, insbesondere auch für den durch Lockerung von Rohrverbindungen veranlaßten Gasverlust aufzukommen, wenn nicht die Bestimmung des § 150 Abs. 1 des angezogenen Berggesetzes Platz greife, durch welche unter Umständen die Haftpflicht des Bergwerksbesitzers ausgeschlossen werde. Den § 150 Abs. 1 wendet das Berufungsgericht aber an, weil die als neue Anlage im Sinne des § 150 anzusehende Gasanstalt von den Klägerinnen zu einer Zeit errichtet worden sei, in welcher die derselben durch den Bergbau der

Beklagten drohende Gefahr ihnen bei Anwendung gewöhnlicher Aufmerksamkeit nicht habe unbekannt bleiben können.

Die Klägerinnen rügen mit der Revision unrichtige Anwendung des § 150 Berggef., mit der Ausführung, das Berufungsgericht habe mit Unrecht die Gasleitung als eine Anlage im Sinne des § 150 erachtet; auch habe die Gasleitung, da sie einen Bestandteil der Straßen bilde, als eine öffentliche Verkehrsanstalt zu gelten, und auf solche finde im Falle ihrer Beschädigung durch den Bergbaubetrieb aus den in dem Urteil des V. Zivilsenats des Reichsgerichts vom 11. November 1891 (Entsch. in Zivils. Bd. 28 S. 341 flg.) entwickelten, aus dem § 153 Abs. 1 Berggef. abgeleiteten Gründen wegen des in dieser Bestimmung den öffentlichen Verkehrsmitteln gewährten Schutzes der § 150 Berggef. keine Anwendung.

Ob der in dem angezogenen Reichsgerichtsurteil aufgestellte, auf die Bestimmungen des § 153 gestützte, von dem Berufungsgericht aber nicht erörterte Grundsatz hier anwendbar ist, kann dahingestellt bleiben, da die für die stattgehabte Anwendung des § 150 von dem Berufungsgericht gegebene Begründung nicht haltbar erscheint und aus diesem Grunde die Revision Erfolg haben mußte. Die Anwendung des § 150 Abs. 1 setzt einen Schaden voraus, welcher durch Bergwerksbetrieb an Gebäuden oder anderen „Anlagen" entstanden ist, die zu einer Zeit errichtet worden sind, wo die denselben durch den Bergbau drohende Gefahr dem Grundbesitzer bei Anwendung gewöhnlicher Aufmerksamkeit nicht unbekannt bleiben konnte. Das Berufungsgericht findet in der Gasanlage deshalb eine neue Anlage, weil die Herstellung der Gasbeleuchtung eine neue, nicht allein auf die Zwecke der Straßenbeleuchtung beschränkte, sondern auch zum Gebrauche der anliegenden Grundstücke bestimmte, Einrichtung sei, und der Begriff „Anlage" nicht ausschließlich neue Anlagen, sondern auch Erweiterungen bestehender Anlagen umfasse. Dieser Ausführung liegt eine Verkennung des Begriffs „Straße" und „Straßenanlage" zugrunde. Nach der Klagebegründung wird Schadensersatz für die Folgen von Beschädigungen verlangt, welche hauptsächlich, wenn nicht ausschließlich, an Gasröhren entstanden sind, die in den Ortsstraßen, insbesondere in der Hochfelderstraße, befindlich und als Bestandteil oder mindestens als Zubehör der Straßen anzusehen sind. Für die Beantwortung der Frage, ob dieser, an ſich nach § 148 Berggeſ. begründete, Schadensersatzanſpruch wegen der Ausnahmebeſtimmung des § 150 Abſ. 1 von den Klägerinnen nicht geltend gemacht werden kann, kommt es lediglich darauf an, ob die im Jahre 1897 getroffene Einrichtung der Gasbeleuchtung insoweit, als ſie in den Ortsſtraßen von H. und E., insbeſondere in der Hochfelderſtraße, angebracht worden, als Errichtung einer Anlage im Sinne des § 150 anzuſehen iſt. Dies war unabhängig von der anderen Frage zu entſcheiden, ob die Herſtellung der Gasanſtalt als ſolcher die Errichtung einer Anlage im Sinne des § 150 darſtellt. Mag die Gasanſtalt, weil oder ſoweit ſie auch Zwecken des Gasgebrauchs in Häuſern dient, als eine neue Anlage zu erachten ſein, ſo braucht doch nicht von den Röhrenleitungen in den Ortsſtraßen dasſelbe zu gelten. Dieſe Gasröhrenleitungen ſind nach richtiger Auffaſſung des Begriffs „Straße" und „Straßenanlage" nicht neu errichtete Anlagen im Sinne des § 150. Zu einer Straße ſind neben dem Grund und Boden, welcher ihr als Unterlage dient, und dem Material, aus welchem ſie hergeſtellt wird, auch die ſonſtigen Einrichtungen zu rechnen, durch welche ſie nach den heutigen Anſchauungen und Bedürfniſſen des Verkehrs erſt vollſtändig gebrauchsfähig wird. Dazu gehört bei Ortsſtraßen die Einrichtung einer Beleuchtung. Wird eine Straße beleuchtet, welche bisher dieſer Einrichtung entbehrte, ſo wird ſie in einem für ihre Verkehrsfähigkeit weſentlichen und ſogar notwendigen Punkte vervollſtändigt. Wird an Stelle einer bereits vorhandenen Beleuchtung eine andere, beſſere Art der Beleuchtung eingerichtet, ſo wird die Straßenanlage in dieſem Punkte geändert, vervollkommnet. In keinem der beiden Fälle wird eine Anlage neu errichtet, oder eine beſtehende Anlage, die Straße, erweitert; vielmehr wird in beiden Fällen die vorhandene Straßenanlage durch die Einrichtung oder Änderung der Beleuchtung nur ausgebaut oder verbeſſert. Hierin aber kann die Errichtung einer Anlage im Sinne des angezogenen § 150 Berggeſ. nicht gefunden werden. Mit dieſer richtigen Rechtsauffaſſung ſetzt ſich das Berufungsgericht jedenfalls inſoweit in Widerſpruch, als dasſelbe den geſamten Klaganſpruch deshalb für unbegründet erachtet, weil die Gasanſtalt eine neu errichtete Anſtalt im Sinne des § 150 Berggeſ. ſei. Dieſe Annahme rechtfertigt, ihre Richtigkeit vorausgeſetzt, jedenfalls nicht die Folgerung des Berufungsgerichts, daß die Klägerinnen für die Folgen der Beschädigung der in den Ortsstraßen, insbesondere in der Hochfelderstraße, befindlichen Gasröhrenleitungen keinen Schadensersatz beanspruchen können."

---

9. Unter welchen Voraussetzungen ist ein zwischen Eheleuten unter der Herrschaft des Bürgerlichen Gesetzbuchs für den Fall der Scheidung geschlossener Vergleich, in welchem der Frau eine Jahresrente ausgesetzt ist, als Leibrentenvertrag im Sinne der Tarifst. 36 zum preußischen Stempelsteuergesetze vom 31. Juli 1895 zu verstempeln?

VII. Zivilsenat. Urt. v. 26. Mai 1905 i. S. Schm. u. Gen. (Kl.) w. preuß. Fiskus (Bekl.). Rep. VII. 607/04.

I. Landgericht I Berlin.
II. Kammergericht daselbst.

Unter dem 19. Juni 1902 schlossen die Kläger unter Aufhebung eines früheren, für die streitige Frage nicht interessierenden Abkommens vom 4. Juli 1900 für den Fall der zwischen ihnen schwebende Ehescheidungsprozeß zur Trennung der Ehe führe, einen schriftlichen Vergleich, in dem Bestimmungen wegen der Sorge für die Person der Kinder getroffen wurden (§§ 1. 8), und nach dessen § 2 sich der Ehemann verpflichtete, innerhalb zehn Jahren seit Rechtskraft des Scheidungsurteils ein Kapital von 200000 ℳ als vorbeschiedenes Vatererbe und unter Verzicht auf sein Verwaltungsrecht an seine beiden Kinder auszuantworten und bis zur Übereignung mit 4 v. H. jährlich zu verzinsen. Wegen der Sicherstellung dieser Verbindlichkeit wurden nähere Bestimmungen getroffen, und im § 3 versprach der Ehemann, vom 1. Juli 1902 ab bis zur Übereignung des Kapitals von 200000 ℳ die Zinsen mit je 2000 ℳ an die Kinder und mit 4000 ℳ an die Ehefrau, sämtliche Beträge zu Händen der letzteren zu zahlen. Vom Tage der Übereignung an sollten der Ehefrau die Zinsen unter der Verpflichtung, die Kinder standesgemäß zu unterhalten, ausgeantwortet werden. Im § 4 wurde die Verfügung über die Substanz des den Kindern ausgesetzten Kapitals und dessen eventueller Rückfall an den Vater geregelt. Nach

§ 5 sollte der der Ehefrau eingeräumte Zinsgenuß für den Fall der Verheiratung mit einer namhaft gemachten Person während der Dauer dieser Ehe wegfallen. Im § 6 wurde über die Rückgewähr des Eingebrachten der Ehefrau Näheres bestimmt. In den §§ 9 und 10 ging der Ehemann weitere Verpflichtungen vermögensrechtlicher Art der Ehefrau gegenüber ein. Schließlich verzichteten beide Teile auf Scheidungsstrafen und alle sonstigen vermögensrechtlichen Ansprüche gegeneinander.

Die Steuerbehörde erachtete den Vertrag vom 19. Juni 1902 als Leibrentenvertrag gemäß Tarifst. 36 zum preußischen Stempelsteuergesetz vom 31. Juli 1895 mit 561,50 ℳ für stempelpflichtig und zog diesen Betrag ein, während die Kläger ihn mit 1,50 ℳ für ausreichend versteuert ansahen und die Summe von 560 ℳ im Rechtswege zurückforderten. Das Landgericht verurteilte auch den Fiskus nach dem Klagantrage. Das Kammergericht erkannte dagegen abändernd gemäß dem Antrage des Beklagten auf Abweisung der Klage. Die Revision ist zurückgewiesen.

Gründe:

„Der Annahme des Berufungsrichters, daß in dem als Vergleich bezeichneten Schriftstück ein Leibrentenvertrag im Sinne der Tarifst. 36 zum Stempelsteuergesetze vom 31. Juli 1895 beurkundet worden sei, muß beigetreten werden. Wird zunächst von dem früheren Vertrage vom 4. Juli 1900 abgesehen, so ist es unbedenklich, daß durch das Abkommen vom 19. Juni 1902 in der Form des Vergleichs ein anderweites Rechtsgeschäft neu begründet worden ist, und daß daher die Tarifst. 67 außer Anwendung bleibt, wenn das Rechtsgeschäft einem höheren als dem für Vergleiche festgesetzten Stempel unterworfen ist. In dem Vergleiche sind die Beziehungen der Ehegatten für den Fall ihrer Scheidung geregelt. Der Ehefrau ist — worauf es gegenwärtig allein ankommt — eine Jahresrente von 4000 ℳ auf Lebenszeit zugesichert. Sie kommt nur während der Dauer der Ehe mit einer bestimmten Person in Wegfall und ist im übrigen zu entrichten, gleichviel ob die Ehefrau für den schuldigen Teil erklärt wird oder nicht. Es ist also nicht ein der Frau gesetzlich zustehendes Recht durch Vereinbarung näher ausgestaltet und fest begrenzt worden, da ihr ein Recht auf Unterhalt nach Maßgabe der §§ 1578. 1580 B.G.B. nur zusteht, sofern der Mann allein für schuldig erklärt wird. Vielmehr gewährt ihr der Vergleich ein selbständiges, von der Entscheidung der Schuldfrage unabhängiges Recht auf den Bezug einer Jahresleistung. Dieses Recht ist ihr nicht ohne Entgelt eingeräumt worden. Sie hat gegen Gewährung der Rente und gegen Übernahme weiterer, hier nicht interessierender, Verpflichtungen seitens ihres Ehemannes auf alle sonstigen vermögensrechtlichen Ansprüche verzichtet, und dieser Verzicht ist nicht lediglich die notwendige Folge der Annahme der Rente. Will man die Gegenleistung für das Rentenversprechen nicht schon darin finden, daß die Ehefrau ihr Recht, standesmäßigen Unterhalt zu fordern, aufgegeben hat, so konnte sie doch ohne das Abkommen mit ihrem Ehegatten beim Vorliegen wichtiger Gründe statt der Rente eine Abfindung in Kapital verlangen (§ 1580 Abs. 2 B.G.B.). Dieses Rechts, das ihr neben und außer dem Rentenanspruche, wenn auch ihn ausschließend, zustand, hat sie sich zufolge des erklärten allgemeinen Verzichtes begeben, und darin liegt jedenfalls ein Entgelt, wie es die Tarifst. 36 fordert, nämlich die Aufgabe eines Rechts, die sich ohne den Verzicht nicht von selbst verstand.

Den entwickelten Standpunkt hat der erkennende Senat bereits in dem Urteile vom 12. Mai 1903 (Rep. VII. 59/03) vertreten, das freilich einen dem Allgemeinen Landrechte angehörenden Fall betraf, ohne daß dies jedoch einen grundsätzlichen Unterschied begründet (vgl. auch Hummel-Specht, Komm. Bem. 12 zu Tarifst. 36 u. Anm. 29). Soweit in dem früheren Urteile vom 19. Mai 1899 (Jurist. Wochenschr. 1899 S. 428 Nr. 12, Gruchot, Bd. 43 S. 1134) eine abweichende Auffassung zum Ausdrucke gelangt ist, ist sie nicht mehr aufrecht erhalten. Bei dem dort angeführten Urteile des IV. Senats vom 10. Februar 1898 handelte es sich um einen nach rechtskräftiger Scheidung geschlossenen Auseinandersetzungsvertrag, der jedenfalls unter der Herrschaft des früheren Rechts einer abweichenden Beurteilung unterlag (Hummel-Specht, a. a. O.)." ...

---

10. Unterschied zwischen Familienfideikommiß und Familienstiftung. Wie ist das Verhältnis der nutzungsberechtigten Familienmitglieder zur Familienstiftung und zum Stiftungsvermögen gestaltet? Kann

das Einkommen der nutzungsberechtigten Familienmitglieder aus dem Stiftungsvermögen, wenn dieses in Grundstücken angelegt ist, als ein solches angesehen werden, welches im Sinne des Reichsgesetzes über die Doppelbesteuerung aus Grundbesitz herrührt? Begriff des Einkommens aus Grundbesitz im Sinne des vorbezeichneten Reichsgesetzes.

VII. Zivilsenat. Urt. v. 26. Mai 1905 i. S. C. u. Gen. (Kl.) w. hamburg. Steuerdeputation (Bekl.). Rep. VII. 508/04.

I. Landgericht Hamburg.
II. Oberlandesgericht daselbst.

Der am 30. November 1853 verstorbene Großvater der beiden Klägerinnen, J. H. V., der in Hamburg seinen Wohnsitz gehabt hatte, hatte in seinem am 11. Juli 1853 errichteten Testamente bestimmt, daß nach seinem Ableben ein Familienfideikommiß unter dem Namen „J. H. V. Familienfideikommiß" gestiftet und durch zwei näher bezeichnete, in Hamburg belegene Grundstücke sowie ein Kapital von 100000 *M* begründet werden solle. Der Überschuß der Einkünfte über die öffentlichen Abgaben sowie über die ordentlichen Unterhaltungs- und Reparaturkosten sollte je zur Hälfte an die Witwe und den Sohn Joh. Herm. Wilhelm ev. dessen Nachkommenschaft, nach dem Ableben der Witwe aber ganz an den Sohn und nach dessen Tode an seine Nachkommen nach dem Repräsentationssystem fallen. 5 Prozent der Bruttoeinnahme sollten alljährlich zurückgestellt, und hierdurch ein Sparfonds zur Bestreitung etwaiger außerordentlicher Reparaturen der Gebäude angesammelt werden. Die gewöhnlichen Kosten der Instandhaltung sollten aus den Einkünften selbst bestritten werden. Die Verwaltung sollte durch zwei Exekutoren erfolgen. Nach dem Tode des Testators trat die Stiftung ins Leben, deren Verwaltung im Laufe der Zeit das ausgesetzte Kapital zur Erhöhung der Erträgnisse der Grundstücke verwendete. Die beiden in Mecklenburg wohnenden, als Enkelinnen des Stifters an dessen Stiftung nutzungsberechtigten Klägerinnen wurden im Jahre 1903 wegen des ihnen hieraus jährlich in Höhe von je 6033,70 *M* zufließenden Einkommens in Hamburg zur dortigen Einkommensteuer herangezogen, weil nach der Ansicht der hamburgischen Steuerbehörden dieses Einkommen aus hamburgischem Grundbesitz herrühre. Da die Klägerinnen wegen desselben Einkommens auch in Mecklenburg Einkommensteuer zu zahlen hatten, erhoben sie gegen die Steuerdeputation in Hamburg Klage auf Rückzahlung der entrichteten Steuerbeträge, indem sie geltend machten, daß dieses Einkommen für sie nicht aus Grundbesitz herrühre. Die Klage wurde in erster und zweiter Instanz abgewiesen. Die Revision ist erfolglos geblieben.

Gründe:

„Die rechtliche Feststellung des Berufungsrichters, daß die in Mecklenburg wohnenden Klägerinnen mit Recht zur hamburgischen Einkommensteuer herangezogen seien, weil das aus der Stiftung ihres Großvaters ihnen zufließende Einkommen nach der hamburgischen Steuergesetzgebung sich als Einkommen aus hamburgischen Grundstücken darstelle, und sie dafür ohne Rücksicht auf den Ort ihres Wohnsitzes nach der hamburgischen Gesetzgebung einkommensteuerpflichtig seien, ist unanfechtbar, da es sich hierbei lediglich um irrevisibeles hamburgisches Recht handelt. Daher ist die Berufungsentscheidung in diesem Punkte auch von den Revisionsklägerinnen nicht angegriffen worden. Allein hiermit erschöpft sich der Streit nicht. Die Klägerinnen erreichten ihren Zweck, nämlich Befreiung von doppelter Steuerzahlung für ein und dasselbe Einkommen, schon dann, wenn von den hamburgischen Gerichten ausgesprochen wurde, daß ihr fragliches Einkommen nach der hamburgischen Steuergesetzgebung nicht steuerpflichtig sei. Daher war es selbstverständlich, daß der Wille der Klägerinnen in erster Reihe dahin ging, eine Entscheidung der hamburgischen Gerichte über diese Frage zu erwirken. Fiel diese Entscheidung aber, wie geschehen, zu ihren Ungunsten aus, dann handelte es sich in zweiter Reihe darum, ob auch nach dem Reichsgesetz über die Doppelbesteuerung vom 13. Mai 1870 ihr im Streit befindliches Einkommen in Hamburg der Besteuerung unterworfen sei. Für diese Frage ist allein der Inhalt des Reichsgesetzes und die Feststellung, was dieses unter einem „aus Grundbesitz herrührenden Einkommen" versteht, maßgebend. Wenn der erste Richter sagt, es unterliege dem freien Ermessen des einzelnen Bundesstaats, nach welchen Grundsätzen er den in seinem Gebiet belegenen Grundbesitz und das aus diesem herrührende Einkommen besteuern wolle, so ist das nur mit einer Einschränkung zutreffend, nämlich nur insoweit, als von solcher Steuerpflicht Einwohner des betreffenden Bundesstaates getroffen werden. Erstreckt dieser aber die Ausübung seines Bestimmungsrechts insofern über seine Grenzen hinaus, als er die Einwohner eines anderen Bundesstaates zur Steuer heranzieht, weil sie nach seiner Ansicht das mit der Steuer belegte Einkommen aus Grundbesitz beziehen, welcher in seinem Gebiet liegt, so findet diese Besteuerung ihre Begrenzung durch die Bestimmungen des Reichsgesetzes über die Doppelbesteueruug. Dieses Gesetz stellt zur Verhinderung der Doppelbesteuerung eines und desselben Einkommens durch zwei oder mehr Bundesstaaten den allgemeinen Grundsatz an die Spitze, daß das Einkommen eines Deutschen nur in demjenigen Bundesstaat zu direkten Staatssteuern herangezogen werden darf, in welchem er seinen Wohnsitz hat (§ 1). Ausnahmen hiervon finden statt hinsichtlich des Einkommens aus Grundbesitz und aus Gewerbebetrieb (§ 3). Wenn nun ein Bundesstaat in seiner Gesetzgebung die Grenzen des Begriffs des Einkommens aus Grundbesitz weiter steckt, als dieser Begriff nach dem Reichsgesetz reicht, so kann er insoweit sein Landesgesetz den Einwohnern anderer Bundesstaaten gegenüber nicht zur Anwendung bringen, sondern muß sich insoweit in den Schranken des Reichsgesetzes halten, da das Einkommen der Deutschen nur einmal besteuert werden soll, und der einzelne Bundesstaat nicht durch Ausdehnung steuerrechtlicher Begriffe über die reichsrechtlichen Grenzen hinaus einem anderen Bundesstaat als Besteuerungsgegenstand ein Einkommen entziehen kann, welches dieser nach dem Reichsgesetz seiner Besteuerung zu unterwerfen befugt ist.

Vgl. Entsch. des R.G.'s in Zivils. Bd. 15 S. 28, Bd. 27 S. 112, Bd. 29 S. 26.

Die Entscheidung des vorliegenden Rechtsstreites hängt hiernach in gegenwärtiger Instanz allein davon ab, was im Sinne des Reichsgesetzes über die Doppelbesteuerung unter einem aus Grundbesitz herrührenden Einkommen zu verstehen ist.

Der Berufungsrichter hat diese Frage nicht näher untersucht, sondern sie ohne weitere Begründung mit der Bemerkung abgetan, daß das fragliche Einkommen sich nach den §§ 1 und 3 des Reichsgesetzes als ein aus Grundbesitz herrührendes Einkommen darstelle. Indes so einfach, wie hiernach die Beantwortung der bezeichneten Frage dem Berufungsrichter erschienen ist, ist diese in Wirklichkeit nicht; sie bietet vielmehr zu erheblichen Zweifeln Anlaß.

Weder das Reichsgesetz selbst, noch seine Begründung und die Verhandlungen des Reichstages gewähren einen Anhalt zur Feststellung des in Rede stehenden Begriffes. Auch der Versuch, aus den zur Zeit des Erlasses des Reichsgesetzes in Geltung gewesenen Steuergesetzen der einzelnen Bundesstaaten einen gemeinsamen Begriff von dem Einkommen aus Grundbesitz oder Grundvermögen zu gewinnen, erweist sich bei der Ungleichheit dieser aus den verschiedensten Entwickelungsstufen der steuerlichen Gesetzgebung stammenden Bestimmungen als unausführbar. Selbst die Steuerlehre läßt, obgleich gerade dem Begriff des Einkommens im übrigen in neuerer und neuester Zeit eingehende Untersuchungen gewidmet sind, einen näheren Aufschluß über den Begriff des Einkommens aus Grundbesitz vermissen. Nur in den beiden Kommentaren zum Reichsgesetz über die Doppelbesteuerung von Clauß im Bd. 5 des Finanzarchivs S. 183 und von Blochmann in Hirth's Annalen 1887 S. 783 finden sich nähere Erörterungen dieses Begriffs; allein auch sie weisen hierbei nicht auf feststehende und allgemein anerkannte steuerrechtliche Anschauungen hin, sondern arbeiten nur mit Erwägungen allgemeiner Art. Es bleibt bei diesem Stande der Dinge nichts anderes übrig, als sich bei der Auslegung des Reichsgesetzes von derartigen allgemeinen Erwägungen leiten zu lassen. Diese ergeben nun zwei feste Punkte. Auf der einen Seite muß es für zweifellos erachtet werden, daß nicht nur der Eigentümer eines Grundstückes, soweit ihm dessen Früchte und Nutzungen zufließen, sondern auch jeder, der kraft dinglichen Nutzungsrechts die Früchte und Nutzungen eines Grundstücks bezieht, dieses Einkommen aus Grundbesitz gewinnt; denn ihm ist kraft seines dinglichen Nutzungsrechts, genau so wie dem Eigentümer kraft seines Eigentumsrechts, das Grundstück als Quelle der Nutzung und damit als Quelle des in dieser Nutzung bestehenden Einkommens unmittelbar unterworfen. Auf der anderen Seite ist es ebenso zweifellos, daß derjenige, der nur kraft eines obligatorischen Verhältnisses von dem Eigentümer eines Grundstücks zu fordern berechtigt ist, daß dieser ihm den ganzen Ertrag des Grundstücks oder einen Teil davon, sei es in Natur oder in Geld, entrichte, dieses Einkommen nicht aus Grundbesitz bezieht. Zweifelhaft ist dagegen die Entscheidung bezüglich der in der Mitte liegenden Fälle. Zu diesen gehört u. a. der des Einkommens aus der Pachtung von Grundstücken, welches in Ansehung der Frage, ob es als Einkommen aus Grundbesitz anzusehen ist, z. B. in den preußischen Steuergesetzen vom 1. Mai 1851 (§ 30) und 24. Juni 1891 (§§ 6. 13) verschieden behandelt ist (vgl. die Begründung zu den letzteren Bestimmungen). Ebenso wird das Einkommen aus Reallastberechtigungen verschiedener Beurteilung unterworfen. Während dieses nach der einen Ansicht unter gewissen Voraussetzungen zu dem Einkommen aus Grundbesitz gezählt wird (Clauß, a. a. O.), wird ihm nach anderer Ansicht (Blochmann, a. a. O.) diese Eigenschaft abgesprochen, weil es lediglich aus dem Bezugsrecht, nicht aus dem Besitz am Grundstücke herrühre.

Was den gegenwärtigen Fall betrifft, so würde unbedenklich das im Streit befindliche Einkommen der Klägerinnen für ein solches aus Grundbesitz erachtet werden müssen, wenn gemäß der wörtlichen Ausdrucksweise des Testaments vom 11. Juli 1853 anzunehmen wäre, daß hier die Stiftung eines Familien-Fideikommisses vorläge. Denn im Gebiet des gemeinen Rechts ist nach der zutreffenden herrschenden Ansicht der jeweilige Inhaber des Fideikommisses als Eigentümer der Fideikommißgrundstücke anzusehen, und die Fideikommißeigenschaft der Grundstücke hat für ihn nur die Bedeutung, daß er zugunsten seiner Nachfolger in der Veräußerungs- und sonstigen Verfügungsfähigkeit beschränkt ist.

Vgl. u. a. Gerber, Beiträge zur Lehre vom deutschen Familienfideikommiß, in den Jahrbüchern für Dogmatik Bd. 1 S. 57. 71; Die Familienstiftung, daselbst Bd. 2 S. 358; Deutsches Privatrecht (17. Aufl., herausgegeben von Cosack) S. 141; Lewis, Das Familienfideikommiß S. 186; Beseler, Deutsches Privatrecht (4. Aufl.) S. 826; Stobbe-Lehmann, Deutsches Privatrecht (3. Aufl.) Bd. 2³ S. 526. 534; Gengler, Deutsches Privatrecht (4. Aufl.) S. 202; Franken, Deutsches Privatrecht S. 287; Endemann, B.G.B. (8. Aufl.) Bd. 1 S. 209 Anm. 11.

In Hamburg gilt nichts anderes.

Vgl. Baumeister, Hamb. Privatrecht Bd. 2 S. 292; Niemeyer, Hamb. Privatrecht S. 695.

Selbst nach dem preußischen Allgemeinen Landrecht, welches dem jeweiligen Fideikommißbesitzer nur das nutzbare Eigentum am Fideikommißvermögen, der Familie aber das Obereigentum daran zuschreibt (§§ 72. 73 II. 4), hat der Fideikommißbesitzer, auch wenn man der Ansicht von Förster-Eccius (Preußisches Privatrecht, 7. Aufl. Bd. 4 S. 269), daß dieses nutzbare Eigentum im Grunde ein wirkliches, jedoch beschränktes Eigentum darstelle, nicht beipflichten wollte, jedenfalls ein derartiges unmittelbares dingliches Nutzungsrecht an den Fideikommißgrundstücken, daß sein Einkommen daraus sich zweifellos als ein solches aus Grundbesitz kennzeichnet. Allein im vorliegenden Falle ist in Wahrheit nicht ein Familienfideikommiß, sondern, wie die Klägerinnen mit Recht geltend machen, eine Familienstiftung begründet worden. Der wesentliche Unterschied zwischen der Familienstiftung und dem Familienfideikommiß besteht, worüber in in der Rechtslehre des gemeinen Rechts mit verschwindenden Ausnahmen ebenfalls allgemeine Übereinstimmung herrscht,

s. Gerber, in den Jahrbüchern für Dogmatik a. a. O.; Beseler, a. a. O. S. 819; Förster-Eccius, a. a. O. S. 265, und die übrigen obengenannten Schriftsteller a. a. O.,

darin, daß die Familienstiftung den Charakter einer selbständigen Rechtspersönlichkeit trägt, wobei nur die Meinungen darüber auseinander gehen, ob das Vermögen, der Zweck, oder was sonst als personifiziert zu denken ist. Dieser Charakter der juristischen Persönlichkeit tritt bei der Familienstiftung namentlich darin hervor, daß sie eine organisierte Verwaltung hat, ohne die eine solche Persönlichkeit nicht bestehen kann.

E. J. Bekker, Pandekten Bd. 1 S. 210; Windscheid-Kipp, Pandekten (8. Aufl.) Bd. 1 S. 224.

In Hamburg hat sich Abweichendes nicht entwickelt. Auch dort entstand ohne weiteres ein selbständiges Rechtssubjekt, wenn in einem Testament oder sonst ein Kapital oder anderes Vermögen ausgesetzt wurde, von dem dauernd gewisse Personen die Zinsen oder Einkünfte genießen sollten, und für welches eine besondere, selbständige Verwaltung geschaffen wurde. Eine solche Stiftung trug und trägt im Falle der Begründung durch ein Testament in Hamburg herkömmlich gewöhnlich den Namen „Testament".

S. Niemeyer, a. a. O. S. 571; Ritter, Die Rechtssubjektivität des hamburger Testaments (1888) S. 34. 123.

Eine derartige, mit juristischer Persönlichkeit ausgestattete Familienstiftung ist hier vorhanden, da ohne Beschränkung auf bestimmte einzelne Individuen dauernd alle Nachkommen des Sohnes des Stifters zur Nutzung des Stiftungsvermögens berufen sind, und für die Verwaltung des Vermögens in Gestalt zweier Exekutoren ein besonderes Organ eingesetzt ist. Daß durch die Einführung des Bürgerlichen Gesetzbuchs an der Existenz dieser juristischen Person nichts geändert ist, ist selbstverständlich. Die für die Entscheidung maßgebende Frage ist die, wie bei einer solchen Familienstiftung das Verhältnis der nutzungsberechtigten Familienglieder zu dem Stiftungsvermögen aufzufassen ist, insbesondere ob dieses Verhältnis ein solches ist, daß man, wenn das Stiftungsvermögen aus Grundstücken besteht, annehmen kann, im Sinne des Reichsgesetzes über die Doppelbesteuerung rühre das aus der Stiftung und deren Grundbesitz den nutzungsberechtigten Familienmitgliedern zufließende Einkommen auch für sie aus Grundbesitz her. Diese Frage ist nicht glatt mit ja oder nein zu beantworten. Wenn man den oben festgestellten Grundsatz, daß derjenige ein Einkommen aus Grundbesitz nicht bezieht, der nur obligatorisch berechtigt ist, von dem Eigentümer eines Grundstücks die Entrichtung des Ertrages des Grundstücks ganz oder teilweise zu begehren, hier schematisch anwenden wollte, so würde die gestellte Frage ohne weiteres zu verneinen sein. Denn nach der gemeinen Meinung haben die nutzungsberechtigten Familienmitglieder kein dingliches Recht an dem Grundbesitz der Familienstiftung, sondern nur ein obligatorisches Forderungsrecht gegen die Stiftung. Es genügt in dieser Beziehung, indem im übrigen auf die oben angeführten Schriftsteller Bezug genommen wird, auf folgende Äußerungen von Gerber (Jahrbuch für Dogmatik Bd. 1 S. 57 und 71, Bd. 2 S. 358 nnd 363) zu verweisen: „Der Familienstiftung gehört das Vermögen, die Bedachten sind nur Gläubiger, denen ein fremdes Subjekt gewisse Leistungen zu machen hat. Alle diejenigen, welche stiftungsmäßig zum Genusse des Vermögens berufen werden, stehen mit der juristischen Person (der Stiftung) in einem obligatorischen Verhältnis. Ihr (der Familienmitglieder) Recht an dem gestifteten Vermögen ist nur ein persönliches Rentenrecht.“ In diesem Sinne hat sich auch bereits das Reichsgericht ausgesprochen (Entsch. in Zivils. Bd. 5 S. 143). Allein es erscheint bedenklich, hiernach unterschiedslos den obigen Satz auf die nutzungsberechtigen Familienglieder zur Anwendung zu bringen. Es wird allerdings anzuerkennen sein, daß die nutzungsberechtigten Familienglieder kein dingliches Nutzungsrecht am Grundbesitz der Stiftung haben; denn dieser ist ihnen in Ansehung der Nutzung nicht unmittelbar unterworfen; vielmehr steht zwischen ihnen und diesem Grundbesitz eben ein Mittler in Gestalt der juristischen Persönlichkeit der Stiftung. Indessen darf man sie deswegen doch nicht schlechtweg mit sonstigen, gewöhnlichen Forderungsberechtigten auf gleiche Stufe stellen; denn die Verwaltung erfolgt in ihrem Interesse, zu Nutz und Frommen der gegenwärtigen einzelnen Familienglieder. Ihr Recht hat zwar weniger zum Inhalt als ein dingliches Nutzungsrecht, aber ersichtlich mehr als ein sonstiges gewöhnliches persönliches Recht. Sie stehen in einem ganz anders gearteten engeren und intimeren Verhältnis zum Stiftungsvermögen als alle anderen Gläubiger der Stiftung. Wenn ihr Recht auch nicht geradezu eine Reallastberechtigung sein mag, so nähert es sich doch mindestens dem Wesen dieser Gattung von Rechten in erheblichem Maße. Wie man aber auch im einzelnen dieses besondere Verhältnis der Familienglieder zum Stiftungsvermögen rechtlich auffassen mag, die Tatsache, daß es besteht, läßt sich nicht leugnen. Sie hat sogar zu der Ansicht geführt, daß das Stiftungsvermögen materiell den Familienmitgliedern gehöre, indem ausgeführt ist (Gerber, Jahrbuch für Dogmatik Bd. 2 S. 364 und 365), nicht bloß diejenigen Güter ständen im Vermögen einer Person, die ihr kraft eines direkten Rechtstitels zuständen, sondern nicht minder diejenigen Werte, die unter der Scheinherrschaft eines fingierten Subjekts ihr durch Vermittlung von Obligationen gebührten; den Familiengliedern gehörten die Güter der Stiftung daher zwar nicht als unmittelbare Objekte ihres Rechts, sondern nur durch Vermittlung juristischer Zwischenverhältnisse; aber sie gehörten ihnen praktisch darum nicht minder vollständig.

Ob nun diese Erwägungen ausreichen, um in allen Fällen einer Familienstiftung anzunehmen, daß das aus deren Grundvermögen stammende, den nutzungsberechtigten Familiengliedern zufließende Einkommen auch für diese ein Einkommen aus Grundbesitz ist, mag zweifelhaft sein. Es kann indessen davon abgesehen werden, in eine Erörterung derjenigen Fälle, die in dieser Beziehung Zweifel erwecken, sowie dieser Zweifel einzutreten, da der erkennende Senat sich jedenfalls davon überzeugt hält, daß in einem Falle der vorliegenden Art die zur Entscheidung stehende Frage auf Grund der obigen Erwägungen zu bejahen ist. Der Stifter hat selbst zum Hauptteil der Stiftung Grundstücke bestimmt und deren Nutzung den zum Genuß der Stiftung berufenen Familienmitgliedern zugewiesen. Wenn die Verwalter der Stiftung das außerdem ausgesetzte Kapital zur Verbesserung dieser Grundstücke verwandt haben, so haben sie damit ohne Zweifel nicht nur innerhalb des Rahmens ihrer Befugnisse, sondern auch in der von dem Stifter gewollten Richtung gehandelt, wonach die Anlage des Stiftungsvermögens in Grundbesitz die wesentliche Einkommensquelle für die nutzungsberechtigten Familienglieder bilden sollte. Berufen zur Nutzung ist nur die engste Familie, nämlich neben der Witwe des Stifters die Nachkommenschaft seines Sohnes. Unter diesen Umständen muß angenommen werden, daß es sich in den Grenzen des Begriffs des Einkommens aus Grundbesitz im Sinne des Reichsgesetzes über die Doppelbesteuerung hält, wenn das Einkommen der Klägerinnen aus dem Grundbesitz der großväterlichen Stiftung in Hamburg zur Steuer von dem Einkommen aus Grundbesitz herangezogen ist. Der erkennende Senat wird in dieser Auffassung durch die Erwägung bestärkt, einerseits daß der Begriff des Einkommens, wie von seiten der Revisionsbeklagten mit Recht hervorgehoben ist, seinem Wesen nach wirtschaftlicher Art ist, dem gegenüber formale, juristische Gesichtspunkte in den Hintergrund treten müssen, und daß andererseits der in dem Reichsgesetz gebrauchte Ausdruck des „Herrührens" von Einkommen aus Grundbesitz kein fest geprägter ist (vgl. Entsch. des R.G.'s in Zivils. Bd. 50 S. 103), sondern einer gewissen Dehnbarkeit fähig ist."

---

11. Kann der Eigentümer, dem eine für Baugelder bestellte Sicherungshypothek insoweit, als Baugelder nicht gegeben worden sind, als Eigentümergrundschuld zusteht, für letztere einen Vorrang geltend machen, der, um ihm Baugelder zu verschaffen, der Sicherungshypothek eingeräumt worden ist?

B.G.B. §§ 1163. 1184. 1190. 812.

V. Zivilsenat. Urt. v. 27. Mai 1905 i. S. F. (Kl.) w. Konkursm. E. (Bekl.). Rep. V. 590/04.

I. Landgericht Chemnitz.
II. Oberlandesgericht Dresden.

Der Kläger verkaufte im Jahre 1901 an den Bauunternehmer N. zwei Baustellen in Ch. und ließ sie ihm auf. Aus diesem Kaufvertrage wurden für den Kläger rückständige Kaufgelder, und zwar auf der einen Stelle in Höhe von 8000 *M*, und auf der anderen in Höhe von 10000 *M*, je mit $4\frac{1}{2}$ Prozent verzinslich, hypothekarisch eingetragen. Beim Abschluß des Kaufvertrages verpflichtete sich der Kläger dem N. gegenüber, falls dieser die Grundstücke bebauen und zu diesem Zwecke eine Baugelderhypothek aufnehmen sollte, der letzteren in bestimmter Höhe den Vorrang vor seinen Hypotheken einzuräumen. N. verkaufte sodann beide Grundstücke im Mai und Juni 1902 an die verehelichte E., die auch die für den Kläger eingetragenen Hypotheken in Anrechnung auf den Kaufpreis übernahm. Sie schritt zur Bebauung der Grundstücke, nachdem ihr der Spar- und Kreditverein in Ch. gegen Bestellung einer erststelligen Kautionshypothek die Hergabe von Baugeldern zugesichert hatte. Sie ließ nun für den genannten Verein auf dem einen Grundstück eine Höchstbetragshypothek von 42000 *M* und auf dem anderen eine solche von 32000 *M* eintragen, und diesen beiden Höchsthypotheken räumte der Kläger infolge seines Abkommens mit N. den Vorrang vor seinen Hypotheken ein. Ein entsprechender Vermerk wurde in das Grundbuch eingetragen. Noch vor Beendigung der Bauten geriet die verehelichte E. in Konkurs. Der Konkursverwalter stellte die Bauten ein und rechnete mit dem Spar- und Kreditverein ab. Die Grundstücke kamen zur Zwangsversteigerung, und bei ihr fanden die Höchstbetragshypotheken des Vereins volle Deckung aus dem Erlöse, während der Kläger mit seinen Hypotheken ausfiel. Der Spar- und Kreditverein liquidierte aber zur Verteilung des Erlöses bei dem einen Grundstück nur 17387,02 *M* und bei dem anderen nur 26968,89 *M*, so daß bei jenem 14612,08 *M* und bei diesem 15031,11 *M* von ihm nicht in Anspruch genommen und zur anderweiten Zuteilung frei wurden. Auf diese Beträge erhob nun einerseits der Konkursverwalter für die Konkursmasse, andererseits der Kläger zur Deckung seines Ausfalls, der auf

8431,20 *M* und auf 10543,30 *M* festgestellt worden war, Anspruch. Die Teilungspläne des Vollstreckungsgerichts sprachen die streitigen Beträge in erster Linie dem Konkursverwalter zu; der Kläger sollte sie nur erhalten, wenn sein Widerspruch für begründet erachtet würde. Die Beträge selbst wurden als streitig hinterlegt, und auf sie machten die Parteien ihre Ansprüche geltend.

Das Landgericht wies die Klage ab, erklärte den vom Kläger vor dem Vollstreckungsgericht erhobenen Widerspruch für unbegründet und ordnete die Auszahlung der beiden Streitmassen an den Konkursverwalter an. Die hiergegen vom Kläger eingelegte Berufung wurde zurückgewiesen. Dagegen hob das Reichsgericht auf die Revision des Klägers das Berufungsurteil auf, erklärte unter Abänderung des ersten Urteils den vom Kläger erhobenen Widerspruch für begründet und sprach dem Kläger die Streitmasse zu.

Gründe:

„Zutreffend und in Übereinstimmung mit den vom Reichsgericht zu den §§ 1163. 1184. 1190 B.G.B. im Urteile vom 15. Juni 1903 (Entsch. in Zivils. Bd. 55 S. 217) ausgesprochenen Rechtssätzen, die inzwischen auch in der Literatur fast allseitige Anerkennung gefunden haben, geht das Berufungsgericht davon aus, daß die von der verehelichten E. dem Spar- und Kreditvereine bis zu einem Höchstbetrage von 42000 *M* und 32000 *M* bestellten Sicherungshypotheken in Höhe desjenigen Betrags, in dem auf sie eine Forderung nicht zur Entstehung gelangt ist, der verehelichten E., die sie bestellt hat, als Eigentümerhypotheken (richtiger Eigentümergrundschulden, § 1177 B.G.B.) zustehen. Wäre damit der Rechtsstreit entschieden, käme es also — wie in dem dem Urteile vom 15. Juni 1903 zugrunde liegenden Falle — nur darauf an, ob die verehelichte E. (jetzt der Konkursverwalter) befugt ist, die ihr in Höhe des nicht valutierten Betrags zugefallenen Sicherungshypotheken für sich (für die Konkursmasse) aus dem Versteigerungserlöse zu liquidieren, oder ob (wie in jenem Falle behauptet und damals vom Oberlandesgericht als richtig anerkannt worden war) in Höhe des nicht valutierten Betrags eine wirksame Belastung des Grundstücks überhaupt nicht entstanden ist, so daß die nachstehenden (ausfallenden) Hypothekengläubiger in den leer gewordenen Platz hätten aufrücken müssen, so würde der vom Kläger im Verteilungstermine erhobene Widerspruch von vornherein unbegründet gewesen sein. Denn darüber besteht kein Zweifel, daß die verehelichte E. in Höhe des nicht valutierten Betrags der Sicherungshypotheken Grundschuldgläubigerin geworden ist, weil die Grundstücke bis zur vollen Höhe der Höchstbetragshypotheken durch deren Bestellung belastet waren. Dies ist die aus dem Urteil vom 15. Juni 1903 für den vorliegenden Fall unabweisbar zu ziehende Folgerung. Hier aber handelt es sich um mehr. Nicht die Frage steht zur Entscheidung, ob und für wen die Hypotheken entstanden sind (sie darf nach der Rechtsprechung des Reichsgerichts als erledigt gelten), sondern in Frage steht die Rangordnung der an sich bestehenden Rechte.

Der Kläger hat den Sicherungshypotheken des Spar- und Kreditvereins den Vorrang vor seinen eigenen Hypothekenforderungen eingeräumt, und zwar hat er dies getan, wie im Tatbestande des Urteils erster und zweiter Instanz ausdrücklich festgestellt ist, in Erfüllung des zwischen ihm und N. getroffenen Abkommens. Dieses Abkommen ging dahin, daß der Kläger, um die Bebauung der Grundstücke zu ermöglichen, bis zu einer gewissen Höhe mit seinen Hypotheken hinter die aufzunehmenden Baugelder zurücktreten sollte. Zwar ist weiter behauptet worden,

> daß der Kläger dasselbe Abkommen auch mit der verehelichten E. getroffen, und daß sich sowohl diese wie vorher N. ihm gegenüber verpflichtet habe, die aufzunehmenden Baugelder auch tatsächlich zur Bebauung der Grundstücke zu verwenden.

Diese Behauptungen werden vom Berufungsrichter nur als richtig unterstellt; festgestellt sind sie nicht. Es bedarf aber auch ihrer Feststellung nicht; denn da es feststeht, daß Kläger den Sicherungshypotheken den Vorrang in Erfüllung des mit N. getroffenen Abkommens eingeräumt hat, so kann darüber kein Zweifel sein, daß Kläger nur Baugeldern das Vorrecht einräumen wollte, und daß dies der verehelichten E., die den Kredit bei dem Spar- und Kreditverein auch nur zur Bebauung der Grundstücke nachgesucht und bewilligt erhalten hatte, bekannt war. Von dieser tatsächlichen Grundlage darf als feststehend für die rechtliche Beurteilung ausgegangen werden.

Der Berufungsrichter verkennt nicht, daß, wenn der Vorrangseinräumung Wirksamkeit auch für die Eigentümerhypothek beizulegen ist, damit zuungunsten des Klägers eine des rechtfertigenden Grundes entbehrende Vermögensverschiebung eintreten würde, aus der für den Kläger ein Anspruch auf Herausgabe der Bereicherung nach § 812 Abs. 1 B.G.B. entstehen müßte. Aber bereichert, so führt der Berufungsrichter aus, würde nicht die Konkursmasse sein, sondern die verehelichte E.; in die Konkursmasse sei deren Eigentümerhypothek schon mit dem ihr vermöge der Vorrangseinräumung anhaftenden Vorrange gefallen (§ 1 K.O.), und Kläger könne daher nur den ihm gegen die Gemeinschuldnerin zustehenden Bereicherungsanspruch als gewöhnliche Konkursforderung gegen die Masse geltend machen. Dieser Auffassung kann nicht beigetreten werden. Sie beruht, wenn man ihrem Gedanken nachgeht, auf der Annahme, daß die Sicherungshypotheken schon vor der Konkurseröffnung, also zu einer Zeit, zu der das durch die Kautionshypotheken gesicherte Rechtsverhältnis zwischen der verehelichten E. und dem Spar- und Kreditverein noch fortdauerte, sich insoweit, als sie jeweilig nicht valutiert waren, in Eigentümerhypotheken für die verehelichte E. verwandelt hätten. Daß dies in der Tat die Meinung des Berufungsrichters ist, spricht er auch unumwunden aus; denn er bezeichnet seine Auffassung als unabweisbare Konsequenz der von ihm dargelegten Grundsätze über die Verwandlung einer Höchstbetragshypothek in eine Eigentümergrundschuld. Aber dabei ist übersehen, daß die Sicherungshypotheken, solange das Rechtsverhältnis, dem sie zur Sicherung dienen sollten, noch fortdauerte, so daß aus ihm noch neue Ansprüche, die der Sicherung unterfielen, entstehen konnten, überhaupt nicht zur Eigentümerhypothek werden konnten. Die Vorstellung, daß der Eigentümer schon während der Zeit, in der das durch Kautionshypotheken gesicherte Rechtsverhältnis zwischen ihm und dem Kreditgeber noch im Gange ist, als Hypothekengläubiger neben den Kreditgeber insoweit trete, als der jeweilig gewährte Kredit die Höhe der Kautionshypothek nicht erschöpft, ist unrichtig. Sie liegt auch keineswegs dem oben erwähnten Urteile vom 15. Juni 1903 zugrunde und steht direkt im Widerspruch mit dem vom Reichsgericht bereits im Urteil vom 19. März 1902 (Entsch. in Zivils. Bd. 51 S. 115) ausgesprochenen Grundsatze, daß die bis zu einem Höchstbetrage eingetragene Kautionshypothek, solange das ihr zugrunde liegende Rechtsverhältnis nicht derartig beendet ist, daß neue Forderungen aus ihm nicht mehr entstehen können, das bleibt, als was sie im Grundbuch eingetragen ist, nämlich eine zu einem Höchstbetrag eingetragene Sicherungshypothek für einen bestimmten Gläubiger, bei der die Feststellung der Forderung, für die sie haftet, vorbehalten bleibt (S. 117 das.). Für den vorliegenden Fall steht fest, daß erst der Konkursverwalter, der die Bebauung der Grundstücke nicht weiterführen wollte, das Kreditverhältnis zum Spar- und Kreditverein gelöst und aus ihm mit der Gläubigerin Abrechnung gehalten hat. Bis dahin konnte also von einer der verehelichten E. zugefallenen Eigentümergrundschuld und folglich auch davon nicht die Rede sein, daß eine solche, die schon der Kridarin zugestanden hätte, und der die Vorrangseinräumung schon vor der Konkurseröffnung zugute gekommen wäre, auf die Konkursmasse übergegangen sei.

Damit erweist sich die Grundlage, auf der das Berufungsurteil beruht, als hinfällig. Zu prüfen bleibt aber noch, ob der Konkursmasse, wenn sie die für die Kridarin entstandene Eigentümergrundschuld mit dem Vorrange vor dem Kläger geltend machen dürfte, ein Vorteil zugewendet würde, den sie auf Kosten des Klägers und ohne rechtlichen Grund erlangt. Ist dies der Fall, so würde sie nach § 812 B.G.B. zu dessen Herausgabe an den Kläger verpflichtet sein, und daraus würde folgen, daß die hinterlegte Masse dem Kläger zuzusprechen ist, daß also im gegenwärtigen Prozesse die verklagte Konkursmasse unterliegen muß. Und so ist es in der Tat. Daß die Konkursmasse einen Vorteil erlangen würde, und zwar auf Kosten des Klägers, ist ohne Zweifel; denn von irgendwelcher Gegenleistung der Kridarin oder der Masse ist nicht die Rede, und der Kläger ist es, der mit seinen Kaufgelderhypotheken, die ohne die Vorrangseinräumung zum Zuge gekommen wären, leer ausgehen soll. In Frage kann also nur kommen, ob die Konkursmasse diesen Vorteil „ohne rechtlichen Grund" (§ 812 a. a. O.) erlangen würde. Aber auch dies ist der Fall. Mag auch nicht anzunehmen sein, daß jede Vorrangseinräumung unter der Voraussetzung zu verstehen ist, daß die Hypothek, zu deren Gunsten sie erklärt wird, als solche zur Entstehung gelangt, so wird man doch anerkennen müssen, daß die Umstände so liegen können, daß dies als selbstverständliche Voraussetzung der Vorrangseinräumung zu gelten hat. Ein derartiger Fall liegt hier vor, denn es ist, wie bereits hervorgehoben wurde, festgestellt, daß der Kläger den Vorrang bewilligt hat, um das mit N. getroffene

Abkommen zu erfüllen, d. h. um den Baugeldern, die der Spar- und Kreditverein hergeben würde, den Vorrang vor seinen Kaufgelderhypotheken einzuräumen und dadurch dem kreditbedürftigen Eigentümer zu Baugeldern zu verhelfen. Die wirtschaftliche Gefahr, die der Kläger damit einging, wurde dadurch ausgeglichen, daß er — ein redliches Handeln auf seiten des Eigentümers vorausgesetzt — darauf rechnen durfte, daß die Baugelder auch tatsächlich zur Bebauung des Grundstücks verwendet würden, und dieses dadurch in seinem Werte erhöht werden würde. Was also der Kläger an seiner Sicherheit dem Baugeldgläubiger gegenüber aufgab, das floß ihm indirekt durch die Werterhöhung des bebauten Grundstücks, die auch seinen Hypotheken zugute kam, wieder zu. Mit Rücksicht hierauf unterliegt es keinem Zweifel, daß der Kläger den Vorrang eben nur Baugeldern einräumen wollte, daß also die Entstehung einer für Baugelder bestellten Hypothek von ihm für die Vorrangseinräumung vorausgesetzt wurde. Dies war auch der verehelichten E. bekannt, da sie wußte, wie die Vorrangseinräumung zustande gekommen, daß sie nämlich in Erfüllung des zwischen N. und dem Kläger geschlossenen Abkommens erklärt worden war. Wußte sie dies aber und benutzte sie dieses Abkommen, um sich Baugelder zu verschaffen, die sie — da ihr der Spar- und Kreditverein nach dem Tatbestande des Berufungsurteils die Hergabe von Baugeldern gegen Bestellung einer *erststelligen* Kautionshypothek zugesagt hatte — nicht erhalten haben würde, wenn der Kläger mit seinen Hypotheken nicht zurückgetreten wäre, so würde sie sich *ohne rechtlichen Grund* bereichern, wenn sie auf Grund der Vorrangseinräumung auch für ihre Eigentümerhypothek, die mit Baugeldern nichts zu tun hat, den Vorrang in Anspruch nehmen wollte. Dies wird ganz klar, wenn man sich den Fall so denkt, daß es aus irgendwelchem Grunde, nachdem die Kautionshypotheken bestellt waren, zur Hergabe von Baugeldern seitens des Kreditvereins überhaupt nicht gekommen wäre. Ob und inwiefern hierin der öffentliche Glaube des Grundbuchs eine andere Beurteilung rechtfertigen könnte, ist hier nicht zu untersuchen; auf ihn kann sich jedenfalls die verehelichte E. nicht berufen; denn für sie steht kein Rechtserwerb in Frage, der sich gutgläubig und im Vertrauen auf das Grundbuch vollzogen hätte. Das gleiche muß dann aber auch dem Konkursverwalter gegenüber gelten, der für die Masse nicht mehr Rechte beanspruchen kann, als der Gemeinschuldnerin zustehen (§ 6 K.O.). Wäre der Vorteil, den diese erlangen würde, wenn sie die Vorrangseinräumung auch für die Eigentümerhypothek geltend machen wollte, ein Vorteil ohne rechtlichen Grund, so ist er dies auch für die Konkursmasse. Der vom Kläger im Verteilungstermin erhobene Widerspruch war daher begründet, und demzufolge mußten nach § 880 Z.P.O. unter Aufhebung des Berufungsurteils und Abänderung der erstinstanzlichen Entscheidung die hinterlegten Beträge mit den etwa aufgelaufenen Hinterlegungszinsen dem Kläger zugesprochen werden." ...

---

12. Ist für die Schutzfähigkeit von Geschmacksflächenmustern erforderlich, daß sie Gebilde von bestimmter Umgrenzung und Linienführung darstellen, oder können dazu auch Farben- und Glanzwirkungen genügen? Erfordernis bestimmter Formgebung mit Bezug auf die Möglichkeit der Nachbildung des Musters. Verhältnis zwischen Musterschutz und Verfahrensschutz.

I. Zivilsenat. Urt. v. 27. Mai 1905 i. S. Filzfabrik G. m. b. H. in A. (Kl.) w. Bayer. Wollfilz-Manufaktur-A.-G. u. Gen. (Bekl.). Rep. I. 627/04.

I. Landgericht I Berlin.
II. Kammergericht daselbst.

In dem die Revision der Klägerin zurückweisenden Urteil ist hierüber ausgeführt:

„Das Berufungsgericht hat, wie die erste Instanz, die Klage deshalb für unbegründet angesehen, weil die Glaciermuster der Klägerin des Schutzes aus dem Gesetze vom 11. Januar 1876 nicht fähig seien. Beide Instanzen befinden sich bei dieser Beurteilung in Übereinstimmung mit dem vom gewerblichen Sachverständigenverein in Berlin abgegebenen Gutachten vom 24. Februar 1904. Die Revision bekämpft diese Auffassung; ihr Angriff kann jedoch im Ergebnisse keinen Erfolg haben.

Das Kammergericht bezeichnet es als Erfordernis für die Muster im Sinne des Gesetzes vom 11. Januar 1876, außer der Beziehung auf das ästhetische Gefühl, daß es Erzeugnisse von feststehender Individualform sein müßten, und daß namentlich als Flächenmuster nur solche Gebilde in Betracht kommen könnten, die eine bestimmte Umgrenzung und eine bestimmte Linienführung aufwiesen. Diese Begriffsbestimmung erklärt die Revision für zu eng. Schon in der Berufungsinstanz hatte die Klägerin auf neue Farben- und Glanzwirkungen hingewiesen. Die Revision nimmt dies auf; sie meint, das Gesetz biete keinen Grund für den Ausschluß solcher Wirkungen, die mitunter viel reizvoller und auch gewerblich wertvoller sein könnten, als ausgesprochene Figurenmuster. Eine bestimmte Form und bestimmte Linien dürfe man nicht verlangen; es müsse genügen, wenn man das Muster von einem anderen ohne besondere Aufmerksamkeit unterscheiden könne. Soweit diese Unterscheidungsmöglichkeit reiche, reiche auch der Musterbegriff. Die Revision nennt als Beispiele den Moiréglanz bei seiner ersten Herstellung, eigenartig irisierende Stoffe, Stoffe, die in den tiefer liegenden Partien anders gefärbt sind als in den höheren, und infolgedessen bei der Bewegung ein anderes Aussehen gewinnen. Der Revision ist darin Recht zu geben, daß es bei Geschmacksflächenmustern zu weit gegangen ist, wenn man sie auf Darstellungen von bestimmter Form und bestimmten Linien beschränkt, insofern diese Worte in ihrem wirklichen, nicht bloß in einem ganz allgemeinen Sinne verstanden werden sollen. Für die Begrenzung auf bestimmte Formen und Linien könnte man das Urteil des erkennenden Senats, Rep. I. 305/99, vom 9. Dezember 1899 (Entsch. in Zivils. Bd. 45 S. 59 flg.) anführen. Dort wird einem sogenannten Granitmuster für Linoleum die Eigenschaft als Geschmacksmuster abgesprochen, und zur Begründung ausgeführt, es gehöre zum Wesen eines Musters, daß „eine Form geschaffen" sei, „eine bestimmte in äußere Erscheinung tretende zeichnerische Gestaltung, die sich als Erzeugnis einer bewußten schöpferischen Tätigkeit im Bereiche des Kunstgewerbes" darstelle. Deshalb entsprächen die vorgelegten Muster, „bei denen durch *Farbenabtönungen und Sprenkelungen* Nachbildungen von Gesteinen oder anderen Stoffen hervorgebracht werden" sollten, in keiner Weise den Anforderungen des Gesetzes. Allein die jetzt zur Prüfung stehende Frage war damals nicht Gegenstand der Entscheidung. Es handelte sich mehr um den Begriff der Eigentümlichkeit als der Formgebung. Jedenfalls würde der Senat eine grundsätzliche Beschränkung der Flächenmuster auf zeichnerische Gestaltungen und den absoluten Ausschluß von Farbenabtönungen und Sprenkelungen jetzt nicht mehr für richtig anerkennen können.

Das Gesetz vom 11. Januar 1876 gibt keine Begriffsbestimmung dessen, was es unter dem gewerblichen Muster oder Modell versteht, wofür es den Schutz gegen Nachbildung gewährt. Es enthält sich auch der näheren Angabe über die Anforderungen, welche an die formale Beschaffenheit zu stellen sind. Daß es sich dabei nur um Formgebilde handeln kann, um Darstellungen, die für den Gesichtssinn in äußere, wahrnehmbare Erscheinung treten, folgt aus der Bezeichnung und daraus, daß das Gesetz, wie jetzt nicht mehr bezweifelt wird, sich nur auf die sogenannten Geschmacksmuster bezieht, welche die durch den Gesichtssinn vermittelte ästhetische Empfindung anregen sollen. Ein ganz formloses Muster oder Modell wäre undenkbar. In Frage kommt nur, in welchem Sinn und Umfang man eine bestimmte Formgestaltung verlangen darf.

Für das Flächenmuster, um das es sich hier allein handelt, bietet das Gesetz keinen Anhalt, den Schutz auf Darstellungen zu beschränken, die in völlig geschlossenen und genau umgrenzten Figuren bestehen. Die Geschlossenheit der Darstellung, als eines in sich fertigen Bildwerkes, hat für das Muster, das sich auch mit dem rein Ornamentalen begnügen kann, nicht die Bedeutung, wie für die zeichnende und malende Kunst.

Vgl. Kohler, Kunstwerk und Geschmacksmuster, im Archiv f. d. zivilist. Praxis Bd. 87 S. 29 flg.; Derselbe, Koloritmuster und Naturnachahmung, das. Bd. 88 S. 271.

Und dafür, daß nur Darstellungen von scharf begrenzter Form, welche sich durch festbestimmte, zumal zeichnerisch bestimmte Linien von der Umgebung abheben, als Muster gelten können, ist weder aus dem Wesen des Musters ein rechtfertigender Grund zu entnehmen, noch wäre diese Einschränkung mit der Absicht des Gesetzes vereinbar, im Interesse der Hebung des Kunstgewerbes im weitesten Sinne der formschöpfenden geistigen Tätigkeit auf dem Gebiete der Industrie Schutz angedeihen zu lassen. Die Formschöpfung kann von verschiedener Art sein, nach den angewendeten Mitteln und nach dem ästhetischen Gehalte. Nicht nur aus zeichnerischen Formelementen lassen sich in der Zusammenfügung neue eigentümliche Gestaltungen hervorbringen, die als geschmackvolle Vorbilder für Industrieerzeugnisse dienen können. Grundsätzlich muß anerkannt werden, daß dies auch durch das Mittel der Farbe möglich ist. Daß Farbenzusammenstellungen, Farbenwirkungen nicht ausgeschlossen sind, hat bereits der IV. Strafsenat des Reichsgerichts in dem Urteile vom 12. Juni 1903, abgedruckt im Blatt für Patent-, Muster- und Zeichenwesen 1904 S. 224, ausgesprochen. Auch in der Literatur ist diese Ansicht vertreten.

Vgl. z. B. Stobbe, Handbuch des deutschen Privatrechts 3. Aufl. § 203 unter VIII (Bd. 3 S. 53); besonders Kohler im Archiv f. d. zivilist. Praxis Bd. 88 S. 268 flg.

Daß in § 5 Ziff. 2 die Nachbildung des Musters „in anderen Farben" als verboten besonders hervorgehoben wird, steht nicht entgegen. Daraus folgt nicht, daß es auf die Verschiedenheit der Farbe auch dann nicht ankommen solle, wenn gerade die Farbenwirkung das Wesentliche des Musters ist, und darum nicht, daß die Farbenwirkung nicht die Grundlage eines Musters sein könne. Werden Farbenwirkungen nicht bloß in untergeordneter Bedeutung zur Illumination von zeichnerisch umrissenen Figurengebilden, sondern selber als grundlegende Elemente der Formgestaltung zugelassen, so ergibt sich daraus, daß man für die damit erzielten Erscheinungsformen nicht an den scharfen linearen Umrissen festhalten darf, sondern ihre Bedeutung für den Formensinn nach koloristischen Rücksichten beurteilen muß. In Frankreich, wo man kein Bedenken trägt, auch combinaisons de couleurs als dessins de fabrique anzuerkennen, wird darüber gestritten, ob es genüge, wenn dadurch ein besonderer Eindruck aufs Auge, ein aspect spécial, hervorgerufen werde, oder ob man, wenn auch kein durch Linien genau bestimmtes Gebilde, doch eine erkennbare Gestaltung verlangen müsse.

Vgl. Pouillet, Traité théor. et. pratique des dessins ꝛc 2. Aufl. Nr. 6. 8. 17. 18; Fauchille, Traité des dessins et modèles industriels S. 67 unter 3; Thirion, Dessins et modèles S. 14. 17; Philipon, Traité théor. et pratique de la propriété des dessins ꝛc Nr. 27. 30, vgl. Nr. 26 Note 1.

Zwischen einer bestimmten Figur, die das Muster darstellt, und den für das Auge noch erkennbaren Farben- und Glanzeffekten mit völlig verwischten Grenzen sind viele Übergänge denkbar. Wie weit man auf dieser Stufenleiter herabzusteigen habe, und ob man schließlich dahin gelangen müßte, auch von der Farbenzusammenstellung, dem Farbenkontrast abzusehen, und die Verwendung einer einheitlichen Farbe genügen zu lassen, wenn darin eine charakteristische Besonderheit zu finden wäre, — wie der IV. Straffenat a. a. O. angenommen hat — braucht hier nicht entschieden zu werden. Hier reicht das Ergebnis aus, daß es nicht gerechtfertigt ist, als begriffliche Voraussetzung für den Schutz von sogenannten Geschmacksmustern eine bestimmte Umgrenzung und bestimmte Linienführung der Flächendarstellung zu verlangen. Auf diesen Grund kann daher die Ablehnung der klägerischen Muster nicht gestützt werden. Dies führt aber nicht zur Aufhebung des angefochtenen Urteils, da die Entscheidung des Kammergerichts aus einem anderen Grunde zu Recht ergangen ist.

Über Wesen und Bedeutung der klägerischen Muster stellt das Kammergericht als unstreitig fest, daß sie nicht durch Nachbildung nach einer bestimmten Vorlage geschaffen werden, sondern dadurch entstehen, daß der Arbeiter auf den in der Fabrikation befindlichen Filzstoff in annähernd gleichen Mengen und Entfernungen Pflanzenfasern wirft, die darauf gepreßt werden und sich nun zu glänzenden Büscheln ausgestalten. Es stellt weiter fest, daß bei diesem Verfahren wohl ein gewisser einheitlicher Charakter und eine gleichartige Wirkung der verarbeiteten Masse erzielt werde, daß sich aber die genaueren Einzelheiten ihrer Formen und Linien nicht vorausbestimmen ließen, sondern mehr oder weniger vom Zufall abhingen. Mit diesen Feststellungen, gegen welche Bedenken nicht obwalten, ist es unvereinbar, den Mustern der Klägerin die Eigenschaft von Geschmacksmustern im Sinne des Gesetzes vom 11. Januar 1876 beizulegen. Nach § 1 dieses Gesetzes steht das Recht, ein gewerbliches Muster (oder Modell) ganz oder teilweise nachzubilden, dem Urheber desselben ausschließlich zu. Die formschöpferische Tätigkeit, die geschützt wird, beruht demnach im Muster, nicht in dem nachgebildeten Erzeugnis; sie liegt in der Aufstellung des Vorbildes, nicht in dessen Reproduktion. Von einem Muster kann also, mag man im übrigen an die Formgestaltung größere oder geringere Anforderungen stellen, nur die Rede sein, insofern die Nachbildung des Musters überhaupt möglich ist, dieses als Vorbild dienen soll und kann. In diesem Sinne könnten die von der Klägerin hinterlegten Filzstoffproben Muster sein, wenn es darauf ankäme, die aufgepreßten Pflanzenfasern in Lage und Verzweigung genau nachzuahmen. Aber daran ist nicht zu denken. Die Klägerin selbst will ihre Muster nicht so verstanden wissen. Die Reproduktion, auf die es abgesehen ist, überläßt es dem Zufalle, wie weit eine Übereinstimmung in den Einzelheiten erreicht wird; sie führt nur im allgemeinen zu einem gewissen einheitlichen Charakter und einer gleichartigen Wirkung der verarbeiteten Masse. Auch die Tätigkeit des Arbeiters bei der Herstellung des Filzstoffes ist nicht an eine feste Regel gebunden, indem er in jedem einzelnen Falle die Menge der aufzuwerfenden Pflanzenfasern und die Entfernungen, in denen dies zu geschehen hat, von neuem abschätzen muß. Unter diesen Umständen können als Gegenstand der Nachbildung jedenfalls nicht die einzelnen Muster in Betracht kommen, sondern als solchen könnte man nur bezeichnen den allgemeinen Gedanken, Ramie- oder ähnliche Pflanzenfasern zum Zwecke eines Geschmackseffektes dem Filzstoff aufzupressen. In dieser Allgemeinheit aber, welche die verschiedensten Variationen zuläßt, ist, obgleich im weiteren Sinne und gegenüber ganz anders hergestellten Stoffen noch von Einheitlichkeit des Charakters und gleichartiger Wirkung gesprochen werden darf, noch nicht diejenige formschöpferische Geistestätigkeit abgeschlossen, deren Erzeugnis das Gesetz als Geschmacksmuster gegen unbefugte Nachbildungen schützt. Damit wird auch das nicht erreicht, was der Farben- und Glanzeffekt bei Moiré, irisierenden Stoffen und dergleichen ist, welcher zwar nach Lage und Licht variiert, aber auf der gleichen Struktur des Gewebes beruht, während bei der Klägerin jedes einzelne Erzeugnis selbst schon verschieden ist. Was die Klägerin unter den Schutz des Gesetzes stellen will, ist vielmehr in Wirklichkeit ein mehr oder minder bestimmtes Verfahren, das auch in seinen Produkten nicht zur Nachbildung eines Musters, als einer maßgebenden Vorlage für die danach herzustellenden gewerblichen Erzeugnisse, führt. Diese Auffassung liegt offenbar auch der Entscheidung des Berufungsgerichts zugrunde. Denn nachdem hervorgehoben ist, daß es den streitigen Mustern an einer bestimmten Umgrenzung und einer bestimmten Linienführung fehle, wird weiter geltend gemacht, daß sie überhaupt keine feststehende Form hätten, sondern nur nach einem bestimmten Verfahren hergestellt würden, das die Hervorbringung annähernd ähnlicher Gebilde mit gleichartiger allgemeiner Wirkung auf das Auge des Beschauers sichere.

Aus diesen Gründen kann der Revision nicht zugegeben werden, daß die angefochtene Entscheidung auf Verkennung des für das Geschmacksmuster erforderlichen Formbegriffs beruhe. Unbegründet ist aber auch der weitere Revisionsangriff.

Im Anschluß an die oben erwähnten Ausführungen heißt es in der Begründung des Berufungsurteils, daß danach die Klägerin durch den Schutz der hergestellten Erzeugnisse indirekt den Schutz eines Verfahrens, einer Fabrikationsmethode erreichen würde, was nicht der Zweck des Musterschutzes sei, wozu vielmehr das Patentrecht diene. Die Revision erklärt dies für verfehlt. Sie meint, daß die Frage, welche indirekten Wirkungen der Geschmacksmusterschutz im einzelnen Falle haben könne, für die Zulässigkeit des Musterschutzes ohne entscheidende Bedeutung sei. Dies ist an sich ganz richtig; allein der angegriffene Satz verdient den Vorwurf nicht. Wie der Zusammenhang ergibt, ist die Meinung des Berufungsrichters nicht, daß die klägerischen Muster, obgleich sonst dazu geeignet, doch aus dem Grunde von dem Musterschutz ausgeschlossen seien, weil dadurch indirekt ein Verfahren geschützt würde, sondern, nachdem bereits verneint ist, daß die Muster schutzfähig seien, kann das weitere Argument nur den Sinn haben, daß ein Verfahren für sich nicht Gegenstand des Geschmacksmusterschutzes sein könne." ...

---

13. Unterhaltspflicht des Ehemannes. Vertragsmäßige Festsetzung einer Unterhaltsrente zugunsten der Ehefrau für die Zeit des ehelichen Zusammenlebens und für die Zeit der Trennung.

B.G.B. §§ 1353 flg. 1360. 1361. 1614.

IV. Zivilsenat. Urt. v. 29. Mai 1905 i. S. Ehefrau Sch. (Kl.) w. Sch. (Bekl.). Rep. IV. 26/05.

I. Landgericht I Berlin.
II. Kammergericht daselbst.

Die Parteien hatten am 4. April 1901 vor Notar einen Vertrag geschlossen, wonach der Ehemann sich verpflichtete, seiner Frau an Alimenten für die Dauer ihres Lebens den Betrag von monatlich 1000 ℳ zu zahlen, auch zur Sicherstellung der Rente Hypothekforderungen verpfändete. In dem Vertrage war hervorgehoben, daß der Frau die Unterhaltsforderung zustehen solle ohne Rücksicht darauf, ob die Ehegatten zusammenwohnten oder getrennt voneinander lebten. Nachdem sie sich im September 1902 getrennt hatten, klagte die Frau auf Zahlung der Rente. Das Berufungsgericht wies den Anspruch insoweit ab, als er auf den Vertrag gestützt war. Die Revision der Klägerin hatte keinen Erfolg.

Aus den Gründen:

„Das Berufungsgericht hat ausgeführt, der Vertrag vom 4. April 1901 sei nichtig. Der Vertrag solle die Klägerin berechtigen, nach ihrem freien Belieben und ohne Rücksicht darauf, ob ihr dazu ein gesetzlicher Grund zur Seite stehe (§ 1353 Abs. 2 B.G.B.), dauernd von dem Beklagten getrennt zu leben. Das widerspreche dem Gesetz; der Vertrag sei nichtig nach §§ 134. 138. Der Vertrag treffe aber nicht bloß Vorsorge für den Fall einer Trennung, sondern wolle auch — wenigstens dem Wortlaute nach — den Fall regeln, daß die Parteien in ehelicher Gemeinschaft lebten. Insoweit verstoße er gegen § 1360 in Verbindung mit § 1614; denn für diesen Fall enthalte er einen Vergleich über die Höhe und den Umfang des Unterhaltsanspruchs der Klägerin, sowie über seine — vom Gesetze abweichende — Art der Erfüllung. An die Stelle der durch die eheliche Gemeinschaft bedingten und vom Gesetz vorgeschriebenen unmittelbaren Gewährung des Unterhalts solle die Entrichtung der Geldrente treten, und deren Höhe solle sich nicht nach Maßgabe der Lebensstellung, des Vermögens und der Erwerbstätigkeit des Beklagten bestimmen, sondern ein für allemal auf 12000 ℳ jährlich festgesetzt sein. Während der ehelichen Gemeinschaft dürfe aber der Unterhalt der Frau nicht in einer Geldrente gewährt werden, sondern sei in der durch die eheliche Lebensgemeinschaft gebotenen Weise zu gewähren, d. h. durch unmittelbare Beschaffung des Unterhalts. Zugleich liege aber in der vertragsmäßigen Festsetzung der Höhe des Unterhalts auf 12000 ℳ jährlich ein Verzicht der Frau insoweit, als sie nach Abs. 1 des § 1360 berechtigt wäre, höhere Aufwendungen für ihren Unterhalt vom Manne zu fordern. Der § 1614 verbiete jede vertragsmäßige Abmachung, die den gesetzlichen Unterhaltsanspruch vermindere. Eine solche vertragsmäßige Abmachung sei nichtig (§ 134) und nicht etwa in dem Sinne einseitig wirksam, daß sie zwar den Mann zur Entrichtung des vertragsmäßig festgesetzten Unterhalts nach Art und Höhe verpflichte, die Frau aber an die Abmachung nicht gebunden sei. Es bleibe noch die Frage zu erörtern, ob der Vertrag eine unter den Voraussetzungen des § 1361 erfolgende Trennung der Parteien nach ihrer wirtschaftlichen Seite regeln wolle, und ob er gemäß § 139 insoweit gültig sei. Diese Frage sei zu verneinen. Der Vertrag erwähne mit keinem Wort, daß er sich auf eine gemäß § 1361 und § 1353 seitens der Klägerin herbeigeführte Trennung der Parteien beziehe. Dieser Annahme widerspreche seine ganze Fassung. Ein Anspruch aus § 1361 wäre der Klägerin auch dann zuzubilligen, wenn Beklagter unberechtigt die Herstellung der häuslichen Gemeinschaft verweigerte; aber auch nach dieser Richtung hin enthalte der Vertrag selbst nicht die geringste Andeutung; die eigene Erklärung der Klägerin spreche dagegen, daß durch den Vertrag für diesen Fall Vorsorge habe getroffen werden sollen, denn die Klägerin habe sich durch denselben schlechthin, gleichviel wie sich ihre ehelichen Verhältnisse gestalteten, die bedungene Rente sichern wollen. Nehme man auch an, daß zur Regelung eines aus § 1361 sich ergebenden Anspruchs der Frau ein Vertrag unter Eheleuten gültig geschlossen werden könne, so könne doch der Vertrag in dieser Beschränkung aus § 139 nicht aufrecht erhalten werden, da nicht anzunehmen sei, daß er ohne den nichtigen Teil geschlossen worden wäre; denn darauf sei es den Parteien angekommen, der Klägerin nach ihrem Belieben sowohl die dauernde Trennung von dem Beklagten zu gestatten, als auch für den Fall der Fortführung der ehelichen Lebensgemeinschaft eine in barem Gelde zu gewährende Unterhaltsrente auf Lebenszeit zu sichern. Soweit die Klägerin ihren Anspruch auf das Gesetz (§ 1361) gründe, sei er in Höhe von 500 ℳ monatlich vom Beklagten anerkannt. . . .

Wenn auch nicht alle diese Erwägungen zu billigen sind, so beruht doch die Entscheidung nicht auf Gesetzesverletzung.

Das Berufungsgericht hat angenommen, der Vertrag vom 4. April 1901 habe die Klägerin berechtigen sollen, nach ihrem freien

Belieben und ohne Rücksicht darauf, ob ihr dazu ein gesetzlicher Grund zur Seite stehe, dauernd von dem Beklagten getrennt zu leben. Diese Annahme ist nicht zu beanstanden; sie beruht auf der Auslegung des Vertrages. Der Inhalt des Vertrages in Verbindung mit den Umständen, unter denen die Vereinbarung getroffen wurde, konnte dem Berufungsgericht die Überzeugung von der Richtigkeit seiner Auffassung verschaffen. Ebensowenig unterliegt die Schlußfolgerung, diese Abmachung sei nichtig, einem Bedenken; denn die Verpflichtung zur ehelichen Lebensgemeinschaft (§ 1353) kann nicht durch Vereinbarungen der Eheleute aufgehoben oder eingeschränkt werden. . . .

Das Berufungsgericht hat ferner angenommen, der Vertrag regele auch den Fall, daß die Parteien in ehelicher Gemeinschaft lebten, also den Fall des § 1360; während der ehelichen Gemeinschaft dürfe aber der Unterhalt der Frau nicht in einer Geldrente gewährt werden, sondern sei in der durch die eheliche Lebensgemeinschaft gebotenen Weise, d. h. durch unmittelbare Beschaffung des Unterhalts zu gewähren. Ob es bei der Verschiedenheit der Verhältnisse nicht auch Fälle gibt, in denen der Ehegatte den ihm nach § 1360 obliegenden Verpflichtungen durch Hingabe eines Geldbetrags gerecht wird, kann dahingestellt bleiben; richtig erscheint die Annahme des Berufungsgerichts, daß eine vertragsmäßige Verpflichtung des Ehemannes, für den ehelichen Aufwand eine bestimmte Summe an die Frau zu zahlen, dem Wesen der Ehe widerspricht. Maßgebend für das eheliche Zusammenleben sind die Bestimmungen der §§ 1354, 1356 und 1357. Danach steht dem Manne die Entscheidung in allen das gemeinschaftliche eheliche Leben betreffenden Angelegenheiten zu; die Frau ist berechtigt und verpflichtet, das gemeinschaftliche Hauswesen zu leiten; sie ist auch berechtigt, innerhalb des häuslichen Wirkungskreises die Geschäfte des Mannes für ihn zu besorgen und ihn zu vertreten; doch kann der Mann dieses Recht der Frau beschränken oder ausschließen. Für rechtsgeschäftliche Abmachungen unter Eheleuten in diesen Beziehungen ist kein Raum.

Dagegen läßt sich dem Berufungsgericht nicht beitreten in der Annahme, der Vertrag vom 4. April 1901 sei wegen Verstoßes gegen die Vorschrift des § 1614 nichtig. Der Berufungsrichter hat den der Klägerin auf Grund der gesetzlichen Bestimmungen zukommenden Unterhalt auf 6000 ℳ jährlich bemessen. Da in dem Vertrage eine Unterhaltsrente von 12000 ℳ festgesetzt worden ist, so ist nicht abzusehen, wie durch den Vertrag der gesetzliche Unterhaltsanspruch vermindert worden sein sollte. Ob die Verhältnisse der Eheleute sich je so gestalten werden, daß die Klägerin auf Grund der gesetzlichen Bestimmungen eine den Betrag von 12000 ℳ übersteigende Jahresrente zu fordern haben wird, läßt sich nicht bestimmen. Sollte dieser Fall eintreten, so wäre allerdings eine die Erhöhung ausschließende Vereinbarung unwirksam, aber doch nur hinsichtlich des Teiles, um welchen der gesetzliche Betrag des Unterhalts den vertragsmäßig festgesetzten Betrag übersteigt.

Vgl. Entsch. des R.G.'s in Zivils. Bd. 50 S. 96; Urteil vom 20. März 1902 in der Jurist. Wochenschr. 1902 Beil. S. 220 Nr. 73.

Was weiterhin die Anwendung des § 1361 angeht, so ist der Berufungsrichter davon ausgegangen, es könne zur Regelung eines aus dieser Gesetzesbestimmung sich ergebenden Anspruchs der Frau ein Vertrag unter Eheleuten gültig geschlossen werden, soweit er nicht zugleich die dauernde Trennung der Ehegatten zum Gegenstande habe. Aus Gründen aber, die auf tatsächlichem Gebiete liegen, ist angenommen worden, daß das Abkommen der Parteien ohne die nichtigen Teile nicht getroffen worden wäre, gemäß § 139 sonach das Rechtsgeschäft nicht für den Fall rechtswirksam sei, daß die Voraussetzungen des § 1361 vorlägen. Rechtliche Bedenken gegen diese Auffassung bestehen nicht." ...

---

14. Einfluß des Vertragsverhältnisses zwischen dem Tierhalter und dem Hufschmiede, der die Hufe eines Pferdes zu beschlagen übernommen hat, auf einen auf § 833 B.G.B. gestützten Anspruch des Hufschmiedes.

VI. Zivilsenat. Urt. v. 29. Mai 1905 i. S. H. (Bekl.) w. S. (Kl.). Rep. VI. 507/04.

I. Landgericht Kaiserslautern.
II. Oberlandesgericht Zweibrücken.

Das Berufungsurteil, welches den Beklagten für verpflichtet erklärt hatte, dem Kläger den vollen Schaden zu ersetzen, der daraus entstanden sei, daß ihm das Pferd des Beklagten einen Hufschlag versetzt habe, ist aufgehoben worden, aus folgenden

Gründen:

... „Die Aufhebung des Berufungsurteils muß zunächst ... deswegen erfolgen, weil es ein nach § 304 Z.P.O. erlassenes Zwischenurteil darstellt, ohne daß die gesetzlichen Voraussetzungen eines solchen vorlägen. Zu diesen gehört, daß der Klaganspruch dem Betrage nach streitig sei (vgl. Entsch. des R.G.'s in Zivils. Bd. 58 S. 232); davon kann aber so lange gar nicht die Rede sein, als nicht ein bestimmter Betrag vom Kläger gefordert ist, und das ist hier in Ansehung keines der einzelnen von ihm geltend gemachten Ersatzansprüche der Fall. Ehe das Gericht in einem solchen Fall ein Urteil über den Grund eines Anspruchs erlassen kann, muß es eben die Parteien veranlassen, sich über den Betrag des letzteren auszusprechen.

Außerdem ist das angefochtene Urteil aber auch in materieller Beziehung unhaltbar. Zwar ging die Rüge des Beklagten fehl, daß der § 833 B.G.B. hier überhaupt mit Unrecht gegen ihn zur Anwendung gebracht sei, weil das Ausschlagen mit dem Hufe keine willkürliche Handlung des Pferdes gewesen, sondern mit physiologischer Notwendigkeit durch die dem Tiere zum Zwecke der Bewirkung des Hufbeschlags zuteil gewordene Behandlung hervorgerufen worden sei. Hierfür liegt nicht das mindeste vor, und daran wäre natürlich gar nicht zu denken, daß es etwa die regelmäßige Folge des Anfassens eines Pferdes von seiten des dasselbe beschlagenden Hufschmiedes sein sollte, daß das Pferd mit dem Hufe ausschlagen müßte. Aber das Oberlandesgericht hat darin rechtlich geirrt, daß es dem zwischen den Parteien bestehenden Vertragsverhältnisse keinen Einfluß auf die Beurteilung der Sache gestattet hat. In dieser Hinsicht ist zunächst auf die Entsch. in Zivils. Bd. 58 S. 410 flg. zu verweisen, wo schon ausgesprochen ist, daß in erster Linie nach dem Inhalte des abgeschlossenen Vertrages zu beurteilen sei, ob und inwieweit die Haftung aus § 833 B.G.B. ausgeschlossen sei, wenn sich der nunmehr Beschädigte dem Tierhalter vertragsmäßig verpflichtet habe, gewisse Verrichtungen an oder mit dem Tiere vorzunehmen. Dort handelte es sich um einen Trainer; ähnlich, wenn auch natürlich in Einzelheiten abweichend, liegt die Sache bei einem Hufschmied, wie er hier in Frage steht. Der Kläger hatte hier durch Werkvertrag dem Beklagten gegenüber die Beschlagung des Pferdes übernommen. Daraus war er verpflichtet, dieses Werk so auszuführen, daß dadurch keine Unfälle hervorgerufen würden; geschah letzteres doch, so hatte zunächst er dem Beklagten dafür aufzukommen; freilich konnte er sich exkulpieren; aber hierbei traf ihn die Behauptungs- und Beweislast (vgl. das Urteil i. S. C. w. Kl., Rep. VI. 354/04). Das Berufungsgericht hat nun aber an diese Einrede aus dem Vertrage gar nicht gedacht, sondern nur die Einrede des eigenen Verschuldens aus § 254 B.G.B. zugelassen, bei welcher die Beweislast umgekehrt lag. Es läßt sich nicht übersehen, wieweit durch diese falsche Verteilung der Beweislast die Entscheidung beeinflußt ist, und auch deshalb muß die Aufhebung erfolgen. Endlich wäre aber auch zu erwägen gewesen, wieweit nach der Natur des Vertrages der Kläger etwa die mit der auszuführenden Verrichtung unzertrennlich verbundene Gefahr übernommen habe." ...

---

15. Wird in einem Falle, wo zwei Eisenbahnunternehmer für die Schadensfolgen eines durch den beiderseitigen Betrieb herbeigeführten Unfalles aus § 1 des Haftpflichtgesetzes als Gesamtschuldner haftbar geworden sind, das Recht des einen Unternehmers auf Ausgleichung nach § 426 B.G.B. dadurch ausgeschlossen, daß er daneben dem Verletzten, als seinem Fahrgast, auch aus dem Beförderungsvertrage schadensersatzpflichtig ist?

VI. Zivilsenat. Urt. v. 29. Mai 1905 i. S. Elektr. Berl. Straßenbahn (Bekl.) w. Große Berl. Straßenbahn (Kl.). Rep. VI. 441/04.

I. Landgericht I Berlin.
II. Kammergericht daselbst.

Bei dem Zusammenstoß eines Motorwagens der Klägerin mit einem Straßenbahnzug der Beklagten war der Schuhmacher M., welcher sich als Fahrgast auf dem Wagen der Klägerin befand, verletzt worden. M. hatte allein die Klägerin auf Schadensersatz belangt, und diese hatte in einem gerichtlichen Vergleiche sich verpflichtet, dem M. außer schon bezahlten 300 ℳ weitere 700 ℳ und eine Jahresrente von 960 ℳ zu bezahlen. Die Klägerin verlangte nun von der Beklagten Ersatz der Hälfte der von jener geleisteten und noch zu leistenden Entschädigung. Die vorderen Instanzen erklärten den Klaganspruch (in der Beschränkung auf die Hälfte des nach dem Vergleiche zu Leistenden) für begründet. Die Revision der Beklagten ist zurückgewiesen worden.

Aus den Gründen:

... „Das Berufungsgericht ist ..., unter Bezugnahme auf die Rechtsprechung des Reichsgerichts, namentlich das Urteil vom 24. November 1902 (Entsch. in Zivils. Bd. 53 S. 114 flg.), davon ausgegangen, daß der Betriebsunternehmer für Unfälle aus dem Haftpflichtgesetze wie aus einer unerlaubten Handlung hafte, und daß deshalb gegenüber den mehreren Schuldnern die Vorschriften der §§ 840. 421 B.G.B. Anwendung fänden. Ein jeder sei die ganze Leistung zu bewirken verpflichtet; aber der Gläubiger sei nur einmal die Leistung zu fordern berechtigt; darin liege das Wesen der Gesamtschuld. Ob diese außerdem noch Gleichheit des Schuldgrundes erfordere, könne unerörtert bleiben; hier beruhe die Ersatzpflicht auf demselben Ereignisse, auf dem gleichen Entstehungsgrund, und damit sei dem Erfordernisse der eadem causa — una eademque obligatio — jedenfalls nach dem Bürgerlichen Gesetzbuch genügt. Der Einwand der Beklagten, daß der Schuhmacher M. als Fahrgast der Klägerin verletzt worden sei, und die Klägerin ihm aus dem Vertrage hafte, ist vom Berufungsrichter als unbeachtlich angesehen: daß der Verletzte eine Fahrkarte gelöst habe, sei ein zufälliger Begleitumstand, der für die juristische Konstruktion des Anspruches von Bedeutung sei, aber nicht dessen causa bilde. Gesamtschuldner aber seien nach § 426 B.G.B. im Verhältnisse zueinander zur Ausgleichung verpflichtet, „soweit nicht ein anderes bestimmt ist". Eine solche Ausnahme liege im gegenwärtigen Falle nicht vor. Es bestehe auch nicht ein Regreßanspruch der Beklagten der Klägerin gegenüber, wonach jene nicht im Wege der Ausgleichung das beanspruchen dürfte, was sie der Klägerin wieder erstatten müßte. Der Klägerin falle weder ein vertretbares außervertragliches, noch auch ein vertretbares vertragliches Verschulden zur Last. Die Beklagte selbst führe den

Unfall lediglich auf ein angeblich vorschriftswidriges Verhalten des klägerischen Wagenführers L. zurück. Allein nach der einwandsfreien Feststellung des Landgerichts habe die Klägerin bei Auswahl des L. die erforderliche Sorgfalt nicht außer acht gelassen; damit sei sie nach § 831 B.G.B. entlastet. Auch der weitere Einwand der Beklagten, daß zwischen den Parteien ein Vertragsverhältnis hinsichtlich der fraglichen Bahnstrecke, vermöge des Mitbenutzungsrechtes der Beklagten, bestehe, welches die Klägerin verpflichte, den Betrieb auf dieser Strecke gefahrlos zu gestalten, wird von dem Berufungsgericht verworfen. Das etwaige Vertragsverhältnis würde der Beklagten nur das Recht des Konkurrenzbetriebes gewähren, nicht das Recht auf irgendwelche Beschränkung des eigenen Betriebes der Klägerin; in diesem Eigenbetrieb aber habe sich der Unfall ereignet; lediglich diesem Betriebe hätten die Dienste des Wagenführers L. gegolten; damit scheide die Vorschrift des § 278 B.G.B. aus; L. habe nicht Leistungen zu erfüllen gehabt, welche die Klägerin der Beklagten schuldete. Auf die Vorschrift des § 276 B.G.B. könne nicht die Ansicht der Beklagten gestützt werden, daß die Klägerin, wenn sie ihre Schuld zum Teil mit Mitteln der Beklagten decken wollte, sich ungerechtfertigt bereichern oder doch arglistig handeln würde; die Schuld, deren teilweise Tilgung mit der Klage begehrt werde, sei die eigene der Beklagten und eine solche, deren Zahlung mangels eines besonderen Rechtstitels keinen späteren Regreßanspruch gegen die Klägerin begründen könne. Die Beklagte könne sich daher der Ausgleichungspflicht nach § 426 B.G.B. nicht entziehen.

Diese Ausführungen sind keinesfalls insoweit zu beanstanden, als sie die Anwendung der Vorschriften in § 840 Abs. 1. § 421 und folgeweise die des § 426 B.G.B. auf die Gesamthaftung mehrerer Betriebsunternehmer aus dem Reichs-Haftpflichtgesetz dem Grundsatze nach betreffen. Es kann sich nur fragen, ob die Ausgleichungspflicht nach § 426 B.G.B. vorliegend durch die besondere Rechtslage des Falles ausgeschlossen wird. Die Revision macht in dieser Beziehung folgendes geltend. Insofern, als sowohl gegen die Klägerin, wie gegen die Beklagte die Haftung aus § 1 des Haftpflichtgesetzes begründet sei, bestehe allerdings ein Gesamtschuldverhältnis. Aber für die Klägerin ergebe sich neben dieser Haftung die Verpflichtung zur gleichen Leistung aus dem selbständigen Grunde des mit dem

Verletzten geschlossenen Vertrages. Diese Verpflichtung treffe sie allein. Würde also die Klägerin auf Grund des bestehenden Gesamtschuldverhältnisses mittels des Ausgleiches nach § 426 B.G.B. die Hälfte des Betrages von der Beklagten erlangen, so würde die Klägerin damit zugleich von der einen Hälfte ihrer Verbindlichkeit befreit sein, welche die Beklagte nichts angehe. Dieses Ergebnis widerstreite dem Sinne des § 426. Bei dem Gesamtschuldverhältnisse sei die Verpflichtung aller Schuldner gleich; jeder hafte für sich und zugleich neben allen anderen; gerade darum habe § 426 als Regel den Grundsatz der Teilung aufstellen können. Das treffe aber nicht zu, wenn einer der mehreren außer der Gesamtschuld aus einem besonderen Verhältnisse noch für sich allein ohne die anderen hafte. Dann falle für ihn jener Grund zum Ausgleiche fort. Der § 426 B.G.B. müsse also wohl voraussetzen, daß für alle Beteiligten nur die Verpflichtung aus der Gesamtschuld in Frage komme, so daß also diese Vorschrift auf einen Fall der vorliegenden Art keine Anwendung fände. Es sei somit rechtsirrtümlich, wenn das Berufungsgericht ausspreche, die Tatsache, daß der Verletzte eine Fahrkarte gelöst gehabt habe, sei nur ein zufälliger Begleitumstand. Vielmehr sei das nähere Schuldverhältnis dasjenige der Klägerin dem Fahrgaste gegenüber aus dem Vertrage, kraft dessen sie auch nach Maßgabe des § 278 B.G.B. ein Verschulden ihrer Angestellten zu vertreten hätte. Man könnte es umgekehrt als „zufällig" bezeichnen, daß die Klägerin daneben aus dem Haftpflichtgesetze schadensersatzpflichtig sei. Wollte man die Ausgleichungspflicht in solchem Falle nach § 426 Abs. 1 B.G.B. bejahen, so würde die Vorschrift im Abs. 2 daselbst zu dem Ergebnisse führen, daß der gesetzliche Übergang einer Forderung stattfände, hinsichtlich deren keine Gesamtschuld bestand.

Die Auffassung der Revision konnte nicht als zutreffend anerkannt werden; vielmehr war — im Ergebnis jedenfalls — dem Berufungsrichter beizustimmen.

Richtig ist zwar, daß die Klägerin dem M., wenn er als ihr Fahrgast verletzt, und die Verletzung durch Nichterfüllung der Vertragspflicht von seiten der Klägerin herbeigeführt worden ist, nicht bloß aus dem Haftpflichtgesetze, sondern auch aus dem Beförderungsvertrage haftet, und daß die Klägerin in diesem Falle dem Fahrgast für ein Verschulden ihres Angestellten gemäß § 278 B.G.B. einzustehen hätte, und dieses Obligationsverhältnis würde an sich die Beklagte in keiner Weise berühren. Allein diese Konkurrenz mehrerer Schuldgründe gegenüber dem Verletzten führt nicht dahin, daß die Ausgleichungspflicht nach § 426 B.G.B. der Gesamtschuldnerin gegenüber, insoweit eine Gesamtschuld wirklich besteht, auszuschließen wäre.

Der § 426 B.G.B. stellt keine absolute Norm auf; eine abweichende „Bestimmung" kann durch ausdrückliche oder stillschweigende Vereinbarung, oder vom Gesetz getroffen sein, wie in den §§ 840 Abss. 2. 3. § 841 und § 1833 Abs. 2, oder sie kann sich aus dem Inhalt und Zweck des Rechtsverhältnisses ergeben.

Vgl. Planck, B.G.B. 3. Aufl. Bd. 2 zu § 426 Bem. 1 S. 317; Dernburg, Bürgerl. Recht 3. Aufl. Bd. 2 Abt. 1 § 163 Ziff. IV S. 428.

Die erwähnte Gesetzesvorschrift beruht auf der Anschauung, daß zwischen den mehreren Gesamtschuldnern ein inneres Schuldverhältnis, ein Gemeinschaftsverhältnis bestehe, kraft dessen sie „einander zu der erforderlichen Mitwirkung und Beitragung bei der Leistung verpflichtet sind, sofern nicht nach dem inneren Verhältnisse die Leistung nur von einem oder einigen Genossen zu bewirken ist" (Motive zum B.G.B. Bd. 2 S. 169 flg.; Mugdan, Materialien S. 93 flg.). Daraus ergibt sich dann die gegenseitige Ausgleichungs- und Regreßpflicht. Ein solches Gemeinschaftsverhältnis besteht aber nur, soweit ein Gesamtschuldverhältnis im Sinne des Gesetzes (§ 421) zugrunde liegt, und nicht auch in Fällen, in denen ohne das rechtliche Band der Solidarität nur zufällig, aus verschiedenen, voneinander völlig unabhängigen Schuldgründen die Verpflichtung mehrerer auf einen gleichen Leistungsinhalt oder mit demselben Obligationszwecke begründet ist; also namentlich nicht in den Fällen, die von der neueren Theorie als solche der „unechten Solidarität" bezeichnet werden.

Vgl. Eisele, im Archiv f. civilist. Praxis Bd. 77 S. 458 flg. 478; Crome, System des Bürgerlichen Rechts Bd. 2 Abt. 1 § 206 Ziff. 3 S. 375 flg. u. Anm. 52; Dernburg, a. a. O.; Schollmeyer, Recht der Schuldverhältnisse zu § 426 Bem. 2 S. 431; Oertmann, Schuldverhältnisse, Vorbem. zu Abschn. 6 S. 141 Nr. 5c u. Bem. 2d zu § 426 S. 146; Planck, a. a. O.; Enneccerus u. Lehmann, Bürgerl. Recht Bd. 1 § 232 S. 568; vgl. auch noch Binder, Korrealobligationen S. 563 flg.

Als Beispiele hierfür pflegt man wohl anzuführen die Verpflichtung des Brandstifters und diejenige des Versicherers gegenüber dem Brandbeschädigten, den Fall, wenn ein Mieter oder Entleiher die Sache verliert oder vernachlässigt, und infolgedessen ein Dritter die Sache beschädigt oder stiehlt. Letzterenfalls ist der eine aus Delikt, der andere unabhängig davon durch Vertrag zum Ersatze desselben Schadens verpflichtet. Um ein solches Verhältnis uneigentlicher Solidarität könnte es sich vielleicht handeln, wenn für die Folgen eines Unfalles der eine Betriebsunternehmer nur aus dem Haftpflichtgesetze, der andere nur aus dem Vertrage dem Verletzten schadensersatzpflichtig wäre. Indes wäre schon dies mindestens dann fraglich, wenn die beiderseitigen Verpflichtungen sachlich demselben Tatbestand, als dem Entstehungsgrunde der Schadensersatzpflicht entsprungen sind und die gleiche Leistung zum Gegenstand haben. Dem Wortlaute nach setzt der § 421 B.G.B. zum Bestehen eiues Gesamtschuldverhältnisses weiter nichts voraus, als daß mehrere eine Leistung schulden in der Weise, daß jeder die ganze Leistung zu bewirken verpflichtet, der Gläubiger aber die Leistung nur einmal zu fordern berechtigt ist. Das Bürgerliche Gesetzbuch kennt nur diese eine Art des Gesamtschuldverhältnisses, unterscheidet nicht zwischen Korreal- und Solidarobligation und hat sich auch nicht für ein bestimmtes Prinzip bezüglich der Einheit oder Mehrheit der Obligation aussprechen wollen (Motive Bd. 2 S. 156; Mugdan, Materialien S. 86). Danach ließe sich die Annahme rechtfertigen, daß es nach dem Rechte des Bürgerlichen Gesetzbuchs für das Bestehen der Gesamtschuld auf Identität des Rechtsgrundes der Obligation (eadem causa in diesem Sinne) überhaupt nicht ankomme. Doch kann davon abgesehen werden, und auch dahingestellt bleiben, ob die Ausgestaltung der einzelnen Gesetzesbestimmungen, wie der §§ 424. 425, auf eine spätere grundsätzliche Abweichung von dem Standpunkte des ersten Entwurfes nach der einen oder anderen Richtung schließen lasse.

' Vgl. Binder, Korrealobligationen § 34 S. 569 flg.

Denn im vorliegenden Falle besteht zwischen den Parteien zweifellos ein wahres Gesamtschuldverhältnis in Ansehung der beiderseitigen Schuld aus dem Haftpflichtgesetze. Das damit von Rechts wegen verknüpfte Ausgleichungsrecht kann der Klägerin nicht schon um deswillen versagt werden, weil daneben für sie ein weiterer Schuldgrund dem Verletzten gegenüber zutrifft. Inhalt und Gegenstand der beiderseitig geschuldeten Leistung sind dadurch nicht geändert; die Schadensersatzpflicht nach Maßgabe des Haftpflichtgesetzes ist und bleibt eine auch der Beklagten obliegende Schuld. Wenn die Klägerin dem Verletzten Schadensersatz leistet, so wird dadurch nicht nur ihre eigene Schuld, — die aus dem Haftpflichtgesetz, wie auch, soweit sich hiermit die vertragliche Schuld dem Gegenstande nach deckt, diese letztere, — sondern auch die Haftpflichtschuld der Beklagten getilgt. Es besteht in diesem Umfang zwischen den Parteien jenes Gemeinschaftsverhältnis, wodurch die Ausgleichung nach § 426 B.G.B. bedingt ist. Ob und inwieweit das anders zu beurteilen sein würde, wenn die Klägerin von dem Verletzten lediglich aus dem Schuldgrunde des Beförderungsvertrages in Anspruch genommen wäre, sich allein hierüber mit demselben verglichen und, mit Beschränkung auf die Vertragsschuld, Leistungen gemacht hätte, braucht nicht untersucht zu werden. Ein solcher Fall liegt nicht vor. Wie anzunehmen ist (und auch von der Revision unterstellt wird), hatte der Verletzte M. die Klägerin auf Grund des Haftpflichtgesetzes belangt, und nur hinsichtlich dieser Verpflichtung beansprucht die Klägerin die Ausgleichung, welche denn auch in dem Berufungsurteil unzweideutig ... nur in der Beschränkung auf die Ersatzleistung nach Maßgabe des Haftpflichtgesetzes zugesprochen ist.

Für die Ausschließung der anteilsmäßigen Haftung im inneren Verhältnisse der Parteien müßte also ein anderweitiger besonderer Grund verlangt werden; einen solchen hat aber die Beklagte nicht dargetan.

Ein Regreßanspruch (von § 426 B.G.B. abgesehen) ist, wie das Berufungsurteil zutreffend ausführt, für die Beklagte nicht begründet. Hätte der Verletzte M. — was in seiner Wahl stand — von den beiden Gesamtschuldnerinnen zunächst die Beklagte in Anspruch genommen, so könnte diese von der Klägerin Ersatz verlangen, jedoch nur anteilsmäßig nach § 426 B.G.B., nicht zum ganzen Betrage. Zu einem anderen Ergebnisse allerdings würde die Ansicht führen, daß die Haftpflicht des Betriebsunternehmers der Eisenbahn sowohl dem eigentlichen Urheber des Schadens, wie allen sonst aus zivilrechtlichen Titeln Verpflichteten gegenüber eine subsidiäre oder eventuale sei, wonach der zuerst aus § 1 des Haftpflichtgesetzes belangte Betriebsunternehmer wegen der Wiedererstattung an jeden aus sonstigen zivilrechtlichen Gründen Verpflichteten Regreß nehmen könnte.

Vgl. Eger, Reichs-Haftpflichtgesetz 5. Aufl. zu § 1 S. 77 flg. Diese Auffassung hat das Berufungsgericht indessen mit Recht abgelehnt. Die durch das Reichs-Haftpflichtgesetz dem Eisenbahnunternehmer auferlegte Haftung ist nicht bloß eine vorläufige, dem Grunde nach gegenüber allen anderweiten Ansprüchen entferntere. Der Regelung dieser Haftpflicht liegt, wie in den Urteilen des erkennenden Senats vom 24. November 1902 (Entsch. in Zivils. Bd. 53 S. 121 flg.) und vom 20. März 1905 i. S. preuß. Eisenbahnfiskus w. St., Rep. VI. 239/04, ausgeführt ist, immerhin auch der Gedanke einer allgemeinen Schuldvermutung mit zugrunde, und es steht insofern der § 1 des Reichs-Haftpflichtgesetzes zwischen den auf vermutetem Verschulden im eigentlichen Sinne und den auf reiner Gefährdung beruhenden Schadenshaftungsgesetzen in der Mitte. Ist die Eisenbahnhaftpflicht als eine Verantwortlichkeit aus unerlaubter Handlung im Sinne von § 840 B.G.B. anzusehen, so kann sie keinesfalls im Verhältnisse zu der für einen anderen wegen bloßer Gefährdung oder auch aus vermutetem Verschulden bestehenden Haftung als die entferntere, sekundäre Verpflichtung gelten; im Gegenteil ist der Haftpflichtige den im § 840 Abs. 3 genannten „Dritten“ znzuzählen, welche im Verhältnisse zu den nach §§ 833—838 zum Schadensersatz Verpflichteten allein verpflichtet sind. Diese Konsequenz ist denn auch in der ersterwähnten Entscheidung gezogen; ebenso neuerdings in dem Urteil vom 27. Juni 1904 i. S. Gr. Berl. Straßenbahn w. K., Rep. VI. 425/03 (Entsch. in Zivils. Bd. 58 S. 335), wobei ausgeführt ist, daß die Ausnahmebestimmung in § 840 Abs. 3 eine analoge Ausdehnung auf ähnliche Fälle nicht zulasse. Die bei Eger, a. a. O. S. 77, angezogenen Urteile des Reichsgerichts vom 16. Dezember 1886 und vom 12. Mai 1887 (Eger, Eisenbahnrechtliche Entscheidungen Bd. 5 S. 291, Bd. 6 S. 41) können, wie schon im Berufungsurteil dargelegt ist, für die Annhme einer allgemeinen Regreßpflicht des dritten Haftpflichtigen gegenüber dem Eisenbahnunternehmer nicht verwertet werden; ein Regreßanspruch war in jenen Fällen begründet teils aus deliktischer, teils aus vertraglicher Verantwortlichkeit des Dritten gegenüber dem Eisenbahnunternehmer; übrigens ist in der erstangeführten Entscheidung verneint, daß der Regreßanspruch auf die Fiktion einer Zession des Entschädigungsanspruches gestützt werden könne.

Wollte man, mit Dernburg (a. a. O. § 163 Ziff. IV S. 428), die anteilige Haftung nach § 426 B.G.B. unter den Gesamtschuldnern überall da ausschließen, wo ihre Zulassung der Billigkeit widerstreitet, so könnte man aus diesem Gesichtspunkte dahin gelangen, in dem Falle einer Gesamthaftung mehrerer Betriebsunternehmer aus § 1 des Haftpflichtgesetzes die Anwendbarkeit des § 426 zugunsten desjenigen Betriebsunternehmers zu verneinen, welcher durch sein Verschulden den die gemeinsame Haftung begründenden Unfall herbeigeführt hat. Es würde in solchem Falle vielleicht dem anderen, unschuldigen Betriebsunternehmer, wenngleich er den schuldigen Unternehmer nicht aus § 823 Abs. 1 B.G.B. wegen des ihm durch die Haftpflicht erwachsenden Vermögensschadens in Anspruch nehmen kann, doch die Berufung darauf zu verstatten sein, daß eine Entlastung dessen, der schuldhafterweise allein den Haftpflichtfall zur Entstehung gebracht hat, auf Kosten des anderen nicht im Sinne des Gesetzes und in der Zweckbestimmung des § 426 B.G.B. gelegen sei. Allein das würde nicht in gleicher Weise zutreffen, wenn dem Betriebsunternehmer selbst ein eigenes oder von ihm nach §§ 31. 89 B.G.B. zu vertretendes Verschulden nicht zur Last fällt, wenn lediglich das fahrlässige oder ordnungswidrige Handeln eines Bahnbediensteten als Ursache des Unfalles in Frage steht. Der Bahnbetriebsunternehmer haftet unbedingt für Handlungen seiner Leute in Ausübung ihres Dienstes gleichwie für Mängel seiner Betriebsmittel (den sog. inneren Zufall; vgl. Eger, Reichs-Haftpflichtgesetz S. 117); es gehört das zur Betriebsgefahr, welche der Unternehmer dem Dritten gegenüber zu verantworten hat. Für das innere Verhältnis der mehreren als Gesamtschuldner haftbar gewordenen Betriebsunternehmer kann aber der Umstand, daß im gegebenen Falle das Verschulden eines Angestellten der einen Bahn den Zusammenstoß veranlaßt hat, nicht ohne weiteres die Ausschließung des § 426 B.G.B. rechtfertigen; das würde auch keineswegs der Billigkeit entsprechen.

Im gegenwärtigen Falle ist von einem Verschulden der Klägerin, d. h. ihrer verfassungsmäßig berufenen Vertreter, keine Rede; auch wegen der Auswahl des Wagenführers trifft sie nach der Feststellung der Vorinstanzen keine Schuld. Der Grundsatz des § 278 B.G.B. kann von der Beklagten nicht dem Klaganspruch entgegengehalten werden. Die vertraglichen Beziehungen zwischen der Klägerin und dem verletzten Fahrgaste berühren die Beklagte nicht, und sie kann aus diesen keine Ansprüche oder Einwendungen ableiten. Was aber das angebliche Vertragsverhältnis zwischen den Parteien selbst anlangt, so ist die Annahme des Berufungsgerichts, daß die etwaige Vertragspflicht der Klägerin nicht die Handhabung des eigenen Betriebes derselben auf der von der Beklagten mitbenutzten Strecke zum Gegenstande gehabt hätte, nicht rechtsirrtümlich; die Anwendbarkeit des § 278 B.G.B. in dieser Richtung ist danach folgerichtig verneint.

Auch das trifft nicht zu, daß die Klägerin, wenn der Beklagten die Ausgleichung zur Hälfte auferlegt wird, auf Kosten der letzteren ohne Rechtsgrund bereichert sein würde. Die Vertragsschuld der Klägerin bestand von vornherein im untrennbaren Zusammenhang mit der gemeinschaftlichen Haftpflichtschuld, und durch die Bezahlung der Haftpflichtschuld der Klägerin wird rechtsnotwendig zugleich diejenige der Beklagten mitgetilgt. Aus § 426 Abs. 2 B.G.B. läßt sich ein Argument gegen den Klaganspruch nicht herleiten; die Forderung, welche durch Befriedigung des Gläubigers auf die Klägerin übergegangen ist, oder übergehen wird, ist lediglich der Anspruch des Verletzten aus dem Haftpflichtgesetze." ...

---

16. In welcher Weise hat der in § 341 Abs. 3 B.G.B. bestimmte Vorbehalt des Rechts auf die Vertragsstrafe zu erfolgen? Genügt zur Erhaltung dieses Rechts das bloße Vorhandensein eines solchen Vorbehaltwillens, oder der bloße Mangel des Willens auf seiten des Gläubigers, auf die Vertragsstrafe zu verzichten?

II. Zivilsenat. Urt. v. 30. Mai 1905 i. S. Rh. P. Z. (Bekl.) w. F. & Co. (Kl.). Rep. II. 572/04.

I. Landgericht Köln.
II. Oberlandesgericht daselbst.

In einem am 17. Juli 1900 zwischen der Klägerin als Verkäuferin und der Beklagten als Käuferin abgeschlossenen Lieferungsvertrage über Gleismaterialien war bestimmt, daß die Lieferung eines Teils der Waren sofort zu beginnen habe, daß die Schwellen am 1. August 1900 geliefert, und daß für jeden Tag späterer Absendung 100 *M* Vertragsstrafe von der Verkäuferin gezahlt werden sollten. Diese Lieferfristen wurden von der Verkäuferin nicht eingehalten, sondern die letzte der vertraglichen Lieferungen erst am 1. September 1900 bewirkt. Gegenüber der auf Zahlung des Restbetrags des Kaufpreises der Waren gerichteten Klage der Verkäuferin machte die Beklagte wegen verspäteter Lieferung einen Gegenanspruch von 3000 *M* als Betrag der vereinbarten und für die Zeit vom 1. bis zum 31. August 1900 berechneten Vertragsstrafe geltend. Die Klägerin bestritt diese Gegenforderung deshalb, weil die Beklagte bei Annahme der ihr zugesandten Waren einen bezüglichen Vorbehalt nicht gemacht habe. Demgemäß wurde vom Oberlandesgericht für unbegründet erklärt. Die hiergegen von der Beklagten eingelegte Revision wurde zurückgewiesen, aus folgenden

Gründen:

„In der für die Prüfung der Revision allein in Betracht kommenden Begründung des Zwischenurteils des Berufungsgerichts... ist im wesentlichen ausgeführt; die Beklagte könne die von ihr geforderte, im Briefe der Klägerin vom 17. Juli 1900 ihr für den Fall verspäteter Lieferung der Waren zugesagte Vertragsstrafe trotz des Verzugs der Klägerin um deswillen nicht beanspruchen, weil sie bei der Annahme der Erfüllung einen der Bestimmung des § 341 Abs. 3 B.G.B. entsprechenden Vorbehalt nicht gemacht habe, namentlich nicht durch ihre Briefe vom 2., 16. und 28. August 1900 (was näher dargelegt wird). Erst in ihrem Briefe vom 15. September 1900 habe sie sich der Klägerin gegenüber dahin ausgelassen, daß sie dieser die für die Überschreitung der Lieferzeit festgesetzte Vertragsstrafe an ihrer Rechnung kürzen werde. Sie sei aber bereits vor diesem letzten Briefe ihres Rechts auf die Vertragsstrafe verlustig gegangen, da sie schon vorher die ganze von der Klägerin geschuldete Leistung — und zwar den letzten Teil der Lieferung, die Laschen, am 1. September 1900 — ohne Vorbehalt angenommen habe. . . .

Die Revisionsklägerin hat ... gerügt, das Berufungsgericht sei bei seiner Annahme, daß sie keinen der Bestimmung des § 341 Abs. 3 B.G.B. entsprechenden Vorbehalt der Klägerin gegenüber gemacht habe, daß namentlich ihr Brief vom 28. August 1900 einen solchen nicht enthalte, von einer zu engen Auffassung des nach § 341 Abs. 3 erforderlichen Vorbehalts ausgegangen; denn es sei nicht notwendig, daß ein solcher Vorbehalt mit ausdrücklichen Worten erfolge; sondern es genüge, daß aus den Umständen hervorgehe, daß der Empfänger einer Leistung diese nicht vorbehaltlos annehme, und der Leistende ersehen könne, daß der Empfänger nicht auf die Strafe verzichten wolle. Auch diese Beschwerde konnte nicht für begründet erachtet werden. Allerdings ist für den nach § 341 Abs. 3 zur Erhaltung des Anspruchs auf die Vertragsstrafe erforderlichen Vorbehalt, der als eine empfangsbedürftige Willenserklärung des Gläubigers im Sinne des § 130 B.G.B. aufzufassen ist, der Gebrauch bestimmter Worte gesetzlich nicht vorgeschrieben. Derselbe kann daher nicht nur durch Worte, sondern auch durch andere äußere Mittel erfolgen, durch welche ein solcher Vorbehaltswille des Gläubigers *in einer dem Schuldner erkennbaren* Weise ausgedrückt wird. Aber es bedarf immerhin einer solchen äußeren *Kundgebung* des auf die Erhaltung des Anspruchs auf die Vertragsstrafe gerichteten Willens des Gläubigers. Das *bloße Vorhandensein* eines solchen Willens ohne eine dem Schuldner verständliche Erklärung desselben, oder der bloße Mangel des Willens des Gläubigers, auf die Vertragsstrafe zu verzichten, genügen nicht, um das Recht des die Vertragsleistung des Schuldners ohne weitere Erklärung annehmenden Gläubigers auf die Vertragsstrafe zu erhalten, und zwar auch dann nicht, wenn das Vorhandensein eines solchen Vorbehaltwillens oder das Nichtvorhandensein des Verzichtwillens des Gläubigers aus den *sonstigen Umständen des Falls* zu entnehmen sein sollte; denn wenn man das eine oder andere als nach § 341 Abs. 3 a. a. O. zur Erhaltung des Anspruchs auf die Vertragsstrafe genügend, und demgemäß eine *Erklärung* des Willens des Gläubigers, sich diesen Anspruch vorzubehalten, als nicht erforderlich ansehen wollte, so würde der Inhalt und die Bedeutung dieser Vorschrift in einer weder dem Wortlaute noch der Entstehungsgeschichte derselben entsprechenden Weise abgeschwächt, und in den meisten Fällen, in welchen der

Gläubiger die Erfüllung ohne Erklärung des fraglichen Vorbehalts annimmt, eine bedenkliche Rechtsunsicherheit über das Fortbestehen des Anspruchs auf die Vertragsstrafe vorhanden sein. Einer solchen Rechtsunsicherheit sollte aber gerade durch die von der Kommission für die zweite Lesung des Bürgerlichen Gesetzbuchs angenommene endgültige Fassung des § 341 Abs. 3 vorgebeugt werden. Im Entwurfe I des Bürgerlichen Gesetzbuchs war nämlich dem der Fassung des § 341 Abs. 3 des Gesetzes im wesentlichen entsprechenden Satze 2 des § 421 der Zusatz beigefügt, daß die betreffende Regel keine Anwendung finde, wenn der Gläubiger bei Annahme der Hauptleistung von seinem Rechte auf die Strafleistung oder von dem Eintritte der Voraussetzungen desselben nicht unterrichtet wäre. Dieser Zusatz wurde von der zweiten Kommission gestrichen, um den Schuldner wirksamer zu schützen und um Streitigkeiten abzuschneiden. Aus den Verhandlungen dieser Kommission erhellt, daß von ihr die Vorschrift des § 341 Abs. 3 als eine durch wesentlich praktische Rücksichten gebotene, durchgreifende Norm angesehen wurde, die sich dadurch rechtfertige, daß es sich nicht als eine zu hohe Anforderung an den Gläubiger darstelle, wenn man verlange, daß er sich beim Empfang der Hauptleistung zu äußern habe, ob er die Vertragsstrafe noch ferner in Anspruch nehmen wolle, und daß man demgemäß zur Wahrung des Rechts auf die Vertragsstrafe eine „Erklärung" des Vorbehalts seitens des Gläubigers für angemessen erachtete (vgl. Protokolle II. Bd. 1 S. 778. 779; Entsch. des R.G.'s in Zivils. Bd. 57 S. 341). Der (hiernach schon bei den gesetzgeberischen Verhandlungen betonten) erwähnten Bedeutung des § 341 Abs. 3 B.G.B. entspricht aber auch dessen Wortlaut, indem namentlich der Ausdruck „sich vorbehält" auf eine entsprechende Willensäußerung des Gläubigers als eine besondere, auf die Erhaltung dieses Anspruchs bei der Annahme der Erfüllung gerichtete Handlung desselben hinweist. Diese Auffassung liegt im wesentlichen auch dem Urteile des VII. Zivilsenats des Reichsgerichts vom 22. April 1904 (Entsch. Bd. 57 S. 341[1]) zugrunde, wogegen das von der Revisionsklägerin angeführte Urteil des V. Zivilsenats vom 8. Juni 1904 (Entsch. Bd. 58 S. 261) sich

---

[1] Vgl. auch Urteil des VI. Zivilsenats vom 26. Januar 1903, Entsch. Bd. 53 S. 358. D. E.

überhaupt nicht auf die Auslegung des § 341 Abs. 3 B.G.B. bezieht. Es ist auch nicht ersichtlich, daß etwa das Berufungsgericht von den in letzterem Urteile bezüglich der Auslegung des § 464 B.G.B. dargelegten Grundsätzen, ihre analoge Anwendbarkeit auf die Vorschrift des § 341 Abs. 3 vorausgesetzt, zuungunsten der Revisionsklägerin abgewichen wäre, indem es vielmehr die von dieser schon vor der Annahme der letzten Lieferung abgegebenen Erklärungen daraufhin geprüft hat, ob sich dieselbe damit nicht das Recht auf die Vertragsstrafe vorbehalten habe. Daß das Berufungsgericht hierbei von einer andern, als der oben dargelegten Auffassung des § 341 Abs. 3 ausgegangen wäre, daß es insbesondere das Vorliegen eines Vorbehalts der Vertragsstrafe etwa deshalb verneint hätte, weil derselbe in den Briefen der Beklagten nicht mit ausdrücklichen Worten erklärt worden sei, erhellt aus dem angefochtenen Urteile nicht. Daß es den nach seiner Annahme in dem Briefe vom 28. August 1900 „höchstens" enthaltenen Vorbehalt von Schadensersatzansprüchen nicht dem nach § 341 Abs. 3 erforderlichen Vorbehalte des Rechts auf die Vertragsstrafe gleich geachtet hat, ist im Hinblick darauf, daß für die Beklagte außer dem Rechte auf die Vertragsstrafe noch ein besonderer, im Prozesse auch geltend gemachter Schadensersatzanspruch der Klägerin gegenüber in Frage kam, rechtlich nicht zu beanstanden, wie auch ein bezüglicher Revisionsangriff nicht erhoben ist." ...

---

17. Hat der deutsche Richter, wenn das Vollstreckungsurteil zu dem Urteil eines ausländischen Gerichts beantragt wird, die Zuständigkeit des ausländischen Gerichts frei zu prüfen, oder ist er hierbei, sofern die klagebegründenden mit den die Zuständigkeit begründenden Behauptungen zusammenfallen, durch § 723 Abs. 1 Z.P.O. hinsichtlich der Frage des Bestehens des erhobenen Anspruchs an die Entscheidung des ausländischen Gerichts gebunden?

VII. Zivilsenat. Urt. v. 30. Mai 1905 i. S. v. C. (Kl.) w. Sch.-V. (Bekl.). Rep. VII. 498/04.

I. Landgericht Bochum.
II. Oberlandesgericht Hamm.

Die Klägerin, eine deutsche Firma, hatte durch ihre in Mailand domizilierte Filiale die Lieferung von Drahtseilen an die italienische Firma L. & Co. in P. übernommen und die Ausführung dieser Lieferung der beklagten deutschen Firma übertragen. Wegen angeblich vertragswidriger Beschaffenheit der gelieferten Seile erhob die italienische Firma L. & Co. bei dem Gericht in Mailand Klage gegen die jetzige Klägerin mit dem Antrage auf Auflösung des Vertrages und Verurteilung der Klägerin zum Ersatz aller ihr aus der angeblich mangelhaften Lieferung der Seile entstandenen und noch entstehenden Schäden. Die Klägerin stellte ihrerseits bei dem Mailänder Gericht 1. eine Klage gegen die italienische Firma auf Zahlung des Kaufpreises, 2. eine Klage gegen die jetzige Beklagte mit dem Antrage an, diese zu verurteilen, daß sie die Klägerin wegen aller dieser aus einer Verurteilung zugunsten der italienischen Firma L. & Co. erwachsenen Folgen schadlos zu halten und ihr deshalb den ganzen Betrag zu erstatten habe, den diese eventuell an die italienische Firma zu zahlen haben werde. Die Beklagte wurde mit dem Einwande der Unzuständigkeit der italienischen Gerichte abgewiesen und von diesen rechtskräftig verurteilt, die Klägerin bezüglich aller ihr erwachsenen und eventuell noch erwachsenden Folgen aus ihrer Verurteilung zugunsten der Firma L. & Co. vollkommen zu entlasten und schadlos zu halten. In dem Rechtsstreite zwischen der Firma L. & Co. und der jetzigen Klägerin wurde letztere zur Zahlung einer erheblichen Summe an die bezeichnete Firma verurteilt. Die Klägerin erhob auf Grund dieser Vorgänge bei dem zuständigen deutschen Gericht Klage gegen die Beklagte mit dem Hauptantrage, auszusprechen, daß die Zwangsvollstreckung aus den italienischen Urteilen (mit einer gewissen Einschränkung im Betrage) gegen sie zulässig sei. Eventuell beantragte sie, die Beklagte zur Zahlung einer dementsprechenden Summe zu verurteilen. Die Klage wurde in erster und zweiter Instanz abgewiesen, und zwar in Ansehung des Hauptantrags deshalb, weil die italienischen Gerichte zur Entscheidung des bei ihnen von der Klägerin gegen die Beklagte angestrengten Rechtsstreites nach deutschem Recht nicht zuständig gewesen seien. Die Revision wurde zurückgewiesen.

Aus den **Gründen:**

„Nach feststehender Rechtsprechung des Reichsgerichts ist der Fall, daß die behaupteten, die Zuständigkeit begründenden Tatsachen mit den behaupteten klagebegründenden Tatsachen zusammenfallen, anders zu behandeln als der Fall, in welchem die Zuständigkeit auf die Behauptung selbständiger Tatsachen gestützt wird. In dem ersten Fall genügt gegenüber dem Einwand der Unzuständigkeit die bloße unbewiesene Behauptung der betreffenden Tatsachen, um das angerufene Gericht zuständig zu machen, sofern aus diesen Tatsachen, ihre Richtigkeit vorausgesetzt, sich die Zuständigkeit des angerufenen Gerichts ergibt; in dem anderen Falle aber ist der Nachweis der behaupteten Tatsachen erforderlich, um die Zuständigkeit des angerufenen Gerichts zu begründen.

Vgl. Entsch. des R.G.'s in Zivils. Bd. 29 S. 371; Jurist. Wochenschr. 1901 S. 396 Nr. 3, S. 798 Nr. 1, 1902 S. 125 Nr. 3.

Der zweite Fall liegt hier nicht vor, sondern der erste. Die Klägerin behauptet, daß für sie in ihrem Verhältnis zur Firma L. & Co. die italienischen Gerichte nach § 29 Z.P.O. zuständig gewesen seien, daß die Beklagte auf Grund eines von ihr abgegebenen selbständigen Garantieversprechens verpflichtet sei, sie, die Klägerin, von ihren Verpflichtungen im Verhältnis zur Firma L. & Co. zu befreien, bzw. ihr den ihr entstandenen Schaden zu ersetzen, daß die Beklagte diese Verpflichtung nur in Mailand erfüllen könne, und daß mithin auch für diese nach § 29 Z.P.O. die italienischen Gerichte zuständig gewesen seien. Es ergibt sich aus dem vorstehenden, daß es fehlsam ist, wenn die Revision aus dem § 723 Abs. 1 Z.P.O., wonach das Vollstreckungsurteil ohne Prüfung der Gesetzmäßigkeit der ausländischen Entscheidung zu erlassen ist, eine Bindung des inländischen Richters durch die italienischen Urteile nach der Richtung herleitet, daß er nicht mehr die von den italienischen Gerichten bejahte Frage prüfen dürfe, ob aus dem Garantieversprechen der Beklagten deren Verpflichtung folge, die Klägerin von ihren Verpflichtungen gegenüber L. & Co. zu befreien. Die von der Klägerin behaupteten, die angebliche Zuständigkeit der italienischen Gerichte begründenden Tatsachen fallen hier mit den klagebegründenden Tatsachen zusammen, und danach kommt es für die Frage der Zuständigkeit der italienischen Gerichte überhaupt nicht auf die spätere Entscheidung über die Richtigkeit oder Unrichtigkeit der behaupteten Tatsachen, sondern allein darauf an, ob nach den Tatsachen, welche die Klägerin vor den italienischen Gerichten behauptet hat, nach deutschem Recht die dortige Zuständigkeit gegeben war. Daß hierüber die deutschen Gerichte, unbeschränkt durch die in den italienischen Urteilen zutage tretende Auffassung der dortigen Richter, selbständig zu befinden haben, ergibt der Inhalt des § 328 Z.P.O. so unmittelbar, daß jede weitere Ausführung in diesem Punkt unnötig erscheint." ...

(Es wird alsdann ausgeführt, daß, wenn die Klägerin vor den italienischen Gerichten eine Behauptung des Inhalts aufgestellt hätte, daß die Beklagte es ausdrücklich übernommen habe, sie (die Klägerin) von ihren gegenüber der Firma L. & Co. bestehenden Verpflichtungen zu befreien, vielleicht in Frage hätte kommen können, ob durch die Behauptung einer solchen Tatsache nicht die Zuständigkeit der italienischen Gerichte begründet worden wäre, insofern anzunehmen sein sollte, daß diese Verpflichtung von der Beklagten in Italien zu erfüllen gewesen wäre. Allein eine solche Behauptung sei von der Klägerin vor den italienischen Gerichten nicht aufgestellt worden; aus dem aber, was sie dort wirklich vorgetragen habe, nämlich aus der behaupteten Schadensersatzpflicht der Beklagten und der von ihr abgegebenen Garantieerklärung folge nicht, wie mit dem Berufungsrichter anzunehmen sei, eine Verpflichtung der Beklagten, die Klägerin von ihren der Firma L. & Co. gegenüber bestehenden Verpflichtungen zu befreien.)

18. Zur Frage der Verstempelung von Verträgen zwischen Gesellschaftern über die Auseinandersetzung einer offenen Handelsgesellschaft.[1]

Preuß. Stempelsteuergesetz vom 31. Juli 1895 Tarifst. 25d.

VII. Zivilsenat. Urt. v. 30. Mai 1905 i. S. preuß. Fiskus (Bekl.) w. K. u. Gen. (Kl.). Rep. VII. 74/03.

I. Landgericht Köln.
II. Oberlandesgericht daselbst.

Der Kläger und der Fabrikant A. waren die alleinigen Inhaber der offenen Handelsgesellschaft K. & A. in H. Sie löſten die

[1] Vgl. Entsch. des R.G.'s in Zivils. Bd. 45 S. 218 Nr. 58. D. E.

Gesellschaft durch notariellen Vertrag vom 28. August 1900 auf, der folgendes bestimmte:

„Wir lösen hiermit die Handelsgesellschaft auf und legen dieser Übereinkunft nachstehende Bedingungen zugrunde:

1. . . . Wilhelm A. überträgt hiermit volleigentümlich alle ihm an der zwischen beiden Kontrahenten bisher gemeinschaftlich betriebenen Stangen- und Werkzeugfabrik und an dem bisherigen Gesellschaftsvermögen ... zustehenden Beteiligungen, und zwar aktive wie passive, dem solches annehmenden Mitkontrahenten ..., so daß dieser infolge dieses Übertrags und unter Hinzurechnung seiner eigenen Beteiligung nunmehr Alleineigentümer des bisherigen Gesellschaftsvermögens ist. . . . 3. . . . A. erhält für seine Beteiligung am Gesellschaftsvermögen eine runde Abfindungssumme von 10000 *M*."

Das Gesellschaftsvermögen bestand unstreitig nur aus beweglichen Sachen und Forderungen.

Der Kläger verwendete zu diesem Vertrage einen Stempel von $^1/_{50}$ v. H. von 10000 *M* mit 2 *M* gemäß Abs. 1 der Tarifst. 25 zu d des preußischen Stempelsteuergesetzes vom 31. Juli 1895, der Beklagte erforderte jedoch auf Grund des Abs. 2 daselbst eine Stempelabgabe von $^1/_3$ v. H. der Abfindungssumme von 10000 *M* und der Hälfte der bilanzmäßigen Schulden mit 15341,70 *M*, zusammen von 25351,70 *M* mit 84,50 *M*. Diese Mehrforderung wollte der Kläger nicht anerkennen; er beantragte klagend, den Stempel auf 2 *M* festzustellen. Die Vorinstanzen entsprachen dem Antrage. Der Revision ist stattgegeben.

Aus den Gründen:

... „Der erkennende Senat hat seine Auffassung über das Verhältnis der Abss. 1 und 2 Buchst. d der Tarifst. 25 zum Stempelsteuergesetz vom 31. Juli 1895 wiederholt und eingehend dargelegt,

vgl. Entsch. Bd. 45 S. 218 flg., ferner Urteil vom 28. Dezember 1900, abgedruckt im preuß. Just.-Min.-Bl. 1901 S. 272,

und sich insbesondere dahin ausgesprochen, daß, wenn bei Auflösung einer aus zwei Personen bestehenden offenen Handelsgesellschaft der eine Gesellschafter die gesamten Aktiva und Passiva der Gesellschaft gegen Barabfindung des anderen übernehme, und sich unter den Aktiven unbewegliche oder bewegliche Vermögensgegenstände oder

Forderungsrechte befänden, nicht der Abs. 1, sondern der Abs. 2 a. a. O. zur Anwendung zu bringen sei. Die Ausführungen des Berufungsrichters bieten keinen Anlaß, von diesem Standpunkte, auf den sich übrigens jetzt auch das Kammergericht gestellt hat (Beschluß vom 7. April 1902, abgedruckt im Jahrbuch d. Entsch. des Kammerg. Bd. 24 B. S. 26), wieder abzugehen. Es genügt vielmehr, im allgemeinen auf die ausführlichen Gründe der angeführten Urteile zu verweisen. Namentlich ist dort auch hervorgehoben, daß bei der Fassung des Gesetzes ein gewisses Mißverständnis der äußeren Form gegenüber der inneren Bedeutung hinsichtlich der Abss. 1 und 2 bestehe, und daß den Anforderungen an eine logisch-harmonische Ausgestaltung des in den beiden Absätzen zum Ausdrucke gelangten gesetzgeberischen Gedankens in bezug auf Inhalt und Form nicht völlig entsprochen sei, daß aber dennoch der Wille des Gesetzgebers erkennbar sei, die bei Auflösung der Gesellschaft geschlossenen Auseinandersetzungsverträge mit dem den Tarifst. 2 und 32 entsprechenden Stempel (unter Berücksichtigung des Gesellschaftsverhältnisses: Abs. 3 der Tarifst. 25) in allen Fällen zu belegen, in denen jene Verträge die Überlassung von Grundstücken, beweglichen Sachen oder Forderungsrechten zum Gegenstande haben. Die gegenteilige Meinung des Berufungsrichters trifft nicht zu. Der Abs. 1 der Tarifst. 25 d soll sich nach seinem Wortlaut auf die Überlassung „der" Rechte (der gesamten Rechte) an dem Gesellschaftsvermögen beziehen, der Abs. 2 auf die Teilung in Natur, auf die Überlassung einzelner Sachen oder Rechte. Der Abs. 1 hat indessen, was der Berufungsrichter anscheinend übersieht, zwei Fälle im Auge, nämlich zunächst den Fall, daß die Gesellschaft fortbesteht, aber ein Personenwechsel (durch Tod oder Ausscheiden eines Gesellschafters) eintritt, ferner den Fall der Auflösung der Gesellschaft. Nur für den ersten Fall ist von der Überlassung „der" Rechte die Rede. Hier aber handelt es sich nicht um diesen, sondern um den zweiten Fall. Die Gesellschaft ist aufgelöst, und die Frage ist, ob, wenn die Abfindung des einen Sozius in Geld besteht, während der andere die gesamten Aktiva übernimmt, der Stempel nur mit Rücksicht auf den Umstand zu berechnen ist, daß der andere Sozius Sondereigentümer von Grundstücken, beweglichen Sachen oder Forderungen wird, die bisher im Eigentum der Gesellschaft standen. Diese Frage ist aber vom erkennenden Senat auf Grund der Entstehungsgeschichte des Gesetzes und nach seinem auch in der Fassung ausreichend zutage getretenen Zwecke dahin beantwortet, daß in solchem Falle der Erwerb auf Seite des übernehmenden Gesellschafters nach Maßgabe des Abs. 2 das wesentliche sei, die Barabfindung aber nur als Gegenleistung in Betracht komme. Der Berufungsrichter meint ferner, daß die vom Reichsgericht vertretene Ansicht ein Anwendungsgebiet für den Abs. 1 nicht mehr übrig lasse. Auch dieser Grund ist in dem Urteile vom 28. Dezember 1900 erörtert und widerlegt. Es sei nur darauf hingewiesen, daß der Abs. 1 dann jedenfalls zur Anwendung kommt, wenn alle Gesellschafter bei der Auflösung nach Versilberung des Gesellschaftsvermögens in Geld abgefunden werden. Ob dieser Fall gerade häufig ist, darauf kommt es nicht an. Es ist früher schon hervorgehoben, daß in der Praxis die Anwendung des Abs. 2 die Regel bilden wird. Endlich ist die Aufstellung des Berufungsrichters nicht zutreffend, daß in dem vorliegenden Falle keine eigentliche Mutation stattfinde. Bereits in den Urteilen des erkennenden Senats vom 11. Dezember 1903 und 26. Januar 1904 (Entsch. Bd. 56 S. 206. 430) ist unter eingehender Begründung ausgeführt, daß die offene Handelsgesellschaft zwar keine juristische Person sei, sich ihr aber nähere, daß das Gesellschaftsvermögen den Gesellschaftern zur gesamten Hand gehöre und daher ein selbständiges sei, und daß der Gesellschafter, wenn er Gegenstände dieses Vermögens erwerbe, der Gesellschaft wie ein Dritter gegenüberstehe. Hiernach vollzieht sich bei der Überweisung von gesellschaftlichen Sachen und Rechten zum freien Sondereigentum an einen der Gesellschafter bei Auflösung der Gesellschaft ein Eigentumswechsel, indem an die Stelle der Gesellschaft, d. i. der durch den Gesellschaftszweck zur gesamten Hand verbundenen Gesellschafter, der Einzelgesellschafter als Einzelperson tritt, dem bisher ein Eigentum an den Gegenständen des Gesellschaftsvermögens nicht zustand. Der Berufungsrichter scheint nach seinen Bemerkungen am Schlusse des Urteils an eine Gesamtnachfolge zu denken, mit welcher die im Abs. 2 getroffene Überlassung von Sachen oder Rechten zum Sondereigentum unverträglich sei. Allein davon ist keine Rede; eine Gesamtnachfolge tritt auch dann nicht ein, wenn dem einen Gesellschafter sämtliche Aktiva und Passiva der Gesellschaft überlassen werden. Ob sich dies im Falle des § 142 H.G.B. anders verhält, braucht nicht untersucht zu werden, da dessen Voraussetzungen nicht gegeben sind. Gegenstand des Auseinandersetzungsvertrages war nicht der Anteil des in Geld abgefundenen Gesellschafters, der damit, wie beim Ausscheiden eines Gesellschafters, dem anderen zugewachsen sein würde (§ 738 B.G.B.), sondern der Inbegriff des gesellschaftlichen Vermögensbestandes. Da zu ihm unstreitig bewegliche Sachen und Forderungen gehören, für letztere aber ein Sonderbetrag nicht ausgeworfen ist, so hat der Beklagte mit Recht den Stempel von $^1/_3$ v. H. gemäß Abs. 2 der Tarifst. 25d erhoben." ...

19. Können Erbansprüche auf Bestandteile des Nachlasses rechtswirksam verkauft (abgetreten) werden?

B.G.B. §§ 1922. 2022. 2023. 2033. 2371.

I. Zivilsenat. Urt. v. 31. Mai 1905 i. S. R. (Kl.) w. M. (Bekl.). Rep. I. 69/05.

I. Landgericht Schneidemühl.
II. Oberlandesgericht Posen.

Die Beklagte, die verehelichte L. und die verehelichte Dr., waren Erben des Gutsbesitzers H. zu je einem Dritteil. Der Nachlaß bestand zum größten Teil aus Grundstücken. Vor der Nachlaßteilung verkaufte die verehelichte L. durch notariellen Vertrag vom 15./25. Mai 1904 ihre Erbansprüche an dem gesamten Grundbesitz nebst Inventar des H. an den Kläger und den Kaufmann L., die durch notariellen Vertrag vom 25. Mai 1904 ihre Rechte für 48000 ℳ an die Beklagte abtraten, welche vorher den Erbteil der verehelichten Dr. erworben hatte. Die Beklagte gab über 15000 ℳ des Kaufpreises dem Kläger ihr Akzept. Als sie im Wechselprozeß aus dem Akzept belangt wurde, wendete sie ein, daß das dem Wechselzuge zugrunde liegende Geschäft nach §§ 2033 Abs. 2. 2040 B.G.B. nichtig sei, was der Kläger unter Berufung darauf bestritt, daß die L. sich obligatorisch so wie geschehen habe verpflichten können, und daß die Beklagte, die nach Erwerb des Erbteils der verehelichten Dr. neben der verehelichten L. alleinige Miterbin geworden sei, durch die Annahme der Abtretung der Rechte des Klägers und des L. an sie die Verfügung der verehelichten L. genehmigt habe.

In beiden Instanzen wurde die Klage abgewiesen. Die Revision des Klägers ist zurückgewiesen, aus folgenden

Gründen:

„Der Klagewechsel ist dem Kläger von der Beklagten auf Grund des notariellen Vertrages vom 25. Mai 1904 zahlungshalber auf den Kaufpreis von 48000 *M* gegeben, den die Beklagte für die ihr abgetretenen Erbansprüche der Frau L. an dem Grundbesitze ihres Vaters und Erblassers H. versprochen hat. Diese Erbansprüche hat Frau L. als Miterbin vor der Nachlaßteilung dem Kläger und dessen Genossen L. für 42000 *M* abgetreten. War die Abtretung der Erbansprüche an den Kläger und den L. durch die L. nichtig, wie beide Instanzrichter annehmen, so hatte auch die Abtretung dieser Ansprüche an die Beklagte durch den Kläger und den L. keine rechtliche Bedeutung, und nach der zweiten Alternative des Art. 82 W.O. kann die Beklagte dem Kläger entgegensetzen, daß das Akzept von ihr ohne Rechtsgrund gegeben sei, sie den Wechsel kondizieren, deshalb auch aus ihm nicht in Anspruch genommen werden könne. So begründen auch beide Vorderrichter ihre Entscheidung. Beide nehmen an, daß der Vertrag vom 15./25. Mai 1904 eine nach § 2033 Abs. 2 B.G.B. nichtige Verfügung (nicht über den Nachlaß) über einzelne Nachlaßgegenstände enthalte, nicht bloß eine persönliche Verbindlichkeit der Miterbin L. zur Verfügung über einzelne Nachlaßgegenstände begründe.

Dem ist im Ergebnis beizustimmen.

Durch den Vertrag vom 15./25. Mai 1904 verkauft die Miterbin L. dem Kläger und dem L. ihre Erbansprüche an dem gesamten Grundbesitz nebst Inventar ihres Erblassers vor der Nachlaßteilung für den Kaufpreis von 42000 *M*. Wortlaut und Natur des Vertrages lassen kein Bedenken gegen die Feststellung der Vorderrichter aufkommen, daß durch diesen Vertrag unmittelbar der Übergang seines Gegenstandes, d. h. der Erbansprüche der L. an dem Grundbesitz nebst Inventar, hat bewirkt werden sollen, nicht bloß eine Verbindlichkeit der L. zur Übertragung begründet werden sollte. Es kommt aber auf diesen im Sachenrecht des Bürgerlichen Gesetzbuchs begründeten Unterschied zwischen dinglichem und obligatorischem Vertrage nicht einmal an. Denn Erbansprüche an dem gesamten Grundbesitz ihres Erblassers standen der L. nach §§ 1922. 2022. 2023 B.G.B. nicht zu, sondern nur ein Erbanspruch auf das Vermögen ihres Erblassers als Ganzes, das Aktiva und Passiva umfaßt, und, da sie nicht einzige Erbin, sondern Miterbin ist, ein Anspruch auf ihren Erbteil, der nach § 1922 Abs. 2 den Vorschriften über die Erbschaft unterliegt. Über diesen Erbteil konnte sie nach § 2371 B.G.B. durch Erbschaftsverkauf verfügen, sich auch zu einer solchen Verfügung verpflichten (§ 1922 Abs. 2. § 2033 Abs. 1 Satz 1). Einen Erbanspruch oder ein Erbrecht an einem Bestandteil des Nachlasses, der Erbschaft, gibt es begrifflich und nach dem Recht des Bürgerlichen Gesetzbuchs nicht; solcher Anspruch oder solches Erbrecht kann deshalb weder Gegenstand der Verfügung noch der Verpflichtung des Erben oder Miterben sein.

Danach fehlt es sowohl dem Vertrage der L. mit dem Kläger und dem L., wie der in der Urkunde vom 25. Mai 1904 erklärten Abtretung der Rechte aus diesem Vertrage von seiten des Klägers und des L. an die Beklagte an einem Gegenstande. Deshalb sind beide Verträge nichtig, und es bedarf der Untersuchung nicht, welche Bedeutung es hätte, wenn die L. über ihren Anteil an dem Grundbesitz dinglich oder obligatorisch disponiert hätte. Auch die in den Instanzen und von der Revision angeregte Frage der Anwendung des § 185 Abss. 1. 2 und der §§ 140. 141 B.G.B. kommt nicht in Betracht. Die Beklagte kann weder durch Genehmigung noch durch Bestätigung einen Vertrag wirksam machen, der nichtig ist, weil ihm ein rechtlich zulässiger Gegenstand fehlt."

20. 1. In welchem Umfange besteht eine gesetzliche Ermächtigung der Frau, bei der Beschaffung von Kleidern und Putzwaren für ihren eigenen Bedarf den Mann zu vertreten?

2. Welche Bedeutung hat dabei dem einzelnen Verkäufer gegenüber der Umstand, daß die Frau solche Sachen als Vertreterin des Mannes auch von anderen Geschäften bezieht, die Bestellungen aber zusammengenommen über den Bedarf hinausgehen?

pr. A.L.R. II. 1 § 321.

B.G.B. § 1357.

IV. Zivilsenat. Urt. v. 31. Mai 1905 i. S. v. P. (Bekl.) w. G. (Kl.).
Rep. IV. 34/05.

I. Landgericht I Berlin.
II. Kammergericht daselbst.

Klägerin hat in der Zeit vom 10. Dezember 1897 bis zum 30. September 1902 der Ehefrau des Beklagten auf deren Bestellung die in der Klagerechnung verzeichneten Kleidungsstücke, Kleiderstoffe und Putzwaren geliefert. Sie berechnet dafür Preise im Gesamtbetrage von 19083,70 *M* und verlangt, nachdem sie in Einzelbeträgen zusammen 10300 *M* gezahlt erhalten hat, die Verurteilung des Beklagten zur Bezahlung des Restpreises von 8783,70 *M* nebst Zinsen. Klägerin macht geltend, daß Beklagter für die Bestellungen, die seine Frau zur Bestreitung ihres Bekleidungsbedarfs während der Ehe bei ihr gemacht habe, nach den Vorschriften sowohl des früheren als auch des jetzigen bürgerlichen Rechts ihr ohne weiteres aufkommen müsse; er habe überdies die Bestellungen ausdrücklich oder doch stillschweigend genehmigt. Beklagter, dessen Ehe später geschieden wurde, bestreitet die Verpflichtung. Die behauptete Genehmigung stellt er in Abrede. Die Bestellungen hätten sich auch nicht in den Grenzen des Notwendigen gehalten, zumal seine Frau, wie unstreitig, zugleich von mehreren anderen Geschäften Kleider bezogen habe; für diese Anschaffungen habe er anderweitig große Summen bezahlt. Der erste Richter hat die Entscheidung von einem zugeschobenen Eide abhängig gemacht, mit welchem Beklagter beschwören sollte, daß er die bei der klagenden Firma gemachten Bestellungen der Ehefrau nicht genehmigt habe. Auf die Berufung der Klägerin hat das Kammergericht den Beklagten bedingungslos nach dem Klagantrage verurteilt. Die Revision des Beklagten ist zurückgewiesen.

Aus den Gründen:

... „Der Berufungsrichter hält den Nachweis, daß Beklagter die Bestellungen seiner Ehefrau gutgeheißen habe, für entbehrlich, weil die der Frau nach § 321 A.L.R. II. 1 und nach § 1357 B.G.B. zustehende Vertretungsbefugnis nicht überschritten sei. Die Erwägungen, auf denen diese Annahme beruht, sind rechtlich nicht zu beanstanden.

Es handelt sich um Anschaffungen für den eigenen Bekleidungsbedarf der Frau, die zu einem Teil unter der Herrschaft des Preußischen Allgemeinen Landrechts, zum anderen Teil unter der Herrschaft des jetzigen bürgerlichen Rechts stattgefunden haben. Derartige Besorgungen gehören zwar nicht unter allen Umständen zu den eigentlichen Haushaltungsgeschäften. Allein nach beiden Rechten umfaßt die in der sog. Schlüsselgewalt enthaltene Befugnis der Frau, als Vertreterin des Mannes diesen durch Verträge zu verpflichten, ein weiteres Gebiet; sie erstreckt sich auf alle den ehelichen Aufwand betreffende Besorgungen, deren besondere Beschaffenheit nach der bestehenden Sitte auf eine Erledigung durch die Frau hinweist. Darunter fällt der Regel nach, wie auch in den Motiven zu § 1278 I. Entw. zum B.G.B. Bd. 4 S. 118 hervorgehoben ist, die Beschaffung ihrer eigenen Kleidung. Hierbei, wie bei allen anderen, jenem Geschäftsgebiete der Frau angehörigen Geschäften handelt es sich jedoch um einen ehelichen Aufwand, der den Mann angeht, nur insoweit, als die für Rechnung und im Namen des Mannes erworbenen Bekleidungsgegenstände nach Art und Zahl der äußeren Gestaltung des Ehelebens entsprechen. Nur unter dieser Voraussetzung sind es „gewöhnliche Notdurfte", die in der landrechtlichen Gesetzesvorschrift des § 321 a. a. O. den gewöhnlichen Haushaltungsgeschäften mit der Bestimmung an die Seite gestellt werden, daß die Frau zu ihrer Bestreitung Waren und Sachen auf Borg nehmen darf, und daß der Mann dergleichen Schuld als die seinige anzuerkennen hat. Und nur unter der gleichen Einschränkung handelt es sich nach der Bestimmung des § 1357 B.G.B. um „Geschäfte des Mannes", die als dem häuslichen Wirkungskreise der Frau angehörig von ihrer gesetzlichen Vertretungsbefugnis umfaßt werden. Da nun im vorliegenden Falle kein Streit darüber bestand, daß die dem Klaganspruch zugrunde liegenden Verträge zwischen der Klägerin und der Ehefrau des Beklagten als im Namen des Beklagten abgeschlossen zu gelten hatten, so war es rechtlich zutreffend, daß der Berufungsrichter ihre Verbindlichkeit für den Mann danach beurteilt hat, ob die bestellten und gelieferten Kleidungsstücke, Kleiderstoffe und Putzsachen „der äußeren Lebensführung, dem Auftreten der Ehegatten und den hieraus entstehenden Bedürfnissen" entsprochen haben. Die Revision versucht den Ausgangspunkt des Berufungsrichters in einer Beziehung als fehlsam zu bemängeln.

Um nämlich unter Anwendung des Rechtsgrundsatzes auf den Streitfall den an die Verhältnisse dieser Ehe anzulegenden Maßstab festzustellen, hat der Berufungsrichter allein in Betracht gezogen, daß der Beklagte Besitzer einer aus fünf Gütern bestehenden Standesherrschaft und Kammerherr ist — beides stand in den Vorinstanzen als unstreitig fest —, daß er zur entscheidenden Zeit neben seiner Haushaltung auf dem Schlosse S. in Pommern einen zweiten besonderen Hausstand in Berlin geführt hat, daß die Frau mit seinem Einverständnis kostspielige Reisen unternahm, und daß er schließlich mit dem von ihr getriebenen Bekleidungsaufwand im allgemeinen bekannt war, ihm aber nicht widersprochen hat. Dagegen hat der Berufungsrichter kein Gewicht darauf gelegt, ob das jährliche Einkommen des Beklagten, wie Klägerin behauptete, damals 400000 *M*, oder, wie er selbst in zweiter Instanz angab, nur 10000 *M* betragen hat. Mit Unrecht erblickt die Revision hierin eine Gesetzesverletzung. Die Schlüsselgewalt richtet sich nach den Besonderheiten des Hauswesens, dessen Ausgestaltung vom Manne abhängt (§ 184 A.L.R. II. 1; § 1354 Abs. 1 B.G.B.), während seine Leitung der Frau zusteht (§ 194 A.L.R. II. 1; § 1356 B.G.B.). Sollten nun — wie das nach den Angaben des Beklagten der Fall sein würde — die von dem Manne getroffenen häuslichen Einrichtungen zu seinen jeweiligen Einkünften in keinem richtigen Verhältnis stehen, so hat das auf die gesetzliche Vertretungsbefugnis der Frau keinen Einfluß. Nur der tatsächliche Zuschnitt des Hauswesens und die damit zusammenhangende äußere Lebensführung der Ehegatten, nicht aber eine Lebenshaltung, wie sie in Rücksicht auf das Einkommen des Mannes beschaffen sein müßte, in Wirklichkeit aber nicht beschaffen ist, kennzeichnen nach Inhalt und Umfang den häuslichen Wirkungskreis der Frau und damit gleichzeitig die Grenzen ihrer gesetzlichen Vertretungsmacht. Dies würde, zumal nach außen hin, selbst für den Fall angenommen werden müssen, wenn Beklagter bei seiner in I. Instanz gemachten Angabe verblieben wäre, daß er in der entscheidenden Zeit ein Einkommen überhaupt nicht gehabt hätte. Auch dann würde die Schlüsselgewalt der Frau weder aufgehört, noch auch je nach dem Schwanken der Einkünfte, bevor eine Änderung in den ständigen häuslichen Einrichtungen und in der äußeren Lebensführung der Eheleute eintrat, sich bald vermindert, bald vermehrt haben.

Rechtlich bedenkenfrei wie dieser Maßstab ist auch dessen Anwendung auf die den Klagegrund bildenden Verträge. Der Berufungsrichter gelangt dabei im Wege der tatsächlichen Sachprüfung zu der Feststellung, daß, soweit Klägerin nicht Zahlung erhalten hat, die von der Ehefrau des Beklagten gemachten Bestellungen in angemessenem Verhältnis zur ehelichen Lebenshaltung gestanden haben und für den Beklagten deshalb verbindlich gewesen seien. . . .

Es fragt sich aber weiter, ob im Verhältnis zur Klägerin die Verbindlichkeit der Verträge für den Beklagten dadurch ausgeschlossen oder eingeschränkt wurde, daß seine Ehefrau zur nämlichen Zeit auch bei anderen Geschäften gleichartige Bestellungen gemacht, Beklagter aber, wie er behauptet, an die anderen Geschäfte dafür große Summen bezahlt hat. Der Beklagte hat offensichtlich damit zugleich behaupten wollen, die Bestellungen seien zusammengenommen vollends übermäßig gewesen. Die Unerheblichkeit dieses Verteidigungsvorbringens wird in dem Berufungsurteil mit der Ausführung begründet, es komme nur darauf an, ob der Klägerin die bei ihr selbst gemachten Bestellungen nicht als unberechtigte erschienen seien, und das sei nicht der Fall gewesen; der Beklagte habe nicht dargelegt, inwiefern wegen der anderweiten Anschaffungen die mit der Klägerin abgeschlossenen Geschäfte über die Anforderungen des Standes und über die Anforderungen der von ihm gebilligten Lebensführung seiner Frau hinausgegangen seien. Nun kann der Revision, die dem Berufungsrichter eine unrichtige Verteilung der Beweislast vorwirft, zwar zugegeben werden, daß es der Klägerin oblag, durch ihr Vorbringen sowie nötigenfalls durch den Beweis ihrer Behauptungen eine richterliche Entscheidung darüber zu ermöglichen, ob die für Rechnung und im Namen des Mannes gemachten Anschaffungen der ehelichen Lebenshaltung entsprochen haben; und es ist ebenso richtig, daß die richterliche Prüfung auf die Frage nach der Einhaltung, und nicht nach der Überschreitung der Vertretungsgrenzen abzustellen war. Allein ihrer Behauptungs- und Beweispflicht genügte Klägerin schon dann, wenn sich aus ihren Darlegungen auf der einen Seite ergab, welcher Art im allgemeinen die im Bereich des häuslichen Wirkungskreises liegenden Geschäfte der Ehefrau des Beklagten waren, und wenn sich auf der anderen Seite herausstellte, daß die abgeschlossenen Verträge ihrem besonderen Inhalte nach jener Geschäftsgattung angehörten. Die Beweispflicht der Klägerin erstreckte sich dagegen nicht auf die Frage, ob und inwieweit Frau v. P. anderen Personen gegenüber von ihrer Vertretungsbefugnis einen gleichen Gebrauch bereits gemacht hatte oder zu machen im Begriff war. Insbesondere brauchte Klägerin durch ein derartiges Vorbringen nicht vorbeugend die Annahme auszuschließen, daß der Bedarf durch die an anderer Stelle bedungenen Lieferungen bereits gedeckt, und daß ihr selbst bei der Entgegennahme der Bestellungen solches bekannt gewesen sei. Denn mit der Ermächtigung der Frau zur Vertretung des Mannes verfolgt das Gesetz nicht allein den Zweck, der Frau ein Mittel darzubieten, das ihr die Erfüllung ihrer häuslichen Aufgaben ermöglicht, sondern es gibt damit zugleich jedem Dritten eine Gewähr, daß er sich auf Geschäfte, die in ihrer Art dem häuslichen Wirkungskreise der Frau angehören, im Vertrauen auf deren Verbindlichkeit für den Mann mit der Frau einlassen darf. Dem Dritten gegenüber können aber zum Ausweise über die Tragweite dieser Ermächtigung nur solche Tatsachen dienen, die ihm entweder beim Vertragsabschlusse bekannt waren, oder die bei verkehrsüblicher Aufmerksamkeit seiner Wahrnehmung nicht entgehen durften. Verteidigt sich deshalb der Mann wie vorliegend mit der Behauptung eines Mißbrauchs der gesetzlichen Vertretungsmacht, indem er eine übermäßige Vervielfältigung an sich zulässiger Anschaffungen behauptet, so ist es seine Sache, nicht allein die Tatsache dieses Mißbrauchs, sondern zum mindesten auch dessen Erkennbarkeit für den anderen Vertragsteil nachzuweisen. An einem derartigen Beweisanerbieten hat es der Beklagte fehlen lassen. Er hat insbesondere nichts darüber vorgebracht, daß Klägerin einen Anhalt gehabt hätte, die Bedarfsüberschreitung durch ein Hinzukommen anderer Bestellungen auch nur zu mutmaßen und deshalb weitere Nachforschungen anzustellen. Irgendeine auf den Schutz des Ehemannes berechnete Rechtsvermutung stand in dieser Hinsicht der Klägerin nicht entgegen. Wohl aber würde der Beklagte vor wie nach dem Inkrafttreten des neuen Rechts in der Lage gewesen sein, einer übermäßigen Inanspruchnahme seines Kredits beizeiten vorzubeugen, und mit den gesetzlichen Mitteln, unter bestimmter Einschränkung oder völliger Ausschließung des Vertretungsrechts, selbst solche Bezugsquellen seiner Frau zu treffen, die ihm bis dahin unbekannt geblieben waren (§ 323 A.L.R. II. 1, §§ 1357

Abs. 2. 1435 B.G.B.). Auf die vom Beklagten an andere Geschäfte geleisteten Zahlungen kann es um so weniger ankommen, als bei einer Mehrzahl von Bestellungen, die in ihrer Gesamtheit den Bedarf übersteigen, es nicht in das Belieben des Beklagten gestellt ist, eine Auswahl derer zu treffen, die er gegen sich gelten lassen will. Bewegen sich schließlich die Ausführungen des Berufungsrichters auch in der Form einer Erörterung der Frage, ob die Ehefrau des Beklagten ihre gesetzliche Vertretungsbefugnis überschritten habe, so enthalten sie doch immerhin eine ausreichende Feststellung zugleich in der Richtung, daß die Grenzen der Vertretungsbefugnis eingehalten seien." ...

21. Bildet Recht, die Bebauung des Nachbargrundstücks zu verbieten, und dessen wirtschaftliche Folgen eine Eigenschaft eines Hauses im Sinne des § 119 Abs. 2 B.G.B.?

V. Zivilsenat. Urt. v. 31. Mai 1905 i. S. P. (Bekl.) w. H. (Kl.). Rep. V. 596/04.

I. Landgericht Dresden.
II. Oberlandesgericht daselbst.

Das Haus des Klägers in D., Bl. 440 des Grundbuchs für D.-P., Flurst. 195, das er am 15. Mai 1901 vom Beklagten gekauft und aufgelassen erhalten hatte, stand mit dem städtischen Straßennetze nur durch eine Fahrgerechtigkeit über die Flurstücke 195a und 193 in Verbindung. Als der Kläger das Haus kaufte, waren nach der Feststellung des Berufungsgerichts sowohl er als auch der Beklagte der irrtümlichen Meinung, daß die beiden Flurstücke 193 und 191a, welches letztere jetzt einen Teil des früheren Stücks 193 enthält, infolge der Wegelast nicht bebaut werden dürften. Nachdem in der Tat aus diesem Grunde frühere Baugesuche von der Behörde abgelehnt worden waren, wurde jedoch dem Besitzer von 195a, B., der auch die Flurstücke 193 und 191a erworben hatte, auf dessen Ansuchen vom 16. März 1903 die Erlaubnis erteilt, die letzterwähnten Grundstücke mit mehrere Stockwerke hohen Häusern zu bebauen, durch die der Fahrweg für das Grundstück des Klägers in einem Tunnel und in veränderter Richtung hindurchführte, und die jede Aussicht zwischen dem Hause des Klägers und der Straße versperrten. Der Widerspruch des Klägers hiergegen im Verwaltungswege blieb ohne Erfolg. Schon am 21. April 1903 hatte er dem Beklagten angezeigt, daß er wegen des erwähnten Irrtums vom Kaufvertrage zurücktrete. Er klagte dann auf Rückgängigmachung des Kaufvertrags, indem er in der Verschlechterung des Weges, der Versperrung der Aussicht von und nach dem Hause, sowie in der Entziehung der Möglichkeit, seine Zustimmung zu der Bebauung finanziell zu verwerten, eine erhebliche Wertverringerung für sein Grundstück fand. Die Anfechtung gründete er auf Betrug und Irrtum.

In erster Instanz wurde die Klage abgewiesen, in zweiter Instanz dagegen, unter Verwerfung des Klagegrundes des Betrugs, auf Grund des Irrtums im wesentlichen nach den Klaganträgen erkannt. Die Revision des Beklagten wurde zurückgewiesen aus folgenden

Gründen:

„Der Berufungsrichter nimmt an, daß der Kläger sich beim Ankauf des Hauses im Sinne des § 119 Abs. 2 B.G.B. in einem Irrtum über solche Eigenschaften der Kaufsache befunden habe, die im Verkehr als wesentlich angesehen werden, und daß er die Anfechtung des Kaufs wegen dieses Irrtums unverzüglich (§ 121) erklärt habe. Letzteres ist nicht angefochten worden und ist auch bedenkenfrei; dagegen hat die Revision einen Angriff erhoben gegen die Annahme des Berufungsrichters, daß der Irrtum des Klägers „Eigenschaften der Sache" im Sinne von § 119 Abs. 2 betroffen habe. Der Berufungsrichter hat dies folgendermaßen begründet:

Das Haus habe im Hinterlande gelegen; aber der Kläger habe geglaubt, daß infolge der Wegegerechtigkeit dem Hause die Aussicht nicht verbaut werden könne, daß es die Eigenschaft besitze, durch den Weg mit dem Straßennetz in Verbindung zu stehen, und von der Straße aus ebenso gesehen werden zu können, wie man vom Hause nach der Straße sehen konnte. In dieser Eigenschaft des Hauses habe der Kläger den weiteren Vorzug gefunden, daß sie ohne seine Einwilligung nicht beseitigt werden könne, und somit ihm die Möglichkeit eröffne, die Einwilligung zu Gelde zu machen. In diesem Sinne lasse sich sagen, daß Kläger (und ebenso der Beklagte) sich nicht bloß über Rechtsfolgen der Wegegerechtigkeit und des Kaufgeschäfts — wie der erste Richter angenommen hatte —, sondern über eine Eigenschaft der Sache (§ 119 Abs. 2) geirrt hätten. Diese Eigenschaft sei aber auch eine solche, die im Verkehr als wesentlich angesehen werden dürfe und müsse. Durch die Bebauung des Vorderlandes sei die Wegegerechtigkeit des Hauses ganz erheblich beeinträchtigt worden, jedenfalls durch die veränderte Achsenrichtung des Weges, und diese habe wieder die Versperrung der Aussicht von und nach dem Hause zur Folge, wodurch das Haus im Wert und in der Brauchbarkeit, auch im Mietertrage, dauernd so erheblich herabgesetzt werde, daß der Kläger bei Kenntnis der Sachlage und verständiger Würdigung des Falles den Kaufvertrag nicht abgeschlossen haben würde.

Diese Entscheidung steht im Einklange mit der ständigen, auch unter der Herrschaft des neuen Rechts festgehaltenen Rechtsprechung des Reichsgerichts,

vgl. z. B. Entsch. in Zivils. Bd. 21 S. 310. 311, Bd. 52 S. 2,

wonach unter Eigenschaften einer Person oder Sache im Sinne des § 119 Abs. 2 B.G.B., und einer Sache im Sinne des § 459 Abs. 2 nicht nur die natürlichen, der Person oder Sache an sich zukommenden Eigenschaften, sondern auch solche tatsächlichen oder rechtlichen Verhältnisse derselben zu verstehen sind, welche in ihren Beziehungen zu anderen Personen oder Sachen wurzeln und zufolge ihrer Beschaffenheit und vorausgesetzten Dauer nach den Anschauungen des Verkehrs einen Einfluß auf die Wertschätzung der Sache in allen oder doch in gewissen Rechtsverhältnissen zu üben pflegen. So sind für Eigenschaften einer Person in diesem Sinne der Vermögensbesitz eines Bräutigams, Rep. IV. 83/85, die Zahlungsfähigkeit eines Käufers, Rep. I. 355/87, Bolze, Praxis Bd. 5 Nr. 390; einer Sache die Bebaubarkeit eines Grundstücks, Rep. V. 340/94, dessen gewerbliche Verwendbarkeit, Rep. V. 265/00, die Steuerverhältnisse eines Hauses, Seuffert, Archiv Bd. 40 Nr. 102, und in vielen Fällen die Miet- oder sonstigen Erträgnisse eines Grundstücks erklärt worden. Mag auch der Wert einer Kaufsache als solcher keine Eigenschaft im ädilizischen Sinne darstellen (Entsch. des R.O.H.G.'s Bd. 22 S. 392), so sind doch jedenfalls die den Wert bildenden Faktoren in diesem Sinne Eigenschaften.

Daher ist das Recht, die Bebauung der davor liegenden Grundstücke zu verbieten, das die Parteien irrtümlich mit dem Hause verbunden glaubten, schon weil es einen besonderen Geldwert besaß, dann aber auch weil es, solange es bestand, die Brauchbarkeit des Hauses für den Eigentümer erhöht haben würde, für eine Eigenschaft des Hauses zu erachten. Aber auch die aus dem Verbietungsrecht entspringenden einzelnen Folgen der besseren Zugängigkeit des Hauses und der Aussicht von und nach dem Hause sind Eigenschaften desselben, deren Fehlen sich durch eine Verringerung des Miet- und Kaufwerts bemerkbar macht. Der Irrtum des Klägers hat demnach nicht bloße Rechtsfolgen des Kaufgeschäfts, sondern dessen Inhalt, und nicht etwa bloß Eigenschaften der vermeintlich dienenden Grundstücke, sondern auch Eigenschaften des herrschenden Grundstücks, der Kaufsache, betroffen, und daß diese Eigenschaften wesentliche waren nach den Anschauungen des Verkehrs, hat der Berufungsrichter überzeugend und jedenfalls unangreifbar festgestellt."

---

22. Ist, wenn bei einem gegenseitigen Vertrage der eine Teil wegen Leistungsverzugs des anderen Teils nach § 326 B.G.B. Schadensersatz wegen Nichterfüllung verlangt, die damit verbundene Rechtsfolge, daß der nicht säumige Teil seinerseits zur Erfüllung nicht mehr verpflichtet ist, dadurch bedingt, daß derselbe den Schadensersatzanspruch weiter verfolgt?

II. Zivilsenat. Urt. v. 2. Juni 1905 i. S. R. & Co. (Kl.) w. W. (Bekl.). Rep. II. 587/04.

I. Landgericht München.
II. Oberlandesgericht daselbst.

Die Klägerin hatte dem Beklagten im März 1901 10000 kg Speiseöl verkauft. Nachdem bis zum Juni 1902 annähernd 3000 kg geliefert und angenommen waren, rief der Beklagte die rückständigen ca. 7000 kg auf einmal ab. Die Klägerin lehnte diese Anforderung ab, weil sie nur zur Lieferung in Monatsraten verpflichtet sei. Der

Beklagte erklärte darauf nach mehrfacher Aufforderung und Fristsetzung, daß er infolge des Leistungsverzugs der Klägerin Schadensersatz wegen Nichterfüllung verlange, ohne indessen diesen Anspruch weiter zu verfolgen. Im Januar 1903 erhob die Klägerin, welche den Schluß als noch offen bezeichnete, ihrerseits Klage auf Abnahme weiteren Öles. Der Beklagte beantragte Abweisung, weil das Geschäft infolge Nichterfüllung seitens der Klägerin und seiner Ausübung des Wahlrechts gemäß § 326 B.G.B. erledigt sei. Das Landgericht wies die Klage ab, und das Oberlandesgericht die Berufung hiergegen zurück. Auch die Revision hatte keinen Erfolg, soweit es hier interessiert, aus folgenden

Gründen:

„Die Klägerin verlangt mit der in den Vorinstanzen abgewiesenen Klage vom Beklagten die Abnahme von 5804,5 kg Speiseöl und Zahlung des vereinbarten Kaufpreises 14 Tage nach der jeweiligen Lieferung auf Grund des an sich unbestrittenen Lieferungsvertrages der Parteien aus dem Jahre 1901. Daß diese Quantität aus dem fraglichen Schlusse noch rückständig ist, wird nicht bestritten.

Es handelt sich danach lediglich um den Anspruch auf Vertragserfüllung. Das Oberlandesgericht hat, im wesentlichen in Übereinstimmung mit dem Landgericht, diesen Anspruch um deswillen für unbegründet erachtet, weil die Klägerin im Juni 1902 und später ihrerseits sich geweigert habe, ihren vertraglichen Verbindlichkeiten nachzukommen, dadurch in Leistungsverzug geraten sei, und von dem Beklagten daher infolge der Ausübung seiner Rechte aus § 326 B.G.B. Vertragserfüllung nicht verlangt werden könne....

Das Oberlandesgericht nimmt an, daß die Klägerin verpflichtet gewesen sei, auf die Aufforderung und den Abruf des Beklagten vom 10. Juni 1902 demselben die gesamten 7000 kg Öl auf einmal, oder doch, wie der Beklagte später nachgab, in zwei Raten und binnen vier Wochen zu liefern, und daß ihr Anspruch, die Lieferung in sieben Monatsraten bewirken zu können, nicht berechtigt gewesen sei. Diese Annahme, die im wesentlichen auf der eingehend begründeten Auslegung des Vertrages der Parteien beruht, bietet keinen Anlaß zu rechtlichen Bedenken, und es ist denn auch insoweit ein besonderer Angriff seitens der Revision nicht erhoben worden. Auch die weitere Annahme des Berufungsrichters, daß die Klägerin tatsächlich die Lieferung des Restquantums in der berechtigterweise vom Beklagten geforderten Art so bestimmt und unzweideutig verweigert habe, daß es für den Beklagten zur Ausübung der Rechte aus § 326 B.G.B. einer Nachfristung nicht bedurfte (Entsch. des R.G.'s in Zivils. Bd. 51 S. 347 flg.), ist rechtlich nicht zu beanstanden....

Im übrigen ergeben die Ausführungen des Landgerichts sowohl wie des Oberlandesgerichts die, wie aus den vorgehenden Darlegungen zu entnehmen ist, auf dem Briefe des Beklagten an die Klägerin vom 3. Juli 1902 beruhende Annahme und Feststellung, daß der Beklagte damals erklärt hat, infolge des Lieferungsverzuges der Klägerin Schadensersatz wegen Nichterfüllung zu verlangen; irgendwelche rechtliche Bedenken gegen diese Annahme liegen nicht vor. War aber diese Erklärung mit Rechtswirksamkeit abgegeben, so hatte sie bezüglich der Frage, ob der Beklagte gleichwohl verpflichtet blieb, seinerseits den Vertrag zu erfüllen, dieselbe Wirkung, als wenn derselbe lediglich seinen Rücktritt vom Vertrage erklärt hätte. In beiden Fällen wird diese Verpflichtung der nicht säumigen Vertragspartei beseitigt, wie dies vom erkennenden Senat für den Fall des „Anspruchs auf Schadensersatz wegen Nichterfüllung" in der grundlegenden Entscheidung vom 11. April 1902 (Entsch. Bd. 50 S. 255 flg.) eingehend dargelegt ist. Daran wird auch dadurch nichts geändert, daß der nicht säumige Teil demnächst den Schadensanspruch, wie im vorliegenden Falle, nicht weiter verfolgt.... Die durch die fragliche Erklärung einmal beseitigte Verpflichtung zur weiteren Vertragserfüllung würde nur durch eine neue ausdrückliche oder stillschweigende Vereinbarung wiederhergestellt werden können, und davon ist im vorliegenden Falle keine Rede." ...

---

23. Wonach ist die Frage, ob ein Streit über einen vermögensrechtlichen Anspruch (§ 546 Abs. 1 Z.P.O.) vorliegt, oder nicht, dann zu beantworten, wenn die Klage den Schutz eines Vermögensrechts des Klägers bezweckt, der Beklagte aber geltend macht, daß er zu seinem Verhalten zur Wahrung nicht vermögensrechtlicher Interessen befugt gewesen sei?

VI. Zivilsenat. Urt. v. 5. Juni 1905 i. S. K. (Bekl.) w. M. (Kl.). Rep. VI. 458/04.

I. Landgericht Zwickau.
II. Oberlandesgericht Dresden.

Der Kläger M., der in C. eine Bierbrauerei betrieb, hatte im März 1904 einige seit längerer Zeit bei ihm beschäftigte Arbeiter entlassen. Die Leiter des in C. bestehenden Gewerkschaftskartells nahmen an, daß die Arbeiter lediglich wegen ihrer Zugehörigkeit zu der Organisation der Brauereiarbeiter entlassen worden seien; sie beriefen eine „Volksversammlung", in der beschlossen wurde, die Einwohner und insbesondere die Arbeiter von C. und Umgegend aufzufordern, bis auf weiteres kein aus der Brauerei des Klägers stammendes Bier zu trinken und dementsprechend die Wirtschaften und Biergeschäfte, die Biere des Klägers führten, zu meiden. Die Aufforderungen wurden durch Anzeigen in Zeitungen, sowie durch Flugblätter und Plakate erlassen; auch wurden Verzeichnisse der Wirte und Bierhändler, die Bier des Klägers vertrieben, verbreitet. An diesen Maßnahmen beteiligte sich in hervorragendem Maße der Beklagte, der damals Vorsitzender des Gewerkschaftskartells in C. war.

Der Kläger erwirkte darauf eine einstweilige Verfügung des Amtsgerichts zu C., durch welche dem Beklagten die Fortsetzung seiner Angriffe gegen den Kläger bei Strafe untersagt wurde. Das Landgericht Zwickau, an das die Sache nach § 942 Abs. 1 Z.P.O. gelangte, hob die einstweilige Verfügung auf; sie wurde aber auf die Berufung des Klägers von dem Oberlandesgerichte als rechtmäßig bestätigt.

Die dagegen vom Beklagten eingelegte Revision ist als unzulässig verworfen.

Aus den Gründen:

... „Die von dem Beklagten gegen die Entscheidung des Oberlandesgerichts eingelegte Revision kann nicht als zulässig erachtet werden.

Der Kläger hat zur Begründung seines Antrags auf Erlassung der einstweiligen Verfügung geltend gemacht, das Verhalten des Beklagten enthalte einen rechtswidrigen Eingriff in seinen, des Klägers, Gewerbebetrieb, insofern ihm der Absatz der Erzeugnisse seiner Brauerei unmöglich gemacht oder doch wesentlich erschwert werde, und er erleide infolgedessen einen erheblichen Schaden. Sein Verlangen, daß dem Beklagten die Fortsetzung seiner Angriffe untersagt und die insoweit vom Amtsgericht C. erlassene einstweilige Verfügung für rechtmäßig erklärt werde, stellt sich sonach als Geltendmachung eines vermögensrechtlichen Anspruchs dar, und infolgedessen muß überhaupt der hierüber geführte Rechtsstreit als ein unter die Bestimmung in § 546 Abs. 1 Z.P.O. fallender angesehen werden. Allerdings ist anzunehmen, daß der Beklagte bei seinen gegen den Kläger vorgenommenen Handlungen nicht bloß beabsichtigte, die Vermögensnachteile zu beseitigen, welche den bei dem Kläger beschäftigt gewesenen Brauereiarbeitern durch ihre Entlassung aus der Arbeit erwuchsen, sondern daß er diese Entlassung als einen Eingriff des Klägers in das Koalitionsrecht seiner Arbeiter ansah, und durch seine Maßnahmen dieses Recht, dessen Bedeutung sich keineswegs in den Vermögensvorteilen, welche durch seine Ausübung erlangt werden können, erschöpft, verteidigen und die vermeintlichen Eingriffe des Klägers abwehren wollte.

Hierdurch wird indes an der Anwendbarkeit der Vorschriften in § 546 Z.P.O. nichts geändert. Entscheidend für die Frage, ob eine Rechtsstreitigkeit über einen vermögensrechtlichen Anspruch vorliegt, ist die Natur desjenigen Rechts, für das die Klagepartei richterlichen Schutz verlangt; ist dieses ein Vermögensrecht, so erscheint es für die Anwendung der angezogenen gesetzlichen Bestimmung einflußlos, welche Zwecke die verklagte Partei bei den Handlungen, in denen der Eingriff in das Vermögensrecht gefunden wird, verfolgt, und ob sie diese Handlungen zur Wahrung von Interessen, die nicht vermögensrechtlicher Natur sind, vorgenommen hat.

Die von dem Beklagten eingelegte Revision würde also nur zulässig sein, wenn als glaubhaft gemacht anzusehen wäre, daß er an der Wiederherstellung der landgerichtlichen Entscheidung ein vermögensrechtliches Interesse, das auf mehr als 1500 *M* zu schätzen ist, habe. Dies ist keineswegs der Fall." (Wird des näheren ausgeführt.)

24. Was ist unter dem Besitz einer Sache im Sinne des § 6 Z.P.O. zu verstehen?

VI. Zivilsenat. Urt. v. 5. Juni 1905 i. S. Stadtgem. M. (Kl.) w. K. (Bekl.) Rep. VI. 455/04.

I. Landgericht Chemnitz.
II. Oberlandesgericht Dresden.

Aus den Gründen:

„Die Klägerin, die durch das angefochtene Urteil mit der Klage abgewiesen worden ist, fordert u. a. die Übergabe eines Parzellenteils, den der Beklagte auf Grund eines am 28. August 1879 abgeschlossenen, nach den Ausführungen des Berufungsgerichts auf Einräumung eines Baurechts gerichteten Vertrages im Besitz hat. Auf einen solchen Anspruch findet § 6 Z.P.O. Anwendung, wonach der Wert des Streitgegenstandes durch den Wert einer Sache bestimmt wird, wenn deren Besitz Gegenstand des Streites ist. Was unter „Besitz“ im Sinne dieser Vorschrift zu verstehen ist, darüber entscheidet das jeweilig geltende bürgerliche Recht, also jetzt das Recht des Bürgerlichen Gesetzbuchs. Dieses umfaßt unter dem Ausdruck „Besitz“ alle Arten der tatsächlichen Gewalt über eine Sache, den unmittelbaren wie den mittelbaren Besitz, den Eigenbesitz und den Fremdbesitz.[1] Die Klägerin, die nur mittelbare Besitzerin ist (§ 868), fordert den unmittelbaren Besitz, den jetzt der Beklagte hat. Der Besitz des Parzellenteils ist daher Gegenstand des Streits.“ . . .

---

25. Steht nach dem Bürgerlichen Gesetzbuch dem Verkäufer einer Ware das Recht zu, durch Nachbesserung der mangelhaften Ware die vom Käufer verlangte Wandelung abzuwenden?

II. Zivilsenat. Urt. v. 6. Juni 1905 i. S. Düsseld. Röhren- u. Eisenwalzwerke (Bekl.) w. Firma M. (Kl.). Rep. II. 593/04.

---

[1] So auch Gaupp-Stein, Zivilprozeßordnung 6. und 7. Aufl. Bd. 1 Bem. I zu § 6 S. 40. D. R.

I. Landgericht Düsseldorf.
II. Oberlandesgericht Köln.

Gründe:

... „Das Gesetz hat an keiner Stelle dem Verkäufer ausdrücklich das Recht zugesprochen, unter Umständen das Wandelungsbegehren des Käufers durch Nachbesserung der mangelhaften Ware und Ersatzlieferung einer vertragsmäßigen Ware abzuwenden; es hat die Rechte und Pflichten des Verkäufers und des Käufers, namentlich auch hinsichtlich der Gewährleistung der Kaufsache, genau bestimmt, und speziell bei dem Kauf einer Gattungssache — und eine solche steht in Frage — im § 480 B.G.B. dem Käufer das Recht eingeräumt, statt der Wandelung oder der Minderung die Lieferung einer mangelfreien Sache an Stelle der mangelhaften zu verlangen, ohne dabei eines entsprechenden Nachbesserungsrechts des Verkäufers zu erwähnen. Allerdings ist in den Motiven zu § 383 des I. Entw. gesagt, daß durch die Nichtaufnahme des im Allgemeinen Preußischen Landrecht dem Verkäufer zuerkannten Nachbesserungsrechts nicht ausgesprochen sein soll, daß der Veräußerer nicht nach den Umständen des Falles durch Beseitigung des Mangels die Ansprüche des Erwerbers ausschließen könne, und im Einzelfalle nur zu prüfen sein werde, ob einem entsprechenden Verlangen nicht die Annahme der Leistung als Erfüllung entgegenstehe. Allein die Motive zu § 398 des Entwurfs besagen nach Rechtfertigung des dem Käufer zugestandenen Rechts, Lieferung einer mangelfreien Ware zu verlangen, der Veräußerer solle infolge des Rechts der Wandelung des Erwerbers seinerseits nicht befugt sein, an Stelle der vertragswidrigen eine mangelfreie Sache zu liefern und deren Annahme zu fordern; derselbe müsse die Folgen seines vertragswidrigen Verhaltens im vollen Umfange tragen. Was die Verhandlungen in der Kommission betrifft, so ist allerdings bei Zurückweisung eines Antrages auf Ausschließung der Wandelung bei verhältnismäßig unerheblichen Wertminderungsmängeln bemerkt worden, daß, wenn der Mangel zu beseitigen sei, in Frage kommen könne, ob es sich nicht empfehle, die entsprechende für den Werkverdingungsvertrag getroffene Regelung auf den Kauf zu übertragen; dieser Anregung ist aber keine Folge gegeben worden, und in der Beratung des § 398 des Entwurfs wurde eingehend erörtert, ob dem Verkäufer das Recht zur Nachlieferung einer mangelfreien Sache eingeräumt werden solle, was jedoch verneint wurde, weil für ein solches, unter gewissen Einschränkungen etwa zu gewährendes Recht kein praktisches Bedürfnis bestehe, und der Verkäufer die Sachlage durch die von ihm zu vertretende mangelhafte Lieferung verändert habe, daher es nur billig erscheine, daß er die aus dieser Veränderung sich ergebenden Folgen zu tragen habe. Wenn sonach auch an sich das Bürgerliche Gesetzbuch ein Recht des Verkäufers, durch Nachbesserung das Wandelungsbegehren des Käufers zu beseitigen, nicht ausgesprochen hat, so muß doch in besonders gearteten Fällen unter Berücksichtigung der allgemeinen Bestimmungen der §§ 226, 157 und 242 B.G.B. und § 346 H.G.B. ein solches Recht anerkannt werden, wenn nämlich die Ausübung des Wandelungsrechts seitens des Käufers nur den Zweck haben kann, dem Verkäufer Schaden zuzufügen, ein Fall, welcher bisher in gegenwärtiger Sache nicht behauptet worden ist; oder wenn aus dem nach Treu und Glauben mit Rücksicht auf die Verkehrssitte auszulegenden Inhalt des Vertrags die Verpflichtung des Käufers zu folgern ist, die ausgebesserte Leistung gelten zu lassen.

Vgl. die Literatur bei Planck, Bürgerliches Gesetzbuch 3. Aufl. § 462 Bem. 4. § 480 Bem. 4; ferner Crome, Bd. 2 § 220 Anm. 24 und die Entscheidung des erkennenden Senats, Rep. II. 445/03.

Das Oberlandesgericht hat nun zwar angenommen, mit dem Versagen des Nachbesserungsrechts habe die Beklagte gegen Treu und Glauben verstoßen, weil nur ein kleiner Teil der Lieferung mangelhaft gewesen sei, die Beklagte ein Interesse, die Ware gerade an einem bestimmten Tage zu erhalten, nicht gehabt habe, und für sie nur der Preisrückgang der Ware bestimmend gewesen, daher ein berechtigtes Interesse der Beklagten durch die um einige Tage verspätete Lieferung nicht verletzt worden sei. Diese Ausführung läßt aber jede Begründung in Hinsicht der Verkehrssitte und der im betreffenden Handelsverkehr geltenden Gewohnheiten und Gebräuche vermissen, unter deren Berücksichtigung die Frage, ob ein Verhalten gegen den nach Treu und Glauben auszulegenden Vertragsinhalt vorliegt, zu beantworten ist. Dieser Gesichtspunkt war um so mehr in Betracht zu ziehen, als an sich nicht in Abrede zu stellen ist, daß die Beklagte bei dem nicht bestrittenen Sinken des Schrottpreises ein Interesse daran hatte, von der betreffenden Lieferung loszukommen, welches Interesse sie durch Ausübung des infolge der mangelhaften Lieferung ihr nach dem Gesetze eingeräumten Rechts, zu wandeln, verfolgte, und als die Parteien in der Berufungsinstanz eingehend darüber gestritten hatten, ob der Standpunkt der Klägerin dem Gebrauche im Schrotthandel entspreche." . . .

---

26. Beurkundung des Veräußerungsvertrages über ein Grundstück und der Auflassung durch den Grundbuchbeamten in Württemberg. Beweis der unrichtigen Beurkundung des Vorgangs.

Z.P.O. § 415.

B.G.B. §§ 313. 925.

Reichsges. üb. d. Angel. d. freiw. Gerichtsbarkeit §§ 174 flg.

V. Zivilsenat. Urt. v. 7. Juni 1905 i. S. B. (Bekl.) w. Sch. (Kl.). Rep. V. 618/04.

I. Landgericht Tübingen.
II. Oberlandesgericht Stuttgart.

Nach dem Protokolle des Grundbuchamts W. vom 5. Mai 1903 hatten die Parteien in Gegenwart des Grundbuchbeamten B. einen Kaufvertrag dahin beurkundet, daß der Kläger, zugleich namens seiner Ehefrau, dem Beklagten das im Grundbuche von W. Heft 85 Abt. 1 Nr. 7 bezeichnete Grundstück verkaufte. Im Anschluß daran erklärten die Parteien die Auflassung, beantragten die Eintragung der Eigentumsänderung in das Grundbuch und setzten hinter den Abkürzungsvermerk „V. V. g. u. u." (auf Vorlesung genehmigt und unterschrieben) ihre Unterschriften. Darunter stand der Beglaubigungsvermerk „Z. B. (zur Beurkundung) Grundbuchbeamter B." Die Eigentumsänderung wurde eingetragen, der Kaufpreis bezahlt. Der Kläger focht das Geschäft an. Er machte geltend, Kaufvertrag und Auflassung seien nichtig, weil die Verhandlungen der Parteien, die Aufnahme, Vorlesung, Genehmigung und Unterzeichnung des Protokolls nicht, wie dies fälschlich besage, vor dem Grundbuchbeamten B., sondern vor dessen Gehilfen, dem Verwaltungskandidaten B., stattgefunden hätten, der nur zur Vorbereitung von Einträgen in das Grundbuch, nicht zur Wahrnehmung der Geschäfte eines Grundbuchbeamten ermächtigt gewesen sei. Der Kläger beantragte, zu erkennen, daß der von den Parteien am 5. Mai 1903 abgeschlossene Kaufvertrag und die am gleichen Tage erfolgte Auflassung nichtig seien, und daß der Beklagte schuldig sei, seine Zustimmung zur Berichtigung des Grundbuchs dahin zu geben, daß an seiner Stelle wieder der Kläger und dessen Ehefrau als Eigentümer des aufgelassenen Grundstücks eingetragen werden. Der erste Richter wies insoweit die Klage ab. Auf die Berufung des Klägers wurde nach dem Klagantrag erkannt. Der Revision des Beklagten wurde stattgegeben aus folgenden

Gründen:

„Das Berufungsgericht nimmt zwar an, daß durch das Protokoll des Grundbuchamts W. vom 5. Mai 1903 als eine öffentliche Urkunde der volle Beweis des dadurch beurkundeten Vorgangs erbracht sei, wonach die Parteien vor dem Grundbuchbeamten B. erschienen sind, ihn um die amtliche Beurkundung über Kauf und Verkauf des dem Kläger und seiner Ehefrau gehörigen Grundstücks, einer Wiese mit Heuscheuer, ersucht und sodann in seiner Gegenwart die Auflassung dieses Grundstücks erklärt haben; es hält jedoch durch die Aussagen der Zeugen für erwiesen, daß dieser Vorgang unrichtig beurkundet sei. Es stellt auf Grund der Darstellungen der Zeugen fest, daß die Parteien Kauf und Auflassung vor dem Gehilfen B. und nicht vor dem Grundbuchbeamten B. erklärt haben. Der Gehilfe B. habe nämlich die Parteien darüber befragt, was sie zu erklären hätten, ihre Erklärungen entgegengenommen, niedergeschrieben, die von ihm aufgesetzte Schrift ihnen vorgelesen, sich darüber vergewissert, daß sie das Vorgelesene genehmigten, und die Urkunde von den Beteiligten unterschreiben lassen. Der Grundbuchbeamte dagegen habe weder die Erklärungen der Parteien entgegengenommen, noch bei ihrer Beurkundung mitgewirkt, ja sich nicht einmal bereit gezeigt, die Erklärungen der Parteien entgegenzunehmen. Daß er, wie er bezeugt habe, den ganzen Akt genau verfolgt und während der Verlesung des Protokolls sich zum mindesten auf seinem — in der an die Grundbuchamtskanzlei anstoßenden, mit ihr durch eine offene Durchgangstür verbundenen Stadtpflegekanzlei befindlichen —

Stuhle umgedreht habe, möglicherweise aber auch aufgestanden und in die Grundbuchamtskanzlei eingetreten sei, genüge nicht zu der Feststellung, daß er auch nur bereit gewesen sei, die Erklärungen der Parteien entgegenzunehmen. Erst dann könnte hiervon die Rede sein, wenn er den Parteien zu erkennen gegeben hätte, daß er von ihnen vernehmen wolle, was sie beim Grundbuchamt kund zu machen hätten. Sein Benehmen habe nicht erkennen lassen, daß er sein Amt als Grundbuchbeamter gegenüber den Parteien, die sich durch Äußerung ihrer Willenserklärungen mit ihm unmittelbar in Verbindung hätten setzen müssen, ausübe. Auch wenn er in die Verhandlung seines Gehilfen dadurch eingegriffen hätte, daß er die Hebung eines Anstandes, der sich der Einigung der Parteien entgegengestellt, durch seinen Gehilfen veranlaßt habe, werde nichts geändert, da darin nur die Ausübung seiner Aufsicht über den ihm untergebenen Gehilfen zutage getreten sei. Wenn auch, wie bei den Verhältnissen in der kleinen Gemeinde W. ohne weiteres zu unterstellen, den Parteien wohl bewußt gewesen sei, daß nicht der mit ihnen verhandelnde unselbständige Gehilfe, sondern sein Vorgesetzter der verantwortliche Träger des Amtes sei, und wenn auch der Grundbuchbeamte, wie anzunehmen, bei seiner Kenntnis von Personen und Dingen in der Gemeinde einen vollständigen Einblick in das wenig verwickelte Rechtsgeschäft durch seine Wahrnehmungen während der Anwesenheit der Parteien gewonnen habe, so rechtfertige doch auch dies nicht die Annahme, die Parteien hätten das Rechtsgeschäft vor ihm und unter seiner amtlichen Mitwirkung vorgenommen. Es sei zwar nicht unbedingt nötig gewesen, daß der Grundbuchbeamte selbst das Protokoll aufgesetzt und verlesen, und daß er sich während der ganzen Verhandlung in demselben Zimmer mit seinem Gehilfen und den Parteien befunden habe, zumal die Türe zwischen seinem Arbeitszimmer und der Grundbuchamtskanzlei offen gestanden habe; aber da nicht feststehe, daß er während der ganzen Verhandlung die Grundbuchamtskanzlei überhaupt betreten habe, und da, mit Ausnahme der das Protokoll abschließenden, beurkundenden Unterschrift des Grundbuchbeamten, das ganze Geschäft tatsächlich erwiesenermaßen von dem Gehilfen B. besorgt sei, so könnte die Amtshandlung nur dann als eine solche des Grundbuchbeamten selbst angesehen werden, wenn er in sicher erkennbarer Weise als die einzig verantwortliche

Amtsperson hervorgetreten wäre, die sich zwar der Dienste des Gehilfen bediene, aber doch nicht in solchem Umfange, daß es die Parteien in Wahrheit nur mit dem Gehilfen zu tun hätten. Hiernach verdecke die Beurkundung des Protokolls durch den Grundbuchbeamten den wahren Sachverhalt und sei unrichtig und mißbräuchlich. Hätten aber die Parteien die Auflassung nicht vor dem Grundbuchbeamten, sondern vor dessen Gehilfen, der zur Wahrnehmung des Amtes eines Bezirksnotars nicht befähigt gewesen sei, erklärt, so sei sie überhaupt nicht vor dem Grundbuchamt erklärt und wegen Mangels der durch § 925 B.G.B. vorgeschriebenen Form nichtig. Auch der von den Parteien geschlossene Kaufvertrag sei nichtig, weil er weder gerichtlich noch notariell beurkundet, und die vom Gehilfen B. vorgenommene Beurkundung unrichtig und unwirksam sei. Von einer Heilung des Formmangels nach § 313 Satz 2 B.G.B. durch Auflassung und Eintragung könne nicht die Rede sein, weil die der Eintragung zugrunde liegende Auflassung an Nichtigkeit leide. . . .

Der Revision war der Erfolg nicht zu versagen.

Daß das Berufungsgericht verkannt habe, die Beweislast in Ansehung des nach § 415 Abs. 2 Z.P.O. zulässigen Gegenbeweises liege dem Kläger ob, und daß es nicht bestimmt zum Ausdruck gebracht habe, es sehe diesen Gegenbeweis für geführt an, ergibt sich aus den Ausführungen des Berufungsgerichts nicht; sondern es ist darin das Gegenteil deutlich genug zum Ausdruck gebracht.

Dagegen ist dem Beklagten darin beizutreten, daß das Berufungsgericht die Ansprüche an die Mitwirkung des Urkundsbeamten bei Beurkundung des Veräußerungsvertrages (§ 313 B.G.B.) und der Erklärung der Auflassung (§ 925 B.G.B.) überspannt hat. Es soll nicht verkannt werden, daß es einem idealen Zustand entsprechen würde, wenn der Urkundsbeamte persönlich mit den Parteien über ihre Erklärungen verhandelte und bei dem Beurkundungsgeschäft unausgesetzt mitwirkte. So weit geht aber die Praxis tatsächlich nicht, und es läßt sich jener Zustand auch nicht verwirklichen. Es muß genügen, daß die Parteien, die ihre Erklärungen vor einem Gehilfen des Urkundsbeamten abgegeben haben, die von diesem protokollierten Erklärungen, nachdem sie ihnen vorgelesen sind, in Anwesenheit des Urkundsbeamten genehmigen und das Protokoll unterschreiben. Wenn dann der Urkundsbeamte das Protokoll zum Zeichen der Beurkundung unterschreibt und damit die volle Verantwortlichkeit für den Inhalt des Protokolls übernimmt, so ist damit die Beurkundung einwandsfrei festgestellt. Diesen Erfordernissen ist aber bei dem Protokolle vom 5. Mai 1903, wie das Berufungsgericht feststellt bzw. als zweifellos unterstellt, voll entsprochen. Danach ist den Parteien wohl bewußt gewesen, daß nicht der mit ihnen verhandelnde Gehilfe, sondern sein Vorgesetzter die verantwortliche Urkundsperson sei. Der Grundbuchbeamte hat bei seiner Kenntnis von Personen und Dingen in der kleinen Gemeinde W. einen vollständigen Einblick in das wenig verwickelte Rechtsgeschäft durch seine Wahrnehmungen während der Anwesenheit der Parteien gewonnen. Er ist zwar während der ganzen Verhandlung seines Gehilfen mit den Parteien nicht in der Grundbuchamtskanzlei, sondern in einem unmittelbar anstoßenden Zimmer gewesen; aber durch die offenstehende Tür hat er die Parteien, und haben ihn die Parteien sehen, und hat er bei der geringen Entfernung seines Sitzes im Nebenzimmer von der Stätte, wo der Gehilfe mit den Parteien verhandelte, seine Wahrnehmungen machen und die Verhandlung überwachen können. Wenn der Grundbuchbeamte bei solcher Sachlage der Vorlesung und Genehmigung des Protokolls, ohne in die Grundbuchamtskanzlei selbst einzutreten, von seinem Sitze im Nebenzimmer, auf dem er sich zum Zeichen seiner Teilnahme und Mitwirkung um- und den Parteien zudrehte, beigewohnt hat, so ist nicht einzusehen, was er noch hätte tun sollen, um als die einzig verantwortliche Amtsperson hervorzutreten und dies den Parteien, die ihn ja als Grundbuchbeamten kannten, zum Bewußtsein zu bringen. Es bedurfte doch gewiß keiner besonderen Erklärung des Grundbuchbeamten, daß er es sei, der die Beurkundung vornehme, und daß er selbst, nicht der Gehilfe, der die Parteien vernommen, ihre Erklärungen niedergeschrieben, sie vorgelesen und sie hatte genehmigen lassen, das Amt des beurkundenden Grundbuchbeamten ausübe. Es mag sein, daß das Verfahren des Grundbuchbeamten, wie es hier beobachtet ist, von seiner vorgesetzten Behörde mißbilligt und im Aufsichtswege geahndet werden kann; aber eine Ordnungswidrigkeit, wegen deren das Protokoll vom 5. Mai 1903 als öffentliche Urkunde infolge unrichtiger Beurkundung nichtig erscheinen könnte, ist darin nicht enthalten.“ ...

---

27. Was ist zur Gültigkeit und Rechtsbeständigkeit der in § 132 des preußischen Gesetzes über die allgemeine Landesverwaltung vom 30. Juli 1883 angeordneten vorherigen „schriftlichen Androhung“ erforderlich?

III. Zivilsenat. Urt. v. 9. Juni 1905 i. S. B. (Kl.) w. L. (Bekl.). Rep. III. 546/04.

I. Landgericht Allenstein.
II. Oberlandesgericht Königsberg i. P.

Zur Begründung eines Schadensersatzanspruchs gegen den Beklagten, welcher als stellvertretender Amtsvorsteher eine dem Kläger gehörige Scheune im Wege polizeilicher Zwangsvollstreckung teilweise hat abbrechen lassen, hatte letzterer u. a. geltend gemacht, daß ihm der zwangsweise Abbruch der Scheune entgegen dem § 132 des preußischen Gesetzes über die allgemeine Landesverwaltung vom 30. Juli 1883 nicht vorher schriftlich angedroht gewesen sei. Das Berufungsgericht erachtete jedoch durch das Zeugnis des derzeitigen Amtsdieners S. für erwiesen, daß dieser länger als vier Wochen vor dem fraglichen Abbruch im Auftrage des Beklagten eine von diesem unterschriebene, mit dem Amtssiegel versehene schriftliche Verfügung vom 12. Oktober 1900, welche die Aufforderung enthielt, binnen vier Wochen die Scheune abzubrechen, widrigenfalls dies zwangsweise auf seine Kosten geschehen werde, dem Kläger überbracht, dieselbe ihm vorgelesen, sie von ihm habe unterschreiben lassen und sie dann dem Beklagten zurückgebracht habe, und daraufhin hat dasselbe die Klage abgewiesen. Hiergegen erhob die Revision den Angriff, daß zu Unrecht eine schriftliche Androhung des Zwangsmittels angenommen sei, weil diese nach dem Urteil des preußischen Oberverwaltungsgerichts (Entsch. Bd. 4 S. 394 flg.) und der Ministerialverfügung vom 13. Februar 1896 (Ministerialblatt für die innere Verwaltung 1896 S. 42) voraussetze, daß das die Androhung enthaltende Schriftstück dem Adressaten belassen werde. In dieser Beziehung heißt es in den

Gründen:

... „Der Angriff ist unbegründet. Der § 132 des Gesetzes vom 30. Juli 1883 verlangt nur die „vorherige schriftliche Androhung“. Daß eine schriftliche Androhung vorgelegen hat, ist durch das Zeugnis des S., welches das Berufungsgericht für beweisend erachtet, erwiesen. Natürlich muß aber auch diese schriftliche Androhung dem Adressaten zugegangen sein; aber eine bestimmte Form für die Zustellung von Verfügungen der Verwaltungsbehörden ist, wie das Berufungsgericht zutreffend bemerkt, im Gesetz nirgends vorgeschrieben. Es genügt daher, daß die schriftliche Androhung dem Kläger überhaupt zugegangen, ihm von derselben amtlich Kenntnis gegeben ist, und das ist durch das Zeugnis des S. gleichfalls festgestellt. In der Entsch. Bd. 4 S. 394 hat auch das preußische Oberverwaltungsgericht nur ausgesprochen, daß durch eine mündliche Eröffnung zu Protokoll das gesetzliche Erfordernis der schriftlichen Androhung nicht erfüllt werde, weil eine solche nur die öffentliche Beurkundung einer mündlich erfolgten Androhung sei. Das ist durchaus zutreffend, trifft aber nicht den vorliegenden Fall. Zur Begründung dieser seiner Ansicht hat das Oberverwaltungsgericht zwar noch ausgeführt, daß es wohl auch in der Absicht des Gesetzgebers gelegen habe, durch die vorgeschriebene Schriftlichkeit der Verfügung dem Verpflichteten die Möglichkeit zu gewähren, sich jederzeit Gewißheit darüber zu verschaffen, was er zu tun und zu lassen habe, welcher Zweck durch eine bloße protokollarische Androhung nicht erreicht werde; aber wenn danach auch ein Belassen der betreffenden Verfügung als zweckentsprechend angesehen werden mag, so ist doch ein solches Belassen für die Gültigkeit und Rechtsbeständigkeit derselben im Gesetze nirgends vorgeschrieben. Und wenn in der weiter von der Revision angezogenen Ministerialverfügung vom 13. Februar 1896 mit Bezug auf dieses Urteil des Oberverwaltungsgerichts ein Nichtbelassen der Androhungsverfügung als dem Gesetze nicht entsprechend erklärt wird, so kann doch dadurch bei dem Mangel einer bezüglichen gesetzlichen Vorschrift die Gültigkeit der den positiven gesetzlichen Vorschriften entsprechenden Zwangsandrohung nicht in Frage gestellt werden. Übrigens war auch in dem dieser Ministerialverfügung zugrunde liegenden Falle eine an die Verpflichteten gerichtete Verfügung gar nicht erlassen, sondern nur eine an den Gemeindevorstand gerichtete Verfügung des Amtsvorstehers den Verpflichteten vorgezeigt, so daß in jenem Falle insoweit dem Gesetze auch in der Tat nicht genügt war. Für den vorliegenden Fall kann daher auch diese Ministerialverfügung zu einem anderen Ergebnis nicht führen, um so weniger als der Zweck, dem Verpflichteten jederzeit über den Inhalt der Verfügung volle Gewißheit zu geben, auch durch das eingeschlagene Verfahren, wie das Berufungsgericht darlegt, erreicht ist." ...

---

28. 1. Wesen der Enteignung nach allgemeinem deutschen Recht und nach dem preußischen Enteignungsgesetz.

2. Kann der Unternehmer überhaupt, bzw. in welchem Zeitpunkte und mit welcher Wirkung, von einer auf Grund des § 26 des preußischen Enteignungsgesetzes vom 11. Juni 1874 getroffenen Vereinbarung zurücktreten?

VII. Zivilsenat. Urt. v. 9. Juni 1905 i. S. Pfälzische Nordbahnen (Bekl.) w. G. & Söhne u. Gen. (Kl.). Rep. VII. 237/05.

I. Landgericht Saarbrücken.
II. Oberlandesgericht Köln.

Die Beklagte, der für die Erbauung einer Eisenbahn von Münster a. St. nach Scheidt das Enteignungsrecht verliehen worden ist, schloß nach der endgültigen Planfeststellung mit den Klägern, deren in Offenbach am Glan belegenes Gerbereianwesen teilweise für das Unternehmen in Anspruch genommen wurde, im Entschädigungsfeststellungsverfahren vor dem Enteignungskommissar am 16. März 1903 eine Vereinbarung, die u. a. folgende Bestimmungen enthielt:

1. Die von der Enteignung betroffenen Grundstücke der Kläger sollten von der Beklagten ganz in Eigentum übernommen werden — womit der in dieser Beziehung von den Klägern schon vorher erhobene, aber von der Beklagten bestrittene Anspruch zugunsten der Kläger seine Erledigung fand —;
2. die Abschätzung der Grundstücke sollte durch die Lederfabrikanten S. in Ki. und W. in Kr. erfolgen, — auf welche die Parteien sich schon vor dem Vergleich als Sachverständige im Enteignungsverfahren geeinigt hatten;

3. unter Ausschluß der Feststellung der Entschädigung durch den Bezirksausschuß sowie des Rechtsweges sollten die von den genannten Sachverständigen ermittelten Schätzungswerte als vereinbarte Entschädigung für die Grundstücke mit den Gebäuden und Zubehörungen einschließlich der in einem ursächlichen Zusammenhang mit der Enteignung stehenden vermögensrechtlichen Nachteile angenommen werden; falls die Sachverständigen über die danach zu berechnende Gesamtentschädigung sich nicht sollten einigen können, sollte der Durchschnitt der beiderseitigen Gesamtsummen gelten;
4. die Zahlung der Gesamtentschädigung sollte binnen einem Monat nach Zustellung des Gutachtens der Sachverständigen an die Beklagte erfolgen;
5. aus dem Vergleich sollte sofortige Zwangsvollstreckung stattfinden.

Nachdem diese Vereinbarung geschlossen war, wurden im selbigen Termin die anwesenden beiden Sachverständigen beeidigt und nach Verlesen der §§ 7—14 des Enteignungsgesetzes unterwiesen. Diese Vereinbarung wurde von der Direktion der Beklagten genehmigt.

Am 1. April 1903 erklärte der von der Beklagten bestellte Sachverständige W., daß er sein Amt niederlege, weil die Kläger sich weigerten, ihm selbst die erforderliche Einsicht in ihre Geschäftsbücher und Bilanzen zu gestatten. Am Tage darauf teilte die Beklagte den Klägern mit, daß sie mit Rücksicht hierauf die Vergleichsverhandlungen als gescheitert ansehe und die Vereinbarungen vom 16. März nicht mehr als bindend erachte. Die Beklagte verlegte alsdann die Bahnstrecke so, daß sie das Anwesen der Kläger nicht mehr berührte.

Daraufhin erhoben die Kläger die gegenwärtige Klage, mit der sie beantragten, unter Feststellung der Rechtsbeständigkeit des von dem Enteignungskommissar am 16. März 1903 beurkundeten Vertrages die Beklagte zu verurteilen, 1. den Besitz des verkauften, in dem genannten Vertrage näher beschriebenen Anwesens zu übernehmen, 2. den durch gerichtlich zu ernennende Sachverständige zu ermittelnden Betrag der Gesamtentschädigung nach Maßgabe des Vertrages vom 16. März 1903 nebst Zinsen zu zahlen. Die Beklagte beantragte die Abweisung der Klage.

Das erstinstanzliche Gericht verurteilte die Beklagte dem Grunde nach, den Klägern gegen Abtretung des in der Vereinbarung vom 16. März 1903 bezeichneten Anwesens die noch durch gerichtliche Entscheidung festzusetzende Entschädigung nach Maßgabe der genannten Vereinbarung zu zahlen. Die Berufung des Beklagten wurde zurückgewiesen. Die Revision der Beklagten hat dagegen den Erfolg gehabt, daß die Klage abgewiesen wurde.

Gründe:

„Der Berufungsrichter erachtet zwar die Behauptung der Beklagten, daß Dr. O., ihr Vertreter in der Verhandlung vom 16. März 1903, sowie ihre Direktion durch diese Vereinbarung nicht einen privatrechtlichen Veräußerungsvertrag hätten schließen wollen, für erwiesen; er ist aber der Ansicht, daß gleichwohl durch die Vereinbarung kraft gesetzlicher Rechtswirkung zwischen den Parteien ein obligatorischer Kaufvertrag zustande gekommen sei. Diese Auffassung begründet er mit folgenden Ausführungen.

Nach der in Rechtslehre und Rechtsprechung überwiegenden Annahme stelle auch nach dem preußischen Gesetz vom 11. Juni 1874 die Enteignung ein, wenn auch erzwungenes, so doch wirkliches und nach privatrechtlichen Grundsätzen zu beurteilendes Veräußerungsgeschäft dar. Durch die Vereinbarung vom 16. März 1903 sei zwischen den Parteien eine Einigung über die Höhe der Entschädigung erzielt worden, wenn diese auch nicht sofort ziffermäßig festgesetzt, sondern ihre Bestimmung dem Gutachten Dritter überlassen sei. Da nun der Gegenstand der Abtretung durch den endgültigen Planfeststellungsbeschluß in Verbindung mit dem Inhalte der Bestimmungen unter Ziff. 1 und 2 der Vereinbarung festgestanden habe, so sei durch die Vereinbarung, welche die Natur eines privatrechtlichen Vertrages habe, kraft gesetzlicher Rechtswirkung zwischen den Parteien ein Kaufvertrag perfekt geworden, von dem nach allgemeinen Rechtsgrundsätzen ein einseitiger Rücktritt ausgeschlossen sei.

Diesen Ausführungen kann nicht zugestimmt werden. Allerdings hatte in früherer Zeit die Ansicht allgemeine Geltung, daß die Enteignung den Charakter eines Zwangskaufs oder richtiger eines Zwangsverkaufs trage. Allein nachdem unter dem Vortritt von Burckhard (Zeitschrift für Zivilrecht und Prozeß N. F. Bd. 6 S. 221 flg.) und von Zachariä (Göttinger gelehrte Anzeigen 1861 Bd. 1 S. 119 flg.)

in eingehenden, bis zur Gegenwart fortgesetzten Untersuchungen[1] das wahre Wesen der Enteignung, wie diese sich im Laufe des 19. Jahrhunderts in Deutschland ausgestaltet hatte, erforscht worden ist, ist jetzt die Erkenntnis Gemeingut der in der Gegenwart herrschenden[2] Rechtslehre geworden, daß im Mittelpunkt des Enteignungsverfahrens ein öffentlichrechtlicher Akt der Staatsgewalt steht, nämlich die Verleihung des Eigentums der Grundstücke, die für ein dem öffentlichen Wohl und Nutzen dienendes Unternehmen erforderlich sind, an den Unternehmer. Damit ist der Zwangskauftheorie jeder Boden entzogen (s. namentlich Laband im Archiv für die zivilist. Praxis Bd. 52

---

[1] S. u. a. Thiel, Expropriationsrecht (1866) S. 3 flg.; Laband, Archiv f. die zivilist. Praxis Bd. 52 (1869) S. 169 flg.; v. Rohland, Zur Theorie und Praxis des deutschen Enteignungsrechts (1875) S. 35 flg.; Schelcher, Die Rechtswirkungen der Enteignung nach gemeinem und sächsischem Recht (1893) S. 15 flg.; Sächsisches Archiv Bd. 4 S. 72 flg.; O. Mayer, Deutsches Verwaltungsrecht Bd. 2 (1896) S. 31 flg. D. E.

[2] S. u. a. die Darstellungen des deutschen Privatrechts von Beseler (4. Aufl. 1885) S. 382 Anm. 15 (im Gegensatz gegen die in den früheren Auflagen vertretene Zwangskauftheorie), von Roth, Bd. 3 (1886) S. 286, von Franken (1889) S. 213, von Gengler (4. Aufl. 1892) S. 180, von Cosack-Gerber (17. Aufl. 1895) S. 156 Anm. 1 a. E. (im Gegensatz gegen die von Gerber seit der 5. Auflage angenommene Zwangskauftheorie), von Stobbe-Lehmann (3. Aufl.) Bd. 2 Nr. 1 (1896) S. 506, von Gierke in Kohlers Rechtsenzyklopädie Bd. 1 (1904) S. 491 und Deutsches Privatrecht Bd. 2 (1905) S. 469 flg.; ferner Strohal, Zur Lehre vom Eigentum an Immobilien (1876) S. 131; Dernburg, Preuß. Privatrecht (5. Aufl. 1894) Bd. 1 S. 72; Endemann, B.G.B. (8. u. 9. Aufl. 1905) Bd. 2 S. 491; Biermann, Sachenrecht (1902) S. 115; Stein, Verwaltungslehre Bd. 7 (1868) S. 324; Rösler, Verwaltungsrecht Bd. 1 (1872) S. 463; G. Meyer, Lehrbuch des deutschen Verwaltungsrechts (2. Aufl. 1893) Bd. 1 S. 280; O. Mayer, Deutsches Verwaltungsrecht Bd. 2 (1896) S. 31 flg.; Thiel, Laband, v. Rohland, Schelcher, a. d. a. O. (Anm. 1); Gleim, Eisenbahn-Archiv 1885 S. 43; Seydel, Preuß. Enteignungsgesetz (3. Aufl. 1903) S. 3; Koffka, Preuß. Enteignungsrecht S. 27 flg; Schelcher, Sächsisches Enteignungsgesetz (1903) S. 21 flg.; Häpe, Zwangsenteignung nach sächs. Recht S. 12. 63; Henle, Zwangsenteignung in Bayern (1890) S. 21. 54; v. Seydel, Bayerisches Staatsrecht (2. Aufl. 1896) Bd. 2 S. 349; Oertmann, Bayerisches Landesprivatrecht (1903) S. 142 flg.; Fuchs, Bad. Enteignungsgesetz (1901) S. 10; Süpfle, Bad. Enteignungsrecht (1903) S. 14; Prazak, Recht der Enteignung in Österreich (1877) S. 44; Grünhut, Enteignungsrecht (1873) S. 178 und in Conrad's Handwörterbuch ꝛc (2. Aufl. 1900) Bd. 3 S. 640. Auch Layer, Prinzipien des Enteignungsrechts (1902) S. 5 flg. S. 318. D. E.

S. 169 flg.), die daher in der Gegenwart auch nur vereinzelt noch Verteidigung findet.[3] In bezug auf alles übrige bestehen unter den Anhängern der herrschenden Lehre mannigfach verschiedene Ansichten.

Der jetzt entscheidende Senat des Reichsgerichts bekennt sich in Ansehung des Wesens der Enteignung und des Enteignungsverfahrens zu folgender Auffassung.

Auszugehen ist von der das ganze Enteignungsverfahren beherrschenden Tatsache, daß in diesem Verfahren der Staat kraft seiner Allgewalt dem Unternehmer durch einen öffentlichrechtlichen Akt das Eigentum an den Grundstücken verleiht, deren dieser für sein dem öffentlichen Wohl und Nutzen gewidmetes Unternehmen bedarf. Es braucht hier nicht die Frage nach der Natur der subjektiven Rechte und nach dem Wesen des Staates sowie nach dessen Berechtigung, eine solche Maßnahme vorzunehmen, untersucht zu werden; für die gegenwärtige Erörterung genügt die Tatsache, daß der Staat die hoheitliche Machtbefugnis hierzu besitzt und ausübt. Jener Eigentumsverleihungsakt begründet für den Unternehmer vollständig neues, selbständiges, ursprüngliches[4] Eigentum; denn es ist für die Zwecke des Unternehmens schlechthin gleichgültig, wer vorher Eigentümer der Grundstücke war; es handelt sich ohne Rücksicht auf die Person des früheren Eigentümers lediglich darum, daß diese Grundstücke für das Unternehmen verwendet werden. Es findet daher keine Übertragung des Eigentums von dem bisherigen Eigentümer auf den Unternehmer statt, sondern diesem wird vom Staat „das" Alleineigentum an den betreffenden Grundstücken verliehen, woraus sich als notwendige logische Folge ergibt, daß das Eigentum des bisherigen Eigentümers daran erlischt und untergeht. Demgemäß erlöschen mit der Verleihung des Eigentums an den Unternehmer auch alle bisher an diesen Grundstücken begründeten sonstigen privaten Rechte; denn diese ziehen ihre Kraft aus dem Recht der bisherigen Eigentümer und

[3] Eger (2. Aufl.) Bd. 1 (1902) S. 27 flg.; Loebell, Preuß. Enteignungsgesetz (1884) S. 23; Förster-Eccius (7. Aufl.) Bd. 2 S. 141; Rocholl, Rechtsfälle (1883) S. 15; Rehbein, Entsch. des Obertrib. Bd. 2 (1887) Nr. 210 (S. 217. 220). D. E.

[4] Stobbe-Lehmann a. a. O. S. 518 Anm. 47; Mayer, a. a. O. S. 34 Anm. 9; Laband, a. a. O. S. 174; v. Rohland, a. a. O. S. 32 flg.; Schelcher, Sächs. Enteignungsgesetz S. 24. D. E.

müssen daher naturnotwendig untergehen, wenn ein völlig neues, ursprüngliches Eigentum an den Grundstücken entsteht. Was die Entschädigungsfrage angeht, so ist es nicht geboten, hier eine Erörterung darüber anzustellen, ob es rechtlich denkbar ist, daß der Staat für einen Akt der Ausübung der Staatshoheit privatrechtlich auf Entschädigung in Anspruch genommen werden kann, falls er nicht ausdrücklich oder stillschweigend durch allgemeine Bestimmungen, — wie eine solche z. B. ursprünglich, d. h. vor der Kabinettsorder vom 4. Dezember 1831, in § 75 Einl. zum A.L.R. enthalten gewesen sein soll (vgl. Anschütz im Verwaltungsarchiv Bd. 5 S. 72. 73) —, oder durch besondere Vorschrift seinen Willen zu erkennen gegeben hat, daß solches geschehen solle, in welchem Falle seine Entschädigungspflicht lediglich auf seinem hierauf gerichteten Willen beruht; denn im Enteignungsverfahren ist die Entschädigungsfrage jedenfalls gesetzlich anders geordnet worden. Es wird nämlich durch das Gesetz die Entschädigungspflicht dem Unternehmer, zu dessen Gunsten die Enteignung erfolgt, auferlegt. Ist dieser Unternehmer der Staat selbst, gibt er also das Eigentum an den erforderten Grundstücken sich selbst oder nimmt er es sich, wie man auch sagen kann, so folgt unmittelbar aus dem Gesetz, daß er ebensogut wie jeder andere Unternehmer denjenigen, die durch die Enteignung eine Vermögenseinbuße erlitten haben, insbesondere also dem bisherigen Eigentümer, Entschädigung für ihren Verlust zu leisten hat. Wie schon Laband (a. a. O. S. 182, vgl. auch Mayer, Deutsches Verwaltungsrecht Bd. 2 S. 43) hervorgehoben hat, müßte logisch eigentlich die Entschädigungsleistung der Enteignung nachfolgen; denn die Entschädigung hat an sich den vorgängigen Verlust zur Voraussetzung, dessen Ausgleich sie bildet. Allein aus rechtspolitischen Gründen ist allgemein angeordnet worden, daß die Entschädigung nicht nur vor der Enteignung festgesetzt, sondern auch vorher gezahlt oder hinterlegt werden muß, eine Anordnung, die um so gerechtfertigter ist, als das Gebot der Billigkeit und Gerechtigkeit es erfordert, daß derjenige, dem zugunsten des allgemeinen Wohles sein Eigentum entzogen wird, auf die Entschädigung nicht zu warten braucht, sondern sie in demselben Zeitpunkt schon in der Hand hat, in welchem er sein Eigentum verliert. Im einzelnen ist das Verfahren so gestaltet, daß der Unternehmer, dem, sei es durch einen besonderen Verwaltungsakt (Königliche Verordnung ꝛc), sei es durch Gesetz (wie im preußischen Fluchtliniengesetz) das sog. Enteignungsrecht für sein Unternehmen verliehen worden ist, damit die verwaltungsrechtliche (öffentlichrechtliche) Befugnis erlangt hat, von dem dazu eingesetzten Organ des Staates die Verleihung des Eigentums an den für sein Unternehmen benötigten Grundstücken zu beanspruchen, falls er vorher die im Gesetz aufgestellten Voraussetzungen hierfür erfüllt hat. Diese Voraussetzungen bestehen darin, daß 1. durch staatliche Behörden (oder in einem gewissen öffentlichen Verfahren) die für das Unternehmen erforderlichen Grundstücke festgestellt sein müssen, — auf welche Festsetzung der Unternehmer demgemäß jener Behörde gegenüber einen verwaltungsrechtlichen Anspruch hat, — und daß er 2. die im Verwaltungs- oder Rechtswege festgesetzte Entschädigung an den Eigentümer gezahlt oder hinterlegt haben muß. Dem Eigentümer tritt hiernach der Unternehmer nur in Ansehung der Entschädigung unmittelbar gegenüber, und zwar nicht auf Grund und infolge irgend eines privatrechtlichen kaufähnlichen oder sonstigen vertragsartigen oder vertragsähnlichen Verhältnisses, sondern lediglich auf Grund seiner gesetzlichen Verpflichtung. Ob man diese gesetzliche Verbindlichkeit als eine öffentlichrechtliche, oder, wie manche Schriftstellen wollen, als eine privatrechtliche aufzufassen hat, bedarf hier keiner Erörterung. Dagegen steht der Unternehmer grundsätzlich in Ansehung der erforderlichen Grundstücke nur den Enteignungsbehörden gegenüber, nicht dem Eigentümer, womit wohl vereinbar ist, daß im Planfeststellungsverfahren auch mit diesem verhandelt wird. Inwieweit etwaige Vereinbarungen hieran etwas ändern, richtet sich nach Lage der einzelnen Fälle.

Es fragt sich, ob diese im allgemeinen Umriß gegebene Auffassung des heutigen deutschen Enteignungsrechts auch auf das heutige preußische Enteignungsrecht, insbesondere das Gesetz vom 11. Jnui 1874 zutrifft. Diese Frage ist zu bejahen. Wie das Enteignungsrecht im preußischen Allgemeinen Landrecht (Tl. I Tit. 11 §§ 3—11) gedacht ist, kann dahingestellt bleiben; denn jedenfalls ist — darin tritt der erkennende Senat dem früheren II. Hilfssenat des Reichsgerichts (Gruchot, Bd. 25 S. 971), trotz der gegen ihn von Rocholl gerichteten Angriffe (Rechtsfälle Heft 1 S. 15 flg.), sowie der Ausführungen von Dernburg (Preußisches Privatrecht 5. Aufl. Bd. 1

S. 72), von **Gleim** (Eisenbahnarchiv 1885 S. 43 flg.), von **Seydel** (Komm. zum Enteignungsgesetz S. 4 flg.) und insbesondere von **Koffka** (Komm. zum Enteignungsgesetz [1905] S. 28 flg.) bei — das Verfahren in dem Enteignungsgesetz vom 11. Juni 1874 so gestaltet worden, daß die Annahme eines Zwangsverkaufs damit nicht wohl vereinbar ist. Das Verfahren weist vielmehr in allen **wesentlichen** Punkten diejenige Struktur auf, die nach der obigen Darstellung für den Charakter der Enteignung als eines öffentlichrechtlichen Aktes der Staatsgewalt und für das hiermit in Zusammenhang stehende Verfahren kennzeichnend ist. Daß in der Begründung zu dem Entwurfe des Gesetzes aus den Jahren 1868 und 1871 sich gelegentlich die Äußerung findet, die Enteignung sei ein erzwungenes Veräußerungsgeschäft, ist ohne Belang. Dagegen soll nicht verkannt werden, daß im Gesetze selbst hier und da Spuren einer Konstruktion der Enteignung als eines erzwungenen Verkaufs vorhanden sind. Dahin gehören der Ausdruck „Abtretung" im § 8 sowie die Bestimmung im § 42; auch der Inhalt des § 9 läßt sich in gewissem Grade in dieser Richtung verwerten. Allein entscheidendes Gewicht ist hierauf nicht zu legen. Der erwähnte Ausdruck ist als ein bloßes Wort, aus dem weitere praktische Folgerungen nicht gezogen sind, einflußlos, und was die in bezug genommenen sachlichen Bestimmungen betrifft, so lassen sie sich ohne Schwierigkeiten auch mit dem öffentlichrechtlichen Wesen der Enteignung in Einklang bringen (s. auch **Koffka**, a. a. O. S. 226), mag die Anschauung, aus der sie erwachsen sind, auch eine andere Richtung verfolgt haben. Die Stellung, welche das Reichsgericht zu den im vorstehenden behandelten Fragen bisher eingenommen hat, ist eine verschiedene. Der II. Hilfssenat hat (a. a. O.) auf den § 75 Einl. zum A.L.R. zurückgegriffen; der III. Zivilsenat hat dagegen, — allerdings in einer nicht für das Gebiet des Enteignungsgesetzes vom 11. Juni 1874 erlassenen Entscheidung (Entsch. Bd. 12 S. 406) — sich der Auffassung angeschlossen, daß die Enteignung als ein öffentlichrechtlicher Akt der Staatsgewalt zu betrachten sei. Auf der anderen Seite hat der II. Zivilsenat in mehreren Urteilen (Entsch. Bd. 18 S. 341, Bd. 35 S. 308) angenommen, daß dem Enteignungsgesetze vom 11. Juni 1874 die Konstruktion der Enteignung als eines Zwangsverkaufs zugrunde liege, und der V. Zivilsenat hat wenigstens den § 109 A.L.R. I. 11

für anwendbar erachtet und von einer „Analogie des Kaufvertrages" gesprochen (Entsch. in Zivils. Bd. 24 S. 324, Bd. 31 S. 280; Jurist. Wochenschr. 1891 S. 217[62]). Diese Entscheidungen geben indessen dem erkennenden Senat zurzeit noch keinen Anlaß, einen Beschluß der vereinigten Zivilsenate herbeizuführen; denn wenn auch die Entscheidung des Berufungsrichters von dem Gedanken des Zwangsverkaufscharakters der Enteignung beherrscht wird und schon deshalb nach Ansicht des erkennenden Senats unhaltbar ist, so beruht die getroffene Revisionsentscheidung doch nicht auf dieser Erwägung, sondern muß dieselbe bleiben, auch wenn man den grundsätzlichen Standpunkt des Berufungsrichters teilt. Das ergeben die nachstehenden Erwägungen.

Der Berufungsrichter stellt selbst fest, daß die Vertreter der Beklagten (Dr. O. und die Direktion) durch die Vereinbarung vom 16. März 1903 einen privatrechtlichen Kaufvertrag mit den Klägern nicht haben abschließen wollen. Es würde daher, selbst wenn diese eine solche Absicht gehabt haben sollten, wegen mangelnder Willensübereinstimmung ein privatrechtlicher Kaufvertrag nicht zustande gekommen sein. Was geschehen sollte und auch geschehen ist, liegt nach dem Sachverhalt klar zutage und wird auch vom Berufungsrichter anerkannt: es sollte eine Vereinbarung nach Maßgabe des § 26 des Enteignungsgesetzes geschlossen werden, und eine solche ist demgemäß auch geschlossen worden. Diese Vereinbarung steht im Rahmen des Enteignungsverfahrens. Sie ist keine selbständige, von dem Enteignungsverfahren losgelöste Kaufabmachung, — die an sich gewiß auch noch nach der endgültigen Planfeststellung möglich ist, — sondern sie dient anderen bestimmten Zwecken. Es soll dadurch nämlich der zeitraubende Weg des gewöhnlichen Verfahrens vermieden, und an dessen Stelle das vereinbarte Verfahren, bzw. das vereinbarte Ergebnis an die Stelle des Ergebnisses jenes Verfahrens gesetzt werden. Wie maßgeblich auch im gegenwärtigen Falle dieser Zweck für die Vereinbarung gewesen ist, erhellt aus der im Tatbestande des erstinstanzlichen Urteils mitgeteilten Depesche des Dr. O. an die Direktion der Beklagten, insbesondere aus dem Schlußsatze, in dem es heißt, daß, wenn die Vereinbarung nicht genehmigt werde, die Gesellschaft erst in $3^1/_2$ Monaten in den Besitz kommen würde. Daß die Vereinbarung im Rahmen des Enteignungsverfahrens bleiben sollte, ergibt sich auch daraus, daß es sicherlich nicht in der Absicht der Parteien gelegen hat, der Vorteile dieses Verfahrens in Gestalt der Stempelersparnis ꝛc verlustig zu gehen. Auch ist zu beachten, daß die Sachverständigen beeidigt und unter Hinweis auf §§ 7—14 des Enteignungsgesetzes unterwiesen worden sind. Stellt sich hiernach die Vereinbarung und das durch diese gewillkürte Verfahren als ein Stück des Enteignungsverfahrens dar, so müssen auch die Bestimmungen des Enteignungsgesetzes, soweit sich solches aus diesen und der Vereinbarung, bzw. dem vereinbarten Verfahren ergibt, sinnentsprechende Anwendung hierauf finden. In dieser Beziehung kommt für den vorliegenden Fall die Bestimmung des § 42 des Enteignungsgesetzes in Betracht. Hiernach kann der Unternehmer von dem Unternehmen vor dem Entschädigungsfeststellungsbeschlusse mit der Wirkung zurücktreten, daß er dem Eigentümer nur die diesem durch das Enteignungsverfahren erwachsenen Nachteile zu ersetzen hat. Tritt er aber nach dem Entschädigungsfeststellungsbeschluß zurück, so hat er nach der Wahl des Eigentümers diesem entweder die vorbezeichneten Nachteile zu ersetzen, oder ihm gegen Abtretung der betreffenden Grundstücke die festgesetzte Entschädigung zu zahlen. Tritt nun der Unternehmer nach Abschluß einer gemäß § 26 getroffenen Vereinbarung von dem Unternehmen zurück, — wobei zu bemerken ist, daß unter Unternehmen in diesem Sinne nicht nur das ganze Unternehmen, sondern auch dessen auf die einzelnen Grundstücke sich erstreckenden Teile, mit anderen Worten auch die Inanspruchnahme der einzelnen Grundstücke für das Unternehmen zu begreifen ist — so muß nach obigen Ausführungen der § 42 auch auf diesen Fall sinnentsprechend angewendet werden. Der Berufungsrichter verkennt dies alles nicht, er wendet auch den § 42 an; allein er fehlt nach Ansicht des erkennenden Senats darin, daß er den § 42 nicht sinnentsprechend anwendet. Der Berufungsrichter stellt nämlich den Entschädigungsfeststellungsbeschluß ohne weiteres mit der Vereinbarung in Parallele und spricht daher der Beklagten das Recht ab, nach der Vereinbarung mit den im Abs. 1 des § 42 bezeichneten Wirkungen davon zurückzutreten. Dies kann nicht für richtig erachtet werden. Durch den Entschädigungsfeststellungsbeschluß wird die Höhe der Entschädigung ziffermäßig festgesetzt, und von diesem Augenblick an haftet der Unternehmer den Eigentümern nach Maßgabe des § 42 Abs. 2. Durch die Vereinbarung allein wurde die Höhe der Entschädigung aber noch nicht festgesetzt, und wenn der Berufungsrichter dies leugnet und das Gegenteil mit dem Hinzufügen annimmt, nur ziffermäßig sei dies noch nicht geschehen, so kann gerade in diesem entscheidenden Punkte ihm nicht beigepflichtet werden. Nur in Verbindung mit dem erfolgten Ausspruch der Sachverständigen über die Höhe der Entschädigung kann die Vereinbarung dem Entschädigungsfeststellungsbeschlusse an die Seite gesetzt werden. Bevor dieser Ausspruch abgegeben war, konnte mithin die Beklagte in sinngemäßer Anwendung des § 42 Abs. 1, sofern sie der Grundstücke der Kläger zu ihrem Unternehmen nicht mehr bedurfte, insoweit von dem Unternehmen, d. h. von der Inanspruchnahme der klägerischen Grundstücke für ihre Bahnanlage, und damit hier von der Vereinbarung zurücktreten. Da den Klägern aller Schaden, der ihnen durch das eingeleitete Enteignungsverfahren erwachsen ist, voll ersetzt werden muß, so ist dieses Ergebnis auch sachlich für angemessen zu erachten. Die Annahme, daß in der Enteignung ein Zwangsverkauf zu erblicken sei, ist nicht geeignet, die vorstehende Entscheidung zu beeinflussen."

---

29. 1. Was ist unter „allgemeiner Geltung im Verkehr" in §§ 3 und 9 des Gesetzes über den Markenschutz vom 30. November 1874 zu verstehen? Konnte bis 1875 ein sog. verkehrsbekanntes Zeichen im Sinne dieser Bestimmungen mit rechtlicher Wirkung im Sinne dieses Gesetzes entstehen, obwohl landesgesetzlich das gleiche Zeichen einem anderen für gleichartige Ware geschützt war?

2. Kollision zwischen sog. verkehrsbekannten und landesgesetzlich geschützten, gemäß § 9 des Gesetzes vom 30. November 1874 vor dem 1. Oktober 1875 zur Eintragung in die Zeichenregister angemeldeten und auch eingetragenen Zeichen bei der Übertragung in die Zeichenrolle des Patentamtes. Zur Auslegung des § 24 Abs. 1 des Gesetzes zum Schutze der Warenbezeichnungen vom 12. Mai 1894.

II. Zivilsenat. Urt. v. 9. Juni 1905 i. S. Cl. (Bekl.) w. G. W. & Son Lim. (Kl.). Rep. II. 658/04.

I. Landgericht Elberfeld.
II. Oberlandesgericht Köln.

Die Parteien benutzen als Warenzeichen für ihre Stahl- und Eisenwaren, namentlich Messer und Scheren, das fast gleiche Bild einer Tabakpfeife. Das Zeichen war dem Rechtsvorgänger des Beklagten in Rheinland und Westfalen landesgesetzlich geschützt. Die Klägerin behauptet, das Zeichen sei bis zum Beginn des Jahres 1875 im Verkehr als das Zeichen ihrer Rechtsvorgängerin G. W. & Son in Sheffield für deren Waren allgemein gekannt und anerkannt gewesen. Auf Anmeldung vom 13. Juli 1875 wurde das Zeichen des Beklagten in das Zeichenregister eingetragen und sodann am 22. September 1895 in die Zeichenrolle des Patentamts übertragen. Für die Rechtsvorgängerin der Klägerin wurde auf Anmeldung vom 30. September 1875 das Zeichen am 10. November 1875 in das Zeichenregister zu Leipzig eingetragen. Der von der Klägerin vor dem 1. Oktober 1898 beantragten Übertragung ihrer Marke in die Zeichenrolle des Patentamts widersprach der Beklagte im Widerspruchsverfahren, und das Patentamt lehnte wegen Verwechslungsgefahr die Übertragung ab. Die auf Verurteilung des Beklagten zur Einwilligung in die Eintragung des Zeichens der Klägerin in die Zeichenrolle mit dem Anmeldedatum des 30. September 1875 gerichtete Klage wurde vom Oberlandesgericht zugesprochen, und die hiergegen gerichtete Revision des Beklagten vom Reichsgericht zurückgewiesen.

Aus den Gründen:

„Die angegriffene Entscheidung beruht auf Anwendung des § 9 des Markenschutzgesetzes vom 30. November 1874 und des § 24 Abs. 1 des Gesetzes zum Schutz der Warenbezeichnungen vom 12. Mai 1894. Das Oberlandesgericht hat auf Grund der erfolgten Beweisaufnahme festgestellt, daß das von der Klägerin in Anspruch genommene und in England für sie geschützte Warenzeichen von jeher in dem Bilde einer Tabakpfeife bestanden hat, sowie daß seit Anfang der fünfziger Jahre des neunzehnten Jahrhunderts bis zum Jahre 1875 in dem englischen und amerikanischen Absatzgebiete der klägerischen Waren die mit diesem Bilde als Zeichen versehenen Messerschmiedewaren schlechthin, und in dem deutschen Absatzgebiete, namentlich in Hamburg, Berlin und Leipzig die mit diesem Zeichen versehenen Rasiermesser allgemein als die von der Firma G. W. & Son, der Rechtsvorgängerin der Klägerin, herstammenden Waren bekannt gewesen sind, und hat daraus entnommen, dieses Bildzeichen habe bis zum Beginn des Jahres 1875 im Verkehr allgemein als Kennzeichen der Waren eines bestimmten Gewerbetreibenden, der vorerwähnten Firma, gegolten, wie solches in dem § 9 des Markenschutzgesetzes vorgesehen sei. Diese Folgerung ist nicht als rechtsirrig zu erachten. Die Gesetzesvorschrift verlangt nicht die Anerkennung seitens eines allgemeinen Verkehrs, sondern eine allgemeine Anerkennung im Verkehr, d. h. in dem Verkehrsgebiete, in welchem die mit der betreffenden Marke bezeichneten Waren ihren Absatz finden; und bei dem auch schon im Markenschutzgesetze zur Anerkennung gelangten internationalen Charakter des Zeichenrechts kommen hierbei nicht nur die inländischen, sondern auch die ausländischen Verkehrskreise in Betracht. Wenn nun auch zuzugeben ist, daß infolge des älteren landesgesetzlichen Schutzes, welchen der Beklagte für seine Pfeifenzeichen innerhalb der Provinzen Rheinland und Westfalen zur Zeit des Inkrafttretens des Gesetzes vom 30. November 1874 besessen hat, bis dahin in diesem Verkehrskreise die Firma G. W. & Son nicht wohl einen Besitzstand durch allgemeine Anerkennung für ihr Zeichen erwerben konnte, so schloß dies doch das Bestehen eines solchen Besitzstandes in anderen Teilen Deutschlands ebensowenig aus, wie in den betreffenden Verkehrsgebieten des Auslandes. Und wenn nun, wie in dem Gesetze von 1874 geschehen, das Schutzrecht der rechtzeitig in die Zeichenregister eingetragenen, bis dahin landesgesetzlich geschützt gewesenen, und der sog. verkehrsbekannten Zeichen auf den Geltungsbereich dieses Gesetzes ausgedehnt worden ist, und dadurch Kollisionen zwischen diesen Zeichen entstehen können, so folgt daraus nicht, daß ein im Verkehr allgemein als Kennzeichen der Ware eines bestimmten Gewerbetreibenden anerkannt gewesenes Zeichen einem früher landesgesetzlich geschützten Zeichen weichen muß, sondern daß, wie in dem vom Berufungsrichter bezogenen Urteile des Reichsoberhandelsgerichts (Bd. 20 S. 367 flg.) zutreffend ausgeführt ist, die beiden Zeichen nebeneinander bestehen.

Sonach ist § 9 (§ 3) des Markenschutzgesetzes nicht verletzt, und es fragt sich nur noch, ob die Entscheidung des Berufungsgerichts auch hinsichtlich des § 24 Abs. 1 des Warenzeichengesetzes von 1894 keinen rechtlichen Bedenken unterliegt. Es ist nicht zu verkennen, daß, an sich betrachtet, der 2. Satz dieser Gesetzesvorschrift, wonach die in die Zeichenregister eingetragenen Zeichen bis zum 1. Oktober 1898 zur Eintragung in die Zeichenrolle nach Maßgabe des Gesetzes von 1894 angemeldet werden können und alsdann dessen Bestimmungen unterliegen, in Verbindung mit dem sich anschließenden Satze: „Die Eintragung darf nicht versagt werden hinsichtlich derjenigen Zeichen, welche auf Grund eines älteren landesgesetzlichen Schutzes in die Zeichenregister eingetragen worden sind", der Ansicht Raum geben kann, daß die vor dem 1. Oktober 1875 zu den Zeichenregistern angemeldeten und in letztere eingetragenen Zeichen, welche bis zum Beginn des Jahres 1875 im Verkehr allgemein als Kennzeichen der Ware eines bestimmten Gewerbetreibenden gegolten haben, wenn vor dem 1. Oktober 1898 zur Eintragung in die Zeichenrolle angemeldet, auch den Bestimmungen des Gesetzes von 1894 in Hinsicht des Widerspruchsverfahrens unterliegen.

Vgl. Entsch. des Kaiserlichen Patentamts im Bl. f. Patent-, Muster- und Zeichenwesen Bd. 2 S. 18, Bd. 4 S. 36; Rheinisches Archiv 98, 1, 181; Gewerbl. Rechtsschutz Bd. 9 S. 275 und 276; vgl. Seligsohn, Warenzeichenrecht 2. Aufl. S. 272 und 99.

Allein mit Recht hat das Oberlandesgericht zur Widerlegung dieser Ansicht auf die weitere Bestimmung des § 24 hingewiesen, wonach die Eintragung der in den Zeichenregistern gemäß dem Gesetze von 1874 eingetragenen Zeichen in die Zeichenrolle unter dem Datum der ersten Anmeldung zum Zeichenregister zu geschehen hat, also die bestehende Priorität dieser Zeichen aufrecht erhalten wird. Nun haben aber die sog. verkehrsbekannten Zeichen und die älteren landesgesetzlich geschützt gewesenen Zeichen, wenn sie, wie das im vorliegenden Falle geschehen ist, vor dem 1. Oktober 1875 zur Eintragung in das Zeichenregister angemeldet worden sind, untereinander keinen Vorrang, stehen vielmehr unter sich in der Priorität der Anmeldung einander gleich. Dieses Rangverhältnis ist in § 24 aufrecht erhalten. Das früher landesgesetzlich geschützt gewesene Zeichen des Beklagten ist demnach gegenüber dem verkehrsbekannten Zeichen der Klägerin kein nach dem Gesetze von 1874 früher angemeldetes Zeichen, und damit entfällt die Anwendung der §§ 5 und 6 des Gesetzes von 1894 (vgl. Gewerbl. Rechtsschutz Bd. 3 S. 104). Die Vorschrift, daß die aus dem Zeichenregister zur Eintragung in die Zeichenrolle angemeldeten Zeichen mit der Anmeldung den Bestimmungen des neuen Gesetzes unterliegen, hat für die in die Zeichenregister eingetragen gewesenen sog. verkehrsbekannten Zeichen die Bedeutung, daß bei ihnen das Patentamt zu prüfen hat, ob sie an sich nach den Bestimmungen des Gesetzes von 1894, also namentlich im Hinblick auf die Vorschriften des § 4, als Warenzeichen dienen können, während die auf Grund eines älteren landesgesetzlichen Schutzes in die Zeichenregister eingetragen gewesenen Zeichen ohne diese Prüfung in die Zeichenrolle eingetragen werden müssen. Dieser Auffassung der Tragweite des § 24 stehen die Entstehungsgeschichte und die Motive nicht entgegen. Richtig ist, daß in dem 1. Entwurfe des Warenzeichengesetzes in dem, dem jetzigen § 24 entsprechenden § 22 bestimmt war, die Eintragung dürfe nicht versagt werden hinsichtlich derjenigen Zeichen, welche auf Grund des § 3 Abs. 1 des Gesetzes vom 30. November 1874 in die Zeichenregister eingetragen worden seien, also hinsichtlich sowohl der landesgesetzlich geschützten, als auch der im Verkehr anerkannten Zeichen, und daß sowohl in dem folgenden Entwurfe, wie auch im Gesetze selbst die letzterwähnten Zeichen nicht mehr aufgeführt worden sind; allein hieraus kann im Anschlusse an die beibehaltene Vorschrift wegen der landesgesetzlich geschützt gewesenen Zeichen doch nur gefolgert werden, daß man die unbedingte Aufnahmefähigkeit der im Verkehr anerkannten Zeichen ausschließen wollte, nicht aber, daß man beabsichtigte, ihre Übernahme in die Zeichenrolle, wenn rechtzeitig angemeldet, bei Verwechslungsgefahr von einem Widerspruchsverfahren hinsichtlich der Verwechselbarkeit abhängig zu machen, was, wie vorausgeführt, mit dem angenommenen Prinzip der Priorität nicht zu vereinbaren wäre. Was aber die Motive betrifft, so ergeben diese zunächst, daß man bei der im Interesse der Übersichtlichkeit und Klarheit des ganzen Zeichenwesens für erforderlich gehaltenen Ersetzung der vielen Zeichenregister durch die einzige, bei dem Patentamte zu führende Zeichenrolle die bisherigen Zeicheninhaber möglichst schonend behandeln wollte. Es wird dann zwar weiter gesagt: „Daß die zu übertragenden Zeichen nach Maßgabe des neuen Gesetzes schutzberechtigt sein müssen, begründet keine Härte gegen die Zeicheninhaber. In der Hauptsache ist darin nur die Forderung enthalten, daß die nach Maßgabe des Gesetzes vom 30. November 1874 ohne jede nähere Prüfung von den Gerichten eingetragenen Zeichen jetzt vom Patentamte daraufhin geprüft werden sollen, ob sie in der Tat bei ihrer ersten Eintragung schutzberechtigt waren. Es ist notorisch, daß bei den Gerichten manche Eintragungen erfolgt sind, die sich bei näherer Prüfung nicht aufrecht erhalten lassen, weil ihnen ein schutzberechtigtes Zeichen überhaupt nicht zugrunde lag. Soweit sich herausstellt, daß ein zu übertragendes Zeichen seinem Inhalte nach zwar nicht dem alten Gesetze genügt hat, wohl aber dem neuen Gesetze entspricht, sollen nur die Anforderungen des letzteren bei der Beurteilung zugrunde gelegt werden. In einem Falle haben indes die zu übertragenden Zeichen Anspruch auf die Übertragung, obwohl sie auch diesen Anforderungen nicht genügen, und zwar dann, wenn sie zu den schon vor der reichsgesetzlichen Regelung des Markenschutzes nach Landesrecht geschützt gewesenen Zeichen gehören. In dieser Beschränkung kann dem schon vor jener Regelung erworbenen und von dem geltenden Gesetze über den Markenschutz (§ 3) vorbehaltlos anerkannten Zeichenrecht auch in Zukunft die Anerkennung füglich nicht versagt werden." Indessen es läßt sich diese Ausführung sehr wohl in dem Sinne verstehen, daß sie sich nur auf den Inhalt der zur Übertragung angemeldeten Zeichen, ob sie an sich nach den Vorschriften des neuen Gesetzes schutzfähig sein müssen, bezieht." ...

---

30. Sind die von Zoll- oder Steuerbehörden ausgestellten Ursprungszeugnisse über Zucker, der aus Deutschland in einen der zur sog. Brüsseler Zuckerkonvention vom 5. März 1902 gehörigen Verbandstaaten eingeführt werden soll, amtliche in Privatsachen erteilte Zeugnisse und daher nach der Tarifst. 77 des preußischen Stempelsteuergesetzes vom 31. Juli 1895 stempelpflichtig?

VII. Zivilsenat. Urt. v. 16. Juni 1905 i. S. Pommersche Provinzial-Zuckersiederei (Kl.) w. preuß. Fiskus (Bekl). Rep. VII. 178/05.

I. Landgericht Stettin.
II. Oberlandesgericht daselbst.

Die Klägerin ließ am 10. Februar 1904 in dem Hauptsteueramte I in Stettin ein Ursprungsattest über eine größere Menge von

Zucker ausstellen, welchen sie nach England auszuführen beabsichtigte, und welcher zu dem Zwecke in einen Dampfer verladen worden war. In diesem Ursprungsattest bescheinigt das Hauptsteueramt, daß der Zucker, auf den sich die zu Stettin am 10. Februar 1904 unter Nr. A 2881 ausgestellte Fabrikanmeldung beziehe, am 10. Februar 1904 mittels Dampfer „Dresden", Kapitän C., mit der Bestimmung nach England verladen worden sei, und daß dieser Zucker aus Deutschland stamme. Die Zuckersendung wurde alsdann nach Marke, Nummer, Anzahl der Kolli, Art des Zuckers, sowie nach dem Brutto- und Nettogewicht bezeichnet. Zu diesem Ursprungsattest verwendete das Hauptsteueramt einen Stempel von 1,50 *M*. Die Klägerin bezahlte diesen Stempel und forderte ihn alsdann mit der erhobenen Klage zurück, indem sie geltend machte; es liege hier nicht, wie die Steuerbehörde angenommen habe, ein nach Tarifst. 77 des Stempelsteuergesetzes vom 31. Juli 1895 zu verstempelndes amtliches Attest in Privatsachen vor, sondern der Zweck dieses Attestes sei ein völkerrechtlicher und öffentlichrechtlicher. Nach dem zwischen dem Deutschen Reich und einer Anzahl von anderen Staaten geschlossenen Staatsvertrage vom 5. März 1902, der sog. Brüsseler Konvention, und einem dazu am 20. Juni 1903 ergangenen Beschlusse der zur Ausführung der Konvention eingesetzten Kommission müsse nämlich der von einem Vertragsstaate in den anderen Vertragsstaat eingeführte Zucker zur Sicherung der Ausführung des Vertrages von einem Ursprungsattest begleitet sein. Diesem Zwecke diene das Attest. Danach erfolge dessen Ausstellung nicht im Privatinteresse des Zuckerexporteurs; denn diesem liege nur daran, daß die Konvention auf ihn Anwendung finde, in welchem Recht das Deutsche Reich ihn zu schützen habe; es sei ihm aber gleichgültig, in welcher Weise die Kontrole zur Sicherung der Zwecke des Staatsvertrages in den Vertragsstaaten geübt werde. Die Vorinstanzen verwarfen diese Auffassung der Klägerin, erachteten die Anwendung der Tarifst. 77 des Stempelsteuergesetzes für gegeben und wiesen demgemäß die Klage ab. Die Revision ist erfolglos geblieben.

Gründe:

„Die sog. Brüsseler Zuckerkonvention vom 5. März 1902 ist von Deutschland, Österreich-Ungarn, Italien, Spanien, Frankreich, Belgien, den Niederlanden, England und Schweden-Norwegen abgeschlossen worden, um, wie es in der Einleitung heißt, einerseits die Bedingungen für den Wettbewerb zwischen dem Rüben- und Rohrzucker der einzelnen Länder auszugleichen, und andererseits die Ausdehnung des Zuckerverbrauchs zu fördern. Zu diesem Zwecke haben die vertragschließenden Staaten für die Dauer des Vertrages u. a. gegeneinander folgende Verpflichtungen übernommen:

1. weder direkte noch indirekte Prämien für die Erzeugung oder die Ausfuhr von Zucker zu gewähren,
2. den Überzoll, d. h. den Unterschied zwischen dem Betrage der Zölle, denen der ausländische Zucker unterliegt, und dem der Steuern, die von dem einheimischen Zucker zu entrichten sind, auf einen bestimmten Höchstbetrag zu begrenzen,
3. den Zucker, der aus den Vertragsstaaten stammt, zum niedrigsten Einfuhrzolle zuzulassen,
4. den Zucker, der aus Ländern stammt, welche für die Erzeugung oder die Ausfuhr Prämien bewilligen, bei der Einfuhr mit einem besonderen, nicht unter dem Betrage der Prämie zurückbleibenden Zolle zu belegen,
5. die nötigen Vorkehrungen zu treffen, um zu verhindern, daß prämiierter Zucker, der durch das Gebiet eines Vertragsstaates durchgeführt worden ist, auf dem Bestimmungsmarkte die Vorteile dieses Vertrages genießt (Art. 8).

In letzterer Hinsicht sollte die ständige Kommission in Brüssel, die durch den Vertrag zur Überwachung der Ausführung der Vertragsbestimmungen eingesetzt worden ist, die nötigen Vorschläge machen.

Die Kommission hat dies getan. Sie hat in ihrer Sitzung vom 20. Juni 1903 folgende Vorschläge beschlossen:

1. daß ausländischer Zucker, der in einen Vertragsstaat eingeht, um dort verkauft, raffiniert oder umgearbeitet zu werden, von einem Ursprungszeugnisse begleitet sein muß, und daß der von einem solchen Zeugnisse nicht begleitete Zucker entweder überhaupt nicht, oder nur gegen Zahlung des höchsten von der ständigen Kommission festgesetzten besonderen Zolles zugelassen werden darf;
2. daß das Zeugnis in dem Erzeugungs-, Herkunfts- oder Umarbeitungslande durch die von der Regierung dieses Landes zu bezeichnende fiskalische Behörde auszustellen ist; und daß
3. die Zeugnisse einen näher angegebenen Inhalt haben müssen.

Außerdem hat sie noch Vorschläge über die Gültigkeitsdauer dieser Zeugnisse sowie über die Durchfuhr von prämiiertem Zucker gemacht. Diese Vorschläge wurden, wie mit Grund angenommen wird,

s. W. Kaufmann, Welt-Zuckerindustrie und internationales und koloniales Recht (1904) S. 252,

durch das Schweigen der Verbandsstaaten allerdings für diese bindend; allein damit erhielten sie noch nicht nach außen hin für die praktische Anwendung unmittelbare Wirksamkeit. Diese erlangten sie vielmehr erst dadurch, daß die einzelnen Vertragsstaaten dementsprechende Anordnungen erließen.

S. auch Kaufmann, a. a. O. S. 180.

In England, um welches es sich im gegenwärtigen Falle handelt, ist auf Grund eines Gesetzes (the Sugar Convention Act 1903) vom 11. August 1903 (3 Edw. VII. Chapt. 21, The Law Reports 1903 p. 31) durch Königliche Verordnung vom selbigen Tage (Statutory Rules and Orders 1903 P. II p. 1327, vgl. Handelsarchiv 1903 S. 1156) angeordnet worden,

1. daß aller vom Auslande eingeführter Zucker mit einem Ursprungszeugnis begleitet sein muß, und daß mit dem eines solchen Zeugnisses ermangelnden Zucker nach dem Art. 42 des Gesetzes genannt the Customs Consolidation Act 1876 verfahren werden soll, d. h. daß seine Einfuhr verboten ist (Regul. I);
2. daß das Ursprungszeugnis den von der ständigen Brüsseler Kommission angegebenen Inhalt haben soll (Regul. II);
3. daß das Zeugnis von der zuständigen fiskalischen Behörde des Ausfuhrstaates ausgestellt sein muß (Regul. III. The certificate must be signed and issued by the fiscal authority having jurisdiction in the country of production, such fiscal authority being duly empowered for that purpose by the Government of the State).

Die Sache liegt also so, daß die Einfuhrstaaten, hier England, die Beibringung von Ursprungszeugnissen vorgeschrieben haben, und daß die Ausfuhrstaaten, hier das Deutsche Reich, ihre Mitwirkung dazu in der Weise geliehen haben, daß sie die fiskalischen Behörden, welche nach dem Erfordern der Einfuhrstaaten das Zeugnis ausstellen sollen, bezeichnet und sie angewiesen haben, auf Antrag der Exporteure diesen das angegebene von der ständigen Kommission vorgeschlagene und von dem Einfuhrstaate angenommene Zeugnis auszustellen. In Preußen ist diese Anweisung erfolgt durch den abschriftlich zu den Akten überreichten, an die Provinzialsteuerdirektoren gerichteten Erlaß des Finanzministers vom 22. August 1903, in welchem bestimmt ist, daß beim Ausgang von Zucker auf Antrag Ursprungszeugnisse nach einem den Beschlüssen der Brüsseler Kommission entsprechenden Muster auszustellen sind, und zwar in der Regel durch die Grenzzollämter, in besonderen durch örtliche Verschiedenheiten bedingten Verhältnissen aber durch andere Behörden. (In Stettin ist bei Ausführung auf dem Wasserwege das dortige Hauptsteueramt hierzu berufen worden.) Es ergibt sich hieraus, daß die Klägerin die Sachlage völlig verkennt, wenn sie geltend macht, die Vertragsstaaten hätten ihren Bürgern, also das Deutsche Reich seinen Angehörigen, zur Kontrole der für sie geschaffenen Rechte die Pflicht zur Erwirkung eines Ursprungszeugnisses auferlegt. Diese Pflicht ist in Wahrheit nicht den Exporteuren von dem Ausfuhrstaat, sondern von dem Einfuhrstaat den Importeuren auferlegt, im gegenwärtigen Falle also der importierenden Klägerin von England. Es ist auch nicht richtig, wenn die Revision ausführt, der Fall liege anders, wenn es sich um Ursprungszeugnisse handele, die lediglich zu dem Zwecke gefordert würden, um einseitig von einem Auslandsstaat für seine Einfuhr aufgestellte Bedingungen zu erfüllen. Es ist nicht einzusehen, wie es für die Beurteilung der Frage, ob das Ursprungsattest von dem Exporteur in seinem Privatinteresse verlangt wird, einen Unterschied soll begründen können, ob der Staat, in welchen er seine Ware einführen will, das Erfordernis des Ursprungsattestes aus eigener, rechtlich freier Entschließung aufgestellt hat, oder ob er solches getan hat, weil er hierzu durch Verträge mit anderen Staaten, also völkerrechtlich, verbunden war. In jedem Falle ist die Anordnung der Beibringung von Ursprungszeugnissen von dem Einfuhrstaate in seinem staatlichen Interesse getroffen; denn auch den völkerrechtlichen Vertrag hat er nur in seinem Interesse abgeschlossen, und was er zur Ausführung dieses Vertrages tut, liegt daher innerhalb seines Interessenkreises. Es handelt sich also in beiden Fällen gleichheitlich um eine staatliche Einrichtung, welcher der Importeur in beiden Fällen gleich gegenübersteht. Will er importieren, so muß er sich ihr unterwerfen. Entspricht er ihr nicht, so verschließt er sich entweder ganz die Möglichkeit der Einfuhr, wie dies nach den englischen Bestimmungen der Fall ist, oder er ladet einen anderen Nachteil in Gestalt eines höheren Zolls auf sich. Nach Art. 1 der Beschlüsse der Brüsseler Kommission ist beim Fehlen eines Ursprungszeugnisses, wenn die Einfuhr nicht untersagt wird, der Zucker nur gegen Zahlung des höchsten von ihr festgesetzten (Zuschlags-) Zolles zuzulassen. In den nicht zur Brüsseler Konvention gehörenden Vereinigten Staaten von Nordamerika ist unter dem 17. September 1903 ein neues Reglement über die Einfuhr von Zucker erlassen, welches im wesentlichen den Beschlüssen der Brüsseler Kommission folgt, also auch ein Ursprungsattest des dort vorgesehenen Inhalts verlangt, und im Fall der Nichtbeibringung die Zollabfertigung zu suspendieren und die Ausgleichszölle mit dem höchsten Betrage zu bemessen gebietet, welchen irgendein Land als Ausfuhrprämie gewährt. Handelsarchiv 1903 S. 1446; Kaufmann, a. a. O. S. 121. Nun kann es nicht zweifelhaft sein, und die Revision schien dies auch nicht leugnen zu wollen, daß, wenn das Erfordernis eines Ursprungszeugnisses einseitig, d. h. in rechtlich freier Entschließung, von dem Einfuhrstaate aufgestellt ist, die Erwirkung des Zeugnisses seitens des Importeurs lediglich in seinem Privatinteresse erfolgt. Es ist seine Privatsache, ob er importieren will, oder nicht; und er verfolgt nur seinen Privatvorteil, weiter nichts, wenn er die Bestimmungen des Einfuhrstaates über die Einfuhr erfüllt. Ganz genau dasselbe trifft aber auch zu, wenn es sich um die Einfuhr in einen der zur Brüsseler Konvention gehörenden Staaten handelt. Der Unterschied besteht nur darin, daß der Importeur, wenn er durch das vorgeschriebene Ursprungsattest nachweist, daß der Zucker aus einem Vertragsstaat stammt, die im Brüsseler Vertrage bestimmten Vorteile genießt. Diese wirtschaftliche Verschiedenheit ändert aber nicht das geringste an der Tatsache, daß der Importeur in beiden Fällen gleichmäßig mit dem Erwirken des Ursprungszeugnisses keine anderen als nur seine Privatinteressen betreibt. Schon diese Betrachtung des Verhältnisses des Importeurs zum Einfuhrstaat zeigt entscheidend, daß die Anwendung der Tarifst. 77 auf die Ursprungszeugnisse völlig gerechtfertigt ist. Nicht minder aber gilt dies, wenn man das Verhältnis des Exporteurs zum Ausfuhrstaat, hier also das der Klägerin zum Deutschen Reich, bzw. zu Preußen, ins Auge faßt. Die Klägerin hat in diesem Rechtsstreit ständig das Hauptgewicht darauf gelegt, daß das Deutsche Reich (bzw. der einzelne Bundesstaat) völkerrechtlich verpflichtet sei, im Interesse der Ausführung der Brüsseler Konvention, nämlich zur Verhinderung, daß prämiierter Zucker aus Nichtverbandsstaaten am Bestimmungsmarkt die Vorteile der Konvention genieße, Ursprungszeugnisse auszustellen, und daß das Deutsche Reich seinen Untertanen gegenüber gehalten sei, zu ihren Gunsten von den anderen Vertragsstaaten die Anwendung der Vertragsbestimmungen zu verlangen. Alle diese Ausführungen treffen indessen ihr Ziel nicht. Gewiß erfüllt das Deutsche Reich den anderen Staaten gegenüber eine völkerrechtliche Verbindlichkeit, wenn es die durch die Beschlüsse der Brüsseler Kommission erforderten Ursprungszeugnisse den inländischen Exporteuren auf deren Begehren ausstellt. Allein sein Verhältnis den Exporteuren gegenüber ist in Ansehung der Ursprungszeugnisse kein anderes in diesem Falle, als in demjenigen, in welchem er solche Zeugnisse ausstellt für den Export in Nichtverbandsstaaten, die ebenfalls solche Urkunden erfordern. Er handelt in beiden Fällen gleichmäßig im allgemeinen staatlichen Interesse; denn auch zur Abschließung des völkerrechtlichen Vertrages der Brüsseler Konvention ist er nur durch dieses Interesse veranlaßt worden. Es liegt also zweifellos in der Anordnung der Ausstellung von Ursprungszeugnissen eine allgemeine und im Allgemeininteresse getroffene staatliche Einrichtung vor, ohne Unterschied, ob zu ihr noch ein besonderer völkervertraglicher Grund gegeben war, oder nicht. Allein dies hat nur Geltung für die Einrichtung als *solche* und in ihrer *Allgemeinheit*. Ihre *Anwendung* im *einzelnen* Fall, also die Ausstellung des *einzelnen* Ursprungszeugnisses erfolgt dagegen *lediglich* und *ausschließlich* im Privatinteresse desjenigen Exporteurs, der diese Ausstellung begehrt. Es wiederholt sich somit ein Verhältnis, das auf zahlreichen anderen Gebieten sich täglich zeigt: Schaffung einer Einrichtung im Allgemeininteresse, Benutzung der Einrichtung im einzelnen Fall ausschließlich im Privatinteresse. Aus diesem Grunde unterliegt bei *solcher* Betrachtung — daß nämlich die Erwirkung der Erteilung des *einzelnen* Ursprungszeugnisses *ausschließlich* Privat*sache* des einzelnen Exporteurs ist — die

Anwendung der Tarifst. 77 ebenfalls keinen Bedenken. Dagegen würde die nach vorstehendem hier nicht zu entscheidende Frage zu Zweifeln Anlaß geben, ob auch ein gemischtes Interesse, nämlich ein teils öffentliches, teils privates, ausreicht, um die Stempelforderung aus Tarifst. 77 zu rechtfertigen. Schließlich ist noch der Gedanke zu berühren, daß das Deutsche Reich im öffentlichen Interesse durch Ausstellung der Ursprungszeugnisse das Seinige dazu zu tun habe, daß die Angehörigen des Reichs der durch den Brüsseler Vertrag für sie geschaffenen Vorteile auch teilhaftig würden. Ohne Zweifel besteht im allgemeinen eine Verpflichtung des Deutschen Reichs, dafür zu sorgen, daß seinen Angehörigen in den anderen Verbandsstaaten die völkerrechtlich ausbedungenen Vorteile auch wirklich gewährt werden. Indessen liegt es auf der Hand, daß dies im einzelnen Falle doch nur dann geschehen kann, wenn die einzelnen Reichsangehörigen die vereinbarten Voraussetzungen für die Gewährung dieser Vorteile erfüllt haben. Nach Inhalt des Brüsseler Vertrages und der dazu gehörigen Beschlüsse der Kommission ist nun keineswegs abgemacht, daß der Zucker, den ein Deutscher aus Deutschland nach einem Vertragsstaat ausführt, dort ohne weiteres die bedungenen Vorzüge genießen soll; sondern es soll — aus welchen Gründen, ist belanglos — hierzu noch der Nachweis durch ein Ursprungszeugnis geführt werden, daß er wirklich aus Deutschland stammt. Diese Voraussetzungen zu erfüllen, ist selbstverständlich Privatsache des einzelnen Exporteurs. Erst wenn diese Voraussetzungen erfüllt sind, und nunmehr der andere Verbandsstaat seiner Verbindlichkeit nicht nachkommen wollte, wäre Raum für ein besonderes Eingreifen des Reichs. Es erweisen sich auch hiernach die Ausführungen der Revisionsklägerin, daß die Ausstellung des erforderten Ursprungszeugnisses nicht oder nicht vorwiegend in ihrem Privatinteresse, sondern allein oder vorwiegend im öffentlichen Intrresse erfolgt, und das Zeugnis daher nicht in einer Privatsache erteilt sei, als verfehlt und abwegig."

31. Wann wird der Widerruf eines Auftrags wirksam? Wann geht die einem anderen gegenüber abzugebende Willenserklärung, wenn sie in dessen Abwesenheit abgegeben wird, dem anderen zu, insbesondere dann, wenn sie mittels Fernsprechers erfolgt?[1]

I. Zivilsenat. Urt. v. 17. Juni 1905 i. S. G. (Bekl.) w. Sch. & Gr. (Kl.). Rep. I. 134/05.

I. Landgericht Hamburg, Kammer für Handelssachen.
II. Oberlandesgericht daselbst.

Die Klägerin verlangte vom Beklagten Lieferung von drei Aktien der Neptunus-Assekuranz-Kompagnie mit Dividendenscheinen für 1902 gegen Zahlung von 3000 ℳ, indem sie behauptete, daß am 6. März 1903 ein entsprechender Kaufvertag zwischen ihr und dem durch den Assekuranzmakler W. vertretenen Beklagten zustande gekommen sei. Vom Beklagten wurde der Abschluß eines für ihn verbindlichen Kaufvertrages bestritten.

Das Landgericht erkannte nach Beweisaufnahme der Klage gemäß, und die Berufung des Beklagten wurde vom Oberlandesgericht nach weiterer Beweisaufnahme zurückgewiesen. Auf die Revision des Beklagten wurde das Berufungsurteil aufgehoben.

Aus den Gründen:

. . . „Die Annahme des Berufungsgerichts dagegen beruht auf einem Rechtsirrtum, daß ein vor dem Kaufabschluß mit Rechtswirksamkeit erfolgter Widerruf des Auftrags, der dem W. erteilt war, (also auch ein Erloschensein seiner Vollmacht vor diesem Abschluß) nicht dargetan sei. Nach der tatsächlichen Feststellung des Berufungsgerichts ist der Kaufvertrag erst nachmittags gegen $1^3/_4$ Uhr an der Börse zustande gekommen, und nach den Aussagen von Sch. und D. hatte bereits gegen 11 oder zwischen 11 und $11^1/_2$ Uhr vormittags Sch. — wie das Berufungsgericht als erwiesen betrachtet, im Einverständnis mit dem Beklagten — an das Kontor von W. telephoniert, daß der Verkauf der Aktien nicht stattfinden

[1] Vgl. Koppers, in der Deutschen Juristen-Zeitung 1901 S. 112; Hölder, das. S. 157; Habicht, das. S. 265; Francke, in der Zeitschr. Das Recht 1901 S. 201; Endemann, Lehrb. des Bürgerl. Rechts 8. Aufl. Bd. 1 § 66 Anm. 23 und 26. D. E.

solle. Das Berufungsgericht meint indes: „Der Widerruf wurde nur wirksam, wenn er zur Kenntnis des W. kam." Hinzugefügt wird die Bemerkung, eine Verpflichtung des Maklers, dafür Vorkehrung zu treffen, daß er jederzeit für geschäftliche Mitteilungen erreichbar sei, bestehe nicht; bei der Art des Geschäftsbetriebes der Makler, die ihre Kundschaft in den Kontoren und an der Börse aufsuchten, würden auch solche Vorkehrungen nicht möglich sein.

Wäre der vom Berufungsgericht aufgestellte Satz über die Wirksamkeit des Widerrufs richtig, so würde hier nichts darauf ankommen, ob W. die bezeichnete Vorkehrungspflicht hatte, oder nicht; ihre Verletzung würde ihn nur dem Beklagten gegenüber verantwortlich gemacht und nicht das Zustandekommen eines für den Beklagten verbindlichen Kaufvertrages verhindert haben. Aber jener vom Berufungsgericht aufgestellte Satz ist unrichtig. Wenn ein Auftrag und deshalb zugleich eine auf ihm beruhende Vollmacht in anderer Weise als durch Widerruf erlischt, dann gelten Auftrag und Vollmacht als fortbestehend, bis der Beauftragte von dem Erlöschen Kenntnis erlangt (§§ 168. 169. 674 B.G.B.). Handelt es sich dagegen um Erlöschen von Auftrag und Vollmacht durch Widerruf des Auftrags, und wird die Erklärung des Widerrufs in Abwesenheit des Beauftragten abgegeben, so wird der Widerruf in dem Zeitpunkte wirksam, in welchem die Erklärung dem Beauftragten zugeht (§ 130 B.G.B.).

Im vorliegenden Fall ist die Widerrufserklärung durch den Fernsprecher erfolgt. Über Willenserklärungen mittels eines solchen enthält das Bürgerliche Gesetzbuch nur die Bestimmung des § 147 Abs. 1 Satz 2, die ihrem Wortlaute nach sich nur auf den Vertragsantrag bezieht, von der herrschenden Meinung zwar auf Willenserklärungen überhaupt für anwendbar erachtet wird, aber zur Voraussetzung hat, daß die Erklärung von Person zu Person geschieht, daß also der Hörer am Empfangsapparat die Person selber ist, für welche die Erklärung bestimmt ist. Nur die von Person zu Person erfolgende Erklärung ist einer einem Anwesenden gemachten Erklärung gleich zu achten. Eine solche war die Telephonierung an das Kontor von W. nicht, da dieser sich nicht in seinem Kontor befand, und deshalb die telephonierte Erklärung von einem seiner Angestellten entgegengenommen wurde. Die telephonierte Widerrufserklärung war vielmehr eine in Abwesenheit von W. abgegebene. Aus der Sachlage ergeben sich keine Bedenken dagegen, daß hier die Äußerung des Widerrufswillens durch den Fernsprecher erfolgte. Ein Kaufmann, der in seinem Kontor eine Fernsprecheinrichtung unterhält, gestattet damit, sie zu geschäftlichen Kundgebungen an ihn zu benutzen. Die Entscheidung hängt hiernach davon ab, wann die telephonierte Erklärung dem W. „zuging".

Die einem anderen gegenüber abzugebende, aber in dessen Abwesenheit abgegebene Willenserklärung geht diesem in dem Zeitpunkte zu, in welchem er in eine Lage versetzt ist, die unter regelmäßigen Verhältnissen ihm die Möglichkeit gewährt, von der Erklärung Kenntnis zu nehmen. Im allgemeinen ist daher anzunehmen, daß, wie eine briefliche Erklärung in der Regel mit der Abgabe des Briefes an eine empfangsbefugte Person in der Wohnung oder im Geschäftslokal des Adressaten als diesem zugegangen gilt,

Entsch. des R.G.'s in Zivils. Bd. 50 S. 194, Bd. 56 S. 263, Bd. 58 S. 407,

so eine an das Kontor eines Kaufmanns in seiner Abwesenheit ergehende telephonische Erklärung ihm in dem Zeitpunkt zugeht, in dem sie von einem dazu Befugten, als welcher in der Regel jeder kaufmännische Angestellte des Kontors anzusehen ist, entgegengenommen wird. Aber nicht immer trifft dies zu. Ist es, was den vorliegenden Fall angeht, in Hamburg eine feststehende Geschäftsgewohnheit aller größeren Kaufleute, insbesondere der Makler, werktäglich zur Börsenzeit die Börse zu besuchen, so ist das ein Umstand, mit dem hier zu rechnen ist. Setzt man daher den Fall, daß in dem Kontor eines Maklers, der Auftrag und Vollmacht zum Verkauf von Wertpapieren erhalten hatte, in seiner Abwesenheit eine briefliche oder telephonische Widerrufserklärung so kurz vor Beginn der Börse einging, daß er wegen des Börsenbesuchs schon abwesend sein mußte, und es nicht mehr möglich war, ihm noch vor dem an der Börse vorgenommenen Verkauf von der eingegangenen Erklärung Mitteilung zu machen, dann waren die regelmäßigen Verhältnisse der Art, daß das Eingehen der Widerrufserklärung vor dem Verkauf nicht auch als Zugehen vor dem Verkauf gelten konnte. Ganz anders scheint aber doch die Sache zu liegen, wenn es sich, wie hier, um eine über eine halbe Stunde vor Beginn der Mittagsbörse und über zwei Stunden vor

Beginn der offiziellen Börsenzeit eingegangene telephonische Widerrufserklärung handelt. Was das Berufungsgericht beiläufig über die Unmöglichkeit bemerkt, Vorkehrungen behufs Erreichbarkeit für geschäftliche Mitteilungen zu treffen, kann in keiner Weise als eine genügende tatsächliche Unterlage für die zu treffende Entscheidung angesehen werden. Einstweilen erscheint es als unerfindlich, warum nicht ein am Vormittage seine Kunden besuchender Makler es so einrichten kann, daß er, bevor er zur Börse geht, noch einmal sein Kontor aufsucht, um von etwa inzwischen eingegangenen geschäftlichen Erklärungen Kenntnis zu nehmen, oder weshalb er nicht, wenn das für ihn untunlich ist, es sollte möglich machen können, daß ihm von geraume Zeit vor Beginn der Börse eingehenden derartigen Erklärungen, sei es an der Börse selbst, wenn er zunächst seinen Platz aufsucht, sei es früher an einem anderen, von ihm zu bestimmenden Orte, rechtzeitig Nachricht gegeben wird. Wie hervorzuheben ist, hatte nach seinem Zeugnis der betreffende Kommis erwartet, daß W. noch an das Kontor kommen und die Nachricht erhalten werde, und hat W. selbst bekundet, daß er nach dem Kundenbesuch, meist an derselben Stelle, frühstücke und dann direkt zur Börse gehe.

Hiernach bedarf es in bezeichneter Richtung noch einer weiteren Sachprüfung." . .

---

32. 1. Wie muß beim Sukzessivlieferungsgeschäft die in § 326 Abs. 1 Satz 1 B.G.B. erforderte Erklärung beschaffen sein, wenn der Käufer die Rechte aus Satz 2 bezüglich des ganzen noch nicht erforderten Teils des Vertrages ausüben will?

2. Kann der Schuldner an seiner ganzen Leistung das Zurückbehaltungsrecht ausüben, wenn die dem Zurückbehaltungsrecht zugrunde liegende Forderung unverhältnismäßig gering ist?

B.G.B. §§ 326. 273.

II. Zivilsenat. Urt. v. 20. Juni 1905 i. S. Sch. (Bekl. u. Widerkl.) w. Firma J. H. Sch. (Kl. u. Widerbekl.). Rep. II. 605/04.

I. Landgericht I Berlin.
II. Kammergericht daselbst.

Die Klägerin hatte sich durch Vertrag vom 25. Mai 1903 verpflichtet, dem Beklagten für seinen Neubau den gesamten Bedarf an Ziegelsteinen während der Monate Juni bis November 1903 zu liefern, zu einem Kaufpreis von 25 ℳ das Tausend.

Aus diesen Lieferungen hatte Klägerin am 20. Juni 1903 eine fällige Kaufpreisforderung von 1957 ℳ, und am 20. Juli 1903 eine solche von 1300 ℳ. Auf Zahlung dieser Beträge nebst Zinsen ist die Klage gerichtet.

Bereits am 17. Juni 1903 hatte Beklagter erklärt, jede Zahlung zu verweigern, weil ihm eine höhere Schadensforderung gegen die Klägerin zustehe. Deshalb setzte die Klägerin dem Beklagten am 20. Juni 1903 eine Zahlungsfrist bis zum 24. Juni 1903, mit der Erklärung, daß sie nach Ablauf dieser Frist die Annahme der Leistung ablehne. Am 24. Juni 1903 hat Klägerin sodann den Rücktritt ausgesprochen. Der Beklagte macht aufrechnend und widerklagend einen Schadensersatzanspruch wegen Nichterfüllung in Höhe von 5353,18 ℳ geltend.

Am 6. Juni 1903 war Klägerin nämlich in Lieferungsverzug geraten. Deshalb setzte der Beklagte derselben am 12. Juni 1903 eine Nachfrist bis zum 15. Juni 1903, mit der Androhung, daß er sich nach Ablauf dieser Frist auf Rechnung der Klägerin eindecken werde. Der Beklagte hat sich bis 20. Juni 1903 jeweils nach seinem Bedarf gedeckt, und zwar zu einem Preis, der 477,50 ℳ höher war als der mit der Klägerin vereinbarte Preis. Auch nach dem 20. Juni 1903 will Beklagter Deckungskäufe vorgenommen haben, welche einschließlich vorgedachter 477,50 ℳ den vom Beklagten geltend gemachten Schaden von 5353,18 ℳ ergeben sollen. Das Landgericht verurteilte, abgesehen von einem hier nicht interessierenden Abstrich, den Beklagten nach dem Klagantrag abzüglich des Betrags von 477,50 ℳ. Die Entscheidung über diese 477,50 ℳ behielt das Landgericht dem künftigen Endurteil vor. Die Widerklage wurde abgewiesen.

Die Berufung des Beklagten und Widerklägers war erfolglos. Auch seine Revision wurde zurückgewiesen, aus folgenden

Gründen:

„Am 12. Juni 1903 ließ der Beklagte durch seinen Anwalt der Klägerin, welche mit den bis dahin abgerufenen Ziegelmengen unstreitig in Lieferungsverzug geraten war, schreiben, zur Abhilfe des dringendsten Bedürfnisses habe er bereits Deckungskäufe auf Rechnung der Klägerin vornehmen müssen. Dieser Brief fährt sodann fort: „Für die Lieferung der weiteren Steine gemäß dem Vertrage stellt Ihnen Herr Sch. hiermit eine Nachfrist bis zum Montag, den 15. Juni 9 Uhr vorm., mit dem Bemerken, daß, wenn Lieferung Ihrerseits nicht erfolgt, auch für die weiteren Steinlieferungen Deckungskäufe zu Ihren Lasten vorgenommen werden."

Der Revisionskläger führt aus, er sei durch dieses Schreiben wegen aller ausstehenden Lieferungen vom Vertrag „zurückgetreten" und habe Schadensersatz beansprucht. Diesen auch für das Sukzessivlieferungsgeschäft gültigen Rechtsgrundsatz verneine das Berufungsgericht durch seine Annahme, daß sich die Fristsetzung, und in Verbindung damit die Androhung der Ablehnung der Leistungsannahme vernünftigerweise nur auf die durch Abruf fällig gewordenen Lieferungen habe beziehen können, und daß der Beklagte wegen der noch nicht abgerufenen und daher noch nicht fällig gewordenen Lieferungen nicht habe der Meinung sein können, eine dem § 326 Abs. 1 Satz 1 und 2 B.G.B. entsprechende Erklärung abzugeben. Dieser Angriff bedarf zunächst der Richtigstellung. Rücktritt und der aus dem Vertrag entspringende Schadensersatz wegen Nichterfüllung schließen sich aus.

Vgl. Entsch. des R.G.'s in Zivils. Bd. 54 S. 100, Bd. 52 S. 262 flg.

Die Vorinstanzen sind auch in Übereinstimmung mit den Parteien davon ausgegangen, daß der Beklagte in seinem Brief vom 12. Juni 1903 nicht den Rücktritt, sondern allein den Anspruch auf Schadensersatz wegen Nichterfüllung gewählt habe. Streitig war nur, ob diese Wahl sich auf den ganzen Vertrag, also auf alle künftigen, noch nicht abgerufenen Lieferungen erstreckt, oder sich auf die damals abgerufenen Mengen beschränkt habe. Nach der Rechtsprechung des Reichsgerichts unterliegt es keinem Zweifel, daß der Käufer gegenüber dem säumigen Verkäufer sein Wahlrecht wegen aller ausstehenden Lieferungen ausüben kann. Hätte das Berufungsgericht diesen Rechtssatz verkannt, so müßte sein Urteil allerdings der Aufhebung unterliegen.

Ein solcher die Aufhebung des Urteils bedingender Rechtsirrtum würde gegeben sein, wenn die zum Gegenstand des Angriffs gemachten Sätze dem Urteil zugrunde lägen; denn die Fristsetzung konnte sich naturgemäß nur auf die bis dahin abgerufenen Steine beziehen, während die Ablehnung der Annahme, welche § 326 Abs. 1 Satz 1 B.G.B. weiter erfordert, auch für die künftig erst abzurufenden Steine, also für alle späteren Zeiten ausgesprochen werden konnte.

Wollte der Beklagte aus dem Lieferungsverzug der Verkäuferin diese Folgen ableiten, so hätte er eine bestimmte, unzweideutige Erklärung dieses Inhalts abgeben müssen. Die Sicherheit des Verkehrs erheischt klare Verhältnisse, so daß der säumige Vertragsteil sich auf die Umgestaltung des Vertrags einrichten kann, welche sein Lieferungsverzug nach dem Willen des Vertragsgegners bewirken soll. Hierzu gehörte im vorliegenden Falle zunächst eine zweifelsfreie Willensäußerung des vertragstreuen Kontrahenten, ob er nach Ablauf der Nachfrist nur die abgerufenen Lieferungsraten nicht mehr annehmen, oder überhaupt jede etwa aus dem Sukzessivlieferungsgeschäft künftig zu leistende Rate ablehnen werde. Die Wahl zwischen Rücktritt und dem Anspruch auf Schadensersatz wegen Nichterfüllung konnte der Beklagte später treffen; er durfte sie aber auch gleichzeitig mit Setzung der Nachfrist und der Erklärung, daß er die Annahme der Leistung nach Ablauf der Frist ablehne, verbinden.

Nun ist die entscheidende Stelle des Schreibens des Beklagten vom 12. Juni 1903, er werde nach Ablauf der dreitägigen Frist auch für die weiteren Steinlieferungen zu Lasten der Klägerin sich decken, an sich undeutlich. Das Berufungsgericht hat dieser Stelle die Auslegung gegeben, es habe der Beklagte damit nur erklärt, er werde die bis dahin abgerufenen Steinlieferungen nach Ablauf der Nachfrist nicht mehr annehmen, und er habe mit dieser Erklärung zugleich die Wahlanzeige verbunden, daß er sich in demselben Umfang für Schadensersatz wegen Nichterfüllung entschieden habe. Diese Auslegung wird von dem Berufungsgericht durch die Umstände, wonach Klägerin nur um einen Aufschub von annähernd 3 Wochen nachgesucht, und Beklagter seinen künftigen Bedarf an Steinen noch gar nicht angegeben hatte, gerechtfertigt. Das Berufungsgericht hätte dieser Erwägung noch hinzufügen können, daß der Beklagte im Eingang seines Briefes vom 12. Juni 1903 mitteilt, er habe sich bereits hinsichtlich seines dringendsten Bedürfnisses gedeckt, und daß daher der folgende Inhalt des Briefes lediglich Deckungskäufe auch hinsichtlich der weiteren abgerufenen Steine androhen will oder doch diesen Sinn nahe legt.

Die Auslegung, welche das Berufungsgericht somit einer undeutlichen Willenserklärung dahin gegeben hat, daß der Beklagte den Vertrag hinsichtlich der am 12. Juni 1903 noch nicht abgerufenen Steinlieferungen unverändert bestehen lassen wollte, ist bei richtigem Verständnis, wie dasselbe soeben dargelegt worden, von Rechtsirrtum nicht beeinflußt. So erweist sich der einzige Revisionsangriff, der erhoben wurde, als hinfällig.

Im weiteren erwägt das Berufungsgericht, der Beklagte habe sich bis zum 20. Juni 1903 bezüglich der bis zum 12. Juni 1903 abgerufenen Steine mit einem Mehraufwand von höchstens 477,50 ℳ gedeckt; statt von der Kaufpreisforderung der Klägerin für ältere Lieferungen aus demselben Kaufvertrag in Höhe von 1957 ℳ gemäß § 273 B.G.B. nur diesen Betrag von 477,50 ℳ zurückzuhalten, habe Beklagter am 17. Juni 1903 jede Zahlung verweigert und durch diese Weigerung sich selbst für den Betrag von 1957 ℳ — 477,50 ℳ = 1479,50 ℳ in Verzug gesetzt; die Klägerin habe daher mit Recht dem in Zahlungsverzug geratenen Beklagten am 20. Juni 1903 eine Nachfrist bis zum 24. Juni 1903 mit der Androhung gesetzt, daß sie nach Ablauf der Frist die Annahme der Leistung als einer vertragsmäßigen ablehne, und am 24. Juni 1903 den Rücktritt erklärt, und zwar hinsichtlich des ganzen Vertrages. Durch diese Wahlanzeige sei der Vertrag im ganzen aufgelöst; den Kaufpreis für die von der Klägerin gelieferten Steine sei der Beklagte zu zahlen schuldig, und zwar mit 1479,50 ℳ nebst 4% Zinsen seit dem 20. Juni 1903 und mit 1300 ℳ nebst 4% Zinsen seit dem 20. Juli 1903, weil nach dem Vorausgeschickten die Deckungskäufe des Beklagten nur bis zum 20. Juni 1903, und zwar mit einem Betrage von 477,50 ℳ, Berücksichtigung finden könnten, die Widerklage daher unbegründet erscheine.

An diesen Ausführungen ist eine Ausstellung nicht zu machen; sie stehen und fallen mit der Frage, ob der Beklagte in seinem Schreiben vom 12. Juni 1903 die gemäß § 326 Abs. 1 B.G.B. abgegebene Erklärung und Wahlanzeige auf den ganzen Sukzessivlieferungsvertrag erstrecken wollte, oder nur auf die abgerufenen Mengen gerichtet hatte; denn bis zur Rücktrittserklärung der Klägerin vom 24. Juni 1903 hat der Beklagte kein Verhalten an den Tag gelegt, aus welchem zu schließen wäre, daß seine Erklärung vom 12. Juni 1903 anders zu verstehen gewesen, als sie vom Berufungsgericht aufgefaßt worden ist.

In der Literatur besteht Meinungsverschiedenheit darüber, ob das Zurückbehaltungsrecht, ebenso wie das Pfandrecht, den ganzen Gegenstand ergreift, obgleich der zu sichernde Anspruch unverhältnismäßig gering ist (vgl. Planck, 3. Aufl. § 273 Bem. 1 Abs. 3). Allein der Sicherungszweck, welchem das Zurückbehaltungsrecht dient, läßt es nicht zu, daß dieses Recht übermäßig ausgedehnt werde; zu derselben Auffassung führen die Billigkeit wie die Grundsätze von Treu und Glauben. Derselbe Gedanke ist in § 320 Abs. 2 B.G.B., einem nahe verwandten Rechtsgebiet, zu gesetzlichem Ausdruck gelangt und lag schon der älteren Rechtsprechung zugrunde (Entsch. des R.O.-H.G.'s Bd. 9 S. 124; Jurist. Wochenschr. 1884 S. 274 Nr. 35).

Daher ist dem Berufungsgericht darin beizutreten, daß der Beklagte am 20. Juni 1903 von dem Kaufpreis nur einen Teilbetrag von 477,50 ℳ zurückhalten und dessen Zahlung verweigern durfte."

---

33. Ist die Vorschrift des § 341 Abs. 3 B.G.B. anwendbar, wenn im Falle eines vor dem Inkrafttreten des Bürgerlichen Gesetzbuchs entstandenen, die Vereinbarung einer Vertragsstrafe enthaltenden Schuldverhältnisses der Gläubiger nach dem 1. Januar 1900 die Erfüllung ohne Vorbehalt angenommen hat?

Einf.-Ges. zum B.G.B. Art. 170.

II. Zivilsenat. Urt. v. 23. Juni 1905 i. S. H. (Kl.) w. Bank für Industrie (Bekl.). Rep. II. 612/04.

I. Landgericht Köln.
II. Oberlandesgericht daselbst.

Die verklagte Hypothekenbank hatte laut Notariatsvertrag vom 25. Januar 1898 dem Kläger und seinem Bruder ein bis zum 15. Januar 1907 beiderseits unkündbares hypothekarisches Darlehn gegeben. Hierbei war bestimmt worden, daß das Kapital ohne Kündigung sofort verfallen solle, wenn das verpfändete Grundstück ohne vorherige Vereinbarung mit der Gläubigerin veräußert werde, und daß im Falle der vorzeitigen Zurückzahlung des Kapitals die Schuldner eine Vertragsstrafe von 2 oder 1 Prozent (je nach dem Zeitpunkt der Zurückzahlung) der Gläubigerin zu entrichten hätten. Da die Schuldner Ende 1898 das verpfändete Grundstück ohne Genehmigung der Gläubigerin verkauften, so forderte diese im Januar 1899 von dem Kläger die Zahlung des Kapitals nebst der Vertragsstrafe von 2 Prozent. Das Kapital wurde aber erst am 17. Januar 1902 zurückbezahlt und von der Gläubigerin vorbehaltlos angenommen. Später ließ die Gläubigerin, abgesehen von anderen Forderungen, auch für den Betrag der erwähnten Vertragsstrafe gegen den Kläger auf Grund der Notariatsurkunde Zwangsvollstreckung einleiten. Dieser machte mittels der von ihm erhobenen Klage auf Aufhebung dieser Zwangsvollstreckung u. a. geltend, daß die Beklagte die Vertragsstrafe nach § 341 Abs. 3 B.G.B. nicht fordern könne, weil sie am 17. Januar 1902 die Erfüllung des Vertrages ohne Vorbehalt angenommen habe. Die Klage wurde in beiden Instanzen abgewiesen. Insbesondere wurde die Berufung des Klägers auf § 341 Abs. 3 a. a. O. von dem Oberlandesgericht nicht für zutreffend erachtet. Die gegen das Berufungsurteil von dem Kläger eingelegte Revision wurde zurückgewiesen, und zwar, was die Frage der Anwendbarkeit des § 341 Abs. 3 B.G.B. betrifft, aus folgenden

Gründen:

... „Das Berufungsgericht hat ... bezüglich des von dem Kläger gegen den Anspruch auf die Vertragsstrafe von 2100 *M* aus § 341 Abs. 3 B.G.B. hergeleiteten weiteren Einwandes erwogen, es sei ohne Bedeutung, daß die Beklagte schließlich das Kapital ohne Vorbehalt angenommen habe, da das Verhältnis nach dem Code civil zu beurteilen sei, und dieser eine dem § 341 Abs. 3 B.G.B. entsprechende Vorschrift nicht enthalte. In dieser Hinsicht hat der Revisionskläger Verletzung dieses § 341 Abs. 3 B.G.B. durch Nichtanwendung gerügt, indem er ausführte, es handle sich um die Folge eines unter der Herrschaft des Bürgerlichen Gesetzbuchs vorgenommenen Erfüllungsgeschäfts; ein innerer Zusammenhang mit dem Inhalt des Schuldverhältnisses sei nicht vorhanden, und deshalb könne der Art. 170 Einf.-Ges. zum B.G.B. hier nicht maßgebend sein. Dieser Angriff konnte nicht für zutreffend erachtet werden. Es handelt sich um die Frage, ob die Beklagte ihren auf dem Darlehnsvertrag vom 25. Januar 1898 beruhenden Anspruch auf die streitige Vertragsstrafe durch die am 17. Januar 1902 erfolgte vorbehaltlose Annahme der Darlehnssumme verwirkt hat. Die Beantwortung dieser Frage hängt, da das zur Zeit des Vertragsabschlusses geltende, unbestrittenermaßen auf das fragliche Vertragsverhältnis ursprünglich anwendbare Recht des Code civil eine einschlägige Vorschrift nicht enthält, davon ab, ob die Regel des Art. 170 Einf.-Ges., wonach für ein Schuldverhältnis, das vor dem Inkrafttreten des Bürgerlichen Gesetzbuchs entstanden ist, die bisherigen Gesetze maßgebend bleiben, hier durchschlagend ist, oder ob auf die erwähnte Rechtshandlung die Bestimmung des zur Zeit ihrer Vornahme geltenden § 341 Abs. 3 Anwendung zu finden hat. Obgleich im Art. 170 a. a. O. selbst keine Ausnahme von der darin aufgestellten Regel vorgesehen ist, so ist doch in den Motiven hierzu (Art. 103 des Entwurfs S. 256) — welche im wesentlichen die Billigung der II. Kommission (vgl. Protokolle Bd. 6 S. 498 flg.) gefunden haben und daher für die Auslegung des dem Art. 103 des Entwurfs entsprechenden Art. 170 von Wichtigkeit sind — anerkannt, daß Tatsachen, welche für ein nach früherem Rechte sich bestimmendes Schuldverhältnis bedeutsam werden, mit Rücksicht darauf, daß sie erst unter der Herrschaft des neuen Rechts eintreten, unter Umständen in ihren Wirkungen nach dem neuen Rechte zu bemessen sein **können**. Als eine solche Tatsache kommt aber im gegebenen Falle nur die seitens der Beklagten geschehene vorbehaltlose Annahme der von dem Kläger geschuldeten Darlehnssumme als Erfüllung insofern in Betracht, als in § 341 Abs. 3 an eine solche vorbehaltlose Annahme der Erfüllung seitens des Gläubigers der Verlust des Rechts desselben auf die zu seinen Gunsten bedungene Vertragsstrafe geknüpft ist. Es handelt sich also im **wesentlichen** hier um das **Recht auf die Vertragsstrafe**, wie ja auch die erwähnte Bestimmung des § 341 Abs. 3 in dem die Überschrift „Vertragsstrafe" tragenden 4. Tit. des 2. Abschn. des 2. Buchs des B.G.B., nicht in dem die Überschrift „Erfüllung" tragenden 1. Tit. des 3. Abschn. des nämlichen Buchs (§§ 362 flg.) enthalten ist. Da dieser Anspruch auf die Vertragsstrafe aber ursprünglich auf dem unter der Herrschaft des Code civil geschlossenen und daher **der Regel nach** gemäß den Bestimmungen des letzteren Gesetzbuchs zu beurteilenden Darlehnsvertrag beruht, und die betreffende Vereinbarung einen Teil dieses Vertrags bildet, so erscheint es von vornherein als dem Grundsatze des Art. 170 Einf.-Ges. entsprechend, auf diesen Anspruch in seiner Gesamtheit die Vorschriften des zur Zeit seiner Begründung geltenden Rechts, und nur diese Vorschriften, namentlich auch insoweit anzuwenden, als es sich um die Frage handelt, ob eine unter der Herrschaft des Bürgerlichen Gesetzbuchs vorgenommene Rechtshandlung das Erlöschen dieses Anspruchs zur Folge gehabt; denn bezüglich der Anwendung des Art. 170 ist von dem entscheidenden Gesichtspunkte auszugehen, daß die Vertragschließenden das zur Zeit der Vornahme ihres Rechtsgeschäfts in Geltung stehende Recht vor Augen gehabt haben (vgl. die Motive zu Art. 170 a. a. O. S. 256), und zwar seinem ganzen Umfange nach, soweit dieser für das Rechtsgeschäft in Betracht kommt, so daß in der Regel nur dieses Recht für ihr Vertragsverhältnis maßgebend sein kann, und für das letztere eine in der späteren Gesetzgebung enthaltene anderweite Rechtsnorm ohne Bedeutung ist. Von dieser Regel ist auch im gegebenen Falle nicht abzuweichen. Zunächst ist die hier in Frage kommende Bestimmung des § 341 Abs. 3 keineswegs als „eine solche reformatorischen oder prohibitiven Charakters anzusehen, dergestalt, daß sie auch die zur Zeit des Inkrafttretens des Bürgerlichen Gesetzbuchs bestehenden Schuldverhältnisse zu ergreifen beabsichtige" (vgl. die Motive a. a. O. S. 257), was in Ermangelung jeden Anhalts für eine etwaige gegenteilige Annahme und eines bezüglichen Revisionsangriffs einer näheren Ausführung nicht bedarf. Sodann rechtfertigt die für den Tatbestand des § 341 Abs. 3 allerdings in Betracht kommende Annahme der Erfüllung durch den Gläubiger es nicht, diese Vorschrift ihrem hauptsächlichen Inhalte nach als eine die Erfüllung des Schuldverhältnisses betreffende anzusehen, und etwa aus diesem Grunde die Anwendbarkeit des neuen Gesetzes auch insoweit anzunehmen, als darin die Verwirkung des Rechts des Gläubigers auf die Vertragsstrafe festgesetzt ist. Gegen eine solche Auffassung dieser Vorschrift spricht nämlich — außer der bereits erwähnten Stellung derselben im System des Bürgerlichen Gesetzbuchs —, daß bei der darin bestimmten Verwirkung des Rechts auf die Vertragsstrafe nicht nur die Erfüllung des Schuldners und deren Annahme durch den Gläubiger, sondern auch, und zwar sehr wesentlich, der weitere Umstand in Betracht kommt, daß der Gläubiger sich bei dieser Annahme das Recht auf die Vertragsstrafe nicht vorbehalten hat. Auf die Unterlassung eines solchen Vorbehalts ist aber die im § 341 Abs. 3 bestimmte Verwirkung des fraglichen Rechts hauptsächlich zurückzuführen, während die Annahme der Erfüllung seitens des Gläubigers hierbei erst in zweiter Reihe, nämlich insofern in Betracht kommt, als durch die fraglichen Worte des Gesetzes der Zeitpunkt, in welchem der Vorbehalt bei Vermeidung der Verwirkung des Rechts zu erklären ist, näher bestimmt ist.

Vgl. Entsch. des R.G.'s in Zivils. Bd. 57 S. 341.

Hiernach genügt dieser äußere Zusammenhang, in dem die Frage der Verwirkung dieses Rechts mit der Annahme der Vertragserfüllung steht, nicht, um das neue Recht, selbst wenn es etwa für die Beurteilung der letzteren als einer selbständigen Rechtshandlung maßgebend sein sollte, auch insoweit für anwendbar zu halten, als es sich um die besondere Frage handelt, ob durch die vorbehaltlose Annahme der Erfüllung der Gläubiger sein Recht auf die Vertragsstrafe verwirkt hat. Dieses Ergebnis erscheint um so unbedenklicher, als die unter der Herrschaft des Bürgerlichen Gesetzbuchs erfolgte Erfüllung eines zur Zeit der Geltung des früheren Rechts entstandenen Schuldverhältnisses keineswegs in allen rechtlichen Beziehungen nach dem neuen Rechte zu beurteilen ist. In dieser Hinsicht ist nämlich in den Motiven zu Art. 170 a. a. O. S. 256 folgendes ausgeführt: „Zu dem Umfange eines Schuldverhältnisses gehört auch der Gegenstand, die Zeit und der Ort der Erfüllung. Die Erfüllung eines dem früheren Rechte unterstehenden Schuldverhältnisses wird in den bezeichneten Richtungen auch dann, wenn sie unter der Herrschaft des neuen Gesetzes erfolgt, nach dem früheren Rechte beurteilt. Dagegen bestimmt sich das, was solchenfalls zur Herbeiführung der Bewirkung der Leistung erforderlich ist, das Erfüllungsgeschäft, nach dem neuen Gesetze. Hat jemand unter der Herrschaft des gemeinen Rechts sein Grundstück verkauft, so muß er, wenn der Vertrag erst nach dem Inkrafttreten des Bürgerlichen Gesetzbuchs erfüllt wird, das Grundstück nicht bloß übergeben, sondern auch, sofern ein Grundbuch bereits vorhanden sei, auflassen." Aus diesen Ausführungen der Motive, auf deren Bedeutung oben bereits hingewiesen ist, insbesondere aus dem darin für den Gegenstand, die Zeit und den Ort der Erfüllung aufgestellten Grundsatze der Anwendung des früheren Rechts einerseits und aus der engen Begrenzung des darin erwähnten Begriffs des „Erfüllungsgeschäfts", auf welches das neue Recht Anwendung finden soll, andererseits, ergibt sich, daß der Gesetzgeber dem Worte „Erfüllungsgeschäft" in dem letzteren Sinne keineswegs die umfassende Bedeutung beigelegt hat, von welcher der Revisionskläger bei dieser Beschwerde ausgegangen ist. Wenn aber hiernach die unter der Herrschaft des neuen Gesetzes erfolgende Erfüllung eines Schuldverhältnisses in sehr erheblichen rechtlichen Beziehungen nach dem zur Zeit der Entstehung desselben geltenden alten Rechte zu beurteilen ist, so hat dies nach obiger Erörterung jedenfalls auch insoweit zu gelten, als es sich um die Wirkung der vorbehaltlosen Annahme der Erfüllung in bezug auf eine etwa bedungene Vertragsstrafe handelt; denn es kommt hierbei der Inhalt des Schuldverhältnisses in Frage, indem durch das letztere das Recht auf die Vertragsstrafe nach allen seinen Voraussetzungen und nach seinem ganzen Umfange, namentlich auch insoweit bestimmt ist, als andere Verwirkungsgründe für dasselbe als diejenigen, welche durch das zur Zeit der Entstehung des Schuldverhältnisses geltende Recht festgesetzt waren, nicht Platz greifen können. Überdies ist ein innerer Grund nicht erfindlich, welcher in Abweichung von der Regel des Art. 170 Einf.-Ges. die Anwendung des neuen Rechts auf den vorliegenden Tatbestand rechtfertigen könnte.

Mit diesem Ergebnisse steht auch die seitherige Rechtsprechung des Reichsgerichts über die Anwendung des Art. 170 insofern im Einklang, als hiernach auch die Frage, welche Folgen bei einem zur Zeit des früheren Rechts entstandenen Schuldverhältnisse ein erst unter der Herrschaft des neuen Rechts eingetretener Verzug des Schuldners in Erfüllung seiner Verbindlichkeiten hat, — in welcher Hinsicht es sich ebenso wie bei dem Anspruch auf die Vertragsstrafe um die Folgen der Nichterfüllung oder nicht gehörigen Erfüllung einer Verbindlichkeit handelt, — nach dem alten Rechte zu beurteilen ist (vgl. Entsch. in Zivils. Bd. 52 S. 264 und die Urteile des II. Zivilsenats vom 4. Juli 1902, Rep. II. 125/02, des III. Zivilsenats vom 10. Oktober 1902, Seuffert's Archiv Bd. 58 S. 305, des VI. Zivilsenats vom 9. März 1903, Rep. VI. 365/02, des V. Zivilsenats vom 23. Mai 1903, Seuffert's Archiv Bd. 58 S. 307, und des VII. Zivilsenats vom 17. Juni 1904, Rep. VII. 33/04, „Recht" Bd. 8 S. 554).

Hiernach ist die Nichtanwendung des § 341 Abs. 3 B.G.B. auf den gegebenen Fall rechtlich nicht zu beanstanden." ...

---

34. 1. Ist der zum Testamentsvollstrecker ernannte Miterbe auch zu solchen Verfügungen über Nachlaßgegenstände befugt, die in seinem Interesse liegen?

B.G.B. §§ 2203. 2204. 2205. 2208.

2. Ist, wenn von zwei ernannten Testamentsvollstreckern der eine durch rechtliche, in seiner Person liegende Gründe dauernd verhindert ist, bei einem den Nachlaß betreffenden Rechtsgeschäfte mitzuwirken, der andere allein zum Abschlusse des Rechtsgeschäfts befugt?

B.G.B. § 2224.

3. Ist der Testamentsvollstrecker befugt, einen anderen als Vertreter zu bestellen mit der Ermächtigung, in des Testamentsvollstreckers Namen mit sich selbst als Bevollmächtigtem der Erben die Auflassung von Nachlaßgrundstücken zu erklären?

B.G.B. §§ 181. 2204. 2042—2056.

V. Zivilsenat. Beschl. v. 28. Juni 1905 in der Grundbuchsache, betr. das Grundbuchbl. 487 der Stadt Leipzig. Beschw.-Rep. V. B. 143/05.

I. Amtsgericht Leipzig.
II. Landgericht daselbst.

Obige drei Fragen sind bejaht aus folgenden, den Sachverhalt ergebenden

Gründen:

„Die am 12. August 1902 gestorbene Frau F. hat durch Testament sechs von ihren Kindern zu gleichen Teilen als Erben eingesetzt, ihrem siebenten Kinde (Frau v. A.) den Pflichtteil als Vermächtnis hinterlassen und die beiden Beschwerdeführer, von denen der Domherr Dr. B. Miterbe, der Kaufmann und Rittergutsbesitzer

Pl. Ehemann einer Miterbin ist, zu Testamentsvollstreckern ernannt, mit der Bestimmung, daß sie gemeinsam alles ordnen sollten, bei Meinungsverschiedenheiten aber der Domherr B. die entscheidende Stimme haben solle. Eine Miterbin, die geisteskranke Witwe B., wird vom Rechtsanwalt Dr. W. bevormundet. Die übrigen Erben, die Vermächtnisnehmerin und die beiden Testamentsvollstrecker haben den Rechtsanwalt Dr. W. zu ihrer Vertretung bei der Auflassung des zum Nachlasse gehörigen Grundstücks Stadt Leipzig Bl. 487 bevollmächtigt, ihn insbesondere auch ermächtigt, in ihrem Namen mit sich selbst Rechtsgeschäfte abzuschließen. Unter Zustimmung sämtlicher Beteiligten hat nach Angabe des Rechtsanwalts Dr. W. die Auseinandersetzung über den Nachlaß stattgefunden. Ob die vom Vormunde der Witwe B. dabei abgegebenen Erklärungen vom Vormundschaftsgerichte genehmigt worden sind, erhellt nicht. Dr. W. hat demnächst zu notariellem Protokolle vom 14. Januar 1905 in Ausführung der Auseinandersetzung namens der Testamentsvollstrecker das Nachlaßgrundstück der Vermächtnisnehmerin (Frau v. A.) zu $^1/_8$, jedem der sechs Erben zu $^7/_{48}$ aufgelassen und die Auflassung namens der Beteiligten angenommen. Das Grundbuchamt lehnte die auf Grund der Auflassung beantragte Eintragung der Eigentumsänderung ab, weil der Testamentsvollstrecker B. als Miterbe nicht befugt sei, sich selbst einen Bruchteil des Grundstücks aufzulassen, und weil auch dem anderen Vollstrecker die Befugnis fehle, seiner Frau (einer Miterbin) einen Bruchteil aufzulassen. Die gegen diesen Beschluß erhobene Beschwerde wurde vom Landgericht als unbegründet zurückgewiesen. Das Oberlandesgericht in D. möchte der erhobenen weiteren Beschwerde stattgeben, findet sich aber daran durch den Beschluß des Kammergerichts vom 10. März 1902 (R.J.A. Bd. 3 S. 101 flg.) behindert. Es hat die weitere Beschwerde unter Begründung seiner Rechtsauffassung dem Reichsgericht nach § 79 Abs. 2 G.B.O. vorgelegt.

Die weitere Beschwerde ist begründet.

Das Kammergericht nimmt in dem erwähnten Beschlusse im Einklange mit der Entsch. des R.G.'s in Zivils. Bd. 57 S. 432 flg. an, daß zur Umwandlung des Gesamteigentums von Miterben in Bruchteilseigentum der einzelnen Erben Auflassung erforderlich sei. Es nimmt ferner an, daß der Testamentsvollstrecker an sich die Befugnis habe, die Auseinandersetzung unter den Erben nach den Anordnungen des

Erblassers vorzunehmen und namentlich die Auflassung der Bruchteile an die einzelnen Erben ohne deren Mitwirkung zu erteilen; es meint aber, daß eine andere rechtliche Beurteilung einzutreten habe, wenn der Testamentsvollstrecker zugleich Miterbe ist. Denn der Testamentsvollstrecker, der vom Willen der Erben unabhängig die Rechte und Pflichten habe, die sich nach dem Willen des Erblassers und nach dem Gesetz aus der Vollziehung des Testaments ergäben, habe eine privatamtliche Stellung, und diese dürfe er nicht in seinem eigenen Interesse ausüben, es sei denn, daß der Erblasser ihn dazu ermächtigt habe. Fehle es an einer solchen Ermächtigung, so sei der Testamentsvollstrecker, der gleichzeitig Miterbe ist, von der Vornahme der Erbteilung mit Wirkung gegen und für die Erben ausgeschlossen. Das Oberlandesgericht in D. weicht von dem Beschlusse des Kammergerichts nur insofern ab, als es annimmt, daß ein Erblasser, der einen Miterben zum Testamentsvollstrecker ernennt, damit deutlich zu erkennen gebe, der Vollstrecker solle alle zur Vollziehung des letzten Willens erforderlichen Rechtshandlungen vornehmen. Dies gelte um so mehr, wenn der Erblasser, wie hier, den Vollstrecker zu allen Anordnungen ermächtigt habe. Demnach sei der Testamentsvollstrecker zu den (dem Willen des Erblassers und dem Gesetz entsprechenden) Verfügungen auch zu seinen Gunsten ermächtigt, wenn der Erblasser ihn davon nicht ausgeschlossen habe. Danach sei die vom Kammergericht verlangte besondere Ermächtigung nicht erforderlich.

Das Kammergericht hält in verschiedenen Entscheidungen an dem Grundsatze fest, daß der zum Testamentsvollstrecker berufene Miterbe nicht zu Verfügungen im eigenen Interesse befugt sei; er könne nicht einen Anteil am Nachlaßgrundstücke sich selbst, die übrigen den anderen Erben auflassen (R.J.A. Bd. 3 S. 101. 167). Ebensowenig könne er auf Grund seiner Quittung und Löschungsbewilligung die Löschung einer auf seinem eigenen Grundstücke lastenden Nachlaßhypothek herbeiführen (R.J.A. Bd. 3 S. 44). Das Oberlandesgericht in C. (Rechtspr. der O.L.G. Bd. 4 S. 437) hat dagegen angenommen, daß der Testamentsvollstrecker als Miterbe sich selbst Nachlaßgrundstücke auflassen könne. Beide Gerichte und auch das Oberlandesgericht in D. gehen davon aus, daß der Testamentsvollstrecker eine amtliche Stellung habe. Daraus folgt aber nicht, daß ihm jede Verfügung über Nachlaßgegenstände zu seinen eigenen Gunsten verwehrt ist; auch solche Verfügungen kann er treffen, sofern sie ihm nicht nach dem erkennbaren Willen des Gesetzgebers oder des Testators verboten sind. Die Frage, ob in einem konkreten Falle der Testator es gestattet habe, ist, wenn dieser keine besondere Bestimmung getroffen hat, Sache der Auslegung des Testaments und kann in der weiteren Beschwerdeinstanz nicht entschieden werden. Dagegen ist die Nachforschung nach dem Willen des Gesetzgebers und dem sich aus diesem für alle Fälle ergebenden Willen des Erblassers (abstrakte Auslegung) der Nachprüfung des Gerichts der weiteren Beschwerde nicht entzogen. Das Kammergericht weist nun selbst in seinem Beschlusse vom 28. März 1904 (R.J.A. Bd. 4 S. 185 flg.) zutreffend darauf hin, daß das Bürgerliche Gesetzbuch die Übertragung des Testamentsvollstreckeramts an einen Miterben nicht verboten habe, und daß, wenn der Erblasser einen solchen zum Vollstrecker bestellt habe, diesem grundsätzlich alle Befugnisse zustehen, die das Gesetz dem Testamentsvollstrecker überhaupt beilegt. Nach §§ 2203—2205 ist der Testamentsvollstrecker verpflichtet, die letztwilligen Verfügungen des Erblassers zur Ausführung zu bringen, insbesondere die Auseinandersetzung unter Miterben zu bewirken, und berechtigt, über die Nachlaßgegenstände entgeltlich zu verfügen. Diese Rechte hat der Vollstrecker nicht, soweit anzunehmen ist, daß sie ihm nach dem Willen des Erblassers nicht zustehen sollen (§ 2208 Abs. 1 Satz 1 B.G.B.). Die Regel geben die §§ 2203—2205; der § 2208 stellt eine Ausnahme dar, deren Voraussetzung besonders nachzuweisen ist. Etwas Abweichendes ist vom Bürgerlichen Gesetzbuche für den Fall, daß ein Miterbe zum Vollstrecker bestellt ist, nicht bestimmt. Auch in solchem Falle muß ein abweichender Wille des Erblassers erhellen, um die Regel auszuschließen. Das Kammergericht (R.J.A. Bd. 4 S. 186) meint zwar, daß durch die §§ 2203 flg. die sich aus dem Wesen des Testamentsvollstreckerinstituts ergebende Unzulässigkeit der Verfügung zu eigenem Nutzen nicht berührt werde; aber es nimmt doch selbst an, daß der Erblasser den Vollstrecker auch dazu ermächtigen könne. Liegt nun aber nach dem Gesetz, das den abstrakt anzunehmenden Willen des Erblassers regelt, die Auseinandersetzung der Erben und die Verfügung über Nachlaßgegenstände in den Befugnissen jedes Vollstreckers, so müssen, auch wenn ein Miterbe zum Vollstrecker bestellt ist, besondere Umstände vorliegen, aus denen ein abweichender Wille des Erblassers erhellt. Das ist aber nach den Beschlüssen der Vorinstanzen hier nicht der Fall. Darüber, daß die Auflassung innerhalb der Schranken des Gesetzes und des Willens der Erblasserin liegt, sind Bedenken nicht vorgetragen. Wollten die Testamentsvollstrecker ihrer Pflicht, die Auseinandersetzung der Erben zu bewirken, nachkommen, so mußten sie sich den ihnen (bzw. der Frau des einen von ihnen) zukommenden Bruchteil am Nachlaßgrundstück auflassen. Damit nahmen sie sowohl ihr Interesse, als auch das der Miterben und der Vermächtnisnehmerin wahr. Der Fall einer eigentlichen Interessenkollision liegt nicht vor. Liegt ein solcher Fall vor, dann kann der Testamentsvollstrecker nicht verfügen, gleichviel ob er Miterbe ist oder nicht.

Schon diese Gründe führen zur Aufhebung der beiden Vorentscheidungen und dazu, das Grundbuchamt anzuweisen, den Anträgen im Auflassungsprotokolle vom 14. Januar 1905 stattzugeben, falls nicht andere Bedenken entgegenstehen, als die im Beschlusse vom 18. Januar 1905 angegebenen.

Aber auch auf einem anderen Wege gelangt man zu demselben Ergebnisse. Im vorliegenden Falle sind zwei Testamentsvollstrecker bestellt. Das Oberlandesgericht in D. nimmt an, daß die Herbeiführung der Auseinandersetzung durch sie ausgeschlossen sei, wenn einer von ihnen dazu unfähig sei. Diese Ansicht läßt sich mit dem § 2224 B.G.B. nicht vereinigen. Nach diesem führen die mehreren Vollstrecker das Amt gemeinschaftlich; wenn aber einer von ihnen wegfällt, so führen die übrigen das Amt allein. Die gleiche Befugnis, die dem einen Vollstrecker bei gänzlichem Wegfall des anderen zusteht, muß ihm folgerichtig auch da zugesprochen werden, wo es sich um den Abschluß eines Rechtsgeschäfts handelt, an dem der andere in seiner Eigenschaft als Testamentsvollstrecker mitzuwirken durch rechtliche, in seiner Person liegende Gründe dauernd verhindert ist (Entsch. des R.G.'s in Zivils. Bd. 58 S. 299). Nach der Ansicht des Kammergerichts (R.J.A. Bd. 4 S. 187) ist der Testamentsvollstrecker nur insoweit an Verfügungen, die die Ausführung einer Erbauseinandersetzung bezwecken, behindert, als die Verfügungen zu seinen Gunsten wirken würden. Er kann den anderen Erben die ihnen angewiesenen Anteile an Hypotheken oder an Grundstücken wirksam übereignen; nur er selbst darf sich seine Anteile nicht zuweisen. Nimmt man nun selbst mit dem Kammergericht an, daß der Domherr Dr. B. als **Miterbe** sich seinen Anteil am Nachlaßgrundstücke nicht habe auflassen dürfen, und geht man sogar so weit (wie das Grundbuchamt), daß auch der andere Testamentsvollstrecker Pl. nicht befugt gewesen sei, seiner miterbenden Frau ihren Anteil am Nachlaßgrundstücke aufzulassen, so war doch dieser befugt, in seiner Eigenschaft als Testamentsvollstrecker jenem die Auflassung zu erteilen, und nicht weniger jener befugt, der Frau Pl. ihren Anteil am Nachlaßgrundstücke aufzulassen. Beide Testamentsvollstrecker haben den Rechtsanwalt Dr. W. nach dessen vom Grundbuchamte noch nachzuprüfender Erklärung im Auflassungsprotokolle zur Auflassung bevollmächtigt. Ist dies der Fall, dann steht der Annahme nichts entgegen, daß jeder der beiden Testamentsvollstrecker durch den Mund des gemeinsamen Bevollmächtigten die Erklärungen abgegeben hat, bezüglich deren eine rechtliche Behinderung der anderen in Frage steht. Soweit die Testamentsvollstrecker Auflassungserklärungen für die bevormundete Frau B. abgegeben haben, bedarf es nicht der Genehmigung des Vormundschaftsgerichts (**Planck**, Bd. 5 S. 383 oben und S. 396 oben). Nur dann ist eine solche gegenseitige Vertretung der Testamentsvollstrecker unzulässig, wenn der Erblasser abweichende Bestimmungen getroffen hat (§ 2224 Abs. 1 Satz 3). Eine solche Bestimmung liegt an sich nicht darin, daß bei Meinungsverschiedenheit der eine der Testamentsvollstrecker die entscheidende Stimme haben solle; nur dann würde sie als vorliegend angenommen werden können, wenn erhellte, daß der rechtlich behinderte Vollstrecker bei Nichtbehinderung anderer Meinung gewesen sein würde, als der andere Vollstrecker. Anzeichen hierfür hebt das Grundbuchamt nicht hervor; das wäre aber um so mehr geboten gewesen, als die Auflassung offensichtlich dem Willen der Erblasserin entspricht.

Auch die vom Grundbuchamte hinsichtlich der Auflassung an die Vermächtnisnehmerin (Frau v. A.) erhobenen Bedenken erscheinen nicht begründet. Die Testamentsvollstrecker haben den Rechtsanwalt Dr. W. bevollmächtigt, Rechtsgeschäfte im Namen der von ihm Vertretenen mit sich selbst oder als Vertreter von Dritten abzuschließen (§ 181 B.G.B.). Das Grundbuchamt meint, die Testamentsvollstrecker hätten mangels besonderer Ermächtigung im Testamente selbst nicht die Befugnis des sog. Selbstkontrahierens, könnten also auch eine solche Befugnis nicht übertragen. Der § 181 B.G.B., der voraussetzt, daß ein Vertreter mit sich selbst oder mit einem anderen, den er ebenfalls vertritt, ein Rechtsgeschäft vornimmt, findet auf den Testamentsvollstrecker keine Anwendung. Dieser ist, wie im Beschluß des Kammergerichts vom 10. März 1902 (R.J.A. Bd. 3 S. 101) und vom VII. Zivilsenat des Reichsgerichts (Entsch. Bd. 56 S. 330) überzeugend dargelegt ist, nicht Vertreter der Erben, sondern übt seine Befugnisse zu eigenem Rechte aus. Wenn er die Auseinandersetzung der Erben nach den §§ 2204. 2042—2056 B.G.B. bewirkt, schließt er überhaupt kein Rechtsgeschäft mit anderen ab, sondern er vollstreckt den Willen des Erblassers; er übt sein Amt aus und ist dabei an den Willen der Erben nicht gebunden (Planck, Bd. 5 S. 396 Bem. 1 u. 2e). Soll in Ausführung der Auseinandersetzung eine Auflassung vorgenommen werden, so bedarf es freilich der Mitwirkung der Erben; niemand kann ohne seine Zustimmung als Eigentümer eingetragen werden. Aber auch bei der Auflassung handelt der Testamentsvollstrecker nicht als Vertreter, sondern kraft eigenen Rechts, und er verhandelt mit den Erben, kann also auch schon deshalb nicht deren Vertreter sein. Somit fehlt es an den Voraussetzungen des § 181 B.G.B., und daher steht nichts im Wege, daß er einen anderen als Vertreter bestellt mit der Befugnis, in seinem — des Testamentsvollstreckers — Namen mit sich als Bevollmächtigtem der Erben den Auflassungsvertrag zu schließen. Dies scheint das Grundbuchamt auch nicht zu verkennen; aber zu Unrecht verneint es die Befugnis der Testamentsvollstrecker, einem Dritten dieselbe Ermächtigung zur Auflassung an die Vermächtnisnehmerin zu erteilen. Auch hier treffen die eben erörterten Grundsätze zu. Die Vermächtnisnehmerin (Frau v. A.) und ihr Mann haben dem Rechtsanwalt Dr. W. die Ermächtigung zum Selbstkontrahieren erteilt. Soweit der eine Testamentsvollstrecker als Miterbe, der andere als Mann einer Miterbin in Betracht kommt, kann von einem Selbstkontrahieren nicht die Rede sein, da jeder von ihnen dem anderen aufgelassen hat."

---

35. Muß die als Protokollanlage beigefügte Schrift (§ 176 Abs. 2 Fr.G.G.) vorgelesen und genehmigt werden?

V. Zivilsenat. Urt. v. 28. Juni 1905 i. S. B. (Bekl. u. Widerkl.) w. B. (Kl. u. Widerbekl.). Rep. V. 647/04.

I. Landgericht Zwickau.
II. Oberlandesgericht Dresden.

Die Parteien hatten am 7. Juli 1902 einen privatschriftlichen Kaufvertrag über das der Klägerin gehörige Haus in Gl. miteinander abgeschlossen und am 11. Juli ihre Unterschriften notariell beglaubigen lassen. Am 25. Juli erklärten sie dann bei Überreichung dieses Vertrages zu notariellem Protokoll, daß sie sich mit zwei im Protokolle wiedergegebenen Änderungen zum gesamten Inhalt des dem Protokoll als Anlage angefügten und ihnen allenthalben bekannten Kaufvertrages bekennten. Das Protokoll wurde ihnen vorgelesen, von ihnen genehmigt und unterschrieben; eine Vorlesung des Kaufvertrages hat dabei nicht stattgefunden.

Der Beklagte trat vom Vertrage zurück und bezahlte zunächst von dem für solchen Fall im Vertrage auf 2000 ℳ festgesetzten Reugelde 1827,97 ℳ. Auf den Rest von 172,03 ℳ belangt, verweigerte er die Zahlung und verlangte widerklagend Rückzahlung der 1827,97 ℳ, weil der Kaufvertrag nicht vor dem Notar vorgelesen und darum nicht in die in den §§ 176 Abs. 2. 177 Fr.G.G. vorgeschriebene notarielle Form gebracht sei (§ 313 B.G.B.). Die Klägerin hielt solche Vorlesung nicht für nötig. In I. Instanz wurde die Klage abgewiesen, und Klägerin nach dem Antrage der Widerklage verurteilt; in II. Instanz wurde umgekehrt erkannt; das Reichsgericht stellte das Urteil I. Instanz wieder her, aus folgenden

Gründen:

„Die Entscheidung der Sache hängt ausschließlich von der Rechtsfrage ab, ob der von den Parteien bei der notariellen Verhandlung vom 25. Juli 1902 in bezug genommene und dem notariellen Protokoll als Anlage beigefügte privatschriftliche Kaufvertrag vom 7. Juli 1902 mit dem Protokolle vorgelesen werden mußte, um im Sinne des § 313 B.G.B. als notariell beurkundet und demnach als formgültig gelten zu können. Diese Frage ist für Urkunden, welche nach § 176 Abs. 2 Fr.G.G. einen Teil des Protokolls bilden sollen, bereits vom Reichsgericht in bejahendem Sinn entschieden worden.

Vgl. Entsch. in Zivils. Bd. 54 Nr. 55 S. 195 flg.

Das Berufungsgericht erklärt jedoch, daß es sich von der Richtigkeit dieser Entscheidung nicht habe überzeugen könuen, und begründet seine abweichende Ansicht im wesentlichen mit folgenden Ausführungen.

Aus der Entstehungsgeschichte der entscheidenden gesetzlichen Bestimmung im § 176 Abs. 2 Fr.G.G. lasse sich nichts Sicheres entnehmen. Für die Auslegung komme aber wesentlich in Betracht, daß das Wort „Protokoll" in den §§ 175. 176. 177 Fr.G.G nicht immer in demselben Sinne gebraucht werde: im § 175 und im § 176 bedeute es das fertige Protokoll, auch im Abs. 2 des § 176; einen Teil des Protokolls, wie dort fingiert werde, könne die Schrift nur dann bilden, wenn sie zu einem fertigen Protokoll genommen sei. Der § 177 Abs. 1 dagegen, der Vorlesung des Protokolls vorschreibe, rede von dem noch in der Entstehung begriffenen Protokoll; in diesem Augenblick sei aber eine im Protokoll in bezug genommene Anlage noch nicht Teil desselben, brauche also nicht vorgelesen zu werden. Jedenfalls lasse sich nicht mit dem Reichsgericht das Gegenteil aus dem Wortlaut entnehmen; der Wortlaut lasse vielmehr die Frage offen, und da entspreche der natürlichen Auffassung am meisten die Annahme, daß das Gesetz nur die Vorlesung dessen fordere, was die beurkundende Person niedergeschrieben habe, weil die Beteiligten das nicht wissen könnten. Was dagegen in der von ihnen in bezug genommenen Schrift stehe, wüßten sie oder müßten sie wissen; der Notar habe auch gar nicht zu prüfen, ob die Schrift ihren wirklichen Willen enthalte, und sie etwa deshalb vorzulesen. Dazu komme, daß die Vorlesung schon bekannter Erklärungen zwecklos, eine leere Form sei und zu einer unerträglichen Fessel des Geschäftsverkehrs namentlich dann ausarte, wenn es sich um umfangreiche und schwer verständliche Schriftstücke handle; es sei aber nicht anzunehmen, daß das Gesetz etwas Zweckloses und Widersinniges angeordnet habe. Es sei doch in den §§ 2241. 2242 B.G.B. nicht einmal die Vorlesung eines übergebenen Testaments vorgeschrieben worden, obgleich dabei häufig wichtigere Interessen auf dem Spiel ständen, als bei Notariatsakten unter Lebenden.

Diesen Ausführungen gegenüber ist im allgemeinen auf die Begründung des erwähnten reichsgerichtlichen Beschlusses im Bd. 54 der Entsch. zu verweisen und folgendes hinzuzufügen.

Dem Hinweise des Berufungsgerichts auf die verschiedene Bedeutung, in der das Wort „Protokoll" in den §§ 175. 176 und 177 Fr.G.G. gebraucht werde, kann für die Auslegung des Abs. 2

des § 176 keine Bedeutung zugestanden werden. Wenn es auch richtig ist, daß die in der Erklärung der Beteiligten in bezug genommene Schrift dem Protokoll erst als Anlage beigefügt werden kann, wenn das Protokoll fertig ist, so handelt es sich hier doch nicht um den Akt der Beifügung als Protokollanlage, sondern um die Bedeutung der Bestimmung, daß die Schrift dann einen Teil des Protokolls bildet. Diese Bestimmung würde nur eine Fiktion enthalten, wenn die Auslegung des Berufungsgerichts richtig wäre; in Wirklichkeit wäre die Schrift dann nicht Teil, sondern bloß Anlage des Protokolls; das Berufungsgericht faßt denn auch diese Bestimmung nur als Fiktion auf. Es fragt sich aber gerade, ob dies richtig ist, und das muß schon nach dem Wortlaut des Gesetzes verneint werden; denn es heißt dort nicht, daß die so behandelte Schrift als Teil des Protokolls anzusehen sei oder gelte, sondern daß sie einen Teil des Protokolls *bilde*. Einen Teil des Protokolls, das vorgelesen werden muß, kann die angelegte Schrift nur bilden, wenn auch sie (vor der Anlegung) vorgelesen worden ist.

Wenn das Berufungsgericht die Vorlesung der in der Erklärung der Beteiligten in bezug genommenen Schrift auch deswegen für unnötig hält, weil die Beteiligten den Inhalt einer solchen Schrift kennten oder kennen müßten, die Kenntnisnahme des Notars von ihrem Inhalt aber nicht erforderlich sei, so sind auch diese Erwägungen abwegig. Hätte der Gesetzgeber bei Ordnung des gerichtlichen und notariellen Beurkundungswesens, wobei die Erzielung größtmöglicher Zuverlässigkeit im Vordergrunde stand, sich dabei beruhigt, daß für eine in unzuverlässiger Form beurkundete Erklärung die daran mitschuldige Partei zu büßen habe, so würde schon das kaum verständlich sein. Völlig fehl geht aber das Berufungsgericht mit dem Satze, daß der Notar gar nicht die Aufgabe habe, zu prüfen, ob die bei der Erklärung in bezug genommene Schrift dem wirklichen Willen der Partei entspreche. Es mag dahingestellt bleiben, ob dies dann richtig ist, wenn die Beteiligten nichts weiter beurkundet haben wollen, als daß sie erklärt hätten, sie bekennten sich zu dem Inhalt einer übergebenen Schrift; dann würde die übergebene und dem Protokoll beigefügte Schrift auch nicht einen Teil des Protokolls im Sinne des § 176 Abs. 2 bilden. Nicht richtig ist das aber, wenn, wie der Abs. 2 des § 176 voraussetzt, in der Erklärung auf die Schrift Bezug genommen wird, der Inhalt der Schrift also einen Teil der Erklärung bildet, deren Abgabe beurkundet werden soll. Der Notar darf nicht etwas beurkunden, was nicht Gegenstand seiner Wahrnehmung gewesen ist, darum auch nicht, daß eine Erklärung abgegeben worden sei, die er nicht gehört hat. Im vorliegenden Fall handelt es sich nun obendrein um die Beurkundung eines Grundstückskaufs, eines Rechtsgeschäfts also, das erst durch die notarielle Beurkundung zustande kommen sollte und konnte (§ 313 B.G.B.), bei dessen Zustandekommen der Notar mitzuwirken hatte, bei dem er sich daher zu diesem Zweck vergewissern mußte, daß die vor ihm abgegebenen und von ihm zu beurkundenden Erklärungen von den Beteiligten gewollt waren. Daher muß er auch wissen und prüfen, was die statt mündlicher Verlautbarung ihm übergebene Schrift enthält, und dies soll durch die Vorlesung erreicht werden; sonst würde jede Sicherheit dafür fehlen, daß das Rechtsgeschäft, das er durch seine Beurkundung erst zustande bringen soll, wirklich zustande kommt. Es würde andernfalls auch der Zweck gerade des hier in Frage kommenden § 313 B.G.B. große Gefahr laufen, vereitelt zu werden. Wenn es genügte, privatschriftliche Verträge über Grundstücksveräußerungen unvorgelesen auf Grund einer bloßen mündlichen Anerkennungserklärung mit der gerichtlichen oder notariellen Form ausrüsten zu lassen, so wäre der Schutz, den der Gesetzgeber der Unerfahrenheit, Leichtfertigkeit oder Übereilung gewähren wollte, so gut wie verloren.

Der Vergleich mit Testamenten endlich paßt überhaupt nicht. Das Bürgerliche Gesetzbuch hat im § 2238 für das gerichtliche oder notarielle Testament neben der mündlichen Zuprotokollgabe (testamentum apud acta conditum) auch die Übergabe des Testaments (testamentum judici oblatum) beibehalten, bei welch letzterem der Errichtungsakt in der Übergabe der Schrift und in der mündlichen Erklärung, daß dies der letzte Wille sei, besteht. Darum genügt in dem darüber aufzunehmenden Protokoll die Beurkundung dieser beiden Akte (§ 2241 Nr. 3). Die im § 176 Abs. 2 Fr.G.G. erwähnte Schriftübergabe dagegen hat keine besondere formale Bedeutung; sie ersetzt bloß die mündliche Erklärung des Inhalts. Der § 168 Fr.G.G. hält übrigens auch die abweichenden Vorschriften des Bürgerlichen Gesetzbuchs über die Errichtung von Testamenten ausdrücklich aufrecht."

36. Kann der Gläubiger, der eine Forderung seines Schuldners hat pfänden und sich überweisen lassen, nachdem sie einem Dritten abgetreten war, in dem Rechtsstreit auf Zahlung gegen den Drittschuldner der Berufung desselben auf die Abtretung mit Erfolg entgegensetzen, daß die Abtretung zur Benachteiligung der Gläubiger des Schuldners erfolgt sei, bevor über den Anfechtungsanspruch gegen den Zessionar der Forderung rechtskräftig entschieden ist, und die Aussetzung des Verfahrens gegen den Drittschuldner bis zur Entscheidung des Rechtsstreites gegen den Zessionar verlangen?

Anfechtungsgesetz vom 20. Mai 1898 §§ 7. 11.
Z.P.O. § 148.
B.G.B. §§ 406 flg.

I. Zivilsenat. Urt. v. 28. Juni 1905 i. S. Schl. (Kl.) w. E. u. W. (Bekl.). Rep. I. 47/05.

I. Landgericht II Berlin.
II. Kammergericht daselbst.

Der Kläger hatte gegen die v. L.'schen Eheleute aus rechtskräftigen Urteilen Forderungen von mehr als 52000 *M*, und wegen dieser Forderungen im Juli und Oktober 1902 ein Guthaben pfänden und sich überweisen lassen, welches den v. L.'schen Eheleuten aus einem Gesellschaftsverhältnis des v. L. mit den Beklagten zustehen sollte. Das Guthaben war aus einer baren Einlage entstanden, die v. L. durch seine Ehefrau den Beklagten bei Eingehung der Gesellschaft mit diesen im Jahre 1900 geleistet und seiner Ehefrau abgetreten hatte. Diese hatte ihre Forderung im September 1901 an ihre Tochter Ingeborg v. L. abgetreten. Bei der Auseinandersetzung der Gesellschafter wurde durch Vertrag vom 16. Dezember 1901 zwischen den Beklagten und den v. L.'schen Eheleuten das Guthaben auf 85000 *M* festgestellt, und zwischen dem v. L. als gesetzlichem Vertreter der Ingeborg v. L. und den Beklagten zugleich vereinbart, daß die 85000 *M* den Beklagten als Darlehn belassen, mit 4 Prozent verzinst und nach der Großjährigkeit der Ingeborg v. L. zurückgezahlt werden sollten.

Als der Kläger im August 1903 die gepfändete und zur Einziehung überwiesene Forderung gegen die Beklagten einklagte, beriefen sich diese auf die Abtretung an die Ingeborg v. L. und die Umwandlung und Stundung der Forderung, wogegen der Kläger sich darauf berief, daß er inzwischen in einem anderen Prozeß gegen die v. L.'schen Eheleute und die Ingeborg v. L. die Abtretung auf Grund des Gesetzes vom 20. Mai 1898 angefochten habe, und daß die Beklagten gewußt hätten, die Abtretung an die Ingeborg v. L. und der Vertrag über die Umwandlung der Forderung in ein Darlehn und dessen Stundung sei in der Absicht erfolgt, die Gläubiger der v. L.'schen Eheleute zu benachteiligen. Der Kläger verlangte Aussetzung des Verfahrens bis zur Entscheidung über den Anfechtungsanspruch.

In beiden Instanzen wurde der Aussetzungsantrag abgelehnt, und die Klage abgewiesen. Die Revision ist zurückgewiesen worden, aus folgenden

Gründen:

„Der Berufungsrichter weist die Klage in Übereinstimmung mit dem ersten Richter ab, weil zur Zeit der Pfändung und Überweisung die dem Kläger überwiesene Forderung den v. L.'schen Eheleuten gegen die Beklagten nicht mehr zugestanden habe, sondern der Ingeborg v. L., der Kläger durch die Pfändungs- und Überweisungsbeschlüsse deshalb nicht legitimiert sei. Auf das Ergebnis des zwischen dem Kläger und den v. L.'schen Eheleuten und der Ingeborg v. L. schwebenden Anfechtungsprozesses komme nichts an; die Aussetzung des jetzigen Rechtsstreites bis zur Entscheidung jenes Anfechtungsprozesses sei deshalb abzulehnen, weil der Kläger, auch wenn er in dem Anfechtungsprozeß durchdringe, immer einer neuen Pfändung und Überweisung der zedierten Forderung bedürfe.

Letzteres ist rechtsirrig, im Endergebnis dem Berufungsrichter aber doch beizutreten. Mit der Klage macht der Kläger die den v. L.'schen Eheleuten aus dem Auseinandersetzungsvertrage mit den Beklagten vom 16. Dezember 1901 gegen diese zustehende Forderung auf Auszahlung des von dem Ehemann v. L. an seine Ehefrau zedierten Guthabens aus dem Gesellschaftsverhältnis geltend. Die Beklagten berufen sich an sich mit Recht darauf, daß die überwiesene Forderung zur Zeit der Überweisung nicht mehr Forderung der v. L.'schen Eheleute, sondern damals Ingeborg v. L. ihre Gläubigerin gewesen sei, und daß sie mit dieser (durch ihren gesetzlichen Vertreter) vereinbart, das geschuldete Guthaben solle als Darlehn geschuldet und erst nach der Großjährigkeit der Gläubigerin zurückgezahlt werden (§ 607 Abs. 2 B.G.B.). Dringt der Kläger in dem Nebenprozeß gegen die v. L.'schen Eheleute und die Ingeborg v. L. mit seinem Anfechtungsanspruch durch, so hat dies nach § 7 des Gesetzes, betr. die Anfechtung von Rechtshandlungen rc, vom 20. Mai 1898 die Wirkung, daß der Kläger die Zession des Guthabens an die Ingeborg v. L. als nicht geschehen, die Forderung der Eheleute als noch zu ihrem Vermögen gehörig behandeln und die Forderung gegen die Beklagten geltend machen kann, als sei sie nicht zediert. Daß eine neue Pfändung und Überweisung der Forderung der Ingeborg v. L. erfolgen müßte, ist durch nichts gerechtfertigt. Aber dieser Anfechtungsanspruch ist zwar erhoben, aber noch nicht festgestellt, und bevor er festgestellt, ist der Kläger allerdings nicht berechtigt, die ihm zur Einziehung überwiesene Forderung der v. L.'schen Eheleute, die durch einen an sich rechtswirksamen Akt aus ihrem Vermögen ausgeschieden ist, gegen die Beklagten, denen dieser Rechtsakt bekannt gemacht ist, geltend zu machen (§§ 406 flg. B.G.B.). Die Frage, ob die Forderung der v. L.'schen Eheleute durch die Abtretung an die Ingeborg v. L. mit Rechtswirksamkeit gegenüber dem Kläger aus dem Vermögen der Eheleute ausgeschieden ist, kann nur in dem Rechtsstreit gegen die Ingeborg v. L. ausgetragen werden, welche im Besitz der Forderung ist und sie nach § 7 a. a. O. zurückzugewähren hat, wenn die Anfechtung begründet ist, nicht in dem jetzigen Rechtsstreit gegen die Beklagten, welche Schuldner der Forderung, nicht Rechtsnachfolger der v. L.'schen Eheleute oder der Ingeborg v. L. im Sinne des § 11 des Anfechtungsgesetzes sind, gegen welche deshalb der Anfechtungsanspruch auch im Wege der Replik nicht erhoben werden kann. Zwischen dem Kläger und den Beklagten ist nur die Frage auszutragen, ob die Beklagten sich auf die Vereinbarung mit dem gesetzlichen Vertreter der Ingeborg v. L. über die Umwandlung der Forderung in ein Darlehn und die Stundung bis zur Großjährigkeit der Ingeborg v. L. dem Kläger gegenüber berufen können. Auf diese Frage kommt es aber erst an, wenn festgestellt ist, daß der Kläger die Zession an die Ingeborg v. L. sich gegenüber nicht gelten zu lassen braucht. Der Kläger hätte die Anfechtung gegen Ingeborg v. L. vor Erhebung der jetzigen Klage gegen die Beklagten durchführen müssen. Die Aussetzung der Verhandlung in dem Rechtsstreit gegen die Beklagten bis zur rechtskräftigen Entscheidung des Rechtsstreits über den Anfechtungsanspruch gegen die Ingeborg v. L. kann der Kläger auf Grund des § 148 Z.P.O. nicht verlangen. Das würde nur bezwecken dem Kläger die ihm zur Zeit der Erhebung der Klage gegen die Beklagten fehlende Aktivlegitimation zu verschaffen. Dazu ist der § 148 nicht bestimmt. Das Berufungsgericht hat deshalb keinen gegen das Gesetz verstoßenden Gebrauch von dem ihm im § 148 eingeräumten freien Ermessen gemacht, wenn es diese Aussetzung, wie der erste Richter, abgelehnt hat." ...

---

37. Zum Begriff der Wette.

B.G.B. § 762.

I. Zivilsenat. Urt. v. 28. Juni 1905 i. S. F. (Bekl.) w. C. (Kl.). Rep. I. 559/04.

I. Landgericht Hamburg, Kammer für Handelssachen.
II. Oberlandesgericht daselbst.

Die Klageforderung hatte den Rest eines Kaufpreises für Kalbsfelle zum Gegenstande, die der Kläger dem Beklagten geliefert hatte, und war an sich unstreitig. Streitig war nur die Gegenforderung, womit der Beklagte aufrechnen zu wollen erklärt hatte. Mit dieser hatte es folgende Bewandtnis.

Der Kläger hatte im Januar 1903 in Berlin 2000 Stück weißgesalzene frische Berliner Mastfelle feil, auf die der Beklagte, ein Hamburger, als Kaufliebhaber sein Augenmerk gerichtet hatte. Die Parteien hatten sich mittels Fernsprechers hierüber unterhalten. Als der Beklagte am 20. Januar nach Berlin kam, erfuhr er, daß die Partie anderweit verkauft sei. Er machte dem Kläger hierüber Vorwürfe; dieser erwiderte, hieran sei der Beklagte selber schuld, da er ungeachtet seiner schriftlichen Anmeldung nicht schon am 13. Januar nach Berlin gekommen wäre. Der Beklagte bestritt, sich für den

13. angemeldet zu haben. Der Kläger konnte die Postkarte mit der Anmeldung, die er im Sinne hatte, nicht gleich finden und schlug darauf dem Beklagten, der bei seiner Bestreitung verblieb, vor, er wolle ihm 2000 Stück gleicher Felle zum Preise von 50 Pfennig fürs Pfund liefern, wenn er mit seiner Behauptung über die Besuchsanmeldung im Unrechte sei. Der Preis von 50 Pfennig war nach der Marktlage niedrig. Der Beklagte nahm das Anerbieten an. Nachher mußte der Kläger einräumen, sich geirrt zu haben. Der Forderung des Beklagten, den Kaufvertrag zu erfüllen, kam der Kläger Mahnens unerachtet nicht nach. Der Beklagte beanspruchte demnach Schadensersatz wegen Nichterfüllung, den er auf 1700 ℳ berechnete.

Der Kläger bestritt diese Darstellung in mehreren Punkten, machte aber vor allem geltend, daß es sich nach der Darstellung des Beklagten nur um eine klaglose Wette gehandelt haben könne.

Beide Instanzen nahmen an, daß die Gegenforderung nicht bestehe, und verurteilten nach dem Klagantrage. Die Revision des Beklagten wurde zurückgewiesen.

Gründe:

„Die Vorinstanzen haben die Beweise, die beide Parteien über den Inhalt ihrer Unterredung vom 20. Januar angeboten hatten, nicht erhoben, sondern die vom Kläger in mehrfachen Punkten bestrittene Darstellung des Beklagten über diese Unterredung ihrer Entscheidung zugrunde gelegt, sind aber beide der Ansicht, daß danach nicht etwa ein bedingtes Kaufgeschäft, sondern eine Wette zwischen den Parteien zum Abschluß gekommen sei, worauf nach § 762 B.G.B. ein Anspruch nicht gegründet werden könne. Das Berufungsgericht führt näher aus, daß der Kläger jedenfalls keinen anderen Willen gehabt habe, als den, eine Wette abzuschließen, läßt aber dahingestellt, ob der Beklagte vielleicht den Abschluß eines bedingten Kaufes im Sinne gehabt habe. Denn wenn dies etwa der Fall sein sollte, so würde eine Willenseinigung zwischen den Parteien überhaupt nicht zustande gekommen sein.

Der Revision muß zugegeben werden, daß diese Ausführungen nicht frei von Rechtsirrtum sind.

Nach der Darstellung über die Unterredung der Parteien, die der Beklagte gegeben hat, — eine Darstellung, die nach der Prozeßlage der gegenwärtigen Entscheidung zugrunde zu legen ist — kann keinerlei Zweifel darüber aufkommen, daß zwischen den Parteien eine vollständige Willenseinigung zustande gekommen ist. Der Kläger versprach dem Beklagten die Lieferung von 2000 Fellen einer bestimmten Sorte zu dem niedrigen Preise von 50 Pfennig das Pfund für den Fall, daß er mit seiner Behauptung über die Besuchsanmeldung des Beklagten im Irrtume gewesen sein sollte, und der Beklagte nahm dieses Versprechen an. Der Ausdruck „Wette“ wurde nicht gebraucht. Die Frage, unter welchen gesetzlichen Vertragsbegriff dieses Abkommen fällt, ist eine vom Richter zu beantwortende Rechtsfrage. Vorstellungen, die sich die Parteien hierüber gemacht haben, sind nicht maßgebend und können daher, auch wenn sie einen verschiedenen Inhalt gehabt haben sollten, die Tatsache der Willenseinigung und des Vertragsabschlusses nicht aus der Welt schaffen.

Aber auch die Frage, wie der Vertragsinhalt rechtlich zu bestimmen sei, hat sich der Berufungsrichter unter einem unrichtigen rechtlichen Gesichtspunkte vorgelegt. Es kann sich nicht darum handeln, den Abschluß eines bedingten Kaufgeschäftes in Gegensatz zu bringen zum Abschlusse einer Wette, und beides als sich wechselseitig ausschließend vorzustellen, wie das Oberlandesgericht es tut. Einen bedingten Kaufvertrag haben die Parteien zweifellos abgeschlossen: für einen gewissen Fall sollte eine bestimmte Ware zu einem festgesetzten Preise geliefert werden. Die Frage ist nur, ob dieser Kaufvertrag wegen des Inhalts der Bedingung, an die er geknüpft war, als Wette im Sinne des § 762 B.G.B. zu bestimmen ist.

Die Bejahung dieser Frage aber unterliegt trotz der gegenteiligen Ausführungen der Revision keinem Bedenken, so daß das Rechtsmittel nach § 563 Z.P.O. zurückzuweisen war.

Das Bürgerliche Gesetzbuch, das die Wette dem Spiele gleichstellt, unterläßt es, nach dem Vorgange anderer Gesetzgebungen, eine Begriffsbestimmung des Wettvertrages zu geben. Es legt damit an den Tag, daß es im allgemeinen den bisher in der Rechtswissenschaft und Rechtsprechung angenommenen Begriff der Wette festhalten will. Danach ist als Wette ein Vertrag anzusehen, bei dem die Parteien zur Bekräftigung bestimmter widerstreitender Behauptungen sich gegenseitig verpflichten, daß dem, dessen Behauptung sich als richtig erweist, vom anderen eine bestimmte Leistung gemacht werden soll. Wer im Streite Unrecht gehabt, soll durch einen Nachteil bestraft, wer Recht gehabt, durch einen Vorteil belohnt werden. Worin der Nachteil und der ihm entsprechende Vorteil besteht, ist für den Begriff der Wette unerheblich. Er kann auch darin bestehen, daß sich der Verlierende verpflichtet, ein für ihn nachteiliges und für den anderen vorteilhaftes Geschäft einzugehen. Auch liegt es keineswegs im Begriffe des Wettvertrages, daß der Nachteil, den der Verlierende auf sich nimmt, für beide Teile gleich sein müsse. Diese Meinung ist zwar in der Literatur des gemeinen Rechts nicht unvertreten geblieben, verdient aber keine Billigung, zumal nicht auf dem Boden des Bürgerlichen Gesetzbuchs. Nach dem gemeinen Rechte, das die Wette dem Spiele nicht gleichstellte und als klagbar behandelte, ist zwar in höchstrichterlichen Entscheidungen wiederholt solchen Wetten, bei denen nur einer einen Einsatz gemacht, oder bei denen ein großer Einsatz des einen einem ganz geringfügigen Einsatze des anderen gegenüberstand, die Klagbarkeit versagt worden. Es geschah dies aber zumeist mit der Begründung, daß die Ernstlichkeit des Willens zur Eingehung eines klagbaren Vertrages in Zweifel gezogen wurde. Das Bürgerliche Gesetzbuch, das der Wette die Klagbarkeit versagt, bietet zu dieser Untersuchung keinen Anlaß. Auch das ist Wette, wenn nach widerstreitenden Behauptungen der eine Hundert, und der andere Zehn einsetzt. Und auch dadurch wird der Begriff des Wettvertrages nicht ausgeschlossen, daß nur der eine für den Verlustfall einen positiven Nachteil auf sich nimmt, und der andere, wenn er verlieren sollte, nur damit bestraft wird, daß ihm der erhoffte Gewinn entgeht.

Wird hiervon ausgegangen, so kann es keinem Zweifel unterliegen, daß das vom Beklagten behauptete Abkommen als Wette zu erachten ist. Es war veranlaßt durch den voraufgegangenen Streit darüber, ob sich der Beklagte zum 13. Januar beim Kläger zur Besichtigung der Ware angemeldet hatte. Die Parteien betrachteten diese Tatsache als entscheidend dafür, ob sich der Kläger dem Beklagten gegenüber in unfreundlicher und rücksichtsloser Weise benommen hätte, indem er über die Ware, worauf der Beklagte Absichten hatte, ohne diesem Gelegenheit zu einem Gebote zu geben, anderweitig verfügte. Da der Streit nicht sogleich geschlichtet werden konnte, machte der Kläger, um seine Behauptung zu bekräftigen, das Angebot zur Eingehung des ihm nachteiligen Kaufgeschäftes, falls er im Unrechte sein sollte. Durch die Annahme dieses Angebots seitens des Beklagten wurde nach § 762 B.G.B. eine Verbindlichkeit nicht begründet."

---

38. Findet auf ein das Einstehen für einen bestimmten Erfolg enthaltendes Versprechen (Garantieversprechen) die Formvorschrift des § 766 B.G.B. Anwendung?

VI. Zivilsenat. Urt. v. 29. Juni 1905 i. S. B. (Bekl.) w. M. (Kl.). Rep. VI. 531/04.

I. Landgericht I München.
II. Oberlandesgericht daselbst.

Der Kläger erhob auf Grund einer vom Beklagten unterzeichneten Verpflichtungserklärung, worin dieser die Haftung für die pünktliche Einlösung dreier von dem damals minderjährigen F. W. ausgestellten Wechselakzepte, darunter eines über 10000 *M*, übernommen hatte, Klage auf Bezahlung der Wechselsumme, mit dem Antrage auf Verurteilung des Beklagten zur Bezahlung von 10000 *M* nebst Zinsen, mit der Begründung, daß der Beklagte laut der erwähnten Verpflichtungserklärung die Haftung für die Einlösung des Wechsels am Verfalltage übernommen habe, der Wechsel aber am Verfalltage vom Wechselschuldner nicht eingelöst worden sei.

Vom Landgericht wurde der Beklagte klagegemäß verurteilt, und die Berufung des Beklagten vom Oberlandesgericht zurückgewiesen.

Die Revision des Beklagten wurde zurückgewiesen aus folgenden

Gründen:

„Das Gericht erster Instanz erachtet die Bürgschaftsschuld des Beklagten auf Grund der schriftlichen Verpflichtungserklärung, und damit infolge der Nichteinlösung des Wechselakzepts den Klaganspruch für begründet. Auch das Berufungsgericht erachtet in zweiter Linie auf Grund dieser schriftlichen Verpflichtungserklärung, unter näherer Feststellung der Vorgänge der Übernahme der Bürgschaft, die Bürgschaftsschuld für begründet und diesem Klagegrunde gemäß die erhobene Klage für gerechtfertigt. Es hat aber zunächst aus den Vorgängen bei dem Erwerbe des Wechsels und der Übernahme der Bürgschaft eine Ersatzpflicht des Beklagten auf Grund der Bestimmungen der §§ 437, 823 und 252 abgeleitet.

Die Revision macht geltend, die ... Klage sei ausschließlich auf die Behauptung gestützt, daß der Beklagte in der Urkunde die Haftung, also Bürgschaft, dafür übernommen habe, daß der von F. W. in blanco akzeptierte Wechsel am Verfalltage eingelöst werde. Die Entscheidungsgründe I. Instanz bestätigten diese Auffassung des Klagegrundes. Der Berufungsrichter verletze § 308 Z.P.O., wenn er die vom Kläger gar nicht als Klagegrund geltend gemachte Haftung des Beklagten aus § 437 B.G.B. und dessen Schadensersatzpflicht aus § 823 B.G.B. wegen arglistiger Täuschung des Klägers der Verurteilung des Beklagten zugrunde lege. Nach dem Tatbestande des Berufungsurteils habe unstreitig der Beklagte die Urkunden Nr. 3 und 5 dem Sch., also nicht dem Kläger, ausgestellt, und zwar im Austausch gegen die von Sch. ausgestellte Verpflichtungserklärung, die im Anfange des Tatbestandes wiedergegeben sei. Mit dieser unstreitigen Entstehung der Urkunde sei es unvereinbar, wenn der Berufungsrichter sage, durch seine schriftliche und mündliche Erklärung habe sich der Beklagte in rechtswirksamer Weise dem Kläger M. gegenüber verpflichtet, dafür einzustehen, daß das Wechselakzept des F. W. am Verfalltage bezahlt werde. Durch diese einem anderen gegenüber und unter ganz anderen Umständen ausgestellte Urkunde sei im Verhältnis zwischen dem Kläger und dem Beklagten dem Erfordernisse der Schriftform nicht genügt.

Richtig ist, daß die erhobene Klage auf die Bürgschaftsübernahme gegründet wird. Diese Klagebegründung liegt der mündlichen Verhandlung in der I. Instanz zugrunde und ist auch in der Berufungsinstanz ausschließlich aufrecht erhalten worden.

Das Berufungsgericht unterstellt nun einen Gewährschaftsanspruch aus dem Kaufe des Wechsels nach § 437 B.G.B., und einen alternativen Ersatzanspruch wegen des durch betrügliche Täuschung des Klägers diesem zugefügten Schadens. Hinsichtlich der Täuschung stellt das Berufungsgericht fest, daß der Beklagte über die Rechtswirksamkeit des Wechsels den Kläger getäuscht habe. Dieser, übrigens vom Berufungsgericht selbst nicht weiter entwickelte, Schadensersatzanspruch würde nun darauf beruhen, daß der Beklagte den Kläger über die Rechtswirksamkeit der Wechsel getäuscht und durch diese Irrtumserregung zum Ankauf des Wechsels bestimmt und ihn hierdurch an seinem Vermögen beschädigt habe; die im Tatbestande des Berufungsurteils vorgetragene Bemerkung des Klägers, „Sch. und B. (der Beklagte) hätten gemeinschaftlich den M. getäuscht," kann selbstverständlich eine solche Begründung um so weniger ersetzen, als die Darstellung der Ausführungen des Prozeßbevollmächtigten des Klägers im Tatbestande an keiner Stelle entnehmen läßt, daß die ursprüngliche Klagebegründung habe verlassen werden sollen. Steht dem Richter auch die Subsumtion der Tatsachen unter das Gesetz unabhängig von den Ausführungen der Partei frei, so würde die Unterstellung anderer als der wirklich geltend gemachten Ansprüche, also anderer Klagegründe, doch gegen das den Prozeß beherrschende Verhandlungsprinzip verstoßen. Würde der Kläger selbst den Gewährschaftsanspruch aus § 437 B.G.B. und den Schadensersatzanspruch aus § 823 B.G.B. eingeführt haben, so läge zweifellos eine Klagänderung vor, deren Zulässigkeit von der Einwilligung des Gegners bedingt gewesen wäre (§ 527 Z.P.O.).

Hiernach fragt es sich, ob die vom Berufungsgericht vom Gesichtspunkte der Bürgschaft aus festgestellten Tatsachen den Klaganspruch zu begründen vermögen. Das Berufungsgericht stellt in dieser Beziehung fest, der Kläger habe erklärt, daß er das Blankowechselakzept nur erwerbe, wenn ihm der Beklagte für die pünktliche Einlösung hafte. Der Beklagte habe daraufhin auf seine, dem Kläger M. ausgehändigte schriftliche Erklärung hingewiesen, seine Unterschrift anerkannt und beigefügt, er werde dem M. doch gut genug für den Wechsel sein, er stehe dafür ein, daß der Wechsel überhaupt gar nicht zum Vorschein komme, er werde schon vor Verfall eingelöst werden.

Würde lediglich eine Bürgschaft im Sinne der §§ 765. 766 B.G.B. in Frage stehen, so würde in Frage kommen, ob die für eine von einem Minderjährigen eingegangene Verbindlichkeit übernommene Bürgschaft überhaupt als rechtswirksam erachtet werden könnte, und ob dem Erfordernisse der Schriftform der Bürgschaftserklärung durch die Aushändigung einer zwar vom Bürgen unterzeichneten, den Namen des Gläubigers aber nicht enthaltenden schriftlichen Verpflichtungserklärung Genüge getan wäre.

Fassung und Inhalt der schriftlichen Verpflichtungserklärung, „der endesunterzeichnete Realitätenbesitzer St. B. übernehme hiermit die Haftung, daß die von F. W. ausgestellten Wechselakzepte zu 10000 ℳ 2c, fällig am 25. Mai 1903, am Verfalltag pünktlich eingelöst werden," lassen aber im Zusammenhalt mit den Umständen des Erwerbes des Blankoakzeptes und der Übernahme der Haftung erkennen, daß der Beklagte nicht sowohl als Bürge dafür eingestanden ist, daß Fr. W. die von ihm eingegangene Wechselverbindlichkeit erfülle, sondern vielmehr schlechthin nach seiner Erklärung dafür aufkommen sollte und wollte, daß der Wechsel am Verfalltag eingelöst werde, mit anderen Worten, M. die Wechselsumme am Verfalltage erhalte. Das Einstehen für einen bestimmten Erfolg enthält aber eine selbständige Haftungsübernahme, somit einen Garantievertrag, der wegen seiner Selbständigkeit unter die allgemeinen Grundsätze über Verträge fällt und daher der Schriftform nicht unterworfen ist.

Vgl. Planck, Bürgerl. Gesetzbuch § 765 S. 509 III; Goldmann u. Lilienthal, Bürgerl. Gesetzbuch S. 811 Anm. 2, u. a. m.

Die festgestellten Tatsachen begründen den Tatbestand eines solchen rechtswirksamen Übereinkommens; die schriftliche Erklärung ist ausreichend durch die mündliche erläutert." . . .

---

39. Setzt die im § 1571 Abs. 2 Satz 2 B.G.B. vorgeschriebene Aufforderung, entweder die häusliche Gemeinschaft herzustellen, oder die Klage zu erheben, bei dem Auffordernden den ernstlichen Willen, die häusliche Gemeinschaft herzustellen, voraus?

IV. Zivilsenat. Urt. v. 29. Juni 1905 i. S. Bl. Ehefr. (Bekl.) w. Bl. (Kl.). Rep. IV. 95/05.

I. Landgericht Altona.
II. Oberlandesgericht Kiel.

Die Parteien haben am 15. März 1899 in Hamburg die Ehe miteinander geschlossen. Der Kläger war damals 50, die Beklagte 48 Jahre alt. Im September desselben Jahres verließ der Kläger die eheliche Wohnung. Im Oktober desselben Jahres erhob die Ehefrau gegen ihren Ehemann Klage, und zwar in erster Linie auf Trennung von Tisch und Bett, in zweiter Linie auf Wiederherstellung der ehelichen Gemeinschaft durch ihre Aufnahme in eine angemessene Wohnung, ließ jedoch schließlich die erstere Klage fallen. Der Ehemann erhob Widerklage, und zwar focht er die Ehe als ungültig an, indem er behauptete, die Ehefrau habe ihre Jungfräulichkeit vor Eingehung der Ehe durch geschlechtlichen Verkehr mit ihrem früheren Mieter B. verloren, den geschlechtlichen Verkehr wahrscheinlich auch noch nach der Eheschließung fortgesetzt. Das Landgericht in Hamburg verurteilte den Ehemann durch Urteil vom 4. Mai 1900 unter Abweisung seiner Widerklage zur Wiederherstellung der ehelichen Gemeinschaft. Das Urteil ist rechtskräftig geworden, die eheliche Gemeinschaft jedoch nicht wiederhergestellt worden. Darauf erstritt die Ehefrau ein, ebenfalls rechtskräftig gewordenes, Urteil des Oberlandesgerichts in Kiel vom 19. Oktober 1903, durch das der Ehemann verurteilt wurde, ihr an Unterhalt seit dem 24. November 1900 jährlich 1500 ℳ zu zahlen. Im November 1903 forderte der Ehemann die Ehefrau brieflich zur Wiederherstellung der häuslichen Gemeinschaft vergeblich auf.

Am 7. März 1904 reichte der Ehemann die gegenwärtige, auf Verurteilung der Ehefrau zur Wiederherstellung der häuslichen Gemeinschaft gerichtete Klage bei Gericht ein. Im Laufe des Rechtsstreits ließ der Kläger der Beklagten folgendes, von seinem Prozeßbevollmächtigten und ihm selbst unterschriebenes Schreiben zustellen:

„Altona, den 24. Juni 1904.

Namens Ihres Ehemannes, des Eisenbahnassistenten Bl. in Altona, Hamburgerstr. 100, habe ich Sie hierdurch aufzufordern, entweder die häusliche Gemeinschaft mit ihm herzustellen, oder die Ehescheidungsklage zu erheben; wobei ich bemerke, daß Herr Bl. Ihre Berechtigung zur Ehescheidungsklage hiermit durchaus nicht anerkennen will.

Einverstanden
J. J. Bl.

Hochachtungsvoll
W.,
Rechtsanwalt."

Die Zustellung des Schreibens an die Beklagte ist spätestens am 26. Juni 1904 erfolgt. Die häusliche Gemeinschaft ist zwischen den Parteien nicht hergestellt worden, und die Beklagte hat auch nicht Klage auf Ehescheidung erhoben.

Das Landgericht in Altona wies durch Urteil vom 1. November 1904 die Klage ab. Das Oberlandesgericht in Kiel verurteilte auf die Berufung des Klägers durch Urteil vom 30. Januar 1905 die Beklagte, die häusliche Gemeinschaft mit dem Kläger wiederherzustellen. Gegen das Berufungsurteil legte die Beklagte Revision ein.

Aus den Gründen:

„Die Angriffe der Revision gegen die Anwendung des § 1571 Abss. 1 und 2 B.G.B. gehen fehl. Dem Berufungsgericht ist vielmehr darin beizupflichten, daß, wenn die Aufforderung inhaltlich der gesetzlichen Vorschrift entspreche, es nicht noch darauf ankommen könne, ob der Wille des Klägers wirklich auf Wiederherstellung der häuslichen Gemeinschaft gerichtet gewesen sei. Die fragliche Bestimmung im § 1571 Abs. 2 B.G.B. ist erst bei der zweiten Lesung des Entwurfs eingeschaltet worden. Durch die Bestimmung, daß die sechsmonatige Klagefrist nicht laufe, solange die häusliche Gemeinschaft aufgehoben sei, sollte den Ehegatten die Möglichkeit gewährt werden, sich zunächst tatsächlich voneinander zu trennen, ohne daß der unschuldige Teil sein Recht auf Scheidung mit dem Ablaufe der Frist einbüßt. Jeder der beiden Ehegatten sollte es aber auch in der Hand haben, den durch die tatsächliche Trennung geschaffenen Zwischenzustand durch Herbeiführung einer Entscheidung zu beseitigen, wenn ihm dieser Zwischenzustand mit Rücksicht auf den Unterhalt der Familie, die Erziehung der Kinder oder andere Umstände unerträglich erscheint. Eine Entscheidung sollte der schuldige Ehegatte dadurch herbeiführen können, daß er den unschuldigen Ehegatten auffordert, zu ihm zurückzukehren oder die Scheidungsklage zu erheben. Mit dem Empfange der Aufforderung sollte die sechsmonatige Klagefrist wieder in Lauf gesetzt sein. Man bezweckte, auf diese Weise eine vorübergehende Trennung als Mittel zur Vorbereitung der Aussöhnung zuzulassen, ohne den einen Ehegatten in seinen Rechten zugunsten des anderen Ehegatten zu beeinträchtigen (Protokolle der 2. Lesung Bd. 4 S. 430—435).

Hiernach hat es dem Gesetzgeber fern gelegen, die Wirksamkeit der von dem schuldigen Ehegatten an den unschuldigen Ehegatten zu erlassenden Aufforderung an das weitere Erfordernis zu knüpfen, daß der Auffordernde ernstlich gewillt sei, die Gemeinschaft wiederherzustellen. Ein solcher ernster Wille ist erforderlich, wenn die Aufforderung zur Herstellung der ehelichen Gemeinschaft allein in Frage kommt und das Rückkehrverlangen im Klagewege geltend gemacht wird; hier aber hat der Wille des Auffordernden nur dahin zu gehen, den Aufgeforderten zu einer Wahl zwischen Wiederherstellung der ehelichen Gemeinschaft und der Erhebung der Scheidungsklage zu veranlassen. Dem gegenüber kann nicht eingewendet werden, daß in solchen Fällen, in denen der Auffordernde selbst nicht den ernstlichen Willen hat, die eheliche Gemeinschaft herzustellen, dem Aufgeforderten eine Wahl zwischen zwei Möglichkeiten in Wahrheit gar nicht zustehe, vielmehr die Wiederherstellung der ehelichen Gemeinschaft wegen des widerstrebenden Sinnes des Auffordernden außerhalb des für den Aufgeforderten Möglichen liege, sowie daß, wenn es auf den ernstlichen Willen gar nicht ankommen sollte, es viel näher gelegen hätte, vorzuschreiben, daß eine bloße Aufforderung zur Erhebung der Scheidungsklage erforderlich und genügend sei. Diese Einwendungen sind nicht stichhaltig. Sie stehen mit der gesetzgeberischen Absicht im Widerspruche. Weil eine vorübergehende tatsächliche Trennung zur Beruhigung der Gemüter beitragen und zur Versöhnung führen könne, schuf man die Bestimmung, daß während einer solchen Trennung die Frist zur Geltendmachung eines Scheidungsgrundes nicht laufe. Die Hemmung des Laufes der Frist ist aber nur mit der Maßgabe gewollt, daß es dem schuldigen Ehegatten nicht etwa beliebt, die Frist wieder in Lauf zu setzen. Dies soll ihm durch Erlassung jener Aufforderung freistehen, die mithin zunächst die Inlaufsetzung der Frist und im Endziele die Ausschließung der Scheidungsklage bezweckt. Der Aufgeforderte wird durch diese Regelung in keiner Weise beeinträchtigt. Zunächst hat er kein Recht darauf, daß sein Klagerecht auf unbestimmte Zeit verlängert werde; denn die durch den 1. Satz des 2. Absatzes im § 1571 B.G.B. geschaffene Ausnahmebestimmung ist eben nur mit der durch den 2. Satz daselbst bestimmten Einschränkung zu verstehen. Ferner ist der Streit über die Ernstlichkeit des Rückkehrverlangens in dem vom Auffordernden zu erhebenden Rechtsstreite auf Wiederherstellung der ehelichen Gemeinschaft zum Austrage zu bringen. Der Verteidigung des Aufgeforderten in dem Rechtsstreite ist in dieser Hinsicht durch die vorangegangene Aufforderung nicht vorgegriffen worden; nur sein Scheidungsgrund ist verloren gegangen, wenn er zu seiner Geltendmachung die wieder in Lauf gesetzte Frist nicht benutzt hat. Hätte das Gesetz lediglich eine Aufforderung zur Erhebung der Scheidungsklage verlangt, so würde es diejenigen Fälle, in denen der Auffordernde wirklich den ernsten Willen hat, den anderen Teil zur Herstellung der Gemeinschaft zu bewegen, zu einer höchst unbefriedigenden Lösung geführt haben, indem es einen Teil gegen den Willen des anderen Teils zur Scheidungsklage gedrängt hätte. Daß dies nicht in der Absicht des Gesetzgebers gelegen hat, kann nicht zweifelhaft sein. Es kommt schließlich noch in Betracht, daß der ernstliche Wille, die eheliche Gemeinschaft wiederherzustellen, zu einem bestimmten Zeitpunkte fehlen, später aber vorhanden sein kann. Fehlt er zur Zeit der Aufforderung, so kann er doch zur Zeit der Erhebung der Klage des Auffordernden auf Herstellung der Gemeinschaft oder zu einer anderen erheblichen Zeit vorhanden sein und ist dann zu beachten. Fehlt er zur Zeit der Klagerhebung und später, so ist es gleichgültig, wenn er zur Zeit der Aufforderung vorhanden gewesen ist. Mit Recht hat daher das Berufungsgericht die Aufforderung des Klägers vom 24. Juni 1904 für wirksam und das Recht der Beklagten, wegen böslicher Verlassung auf Scheidung zu klagen, infolge Ablaufs der sechsmonatigen Klagefrist für untergegangen erachtet." ...

40. Kann die Berufsgenossenschaft bezüglich der nach § 98 des Gewerbe-Unfallversicherungsgesetzes vom 6. Juli 1884 — § 140 des Gewerbe-Unfallversicherungsgesetzes vom 5. Juli 1900 — auf sie übergegangenen Ersatzansprüche aus § 1 des Haftpflichtgesetzes vom 7. Juni 1871 Klage auf Feststellung für den Fall, daß die Berufsgenossenschaft nachträglich von dem Verletzten aus dem Unfallversicherungsgesetz in Anspruch genommen würde, und mit der Wirkung, daß die Verjährung unterbrochen wird, erheben?

VI. Zivilsenat. Urt. v. 29. Juni 1905 i. S. Tiefbauberufsgenossenschaft zu W. (Kl.) w. preuß. Eisenbahnfiskus (Bekl.). Rep. VI. 532/04.

I. Landgericht Königsberg.
II. Oberlandesgericht daselbst.

Am 16. Oktober 1899 wurde durch Entgleisung eines Arbeiterzuges auf einer damals noch im Bau befindlichen Eisenbahnstrecke eine größere Anzahl bei der klagenden Berufsgenossenschaft versicherter Arbeiter und Arbeiterinnen verletzt, einer getötet. Die Klägerin nahm den verklagten Fiskus aus § 98 des Unfallversicherugsgesetzes vom 6. Juli 1884 und § 1 des Haftpflichtgesetzes auf Ersatz der Aufwendungen, welche sie wegen des Unfalles gemacht habe und noch zu machen haben würde, in Anspruch, und der Beklagte wurde verurteilt, der Klägerin die an neun Verletzte und die Hinterbliebenen des Getöteten von ihr gemachten, bzw. noch zu machenden Aufwendungen zu ersetzen. Dagegen wies das Berufungsgericht die Klägerin mit dem weitergehenden Antrage auf Feststellung der Ersatzpflicht des Beklagten hinsichtlich der Leistungen, welche sie an die übrigen bei dem Unfalle verletzten 21 Personen etwa noch zu machen haben würde, ab. Auf Revision der Klägerin ist das Berufungsurteil aufgehoben, und die Sache an die Instanz zurückverwiesen worden.

Aus den Gründen:

... „Daß von seiten dieser übrigen 21 Personen bisher irgendwelche Entschädigungsansprüche aus dem Unfall erhoben worden seien, hat die Klägerin in der Schlußverhandlung ... nicht geltend zu machen vermocht. Das Berufungsgericht hat deshalb das Verlangen der Klägerin nach dieser Richtung abgewiesen. Es handele sich — so führen die Gründe aus — hierbei nicht um den von seiten des Beklagten unbestritten gebliebenen Betrag des Klaganspruchs; vielmehr komme für diesen Teil des Klagantrags in erster Reihe der Anspruchsgrund, den Beklagter allgemein bestritten habe, in Betracht. Nach dieser Richtung hätte Klägerin darlegen müssen, daß jene 21 Personen bei dem Unfall Verletzungen und infolge derselben einen Vermögensschaden erlitten haben, der eine Ersatzverbindlichkeit der Klägerin zu begründen geeignet sei. So habe die Klägerin ihren fraglichen Teilantrag nicht zu substanziieren vermocht. Dabei gehe aus ihren Anführungen hervor, daß während des weiteren seit dem Unfalle verstrichenen Zeitraumes von fast 5 Jahren keine einzige jener 21 Personen mit Entschädigungsforderungen an die Klägerin herangetreten sei. Hiernach dürfe aber mit Grund vermutet werden, daß der Unfall für jene 21 Personen Aufwendungen, wofür die Klägerin vergütungspflichtig wäre, nicht zur Folge gehabt habe und nicht zur Folge haben werde, bzw. daß, insoweit Verletzungen, die mit Unkosten verknüpft waren, vorgekommen seien, von den Betroffenen auf eine Inanspruchnahme der Klägerin verzichtet sei. Daß noch künftig für irgendeine jener 21 Personen sich nachteilige, bisher nicht bemerkbar gewesene Folgen aus dem Unfall herausstellen werden, wofür Klägerin aufkommen müßte, sei nicht wohl anzunehmen. Sollte der Fall gleichwohl eintreten, so werde auch für die Klägerin die Möglichkeit eines Regresses an den Beklagten offen bleiben. Dagegen könne jener Gesichtspunkt einen gegenwärtigen Feststellungsanspruch, der den Nachweis des Bestandes eines Rechtsverhältnisses erfordere, nicht rechtfertigen.

Die Revision wendet hiergegen ein: der Berufungsrichter übersehe bei seiner Begründung den § 8 des Haftpflichtgesetzes und die §§ 59 und 98 des Unfallversicherungsgesetzes vom 6. Juli 1884, wonach jene Verletzten die Klägerin auch nach Ablauf von zwei Jahren noch in Anspruch nehmen könnten, während der Regreßanspruch der Klägerin gegen den Beklagten verjährt sein würde. Hiernach liege für die Klägerin ein berechtigtes Interesse an alsbaldiger Feststellung der Ersatzpflicht des Beklagten vor. Es sei auch keineswegs so unwahrscheinlich, jedenfalls aber — was hier genüge — wohl möglich, daß nachträglich noch Ansprüche von einigen der 21 weiteren Verletzten an die Berufsgenossenschaft erhoben würden. Die Verletzungen seien zum Teil sehr erhebliche gewesen, und erfahrungsgemäß kämen häufig erst nach einer Reihe von Jahren nachteilige Folgen für Gesundheit und Erwerbsfähigkeit zum Vorschein.

Diesem Revisionsangriff ist die Berechtigung nicht abzusprechen. Zunächst erhebt sich die Frage nach der prozessualen Zulässigkeit der erhobenen Feststellungsklage; sie ist aber zu bejahen. Den Gegenstand der beantragten Feststellung bildet ein Rechtsverhältnis im Sinne des § 256 Z.P.O. Nach der Behauptung der Klägerin sind die im Tatbestand erster Instanz namentlich aufgeführten 21 Personen bei dem Eisenbahnunfalle vom 16. Oktober 1899 am Körper verletzt worden, wie das in den vorgelegten Unfallsanzeigen angegeben ist. Trifft das zu, so ist jenen Personen ein Schadensersatzanspruch gegen den Beklagten nach Maßgabe von § 3 Ziff. 2, jetzt § 3a, des Haftpflichtgesetzes vom 7. Juni 1871 erwachsen, der Anspruch auf Ersatz der Heilungskosten und der den Verletzten durch eine Aufhebung oder Minderung ihrer Erwerbsfähigkeit zugehenden Vermögensnachteile. Und nach § 98 des Gewerbe-Unfallversicherungsgesetzes vom 6. Juli 1884 (§ 140 des Gewerbe-Unfallversicherungsgesetzes vom 5. Juli 1900) und § 49 des Bau-Unfallversicherungsgesetzes vom 11. Juli 1887 (jetzt § 45 Abs. 2) ist die Forderung der Verletzten auf die Genossenschaft insoweit übergegangen, als die Verpflichtung der letzteren zur Entschädigung durch das Unfallversicherungsgesetz begründet ist, also soweit insbesondere durch § 5 (jetzt § 9) des Gewerbe-Unfallversicherungsgesetzes, §§ 6. 7 (jetzt §§ 9. 10) des Bau-Unfallversicherungsgesetzes jene Entschädigungspflicht der Genossenschaft bestimmt und begrenzt wird.

Möglich ist, daß eine Verpflichtung solcher Art für die Klägerin gegenüber diesem oder jenem der fraglichen 21 Verletzten bereits entstanden ist, die Schadensfolgen aus dem Unfall auch bisher objektiv eingetreten, nur zurzeit unbekannt sind. Denkbar ist ferner, daß Unfallsfolgen, wie sie nach dem Unfallversicherungsgesetz zu vergüten wären, sich bis jetzt noch nicht herausgestellt haben — latent geblieben sind —, aber nachgängig sich einstellen, bzw. hervortreten werden. Kann die Klägerin wegen Schäden dieser Art von den Verletzten künftighin noch in Anspruch genommen werden, so besteht für sie insoweit ein Regreßanspruch nach § 98 (140) des Gewerbe-Unfallversicherungsgesetzes, nämlich der auf sie von Gesetzes wegen übergegangene Schadensersatzanspruch aus dem Haftpflichtgesetze. Hat man, wie der erkennende Senat kürzlich für den § 151 des Unfallversicherungsgesetzes für Land- und Forstwirtschaft vom 5. Juli 1900 und § 140 des neuen Gewerbe-Unfallversicherungsgesetzes ausgesprochen hat — Urt. v. 26. Januar 1905 i. S. Z. w. Rhein. landwirtsch. Berufsgenossenschaft, Rep. VI. 99/04[1] —, den Rechtsübergang der zunächst in der Person des Verletzten zur Entstehung gelangten Forderung auf den Zeitpunkt ihrer Entstehung zurückzuverlegen, so wäre in einem Falle der vorliegenden Art ein Ersatzanspruch der Berufsgenossenschaft, wenigstens als ein bedingter, noch von dem

[1] Jetzt abgedruckt in Bd. 60 dieser Sammlung Nr. 49 S. 200. D. R.

Bestande der Entschädigungspflicht nach dem Unfallversicherungsgesetz abhängiger, Anspruch mit dem Eintritte des die Haftpflicht begründenden Ereignisses zur Existenz gelangt. Zum Unterschied von künftig möglicherweise entstehenden Rechtsverhältnissen oder bloßen Rechtsfragen, welche für solche Verhältnisse Bedeutung haben, können Gegenstand der Feststellung nach § 256 Z.P.O. auch nur bedingt oder betagt bestehende Rechtsverhältnisse sein, so die Verpflichtung zum Ersatze eines erst zu erwartenden Schadens.

Vgl. Gaupp-Stein, Z.P.O. § 256 Bem. II, 1, d u. Anm. 31 bis 33; Petersen-Remelé, Z.P.O. § 256 Bem. 11 S. 498; Seuffert, Komm. zur Z.P.O. 9. Aufl. zu § 256 Bem. 2; Entsch. des R.G. in Zivils. Bd. 13 S. 374 flg., Bd. 49 S. 371 flg.

Es fehlt weiterhin auch nicht ein rechtliches Interesse der Klägerin daran, daß die Ersatzpflicht des Beklagten durch richterliche Entscheidung alsbald festgestellt werde. Ein solches Interesse liegt (abgesehen von dem etwaigen wirtschaftlichen Interesse der Klägerin an der — alsbaldigen und einheitlichen — Feststellung) namentlich in der dem fraglichen Anspruch drohenden Verjährung. Der auf die Klägerin übergegangene Anspruch aus dem Reichs-Haftpflichtgesetz verjährt nach § 8 dieses Gesetzes in zwei Jahren vom Tage des Unfalles an. Dieser Anfangspunkt ist absolut bestimmt, also der Beginn der Verjährung unabhängig davon, ob der Verletzte Kenntnis von dem Schaden erlangt hat, und gilt daher auch für solche Nachteile, welche sich erst später herausstellen oder fühlbar machen.

Vgl. Eger, Reichs-Haftpflichtgesetz 5. Aufl. zu § 8 Nr. 107 S. 551 flg., und die dort angef. Entscheidungen; Endemann, Haftpflicht S. 192; v. Weinrich, Die Haftpflicht wegen Körperverletzung 2c 2. Aufl. S. 162.

Die Erwägung des Berufungsgerichtes, daß der Klägerin ein Regreß an den Beklagten immer offen bleiben werde, ist insofern nicht zutreffend.

Auf der anderen Seite ist es rechtlich nicht ausgeschlossen, daß die Klägerin von einem der bei dem Unfall Verletzten noch jetzt aus dem Unfall in Anspruch genommen werden kann. Nach § 59 Abs. 2 des Gewerbe-Unfallversicherungsgesetzes von 1884, § 72 Abs. 2 des Gewerbe-Unfallversicherungsgesetzes von 1900, und § 37 des Bau-Unfallversicherungsgesetzes ist auch nach Ablauf der zweijährigen Ausschlußfrist einer Anmeldung von seiten Entschädigungsberechtigter, für welche die Entschädigung nicht von Amts wegen festgestellt ist, dann noch Folge zu geben, wenn zugleich glaubhaft bescheinigt wird, daß eine einen Entschädigungsanspruch begründende Folge des Unfalles erst später bemerkbar geworden, oder daß der Entschädigungsberechtigte von der Verfolgung seines Anspruches durch außerhalb seines Willens liegende Verhältnisse abgehalten worden ist, und wenn die Anzeige innerhalb dreier Monate, nachdem eine Unfallsfolge bemerkbar geworden, oder das Hindernis für die Anmeldung weggefallen, erfolgt ist.

Vgl. hierzu v. Woedtke-Caspar, Gewerbe-Unfallversicherungsgesetz 5. Aufl. zu § 72 Bem. 1, 2, 7, und wegen Anwendung der neuen Vorschrift auf ältere Unfälle aus der Zeit vor dem 1. Oktober 1900, Amtliche Nachrichten des R.V.A. 1901 Nr. 1833 S. 172 flg.

Diese Gesetzesvorschrift trifft namentlich auf den Fall zu, wo ein Betriebsunfall zwar angemeldet wurde, die Feststellung der Entschädigung aber deshalb unterblieben ist, weil eine mehr als dreizehnwöchige Erwerbsunfähigkeit nicht hat vorausgesehen werden können.

Der Berufsgenossenschaft muß angesichts dieser Rechtslage die rechtliche Möglichkeit gewährt sein, bezüglich des auf sie übergegangenen Haftpflichtanspruches den drohenden Ablauf der Verjährung nach § 8 des Haftpflichtgesetzes abzuwenden. Sie kann die Verjährung nach Maßgabe des § 209 B.G.B., vgl. mit Art. 169 Einf.-Ges. hierzu, also namentlich durch Klagerhebung, unterbrechen, wenn und soweit das dem durch den Unfall Verletzten selbst zustände. Diesem Zwecke dient auch die Feststellungsklage. Daß eine Klage auf präjudizielle Feststellung der Haftpflicht geeignet sei, die kurze Verjährung des Haftpflichtgesetzes zu unterbrechen, ist in früheren Urteilen des Reichsgerichts wiederholt anerkannt worden.

Vgl. Eger, Eisenbahnrechtliche Entscheidungen Bd. 2 S. 80, Bd. 3 S. 133, Bd. 6 S. 329, Bd. 16 S. 335.

Und das gleiche wird von einer Mehrzahl der Schriftsteller angenommen.

Vgl. v. Weinrich, a. a. O. S. 162; Westerkamp, in Endemann's Handb. Bd. 3 S. 705; Genzmer, Reichs-Haftpflichtgesetz S. 143 flg.; Reindl, Reichs-Haftpflichtgesetz zu § 8 Bem. 8

S. 209 flg.; gegen Eger, a. a. O. S. 562 flg. und Endemann, a. a. O. S. 195.

Es könnte nur im Hinblick auf die Fassung des § 209 Abs. 1 B.G.B., wo die Klage auf Feststellung „des Anspruches" der Leistungsklage ausdrücklich gleichgestellt ist, und auf die Voraussetzungen der Rechtshängigkeit des Anspruches (Entsch. des R.G.'s in Zivils. Bd. 57 S. 372 flg.) fraglich werden, welche Bedeutung und Tragweite für die Unterbrechung der Einzelforderungen einer Klage auf Feststellung des zugrunde liegenden abstrakten Schadensersatzrechtes beizumessen seien.

Vgl. Gaupp-Stein, Z.P.O. zu § 256 Bem. IV, 3; Seuffert, Z.P.O. 9. Aufl. zu § 267 Bem. 1a S. 387; v. Staudinger, Komm. zum B.G.B. § 209 Bem. 3 S. 562.

Auf diese Frage braucht indes hier nicht weiter eingegangen zu werden. Es genügt für die Zulässigkeit der erhobenen Feststellungsklage, daß dieser die Rechtswirkung zukommen kann, die Verjährung hinsichtlich der Haftpflichtansprüche, soweit sie auf die Klägerin gesetzlich übergegangen sind, zu unterbrechen.

Eine andere und weitere Frage war allerdings die, ob die Feststellungsklage sich als sachlich gerechtfertigt erweise, ob von der Klägerin das behauptete Rechtsverhältnis als bestehend dargetan sei. Hierzu wird nicht erfordert, wofern es sich um bedingte oder betagte Ansprüche handelt, der Beweis, daß die Bedingung oder der Termin eingetreten ist, wohl aber der Nachweis der tatsächlichen und rechtlichen Grundlagen für die Entstehung des Anspruches. Im gegenwärtigen Fall müßte festgestellt sein, daß — was anscheinend auch jetzt noch nicht unstreitig ist — die betreffenden 21 Personen bei dem Eisenbahnunfall vom 16. Oktober 1899 körperliche Verletzungen erlitten haben, und daß sie gegen diesen Unfall auf Grund des Unfallversicherungsgesetzes bei der klagenden Berufsgenossenschaft versichert sind. Weiter wäre darzulegen, daß den Verletzten ein Vermögensnachteil von der Art, wie er nach dem Unfallversicherungsgesetze von der Klägerin zu vergüten sein würde, entstanden ist oder doch möglicherweise noch entstehen kann. Eine positive Feststellung, welche diese letztere Möglichkeit ausschließen würde, ist in den Gründen des Berufungsurteils nicht zu finden. Das Berufungsgericht erachtet es nur für unwahrscheinlich, daß die Klägerin noch jetzt von einer jener 21 Personen in Anspruch genommen werden könnte, läßt aber doch die gegenteilige Möglichkeit offen. Mag auch die Wahrscheinlichkeit einer nachträglichen Inanspruchnahme der Klägerin, nachdem seit der zu Anfang des Jahres 1901 erfolgten Klagerhebung eine Reihe von Jahren verstrichen ist, sich mehr und mehr verringert haben, so ist die Klägerin gegen die Eventualität, dem einen oder anderen der 21 Verletzten für erwachsene oder künftige Vermögensnachteile aufkommen zu müssen, nicht völlig gesichert, und angesichts der vorliegenden Unfallsanzeigen sowie des sonst im Prozesse erörterten Sachverhalts läßt sich auch nicht sagen, daß die Besorgnis der Klägerin des tatsächlichen Anhalts entbehre. Bei einer Klage wie der vorliegenden kann, wenn sie überhaupt prozeßrechtlich zulässig ist, nicht ein bestimmtes Maß von Wahrscheinlichkeit gefordert werden, sondern es muß auch schon der Nachweis einer nicht eben entfernt liegenden Möglichkeit künftiger Verwirklichung der Schadensersatzpflicht genügen." . . .

41. Ist neben der Wandelungsklage aus § 462 B.G.B. auch die Anfechtung eines Kaufvertrags aus § 119 Abs. 2 B.G.B. zulässig, wenn die Kaufsache mit einem Fehler behaftet ist, für den der Verkäufer nach § 459 B.G.B. haftet, und der dem Käufer beim Abschlusse des Vertrages nicht bekannt war? Macht es dabei einen Unterschied, ob der Käufer den Fehler erst nach Ablauf der im § 477 B.G.B. für die Wandelungsklage festgesetzten Verjährungsfrist entdeckt hat?

V. Zivilsenat. Urt. v. 1. Juli 1905 i. S. Eheleute B. (Bekl.) w. Eheleute U. (Kl.). Rep. V. 16/05.

I. Landgericht Frankfurt a. M.
II. Oberlandesgericht daselbst.

Die Parteien schlossen am 30. September 1899 über ein Haus in Frankfurt a. M., das noch nicht fertig gebaut war, zunächst einen privatschriftlichen Kaufvertrag und sodann, nachdem der Bau beendet war, unter dem 26. März 1900 auch einen notariellen Kaufvertrag. Beide Verträge enthielten im wesentlichen die gleichen Bestimmungen; sie unterschieden sich aber dadurch, daß in den zweiten Vertrag einzelne Bestimmungen des ersten nicht mit aufgenommen waren, und daß sich andererseits im zweiten auch Bestimmungen fanden, die der erste Vertrag nicht enthielt. Daß der frühere Vertrag durch den späteren aufgehoben sein sollte, war nicht ausdrücklich festgesetzt. Nach Abschluß des zweiten Vertrags erfolgte Auflassung und Übergabe der an die Kläger verkauften Liegenschaften an diese; sie leisteten die bedungene Anzahlung von 22500 ℳ an die Beklagten, übernahmen 130000 ℳ an Hypotheken und ließen 60000 ℳ Restkaufgeld für die Beklagten eintragen. Als Tag, an welchem die Kläger den Besitz übernommen haben, wurde der 2. April 1900 festgestellt. Die Kläger fochten nun das Kaufgeschäft mit der Behauptung, daß in dem Hause, wie sie am 9. Oktober 1902 festgestellt hätten, der Hausschwamm gewesen sei, daß die Beklagten dies vor der Übernahme gewußt, es ihnen aber nicht mitgeteilt hätten, wegen arglistiger Täuschung und wegen Irrtums als nichtig an, machten gleichzeitig Wandelung geltend, verlangten eventuell Minderung des Kaufpreises und höchst eventuell Schadensersatz. Die Beklagten bestritten das Vorhandensein des Schwammes, sowie ihre Kenntnis davon und hielten die Klage, soweit sie auf Wandelung und Minderung gerichtet war, für verjährt, im übrigen für unbegründet und die Anfechtung wegen Irrtums für verspätet.

Der erste Richter wies die Klage ab. Ob er das Vorhandensein des Hausschwammes für festgestellt ansah, ließ sich aus seinen Entscheidungsgründen nicht entnehmen; wohl aber ergaben sie, daß er die Behauptung der Kläger, den Beklagten sei bereits beim Abschlusse des notariellen Kaufvertrags vom 26. März 1900, den der erste Richter für den allein maßgebenden hielt, das Vorhandensein des Schwammes bekannt gewesen, für nicht erwiesen erachtete. Auf Grund dieser Feststellung wurde die Klage, soweit sie auf Betrug gestützt war und höchst eventuell Schadensersatz verlangte, verworfen. Die Anfechtung wegen Irrtums hielt der erste Richter zwar für zulässig, aber nur innerhalb der für die Wandelungsklage gesetzten Frist. Da diese nach § 477 B.G.B. bei Grundstücken ein Jahr beträgt und von der Übergabe ab läuft, hielt der erste Richter den Einwand der

Verjährung' für durchgreifend, und zwar sowohl gegenüber der Klage, soweit sie auf Wandelung ging, wie auch soweit sie sich auf Anfechtung wegen Irrtums stützte.

Die Kläger legten Berufung ein. Sie änderten nur die Reihenfolge ihrer Anträge dahin ab, daß sie die Anfechtung wegen Irrtums an die Spitze stellten und erst in zweiter Reihe den Wandelungsanspruch erhoben. Entgegen der von ihnen in erster Instanz vertretenen Auffassung erklärten sie sich jetzt damit einverstanden, daß der Beurteilung des Rechtsstreits der notarielle Vertrag, und nicht der früher geschlossene privatschriftliche Kaufvertrag zugrunde gelegt werde; sie waren aber der Meinung, daß die Anfechtung wegen Irrtums rechtzeitig erfolgt sei, und daß ihr gegenüber der Verjährungseinwand nicht durchgreife. Sie behaupteten übrigens, daß das Haus schon zur Zeit des Abschlusses des ersten Vertrages mit Schwamm behaftet gewesen sei, und daß, wenn dieser Vertrag zugrunde gelegt werde, die Wandelungsklage nicht verjährt sei. Die Beklagten widersprachen dem, wollten aber jetzt — ebenfalls abweichend von ihrer in erster Instanz vertretenen Auffassung — den älteren Vertrag für maßgebend erachtet wissen.

Der Berufungsrichter verurteilte die Beklagten als Gesamtschuldner:

a) an die Kläger 22500 ℳ nebst Zinsen seit der Klagezustellung zu zahlen;
b) die Kläger von der Haftung für die auf der Liegenschaft in Frankfurt a. M. eingetragene erste Hypothek von 130000 ℳ zu befreien;
c) die zugunsten der Beklagten auf der vorbezeichneten Liegenschaft haftende Hypothek von 60000 ℳ löschen zu lassen.

Das Berufungsgericht ging mit dem ersten Richter davon aus, daß der Beurteilung des Rechtsstreits der Vertrag vom 26. März 1900 (der notarielle Kaufvertrag) zugrunde zu legen sei, und es stellte auf Grund der Beweisaufnahme der ersten Instanz fest, daß ein Teil des Holzwerks des Hauses schon am 26. März 1900 mit dem Keime des Hausschwammes behaftet, und daß auch bei alsbaldiger Vornahme entsprechender Ausbesserungen ein Weiterwuchern des Schwammes möglich gewesen sei. Auf Grund dieser Feststellung sah es die Anfechtung wegen des Irrtums für begründet an und führte aus, daß sie zulässig, rechtzeitig erfolgt und nicht verjährt sei.

Auf Revision der Beklagten wurde das Berufungsurteil aufgehoben, und die Sache an das Berufungsgericht zurückverwiesen, aus folgenden

Gründen:

„Das Berufungsurteil beruht rechtlich auf der Annahme, daß wegen eines Fehlers der Kaufsache, für den der Verkäufer nach § 459 B.G.B. dem Käufer haftet, auch die Anfechtung wegen Irrtums nach § 119 Abs. 2 B.G.B. zulässig sei, wofern sich der Fehler zugleich als Mangel einer Eigenschaft darstellt, die im Verkehr als wesentlich angesehen wird. Ob dies richtig ist, darüber besteht gegenwärtig in der Literatur ein lebhaft geführter Meinungsstreit,

vgl. Leonhard, Der allgem. Teil des B.G.B.'s S. 496, und die Abhandlungen in Jhering's Jahrb. Bd. 44 S. 7 flg., Bd. 46 S. 463 flg.; im Archiv für zivilist. Praxis Bd. 97 S. 151 flg.; in Fischer's Abhandl. zum Privatrecht und Zivilprozeß Bd. 9 Heft 3 S. 52 flg.; im „Recht" 1903 S. 276,

zu dem das Reichsgericht bisher noch keine grundsätzliche Stellung genommen hat. Diesen Meinungsstreit in vollem Umfange zu entscheiden, dazu bietet auch der vorliegende Fall keine Veranlassung. In ihm handelt es sich um einen Fehler der Kaufsache — das Vorhandensein von Hausschwamm —, der unbedenklich und, wie in feststehender Rechtsprechung des Reichsgerichts angenommen worden ist, zu denjenigen Fehlern der Kaufsache gehört, für die der Verkäufer nach § 459 B.G.B. dem Käufer haftet. Es genügt daher, nur für diese Fälle die Frage zu entscheiden, ob eine Anfechtung des Kaufvertrags auf Grund des § 119 Abs. 2 B.G.B. auch wegen Irrtums zulässig ist, wofern die Schwammfreiheit zugleich eine Eigenschaft des verkauften Grundstücks ist, die im Verkehr als wesentlich angesehen wird, und der Käufer, der von dem Vorhandensein des Schwammes nichts wußte, sich über diese Eigenschaft der Kaufsache im Irrtume befunden hat. Beide Vorinstanzen haben diese Frage bejaht, der erste Richter allerdings mit der Maßgabe, daß die Klage auf Rückgewähr des aus dem nichtigen Vertrage Geleisteten derselben Verjährungsfrist unterworfen sein müsse, die der § 477 B.G.B. für die Wandelungsklage festsetzt. Es ist jedoch weder diese Maßgabe, noch überhaupt die Annahme richtig, daß in solchen Fällen auch eine Anfechtung des Kaufvertrags wegen Irrtums über eine Eigenschaft stattfinde, sondern die vorangestellte Frage ist zu verneinen.

Ob überhaupt „Schwammfreiheit" oder — um allgemeiner zu sprechen — Freiheit von denjenigen Fehlern, für die der Verkäufer nach § 459 B.G.B. einzustehen hat, und die man bisher im gemeinen Rechte als ädilizische Fehler zu bezeichnen pflegte, eine „Eigenschaft" der Sache im Sinne des § 119 Abs. 2 ist, mag hier unerörtert bleiben. Die Ansichten gehen auch hierüber auseinander. Es bedarf aber hierüber einer Entscheidung nicht, weil, auch wenn man dies mit den Vorinstanzen annehmen wollte, andere Gründe zwingend dafür sprechen, daß das Gesetz wegen eines Irrtums über eine solche Eigenschaft, d. h. wegen eines Fehlers, den der Verkäufer nach § 459 B.G.B. zu vertreten, und den der Käufer beim Abschlusse des Kaufes nicht gekannt hat (§ 460 B.G.B.), nicht neben der Wandelungsklage des § 462 B.G.B. auch noch die Anfechtung des Vertrags wegen Irrtums aus § 119 Abs. 2 B.G.B. hat zulassen wollen und zugelassen hat. Entscheidend hierfür ist, daß sonst in das Gesetz ein unerklärlicher Zwiespalt getragen würde. Denn das Gesetz hat die für die Wandelungsklage gegebenen besonderen Vorschriften so wie geschehen ausgestaltet, um dem Verkehre die notwendige Sicherheit zu geben, und um gerade Kaufgeschäfte, die im rechtsgeschäftlichen Verkehre eine Hauptrolle spielen, einer glatten Abwickelung in verhältnismäßig kurzen Fristen entgegenzuführen. Dies war bekanntlich bereits im gemeinen Rechte der Grund, aus dem sich die besondere Behandlung der an die sog. ädilizischen Fehler sich anknüpfenden Ansprüche erklärte, und er ist auch in der preußischen Gesetzgebung für deren Vorschriften über die Gewährleistung für „natürliche, die Sache selbst betreffende Fehler" (§ 343 A.L.R. I. 5) maßgebend gewesen. Wollte man nun aber wegen der Nichtkenntnis des ädilizischen Fehlers neben der Wandelungsklage auch noch die Anfechtung des Vertrags aus § 119 Abs. 2 wegen Irrtums zulassen, so würden damit alle Bestimmungen illusorisch gemacht, die das Bürgerliche Gesetzbuch mit gutem Bedacht getroffen hat, um die Verkehrssicherheit zu schützen. Es käme weder in Betracht, daß dem Käufer der Fehler nicht infolge eigener grober Fahrlässigkeit unbekannt geblieben sein darf (§ 460 B.G.B.), noch käme in Betracht, ob etwa die Sache nach Maßgabe des § 461 B.G.B. in öffentlicher Versteigerung erstanden worden ist; vor allem aber fällt ins Gewicht, daß das Gesetz die Wandelungsklage einer kurzen Verjährung unterworfen hat (§ 477 B.G.B.), neben der beim Viehhandel noch die Gewährfristen in Betracht kommen, während die Klage auf Rückgabe des Geleisteten aus § 119 Abs. 2 B.G.B., wenn nur die Anfechtung wegen Irrtums unverzüglich erfolgt ist, noch nach 29 Jahren zulässig wäre. Daß ein so unsicherer Zustand, der allenfalls nur durch eine von seiten des Verkäufers anzustellende Feststellungsklage vor dem Ablauf der regelmäßigen Verjährungsfrist (§ 195 B.G.B.) beendet werden könnte, mit den Anforderungen des Verkehrs unvereinbar ist, hat der erste Richter zutreffend erkannt; aber der von ihm gewählte Ausweg, die für die Wandelungsklage im § 477 B.G.B. vorgeschriebene Verjährungsfrist auf die Klage, der die Irrtumsanfechtung zugrunde liegt, zu übertragen, scheitert am Wortlaute des Gesetzes. Darüber kann, wenn man sich den Text des § 477 vor Augen hält, kein Zweifel sein. Der erste Richter hätte eben noch einen Schritt weitergehen und beachten sollen, daß die Vorschriften über die „Gewährleistung wegen Mängel der Sache" (§§ 459 flg. B.G.B.) als besondere Vorschriften für Kaufgeschäfte gegeben sind, und daß sie deshalb den Vorschriften des allgemeinen Teiles, zu denen § 119 Abs. 2 gehört, insoweit vorgehen müssen, als sie etwas von diesen Abweichendes festsetzen, und sich nicht annehmen läßt, daß das Gesetz beide Vorschriften nebeneinander habe wirksam werden lassen wollen. Letzteres nimmt nun zwar der Berufungsrichter an, und er beruft sich hierfür auf die Entstehungsgeschichte des Gesetzes. Aber mit Unrecht. Es ist nicht richtig, daß die Kommission bei der Hinzufügung des in der ursprünglichen Gesetzesvorlage fehlenden Absatzes 2 des § 119 der Meinung gewesen sei, daß damit auch für den Käufer ein zweiter Weg, wie er vom Kaufvertrage loskommen könne, eröffnet werden sollte. Die Kommission hat sich hierüber überhaupt nicht ausgesprochen, und es steht völlig dahin, welcher Ansicht sie in dieser Beziehung gewesen ist. Die Protokolle und das sonst veröffentlichte Gesetzesmaterial ergeben hierüber nichts. Daß aber der erste Entwurf des Bürgerlichen Gesetzbuchs und mit ihm die Motive nicht an das Nebeneinanderbestehen beider Rechtsbehelfe für denselben Zweck gedacht haben, ergibt sich gerade daraus, daß auf die Vorschriften über die Gewährleistung mit dem Bemerken hingewiesen wird, es sei durch sie, soweit ein Bedürfnis, den hinsichtlich der Eigenschaften einer Sache Irrenden zu schützen, vorliegt, genügend vorgesorgt (Motive Bd. 1 S. 199).

Das Vorhandensein des Schwammes — und zwar schon am 26. März 1900 — hat der Berufungsrichter bedenkenfrei festgestellt. Nun haben allerdings die Kläger, wie der Berufungsrichter als erwiesen ansieht, nicht vor dem 9. Oktober 1902 von dem Vorhandensein des Hausschwammes Kenntnis erlangt, und zu dieser Zeit war die Wandelungsklage nach § 477 B.G.B. bereits verjährt, da unstreitig die Auflassung und Übergabe an den Kläger schon im April 1900 stattgefunden hat, und der Anspruch auf Wandelung nach § 477 bei Grundstücken in einem Jahre von der Übergabe an verjährt. Aber dadurch wird an der vom Gesetze gewollten Rechtslage nichts geändert; für Fehler, die unter § 459 B.G.B. fallen, soll eben eine Rückgängigmachung des abgeschlossenen und vollzogenen Kaufgeschäfts nur binnen der vom Gesetze gesetzten kurzen Frist möglich sein, und zwischen heimlichen und offenen Fehlern, oder solchen, die erst nach einer gewissen Zeit zutage treten können, wie dies allerdings beim Hausschwamme, wenn er zur Zeit der Übergabe nur im Keime vorhanden ist, der Fall sein kann, wird dabei nicht unterschieden. Darin kann ein Risiko für den Käufer liegen; aber wenn er es nicht übernehmen will, so muß er sich — worauf § 477 im Schlußsatze des Abs. 1 ausdrücklich hinweist — die Verjährungsfrist im Vertrage verlängern lassen. Keineswegs aber ist es zulässig, etwa in den Fällen, in denen die Wandelungsklage nicht rechtzeitig erhoben werden konnte, weil der Käufer den Fehler erst nach Ablauf der Verjährungsfrist entdeckt hat, nun auf die Anfechtung wegen Irrtums zurückzugreifen. Hierfür fehlt der gesetzliche Anhalt. Ist die Anfechtung eines Kaufvertrags wegen Irrtums über Eigenschaften der Kaufsache, die zugleich einen nach § 459 B.G.B. vom Verkäufer zu vertretenden Fehler darstellen, nicht zulässig, so kann sie nicht dadurch zulässig werden, daß inzwischen für die Wandelungsklage die Verjährungsfrist abgelaufen ist, einerlei, ob hierbei den Käufer eine Versäumnis trifft, oder nicht.

Was endlich die bisherige Rechtsprechung des Reichsgerichts zu der vorstehend behandelten Frage anlangt, so ist eine Entscheidung, die grundsätzlich zu ihr Stellung nähme, nicht bekannt geworden. Das Urteil des II. Zivilsenats vom 25. Oktober 1901 (Entsch. in Zivils. Bd. 49 S. 421) stellt nur klar, welche Klage damals erhoben war, ohne sich darüber, ob sie so, wie sie erhoben worden ist, erhoben werden durfte, zu äußern. Es erklärt sich dies daraus, daß es sich damals nur um die Zuständigkeitsfrage handelte, für die es darauf ankam, den rechtlichen Charakter der erhobenen Klage festzustellen. Auch die gelegentliche Äußerung desselben Senats im Urteile vom 5. Dezember 1902, Rep. II. 269/02 (das Urteil ist zwar in den Entsch. Bd. 53 S. 148 abgedruckt, die hier in Betracht kommende Stelle der Entscheidungsgründe ist aber nicht zum Abdruck gebracht) entscheidet die Frage nicht. Sie steht der hier getroffenen Entscheidung schon deshalb nicht entgegen, weil sich diese auf den dort nicht vorliegenden Fall beschränkt, daß es sich um einen nach § 459 B.G.B. zu vertretenden Fehler handelt, und über diesen Fall nicht hinausgreift. Der erkennende Senat selbst hat die jetzt entschiedene Frage früher zwar berührt, sie aber damals ausdrücklich unentschieden gelassen (Urteil vom 21. Dezember 1904 in Sachen S. wider R. u. Gen., Rep. V. 266/04).

War hiernach die Aufhebung des Berufungsurteils geboten, weil es auf unrichtiger Gesetzesauffassung beruht, so war aber die Sache noch nicht spruchreif." ... (Die hierauf bezügliche Ausführung interessiert nicht.)

---

42. 1. Sind die Muster des Schriftgießers für Matrizen und Typen als für plastische Erzeugnisse, oder als für Flächenerzeugnisse bestimmt anzusehen?
2. Bedeutung der Bestimmung des § 13 des Reichsgesetzes vom 11. Januar 1876 für die Beweislast.

I. Zivilsenat. Urt. v. 18. Juni 1904 i. S. R., W. & Co. (Bekl.) w. Sch. u. G. (Kl.). Rep. I. 130/04.

I. Landgericht Leipzig, Kammer für Handelssachen.
II. Oberlandesgericht Dresden.

Der Klägerin waren laut Eintragung im Musterregister des Amtsgerichts Leipzig unter Nr. 3464 eine halbfette Antiquaschrift, von ihr „halbfett Romanisch" genannt, und unter 3525 zwei Brotschriften, von ihr „Antiqua Nr. 20 und Nr. 22" genannt, auf ihre Anmeldungen vom 24. April und 25. September 1895 geschützt. In demselben Musterregister war für die beklagte Firma seit dem 7. August 1899 eine Schrift unter Nr. 1949 „Moderne Mediäval Antiqua" eingetragen. Klägerin behauptete, daß diese letztere Schrift lediglich eine Nachahmung der ihr geschützten sei. Gegenüber den auf die §§ 5. 7. 14 des Reichsgesetzes, betr. den Schutz von Mustern und Modellen, vom 11. Januar 1876 gestützten Anträgen der Klägerin beantragten die Beklagten Abweisung der Klage, indem sie geltend machten, daß die für die Klägerin eingetragenen Schriften weder neu noch eigentümlich seien, auch die Nachahmung bestritten. In der ersten Instanz wurde die Klage abgewiesen; in der zweiten wurde nach den Anträgen der Klägerin erkannt. Die Revision ist zurückgewiesen worden.

Aus den Gründen:

... „Wenn die Beklagten zunächst geltend machen, daß der Klägerin Flächenmuster geschützt seien, während die Beklagten, welche von Beruf Stempelschneider seien, plastische Erzeugnisse herstellen und deshalb für diese Erzeugnisse die Schutzvorschrift des § 6 Ziff. 2 des Gesetzes gegenüber dem klägerischen Anspruche anrufen könnten, so ist darauf hinzuweisen, daß die Beklagten nach den Feststellungen der Vorinstanzen nicht nur die Stempel zu ihrer Schrift geschnitten, Matrizen dazu hergestellt und Typen gegossen, sondern daß sie auch die Musterdrucke zum Zwecke des Verkaufs der Matrizen hergestellt haben. Es kommt übrigens auf die Herstellung des Druckes durch die Beklagten selbst nach Ansicht des Senats im vorliegenden Falle nicht entscheidend an. Schon durch die Herstellung der Patrizen, Matrizen und Typen, mittels welcher ihre Schrift hergestellt wird, haben die Beklagten die der Klägerin geschützten Muster nachgebildet. Daß die Schrift der Beklagten „Moderne Mediäval Antiqua" lediglich eine Nachbildung der klägerischen Schriften „Antiqua Nr. 20" und „halbfett Romanisch" ist, haben die Beklagten in der Revisionsinstanz nicht mehr bestritten.

Die Frage, ob die Erzeugnisse der Schriftgießerei als plastische

Erzeugnisse (Modelle) den Schutz des Gesetzes vom 11. Januar 1876 genießen, oder ob sie nur als Vorrichtungen für den durch sie herzustellenden Druck in Betracht kommen und daher nur mit dem letzteren als Flächenerzeugnisse den Musterschutz erlangen können, ist schon alsbald nach dem Inkrafttreten des Gesetzes streitig geworden. Während die erstere Ansicht von Dambach,

Journal für Buchdruckerkunst 1879,

verfochten wird, steht die Mehrzahl der Schriftsteller, welche sich mit der Frage beschäftigen, auf dem letzteren Standpunkte.

So Landgraf im Journal für Buchdruckerkunst 1878 Sg. 4—6, Klostermann in Endemann's Handbuch Bd. 2 S. 302, Kohler in Busch's Archiv für Handelsrecht Bd. 48 S. 159, Schanze in der Zeitschr. „Gewerblicher Rechtsschutz und Urheberrecht" 1. Jahrgang S. 285.

Auch die Entscheidung des II. Zivilsenats des Reichsgerichts vom 19. März 1881, Rep. II. 297/80 (vgl. Entsch. Bd. 4 S. 108), steht grundsätzlich auf dem Boden der letzteren Auffassung. Demgegenüber hat der I. Zivilsenat des Reichsgerichts in seinem Urteile vom 8. Juni 1885, Rep. I. 115/85 (vgl. Entsch. Bd. 14 S. 46 flg.) die Meinung vertreten, daß den Erzeugnissen der Schriftgießerei sowohl der Schutz für Flächenmuster, als der Schutz für plastische Erzeugnisse elektiv zukomme, und daß es in der Wahl des Anmelders gelegen sei, welche von beiden Schutzarten er für seine Erzeugnisse erlangen wolle. Diese Entscheidung wird gegenüber Kohler a. a. O. neuerdings verteidigt von Allfeld, Kommentar zu den Reichsgesetzen über das gewerbliche Urheberrecht, (1904) S. 331 flg. Derselbe verkennt zwar nicht, daß das gewerbliche Erzeugnis, dessen Wert im Endresultate durch die neue Schriftform erhöht werden solle, ein Flächenerzeugnis sei; er folgert jedoch aus dem Umstande, daß die zur Herstellung des Endresultates erforderlichen Elemente nicht in einem und demselben Gewerbe hergestellt werden, die Notwendigkeit, den Urheber von Schriftformen nicht auf den Schutz der Fläche zu beschränken. Die bloße Anfertigung von seiten einer Schriftgießerei könne keineswegs immer als Versuch zu einer Nachbildung im Drucke, die von der Schriftgießerei selbst nicht beabsichtigt sei, für welche sie auch noch keinen Liebhaber gefunden habe, angesehen werden.

Der Senat kann bei Prüfung der in Betracht kommenden Gesichtspunkte den in dem Urteile vom 8. Juni 1885 eingenommenen Standpunkt nicht beibehalten. Der Rechtsschutz, welchen das Gesetz vom 11. Januar 1876 gewährt, besteht für neue und eigentümliche, als Ergebnis individueller Schöpferkraft sich darstellende Erzeugnisse, welche den Geschmack, und zwar speziell den durch das Auge vermittelten ästhetischen Formensinn, zu befriedigen oder anzuregen bestimmt und geeignet sind. Bei einer Schrift wird jedoch das ästhetische Gefühl nicht durch die Anschauung der Stempel, Matrizen, Typen befriedigt; die Herstellung der letzteren bezweckt nicht, durch diese selbst einem ästhetischen Empfinden zu genügen. Dieses Ziel kann vielmehr nur durch Verwirklichung des Zwecks, welchem dieselben zu dienen bestimmt sind, durch Herstellung des Druckes erreicht werden. Dabei ist es im Sinne des Gesetzes unerheblich, daß zu der Herstellung des gewerblichen Erzeugnisses ein Zusammenwirken verschiedener, selbständig entwickelter Gewerbe notwendig ist. Eine solche Arbeitsteilung findet sich vielfach auf industriellem Gebiete. Entscheidend ist, ob das bezweckte und erzielte Resultat dem Formensinn durch die Wirkung der Fläche, oder als plastisches Erzeugnis entspricht. Bei der Auffindung einer neuen und eigentümlichen Schriftform kann nur das erstere in Frage kommen. Das ist auch die Auffassung der Beklagten selbst gewesen; denn sie haben ihre „Moderne Mediäval Antiqua" gleichfalls als Muster für Flächenerzeugnisse schützen lassen. Die Berufung der Beklagten auf § 6 Ziff. 2 des Gesetzes vom 11. Januar 1876 geht daher vollkommen fehl. In der Herstellung der Patrizen, Matrizen, Typen liegt schon der Anfang der bildlichen, als Flächenerzeugnis wirkenden Herstellung der Druckschrift und die Verletzung des Schutzrechtes der Klägerin.

Vgl. auch Entsch. des R.G.'s in Straff. Bd. 30 S. 56 flg.

Ebenso unbegründet erscheinen die Angriffe der Revision gegen die Annahme des Berufungsgerichts, daß die Neuheit und Eigentümlichkeit der der Klägerin geschützten Schriften erwiesen sei. Die Erwägungen des Berufungsgerichts bewegen sich hier im wesentlichen auf tatsächlichem Gebiete, indem sie das Ergebnis der Beweisaufnahmen verwerten. Aber auch insoweit rechtliche Gesichtspunkte bei der getroffenen Entscheidung in Betracht zu ziehen waren, lassen die Feststellungen des Berufungsgerichts einen Rechtsirrtum nicht erkennen. Das Oberlandesgericht geht zutreffend davon aus, daß der

Klägerin nach § 13 des Gesetzes die Rechtsvermutung der Urheberschaft bezüglich der von ihr angemeldeten Schriften zusteht. Die Beklagten, welche behaupten, daß die Schriften der Klägerin mit anderen identisch sind, die schon früher bekannt und im Verkehr waren, trifft für diese Behauptung die Beweislast." ...

43. Macht die dem Wechselakzeptanten vor der Protesterhebung bewilligte Stundung den Protest ungültig, und schließt sie somit den Regreß gegen die anderen Wechselschuldner aus?

I. Zivilsenat. Urt. v. 1. Juli 1905 i. S. F. (Kl.) w. Sch. (Bekl.). Rep. I. 55/05.

I. Landgericht I Berlin.
II. Kammergericht daselbst.

Die gegen den Beklagten als Aussteller des von W. B. akzeptierten und M. Z. protestierten Wechsels erhobene Wechselklage wurde auf seine Berufung als in der gewählten Prozeßart unstatthaft abgewiesen. Das Berufungsgericht sah einen Einwand als erheblich an und machte ihn zum Gegenstande des folgenden, dem Kläger auferlegten Eides: „Ich schwöre ꝛc, ich habe vor der Protesterhebung vom 16. Februar 1903 mit dem Akzeptanten W. B. die Prolongation des Klagewechsels nicht vereinbart; auch habe ich vom Akzeptanten W. B. an Stelle des Klagewechsels ein anderes Akzept nicht übergeben erhalten und angenommen. So wahr ꝛc." Der Eid wurde sodann als verweigert angesehen, und die an sich als erheblich erachtete Replik des Klägers, daß W. B. bei Fälligkeit auf keinen Fall gezahlt haben würde, weil er zu dieser Zeit zahlungsunfähig gewesen sei, als mit zulässigen Beweismitteln nicht für genügend erwiesen gehalten. Auf die Revision des Klägers ist unter Aufhebung dieses Urteils nach der Klage erkannt worden, aus folgenden

Gründen:

„Das Reichsgericht erachtet im Gegensatze zum Berufungsgericht denjenigen Einwand des Beklagten, der den Gegenstand des dem Kläger in der Berufungsinstanz auferlegten Eides bildet, für unbegründet. Daher kann es dahingestellt bleiben, ob dieser Eid mit Recht vom Vorderrichter für verweigert erklärt ist.

Allerdings stehen dem Vorderrichter bei seiner Annahme, daß die dem Akzeptanten vor Protest bewilligte Prolongation die Gültigkeit des bei Verfall erhobenen Protestes und damit den Regreß gegen die Vormänner des Wechselinhabers ausschließe, die von ihm angeführten Schriftsteller, nämlich Dernburg (Preußisches Privatrecht Bd. 2 § 260), Staub (Wechselordnung Art. 82 § 31 b) und Bernstein (Wechselordnung Art. 4 III 1 c. d S. 40) zur Seite, wogegen Grünhut (Wechselrecht Bd. 2 § 104 S. 247, Bd. 1 § 17 S. 184) die entgegengesetzte Ansicht vertritt.

Rehbein (Wechselordnung) spricht sich über die Frage nicht ausdrücklich aus; doch führen seine Bemerkungen zu Artt. 77—80 Bem. 3 zu Grünhut's Meinung, da er der Prolongation, als Stundung vor Verfall, nur die Wirkung einer persönlichen Einrede unter den Kontrahenten zuschreibt und ihr jeden Einfluß auf die Notwendigkeit der Protesterhebung abspricht.

Der Grünhut'schen Meinung war beizutreten.

Durch die dem Akzeptanten bewilligte Stundung erklärt der Wechselgläubiger nichts weiter, als daß er ihn vorläufig mit Klage verschonen werde. Insbesondere verzichtet er damit nicht allgemein auf Zahlung zur Verfallzeit. Die zur Wahrung der Regreßrechte gegen die Vormänner vorgeschriebene Protesterhebung, welche die Feststellung bezweckt, daß diese Zahlung nicht erfolgt ist, wird dadurch kein sinnwidriger Akt, daß Zahlung seitens des Akzeptanten wegen der erbetenen und bewilligten Prolongation in der Regel nicht erwartet werden kann, und zwar um so weniger, als derselbe nicht gehindert ist, um die Protesterhebung, die Inanspruchnahme der Regreßpflichtigen und deren Klage gegen ihn selbst zu vermeiden, trotz der ihm persönlich bewilligten Stundung bei Verfall Zahlung zu leisten. Nach Art. 81 W.O. stehen dem Wechselgläubiger alle Wechselschuldner als gleichmäßig Verpflichtete gegenüber; er hat daher freie Hand, was seine Rechte anlangt, einzelnen Schuldnern gegenüber zu verzichten. Nur dann würden ihm die Regreßpflichtigen die Einrede der Arglist entgegensetzen können, wenn er absichtlich, um ihnen Ungelegenheiten zu bereiten, die Zahlung seitens des Akzeptanten hintertrieben hätte. Im allgemeinen trifft aber die gegnerische

Annahme, daß der Wechselgläubiger, der dem Akzeptanten Stundung bewillige, die Nichtzahlung bei Verfall selbst verschulde, schon objektiv nicht zu; denn in der Regel wird weder ein Akzeptant, welcher imstande ist, rechtzeitig zu zahlen, Stundung erbitten, noch ein Wechselgläubiger, der ohne die Stundung auf Zahlung rechnen kann, solche gewähren. In der Bewilligung der Stundung kann somit im allgemeinen auch keine Beschwerung der Regreßpflichtigen, denen erstere selbstverständlich vom Akzeptanten nicht entgegengehalten werden kann, erblickt werden, zumal da für diesen auch bei bewilligter Stundung überwiegende Motive bestehen bleiben, wenn irgend möglich bei Verfall Zahlung zu leisten und die seinen Kredit schädigende Protesterhebung zu verhüten. In manchen Fällen aber kann die Schonung des Akzeptanten gerade im Interesse der Regreßpflichtigen geboten sein, indem bei vorübergehender Zahlungsstockung durch die Prolongation der sofortige Zusammenbruch vermieden wird.

Hiernach können weder unmittelbare Rechtsgründe, noch erhebliche Gründe allgemeiner Erfahrung für die Annahme geltend gemacht werden, daß die dem Akzeptanten vor Protest bewilligte Stundung den Protest ungültig macht und den Regreß gegen die anderen Wechselschuldner ausschließt. Der hierauf gegründete Einwand des Beklagten hätte daher ohne Beweiserhebung verworfen werden sollen." ...

---

44. Legitimation aus einem Wechsel, auf dessen Rückseite sich ein dem Wortlaute nach unverständlicher Vermerk befindet.

I. Zivilsenat. Urt. v. 5. Juli 1905 i. S. S. (Kl.) w. Pl. (Bekl.). Rep. I. 248/05.

I. Landgericht Gnesen.
II. Oberlandesgericht Posen.

Geklagt war aus dem Akzept eines am 1. Januar 1905 fälligen Wechsels, der auf der Rückseite zunächst das Blankoindossament L. J., des Ausstellers des an eigene Order bezogenen Wechsels enthielt, sodann das Blankoindossament M. J., endlich den Vermerk:

„Valuta für uns an die Order von Herrn
M. S. erhalten
Gnesen d. 3./1. 1905
Kasa Ul
e. G. m. b. H.“
(Folgen zwei Unterschriften.)

Die Worte „für uns an die Order“ waren über der Linie geschrieben und durch Klammerstriche in den Kontext zwischen die in einer Folge stehenden Worte „Valuta“ und „von Herrn“ einbezogen.

M. S. war Kläger, der auch den am 4. Januar 1905 aufgenommenen Protest hatte erheben lassen und sich im Besitz von Wechsel und Protest befand.

Beide Vorinstanzen sprachen dem Kläger die wechselmäßige Legitimation ab. Dies wurde vom Reichsgericht mißbilligt, aus folgenden

Gründen:

. . . „In Übereinstimmung mit der ersten Instanz verneint das Berufungsgericht die wechselmäßige Legitimation des Klägers, weil durch das voraufgehende Blankoindossament der Wechsel nicht auf ihn, sondern auf die Kasa Ul übertragen worden sei, und der von dieser auf den Wechsel gesetzte Vermerk nicht mit Sicherheit erkennen lasse, daß eine Indossierung beabsichtigt war. Es vermißt daher den aus der Wechselurkunde zu führenden Nachweis, daß die Kasa Ul den Wechselanspruch auf den Kläger habe übertragen wollen und übertragen habe.

Richtig ist, daß für die Legitimation des Klägers dasjenige entscheiden muß, was auf dem Wechsel geschrieben steht, nicht die aus dem Wechsel nicht erkennbare Geschichte des aufgeschriebenen Vermerks. Im übrigen sind die Ausführungen des Berufungsgerichts weder schlüssig, noch rechtlich begründet. Das Berufungsgericht entnimmt den Worten „Valuta erhalten“ des Vermerks, in Verbindung mit der Tatsache, daß dieser erst nach Fälligkeit des Wechsels geschrieben worden ist, die Auslegung, daß es sich dabei nur um die Einlösung des fälligen Wechsels gehandelt, der Übertragungswille an den Kläger gefehlt, und der Kläger nur als diejenige Person habe bezeichnet werden sollen, die im Auftrage irgendeiner im Wechselzuge befindlichen Person Zahlung geleistet habe. Die Ansicht des Berufungsgerichts scheint also zu sein, daß der Vermerk ein Indossament überhaupt nicht sei, weder ein Blankoindossament noch ein Vollindossament, weder an den Kläger noch an eine andere Person. Unterstellt man diese Auslegung, so würde der Wechsel nur die beiden Blankoindossamente 1. L. J., als des Ausstellers des an eigene Order gezogenen Wechsels, und 2. des M. J. in der angegebenen Reihenfolge tragen. Es wäre alsdann nicht ersichtlich, warum der Kläger, der nach Ausweis des rechtzeitig aufgenommenen Protestes damals im Besitze des Wechsels war, sich zu seiner Legitimation gemäß Art. 36 W.O. nicht auf das vorprotestliche letzte Blankogiro sollte stützen können. Allerdings ergibt der Vermerk, auch wenn er kein Indossament ist, daß der Wechsel vorher in die Hände der Kasa Ul gelangt war, und ihr Erwerb konnte sich nur auf das vorhergehende Blankoindossament stützen. Damit wurde aber die Wirkung dieses Blankoindossaments nicht aufgehoben. Es ist unstreitigen Rechts, daß derjenige, welcher einen Wechsel auf Grund eines Blankoindossaments erworben hat, ihn kraft dieses Blankoindossaments und, ohne daß er selbst einen Girovermerk auf den Wechsel zu setzen braucht, weiter begeben kann. Der Umstand, daß, wie das Berufungsgericht annimmt, sich aus dem Vermerke der Kasa Ul ein Übertragungswille nicht ergibt, würde nicht ausschließen, daß außerhalb des Vermerks und unabhängig davon dieser Wille bestand. Der Senat hat bereits in einem früheren Falle, wo der Wechsel zwischen einem voraufgehenden Blankoindossament und dem nachfolgenden Blankoindossament des klagenden Wechselinhabers den von einem Dritten unterschriebenen Vermerk „Inhalt empfangen“ trug, ausgesprochen, daß, wenn dieser Vermerk nicht selbst als Blankoindossament zu gelten habe, die Legitimation des Klägers durch das vorhergehende Blankoindossament begründet sei (Urteil vom 11. Januar 1904, Rep. I. 453/03). In diesem Falle waren die Worte des Vermerks „Inhalt empfangen“ durchstrichen. Dies war von Bedeutung für die Frage, ob die nach Durchstreichung verbliebene Namensunterschrift als Blankoindossament anzusehen sei, oder nicht. Für die jetzt zu prüfende Frage dagegen würde eine solche Durchstreichung ohne Erheblichkeit sein. Denn wenn der Vermerk der Kasa Ul überhaupt kein Giro ist und deshalb für den Legitimationspunkt weder positive noch negative Wirkung hat, so ist es gleichgültig, ob er auf dem Wechsel steht, oder nicht.

Aber auch dann, wenn man Bedenken trägt, die Legitimation des Klägers aus dem Blankoindossament M. J. anzuerkennen, unterliegt das angefochtene Urteil der Aufhebung, weil entgegen der Auffassung der beiden Vorinstanzen in dem Vermerke der Kasa Ul ein auf den Kläger lautendes Giro gefunden werden muß. Für das Giro wird, wie das Berufungsgericht selbst zutreffend bemerkt, abgesehen von der Schriftlichkeit, keine besondere Form verlangt. Es genügt, wenn sich daraus der Wille des Giranten klar ergibt, den Wechsel zu übertragen und, wenn es sich um ein Vollindossament handelt, ihn auf eine benannte Person zu übertragen. Nun ist es allerdings richtig, daß die Worte des Vermerks: „Valuta für uns an die Order von Herrn M. S. erhalten" in dieser einheitlichen Folge nicht nur undeutlich sind, sondern überhaupt keinen Sinn geben. Aber wenn schon diese vollkommene Sinnlosigkeit dahin deutet, daß eine Unterscheidung vorgenommen werden muß, so werden diese Unterscheidung und die Satzteile, worauf sie sich zu beziehen hat, durch den Umstand außer Zweifel gesetzt, daß die Worte des Vermerks nicht in dieser ununterbrochenen Reihenfolge geschrieben sind, sondern daß die Worte „für uns an die Order" über der Linie stehen und mit Klammerstrichen zwischen die Worte „Valuta" und „von Herrn" einbezogen werden. Die Echtheit dieses Zusatzes steht außer Frage. Dann aber wird man mit Notwendigkeit dahin geführt, in dem Vermerke zwei Bestandteile anzuerkennen, deren einer mit für das Indossament hergebrachten Worten beginnt. Von diesem Standpunkt aus wäre es ein auch für das Wechselrecht übertriebener formaler Rigorismus, wenn man in dem Vermerk einen genügenden Ausdruck für den Willen der Girantin, den Wechsel auf den Kläger zu übertragen, vermissen wollte. Freilich macht das Berufungsgericht noch ein besonderes Bedenken geltend, das die Richtung des Übertragungswillens auf den Kläger betrifft. Es meint, daß nach der Entstehung des Vermerks, wie sie der Kläger selbst angebe, die Worte „von Herrn M. S." ursprünglich nur die Person, die die Einlösung bewirkte, bezeichnet hätten. Allein wenn man den Vermerk so nimmt, wie er jetzt auf dem Wechsel steht, so fehlt jeder Grund, diese Worte von den vorangehenden, nach Stellung und Sinn dazu gehörigen Worten

„an die Order“ zu trennen. Die Darstellung des Klägers steht aber auch im übrigen der Annahme eines gültigen Indossaments nicht entgegen. Denn wenn hiernach auch die Kasa Ul zunächst die Quittung auf den Wechsel gesetzt und erst dann auf Verlangen des Klägers die Änderung vorgenommen haben soll, so handelt es sich dabei doch immer nur um einen einheitlichen Vorgang, nicht um die nachträgliche Ausstellung des Indossaments zu einer Zeit, wo die Kasa Ul nach Aufgabe ihrer Rechte aus dem Wechsel zur Girierung nicht mehr befugt gewesen wäre.

Bei diesem Ergebnisse kann es dahingestellt bleiben, ob die Legitimation des Klägers nicht auch noch auf einem dritten Wege zu begründen wäre. Auch bei der Auslegung der Vorinstanzen würde immer übrig bleiben, daß die Kasa Ul ihre Firma auf die Rückseite des Wechsels geschrieben hat, während der Inhalt des Vermerks zwar den Übertragungswillen nicht mit Sicherheit erkennen ließe, ihn aber doch auch nicht mit Sicherheit ausschließe. Dann würde sich fragen, ob nicht die Unterschrift der Kasa Ul nach Art. 12 W.O. selbst als Blankoindossament zu gelten hätte.

Vgl. Entsch. des R.G.'s in Zivils. Bd. 46 S. 46.“ . . .

45. 1. Können Bestandteil einer Kohlenabbaugerechtigkeit auch solche bergbauliche Anlagen sein, die sich auf einem fremden Grundstücke befinden und dort mit dem Grund und Boden fest verbunden sind?

2. Ist der Zweck des Bergbaubetriebs ein vorübergehender Zweck im Sinne des § 95 Abs. 1 B.G.B.?

3. Hängt die Wirksamkeit der Tatsache, daß eine mit einem Grundstücke fest verbundene Sache nicht Bestandteil dieses Grundstücks ist, dritten Personen gegenüber, die ein Recht an dem Grundstück erworben haben, davon ab, daß die Tatsache im Grundbuche vermerkt, oder dem Dritten beim Erwerbe des Rechts bekannt gewesen ist?

Preuß. Ausf.-Ges. zum B.G.B. Art. 38.
B.G.B. §§ 90. 94. 95. 892.

V. Zivilsenat. Urt. v. 5. Juli 1905 i. S. H. (Bekl.) w. Maschinenfabrik Buckau (Kl.). Rep. V. 12/05.

I. Landgericht Kottbus.
II. Kammergericht Berlin.

Der frühere Bergwerksbesitzer R. hatte im Jahre 1898 in der Niederlausitz vier dem Betriebe eines Bergwerks und einer Brikettfabrik gewidmete selbständige Kohlenabbaugerechtigkeiten nebst zwei Grundstücken erworben und zum Zwecke dieses Betriebes eine Wasserhaltungsanlage (Maschinenhaus, Förderturm und Förderschacht, Schmiede, Wasserhaltungsschacht nebst den erforderlichen Maschinen, Pumpen und sonstigem Zubehör) auf einem anfänglich von ihm gepachteten, später in sein Eigentum übergegangenen Grundstücke G. Bd. 1 Bl. 9 errichtet. Ein Vermerk in das Grundbuch dieses Grundstücks über die Zweckbestimmung der Anlage wurde nicht eingetragen. Demnächst belastete R. die Kohlenabbaugerechtigkeiten mit einer für die Klägerin eingetragenen Hypothek von 900000 ℳ und einige Zeit später das Grundstück G. Bd. 1 Bl. 9 mit einer für den Beklagten eingetragenen Hypothek von 100000 ℳ. Aus Anlaß der Zwangsversteigerung der Kohlenabbaugerechtigkeiten verlangte die Klägerin im Wege der Feststellungsklage von dem Beklagten die Anerkennung, daß die erwähnte Wasserhaltungsanlage Bestandteil der Kohlenabbaugerechtigkeiten sei und dem Hypothekenrechte des Beklagten nicht unterliege. Dieser schützte eventuell Gutgläubigkeit beim Erwerbe seiner Hypothek vor. Beide Vorinstanzen erkannten zugunsten der Klägerin. Auch die vom Beklagten eingelegte Revision wurde zurückgewiesen, aus folgenden

Gründen:

„Das Berufungsgericht geht davon aus, daß die selbständigen Kohlenabbaugerechtigkeiten in den ehemals sächsischen Landesteilen, sowohl nach altem, wie nach neuem Rechte in allen Beziehungen den Grundstücken gleichgestellt sind, (§§ 3. 4 des Gesetzes, betr. die Rechtsverhältnisse des Stein- und Braunkohlen-Bergbaues in denjenigen Landesteilen, in welchen das Kurfürstlich Sächsische Mandat vom 19. August 1743 Gesetzeskraft hat, vom 22. Februar 1869, Ges. Samml. S. 401; Art. 38 des preuß. Ausf.-Ges. zum B.G.B.) und daher trotz ihrer Unkörperlichkeit und trotz der in § 90 B.G.B ausgesprochenen Beschränkung des Sachbegriffs auf körperliche Gegenstände den Vorschriften des bürgerlichen Rechts über Bestandteils- und Zubehöreigenschaft unterliegen müssen. Dies habe auch im Gesetze selbst insofern Ausdruck gefunden, als § 8 des Gesetzes vom

22. Februar 1869 in der ihm durch Art. 38 des preuß. Ausf.-Ges. zum B.G.B. gegebenen neuen Fassung bei Erwähnung der Gebäude des Kohlenfeldes zugleich von „sonstigen zur Grube gehörenden unbeweglichen Bestandteilen" rede. Die Voraussetzungen, von denen die §§ 94. 95 B.G.B. positiv und negativ die Bestandteileigenschaft abhängig machten, seien im vorliegenden Falle, soweit das Verhältnis der auf dem Grundstücke G. Bd. 1 Bl. 9 befindlichen Wasserhaltungsanlage zu den R.'schen Kohlenabbaugerechtigkeiten in Betracht komme, durchweg erfüllt. Denn die erwähnte Anlage sei mit dem körperlichen Substrat der Abbaugerechtigkeit, dem unter der Erdoberfläche liegenden Kohlenfelde, in feste mechanische Verbindung gebracht, und zwar nicht bloß zu einem dauernden Zwecke (dem des Bergbaubetriebes), sondern auch mit der Wirkung, daß dadurch zwischen der Anlage und der Abbaugerechtigkeit eine wirtschaftliche Einheit hergestellt sei; bei Wegnahme der einzelnen Gegenstände, aus denen sich die Wasserhaltungsanlage zusammensetze, würde die Abbaugerechtigkeit eine nach den Anschauungen des Verkehrs wesentliche Veränderung ihrer wirtschaftlichen Bedeutung, insbesondere eine erhebliche Entwertung erleiden. Daß zugleich eine feste Verbindung der Wasserhaltungsanlage mit dem Grundstücke G. Bd. 1 Bl. 9 bestehe, mache die Anlage noch nicht zu dessen Bestandteile. Einmal sei die Anlage nicht für dieses, als Teil des Ritterguts G. im landwirtschaftlichen Betriebe befindliche Grundstück, sondern für die Kohlenabbaugerechtigkeit bestimmt gewesen; und sodann stelle sich die Abtrennung dieser Gerechtigkeit vom Rittergut als eine Belastung des letzteren dar; es greife also der Gesichtspunkt des § 95 Abs. 1 B.G.B. durch, daß die Anlage in Ausübung eines dinglichen Rechts an dem fremden Grundstück errichtet worden sei. Der so geschaffene Zustand habe auch dadurch, daß R. nachträglich das Eigentum an der Grundfläche der Anlage erwarb, keine Veränderung erlitten, da die Anlage, nachdem sie bei ihrer Entstehung Bestandteil der Abbaugerechtigkeit geworden, fortan deren Rechtsschicksale geteilt habe und durch Rechtsänderungen, die das Grundstück G. Bd. 1 Bl. 9 betrafen, in ihrer rechtlichen Natur nicht mehr habe beeinflußt werden können.

Die Revision bekämpft diese Ausführungen als rechtsirrig. Sie meint, es komme darauf, für welches Grundstück die Wasserhaltungsanlage bestimmt gewesen sei, nicht an; nach § 94 B.G.B. sei einzig und allein die Tatsache der festen Verbindung maßgebend, und danach die Anlage als Bestandteil des Grundstücks G. Bd. 1 Bl. 9, mit dem sie in diese feste Verbindung gebracht worden, anzusehen. Ebensowenig liege einer der Ausnahmefälle des § 95 B.G.B. vor. Die erste Ausnahme — Errichtung der Anlage in Ausübung eines Rechts an dem fremden Grundstücke — treffe deshalb nicht zu, weil das dingliche Recht des R. sich im Inhalte der für ihn begründeten Kohlenabbaugerechtigkeiten, also in dem Rechte auf Gewinnung von Kohlen und anderen Fossilien, erschöpft habe. Die ihm außerdem noch gestattete Herstellung der zu dieser Ausbeute erforderlichen Anlagen sei nicht mehr die Ausübung eines dinglichen Rechts gewesen, sondern habe auf dem Pachtverhältnisse, einem rein obligatorischen Verhältnisse zum Eigentümer des Grundstücks, beruht. Ebensowenig sei der zweite Ausnahmefall — Verbindung zu einem bloß vorübergehenden Zwecke — gegeben. Denn die Anlage habe den Bergbau dauernd ermöglichen und fördern sollen; sie sei ja auch noch jetzt im Betriebe.

Zuzugeben ist der Revision, daß die Auffassung des Berufungsrichters, die Wasserhaltungsanlage auf G. Bd. 1 Bl. 9 sei in Ausübung eines dinglichen Rechts an fremder Sache errichtet, unhaltbar ist. Die Errichtung lag, wie die Revision zutreffend bemerkt, außerhalb des Bereiches dieses Rechts, soweit es dem R. kraft der Begründung der Kohlenabbaugerechtigkeiten zustand, und war lediglich ein Ausfluß des neben der Schaffung dieser Gerechtigkeiten selbständig begründeten Pachtverhältnisses; nach der Feststellung des Berufungsrichters hatte R. das Grundstück G. Bd. 1 Bl. 9 gerade zu dem Zwecke, die Anlage darauf zu errichten, gepachtet. Der erwähnte Rechtsirrtum ist jedoch nicht von der Tragweite, daß er zur Aufhebung des Urteils führen muß. Zunächst geht die Revision mit ihren weiteren Angriffen darin fehl, daß sie dem Zwecke, dem die in Rede stehende Anlage zu dienen bestimmt ist, den Charakter der Dauer beilegt und aus diesem Grunde die Anwendung des § 95 Abs. 1 B.G.B. auf den vorliegenden Fall ausgeschlossen wissen will. Vorübergehend im Sinne dieser Gesetzesvorschrift ist ein Zweck nicht bloß dann, wenn er sich in kurzer Zeit erreichen läßt, sondern in allen Fällen, in denen ihm nach seiner Natur eine zeitliche Begrenzung innewohnt, mag auch das Ende erst nach Jahren oder Jahrzehnten eintreten. Im Gegensatze dazu gilt als dauernd derjenige Zweck, für dessen Fortwirken, wenn nicht durch das Dazwischentreten unberechenbarer zufälliger Ereignisse Änderungen herbeigeführt werden, ein Endpunkt begrifflich nicht besteht. Daß der Zweck des Bergbaubetriebes, an dieser Begriffsbestimmung gemessen, nicht in diese, sondern in jene Kategorie fällt, kann nach der Natur des Bergbaues, der aufhört, sobald die Ausbeute der zu gewinnenden Mineralien erschöpft ist, einem Bedenken nicht unterliegen und ist vom erkennenden Senate bereits in einer mit der vorliegenden Sache völlig gleichartigen Sache, Wernigeroder Kommanditgesellschaft auf Aktien wider Maschinenfabrik Buckau, Rep. V. 608/04 (Urteil vom 27. Mai 1905), unter Billigung des damals die gleiche Auffassung vertretenden Standpunktes des Berufungsrichters, angenommen worden. Hiervon abgesehen, wird das Berufungsurteil aber auch durch den von ihm selbst an erster Stelle gegebenen, auf § 94 Abs. 1 B.G.B. gestützten Entscheidungsgrund getragen. Der Meinung der Revision, daß es bei Beurteilung der Bestandteilseigenschaft auf den Willen desjenigen, der die feste Verbindung der Sache mit dem Grund und Boden vorgenommen hat, nicht ankomme, kann nicht beigetreten werden. Wie nach § 97 Abs. 1 B.G.B. beim Zubehör das äußerlich hergestellte räumliche Verhältnis zwischen Zubehörsache und Hauptsache zugleich als solches gewollt sein muß, wenn dadurch die erstere Sache den Charakter des Zubehörs erhalten soll, so wird auch im Falle des § 94 B.G.B. die danach an sich mit dem Einfügen der Sache in das Grundstück verbundene Rechtswirkung dadurch ausgeschlossen, daß nach der der Sache bei ihrer Einfügung gegebenen Bestimmung sie nicht den Zwecken des Grundstücks, auf dem sie mechanisch befestigt ist, dienen, sondern zum Bestandteil einer anderen unbeweglichen Sache, zu der sie ebenfalls im Verhältnis einer festen mechanischen Verbindung steht, gemacht werden soll. Diese Auffassung liegt bereits früheren Entscheidungen des Reichsgerichts zugrunde, durch die einer Gasröhrenleitung und dem Leitungsnetz eines Elektrizitätswerkes die Bestandteilseigenschaft gegenüber der Gasanstalt und dem Elektrizitätswerk auch insoweit zuerkannt ist, als die Leitungen über fremde Grundstücke gelegt sind.

Vgl. die Urteile vom 21. Dezember 1896 und vom 7. November

1900, Entsch. des R.G.'s in Zivils. Bd. 39 S. 205, Bd. 48 S. 267.

Das gleiche für eine auf fremdem Grund und Boden errichtete und mit einem unterirdischen Bergwerke zum Zwecke des Betriebes des letzteren in feste Verbindung gebrachte bergbauliche Anlage in ihrem Verhältnisse zum Bergwerk anzunehmen, erscheint um so unbedenklicher, als die Anerkennung der Bestandteilseigenschaft in solchem Falle, wie der oben erwähnte § 8 des Kohlenbergbaugesetzes vom 22. Februar 1869 ergibt, zweifellos vom Gesetzgeber gewollt ist, eine solche Rechtsnorm aber selbst dann, wenn sie mit § 94 B.G.B. im Widerspruche stände, gemäß Art. 67 des Einf.-Ges. zum B.G.B. dem Reichsrechte vorgehen würde.

Die Frage, ob der Beklagte, weil die Zugehörigkeit der in Rede stehenden Wasserhaltungsanlage zu den R.'schen Kohlenabbaugerechtigkeiten nicht im Grundbuche von S. Bd. 1 Bl. 9 vermerkt sei, nach § 892 B.G.B. sich auf seinen guten Glauben berufen dürfe, verneint der Berufungsrichter unter Bezugnahme darauf, daß nach dem Bürgerlichen Gesetzbuch das Grundbuch dem Erwerber von Rechten an einem Grundstücke wohl für die Richtigkeit und Vollständigkeit seiner Angaben über die Rechtsverhältnisse am Grundstücke, nicht aber für eine bestimmte tatsächliche Beschaffenheit oder für einen bestimmten Bestand des Grundstücks Gewähr leiste. Deshalb müsse der Erwerber den Mangel der Bestandteilseigenschaft bei einer mit dem Grundstücke fest verbundenen Sache selbst dann gegen sich gelten lassen, wenn etwa die Sache (unrichtigerweise) im Grundbuch als Bestandteil des Grundstücks ausdrücklich bezeichnet sein sollte. Auch dies hält die Revision für irrig. Sie ist der Ansicht, daß es sich bei den in Betracht kommenden Verhältnissen nicht um tatsächliche, sondern um rechtliche Verhältnisse handele, da die Frage, ob die streitige Anlage Bestandteil des Grundstücks S. Bd. 1 Bl. 9, oder der R.'schen Kohlenabbaugerechtigkeiten sei, im Hinblick auf die §§ 94. 95 B.G.B. wesentlich rechtlicher Natur sei. Der Angriff ist nicht begründet. Die Frage, welche Rechte an einem bestimmten Objekte bestehen, ist nicht identisch mit der anderen Frage, wie weit für ein bestimmtes bestehendes Recht das Haftungsobjekt reicht; und die begriffliche Verschiedenheit beider Fälle wird auch nicht dadurch verwischt, daß die Entscheidung der zweiten Frage, ebenso wie die der ersten, nach rechtlichen Gesichtspunkten getroffen werden muß. Mit Recht nimmt daher der Berufungsrichter an, daß der Einwirkung des Grundbuchglaubens nicht bloß die aus dem Kataster- oder Lagerbuch oder aus sonstigen amtlichen Verzeichnissen in das Grundbuch übertragenen Angaben über Größe und Lage des Grundstücks, sondern auch alle Feststellungen über Bestandteils- oder Nichtbestandteilseigenschaft einer Sache, mögen sie im Grundbuch vermerkt sein, oder nicht, entzogen sind.

Vgl. über die Frage Turnau-Förster, Liegenschaftsrecht 2. Aufl. 1902 Bd. 1 S. 207–209, und die dortigen Literaturzitate." ...

46. Ist im Falle des § 99 Abs. 2 Z.P.O. für die Zulässigkeit der Revision der Wert der Hauptsache oder der Betrag der Kosten maßgebend?

Z.P.O. § 546.

V. Zivilsenat. Urt. v. 5. Juli 1905 i. S. K. (Bekl.) w. C. A. (Kl.). Rep. V. 13/05.

I. Landgericht I Berlin.
II. Kammergericht daselbst.

Die Hauptsache, mit einem Streitwerte von 4000 M, ist durch eine auf Grund Anerkenntnisses ausgesprochene Verurteilung des Beklagten in der Berufungsinstanz erledigt. Die Kosten des Rechtsstreits sind mit Ausnahme eines von der Klägerin zu den Gerichtskosten zu leistenden Beitrags von 20 M dem Beklagten auferlegt. Die Revision des Beklagten, mit der beantragt war, das Berufungsurteil insoweit aufzuheben, als er dadurch zur Tragung von Kosten verurteilt ist, wurde als unzulässig verworfen, aus folgenden

Gründen:

... „Wenn auch der Kostenpunkt in einer durch Anerkenntnisurteil erledigten Hauptsache nach § 99 Abs. 2 Z.P.O. mit der Revision selbständig angefochten werden kann, so ist doch die Zulässigkeit der Revision in der Regel durch die allgemeine Voraussetzung bedingt, daß ein 1500 M übersteigender Wert des Beschwerdegegenstandes vorliegt (§§ 546. 547 Z.P.O.). Da die Revision in den Fällen des § 99 Abs. 2 ausschließlich den Kostenpunkt betrifft, so ist dieser Wert nicht nach dem Werte der Hauptsache, sondern nach dem Betrage der Kosten des Rechtsstreits zu bemessen (vgl. Kommentar von Petersen-Remelé-Anger Bd. 1 S. 257 Bem. 7a). Wenn zur Unterstützung der Gegenmeinung (vgl. Kommentar von Gaupp-Stein Bd. 1 S. 278 Bem. IV) geltend gemacht wird, es würde dann der Abs. 2 des § 99 nur selten zur Anwendung gelangen, so kann darauf kein Gewicht gelegt werden. Denn die Vorschrift des § 99 Abs. 2 stellt sich gegenüber der im Abs. 1 enthaltenen Regel als eine Ausnahme dar, die in jeder Richtung einzuschränken ist. Die Materialien zu der Zivilprozeßnovelle von 1898 (Ausgabe von Hahn-Mugdan Bd. 8 S. 87. 292) ergeben über die hier vorliegende Frage nichts." ...

47. Kommt der öffentliche Glaube des Grundbuchs auch demjenigen zustatten, der zwar einerseits bei dem Erwerbe eines Rechts an einem Grundstücke den mit der wirklichen Rechtslage nicht übereinstimmenden Inhalt des Grundbuchs in bezug auf dieses Recht nicht kennt, aber andererseits wegen des Umfangs und der Grenzen seines Rechts lediglich den Angaben seines Veräußerers folgt, die der wirklichen Rechtslage entsprechen?

B.G.B. §§ 892. 894.

III. Zivilsenat. Urt. v. 7. Juli 1905 i. S. G. (Bekl.) w. K. (Kl.). Rep. III. 21/05.

I. Landgericht Hall.
II. Oberlandesgericht Stuttgart.

Am 28. Februar 1886 verkauften der Bauer Friedrich K. der Ältere und seine Ehefrau ihr Anwesen Nr. 8 in B., zu welchem ein Wohn- und Wirtschaftsgebäude, ein mit diesem gleichlaufendes sog. Mittelhaus und ein quer an letzteres anstoßendes sog. Hinterhaus mit einem Treppenanbau gehörten, an ihren Sohn, den Kläger. In dem Vertrage behielten sich die Verkäufer auf Lebenszeit die Rechte an dem Hinterhause und an gewissen in dem oberen Stockwerke des Mittelhauses belegenen Räumen, nämlich einer Küche nebst Speisekammer, einem Schlafzimmer und einem dazwischen belegenen Gang bis an die dort befindliche Glastür „mit dinglicher Eigenschaft" vor. Am 1. Dezember 1892 verkaufte der Kläger, nachdem inzwischen dieses Recht seiner Eltern erloschen war, das Anwesen an die Handelsleute L., M. und O., und von diesen kaufte er am 22. Februar 1899 das Hinterhaus mit Treppenhausanbau wieder zurück. Auf Grund des Kaufvertrages nahm der Kläger nicht nur diese Gebäude, sondern auch die im ersten Stockwerke des anstoßenden Mittelhauses belegenen, vorher bezeichneten Räume bis zu der Glastüre in Benutzung. Das Mittelhaus selbst verkauften L., M. und die Erben des inzwischen verstorbenen O. am 21. November 1900 an den Beklagten. An demselben Tage fand auch die Auflassung statt, und der Beklagte wurde als Eigentümer des Hauses im Grundbuche eingetragen.

Der Kläger will nun durch den Vertrag vom 22. Februar 1899 nicht nur das Hinterhaus selbst, sondern auch jene im Mittelhause belegenen Räume mitgekauft, sie auch übergeben erhalten haben, und behauptet, daß er ohne diese das Hinterhaus gar nicht gekauft hätte, und daß auch der Beklagte erst seit Oktober 1902 ihm sowohl das Eigentum wie das Recht zur Benutzung jener Räume bestreite. Er beantragt deshalb,

festzustellen, daß jene im ersten Stock des Hauses des Beklagten befindlichen Räume nicht Eigentum des Beklagten, sondern des Klägers seien, und den Beklagten zu verurteilen, zu bewilligen, daß unter Berichtigung des Grundbuchs er, Kläger, als Eigentümer dieser Räume im Grundbuche von W. eingetragen werde.

Der Beklagte bestreitet, daß der Kläger durch den Kauf vom 22. Februar 1899 irgendwelche Teile des Mittelhauses erworben habe, und behauptet, als er dieses Haus im November 1900 gekauft habe, sei ihm von den Verkäufern L. und M. ausdrücklich gesagt worden, der Giebel bilde die Grenze. Er will aber auch in seinem damals vollzogenen Erwerbe des ganzen Mittelhauses gegen etwaige nicht eingetragene Rechte des Klägers durch den öffentlichen Glauben des Grundbuchs geschützt sein.

Das Landgericht hat die Klage abgewiesen. Auf die Berufung

des Klägers hat das Oberlandesgericht das Urteil dahin abgeändert, daß dem Klagantrage gemäß erkannt worden ist.

Die Revision des Beklagten wurde zurückgewiesen, aus folgenden

Gründen:

„Das Berufungsgericht hat als erwiesen angesehen, daß Friedrich K. der Ältere, als er zu Anfang der 1880er Jahre damit umgegangen sei, sich zur Ruhe zu setzen, in dem ersten Stockwerke des Mittelhauses da, wo dieses an das Hinterhaus grenze, eine Küche nebst Speisekammer eingebaut und 1886, als er das Anwesen an seinen Sohn, den Kläger, verkauft habe, sich auf Lebenszeit das Eigentum an dem Hinterhause und außerdem im ersten Stockwerke des mittleren Hauses die von ihm eingebaute Küche und Speisekammer, sowie das gegenüberliegende Schlafzimmer und den dazwischen liegenden Gang vorbehalten habe. Jedenfalls — so hat es weiter angenommen — seien, auch wenn es sich dabei nur um eine Benutzung dieser Räume auf Lebenszeit gehandelt haben sollte, jene Gelasse im mittleren Hause, als Friedrich K. der Ältere 1886 in das Hinterhaus eingezogen sei, ihm tatsächlich in der Weise zugeteilt worden, daß er sie zugleich mit dem Hinterhause bewohnt und gegen das mittlere Gebäude durch eine verschließbare Glastür abgegrenzt habe. In diesem Zustande seien die Häuser geblieben, als sie 1892 an L. und Genossen verkauft worden seien, ebenso, als 1899 der Kläger von diesen das Hinterhaus gekauft habe. Im weiteren erachtet das Gericht die Behauptung des Klägers, es seien ihm bei dem Kaufabschlusse im Februar 1899 außer dem Hinterhause von den Verkäufern auch die streitigen, im mittleren Hause befindlichen Gelasse — Küche, Speisekammer, Schlafkammer, Gang — vorgezeigt worden, und die Verkäufer hätten dabei erklärt, diese Gelasse gehörten mit zu dem verkäuflichen hinteren Hause, für erwiesen. Daß in dem Kaufvertrage diese Gelasse nicht als Kaufgegenstand mit erwähnt seien, erklärt es mit dem Umstande, daß die Vertragschließenden beim Kaufabschlusse sich gar keine Gedanken darüber gemacht hätten, ob die Küche, die Speisekammer, die Schlafkammer und der Gang noch innerhalb der Umfassungsmauern des hinteren, oder des mittleren Hauses lägen, daß sie vielmehr unter der Bezeichnung „Hinterhaus“ alle Gelasse, die mündlich verkauft worden seien, hätten verstanden wissen wollen.

Bei der rechtlichen Beurteilung des Rechtserwerbs des Klägers geht es auf dieser tatsächlichen Grundlage davon aus, daß auf ihn noch das frühere Recht Anwendung finde. Da nun in dem schriftlichen Kaufvertrage die vom Kläger jetzt beanspruchten Räumlichkeiten nicht aufgeführt seien, so sei nach den Artt. 1 und 2 des württembergischen Gesetzes vom 23. Juni 1853 insoweit kein gültiger Kaufvertrag zustande gekommen. Diese Annahme beruht auf Anwendung des nicht revisibelen württembergischen Partikularrechts. Das Gericht führt aber ferner aus: da beide Teile das Eigentum hätten übertragen und erwerben wollen, so sei gleichwohl das Eigentum an jenen Räumen auf den Kläger übergegangen. Dies enthält eine zutreffende Anwendung des gemeinrechtlichen Satzes, daß der Eigentumsübergang an sich nur davon abhängt, daß beide Teile bei der Übergabe darüber einig gewesen sind, daß der eine das Eigentum übertrage, der andere es erwerbe, nicht aber auch davon, daß das sog. Kausalgeschäft gültig abgeschlossen ist. Die Ansicht des Landgerichts, daß im vorliegenden Falle eine rechtswirksame Übergabe jedenfalls deshalb ausgeschlossen gewesen sei, weil die streitigen Räume als Bestandteile des mittleren Hauses nicht für sich allein Gegenstand einer Übergabe hätten sein können, verwirft das Berufungsgericht, weil es nach dem früheren württembergischen Rechte zulässig gewesen sei, daß der Eigentümer eines Hauses lediglich bestimmte Räume an einen Dritten veräußert und übergeben habe, wodurch ein sog. Stockwerkseigentum an den Räumen begründet worden sei. Dies enthält wiederum die Anwendung nicht revisibelen Partikularrechts. Von diesem rechtlichen Gesichtspunkte aus prüft das Gericht dann die Behauptung des Beklagten, bei dem Kaufe zwischen L. und Genossen und dem Kläger seien die sämtlichen Beteiligten davon ausgegangen, daß die streitigen Räume innerhalb der Umfassungsmauern des Hinterhauses lägen, und daß deshalb ein Kauf über Teile des mittleren Gebäudes gar nicht habe abgeschlossen werden sollen. Es kommt dabei auf Grund der Beweisaufnahme zu dem Ergebnisse, daß die Vertragschließenden sich darüber überhaupt keine Gedanken gemacht hätten, ob die Räume innerhalb des hinteren Hauses lägen, daß sie aber jedenfalls einen Kaufvertrag über sämtliche Räume hätten abschließen wollen, die nachher dem Kläger übergeben seien. Soweit erforderlich, hätten sie demnach auch

Stockwerkseigentum an dem mittleren Hause für den Kläger begründen wollen. Dies stellt sich als eine tatsächliche Feststellung dar, die keinen Rechtsirrtum erkennen läßt.

Nach Verwerfung der wiederum auf dem Gebiete des nicht revisibelen Partikularrechts liegenden Schutzvorbringens des Beklagten, daß zur Begründung von Stockwerkseigentum ein materielles gerichtliches Erkenntnis erforderlich gewesen sei, erörtert das Gericht den Einwand des Beklagten, er habe im Vertrauen auf die Richtigkeit des Grundbuchs das mittlere Haus erworben, ihm stehe deshalb für den von ihm behaupteten Erwerb dieses Hauses in seinem vollen Umfange der § 892 B.G.B. zur Seite. Hierbei sieht es als erwiesen an, daß der Beklagte bei Abschluß des Kaufvertrages zwischen L. und Genossen und ihm am 21. November 1900 genau gewußt habe, daß die Gelasse jenseit der Glastür ihm nicht verkauft würden, und daß er sie auch nicht habe erwerben wollen. Andererseits erachtet es freilich nicht für erwiesen, daß der Kläger damals gewußt habe, daß die streitigen Räume innerhalb der Umfassungsmauern des von ihm erkauften Hauses lägen. Dabei sei er aber der Ansicht gewesen, daß durch die ihm zum Verkaufe vorgezeigten Räume das ganze mittlere Haus ausgefüllt sei. Auf einen Fall aber, in welchem der Erwerber das erhalten habe, was er vertragsmäßig habe erhalten sollen und wollen, sei der § 892 B.G.B. überhaupt nicht anwendbar. Bei diesem Entscheidungsgrunde steht die Anwendung von Reichsrecht in Frage. Seine Richtigkeit ist, da die Revision hiergegen einen besonderen Angriff gerichtet hat, bei dessen Erörterung zu prüfen.

Das Berufungsgericht hält hiernach zunächst den Feststellungsanspruch des Klägers, dessen besondere Voraussetzung, daß der Kläger ein rechtliches Interesse an der alsbaldigen Feststellung des streitigen Rechtsverhältnisses habe, bei der ausdrücklichen Beanspruchung der streitigen Räume durch den Beklagten als sein Eigentum, es mit Recht als unzweifelhaft erfüllt ansieht, dahin für begründet, daß die streitigen Räume nicht Eigentum des Beklagten, sondern des Klägers seien. Daraufhin gelangt es dann auch zur Verurteilung des Beklagten nach dem weiteren Klagantrage, zu bewilligen, daß unter Berichtigung des Grundbuchs der Kläger als Eigentümer jener Räume eingetragen werde. Ob diese Anwendung des § 894 richtig ist, ist bei der Prüfung jenes Revisionsangriffs mit zu erörtern.

Im übrigen ergibt sich hiernach, daß das angefochtene Urteil keine Verletzung einer revisibelen Rechtsnorm erkennen läßt."

Es folgt zunächst die Erörterung und Zurückweisung des ersten Angriffs der Revision, daß die lediglich nach gemeinem, also revisibelem Rechte zu beantwortende Frage, ob eine gültige Übergabe der streitigen, in dem Mittelhause belegenen Räume vorliege, wenn beiderseits das Bewußtsein, daß die Räume im Mittelgebäude lägen, gefehlt, und der Irrtum bestanden habe, daß sie im Hintergebäude lägen, vom Berufungsgerichte zu Unrecht bejaht worden sei, sowie des Angriffs, daß die Begründung von Stockwerkseigentum nicht möglich sei ohne Schaffung gemeinschaftlichen Eigentums am Grund und Boden und den Umfassungswänden. Es wird fortgefahren:

„Die zweite Beschwerde der Revision rügt Verletzung des § 892 B.G.B. Zur zutreffenden Beurteilung dieses Angriffs bedarf es zunächst der Klarstellung der Rechtslage, wie sie bei dem Abschlusse des Kaufvertrags zwischen L. und Genossen und dem Beklagten und bei der Auflassung vom 21. November 1900 bestand, auf Grund deren der Kläger als Eigentümer des sog. Mittelhauses eingetragen wurde. Durch den Kaufvertrag vom 22. Februar 1899 und die demnächst erfolgte Übergabe hatte nach dem oben Dargelegten der Kläger das Eigentum an dem Hinterhause und den streitigen, im Mittelhause belegenen Räumen erworben; denn dieser Erwerb vollzog sich noch in jeder Beziehung nach den Vorschriften des damals geltenden württembergischen und des dieses ergänzenden gemeinen Rechts. Insbesondere fand er noch unabhängig von der Eintragung des Eigentums des Klägers in dem damaligen Güterbuche statt, da eine solche Eintragung nach dem früheren Rechte keine rechtsbegründende, sondern nur eine den erfolgten Erwerb beurkundende Bedeutung hatte.

Vgl. Wächter, Handbuch des im Königreich Württemberg geltenden Privatrechts Bd. 2 § 56 II 2a S. 373, und Rieder, Das württembergische Ausführungsgesetz zum Bürgerlichen Gesetzbuche, Vorbemerkungen zum 1. Abschnitt B III 1 S. 26.

Daß das Eigentum des Klägers an den streitigen Räumen nicht im Güterbuche eingetragen war, weil das in der oben dargelegten Weise begründete Stockwerkseigentum überhaupt aus diesem Buche nicht hervorging, hatte demnach an sich auf seinen Rechtsbestand keinen

Einfluß. Am 1. Januar 1900 trat nun das Bürgerliche Gesetzbuch mit seinen Nebengesetzen in Kraft. Zur Überleitung in das neue Recht hatte auf dem hier in Betracht kommenden Gebiete der Art. 189 Einf.-Ges. zum B.G.B. verordnet, daß der Erwerb und Verlust des Eigentums, sowie die Begründung, Übertragung, Belastung und Aufhebung eines anderen Rechts an einem Grundstücke auch nach dem Inkrafttreten des Bürgerlichen Gesetzbuchs nach den bisherigen Gesetzen erfolge, bis das Grundbuch als angelegt anzusehen sei. Für Württemberg machte aber die Königliche Verordnung vom 30. Juli 1899 von dem Vorbehalte des § 87 G.B.O. Gebrauch, wonach durch landesherrliche Verordnung bestimmt werden konnte daß ein bisher geführtes Buch oder mehrere bisher geführte Bücher für sich allein, oder zusammen mit einem neuen Buche oder mehreren neuen Büchern als Grundbuch gelten sollten. Sie setzte fest, daß vom 1. Januar 1900 an die in den Gemeinden bisher geführten Güterbücher, Servitutenbücher und Unterpfandsbücher für den Grundbuchamtsbezirk der Gemeinde als Grundbuch mit der Maßgabe gälten, daß das Güterbuch das Hauptbuch sei, und daß mit jenem Zeitpunkte das Grundbuch für den Gemeindebezirk als angelegt anzusehen sei. Demgemäß waren vom 1. Januar 1900 ab die Vorschriften des Bürgerlichen Gesetzbuchs über den Erwerb und den Verlust des Eigentums an einem Grundstücke in Geltung getreten. Das zur Zeit des Inkrafttretens des Bürgerlichen Gesetzbuchs bestehende Stockwerkseigentum hat der Art. 182 des Einführungsgesetzes bestehen lassen.

Der Erwerb des Eigentums des Beklagten an dem Mittelhause, der sich auf Grund des Kaufvertrages vom 21. November 1900 durch die Auflassung von demselben Tage und die daraufhin erfolgte Eintragung im Grundbuche vollzog, fand demnach schon nach den Bestimmungen des Bürgerlichen Gesetzbuchs statt und ist nach diesen zu beurteilen. Nun gilt nach § 892 des letzteren zugunsten desjenigen, der ein Recht an einem Grundstücke oder ein Recht an einem solchen Rechte erwirbt, der Inhalt des Grundbuchs als richtig, es sei denn, daß ein Widerspruch gegen die Richtigkeit eingetragen, oder die Unrichtigkeit dem Erwerber bekannt ist. Nach dem vom Berufungsgerichte festgestellten Sachverhältnisse war aber das Stockwerkseigentum des Klägers, das nach dem oben Dargelegten zur Zeit jenes Erwerbes des Beklagten rechtsgültig begründet war, auch bis zu diesem Erwerbe noch nicht in dem seit dem 1. Januar 1900 als Grundbuch anzusehenden Güterbuche eingetragen. Es ist daher dem Beklagten einzuräumen, daß, indem er im November 1900 das Mittelhaus kaufte, aufgelassen erhielt und als dessen Eigentümer eingetragen wurde, ohne daß in dem Vertrage oder bei der Auflassung des bestehenden Stockwerkseigentums des Klägers Erwähnung getan wurde, dafür, daß dieser Erwerb das gesamte Haus umfaßte, an sich die Vorschrift des § 892 B.G.B. in Betracht kommen kann. Es fragt sich nur, ob die inneren Voraussetzungen erfüllt sind, von denen es abhängt, ob die Bestimmung des § 892 wirklich Platz greift. Objektiv wird zur Anwendung dieser Vorschrift erfordert, daß eine Abweichung des Inhalts des Grundbuchs von der wirklichen Rechtslage bestehe, subjektiv aber, daß der Erwerber des Rechts an dem Grundstücke seinen Erwerb im Vertrauen auf den öffentlichen Glauben des Grundbuchs gemacht habe. Freilich braucht der Erwerber nicht nachzuweisen, daß er gerade im Vertrauen auf die Richtigkeit des Inhalts des Grundbuchs den Erwerb vollzogen habe. Vielmehr wird dies zunächst stillschweigend vorausgesetzt — vgl. Planck, 2. Aufl. Bem. 2 zu § 892 —, wie denn auch die Begründung zu § 837 des ersten Entwurfs unter A I e Abs. 3 bemerkt: „Wenn daher jemand bei einem dinglichen Erwerbsgeschäft das Grundbuch für sich hat, so muß von ihm angenommen werden, daß er im Glauben an die Richtigkeit der Nachrichten des Buches auf das Geschäft sich eingelassen hat" (Motive Bd. 3 S. 213). Deshalb kommt der § 892 an sich auch demjenigen zu statten, der vor dem Erwerbe das Grundbuch gar nicht eingesehen hat (vgl. Motive, a. a. O. S. 212). Aber daß jene gesetzliche Voraussetzung zutreffe, kann im einzelnen Falle widerlegt werden, indem der Gegner dartut, daß der Erwerber seinen Erwerb nicht im Vertrauen auf den öffentlichen Glauben des Grundbuchs vollzogen hat. Das Gesetz läßt diesen Einwand zwar ausdrücklich nur in der Richtung zu, daß „ein Widerspruch gegen die Richtigkeit eingetragen, oder die Unrichtigkeit dem Erwerber bekannt" gewesen sei. Daß es aber in einem Falle, in welchem diesem die Unrichtigkeit des Grundbuchs zwar nicht bekannt gewesen ist, er sich aber andererseits bei dem Erwerbe auch nicht auf dessen Angaben verlassen hat, sondern lediglich denjenigen des Veräußerers gefolgt ist, nach denen der Erwerb das nicht eingetragene, aber an sich rechtsgültig begründete Recht eines Dritten unberührt gelassen hat, ist zunächst daraus zu entnehmen, daß das Gesetz, wie schon sein Wortlaut erkennen läßt, einer Annahme zu Hilfe kommen will, von der es voraussetzt, daß der Erwerber bei seinem Erwerbe ausgegangen ist. Wo feststeht, daß diese Voraussetzung — daß er sich im Glauben an die Richtigkeit des Inhalts des Grundbuchs auf das Geschäft eingelassen hat — nicht zutrifft, muß auch die vom Gesetze vorgesehene Wirkung versagen. Von dieser Auffassung gehen aber auch die Motive zu dem Entwurfe des Bügerlichen Gesetzbuchs aus, wenn sie zu § 837 des Entwurfs Bd. 3 S. 212 unter e aussprechen:

„Der Rechtsschutz, welchen der öffentliche Glaube des Grundbuchs gewährt, kann nur demjenigen zustatten kommen, welcher diesem Glauben gefolgt ist,"

und wenn sie weiterhin S. 213 unter f hervorheben:

„Die Täuschung, welche der Grundsatz des öffentlichen Glaubens verhindern soll, muß in dem Buche selbst ihren Grund haben."

Wer sich aber trotz Kenntnis der Angaben des Grundbuchs wegen des Inhalts und der Grenzen des von ihm erworbenen Rechts nicht auf die Auskunft des Grundbuchs verläßt, sondern die Erklärungen seines Veräußerers für maßgebend erachtet, von dem steht fest, daß er, auch wenn er nicht positiv das das seinige materiell begrenzende Recht eines Dritten kennt, eben nicht dem öffentlichen Glauben des Grundbuchs bei seinem Erwerbe gefolgt ist, und bei dem kann deshalb auch nicht dieser öffentliche Glaube eine Täuschung, die in dem Buche selbst ihren Grund hätte, verhindern. Denn weil er auf die Angaben des Grundbuchs sich nicht verläßt, ist er durch sie auch nicht getäuscht, und die Erklärungen des Veräußerers, denen er folgt, geben dem von ihm erworbenen Rechte einen der wirklichen Rechtslage entsprechenden Inhalt und Umfang.

Ein solcher Fall liegt aber hier vor. Der Beklagte hat im Rechtszuge der Berufung nach dem Tatbestande des angefochtenen Urteils allerdings behauptet: er habe sich auf dem Rathause bei der Protokollierung des Vertrages das Güterbuch zeigen lassen, um den

„Beschreib“ zu sehen; in diesem habe aber nichts davon gestanden, daß ein Teil des Hauses dem Kläger gehöre. Selbst wenn diese Behauptung zutreffen sollte — der Kläger hat sich darüber mit Nichtwissen erklärt —, so würde sich daraus nicht ergeben, daß der Beklagte den Angaben des Güterbuchs, die hier nur negativer Art sein konnten, Bedeutung beigelegt hätte. Denn das Berufungsgericht stellt ausdrücklich fest, der Wille des Beklagten sei nur auf Erwerb der Räume, die ihm vorgezeigt worden seien, gerichtet gewesen; weitere Gelasse habe er nicht kaufen wollen. Wenn er aber wirklich zu Anfang, wie er behauptet, geglaubt haben sollte, daß die durch die Glastür gegen die ihm vorgezeigten Räume abgeschlossenen Gelasse, die sich im Besitze des Klägers befanden, außerhalb des von ihm verkauften Mittelhauses lägen, und wenn er jedenfalls alle in diesem Hause befindlichen Räume hätte erwerben wollen, so hätte diese seine Willensmeinung doch mindestens alsbald, nachdem er sich von der wirklichen Lage der streitigen Räume überzeugt gehabt — und dies mußte der Natur der Dinge nach sogleich nach seinem Einzuge in das mittlere Haus geschehen sein —, irgendwie zum Ausdruck kommen müssen. Dies ist aber nach dem festgestellten Sachverhältnisse nicht geschehen. Vielmehr hat der Schultheiß K. in Westernach ausdrücklich bezeugt, er habe etwa bis zum Herbste 1902 nie etwas davon gehört, daß der Beklagte die jetzt streitigen Gelässe für sich in Anspruch nehme. Im Herbste 1902 habe der Grundbuchbeamte bekannt gemacht, es sei das Grundbuch jetzt angelegt — womit offenbar die Umschreibung des Grundbuchs nach den §§ 6 flg. der oben erwähnten Königlichen Verordnung vom 30. Juli 1899 und den §§ 103 flg. der Verfügung des Justizministeriums vom 2. September 1899 gemeint ist —, es könne jeder Beteiligte Einsicht nehmen. Der Beklagte habe dies getan, und jetzt sei er auf einmal mit der Behauptung aufgetreten, das ganze mittlere Haus sei auf seinen Namen eingeschrieben und gehöre ihm allein; der Kläger habe kein Recht an den Gelassen, die er im mittleren Hause bewohne. Hieraus erhellt, daß der Beklagte, auch nachdem er genaue Kenntnis davon erlangt hatte, daß die streitigen Räume in dem mittleren Hause lägen, den Inhalt und Umfang seines tatsächlichen Erwerbes als seinem erworbenen Rechte entsprechend betrachtet hat, und in dieser Begrenzung entsprach sein Erwerb der wirklichen Rechtslage im Verhältnisse zu dem Kläger. Wenn er also auch zur Zeit des Erwerbes das Grundbuch eingesehen haben sollte, so war er doch damals und in der folgenden Zeit dessen Glauben nicht gefolgt; er war durch seinen Inhalt nicht über den Umfang des zu erwerbenden und des erworbenen Rechts getäuscht.

Demgemäß ist im Ergebnisse dem Berufungsgerichte der Revision gegenüber darin beizutreten, daß der § 892 B.G.B. dem Beklagten nicht zustatten kommt.

Ist aber hiernach der Feststellungsanspruch des Klägers begründet, so folgt daraus ohne weiteres gemäß § 894 B.G.B. die Verpflichtung des Beklagten, seine Zustimmung zu der Berichtigung des Grundbuchs zu erteilen; denn dann steht der Inhalt des Grundbuchs, das den Beklagten als alleinigen Eigentümer des ungeteilten Mittelhauses aufführt, mit der wirklichen Rechtslage nicht im Einklange, und sein formales Recht wird durch die Berichtigung betroffen.

Vgl. Planck, a. a. O. Bem. II 1 zu § 894; Biermann, Das Sachenrecht des B.G.B. 2. Aufl. Bem. 1a und 2b und c zu § 894; Turnau-Förster, a. a. O. Bem. II 1, 2 zu § 894." ...

---

48. Ist es zulässig, den auf teilweise Vernichtung eines Patents gerichteten Klagantrag in der Berufungsinstanz auf völlige Vernichtung auszudehnen und diesen Antrag auf neues Material zu stützen?

I. Zivilsenat. Urt. v. 8. Juli 1905 in der Patentstreitsache K. (Kl.) w. Fr. (Bekl.). Rep. I. 54/05.

I. Patentamt.

Über diese Frage wird in den Gründen des Berufungsurteils ausgeführt:

... „Die Entscheidung hängt ... davon ab, ob die Ausdehnung des Antrags in der Berufungsinstanz und die Verwertung des neu beigebrachten Materials für zulässig zu halten ist. Das Reichsgericht bejaht diese Frage. Der Kläger hat die Nichtigkeit von Anfang an auf den Mangel der Neuheit der Erfindung gestützt. Klagegrund ist dieser Mangel selbst, und nicht die Vorveröffentlichung im Gegensatze zu der offenkundigen Vorbenutzung, noch weniger die einzelne Druckschrift, welche die neuheitsschädliche Publikation dartun soll.

Vgl. Urteile des Reichsgerichts Pat.-Bl. 1880 S. 105, 1887 S. 425 und Jurist. Wochenschr. 1898 S. 646 Nr. 19 und Rep. I. 410/01; Kohler, Handbuch § 151 S. 388; Seligsohn, Patentgesetz 2. Aufl. zu § 28 Bem. 5; Isay, Patentgesetz Anm. 12 zu § 28.

In der Heranziehung der neuen Patentschriften kann demnach an sich keine Klagänderung liegen, und sie ist daher nicht zu beanstanden, auch wenn sie, wie hier, erst in der zweiten Instanz erfolgt. Bedenken könnte die Zulassung nur in Verbindung mit der anderen Frage erregen, ob der Klagantrag nachträglich auf die gänzliche Vernichtung des Anspruchs 1 gerichtet werden durfte. Gemäß der Klagebitte und dem Vorbringen der ersten Instanz war der Anspruch nur teilweise angefochten; die Behauptung des Klägers ging nur dahin, daß sich aus den damals entgegengehaltenen Patentschriften die Verwendung von Nürnberger Scheren auf den Längsseiten als bekannt ergebe. Auf Grund dieses Nachweises und der Ausführung, daß es sich bei dem Anspruche 1 nicht um eine wahre Kombinationserfindung handle, verlangte er die Vernichtung dieses Anspruchs, soweit dadurch die Verwendung von Nürnberger Scheren als ein mitgeschützter Teil der Erfindung bezeichnet werde. Dagegen erhob er keinen Einwand gegen die Neuheit und Patentfähigkeit „der Querschienen b . b[1] in ihrer Kombination mit den in bekannter Weise ausgebildeten Längsschienen, wodurch aus den bekannten Bettgestellen mit starkem, nicht zusammenschiebbarem Querrahmen sich ein auch in der Querrichtung zusammenschiebbarer Rahmen für Tragbahren entwickele“. Vielmehr erklärte er, daß hierfür, da eine solche Wirkung bei den bekannten Rahmen fehle, die Schutzfähigkeit nicht bestritten werde, und demgemäß war auch sein Vernichtungsantrag gefaßt. Aus diesem Verhalten des Klägers in der ersten Instanz läßt sich nur entnehmen, daß ihm damals andere Patentschriften, welche auch die Verwendung von Nürnberger Scheren auf der Querseite hätten nachweisen können, nicht bekannt waren, und daß er diesem Umstande Ausdruck geben wollte; nicht aber können seine Erklärungen in dem Sinne verstanden werden, daß er auf eine weitergehende Anfechtung des Anspruchs verzichte und diesen in dem nichtangefochtenen Umfang endgültig für rechtsbeständig anerkenne. Es braucht nicht geprüft zu werden, welche Wirkung ein solcher Verzicht gehabt hätte. Der Übergang von der teilweisen zur umfassenden Anfechtung aus demselben Rechtsgrunde ist wenigstens dann keine Klagänderung, wenn sich die Anfechtung auf einen und denselben Anspruch richtet; es liegt dann nur eine Erweiterung des Klagantrags in der Hauptsache vor, welche nach § 268 Ziff. 2. § 529 Abs. 2 Z.P.O. auch in der Berufungsinstanz zulässig ist, so daß es nicht einmal darauf ankommt, daß der Beklagte in der Berufungsbeantwortung weder der Zulassung des erweiterten Antrags, noch der Beibringung des neuen Druckschriftenmaterials widersprochen hat (vgl. §§ 269. 523 Z.P.O.). Eine Schwierigkeit würde allerdings dann entstehen, wenn die Erweiterung des Vernichtungsantrags erst zu einer Zeit erfolgt, wo die fünfjährige Frist des § 28 Abs. 3 des Patentgesetzes bereits abgelaufen ist. Dieses Bedenken trifft aber im vorliegenden Falle nicht zu." ...

---

49. Kennt das Bürgerliche Gesetzbuch eine allgemeine Haftung des Vertretenen, insbesondere für Schadensersatz, wegen arglistiger Handlungen des Stellvertreters, die dieser bei Gelegenheit des Vertragsschlusses begangen hat?

B.G.B. §§ 164. 166. 123. 831.

V. Zivilsenat. Urt. v. 8. Juli 1905 i. S. St. (Bekl.) w. W. (Kl.). Rep. V. 609/04.

I. Landgericht Stettin.
II. Oberlandesgericht daselbst.

Nach erhobenen Beweisen hatte der erste Richter unter Klagabweisung im übrigen den Beklagten zur Barzahlung von 10000 ℳ nebst Stückzinsen und zur Löschung eines Teilbetrags von 1898 ℳ nebst Zinsen von der Restkaufgeldhypothek zu 17000 ℳ verurteilt, weil der Vater und gesetzliche Vertreter des Beklagten dem Kläger eine unrichtige Aufstellung des Ertrags des mit vormundschaftsgerichtlicher Genehmigung verkauften Grundstücks übergeben hatte.

Beide Teile legten Berufung ein, der Beklagte mit dem Antrage auf Klagabweisung, der Kläger aber zunächst mit dem Begehren der Aufhebung oder Wandelung des Kaufvertrages. Dieses Verlangen wurde aber durch Teilurteil des Oberlandesgerichts, weil es einen neuen, nach § 529 Abs. 2 Z.P.O. unzulässigen Anspruch bilde, abgewiesen. Durch Schlußurteil wurde die Berufung des Beklagten zurückgewiesen, und er zur Zahlung von 23000 ℳ nebst Zinsen verurteilt.

Auf Revision des Beklagteu wurde das Berufungsurteil aufgehoben, und die Klage gänzlich abgewiesen.

Gründe:

„Gegen das Teilurteil des Berufungsgerichts, wodurch der Anspruch des Klägers auf Vertragsaufhebung oder Wandelung abgewiesen worden ist, ist Revision nicht eingelegt. Das Wesen dieses Urteils als Teilurteil hat er nicht bekämpft, und es bestehen auch keine Bedenken des erkennenden Senats deswegen. Somit ist diese Entscheidung rechtskräftig, und infolgedessen der erwähnte Anspruch auf Vertragsaufhebung oder Wandelung für die gegenwärtige Streitsache erledigt.

Gegen das ihn zur Zahlung von Schadensersatz verurteilende Schlußurteil des Oberlandesgerichts aber erhebt der Beklagte nun den Hauptangriff, daß es durch Annahme einer allgemeinen Haftung des Vertretenen für Täuschungshandlungen des Stellvertreters das Gesetz und namentlich die §§ 164 flg. B.G.B. verletze. Dieser Angriff ist gerechtfertigt. Gewährleistungsansprüche kommen hierbei nicht in Betracht. Mit seinem allein noch im Streit befindlichen Anspruch verlangt der Kläger nicht etwa das ersetzt, um was er durch den Vertragsabschluß, durch Erwerb eines minderwertigen Grundstücks u. dgl. in seinem Vermögen geschädigt worden ist, also nicht das sog. negative Vertragsinteresse, sondern er begehrt, daß ihm das bezahlt werde, was er entsprechend seiner Ertrags- und Kaufpreisberechnung erlangt haben würde, wenn der Vertrag richtig erfüllt, ihm also nicht eine falsche Ertragsaufstellung vom Vater und gesetzlichen Stellvertreter des Beklagten übergeben worden wäre. Er fordert somit das Erfüllungsinteresse, und dieses ist ihm auch vom Vorderrichter, sogar unter Anwendung der in § 472 Abs. 1 B.G.B. für Minderung des vertragsmäßigen Kaufpreises vorgeschriebenen verhältnismäßigen Berechnung, zugesprochen worden.

Für diesen Fall hat jedoch der erkennende Senat schon in seinem nach Allgemeinem Landrecht erlassenen Urteil vom 9. November 1901 (Entsch. Bd. 50 S. 281) die Rechtssätze aufgestellt, daß die Vertretungsmacht des Vormundes bei Geschäften, zu deren Gültigkeit für den Mündel es der Genehmigung des Vormundschaftsgerichts bedarf, gesetzlich beschränkt ist, daß der Vormund ohne die vom Gesetz angeordnete Ergänzung seiner Vertretungsmacht den Mündel nicht verpflichten kann, daß der Richter den Vertrag nur mit dem Inhalte genehmigt, der sich aus der Vertragsurkunde in Verbindung mit den für das Geschäft gesetzlich aufgestellten Rechtsnormen ergibt, und daß daher der Käufer Erfüllung der vom Vormunde nebenbei gemachten, dem Vormundschaftsrichter nicht bekannten, Angaben und somit auch Erfüllungsinteresse in dieser Richtuug nicht verlangen kann.

Zwar fußt dies Urteil hauptsächlich auf § 42 der nun aufgehobenen preußischen Vormundschaftsordnung vom 5. Juli 1875; es ist aber kein Grund dafür abzusehen, seine Rechtssätze nicht auch nach neuem Rechte gemäß §§ 1627. 1643. 1821 Abs. 1 Ziff. 1. 1829 B.G.B. auf den hier vorliegenden Fall anzuwenden, in dem der Vater als gesetzlicher Stellvertreter ein Grundstück des minderjährigen Sohnes mit Genehmigung des Vormundschaftsgerichts verkauft hat, und in dem — wie feststeht — die Kaufvertragsurkunde von Zusicherung eines bestimmten Grundstücksertrags oder auch nur von Übergabe einer Ertragsaufstellung nichts enthielt, auch sonst der Vormundschaftsrichter keine Kenntnis von derartigen Besprechungen des Käufers mit dem gesetzlichen Vertreter des Verkäufers erlangt hatte. Auch in der nun abzuurteilenden Sache war die Vertretungsmacht des gesetzlichen Stellvertreters nicht vollständig, sondern von der Genehmigung des Vormundschaftsgerichts abhängig, und konnte daher eine ohne Wissen und Willen dieses Gerichts vom Stellvertreter geübte arglistige Versicherung eines bestimmten Grundstücksertrags den Vertretenen vertragsmäßig nicht verpflichten. Es muß aber weiter gegangen und nach neuem Rechte jede rechtsgeschäftliche Haftung, ja jede Haftung des vertretenen Verkäufers für arglistige, bei Gelegenheit des Kaufabschlusses geübte Handlungen seines Stellvertreters überhaupt verneint werden, soweit nicht Ausnahmefälle für juristische Personen und nach den §§ 123. 166. 463 Satz 2. 476. 831 B.G.B. vorliegen. Die Klage aus § 123

B.G.B. ist durch das rechtskräftige Teilurteil des Vorderrichters für jetzt beseitigt. Die §§ 463 und 476 können hier keine Anwendung finden, da nicht Verschweigen von Mängeln, sondern Angaben über eine bestimmte Eigenschaft, die Ertragsfähigkeit des Grundstücks, in Frage stehen. Ob im Falle des arglistigen Verschweigens eines Mangels durch den von vormundschaftsgerichtlicher Genehmigung abhängigen Stellvertreter vertragsmäßige Haftung des vertretenen Käufers eintritt, braucht daher jetzt nicht entschieden zu werden und kann auf sich beruhen. Daß aber der § 831 B.G.B. mit seinen Bestimmungen über Haftung des Vertretenen für unerlaubte Handlungen des Vertreters auf das Verhältnis zwischen Vater und minderjährigem Kinde nicht zutrifft, ergibt sich aus dem Wortlaut jener Bestimmungen ohne weiteres. Es kann sich daher nur noch fragen, ob etwa aus den §§ 164 flg. B.G.B. eine allgemeine rechtsgeschäftliche Haftung des Vertretenen für nicht vertragsmäßig, sondern nur bei Gelegenheit des Vertrags-, insbesondere Kaufabschlusses gemachte arglistige Angaben des Stellvertreters abgeleitet werden kann, und diese Frage muß verneint werden.

Nach § 164 Abs. 1 wirkt eine Willenserklärung, die jemand innerhalb der ihm zustehenden Vertretungsmacht im Namen des Vertretenen abgibt, unmittelbar für und gegen den Vertretenen. Nach ihrem Wortlaute kann diese Bestimmung auf nicht vertragsmäßig, sondern nur bei Gelegenheit eines Vertragsabschlusses gemachte Angaben keine Anwendung finden. Denn solche bloße Angaben, für die eine Haftung durch den Vertrag selbst nicht übernommen ist, können, wie die Revision mit Recht ausführt, als Willenserklärungen nach dem gewöhnlichen Sprachgebrauche nicht erachtet werden. Sie stellen nur gewisse tatsächliche Behauptungen auf, sind Wissenserklärungen, haben aber mit dem auf den Vertrag selbst und seine Einzelbestimmungen gerichteten Willen des Erklärenden nichts zu tun. Aus dem gleichen Grunde trifft auch der § 166 Abs. 1 B.G.B. nicht den gegebenen Fall. Diese Gesetzesstelle bestimmt, daß, soweit die rechtlichen Folgen einer Willenserklärung durch Willensmängel oder durch die Kenntnis oder das Kennenmüssen gewisser Umstände beeinflußt werden, nicht die Person des Vertretenen, sondern die des Vertreters in Betracht kommt. Auch sie spricht nur von in vorliegender Sache nicht in Frage kommenden Willenserklärungen und

Willensmängeln auf seiten des Vertreters und hat hierbei hauptsächlich die in den §§ 116—124 B.G.B. behandelten Willensmängel der Nichternstlichkeit, des von selbst entstandenen oder durch andere verursachten Irrtums und des Zwanges im Auge. Aber auch aus ihrer Entstehungsgeschichte ergibt sich kein weitergehender Inhalt und Sinn der §§ 164. 166 B.G.B. Es kann nicht verkannt werden, daß die vor Einführung der neuen Gesetzgebung geltenden Hauptrechte, wenn auch unter mannigfachem Schwanken zuletzt eine fast unbeschränkte Haftung des Vertretenen für alle, auch nur bei Gelegenheit des Vertragsschlusses in bezug auf diesen vom Vertreter abgegebenen, Erklärungen angenommen haben, daß sie also auch im vorliegenden Falle eine vertragsmäßige Schadensersatzklage dem Käufer vielleicht gegeben hätten.

Vgl. für das gemeine Recht Windscheid-Kipp, Pandekten Bd. 1 § 73 Anm. 18; Seuffert, Archiv Bd. 54 Nr. 169 und Nr. 139; Jurist. Wochenschr. 1885 S. 29 Nr. 19; für das preußische Recht Striethorst, Archiv Bd. 83 S. 268, gegen Entscheidungen des Obertribunals Bd. 76 S. 200 flg.

Insbesondere verlieh auch das alte Handelsgesetzbuch dieser von ihm als herrschend erachteten Meinung in den Artt. 52. 298 deutlich Ausdruck, und seine genannten Bestimmungen wirkten wieder bestärkend auf die Rechtsprechung auch der anderen Rechtsgebiete ein. So spricht die wichtige und vielangezogene Entscheidung des Reichsoberhandelsgerichts im Bd. 6 S. 403 es ausdrücklich aus, daß schon nach gemeinem Rechte für die rechtlichen Folgen eines Betruges des Vertreters der Geschäftsherr so einsteht, als hätte er ihn selber begangen, daß ihm die Handlung des Vertreters so zugerechnet wird, als sei sie seine eigene, und daß jedenfalls in den Artt. 52. 298 H.G.B. die richtigen Grundsätze des gemeinen Rechts zur Geltung gelangt seien. Ähnlich Entsch. des R.O.H.G.'s Bd. 15 S. 26, Entsch. des R.G.'s in Zivils. Bd. 30 S. 44.

Auch die oben erwähnte Entscheidung des erkennenden Senats in Bd. 50 S. 281 billigt augenscheinlich den nämlichen Grundsatz für das Allgemeine preußische Landrecht, wenn sie ihm auch für den ihr vorliegenden Fall der von obervormundschaftlicher Genehmigung abhängigen Stellvertretung eine Ausnahme gibt.

Ebenso gewiß ist aber nach den Vorarbeiten zum Bürgerlichen

Gesetzbuche, daß dieses eine so weit greifende Haftung des Vertretenen nicht unbedingt annehmen wollte.

Die Motive zu §§ 117. 118 (jetzt 164 flg.) B.G.B. sagen in Bd. 1 S. 228 hierüber wörtlich:

„Für den Schaden, den der Vertreter durch eine in Ausübung seiner Vertretungsmacht begangene widerrechtliche Handlung Dritten zufügt, ist der Vertretene — von den für die juristischen Personen gegebenen besonderen Vorschriften abgesehen — nur innerhalb der aus §§ 711. 712 (jetzt § 831) ersichtlichen Schranken haftbar. Ob und inwieweit der Vertretene für eine vom Vertreter bei Eingehung eines Rechtsgeschäfts begangene Fahrlässigkeit (culpa in contrahendo) einzustehen hat, hängt davon ab, ob in der Begehung eine unerlaubte Handlung, oder lediglich eine Verletzung rechtsgeschäftlicher Pflichten zu erblicken ist — eine Frage, die schon oben (S. 195) als der Wissenschaft angehörig bezeichnet ist."

Es muß an dem letzten Satze sofort auffallen, daß er nur von Fahrlässigkeit des Stellvertreters bei Eingehung eines Rechtsgeschäftes spricht, nicht auch von dessen arglistigem Verhalten bei dieser Gelegenheit, das doch Erwähnung noch in höherem Maße verdiente. Aber dieser Umstand erklärt sich zur Genüge aus dem von den Motiven ebendaselbst S. 227 zuvor Gesagten, daß bei Betrug des Vertreters der Vertrag anfechtbar sei.

Damit ist deutlich auf den Inhalt des § 123 B.G.B. hingewiesen, und die Meinung des Gesetzgebers zu erkennen gegeben, daß wegen eines vom Vertreter bei Gelegenheit eines Vertragsabschlusses geübten Betrugs dem Getäuschten in der Regel nur die Vertragsanfechtung des § 123 als einziges Schutzmittel gegeben ist. Dieses durfte er auch um so mehr als ausreichend erachten, als es Wiederherstellung des früheren Zustandes bezweckt und somit dem Geschädigten die gewöhnliche Art des Schadensersatzes nach § 249 B.G.B. gewährt. Freilich kann es unter Umständen zu Härten führen, wenn sich der Betrogene mit dieser Art der Entschädigung begnügen muß; aber einerseits hat er das anderweite Schutzmittel, daß er jede ihm erheblich scheinende Erklärung des Stellvertreters des anderen Vertragsteils sich vertragsmäßig, insbesondere wo Formvorschriften bestehen, urkundlich geben läßt; andererseits ändern derartige Erwägungen über Zweckmäßigkeit nichts an der in vorstehendem dargelegten Meinung des Gesetzgebers, daß wegen arglistigen Verhaltens des Stellvertreters bei Vertragsabschluß dem Geschädigten für gewöhnlich nur die Anfechtungsklage, nicht aber eine anderweitige Vertragsklage auf Schadensersatz in Geld gegeben ist. Wollte man aber obigen Satz der Begründung des Bürgerlichen Gesetzbuchs, der die Entscheidung über die Folgen der culpa in contrahendo der Wissenschaft überläßt, auch auf Arglist seinem Wortlaut entgegen ausdehnen, so könnte man gleichwohl zu einem anderen Endergebnis nicht gelangen. Jener Satz wirft die Frage auf, ob das bei Vertragsabschluß begangene Verschulden als unerlaubte Handlung, oder lediglich als eine Verletzung rechtsgeschäftlicher Pflichten zu betrachten ist. Diese Frage muß aber insbesondere in Ansehung arglistigen Verhaltens des Stellvertreters dahin beantwortet werden, daß eine nicht vertragsmäßig vorgenommene Handlung und abgegebene Erklärung eben nicht als eine rechtsgeschäftliche und rechtsgeschäftliche Pflichten verletzende, sondern beim Vorhandensein der hierzu nötigen Voraussetzungen nur als eine außerhalb des Vertragsverhältnisses begangene unerlaubte Handlung angesehen werden kann, wegen deren, wenn sie der Stellvertreter verübt hat, der Geschädigte zwar diesen, aber — von den erwähnten gesetzlichen Ausnahmefällen abgesehen — nicht den Vertretenen belangen kann. Das Bürgerliche Gesetzbuch unterscheidet durchgehends scharf zwischen Verletzung von dinglichen und vertragsmäßigen Rechten einerseits, und allgemein unerlaubten Handlungen andererseits; es verlangt zwar *innerhalb* des Vertragsverhältnisses, namentlich bei dessen Erfüllung, in den §§ 157. 162. 242. 320 Abs. 2 Wahrung von Treu und Glauben, unterwirft aber damit nicht schon jede nur bei *Gelegenheit* des Vertragsschlusses begangene Handlung rechtsgeschäftlicher Beurteilung und vertragsmäßigen Folgen.

Mit Unrecht wendet der Berufungsrichter den § 278 B.G.B. zur Begründung seiner Entscheidung an. Diese Gesetzesstelle spricht im Gegenteil für die oben dargelegte Rechtsauffassung. Sie macht den Vertretenen für Verschulden des gesetzlichen Stellvertreters bei *Erfüllung* von Verbindlichkeiten haftbar. Bestünde eine ähnliche allgemeine Bestimmung auch für *Eingehung* von Rechtsgeschäften, so wäre allerdings das Berufungsurteil gerechtfertigt. Aber gerade aus dem Fehlen einer Vorschrift der letzteren Art ergibt sich wiederum, daß der Gesetzgeber sie nicht treffen wollte, da er sie sonst ebenso wie für Vertragserfüllung ausdrücklich ausgesprochen haben würde. Auch der Hinweis auf Rehbein, B.G.B. Bd. 1 S. 257 flg., Bd. 2 S. 103, spricht nicht, wie der Vorderrichter meint, vollständig für seine Rechtsansicht, da diese Stellen doch nur die Haftung des Vertretenen für vertragsmäßige Handlungen des Vertreters im Sinne haben. Gleiches muß von Endemann, Bürgerl. Recht Bd. 1 S. 396 Anm. 17 gelten.

Nach alledem besteht kein vertragsmäßiger oder auf unerlaubte Handlung gegründeter Anspruch des Klägers auf Geldentschädigung gegen den Beklagten; das Berufungsurteil muß daher ohne Eingehen auf seine Einzelheiten aufgehoben, und die Klage auch zu ihrem noch anhängigen Teil abgewiesen werden." . . .

---

50. Inwieweit ist die Entscheidung des Patentamts, durch welche die Eintragung eines Warenzeichens wegen Übereinstimmung mit einem bereits eingetragenen abgelehnt wird, hinsichtlich der Frage der Übereinstimmung oder der Verwechslungsgefahr für die Gerichte bindend?

I. Zivilsenat. Urt. v. 8. Juli 1905 i. S. W. (Kl.) w. S. (Bekl.). Rep. I. 543/04.

I. Landgericht Mainz, Kammer für Handelssachen.
II. Oberlandesgericht Darmstadt.

Die Klägerin beantragte mit der Klage die Feststellung, daß die Beklagte nicht berechtigt sei, der Führung des aus einem W mit darüber befindlichem Globus bestehenden Warenzeichens für Weine und Liköre von seiten der Klägerin zu widersprechen. Die Beklagte, für welche unter Nr. 3301 der Zeichenrolle für ihre Waren: Weine, Spirituosen und Liköre, ein sog. Globuszeichen bereits seit einer Reihe von Jahren eingetragen war, begehrte Abweisung der Klage, weil die durch die Klage zur richterlichen Entscheidung gestellte Frage im Verhältnis zwischen ihr und der Klägerin endgültig durch das Patentamt zu ihren (der Beklagten) Gunsten entschieden und deshalb der richterlichen Nachprüfung entzogen sei. Die Klägerin hatte ihr Globuszeichen schon im Jahre 1897 für alle ihre Waren angemeldet; auf Widerspruch der Beklagten und anderer Inhaber von Globuszeichen wurde die Eintragung für eine Reihe bestimmter von der Klägerin geführter Waren, und insbesondere für Weine und Liköre, durch Beschluß des Patentamts versagt. Die von der Klägerin erhobene Beschwerde wurde durch Entscheidung der Beschwerdeabteilung des Patentamts verworfen. Das gleiche Schicksal erfuhr eine spätere Anmeldung der Klägerin.

Beide Vorinstanzen erkannten im klagabweisenden Sinne. Auf Revision der Klägerin wurde das Urteil des Oberlandesgerichts aufgehoben, aus folgenden

Gründen:

... „Das Oberlandesgericht erwägt, daß das Patentamt als die zuständige Behörde in dem dafür vorgeschriebenen Verfahren in kontradiktorischer Verhandlung zwischen den Parteien rechtskräftig und endgültig die zeichenrechtliche Übereinstimmung des von der Klägerin geführten Zeichens mit dem Zeichen der Beklagten für Weine, Liköre und Spirituosen geschützten festgestellt habe; einer Nachprüfung auf Grund einer Klage des vom Patentamte abgewiesenen Anmelders durch die Gerichte unterliege diese Feststellung nicht. Wolle der Anmelder geltend machen, daß ihm ungeachtet der durch das Patentamt festgestellten Übereinstimmung ein Anspruch auf die Eintragung auf Grund eines besonderen Rechtstitels zustehe, so sei er auf den Weg der Klage nach § 6 Abs. 2 des Warenzeichengesetzes vom 12. Mai 1894 verwiesen. Daraus ergebe sich, daß die Feststellung der Übereinstimmung nach dem durch dieses Gesetz neu geregelten Vorprüfungsverfahren ausschließlich Sache des Patentamts sei. Man habe danach die Vorprüfung den Registerbehörden, welchen sie ursprünglich (Gesetz vom 30. November 1874) zugewiesen war, entzogen, und auch die Entscheidung über den Widerspruch eines Eingetragenen gegen eine Neuanmeldung dem Patentamt überlassen, um der unerfreulichen Verschiedenheit in der Auffassung der Gerichte vorzubeugen. Man habe sowohl für die Frage der Verwechselbarkeit der Zeichen wie für die Beurteilung der Frage, ob gleichartige Waren vorliegen, das Patentamt für die geeignetere Instanz gehalten.

Die Erwägungen des Oberlandesgerichts wären zutreffend, wenn es sich im vorliegenden Prozesse um die Frage der Eintragsfähigkeit des klägerischen Warenzeichens für Wein, Liköre und Spirituosen handelte.

Vgl. Entsch. des R.G.'s in Zivils. Bd. 38 S. 65.

Das Oberlandesgericht verkennt aber die Tragweite der in den §§ 5 und 6 des Gesetzes gegebenen Bestimmungen, wenn es dieselben auf den im vorliegenden Prozeß zum Austrag zu bringenden Streit anwendet. Die Klägerin begehrt nicht die Eintragung ihres Zeichens für die mehrfach erwähnten Waren; sie beansprucht nicht die Rechte aus § 12 des Gesetzes. Sie verlangt lediglich die Feststellung, daß der Beklagten kein Untersagungsrecht aus § 12 des Gesetzes gegenüber dem von ihr tatsächlich geführten Zeichen zustehe. Sie will sonach festgestellt haben, daß sie durch den Gebrauch ihres Zeichens nicht in das Zeichenrecht der Beklagten eingreife. Zu der Entscheidung hierüber ist nicht das Patentamt, sondern sind ausschließlich die Gerichte berufen. Der Fall ist rechtlich nicht anders zu beurteilen, als wenn die Beklagte wegen Verletzung ihres Zeichenrechts negatorisch gegen die Klägerin geklagt, und diese zu ihrer Verteidigung geltend gemacht hätte, daß das von ihr tatsächlich geführte Zeichen mit dem der Beklagten durch die Eintragung geschützten nicht übereinstimme, und auch keine Gefahr der Verwechslung im Verkehr vorliege. Daß die offene Handelsgesellschaft A. W., welche durch die Drohung der Beklagten zur Feststellungsklage veranlaßt war, sich in der Parteirolle der Klägerin befindet, ist für die im Prozesse auszutragende Frage unerheblich. Die Entscheidungen des Patentamts, durch welche die beantragte Eintragung des Zeichens der Klägerin für Weine, Liköre und Spirituosen abgelehnt wurde, sind für das Gericht in keiner Weise bindend; sie entheben es nicht der Verpflichtung, selbständig zu prüfen, ob das Verhalten der Klägerin eine Verletzung des Zeichenrechts der Beklagten enthalte. Allerdings wird das Gericht die Auffassung des Patentamts, welchem eine besondere Sachkunde auf diesem Gebiete innewohnt, jedenfalls in Berücksichtigung ziehen; aber die Bedeutung, welche der Entscheidung des Patentamts für die Frage der Verletzung des Zeichenrechts zukommt, ist hiernach immer nur eine tatsächliche, konsultative, keine rechtlich bindende.

Die hier niedergelegte Rechtsansicht, welche sich aus der Zusammenfassung der gesetzlichen Vorschriften ohne weiteres ergibt, wird auch in der Literatur zum Warenzeichengesetz allgemein angenommen.

Vgl. Allfeld, Gesetz zum Schutz der Warenbezeichnungen § 12 Bem. 3; Kent, Warenzeichenrecht § 20 Bem. 877 S. 544; Seligsohn, Warenzeichenrecht § 6 Bem. 1. Vgl. auch Urteil des Senats vom 12. Mai 1898, mitgeteilt in der Jurist. Wochenschr. 1899 S. 480 Nr. 4.

In ähnlicher Weise ist das Verhältnis auf dem Gebiete des Patentrechts geregelt. Die Entscheidung darüber, ob ein Patent zu erteilen, ob ein erteiltes Patent für nichtig oder zurückgenommen zu erklären sei, ist ausschließlich dem Patentamte vorbehalten. Handelt es sich aber darum, ob in ein zu Recht bestehendes Patent durch die Maßnahmen eines anderen eingegriffen werde, so sind die Gerichte zur Entscheidung hierüber auch dann berufen, wenn hierbei, wie in der Regel, die Auslegung und der Umfang des Patents in Frage kommt.

Vgl. Entsch. des R.G.'s in Zivils. Bd. 33 S. 161, Bd. 45 S. 76.

Indem das Oberlandesgericht es abgelehnt hat, in eine Prüfung darüber einzutreten, ob das von der Klägerin für Wein, Spirituosen ꝛc tatsächlich geführte Zeichen mit dem für die Beklagte geschützten übereinstimme, oder eine die Verwechslungsgefahr begründende Ähnlichkeit zwischen beiden Zeichen bestehe, hat es das Gesetz verletzt. Seine Entscheidung unterlag daher der Aufhebung." ...

51. Stellt bei einer Lebensversicherung des Ehemannes zugunsten der Ehefrau die Zahlung der Jahresprämien eine unentgeltliche Verfügung des Ehemannes zugunsten der Ehefrau dar, so daß der Verwalter im Konkurse über den Nachlaß des Ehemannes im Wege der Anfechtung auf Grund des § 32 Nr. 2 K.O. die Rückgewähr der zwei letzten Jahresprämien von der Ehefrau, welche die Versicherungssumme ausbezahlt erhalten hat, verlangen kann?

VII. Zivilsenat. Urt. v. 8. Juli 1904 i. S. Verw. im Nachlaßkonkurse L. (Bekl.) w. Ehefrau L. (Kl.). Rep. VII. 68/04.

I. Landgericht Aschaffenburg.
II. Oberlandesgericht Bamberg.

Die vorstehende Rechtsfrage wurde im Prinzip bejaht aus folgenden

Gründen:

„In dem in den Entsch. des R.G.'s in Zivils. Bd. 51 S. 403 mitgeteilten Urteile vom 3. Juni 1902 hat der hier erkennende Senat bei Anwendung der §§ 330. 331 B.G.B. angenommen, daß ein Dritter, zu dessen Gunsten ein Lebensversicherungsvertrag auf den Todesfall des Versicherungsnehmers abgeschlossen ist, vor dem Tode des letzteren nur eine Hoffnung, kein bedingtes Recht auf die Erlangung der Versicherungssumme habe, den bezüglichen Anspruch vielmehr im Zeitpunkte des Todes des Versicherungsnehmers unmittelbar auf Grund des Vertrages erhalte, und daß das auf diese Weise zufallende Recht, da es nicht zum Nachlasse des Versicherungsnehmers gehört habe, dem Zugriffe der Nachlaßgläubiger entzogen sei, daß demgemäß in solchem Falle der in dem Konkurse über den Nachlaß des Versicherungsnehmers bestellte Verwalter nicht berechtigt sei, die Zuwendung dem Dritten gegenüber auf Grund der Vorschriften der §§ 30—32 K.O. anzufechten.

Hier handelt es sich um die von den Vorinstanzen verneinte Frage, ob bei einer Lebensversicherung des Ehemannes zugunsten der Ehefrau die Zahlung der Jahresprämien eine unentgeltliche Verfügung des Ehemannes zugunsten der Ehefrau darstellt, so daß der Verwalter im Konkurse über den Nachlaß des Ehemannes im Wege der Anfechtung auf Grund des § 32 Nr. 2 K.O. die Rückgewähr der zwei letzten Jahresprämien von der Ehefrau, welche die Versicherungssumme ausbezahlt erhalten hat, verlangen kann.

Die Vorinstanzen gehen davon aus, daß die Prämien das Entgelt für die Vertragsleistung der Versicherungsgesellschaft bilden und nicht, auch nicht mittelbar in der Form der Versicherungssumme, in das Vermögen des Bedachten fließen. Sie befinden sich insoweit in Übereinstimmung u. a. mit Jaeger, Komm. zur K.O. 2. Aufl. Anm. 27. 28 zu § 32; Petersen-Kleinfeller, K.O. 4. Aufl. Bem. 6 zu § 32; dem Oberlandesgericht Stuttgart in dem Urteil vom 16. Mai 1902 in der Deutschen Juristenzeitung VII. Jahrg. S. 439.

Für die Anfechtbarkeit der Prämienzahlungen haben sich dagegen u. a. ausgesprochen: Hartmann-Meikel, Anfechtungsgesetz 5. Aufl. S. 181, das Bayerische Oberste Landesgericht und die Oberlandesgerichte Stuttgart, Hamburg und Darmstadt in den in Seuffert's Archiv Bd. 41 Nr. 138, Bd. 24 Nr. 155, Bd. 55 Nr. 13, Bd. 46 Nr. 48 mitgeteilten Entscheidungen.

Das Reichsgericht hat, soweit sich ermitteln ließ, bisher noch nicht direkt Stellung zu der Streitfrage genommen. Der jetzt erkennende Senat schließt sich im Prinzip der Bejahung derselben an.

Darüber, daß der Abschluß eines Lebensversicherungsvertrages seitens eines Ehemannes zugunsten seiner Ehefrau, falls diese dem Manne hierfür kein Entgelt gewährt, eine Liberalität des Mannes gegenüber der Frau enthält, kann kein Zweifel obwalten. Die Erstattung der von der Versicherungsgesellschaft an die Ehefrau ausgezahlten Versicherungssumme kann aber von dem Verwalter im Konkurse über den Nachlaß des Ehemannes auf Grund der Bestimmungen der §§ 30—32 K.O. nicht gefordert werden, weil die Versicherungssumme, bzw. der Anspruch auf dieselbe nicht zum Nachlasse gehört hat, durch die Auszahlung somit die Nachlaßmasse nicht vermindert wird. Dieser Grund entfällt hinsichtlich der Prämien, durch deren Zahlung der Ehemann, um den Versicherungsanspruch zu erhalten, sein Vermögen zugunsten der Ehefrau vermindert hat. Die Prämienzahlung stellt sich, falls sie lediglich, um den Versicherungsanspruch zum Vorteil der Ehefrau zu erhalten, und ohne Gewährung eines Entgelts seitens der letzteren erfolgt, zweifellos als eine unentgeltliche Verfügung des Ehemannes zugunsten der Ehefrau dar; die Anfechtbarkeit der in den letzten zwei Jahren vor der Konkurseröffnung geleisteten Prämienzahlungen auf Grund des § 32 Nr. 2 K.O. würde in solchem Falle nur dann zu verneinen sein, wenn anzunehmen wäre, daß dieselben der Ehefrau auch nicht mittelbar zugewendet seien. Von einer unmittelbaren Zuwendung an die Ehefrau kann keine Rede sein, da die Prämien in das Vermögen der Versicherungsgesellschaft fließen, an die sie gezahlt werden.

Der erkennende Senat hat sich unter der angegebenen Einschränkung der Auffassung angeschlossen, daß in der Prämienzahlung eine zur Anwendbarkeit des § 32 Nr. 2 K.O. ausreichende mittelbare Zuwendung an die Ehefrau zu erblicken ist, weil dieselbe zu dem Zwecke geschieht, die auf Liberalität beruhende Zuwendung der Versicherungssumme zu vermitteln und mittels der letzteren, soweit sie sich mit dieser deckt, der Ehefrau zugute kommt. Vgl. insbesondere das Urteil des Obersten Landesgerichts für Bayern vom 13. November 1885, Seuffert's Archiv Bd. 41 Nr. 138.

Diese Auffassung konnte indessen noch nicht ohne weiteres zur Abweisung der Klage führen, weil die besonderen Bedingungen des von dem Ehemanne der Klägerin mit der Bayerischen Hypotheken- und Wechselbank geschlossenen Versicherungsvertrages möglicherweise eine andere Auffassung begründen. Das Oberlandesgericht Hamburg hat in dieser Hinsicht in dem Urteile vom 28. Juni 1898, Seuffert's Archiv Bd. 55 Nr. 13, bei gleicher Sachlage, nachdem es zunächst die zugunsten der damaligen Beklagten geschlossenen Versicherungsverträge als unentgeltliche Zuwendungen ihres Ehemannes bezeichnet hat, zutreffend ausgeführt: „Ob die einzelnen, die Fortdauer der Versicherung bedingenden und deren Erhaltung bezweckenden Prämienzahlungen ebenfalls als neue unentgeltliche Zuwendungen an die Beklagte anzusehen sind, wird wesentlich davon abhangen, ob nach Maßgabe der Versicherungsbedingungen der Ehemann der Beklagten zur Fortsetzung der Versicherung der Gesellschaft gegenüber verpflichtet war, oder ob es in seinem Belieben stand, die Versicherung verfallen zu lassen. Während im ersteren Falle die zweite und die ihr folgenden Prämienzahlungen sich lediglich als Erfüllung der durch den Versicherungsvertrag übernommenen Verbindlichkeit darstellen und damit zunächst ... der Anfechtung nicht unterliegen würden (Ensch. des R.G.'s in Zivils. Bd. 27 Nr. 30), wäre die Anfechtung im anderen Falle an sich nicht ausgeschlossen, weil dann durch die jedesmalige Prämienzahlung der ursprüngliche Vertrag nicht als erfüllt, sondern vielmehr als durch einen neuen freiwilligen Akt des Versicherungsnehmers prolongiert, d. h. von neuem geschlossen, behandelt werden müßte."

Da über den Inhalt des Versicherungsvertrages in der hier berührten Hinsicht aus dem Tatbestande der Urteile der Vorinstanzen nichts erhellt, so war unter Aufhebung des angefochtenen Urteils die Sache zur anderweiten Verhandlung und Entscheidung an das Berufungsgericht zurückzuverweisen." ...

52. Zur Anwendung des § 1973 B.G.B. Ist ein dem § 1973 Abs. 1 Satz 1 entsprechender Vorbehalt in dem Urteil auszusprechen? Wann ist der Nachweis, daß der Nachlaß durch die Befriedigung der nicht ausgeschlossenen Gläubiger erschöpft werde, zu führen? Insbesondere wenn nicht der Erbe, sondern der Nachlaßverwalter Beklagter ist?

VI. Zivilsenat. Urt. v. 10. Juli 1905 i. S. Sch. (Kl.) w. H. Nachlaßverw. (Bekl.). Rep. VI. 533/04.

I. Landgericht I Berlin.
II. Kammergericht daselbst.

Aus den Gründen:

... „Der zweite Streitpunkt hat die Art und Weise der Anwendung des § 1973 B.G.B. im Prozesse eines im Aufgebotsverfahren ausgeschlossenen Nachlaßgläubigers gegen den Erben oder den Nachlaßverwalter zum Gegenstande. Der Kläger meint, daß eine unbeschränkte Verurteilung des Beklagten erfolgen müsse, sofern nicht der letztere im Prozesse den Nachweis führe, daß der Nachlaß durch die Befriedigung der nicht ausgeschlossenen Gläubiger erschöpft werde. Der Beklagte dagegen verlangt die vollständige Abweisung der Klage, indem er den ausgeschlossenen Nachlaßgläubiger, solange nicht die bevorrechteten Gläubiger befriedigt seien, auf den Weg der Feststellungsklage verweisen will.

Die Unrichtigkeit des letzteren Standpunktes ergibt sich unmittelbar aus § 1973 B.G.B. Der Anspruch des ausgeschlossenen Gläubigers wird selbst durch das Ausschlußurteil nicht berührt und verliert seinen Charakter als Anspruch auf Befriedigung nicht (vgl. Strohal, Erbrecht 3. Aufl. Bd. 2 S. 243). Der Gläubiger klagt, wie wenn er nicht ausgeschlossen wäre, gegen den Erben auf dessen Verurteilung; Sache des Erben ist es, durch seine Einrede ihn zu nötigen, daß er sich mit der Vollstreckung in den Nachlaßrest, der nach Befriedigung der nicht ausgeschlossenen Gläubiger verbleibt, zufrieden gebe (Dernburg, Bürgerl. Recht Bd. 5 S. 466); den Erben trifft die Beweislast, daß der Nachlaß durch die Befriedigung dieser Gläubiger erschöpft werde, und nur dieser Nachweis kann die Abweisung der Klage des ausgeschlossenen Gläubigers zur Folge haben.

Ob, wenn hiernach die Ansicht des Beklagten nicht zutreffend ist, der Erbe im Prozesse sich darauf beschränken kann, die Aufnahme des Vorbehalts des § 780 Z.P.O. in das Urteil zu erwirken, und diese ihm ermöglicht, in der Zwangsvollstreckungsinstanz dem Gläubiger das Ausschlußurteil entgegenzuhalten,

vgl. Seuffert, C.P.O. 8. Aufl. Bem. 2c zu § 780; Gaupp-Stein, C.P.O. 4. Aufl. Bem. I zu § 780; Strohal, Erbrecht 2. Aufl. S. 447,

— in diesem Falle würde es dem Nachlaßverwalter gegenüber eines Vorbehalts überhaupt nicht bedürfen (§ 780 Abs. 2 Z.P.O.) —, oder ob hierzu ein Vorbehalt im Urteile erforderlich ist, der den Gläubiger bereits auf den nach Befriedigung der im Ausschlußurteile berücksichtigten Gläubiger verbleibenden Nachlaßrest verweist,

vgl. Strohal, Erbrecht 3. Aufl. Bd. 2 S. 245; Dernburg, a. a. O. S. 467; Seuffert, Archiv Bd. 57 S. 85,

kann im gegebenen Falle unerörtert bleiben; denn der auf Antrag des Beklagten in das Urteil des Landgerichts aufgenommene Vorbehalt entspricht der letzteren, weitergehenden Anforderung. Es kann aber auch ferner dahingestellt bleiben, ob der von einem ausgeschlossenen Gläubiger in Anspruch genommene Erbe für verpflichtet zu erachten wäre, den durch § 1973 B.G.B. ihm auferlegten Beweis, daß durch die Befriedigung der nicht ausgeschlossenen Gläubiger der Nachlaß erschöpft werde, im Prozesse selbst zu führen, widrigenfalls die unbeschränkte Verurteilung ausgesprochen werden müßte. Denn in dem vorliegenden Rechtsstreite ist nicht der Erbe, sondern der Nachlaßverwalter verklagt; dieser hat als amtlich bestellte Person in einer rechtlichen Stellung, die der des Konkursverwalters ähnlich ist (Strohal, a. a. O. S. 280), unter der Aufsicht des Nachlaßgerichts (§§ 1837 flg. 1962 B.G.B.) den Nachlaß flüssig zu machen und dessen planmäßige Verteilung zur Befriedigung der Gläubiger zu bewirken (§§ 1985. 1986 B.G.B.).

Vgl. Protokolle zur 2. Lesung Bd. 5 S. 761; Planck, B.G.B. 2. Aufl. Bem. 3 zu § 1975;

Diese ihm obliegende Aufgabe schließt es aus, daß er zu jeder Zeit, auch wenn die vielleicht verwickelten Verhältnisse des Nachlasses noch nicht klargestellt sind, und ein Plan für seine Verteilung und die Befriedigung der Nachlaßgläubiger noch nicht aufgestellt werden konnte, gezwungen sein könnte, dem klagenden ausgeschlossenen Gläubiger mit einem Beweise zu begegnen, der die Übersicht über die Verhältnisse des Nachlasses voraussetzt. Der Gläubiger muß vielmehr auf die ordnungsmäßige Verteilung des Nachlasses nach dem von dem Nachlaßverwalter aufzustellenden Verteilungsplane warten, und seine Befriedigung nach Maßgabe des § 1973 B.G.B. darf von dem Nachlaßverwalter so lange verweigert werden." ...

---

53. Bedarf die Genehmigung eines Vertrages, der bloß von einem Teile der nur in ihrer Gesamtheit zur Vertretung einer Genossenschaft berechtigten Vorstandsmitglieder abgeschlossen worden ist, der Erklärung gegenüber dem Vertragsgegner, oder genügt es, daß diejenigen Mitglieder des Vorstandes, die bei dem Vertragsabschlusse nicht mitgewirkt haben, gegenüber denjenigen, die den Vertrag namens der Genossenschaft abgeschlossen haben, nachträglich ihre Zustimmung erklären?

II. Zivilsenat. Urt. v. 11. Juli 1905 i. S. J. & Co. (Kl.) w. Meiereigenossenschaft L. (Bekl.). Rep. II. 139/05.

I. Landgericht Kiel.
II. Oberlandesgericht daselbst.

Die Frage ist in ersterem Sinne entschieden aus folgenden

Gründen:

„Das Berufungsgericht ist rechtlich einwandfrei von der Erwägung ausgegangen, zu einem die Beklagte verpflichtenden Abschlusse des Vertrages sei gemäß § 17 des Statuts die Zustimmung ihrer drei damaligen Vorstandsmitglieder H., Chr. D. und Cl. D. notwendig, bei Abwesenheit des Cl. D. in der fraglichen Versammlung aber nur die Einwilligung der zwei Vorstandsmitglieder Chr. D. und H. erfolgt. In tatsächlicher Beziehung ist festgestellt, Cl. D. habe dem Chr. D. gegenüber nachträglich den Vertragsabschluß ausdrücklich genehmigt und im Einverständnisse mit den beiden Vorstandsmitgliedern H. und Chr. D. alle, die Erfüllung der

Vertragsleistungen der Beklagten bezweckenden Maßnahmen, insbesondere die Anschaffung der erforderlichen Milchkannen sowie die Hinterlegung der Frachtkaution bei der Bahn mitangeordnet. Das Berufungsgericht hat diese Genehmigung für unerheblich angesehen, weil sie der Klägerin nicht mitgeteilt worden, sondern nur ein innerhalb des Vorstandes sich vollziehender Vorgang gewesen sei, welcher die Beklagte der Klägerin gegenüber nicht gebunden habe. Es hat erwogen: die Vertretung der Genossenschaft sei eine sog. Gesamtvertretung. Zu ihrem Wirksamwerden im einzelnen Falle sei erforderlich, daß die vorzunehmende Rechtshandlung von allen Gesamtvertretern ihrem vollen Bestande nach vorgenommen werde. Nicht immer sei notwendig, daß die Rechtshandlung gegenüber dem Rechtshandlungsgegner erfolge. Wenn, was insbesondere das Zustandekommen eines Vertrages anlange, ein oder mehrere Genossen ohne Vertretungsmacht ein an die Genossenschaft gerichtetes Vertragsangebot für die Genossenschaft annähmen, oder wenn sie umgekehrt für die Genossenschaft ein Vertragsangebot machten, und dieses von dem Vertragsgegner ihnen gegenüber angenommen werde, so stehe, wenn sie diese in sich fertige Einigungserklärung dem Genossenschaftsvorstande überbrächten, einer Anwendung des § 177 B.G.B. dahin nichts entgegen, daß der Vertrag nunmehr durch eine Genehmigung zustande komme, die die Gesamtvertreter der Genossenschaft nur gegenüber jenen Vertretern ohne Vertretungsmacht erklärten. Die Anforderungen des § 17 des Statuts und des § 25 des Gesetzes, betreffend die Erwerbs- und Wirtschaftsgenossenschaften, seien damit erfüllt. Anders aber liege die Sache im vorliegenden Falle. Es könne dahingestellt bleiben, ob der § 177 etwa mit § 181 B.G.B. dann noch Platz greifen würde, wenn ein oder zwei Mitglieder einer dreigliedrigen Gesamtvertretung, unter Abstandnahme von dieser ihrer Eigenschaft als Vertreter ohne Vertretungsmacht, für die Genossenschaft in der bezeichneten Weise gehandelt hätten. Ausgeschlossen sei eine Anwendung des § 177 B.G.B., wenn ein oder zwei Gesamtvertreter kraft ihrer Vertretungsmacht die Einigungserklärung für die Genossenschaft abgegeben hätten. Eine solche Erklärung sei nicht rechtlich bedeutungslos, da die zusammengehörigen und zusammen als Willensmeinung der Genossenschaft geltenden Erklärungen der einzelnen Gesamtvertreter zeitlich auseinander folgen dürften. Aber diese Erklärung nur eines Teils der Gesamtvertreter als solcher sei nicht eine in sich fertige, nur noch hinzutretender Genehmigung durch die anderen Gesamtvertreter bedürfende Einigungserklärung, sondern nur ein Stück der von der Genossenschaft vorzunehmenden Rechtshandlung, das seine Ergänzung nur durch Hinzutreten einer gleichartigen, also dem Vertragsgegner gegenüber abzugebenden Erklärung der noch unbeteiligt gebliebenen Gesamtvertreter finden könne. Nur dann würde die vorzunehmende Rechtshandlung, im vorliegenden Falle die Einigungserklärung selbst, ihrem vollen Bestande nach von allen Gesamtvertretern vorgenommen. Es bestehe nun keinerlei Anhalt dafür, daß die Vorstandsmitglieder Chr. D. und H. in der fraglichen Versammlung nicht in dieser ihrer Eigenschaft gehandelt hätten. Danach sei eine auch beiden Mitvertretern erklärte Genehmigung des damals fehlenden Vorstandsmitgliedes Cl. D. ohne rechtliche Wirkung. Der Inhaber der klagenden Firma habe sich nach der Vertretungsmacht der ihm gegenüberstehenden Personen erkundigen und dafür sorgen sollen, daß er den Vertrag mit allen Vorstandsmitgliedern abschloß. Die Entscheidung wird mit der Begründung angefochten, rechtsirrig sei die Annahme des Berufungsgerichts, daß die vom Vorstandsmitgliede Cl. D. den beiden anderen Vorstandsmitgliedern gegenüber erklärte nachträgliche Genehmigung des von ihnen mit der Klägerin abgeschlossenen Vertrages ohne rechtliche Wirkung sei. Die Genossenschaft sei vielmehr dadurch verpflichtet worden, auch wenn die Genehmigung nicht der Klägerin gegenüber kundgegeben worden sei. Die Auffassung der Revisionsklägerin findet allerdings eine Stütze in Rehbein (Bürgerliches Gesetzbuch Bd. 1 S. 286), der die Ansicht vertritt, es stehe nichts entgegen, die Genehmigung des Mitbevollmächtigten als Genehmigung des Vertreters, also unter Anwendung des § 182 B.G.B. gelten zu lassen, wie die des Vertretenen. Dieser Ansicht war jedoch nicht beizutreten. Die Entscheidung des Berufungsgerichts steht im Einklang mit den Urteilen des erkennenden Senats (Entsch. Bd. 40 S. 17) und des VI. Zivilsenats (Jurist. Wochenschr. 1898 S. 164. 165), welche zwar unter der Herrschaft des alten Rechts erlassen, aber auch für das Bürgerliche Gesetzbuch zutreffend sind. Die nachträgliche Zustimmung ist als ein Internum des Vorstandes dem Dritten gegenüber von keiner Bedeutung, wenn sie nur den anderen Vorstandsmitgliedern, nicht auch dem Dritten erklärt worden ist. Nur bei dieser Auffassung wird der Bestimmung des Statuts, daß die drei Vorstandsmitglieder bloß in Gemeinschaft die Beklagte einem Dritten gegenüber verpflichten können, Rechnung getragen.

Vgl. auch Staub, Handelsgesetzbuch § 232 Anm. 4; Lehmann u. Ring, Handelsgesetzbuch § 48 Nr. 10." ...

---

54. Finden die Bestimmungen der Artt. 52. 53 Einf.-Ges. zum B.G.B. Anwendung auf Entschädigungen für Bergschäden, die sich vor dem Jahre 1900 ereignet haben, aber erst nach diesem Zeitpunkte zu zahlen sind?

Einf.-Ges. zum B.G.B. Artt. 67. 52. 53.

Preuß. Allg. Berggeſ. § 148 Abs. 2, hinzugefügt durch Art. 37 Nr. XI preuß. Ausf.-Ges. zum B.G.B.

V. Zivilsenat. Urt. v. 12. Juli 1905 i. S. M. (Bekl.) w. K. (Kl.). Rep. V. 23/05.

I. Landgericht Halle a. S.
II. Oberlandesgericht Naumburg a. S.

Der erste Richter hat die Beklagte verurteilt, die Entschädigung, welche sie für die durch ihren Bergbau an dem Grundstücke der Kläger verursachten Schäden zu gewähren hat, gemeinschaftlich an die Kläger und die Hypothekengläubiger zu zahlen. Obwohl Beklagte ausdrücklich beantragt hatte, sie nur zu verurteilen, den Klägern unter Wahrung der Rechte der dinglich an ihrem Grundstücke Berechtigten nach den Artt. 52. 53 Einf.-Ges. zum B.G.B. Zahlung zu leisten, hat das Berufungsgericht dies abgelehnt, weil die betreffenden Beschädigungen sich vor dem Jahre 1900 ereignet hätten. Das Reichsgericht hat die Revision der Beklagten zwar insoweit für begründet erachtet, sie aber, da ihr im übrigen nicht stattgegeben ist, mit der Maßgabe zurückgewiesen, daß die Beklagte Zahlung nur unter Wahrung der den am Grundstücke der Kläger berechtigten Hypotheken- und Grundschuldgläubigern nach den Artt. 52. 53. 67 Einf.-Ges. zum B.G.B. zustehenden Rechte zu leisten hat, und zwar aus folgenden

Gründen:

... „Begründet erscheint der Angriff, daß das Berufungsgericht die Anwendung des Art. 53 Einf.=Ges. zum B.G.B. mit Unrecht ablehnt, weil die betreffenden Beschädigungen vor dem Jahre 1900 sich ereignet haben. Da es sich im Art. 53 um die Haftung des Entschädigungsanspruchs des Eigentümers für Schäden handelt, die das mit Hypotheken belastete Grundstück betroffen haben, so ist die Frage der Anwendung des Art. 53 vom Standpunkte des Gläubigers zu beantworten, dessen Rechte durch die Artt. 52. 53 insoweit erweitert werden, als ihm, wenn ihm nicht eine besondere Entschädigung wegen der Beschädigung des ihm verhafteten Grundstücks gewährt wird, seine Befriedigung aus der an den Eigentümer zu zahlenden Entschädigungssumme gesichert wird. Da die Überleitung der Hypotheken und Grundschulden, welche am 1. Januar 1900 bereits bestanden, in die Belastungsformen des Bürgerlichen Gesetzbuchs nach den Artt. 192 flg. Einf.=Ges. zum B.G.B. zur Folge hat, daß dem Gläubiger einer übergeleiteten Hypothek oder Grundschuld alle Rechte zustehen, die einer nach dem 1. Januar 1900 begründeten Hypothek oder Grundschuld gebühren, mag sich dadurch die nach dem bisherigen Rechte entstandene Rechtslage des Gläubigers verbessern, oder verschlechtern (Entsch. des R.G.'s in Zivils. Bd. 47 S. 158 flg.; Jurist. Wochenschr. 1902 S. 122), so kann dem Gläubiger auch nicht versagt werden, daß er die ihm durch die Artt. 52. 53 gewährten Rechte seit dem 1. Januar 1900 ausübt, falls die Voraussetzung vorliegt, daß ihm eine besondere Entschädigung nicht gewährt wird. Diese Voraussetzung ist hier gegeben. Kläger fordern Entschädigung für die ihrem Grundstücke durch den Bergbau der Beklagten zugefügten Beschädigungen. Für diesen Fall bestimmt Art. 67 Abs. 2 Einf.=Ges. zum B.G.B., daß die Vorschriften der Artt. 52. 53 Anwendung finden, soweit nicht die Landesgesetze ein anderes bestimmen, soweit also nach den Landgesetzen dem Dritten, dem ein Recht an der beschädigten Sache zusteht, nicht eine besondere Entschädigung gewährt wird (Art. 52). Bisher war es streitig, ob im Falle der Entschädigung nach § 148 Allg. Berggesetz. den Hypotheken= und Grundschuldgläubigern ein besonderer direkter Anspruch auf Entschädigung gegen den schädigenden Bergwerksbesitzer zustehe. Die Praxis verneinte dies und schmälerte dem Hypothekengläubiger seine Realsicherheit insofern die Entschädigung an den Eigentümer ausgezahlt wurde, ohne daß dem Hypothekengläubiger Schutzmaßregeln zur Seite standen. Diese Kontroverse ist durch die Vorschrift des Art. 37 Nr. XI preuß. Ausf.-Ges. zum B.G.B. für die Zeit nach dem 1. Januar 1900 beseitigt, indem dadurch dem § 148 B.G.B. folgender neue Absatz hinzugefügt wurde: „Den Hypotheken-, Grundschuld- und Rentenschuldgläubigern wird eine besondere Entschädigung nicht gewährt." Mit dieser Bestimmung ist für Preußen und das dort geltende Bergrecht die Voraussetzung der Anwendung der Artt. 52. 53 Einf.-Ges. zum B.G.B. gegeben: der dritte Berechtigte hat an dem Entschädigungsanspruche des geschädigten Eigentümers dieselben Rechte, die ihm im Falle des Erlöschens seines Rechts durch Zwangsversteigerung an dem Erlöse zustehen; der entschädigungspflichtige Bergwerksbesitzer hat bei der Zahlung der Entschädigungssumme die Bestimmungen des Art. 53 Einf.-Ges. zum B.G.B. und die darin bezogenen Vorschriften des Bürgerlichen Gesetzbuchs zu beachten, um sich von seiner Zahlungspflicht zu befreien.

Vgl. Turnau-Förster, Lieg.-R. Bd. 1 S. 643 Nr. VI, und Stranz-Gerhard, Preuß. Ausf.-Ges. zum B.G.B. S. 239 flg." ...

---

55. Darf auf Grund einer Verfügung des befreiten Vorerben ohne Rücksicht auf das Recht des Nacherben eine Rechtsänderung in das Grundbuch eingetragen werden, oder bedarf es dazu, so oft der Nacherbe in die Verfügung nicht eingewilligt hat, der vorherigen Eintragung des Vorerben und des Rechts des Nacherben, sowie der Befreiung des Vorerben von den Beschränkungen seines Verfügungsrechts?

V. Zivilsenat. Beschl. v. 12. Juli 1905 in der Grundbuchsache von L. Bl. 363. 387. Beschw.-Rep. V. 220/05.

I. Amtsgericht Dresden.
II. Landgericht daselbst.

Die zweite Alternative der obigen Frage ist vom Reichsgerichte bejaht, aus folgenden

Gründen:

„Im Grundbuch von L. sind für W. auf Blatt 363 eine Buchhypothek von 10000 *M* nebst Zinsen und eine Kostenkaution von 150 *M*, und auf Blatt 387 eine Buchhypothek von 7000 *M* nebst Zinsen und eine Kostenkaution von 150 *M* eingetragen. W. ist am 4. Dezember 1900 gestorben. In seinem am 22. August 1895 gerichtlich errichteten Testamente hat er seine Ehefrau zu seiner Universalerbin mit der Maßgabe eingesetzt, daß, wenn sie einen anderen letzten Willen nicht errichtet, mehrere namentlich bezeichnete Personen bzw. deren Abkömmlinge Nacherben sind, daß sie jedoch als Vorerbin zur freien Verfügung über die Erbschaft berechtigt sein soll. Die Witwe W. hat laut notarieller Verhandlung vom 30. März 1905 erklärt, daß sie von den auf sie als Erbin ihres Ehemannes übergegangenen Hypothekenforderungen, 4000 *M* Kapital von den 10000 *M* auf Blatt 363 und 3000 *M* Kapital von den 7000 *M* auf Blatt 387 samt Zinsen davon vom 1. April 1905 ab unter Vorbehalt des Vorranges für die nicht abgetretenen Hypothekenteile nebst Kostenkautionen an P. abtrete und bekenne, von diesem den Gegenwert zur Hälfte bekommen, über die andere Hälfte eine besondere Urkunde erhalten zu haben, und demgemäß beantragt, die abgetretenen Hypothekenteile nebst Zinsen vom 1. April 1905 ab auf P. im Grundbuch unter gleichzeitiger Verlautbarung des vorbehaltenen Vorrangs für die nicht abgetretenen Teile umzuschreiben, auch, falls solches nötig, vorher die Hypothekenforderungen, auf sie, die Witwe W., als alleinige Erbin ihres Ehemannes umzuschreiben. Das als Grundbuchamt zuständige Amtsgericht hat durch Verfügung vom 1. April 1905 der Witwe W. eröffnet, daß ihrem Antrag auf Umschreibung der abgetretenen Hypothekenteile auf P. mit Vorrang vor den Resten erst dann entsprochen werden könne, nachdem entweder die Witwe W. als Vorerbin und die Rechte der Nacherben eingetragen worden, oder die Zustimmung der Nacherben zur Abtretung und Rangänderung beigebracht, und solchenfalls auch wegen letzterer die Umschreibung der Rechte auf die Witwe W. nach § 41 G.B.O. erfolgt sei; denn als Erben im Sinne des § 41 G.B.O. seien die Erbin und die Nacherben zusammen, und auch letztere als Passivbeteiligte im Sinne der §§ 40. 41. 19. 13 G.B.O. anzusehen. Dabei ist verwiesen auf die Entscheidung des preußischen Kammergerichts vom 16. Februar 1903 (abgedruckt in der Zusammenstellung des Reichsjustizamts Bd. 3 S. 250). Zur Beseitigung des angegebenen Hindernisses wurde eine Frist bis zum 20. April 1905 gesetzt, nach deren fruchtlosem Ablaufe die Anträge der Witwe W. zurückgewiesen werden sollten. Die gegen diese Verfügung gerichtete Beschwerde der Witwe W., mit welcher geltend gemacht ist, daß die angeordnete Nacherbschaft der Umschreibung der gegen Entgelt abgetretenen Hypothekenteile nicht entgegenstehe, weil der Vorerbin die freie Verfügung über den Nachlaß zustehe, die Zustimmung der Nacherben zu der Abtretung und noch weniger zu dem vom Grundbuchamte mißverstandenen Rangvorbehalte daher nicht erforderlich sei, ist vom Landgericht als unbegründet zurückgewiesen. Das Landgericht hält die Umschreibung der Hypotheken auf den Namen der Witwe W. zwar nicht zur Eintragung der Abtretung, wohl aber zur Eintragung der Rangänderung für erforderlich. Sei aber die Eintragung der Vorerbin geboten, so müsse auch das Recht der Nacherben eingetragen werden, selbst in dem Falle, wo eine befreite Vorerbschaft in Frage stehe. Es nimmt an, die Witwe W. habe zwar, wenn es nötig sei, ihre Eintragung als Vorerbin beantragt, aber eine Verlautbarung der Rechte der Nacherben nicht gewollt. Das Amtsgericht hat dann mit Rücksicht auf den fruchtlosen Ablauf der Frist und die Zurückweisung der Beschwerde den Antrag der Witwe W. auf Eintragung der Teilabtretungen mit Vorbehalt des Vorrangs durch Verfügung vom 4. Mai 1905 zurückgewiesen. Die Witwe W. hat gegen die Entscheidung des Landgerichts weitere Beschwerde eingelegt mit dem Antrage, unter Aufhebung dieser Entscheidung das Grundbuchamt anzuweisen, ihren Anträgen in der Urkunde vom 30. März 1905 zu genügen. Sie macht zunächst darauf aufmerksam, daß sie den Antrag auf ihre Eintragung als Vorerbin unter Bezugnahme auf den Erbschein gestellt habe, und daher mit der Absicht, eventuell ihre Eintragung als Vorerbin mit der Nacherbschaft und mit Hinzufügung ihrer Verfügungsfreiheit zu beantragen. Sie erklärt sich ausdrücklich damit einverstanden, daß die Eintragung so vorgenommen werde, hält dies aber in erster Linie nicht für erforderlich, weil der Erbe die Übertragung eines Rechts und einer Rangänderung, wie sie hier vorliege, ohne seine vorherige Eintragung vornehmen könne. Das Oberlandesgericht in Dresden faßt das, was mit der weiteren Beschwerde erstrebt wird, dahin auf, daß die abgetretenen Hypothekenteile frei von den Rechten der Nacherben auf den Zessionar P. umgeschrieben, und daß deshalb die Rechte der Nacherben, wenn die Witwe W. als Vorerbin unter gleichzeitiger Vermerkung der Rechte der Nacherben bei den Hypotheken eingetragen werde, alsbald bei den abgetretenen Hypothekenteilen wieder gelöscht werden sollen. Daß die Absicht der Witwe W. dahin geht, kann nicht bezweifelt werden, wenn auch, wie das Oberlandesgericht hervorhebt, die weitere Beschwerde nicht recht klar erscheint. Das Oberlandesgericht hält das prinzipale Verlangen der Beschwerdeführerin für berechtigt und daher die weitere Beschwerde für begründet, sieht sich jedoch an der zu treffenden Entscheidung behindert, weil das preußische Kammergericht in dem erwähnten Beschlusse vom 20. (richtig vom 16.) Februar 1903 ausgesprochen habe, daß der Nacherbe auch bei einer befreiten Vorerbschaft als ein Passivbeteiligter zu gelten habe, dessen Zustimmung zu einer von dem Vorerben bewilligten Eintragung erforderlich sei, wenn sein Recht nicht mit verlautbart werden — oder nicht eingetragen bleiben — solle.

Das Reichsgericht hält die weitere Beschwerde insoweit, als damit in erster Linie beantragt ist, die abgetretenen Hypothekenteile frei von den Rechten der Nacherben auf den Zessionar P. umzuschreiben, nicht für begründet. Es tritt vielmehr dem Beschlusse des Kammergerichts vom 16. Februar 1903 bei, dem sich inzwischen auch das Bayerische Oberste Landesgericht in dem Beschlusse vom 18. März 1905 (Das Recht S. 256 Nr. 1214) angeschlossen hat. Es hält die vom Oberlandesgerichte Dresden dagegen erhobenen Bedenken nicht für durchgreifend.

Nach der Auffassung des Reichsgerichts ergibt sich aus den gesetzlichen Bestimmungen in ihrem Zusammenhalt folgender Rechtszustand.

Die Verfügung des Vorerben über ein zur Erbschaft gehörendes Grundstück, oder über ein zur Erbschaft gehörendes Recht an einem Grundstück ist im Falle des Eintritts der Nacherbfolge insoweit unwirksam, als sie das Recht des Nacherben vereiteln oder beeinträchtigen würde (§§ 2113. 2114 B.G.B.). Da jedoch die Vorschriften zugunsten derjenigen, welche Rechte von einem Nichtberechtigten herleiten, entsprechende Anwendung finden (§ 2113 Abs. 3), sind jene Verfügungen dem gegenüber nicht unwirksam, dem beim Erwerbe eines Rechts an einem der Nacherbfolge unterliegenden Erbschaftsgegenstand unbekannt war, daß dieser der Nacherbfolge unterliege (§ 892 B.G.B.). Damit der Nacherbe gegen diese sich aus dem öffentlichen Glauben des Grundbuchs ergebende Gefahr geschützt ist, bestimmt § 52 G.B.O., daß bei der Eintragung des Vorerben zugleich das Recht des Nacherben von Amts wegen in das Grundbuch eingetragen werden muß. Da diese Bestimmung nicht im öffentlichen Interesse gegeben ist, sondern nur zum Schutze des Nacherben dienen soll, erübrigt sich die Eintragung des Rechts des Nacherben, wenn dieser darauf verzichtet (vgl. Beschluß des Kammergerichts in den Jahrb. Bd. 29 S. A 163), oder durch Erklärung seiner Einwilligung die Verfügung des Vorerben als eines Nichtberechtigten ohne Rücksicht auf seine etwaige Beeinträchtigung wirksam macht (§ 185 B.G.B.). Abgesehen von diesen Fällen würde das Grundbuch unrichtig werden, wenn bei der Eintragung des Vorerben die Vermerkung des Rechts des Nacherben unterbliebe, da dann das Grundbuch den Vorerben als unbeschränkt Berechtigten auswiese, während dieser in Wirklichkeit durch die Nacherbfolge in seiner Verfügung beschränkt ist. Um die Beschränkung des Vorerben im Grundbuch zum Ausdruck zu bringen, ist daher der Nacherbe berechtigt, zur Berichtigung des Grundbuchs die Eintragung des Vorerben zu verlangen und damit zugleich der sich aus seinem Rechte ergebenden Verfügungsbeschränkung des Vorerben zur Eintragung und zur Wirkung auch gegen Gutgläubige zu verhelfen (§ 895 B.G.B.). Erst durch die Eintragung der Rechte beider, der des Vorerben und der des Nacherben, wird das Grundbuch mit der wirklichen Rechtslage in Einklang gebracht. Die Eintragung des Rechts des Nacherben muß ausnahmslos bei jeder Eintragung eines Vorerben erfolgen, insbesondere auch dann, wenn nach der Bestimmung des Erblassers der Vorerbe zur freien Verfügung über die Erbschaft berechtigt sein soll (§§ 2136. 2137 B.G.B.). Es folgt dies daraus, daß nicht allein die Eintragung des Rechts des Nacherben, sondern auch die Eintragung der Befreiung des Vorerben von den sein Verfügungsrecht beschränkenden Wirkungen der Nacherbfolge von Amts wegen zwingend vorgeschrieben ist (§ 52 G.B.O.). Es würde keinen Sinn haben, sollte die Eintragung der Befreiung des Vorerben auch dann erfolgen, wenn von der Eintragung des Rechts des Nacherben abgesehen werden dürfte, so oft der Vorerbe von den Beschränkungen seines Verfügungsrechts befreit ist. Die

Notwendigkeit der Eintragung des Rechts des Nacherben auch in den Fällen der Befreiung des Vorerben beruht auf dem materiellrechtlichen Grunde, daß der Erblasser den Vorerben nicht von allen durch die Anordnung der Nacherbfolge eintretenden Verfügungsbeschränkungen befreien kann, namentlich, was hier allein in Betracht kommt, nicht von der Beschränkung im § 2113 Abs. 2 B.G.B., daß die Verfügung des Vorerben über einen Erbschaftsgegenstand, die unentgeltlich oder zum Zwecke der Erfüllung eines vom Vorerben erteilten Schenkungsversprechens erfolgt, beim Eintritt der Nacherbfolge insoweit unwirksam ist, als dadurch das Recht des Nacherben vereitelt oder beeinträchtigt wird. Ob eine Verfügung des Vorerben eine entgeltliche oder unentgeltliche ist, läßt sich mit den im Grundbuchverfahren zulässigen Beweismitteln, abgesehen von einer beglaubigten Erklärung des Nacherben, nicht mit Sicherheit feststellen. Denn wenn auch eine Verfügung sich äußerlich als eine entgeltliche darstellt — Verkauf, Abtretung gegen Gegenleistung —, ist keineswegs ausgeschlossen, daß dadurch eine in Wirklichkeit unentgeltliche Verfügung verdeckt wird. Mit einer so verantwortlichen Prüfung und Feststellung soll und kann der Grundbuchrichter nicht befaßt werden, sondern es soll die Entscheidung dem Nacherben selbst überlassen, und dadurch vorbehalten bleiben, daß in allen Fällen das Recht des Nacherben eingetragen wird. Das Grundbuchamt kann freilich von den Voraussetzungen einer Eintragung, die nicht in einer Eintragungsbewilligung oder einer sonstigen zu der Eintragung erforderlichen Erklärung bestehen, absehen, soweit bei ihm die Voraussetzungen offenkundig sind (§ 29 Satz 2 G.B.O.). Offenkundigkeit der Entgeltlichkeit einer Verfügung des Vorerben wird aber für den Grundbuchrichter kaum in Betracht kommen können, da er sie aus dem allgemeinen Erfahrungssatze, daß Grundstücke oder Rechte daran nicht verschenkt zu werden pflegen, nicht entnehmen darf. Für ihn muß vielmehr offenkundig sein, daß in dem ihm gerade vorliegenden Falle eine unentgeltliche Verfügung nicht in Frage steht. Es geht deshalb nicht an, mit dem Oberlandesgericht Dresden die Entgeltlichkeit der getroffenen Verfügung um deswillen allein anzunehmen, weil nicht das Gegenteil aus der von den Beteiligten abgegebenen Erklärung ersichtlich ist. Noch weniger ist es zu billigen, daß das eingetragene Recht des Nacherben gemäß § 22 Abs. 1 Satz 2 G.B.O. auf Antrag gelöscht werden müsse, wenn die Verfügung des befreiten Vorerben sich nach der vorgelegten Urkunde als eine entgeltliche darstelle. Das Kammergericht ist allerdings bei Beurteilung der Prüfungspflicht des Grundbuchrichters in der Richtung, ob eine entgeltliche Verfügung des befreiten Vorerben vorliege, nicht konsequent gewesen, indem es angenommen hat, der Grundbuchrichter könne in Fällen, wo der befreite Vorerbe nicht eine abstrakte Löschungsbewilligung, sondern eine Quittung erteilt hatte, woraus sich die Bezahlung von Kapital und Zinsen ergab, nur dann den Nachweis der Richtigkeit der Angaben, oder statt dessen die Zustimmung der Nacherben zur Löschung verlangen, wenn der konkrete Sachverhalt ihm Anlaß zu der Vermutung gebe, daß die Verfügung trotzdem entgegen der Erklärung unentgeltlich, oder in Erfüllung eines von dem Vorerben erteilten Schenkungsversprechens erfolgt sei (Jahrbuch für Entsch. des Kammergerichts Bd. 25 S. A 281; Rechtspr. der Oberlandesgerichte Bd. 6 S. 324). In seiner Entscheidung vom 16. Februar 1903 hat das Kammergericht, obwohl es sich um den Verkauf eines Nachlaßgrundstücks durch den befreiten Vorerben handelte, diese Frage nicht wieder erörtert, sondern sich auf den Satz beschränkt: „Der Grundbuchrichter soll der dem materiellen Rechte zugehörigen Entscheidung darüber, ob nicht etwa Rechte des Nacherben geschädigt werden könnten, enthoben sein.“

Hiernach ist es nicht zulässig, daß auf Grund einer Verfügung des befreiten Vorerben, ohne Rücksicht auf das Recht des Nacherben, eine Rechtsänderung in das Grundbuch eingetragen wird; vielmehr bedarf es, so oft der Nacherbe in die Verfügung nicht eingewilligt hat, dazu der vorherigen Eintragung des Vorerben und des Rechts des Nacherben, sowie der Befreiung des Vorerben von den Beschränkungen seines Verfügungsrechts.

Aus der Entstehungsgeschichte des § 52 G.B.O. ergibt sich nichts, was gegen die Richtigkeit der dargestellten Rechtslage verwendet werden könnte (vgl. Motive zum B.G.B. Bd. 5 S. 111; Protokolle der 2. Lesung, Ausg. von Achilles ꝛc Bd. 5 S. 110, Bd. 6 S. 223 flg.). Der Versuch des Oberlandesgerichts Dresden, aus den Materialien das Gegenteil nachzuweisen, erscheint verfehlt. Auch die Ausführungen Cohn's u. Dawe's (Jurist. Wochenschr. 1903 S. 364; D. Jurist.-Ztg. 1903 S. 198) sind nicht geeignet, einen Irrtum in dem kammergerichtlichen Beschlusse vom 16. Februar 1903 darzulegen.

Damit, daß der prinzipale Antrag der Witwe W. nicht gerechtfertigt ist, wird die weitere Beschwerde bezüglich ihres eventuellen Begehrens nicht erledigt. Es bedarf vielmehr einer weiteren Entscheidung des Grundbuchamts darüber, ob dem Eintragungsantrage der Witwe W. auch dann nicht stattzugeben ist, wenn zuvor sie als Vorerbin mit der Nacherbschaft und der Verfügungsfreiheit eingetragen wird."

---

56. Was ist unter den Kosten der Anlage im Sinne der Tarifst. 221 zum preußischen Stempelsteuergesetze vom 31. Juli 1895 zu verstehen?

VII. Zivilsenat. Urt. v. 13. Juli 1905 i. S. Imperial-Kontinental-Gas-Association (Kl.) w. preuß. Steuerfiskus (Bekl.). Rep. VII. 591/04.

I. Landgericht I Berlin.
II. Kammergericht daselbst.

Der Klägerin ist im Jahre 1901 vom Regierungspräsidenten zu P. gemäß § 43 des Gesetzes über Kleinbahnen und Privatanschlußbahnen vom 28. Juli 1892 (G.S. S. 225) die polizeiliche Genehmigung zur baulichen Herstellung und zum Betrieb einer Anschlußbahn von der ihr gehörigen Gasanstalt in M. nach der Strecke der preußischen Staatsbahn Berlin-Dresden erteilt worden. Der verklagte Fiskus erachtete die Genehmigungsurkunde gemäß der Tarifst. 221 zum preußischen Stempelsteuergesetz vom 31. Juli 1895 zu einem Betrage von 450 *M* für stempelpflichtig, indem er als Kosten der Anlagen folgende Posten ansah:

1. Erd- und Oberbauarbeiten	214400 *M*	— *Pf*
2. Fernsprechkabel auf dem Gaswerk . . .	10554 "	— "
3. Landerwerb	44000 "	— "
4. Entschädigungen	60 "	— "
5. Eisenbahnkabel	13432 "	— "
6. Reichspostkabel	14090 "	— "
7. Umbau der L.'er Straße	17454 "	— "
8. Kostenbeitrag für den Umbau der Station M.	109515 "	05 "
	423505 *M*	05 *Pf*

Klägerin ging davon aus, daß nur die Posten 1 und 2 zu den Kosten der Anlage im Sinne der bezeichneten Tarifstelle zu rechnen seien, und daß danach der Stempel 250 *M* betrage. Den gezahlten Mehrbetrag von 200 *M* forderte sie im Rechtswege nebst Zinsen zurück. Das Landgericht erkannte in Höhe von 10 *M* und Zinsen nach dem Antrage der Klägerin und wies im übrigen die Klage ab. Das Kammergericht änderte auf die Berufung beider Teile das Urteil erster Instanz zugunsten des Beklagten. Die Revision wurde zurückwiesen, aus folgenden

Gründen:

„Streitig ist lediglich die Frage, ob die im Tatbestand unter Ziff. 3—8 aufgeführten Beträge als Kosten der Anlage im Sinne der Tarifst. 221 anzusehen und daher bei der Stempelberechnung zu berücksichtigen sind. Der Berufungsrichter bejaht die Frage, und dies erscheint nicht rechtsirrtümlich. Die Tarifst. 221 verdankt ihre Entstehung einem bei der dritten Beratung des Stempelsteuergesetzes gefaßten Beschlusse des Abgeordnetenhauses, für welchen eine Begründung fehlt (Verhandlungen des Abgeordnetenhauses S. 2493). Nach dem Entwurfe des Gesetzes war in der Tarifst. 22d die Versteuerung der Genehmigung zur Errichtung der im § 16 der Reichsgewerbeordnung und den dazu ergangenen und ferner ergehenden Beschlüssen des Bundesrats bezeichneten Anlagen nach dem Werte dieser Anlagen vorgesehen. Um die Schwierigkeiten einer Schätzung des Wertes in jedem einzelnen Falle zu vermeiden, wurde in der Kommission des Abgeordnetenhauses beschlossen, nicht den Wert, sondern die zur Errichtung der Anlage wirklich aufgewendeten Kosten als Maßstab der Besteuerung festzusetzen (Kommissionsbericht S. 29. 30). Was der Gesetzgeber unter den Kosten der Anlage verstanden wissen will, ist aus dem Gesetze selbst nicht zu entnehmen. Man erachtete in der Kommission nur die Kosten der konzessionspflichtigen Anlage für stempelpflichtig, so daß z. B. bei der Errichtung einer chemischen Fabrik nur die Fabrikanlage selbst, nicht die zu erbauenden Beamten- und Arbeiterwohnhäuser in Rechnung zu stellen seien. Auf eine Anfrage, ob auch der Wert des Grund und Bodens, auf dem die Anlage hergestellt werden solle, zu den Anlagekosten zu rechnen sei, ist von den Vertretern der Staatsregierung eine Erklärung nicht abgegeben. Als Willen des Gesetzgebers wird man daher ansehen dürfen, daß jedenfalls nicht die gelegentlich der Errichtung einer genehmigungsbedürftigen Anlage, wenn schon im Zusammenhange mit ihr, vorgenommenen baulichen Maßnahmen für die Höhe des Stempels in Betracht zu ziehen sind, daß es sich vielmehr um die durch jene Anlage bedingten Kosten handeln muß. Es ist aber weder aus der Fassung des Gesetzes noch aus den parlamentarischen Erörterungen zu entnehmen, daß der Begriff der Anlagekosten nur in dem engsten, unmittelbar auf den Bau der Anlage, also auf das Werk selbst beschränkten Sinne verstanden werden solle, und daß alle Nebenkosten, die der Sprachgebrauch gleichfalls als Anlagekosten im weiteren Sinne zu bezeichnen pflegt, unberücksichtigt zu bleiben hätten. Es entscheidet eben nicht der Wert der Anlage, sondern der tatsächlich für ihre Schaffung erforderlich gewesene Betrag. Auch der Grund der Steuervorschrift spricht gegen die enge Auslegung des Begriffs der Anlagekosten. Es sollte dem Staate durch die für die besondere Inanspruchnahme amtlicher Tätigkeit für private, der Erzielung von Gewinn dienende Zwecke zu erhebende Abgabe, die sich in mäßigen Grenzen hält, eine Mehreinnahme zugeführt werden (vgl. Hummel u. Specht, Bem. 1 zu Tarifst. 22). Für die Auslegung nicht verwertbar ist der Umstand, daß in der Tarifst. 221 als Gegenstand der Besteuerung die Genehmigung zum Betriebe von Privatanschlußbahnen bezeichnet ist. Der Steuersatz bemißt sich lediglich nach den Kosten der Anlage. Zu erörtern ist, was der Unternehmer hat aufwenden müssen, um die Bahn betriebsfertig herzustellen. Prüft man von diesem Gesichtspunkt aus die streitigen Ansätze, so kommt man zu dem Ergebnis, daß der Berufungsrichter sie sämtlich ohne Rechtsirrtum zu den Anlagekosten rechnen konnte. Was zunächst die Grunderwerbskosten betrifft, so mag es zwar richtig sein, daß der Grund und Boden nur insoweit zu der Anlage selbst gehört, als diese aus ihm hergestellt worden ist. Sofern er aber dem Unternehmer nicht zur Verfügung stand, mußte er doch angekauft werden, damit die Bahn gebaut werden konnte. Ohne den notwendigen Landerwerb ist die Ausführung des Privatanschlusses unmöglich, und deshalb dürfen die für diesen Erwerb verausgabten Beträge, ebenso wie der für Entschädigung der Anlieger verwendete Betrag von 60 ℳ, als Anlagekosten in dem oben angedeuteten, weiteren Sinne gelten. Dies ist auch von den Kosten zu sagen, welche der Klägerin dadurch erwachsen sind, daß sie die bereits vorhandene Gleisstrecke von der Firma B. & H. hat ankaufen müssen. Sie benötigte ihrer für das neue Unternehmen, wobei zu bemerken ist, daß von einer Doppelbesteuerung nicht die Rede sein kann, weil die Firma B. & H. seinerzeit ihre Konzession nach Maßgabe der von ihr aufgewendeten Kosten versteuert hat, und es sich jetzt um die Kosten des Erwerbs dieses Anschlußgleises zum Zweck eines neuen Unternehmens handelt, das nur mittels dieses Erwerbs ausführbar war. Auf die Doppelbesteuerung, die der erste Richter in Höhe von 10 ℳ angenommen hatte, ist die Revision auch nicht weiter zurückgekommen. Wenn in der Literatur — mit Rücksicht auf die Verhandlungen in der Kommission — die Ansicht vertreten wird, daß der Wert des Grund und Bodens niemals den Anlagekosten hinzugerechnet werden könne,

vgl. Hummel u. Specht, Bem. 22 zu Tarifst. 22d, Bem. 41 zu Tarifst. 22l; Heinitz, 2. Aufl. Bem. 4 zu Tarifst. 22d,

so geht dies zu weit und findet in den Verhandlungen keine ausreichende Stütze, da die Anfrage aus der Mitte der Kommission unbeantwortet geblieben ist.

Die übrigen Positionen anlangend, so ist unstreitig, daß die Herstellung der Kabel (5, 6), wie der Umbau der L.'er Straße und der Beitrag für den Umbau der Station M. (7, 8) als Bedingungen für die Genehmigung des Anschlußgleises aufgestellt worden sind. Die Anlage, d. i. die betriebsfertige Herstellung der Privatanschlußbahn, erforderte also den Aufwand auch dieser Nebenkosten. Sie stehen in einem notwendigen, nicht bloß gelegentlichen Zusammenhange mit der Anlage, welche die Klägerin nur errichten konnte, wenn sie sich entschloß, die ihr gemachten baulichen Auflagen zu erfüllen, und sie sind daher gleichfalls Anlagekosten, d. i. Aufwendungen, die das Unternehmen zu seiner Durchführung erheischte. Auch Hummel u. Specht (Bem. 41 a. a. O.) zählen zu den für die Stempelberechnung in Betracht kommenden Kosten alle nach § 3 der Allgemeinen Bedingungen für die Zulassung von Privatanschlüssen an Staatseisenbahnen vom 21. Mai 1900 der Eisenbahnverwaltung zu erstattenden Kosten, wozu nicht bloß die Kosten für die Herstellung der Anschlußanlagen selbst, sondern auch die Kosten für die durch jene Anlagen bedingten Änderungen und Erweiterungen der Staatseisenbahn, ferner die sog. Generalunkosten und die für das Grundeigentum zu gewährende laufende Entschädigung gehören, bekennen sich mithin insoweit gleichfalls zu einer weitergehenden Auslegung des Gesetzes. Der Revision kann auch nicht zugegeben werden, daß der Sprachgebrauch unter Kosten der Anlage nur die wirklichen Baukosten, die durch die bauliche Herstellung der genehmigten Privatanschlußbahn entstandenen Kosten, versteht. Der Verkehr begreift unter den Anlagekosten auch die sonstigen Ausgaben, welche durch die Errichtung der Anlage verursacht sind und lediglich in dieser ihren Grund haben. Da das Gesetz für die beschränktere Auslegung keinen Anhalt bietet, so trifft den Berufungsrichter kein Vorwurf, wenn er den umfassenderen Begriff der Anlagekosten seiner Entscheidung zugrunde legte." ...

57. Wie liegt die Behauptungs- und Beweislast in Ansehung der Frage, ob jemand, der das siebente, aber noch nicht das achtzehnte Lebensjahr vollendet hat, bei Begehung einer schädigenden Handlung die zur Erkenntnis der Verantwortlichkeit erforderliche Einsicht gehabt hat?

B.G.B. § 828 Abs. 2.

VI. Zivilsenat. Urt. v. 13. Juli 1905 i. S. P. u. Gen. (Kl.) w. B. u. Gen. (Bekl.). Rep. VI. 557/04.

I. Landgericht Stettin.
II. Oberlandesgericht daselbst.

Aus den Gründen:

... „Hauptsächlich hat ... der Beklagte zu 1 gerügt, daß es an der, wie er meint, nach § 828 Abs. 2 B.G.B. erforderlichen Feststellung fehle, daß er bei Begehung der schädigenden Handlung die zur Erkenntnis der Verantwortlichkeit erforderliche Einsicht gehabt habe. Zu einer solchen Feststellung lag jedoch kein Anlaß vor, da der Beklagte zu 1 nicht behauptet hatte, daß es ihm zu der fraglichen Zeit an jener Einsicht gefehlt habe. Abgesehen von positiver gesetzlicher Regelung könnte allerdings die Behauptungs- und Beweislast in Ansehung der Deliktsfähigkeit der in einem Alter von mehr als sieben Jahren stehenden Kinder als recht zweifelhaft erscheinen. Auch ist z. B. vom Standpunkte des gemeinen Rechts aus früher keineswegs angenommen worden, daß bei impuberes infantia majores die die Deliktsfähigkeit begründende Einsicht ohne weiteres vorauszusetzen sei, solange nicht im Wege der Einrede das Gegenteil behauptet werde.

Vgl. Entsch. des R.G.'s in Zivils. Bd. 37 S. 156 flg.

Aber das Bürgerliche Gesetzbuch hat, während andererseits die hier erhebliche Altersgrenze durch dasselbe bis zum vollendeten achtzehnten Jahre hinaufgerückt ist, durch die Art, wie die Worte des § 828 Abs. 2 gefaßt sind, deutlich zu erkennen gegeben, daß im Zweifel jedes über sieben Jahre alte Kind als deliktsfähig gelten soll, so daß der Mangel der erforderlichen Einsicht erst besonders geltend gemacht sein muß, wenn er in Betracht gezogen werden soll.

Vgl. Planck, Bürgerliches Gesetzbuch Bd. 2 Bem. 2 zu § 828 S. 620; Neumann, Handausgabe des Bürgerlichen Gesetzbuchs Bd. 1 (2. Aufl.) Bem. 1 zu § 828 S. 395; Dernburg, Bürgerliches Recht Bd. 2 § 384 S. 619; auch Wach, Beweislast nach dem Bürgerlichen Gesetzbuch S. 44.

Ähnlich hat der Senat auch schon erkannt i. S. M. w. K., Rep. VI. 198/04 (etwas weniger durchgreifend früher laut der Entsch. in Zivils. Bd. 51 S. 30 flg.). Der Beklagte zu 1 hat nun freilich noch gemeint, mindestens hätte er nach § 139 Abs. 1 Z.P.O. auf diesen Punkt aufmerksam gemacht und gefragt werden müssen, ob er nicht etwas in dieser Beziehung vorzubringen habe. Hierzu lag indessen in der Berufungsinstanz um so weniger Veranlassung vor, als schon das Landgericht in seinen Gründen hervorgehoben hatte, es sei nicht bestritten worden, daß der Beklagte zu 1 die zur Erkenntnis der Strafbarkeit erforderliche Einsicht besessen habe; wobei es nicht von Bedeutung ist, daß hier statt des zutreffenderen Wortes „Verantwortlichkeit" der Ausdruck „Strafbarkeit" gebraucht war." ...

58. Voraussetzungen der Zulässigkeit der Hauptintervention (§ 64 Z.P.O.). Zurückverweisung der Sache in die zweite Instanz, wenn beide Vorinstanzen die Klage wegen Unzulässigkeit der Hauptintervention zu Unrecht abgewiesen haben.

II. Zivilsenat. Urt. v. 14. Juli 1905 i. S. Gemeinde B. (Kl.) w. J. u. R. (Bekl.). Rep. II. 97/05.

I. Landgericht Colmar.
II. Oberlandesgericht daselbst.

Aus den Gründen:

... „Beide Vorinstanzen halten die Hauptintervention aus denselben Gründen für unzulässig; sie nehmen an, es fehle an der von § 64 Z.P.O. erforderten Interessenkollision, weil der Erstkläger R. bereits vor Anhängigkeit der Hauptintervention durch den Abtretungsvertrag vom 11. Dezember 1902 das Eigentum der Hauptintervenientin vorbehaltlos anerkannt habe.

Dieser Entscheidungsgrund ist rechtsirrig.

Voraussetzung der Zulässigkeit einer Hauptintervention sind nach § 64 Z.P.O. lediglich die drei prozessualen Tatsachen, daß ein Streit zwischen anderen Personen rechtshängig geworden, daß dieser Rechtsstreit noch nicht rechtskräftig entschieden ist, und daß der Hauptintervenient die Sache oder das Recht, worüber der Rechtsstreit schwebt, ganz oder zum Teil für sich in Anspruch nimmt. Diese Tatsachen sind hier gegeben. Der Erstkläger hat gegen den Erstbeklagten die Eigentumsklage auf Herausgabe der zwei nach seiner Behauptung ihm gehörigen Grundstücke erhoben. Dieser Rechtsstreit ist noch beim Landgericht anhängig; denn es hat das Prozeßgericht nur einen Aussetzungsbeschluß gemäß § 65 Z.O.P. erlassen. Die Klägerin beansprucht mit der Hauptintervention die zwei Grundstücke, worüber Erstkläger und Erstbeklagter streiten, als ihr Eigentum zufolge Grundbuchseintragung vom 8. Dezember 1891. Dieser Erwerbstitel ist als ein durchaus selbständiger geltend gemacht und schließt nach der Klagebegründung die Ansprüche sowohl des Erstklägers als des Erstbeklagten aus. Nur nebenher stützt die Hauptintervenientin ihr Eigentum gegenüber dem Erstkläger R. darauf, daß dieser ihr im Laufe des Erstprozesses das Eigentum an den zwei Grundstücken abgetreten und damit ihren Anspruch anerkannt habe. Die Klage gibt schon diese Darstellung. Beide Vorinstanzen haben unter Hinweis auf diesen Umstand dem § 265 Z.P.O. die Anwendbarkeit mit Recht versagt.

Darauf, ob der Erstkläger R. infolge seiner Abtretung dem Anspruch der Hauptintervenientin materiell nachgeben muß, kommt es bei der Frage der Zulässigkeit der Hauptintervention gar nicht an; denn die Zulässigkeit beurteilt sich nicht nach materiellen, sondern allein nach den drei bereits angegebenen prozessualen Gesichtspunkten, welche eine einheitliche Prozeßführung gegen beide Parteien des Erstprozesses bei dem Gerichtsstand dieses Prozesses ermöglichen wollen. Dazu genügt es, daß der Erstkläger sich mit dem Erstbeklagten über das Eigentum an den von der Hauptintervenientin beanspruchten Grundstücken noch im Rechtsstreit befindet.

Diese Erwägungen führen zur Aufhebung des angefochtenen Urteils, weil das Berufungsgericht die Zulässigkeit der Hauptintervention zu Unrecht verneint hat. Die Zurückverweisung in die zweite Instanz rechtfertigt sich aus den in den Entsch. des R.G.'s in Zivils. Bd. 27 S. 349, Jurist. Wochenschr. 1900 S. 312[7], entwickelten Grundsätzen, weil es sich um ein Urteil über die Prozeßvoraussetzungen handelt, und das Berufungsgericht die Verhandlung und Entscheidung durch Gerichtsbeschluß ausdrücklich auf die Frage der Zulässigkeit der Hauptintervention beschränkt hat.

Auch bezüglich des ausgebliebenen Erstklägers R. war diese Zurückverweisung, und zwar durch Versäumnisurteil, auszusprechen; denn gegen ihn hat die Hauptintervenientin in den Instanzen Sachanträge gestellt, welche die Zulässigkeit der Hauptintervention zur Voraussetzung haben. An eine Prüfung dieser Anträge ist das Berufungsgericht nicht herangetreten, weil es glaubte, einer solchen Prüfung wegen der Unzulässigkeit der Hauptintervention enthoben zu sein." ...

---

59. Bedarf die auf Nichtigkeit eines Vertrages gerichtete Feststellungsklage des Nachweises eines rechtlichen Interesses an der alsbaldigen Feststellung?

II. Zivilsenat. Urt. v. 14. Juli 1905 i. S. R. (Kl.) w. A. u. Gen. (Bekl.). Rep. II. 654/04.

I. Landgericht Dresden.
II. Oberlandesgericht daselbst.

Das Reichsgericht hat obige Frage bejaht aus folgenden Gründen:

„Der Berufungsrichter erwägt, mit ihrer Klage verlange die Klägerin die Feststellung der infolge ihrer Anfechtung wegen Betrugs und Irrtums eingetretenen Nichtigkeit des Kaufes vom 2. September 1902. Diese Klage sei eine Feststellungsklage im Sinne von § 256 Z.P.O.; ihre Zulässigkeit hange deshalb davon ab, daß die Klägerin an der alsbaldigen Feststellung dieser Nichtigkeit ein rechtliches Interesse habe. Der Ansicht des ersten Richters, daß ein solches Interesse nicht zu erfordern sei, weil die Anfechtung des Vertrages auch im Klagewege erfolgen könne, sei nicht beizupflichten; sie treffe im vorliegenden Falle übrigens um deswillen nicht zu, weil die Anfechtungserklärung durch das Rundschreiben vom 10. Februar 1903, also nicht mit, sondern vor der Klagerhebung abgegeben worden. Ein rechtliches Interesse an der alsbaldigen Feststellung bestehe im gegebenen Falle nicht, wie näher ausgeführt wird.

Die Revisionsklägerin macht geltend, der erste Richter habe zutreffend erwogen, daß es im Falle einer Anfechtungsklage des Nachweises eines besonderen Interesses nicht bedürfe, weil der nach § 256 Z.P.O. erforderte Nachweis des rechtlichen Interesses bei derartigen Klagen infolge ihrer Eigenart von selbst zutage trete. Selbst wenn der Anfechtende nach der Anfechtungserklärung in der Lage wäre, eine Leistungsklage zu erheben, so lasse sich doch nicht sofort übersehen, ob alle Folgen der Nichtigkeit erschöpft seien. Bei jeder neuen Klage müßte aber über die Frage der Nichtigkeit von neuem entschieden werden. Deshalb erscheine es durchaus angemessen, das Vorhandensein des rechtlichen Interesses bei einer solchen Klage solange zu bejahen, als nicht dargetan sei, daß eine bestimmte Leistungsklage das ganze Interesse des Anfechtenden erschöpft haben würde.

Diesen Ausführungen kann in der Allgemeinheit, welche die Revisionsklägerin geltend gemacht hat, nicht beigetreten werden; bei Berücksichtigung der gegebenen Sachlage liegt in der Verneinung des Feststellungsinteresses durch den Berufungsrichter keine Verletzung des § 256 Z.P.O.

Nach dem Bürgerlichen Gesetzbuch hat die Anfechtungserklärung die Wirkung, daß das Rechtsgeschäft als von Anfang an nichtig angesehen wird, sofern der Anfechtungsgrund vorlag, und die Erklärung rechtzeitig sowie im übrigen gehörig erfolgt ist. Danach ist mit und nach der Anfechtungserklärung an sich die Leistungsklage gegeben. Von diesem rechtlichen Standpunkt aus kann deshalb ein allgemeiner Grundsatz des Inhalts nicht aufgestellt werden, daß eine Klage auf Feststellung der Nichtigkeit ohne Interessennachweis dann zulässig wird, wenn der Kläger die Anfechtung, deren Begründetheit er festgestellt wissen will, erst in der Klageschrift erklärt. Dem stände § 143 B.G.B. entgegen; es fehlte an jedem Anhalt, warum die Anfechtungserklärung in der Klageschrift das Feststellungsinteresse zu ersetzen vermöchte. Im übrigen ist an dem in der Rechtsprechung des Reichsgerichts,

vgl. Entsch. in Zivils. Bd. 21 S. 388,

mehrfach ausgesprochenen Grundsatze festzuhalten, daß eine Feststellungsklage nur unter besonderen Umständen zulässig ist, wenn eine an sich gegebene Leistungsklage nicht erhoben werden kann. Ob solche besondere Umstände vorliegen, entscheidet die Lage des einzelnen Falles. Für die Zulässigkeit einer Feststellungsklage, daß das Rechtsgeschäft infolge bereits erklärter Anfechtung nichtig sei, kann z. B. die Erwägung verwertet werden, solange unter den Parteien nicht rechtskräftig feststehe, daß der Anfechtungsgrund vorlag, bestehe ein Zustand der Unsicherheit und Ungewißheit, und dieser Erwägung kann insbesondere dann größere Bedeutung zukommen, wenn die Leistungsklage nach der gegebenen Sachlage noch nicht das ganze Rechtsverhältnis unter den Parteien umfassen konnte. Andererseits ist indessen zu berücksichtigen, daß der Anfechtende, wenn er die Anfechtung erklärt, wissen muß, ob sie nach seiner Auffassung gerechtfertigt sei. Darum liegt die Erwägung nahe, daß er die Folgen der Anfechtung in erster Reihe durch Leistungsklage geltend machen solle, und daß zu seinen Gunsten ein vielfach nur verzögerliches Vorverfahren durch eine Feststellungsklage obigen Inhalts nicht schlechthin zuzulassen sei. Danach erscheint auch die Annahme der Revisionsklägerin nicht gerechtfertigt, das Vorhandensein des rechtlichen Interesses sei bei einer solchen Klage solange zu bejahen, als nicht dargetan ist, daß eine bestimmte Leistungsklage das ganze Interesse des Anfechtenden erschöpft haben würde; das gilt um so mehr, als der Anfechtende auch in dem Verfahren über eine nicht sein ganzes Interesse erschöpfende Leistungsklage durch Inzidentfeststellungsklage eine rechtskräftige Entscheidung über die Frage der Richtigkeit erreichen kann.

Der Berufungsrichter geht in seiner Entscheidung von den dargelegten rechtlichen Gesichtspunkten aus und gelangt in deren Anwendung auf den vorliegenden Sachverhalt zu dem Ergebnisse, daß nach Lage der Sache besondere Umstände für die Zulässigkeit der Feststellungsklage an Stelle der Leistungsklage nicht vorliegen. ... Darum war die Revision der Klägerin als unbegründet zurückzuweisen."

---

60. Verpflichtet die bloße Mitteilung eines Dritten an den Schuldner, daß die Forderung an ihn abgetreten worden sei, ohne Erbringung des Nachweises, daß dies wirklich geschehen, den Schuldner, der auch aus anderer Quelle keine sichere Kenntnis von der Abtretung erhalten hat, dazu, eine Aufforderung an den angeblichen neuen Gläubiger zu richten, sich über den Erwerb der Forderung ihm gegenüber auszuweisen, und darf inzwischen der Schuldner nicht an den bisherigen Gläubiger leisten? Ist der Schuldner in einem solchen Falle zur Hinterlegung eines geschuldeten Geldbetrages verpflichtet?

B.G.B. §§ 407. 409. 372.

III. Zivilsenat. Urt. v. 19. September 1905 i. S. O. (Kl.) w. Genossenschaftsbrauerei C. (Bekl). Rep. III. 42/05.

I. Landgericht Kottbus.
II. Kammergericht Berlin.

Bis Ende November 1901 war bei der Beklagten der Braumeister S. angestellt. Seine Frau hatte zur Sicherung der Beklagten wegen ihrer Ansprüche gegen ihren Ehemann aus dem Dienstverhältnisse einen Betrag von 3000 ℳ bei der Beklagten eingezahlt. Als die Beklagte dem Braumeister S. gekündigt hatte, teilte der Kläger in einem Briefe vom 26. November 1901 der Beklagten mit, daß er die Sicherheit mittelbar geleistet habe, und daß der Anspruch auf ihre Rückzahlung ihm notariell abgetreten worden sei. Er ersuchte die Beklagte, die freiwerdende Sicherheit an ihn zu zahlen. Gleichzeitig erklärte er der Beklagten seine Bereitwilligkeit, ihr die 3000 ℳ und noch weiter zu kreditieren, wenn diese entsprechende Bestellungen auf Hopfen bei ihm machte. Die Beklagte wies dieses Angebot in ihrer Antwort vom 27. November 1901 zurück und fügte wörtlich hinzu: „Was Ihr Darlehn an unseren früheren Braumeister S. anlangt, so wollen wir nur bemerken, daß wir mit Ihnen auch in dieser Beziehung nicht das geringste zu tun haben, und wollen Sie uns daher mit jeder weiteren Belästigung verschonen." Sie zahlte darauf am 29. November 1901 an die S.'schen Eheleute gegen Quittung 2734,93 ℳ bar aus, während 265,07 ℳ auf Gegenforderungen verrechnet oder einbehalten wurden.

Der Kläger will die Forderung auf Rückzahlung der Sicherheit durch notariell beurkundete Abtretung vom 26. Juli 1901 erworben und der Beklagten durch das Schreiben vom 26. November 1901 zuverlässige Kenntnis hiervon verschafft haben. Er ist deshalb der Ansicht, daß die Beklagte verpflichtet gewesen sei, die 3000 ℳ an ihn und nicht an die Eheleute S. herauszuzahlen. Er hat, da diese auf erfolgte Verurteilung fruchtlos gepfändet worden seien, die Verurteilung der Beklagten zur Zahlung von 3000 ℳ nebst 4 v. H. Zinsen seit dem 29. November 1901 an ihn beantragt.

Die Beklagte bestritt, Kenntnis von der Abtretung der Forderung gehabt zu haben.

Das Landgericht verurteilte die Beklagte zur Zahlung von 2734,93 ℳ an den Kläger, und wies diesen mit seiner Mehrforderung ab.

Auf die hiergegen von der Beklagten eingelegte Berufung hat das Kammergericht den Kläger mit der Klage gänzlich abgewiesen.

Die gegen dieses Urteil von dem Kläger eingelegte Revision wurde zurückgewiesen, aus folgenden

Gründen:

„Das Berufungsgericht geht davon aus, daß der Klageanspruch nach § 407 Abs. 1 B.G.B. nur begründet sei, wenn die Beklagte bei Auszahlung der Sicherheit am 29. November 1901 die Abtretung der Forderung an den Kläger wirklich gekannt habe. Das Ergebnis der Beweisaufnahme würdigt es aber dahin, es sei nicht erwiesen, daß die gesetzlichen Vertreter der Beklagten zu jener Zeit wirkliche Kenntnis von der Abtretung der Forderung an den Kläger gehabt hätten. Sie hätten — so führt es weiter aus — wohl mit der Möglichkeit gerechnet, daß die Forderung an den Kläger abgetreten sei; sie seien auch nicht geneigt gewesen, etwaige Rechte des Klägers zu wahren; hierzu habe ihnen aber auch keine Verpflichtung obgelegen.

Die Revision hat hiergegen zunächst die Rüge der Verletzung des § 407 B.G.B. erhoben, die sie darin findet, daß das Berufungsgericht von dem Kläger den Nachweis verlange, daß die Beklagte bei der Rückzahlung der Sicherheit von der Abtretung der Forderung an den Kläger „sichere", „überzeugende", „wirkliche" Kenntnis gehabt habe. Sie führt aus: das Gesetz lasse zugunsten des neuen Gläubigers schon diejenige Zahlung des Schuldners an den früheren Gläubiger nicht gelten, bei der jener auf irgendeine Weise Kenntnis von der Abtretung erlangt gehabt habe. Zweifle der Schuldner an der Richtigkeit der ihm von dem neuen Gläubiger gemachten Mitteilung, so möge er die Zahlung an diesen verweigern; er dürfe sich aber nicht, was das Berufungsgericht ihm mit Unrecht gestatte, über die von ihm selbst angenommene Möglichkeit, daß die Abtretung wirklich erfolgt sei, hinwegsetzen und jede Wahrung der Rechte des neuen Gläubigers ablehnen.

Diesen Ausführungen läßt sich nicht beitreten. Zuvörderst läßt schon der Wortlaut des § 407 Abs. 1 B.G.B.:

„es sei denn, daß der Schuldner die Abtretung bei der Leistung oder der Vornahme des Rechtsgeschäfts kennt",

keinen Zweifel darüber, daß nur die Tatsache der wirklichen Kenntnis der erfolgten Abtretung auf seiten des die Leistung bewirkenden Schuldners die Ausnahme von der Regel begründet, die der Eingang der Vorschrift aufstellt, daß der neue Gläubiger eine Leistung, die der Schuldner nach der Abtretung an den bisherigen Gläubiger bewirkt, sowie jedes Rechtsgeschäft, das nach der Abtretung zwischen dem Schuldner und dem bisherigen Gläubiger in Ansehung der Forderung vorgenommen wird, gegen sich gelten lassen muß. Es kann daher zur Anwendung der Schlußbestimmung des § 407 Abs. 1 nicht genügen, daß der Schuldner nur mit der Möglichkeit, daß die Forderung an einen neuen Gläubiger abgetreten sei, rechnen muß, daß er Zweifel darüber hegt, ob die Forderung noch dem bisherigen, oder einem neuen Gläubiger zustehe. Dies wird auch durch die Begründung zu dem § 293 des ersten Entwurfs des B.G.B., dem der § 407 des letzteren selbst entspricht, bestätigt. Denn es heißt dort:

> „Dagegen dienen zum notwendigen Schutze des gutgläubigen Schuldners die Vorschriften der §§ 303—305, woselbst aber zum Ausschlusse des guten Glaubens nicht gerade Denunziation erforderlich ist; jede irgendwie erlangte sichere Kenntnis des Schuldners von der Übertragung genügt."

Motive Bd. 2 S. 119. Die in dieser Weise begründete Vorschrift des § 304 Abs. 1 des ersten Entwurfs ist denn auch von der Kommission für die zweite Lesung des Entwurfs sachlich unbeanstandet gelassen und nur in der Fassung geändert worden (vgl. Protokolle dieser Kommission Bd. 1 S. 392), so daß jene Bemerkung der Begründung des ersten Entwurfs auch für das verkündete Gesetz selbst von Bedeutung ist.

Soviel ist allerdings der Revision zuzugeben, daß es auf die Quelle, aus der der Schuldner seine Kenntnis der erfolgten Abtretung schöpft, nicht ankommt. Darin tritt auch nicht, wie die Revision meint, eine Abweichung des Rechts des Bürgerlichen Gesetzbuchs von dem preußischen Allgemeinen Landrechte hervor, das zwischen der von dem neuen und der von dem bisherigen Gläubiger ausgehenden Anzeige der Abtretung unterschieden habe. Vielmehr war auch nach § 417 A.L.R. I. 11 der Schuldner, der an den früheren Gläubiger leistete, obwohl für ihn die Abtretung an den neuen Gläubiger „klar erhellte", gegen den Anspruch des letzteren nicht geschützt, auch wenn ihm die Abtretung noch nicht nach den Bestimmungen der §§ 414—416 bekannt gemacht worden war. Im übrigen entspricht der Unterschied, den der § 409 B.G.B. zwischen einer Anzeige, die der bisherige Gläubiger, und zwischen einer solchen, die der neue Gläubiger dem Schuldner von der Abtretung macht, im wesentlichen gerade auch dem Unterschiede, den zwischen diesen beiden Fällen die §§ 414—416 A.L.R. I. 11 machten, insofern beide Gesetze der Anzeige des bisherigen Gläubigers unbedingte, der des neuen Gläubigers aber nur dann Wirksamkeit gegenüber dem Schuldner beilegen, wenn sie unter Vorlegung der Abtretungsurkunde oder durch deren Vorlegung erfolgt. Eine solche Vorlegung hat aber hier nicht stattgefunden, und die bloße Behauptung des Klägers in seinem Briefe vom 26. November 1901, daß ihm die Forderung notariell abgetreten sei, begründete, selbst in Verbindung mit der Angabe, daß die Schuldurkunde sich in seinen Händen befinde, auch abgesehen von der Verpflichtung zur Zahlung, nicht einmal eine Pflicht der Beklagten, zur Wahrung der etwa bestehenden Rechte des Klägers sonst irgend etwas zu tun oder zu unterlassen, wozu sie nicht schon durch das Schuldverhältnis selbst verbunden war, solange sie eben keine sichere Kenntnis von der geschehenen Abtretung erlangt hatte. Wenn die Revision sich für ihre gegenteilige Auffassung darauf beruft, daß der das deutsche bürgerliche Recht beherrschende Grundsatz der Wahrung von Treu und Glauben erfordert hätte, daß die Beklagte, ehe sie, trotz der Anzeige des Klägers von der erfolgten Abtretung, an den früheren Gläubiger Zahlung leistete, erklärte, sie bezweifle die Richtigkeit der Anzeige, und daß sie von dem Kläger verlangte, daß er sich als neuer Gläubiger ausweise, so ist dagegen zunächst zu bemerken, daß die Beklagte sofort nach Empfang des Briefes des Klägers vom 26. am 27. November 1901 diesem geantwortet hat, daß sie seine Eigenschaft als neuer Gläubiger eben nicht als nachgewiesen ansehe, denn nur so ist die betreffende Stelle ihres Schreibens zu verstehen. Im übrigen aber kann auf Fälle der vorliegenden Art der von der Revision herangezogene Grundsatz der Wahrung von Treu und Glauben schon deshalb keine Anwendung finden, weil der hier allerdings bestehende Widerstreit der Interessen der Beteiligten nach dem Rechte des bürgerlichen Gesetzbuchs, wie nach dem früheren Rechte, von einem anderen Grundsatze aus seine Lösung erhält, nämlich dem, daß durch die Abtretung der Forderung die Rechtslage des Schuldners nicht verschlechtert werden darf. Dieser Grundsatz beherrschte in der vorliegenden Materie schon das preußische Allgemeine Landrecht — vgl. § 408 A.L.R. I. 11, und Förster-Eccius, Preußisches Privatrecht 6. Aufl. Bd. 1 § 90 S. 660 —, und er liegt ebenso den maßgebenden Bestimmungen des Bürgerlichen Gesetzbuchs zugrunde (vgl. Motive zu dem ersten Entwurfe Bd. 1 S. 118 u. 119, ferner S. 132 u. 133). Eine Verschlechterung der Rechtslage des Schuldners aber wäre es, wenn er durch unbescheinigte Behauptungen einer Person, welche die Forderung durch Abtretung von dem bisherigen Gläubiger erworben zu haben angibt, verpflichtet werden könnte, eine Aufklärung des Sachverhalts vorzunehmen oder den angeblichen neuen Gläubiger zur Führung seines Ausweises über den wirklichen Erwerb der Forderung aufzufordern oder anzuhalten. Vielmehr ist es lediglich Sache des neuen Gläubigers, seinerseits dem Schuldner den Nachweis des Erwerbs der Forderung zu liefern, und bis dahin ist dieser, wenn ihm nicht etwa auf anderem Wege sichere Kenntnis von der Tatsache der Abtretung der Forderung geworden ist, grundsätzlich nach wie vor befugt, an den bisherigen Gläubiger zu leisten.

Allerdings hätte die Beklagte — was die Revision auch selbst noch geltend macht —, wenn sie sich in Ungewißheit über die Person des Gläubigers befand, gemäß § 372 B.G.B. den geschuldeten Betrag hinterlegen können. Allein hierzu war sie nach dem klaren Wortlaute und ebenso nach dem Sinne des Gesetzes nur berechtigt, nicht aber verpflichtet. Sie konnte daher, indem sie von dieser Befugnis keinen Gebrauch machte, auch dem Kläger gegenüber für sich keine Verantwortlichkeit begründen." . . .

61. Schadensersatzanspruch des von einem Dritten über die Eigenschaft eines gekauften Grundstücks getäuschten Käufers gegen den Dritten aus § 826 B.G.B. Unanwendbarkeit des § 472 B.G.B. auf die Schadensberechnung. Zur Auslegung des § 249 B.G.B.

B.G.B. §§ 826. 472. 249.

V. Zivilsenat. Urt. v. 20. September 1905 i. S. K. (Kl.) w. Ehefr. Sch. (Bekl.). Rep. V. 56/05.

I. Landgericht Bromberg.
II. Oberlandesgericht Posen.

Der Kläger kaufte von der verklagten Ehefrau als der Bevollmächtigten ihres Mannes das diesem gehörige Grundstück B. Nr. 35b für 65000 *M*. Die Auflassung erfolgte am 20. Dezember 1902; der

Kaufpreis wurde bis auf 1370 ℳ berichtigt. Vor dem Kaufabschlusse hatte die Beklagte angeblich dem Kläger den Mietertrag des Grundstücks auf 4320 ℳ angeben lassen. Eine Zusicherung über den Mietertrag war jedoch in den notariellen Kaufvertrag nicht aufgenommen worden; daß er nur 3800 ℳ betrug, erfuhr der Kläger bereits vor der Auflassung. Wegen des geringeren Mietertrags berechnete er den Minderwert des Grundstücks gegen den Kaufpreis auf 5000 ℳ. Seine Rechte aus dem Mangel der zugesicherten Miete, behauptete der Kläger, sich vor und bei der Auflassung, nachdem die Beklagten sein Anerbieten, 5000 ℳ vom Kaufpreise als Streitmasse zu hinterlegen, abgelehnt hatten, vorbehalten zu haben. Er beantragte, die Beklagten zu verurteilen, in die Herabsetzung des Kaufpreises um 5000 ℳ nach Maßgabe des § 472 B.G.B. zu willigen, und zwar dem verklagten Manne gegenüber wegen Mangels einer zugesicherten Eigenschaft, der verklagten Frau gegenüber wegen arglistiger Täuschung.

Das Berufungsgericht wies die Klage ab. Die Revision des Klägers wurde zurückgewiesen aus folgenden

Gründen:

„In Übereinstimmung mit der Rechtsprechung des Reichsgerichts hat der Berufungsrichter dem Kläger Gewährleistungsansprüche gegen den verklagten Mann aus der angeblich mündlich gegebenen Zusicherung der Mietertragshöhe um deswillen versagt, weil daraus, daß die Beklagten vor der Grundstücksauflassung die Verbindlichkeit jeder mündlichen Abrede abgelehnt haben, zu folgern sei, daß zur Zeit der Auflassung Willensübereinstimmung der Parteien darüber nicht mehr vorgelegen habe, daß die Zusicherung der Mietertragshöhe Inhalt des Kaufvertrages sein solle. Demgemäß ist von ihm mit Recht, da Auflassung und Eintragung nur den Inhalt des über das Grundstück ohne Wahrung der gerichtlichen oder notariellen Form abgeschlossenen Vertrages zu heilen vermag, ihnen diese Kraft bezüglich einer mündlichen Zusicherung abgesprochen worden, die bei der Auflassung nicht mehr Vertragsinhalt war. Die in dieser Beziehung vorgenommene Nachprüfung des Berufungsurteils hat zu Bedenken keinen Anlaß gegeben. Auch aus der von seiner Frau als seiner Bevollmächtigten bei Gelegenheit der Verkaufsverhandlungen angeblich verübten Täuschung des Beklagten ist ein Schadensersatzanspruch gegen den Mann nicht begründet, weil die auf Grund seiner Vollmacht abgegebene, notariell beurkundete Erklärung die Zusicherung eines Mietertrags nicht enthält.

Der gegen die verklagte Frau wegen einer gegen die guten Sitten verstoßenden Handlung erhobene Schadensersatzanspruch ist, wie wenn gegen sie ein Anspruch auf Herabsetzung des Kaufpreises begründet wäre, vom Kläger, der das gekaufte Grundstück behält, nach der für die Minderung des Kaufpreises beim Mangel zugesicherter Eigenschaften der Kaufsache getroffenen Vorschrift seiner Höhe nach berechnet. Wegen der Unrichtigkeit der Schadensberechnung hat der Berufungsrichter den Anspruch für unbegründet erklärt, da die Beklagte wegen ihrer angeblichen arglistigen Täuschung nicht nach Maßgabe des nur unter den Vertragschließenden anwendbaren § 472 B.G.B., sondern nach dem für die Schadensberechnung im Falle des § 826 B.G.B. allein maßgebenden § 249 B.G.B. Schadensersatz zu leisten habe, in diesem Falle aber der Kläger das Verhalten der Beklagten in seiner Totalität als das ihn schädigende Ereignis zu behandeln, und demnach zu berücksichtigen habe, daß er durch deren falsche Vorspiegelungen nicht nur Nachteile erlitten, sondern durch den Grundstückserwerb mit tatsächlich vorhandenen Mieterträgen auch Vorteile erlangt habe, die gegen die Nachteile zur Ausgleichung zu bringen seien, um einen richtigen Maßstab für seine Vermögenslage zu gewinnen, wie sie sich durch die Täuschung der Beklagten gegenüber dem Vermögensstande vor dem Kaufvertrage gestaltet habe. Diese Begründung wird von der Revision als rechtsirrtümlich gerügt, weil die nach § 249 a. a. O. geschuldete Herstellung desjenigen Zustandes, der bestehen würde, wenn ein durch arglistige Täuschung Geschädigter nicht getäuscht wäre, bei arglistiger Zusicherung einer Eigenschaft der Kaufsache durch einen Dritten auch von diesem durch die Erstattung des Unterschieds zwischen dem vor dem Kaufe infolge der Täuschung zugestandenen Kaufpreise und demjenigen geringeren Preise zu leisten sei, der gezahlt worden wäre, wenn der Käufer den Mangel gekannt hätte. Diese Rüge ist unbegründet. Allerdings hat die Beklagte im Falle arglistiger Täuschung dem Kläger den durch dieselbe zugefügten Schaden zu ersetzen, und der Ersatz dieses Schadens ist auch durch die Herstellung desjenigen Zustandes zu leisten, der bestehen würde, wenn die arglistige Täuschung als der zum Ersatze verpflichtende Umstand nicht eingetreten wäre. Diese der Entscheidung des Streitfalls zugrunde zu legenden Rechtssätze führen aber nicht zu dem Ergebnisse, daß bei einer durch einen Dritten absichtlich erfolgten unrichtigen Zusicherung einer Eigenschaft der Kaufsache der Dritte, der den Kaufpreis nicht erhält, in gleicher Weise wie der Verkäufer als Schaden denjenigen Geldbetrag zu ersetzen habe, der sich aus dem Vergleiche des Wertes der Sache in mangelfreiem Zustande zu ihrem wirklichen Werte für den Käufer ergibt. Denn diese zur Berechnung der Kaufpreisherabsetzung unter den Vertragschließenden gegebene Vorschrift findet nicht auch Anwendung auf die Schadensberechnung außerhalb bestehender Vertragsverhältnisse. Wenn sie vom Reichsgericht in den von der Revision angezogenen Entscheidungen bei Schadensansprüchen wegen Betrugs des Verkäufers berücksichtigt worden ist, so war hierfür die Erwägung maßgebend, daß ein das Kaufgeld in seinem vollen Betrage einklagender betrügerischer Verkäufer nicht günstiger gestellt sein könne, als ein redlicher, der eine zugesagte Eigenschaft nicht zu gewähren vermöge. Dieser für das Verhältnis unter den Vertragschließenden zutreffende Erwägungsgrund trifft nicht auch zu auf das Verhältnis des getäuschten Käufers zu einem ihn täuschenden Dritten, der keinerlei Vertragsansprüche gegen ihn hat. Unter diesen ist daher, unabhängig von der Vorschrift des § 472 a. a. O., die Höhe des Schadens des getäuschten Käufers aus der Vermögensverminderung zu ermitteln, die er durch die Täuschung erlitten hat. Der Berufungsrichter hat mithin aus dem von ihm angezogenen Urteil in den Entsch. des R.G.'s in Zivils. Bd. 54 S. 137 die zutreffenden Folgerungen gezogen. Im vorliegenden Falle ist zudem für die Höhe des klägerischen Schadensanspruchs der wirkliche, von der Zusicherung der Mieterträge unabhängige Wert des gekauften Grundstücks zur Zeit des Verkaufs und dessen Verhältnis zu dem gezahlten Kaufpreise einschließlich des entgangenen Gewinnes maßgebend, wobei auch die Prüfung der Frage nicht zu umgehen ist, inwieweit der Kläger durch die in Kenntnis der Unrichtigkeit der Mietangaben der Beklagten entgegengenommene Auflassung seinen Schaden selbst verursacht hat (§ 254 B.G.B.). Da die Klage auf die Herabsetzung des Kaufpreises gerichtet ist, so ist in ihr die Höhe des Schadensanspruchs nach den für sie maßgebenden Gesichtspunkten nicht begründet; ihre Abweisung ist deshalb der Beklagten gegenüber mit Recht erfolgt."

62. Ist in der Verlesung eines Eventualantrags in der Berufungsverhandlung eine Berufungsanschließung zu finden? Kann der auf das Verbot von Einwirkungen auf das klägerische Grundstück gerichtete Klagantrag in der Schlußverhandlung der Berufungsinstanz mittels Berufungsanschließung durch den Anspruch auf Schadensersatz bei Verbotszuwiderhandlungen erweitert werden? Kann das Berufungsgericht bei Aufhebung einer erstinstanzlichen Vorabentscheidung mit der Entscheidung über die Hauptsache auch über die in jener der Endentscheidung vorbehaltenen Kosten der ersten Instanz erkennen?

Z.P.O. §§ 521. 529 Abs. 2. 268 Ziff. 2.

V. Zivilsenat. Urt. v. 20. September 1905 i. S. J. (Bekl.) w. S. (Kl.). Rep. V. 41/05.

I. Landgericht II Berlin.
II. Kammergericht daselbst.

Die Parteien waren Eigentümer aneinander grenzender Häuser in Schöneberg. Im Hause des Beklagten befanden sich Fabrikbetriebe, darunter die Matratzenfabrik von L. & Co., deren Inhaber zur Zeit der Klagerhebung der Beklagte war, dem damals auch nur das Miteigentum an jenem Hause zustand. Mit der Klage wurde unter der Behauptung des Eindringens von Geräusch und Erschütterungen von dem Grundstücke des Beklagten auf das Grundstück des Klägers die Verurteilung des Beklagten zur Unterlassung der Störung oder zur Zahlung von 15400 *M* Schadensersatz begehrt. Das Erstinstanzgericht verurteilte den Beklagten durch ein als Teilurteil bezeichnetes Urteil, nach seiner Wahl die durch den Fabrikbetrieb in seinem Hause verursachte Störung des Klägers in dessen Grundstück zu unterlassen, oder dem Kläger den aus der Störung entstehenden Schaden zu ersetzen. Auf die Berufung des Beklagten erkannte das Berufungsgericht unter Abänderung dieses Urteils, das die Kostenentscheidung einem Endurteile vorbehalten hatte, nach einem am Schlusse der mündlichen Verhandlung eventuell erhobenen Anspruch des Klägers, daß der Beklagte Vorkehrungen dahin zu treffen habe, daß die durch den Fabrikbetrieb in seinem Grundstücke verursachten Geräusche und Erschütterungen soweit herabgemindert werden, daß nicht mehr als nur unwesentliche Beeinträchtigungen des klägerischen Grundstücks dadurch hervorgerufen werden, sowie daß er dem Kläger den aus Beeinträchtigungen der erwähnten Art entstehenden Schaden zu ersetzen habe. Im übrigen wurde die Klage abgewiesen, und über die Kosten beider Instanzen erkannt.

Die von dem Beklagten gegen das Berufungsurteil eingelegte Revision wurde zurückgewiesen, aus folgenden

Gründen:

„Es wird die Verletzung prozessualer Vorschriften gerügt. Das Berufungsgericht hat den wahlweise auf die Verurteilung des Beklagten zur Zahlung von 15400 ℳ gerichteten Klagantrag für unbegründet angesehen, weil nicht eine Wahlobligation vorliege, sondern der Beklagte nur die Unterlassung der Störung des Klägers schulde, und nur durch die Leistung dieser befreit werde. Den ersten Anspruch, den der erste Richter dem Grunde nach zuerkannt hatte, hat es daher abgewiesen, während der Anspruch auf Unterlassung der Störung von ihm auf Grund der stattgehabten Beweiserhebung für begründet angesehen worden ist. Den zu diesem Anspruch vom Kläger ohne ausdrückliche Anschließung an die Berufung des Beklagten in der Berufungsinstanz eventuell erhobenen Anspruch auf Ersatz des aus der Störung zukünftig entstehenden Schadens hat das Berufungsgericht als Klagerweiterung und als Feststellungsanspruch von akzessorischem Charakter mit noch nicht abgeschlossenem Inhalte zugelassen. Der erstinstanzlichen Vorabentscheidung über den Schadensanspruch ungeachtet ist eine Zurückverweisung der Sache nicht für erforderlich erachtet worden. Die Revision rügt nun, daß das Berufungsurteil den ganzen Rechtsstreit erledige, obwohl das erstinstanzliche Urteil sich über die Höhe des alternativ verlangten Schadens nicht ausgesprochen hatte, daß ferner der in der Berufungsinstanz neu geltend gemachte Schadensersatzanspruch des Klägers als Nebenforderung zugelassen und nicht infolge des Widerspruchs des Beklagten gegen seine Geltendmachung zurückgewiesen worden sei, daß er zugelassen worden sei, obwohl er nicht im Wege der Anschlußberufung geltend gemacht gewesen sei, und daß endlich sowohl durch die Zusprechung dieses neuen Anspruchs, wie auch durch die Aufhebung der wahlweisen Verurteilung des Beklagten zu dessen Ungunsten das erstinstanzliche Urteil abgeändert worden sei. Die Rügen sind unbegründet. Wird der

Eigentümer eines Grundstücks durch von einem anderen Grundstück ausgehende Geräusche oder Erschütterungen in der Benutzung seines Grundstücks erheblich beeinträchtigt, und sind weitere Beeinträchtigungen zu besorgen, so kann er, ohne daß ein Verschulden des Beklagten vorliegt, auf Unterlassung klagen. Ein Anspruch auf Schadensersatz ist ihm aus der Störung als solcher nicht gegeben. Nur wenn das Eigentum vorsätzlich oder fahrlässig durch eine widerrechtliche Störung beeinträchtigt wird, tritt neben den Anspruch auf Unterlassung der Anspruch auf Ersatz des aus der Störung entstandenen Schadens. Demgemäß ist im Streitfalle der Beklagte nur zur Unterlassung der Störung verpflichtet. Für den Anspruch auf Ersatz eines bereits entstandenen Schadens fehlt in der Klage jede Begründung. Der Berufungsrichter hat daher mit Recht angenommen, daß für den Anspruch des Klägers auf Verurteilung des Beklagten zur Schadensersatzleistung anstatt des Störungsverbots jeder Rechtsgrund fehle, weshalb auch das erstinstanzliche Urteil aufzuheben war, soweit es den Beklagten verurteilt hatte, nach seiner Wahl dem Kläger den aus der Störung entstehenden Schaden zu ersetzen. Wird aber vom Berufungsgericht ein über den Grund eines dem Grunde und dem Betrage nach streitigen Anspruchs vorabentscheidendes Urteil aufgehoben, weil der Anspruch dem Grunde nach ungerechtfertigt ist, so wird die ganze Streitfrage durch das Berufungsurteil erledigt, da, wenn ein Anspruch dem Grunde nach nicht besteht, die Ermittlung des beanspruchten Schadensersatzes nicht mehr in Frage kommen kann. Es entfällt deshalb die Möglichkeit der Zurückverweisung der Sache an das Erstinstanzgericht behufs weiterer Verhandlung über den Anspruchsbetrag. Ob der wahlweise gestellte Antrag des Klägers ein Angebot an den Beklagten enthält, kann dahingestellt bleiben, da der Beklagte es nicht angenommen hat und infolgedessen Rechte aus ihm nicht herleiten kann. Jedenfalls hat auf Festsetzung des Angebots durch Urteil der Kläger keinen Anspruch.

Anstatt des in erster Instanz gestellten Antrags des Klägers hat dem Berufungsgerichte, neben dem Antrage auf Zurückweisung der Berufung, eventuell der Antrag auf Verbot der Störung und auf Ersatz des durch die Zuwiderhandlung gegen dieses Verbot zukünftig entstehenden Schadens vorgelegen. Mit diesem Antrage war, neben dem bereits in erster Instanz erhobenen Anspruch auf Unterlassung der Beeinträchtigung, der Anspruch auf Schadensersatz aus weiteren Beeinträchtigungen neu erhoben. Dieser neue Anspruch konnte zweifellos in der Berufungsinstanz nur im Wege der Anschlußberufung geltend gemacht werden. Daß sich der Kläger, obwohl er durch das erstinstanzliche Urteil nicht beschwert war, der Berufung anschließen konnte, um seinen erstinstanzlichen Antrag in der durch die §§ 529 Abs. 2, 268 Nr. 2. 3 Z.P.O. gestatteten Weise zu erweitern, ist nicht streitig. In Frage steht aber im vorliegenden Falle, ob sich der Kläger der Berufung des Beklagten angeschlossen hat. Das Berufungsurteil schweigt über diese Frage; sie wird von der Revision verneint, ist jedoch zu bejahen. Aus der Fassung des § 521 Abs. 1 Z.P.O. ergibt sich, daß die Berufungsanschließung formlos erfolgen kann, weshalb sie in der Verlesung eines auf Abänderung des erstinstanzlichen Urteils gerichteten Antrags des Berufungsbeklagten in der mündlichen Verhandlung im Beisein des Vertreters des Berufungsklägers zu finden ist, auch wenn die Erklärung fehlt, daß sich der Berufungsbeklagte der gegnerischen Berufung anschließe. Denn ohne diese Unterstellung würde die Stellung eines auf Abänderung des erstinstanzlichen Urteils gerichteten Antrags jedes Zweckes und Sinnes entbehren. Gleichgültig ist deshalb auch, ob der Antrag des Berufungsbeklagten auf Urteilsänderung direkt, oder nur eventuell für den Fall der Verwerfung des Antrags auf Zurückweisung der Berufung gestellt ist.

Vgl. Jurist. Wochenschr. 1888 S. 270 Nr. 7, 1902 S. 96 Nr. 7; Seuffert, Kommentar 9. Aufl. Bd. 2 S. 22/23.

Daß der Berufungsrichter in der Verlesung des eventuellen Antrags die Anschließung an die Berufung gesehen hat, ergibt sich daraus, daß er auf sie hin sich zur Abänderung des erstinstanzlichen Urteils bezüglich des Störungsverbots für ermächtigt erachtet hat. Seine Urteilsgründe sind daher dahin zu verstehen, daß stillschweigend davon ausgegangen ist, daß der Kläger sich formlos der Berufung angeschlossen hat. Infolge seiner Anschließung war der Beklagte berechtigt, nach Maßgabe des § 529 Z.P.O. in den durch § 268 gezogenen Grenzen neue Ansprüche zu erheben, und der Berufungsrichter durfte das Urteil erster Instanz insoweit abändern, als eine Abänderung beantragt war, und zwar konnte innerhalb dieses Rahmens die Abänderung des erstinstanzlichen Urteils auf die Anschließung des

Berufungsbeklagten auch zuungunsten des Berufsklägers erfolgen. In dieser Beziehung wird nun von der Revision bemängelt, daß der Berufungsrichter in der Erhebung des Anspruchs auf Schadensersatz, neben dem erstinstanzlich allein erhobenen Anspruch auf Unterlassung der Beeinträchtigung, keine Klagänderung, sondern nur eine ohne Änderung des Klagegrundes geltend gemachte Erweiterung des Klagantrags in bezug auf eine Nebenforderung gefunden habe, die von ihm gegen den Widerspruch des Beklagten zugelassen worden sei. Ob der Auslegung des Begriffs „Nebenforderung" im § 268 Ziff. 2 Z.P.O. durch den Berufungsrichter beizutreten wäre, kann dahingestellt bleiben, da nicht in Frage steht, ob eine Änderung der Klage zu verneinen, sondern ob ein neuer Anspruch zulässigerweise erhoben worden ist. Diese Frage ist aber zu bejahen, weil mit dem in der Schlußverhandlung der Berufungsinstanz gestellten Eventualantrage bei unverändert gebliebenem Klagegrunde derselbe Gegenstand (Schutz gegen fernere Beeinträchtigungen klägerischen Eigentums durch Geräusch und Erschütterungen auf dem Grundstücke des Beklagten) in durch das Verlangen des Schadensersatzes bei Verbotszuwiderhandlungen erweitertem Umfange gefordert wird.

Vgl. Entsch. des R.G.'s in Zivils. Bd. 59 S. 128 flg.

Da das Berufungsgericht über den ganzen Rechtsstreit erkannt hat, so war es auch zur Erledigung der Kostenfrage für beide Instanzen verpflichtet, obwohl das Erstinstanzgericht die Entscheidung über die Kostenfrage infolge seiner unrichtigen Beurteilung des Grundes des wahlweise erhobenen Schadensersatzanspruchs bis zur Endentscheidung ausgesetzt hatte. Eine Instanz wird dem Beklagten dadurch nicht entzogen, daß der Berufungsrichter über den ganzen Rechtsstoff endgültig entschieden hat. Denn unterläßt er weitere Beeinträchtigungen des Klägers durch übermäßige Geräusche und Erschütterungen, so entsteht kein Schadensersatzanspruch gegen ihn. Und da sich der Berufungsrichter über die Höhe des im Falle des Zuwiderhandelns gegen sein Störungsverbot entstehenden Schadens nicht ausgesprochen hat, so ist bei zukünftigen Störungen vom Kläger sein Schaden im Klagewege geltend zu machen, der dem Beklagten die Erhebung seiner Einwendungen offen behält. Irrig ist die in der Revisionsinstanz aufgestellte Behauptung, daß neben der im Berufungsurteil ausgesprochenen kumulativen Verpflichtung des Beklagten zum Schadensersatze dessen erstinstanzliche alternative Verurteilung zum Schadensersatze stehe. Das erstinstanzliche Urteil ist durch das Berufungsurteil beseitigt."

63. 1. Unter welchen Voraussetzungen ist anzunehmen, daß sich im Sinne des § 53 K.O. a. F. (§ 60 n. F.) die Unzulänglichkeit der Masse herausgestellt habe?

2. Kann der Konkursverwalter das, was der Massegläubiger der Bestimmung des § 53 K.O. a. F. zuwider erhalten hat, wegen ungerechtfertigter Bereicherung zurückfordern?

VI. Zivilsenat. Urt. v. 26. Juni 1905 i. S. B. (Bekl.) w. T. Konkursverw. (Kl.). Rep. VI. 526/04.

I. Landgericht Oldenburg.
II. Oberlandesgericht daselbst.

Durch Beschluß des Amtsgerichts O. vom 22. Mai 1903 wurde das Honorar des Beklagten als ehemaligen Verwalters im Konkurse über das Vermögen des Kaufmanns J. T. in O. auf 2300 *M* festgesetzt. Auf Grund dieses vom Gerichtsschreiber des Amtsgerichts O. mit der Vollstreckungsklausel versehenen Beschlusses belegte der Beklagte am 7. April 1904 das Bankguthaben des Klägers als Konkursverwalters bei der Oldenburgischen Landesbank im Wege der Verpfändung nach § 845 Z.P.O. in Höhe von 2314 *M* mit Beschlag. Der Kläger erhob deshalb Klage gegen den Beklagten mit dem Antrage auf dessen Verurteilung, die durch Pfändungsankündigung vom 7. April 1904 in Höhe von 2314 *M* vollzogene Arrestpfändung an dem Guthaben des Klägers bei der Oldenburgischen Landesbank zurückzunehmen. Durch Urteil des Landgerichts vom 26. April 1904 wurde der Kläger mit seiner Klage unter Verurteilung in die Kosten des Rechtsstreits abgewiesen.

Während des Laufes des Prozesses hatte der Kläger die Zwangsvollstreckung fortgesetzt. Nachdem der die Zwangsvollstreckung einstellende Beschluß des Amtsgerichts vom 9. April 1904 wieder aufgehoben worden war, erwirkte er am 27. April 1904 von der Oldenburger Landesbank die Auszahlung des Betrags von 2312,50 ℳ aus dem Guthaben des Klägers als Konkursverwalters.

Der Kläger legte gegen das landgerichtliche Urteil Berufung ein und stellte nunmehr den Antrag, den Beklagten zur Zahlung von 2312,50 ℳ nebst Zinsen zu verurteilen und ihm die Kosten aufzuerlegen. Durch Urteil des Oberlandesgerichts wurde, unter Aufhebung des landgerichtlichen Urteils vom 26. April 1904, der Beklagte verurteilt, an den Kläger 2312,50 ℳ mit 4 Prozent Zinsen seit dem 27. April 1904 zu bezahlen und die Kosten des Rechtsstreits zu tragen.

Die Revision des Beklagten wurde zurückgewiesen, aus folgenden

Gründen:

„Das Berufungsgericht weist den vom Beklagten erhobenen Einwand der Klagänderung auf Grund des § 268 Ziff. 3 Z.P.O. mit Recht zurück, da die nach der Verkündung des erstinstanzlichen Urteils eingetretene Veränderung der Sachlage die Änderung des Klagantrags in dem Gegenstande des Anspruchs rechtfertigt.

Den Anspruch des Klägers selbst erachtet das Berufungsgericht für begründet, weil der unrichtigerweise mit der Vollstreckungsklausel versehene Beschluß des Amtsgerichts O. vom 22. Mai 1903 keinen zur Vollstreckung geeigneten Titel bilde, und der Beklagte bei der als festgestellt erachteten Unzulänglichkeit der Masse zur Deckung der Masseschulden gemäß § 53 K.O. a. F. nur Anspruch auf eine erst festzusetzende Quote habe. Es hält demnach aus beiden Gründen gemäß §§ 812. 816 Abs. 2 B.G.B. die Rückforderung der erhobenen Summe wegen ungerechtfertigter Bereicherung für gerechtfertigt. Hinsichtlich der zur Anwendung kommenden Bestimmungen der Konkursordnung nimmt das Berufungsgericht mit Recht an, daß gemäß Art. V Einf.-Ges. zu dem Gesetze, betreffend Änderungen der Konkursordnung, vom 17. Mai 1898 die bisherigen Gesetze zur Anwendung kommen.

Die Revision konnte nicht für begründet erachtet werden.

Die Revision macht geltend, der Honorarfestsetzungsbeschluß des Konkursgerichts bilde einen zur Zwangsvollstreckung geeigneten Titel. Überdies sei die Vollstreckbarkeit des Beschlusses durch rechtskräftige Entscheidung über die Zulässigkeit der Vollstreckungsklausel im Wege des § 732 Z.P.O. entschieden. Die Unzulänglichkeit der Konkursmasse zur Befriedigung der Massegläubiger, sowie deren Erkennbarkeit, insbesondere deren Feststellung durch das Konkursgericht, sei nicht dargetan. Das Berufungsgericht treffe die Feststellung der Unzulänglichkeit, weil es auf Grund der Erklärung des jetzigen Konkursverwalters, des Klägers, und der vom Beklagten selbst früher gemachten Erklärung die Unzulänglichkeit der Masse als erwiesen annehme, obgleich der Beklagte dieser Erklärung des Klägers gegenüber bemerkt habe, daß er nicht wisse, ob die Konkursmasse zur Befriedigung der Massegläubiger nicht ausreiche, sowie daß die Erklärung des jetzigen Konkursverwalters nicht genügen könne, um die Unzulänglichkeit der Masse darzutun. Daß der Beklagte selbst eine die Erklärung des jetzigen Konkursverwalters unterstützende Erklärung nicht abgegeben habe, werde durch die Berichtigung des Tatbestandes des angefochtenen Urteils festgestellt.

Ob der in der Literatur vertretenen Ansicht, die gemäß § 77 K.O. a. F. § 85 Abs. 1 n. F. vom Konkursgericht getroffene Festsetzung des Honorars des Verwalters liefere einen sofort verwertbaren Vollstreckungstitel im Sinne des § 794 Ziff. 3 Z.P.O.,

vgl. Jaeger, Konkursordnung S. 563 Anm. 4; Wolff, Konkursordnung S. 280 Nr. 5,

beizutreten wäre, mag ebenso dahingestellt bleiben, wie die Frage, ob die Vollstreckbarkeit des Festsetzungsbeschlusses durch eine nach § 732 Z.P.O. ergangene Entscheidung rechtskräftig festgestellt sei, da die Entscheidung des Berufungsgerichts, auch abgesehen von der Frage der Zulässigkeit der Vollstreckung, sachlich gerechtfertigt erscheint.

Die durch das Konkursgericht erfolgte Festsetzung des Honorars des Verwalters begründet eine Schuld der Masse an den Verwalter (§ 51 Ziff. 2 K.O. a. F., § 58 Ziff. 2 n. F.). Massegläubiger sind keine Konkursgläubiger. Sie sind demnach auch nicht den Bestimmungen der §§ 10. 11. 12 K.O. a. F. (§§ 12. 14. 15 n. F.) unterworfen. So lange nicht feststeht, daß die Masse nicht einmal zur Vollbefriedigung der Massegläubiger ausreicht, kann jeder einzelne Massegläubiger selbst seinen Anspruch gerichtlich oder außergerichtlich gegen den Verwalter geltend machen und sich im Vollstreckungswege Sicherung oder Befriedigung aus Massegegenständen verschaffen.

Vgl. Jaeger, a. a. O. 2. Aufl. zu § 60 S. 456; Wolff, a. a. O.

S. 210; v. Wilmowski, Reichs-Konkursordnung 5. Aufl. zu § 58 a. F. S. 244, 6. Aufl. zu § 60 S. 262.

Sobald sich aber herausstellt, daß die Konkursmasse zur vollständigen Befriedigung aller Massegläubiger nicht ausreicht, tritt die verhältnismäßige Befriedigung nach der im § 53 a. F. (§ 60 n. F.) K.O. angeordneten Rangordnung ein. Von da an kann kein Massegläubiger ein dem § 53 (§ 60) widersprechendes Vorrecht durch Zahlung, Zwangsvollstreckung oder Arrest wirksam erlangen.

Vgl. v. Wilmowski, a. a. O. 5. Aufl. zu § 53 a. F. S. 245, 6. Aufl. zu § 60 S. 263.

Was aber ein Massegläubiger, nachdem sich die Unzulänglichkeit der Konkursmasse herausgestellt hat, aus der Masse der Bestimmung des § 53 a. F. (§ 60 n. F.) zuwider, sei es im Wege der Sicherstellung, oder der Befriedigung, erhalten hat, kann der Konkursverwalter wegen ungerechtfertigter Bereicherung zur Masse zurückfordern.

Vgl. v. Wilmowski, a. a. O. 5. Aufl. zu § 53 S. 245, 6. Aufl. zu § 60 S. 263; Stieglitz, Konkursordnung S. 363; Petersen u. Kleinfeller, Konkursordnung 4. Aufl. S. 313.

Darüber, unter welchen Voraussetzungen anzunehmen sei, daß sich die Unzulänglichkeit der Masse „herausgestellt" habe, besteht keine Einigkeit. Mehrfach wird die Ansicht aufgestellt, das Konkursgericht habe den Eintritt der Unzulänglichkeit festzustellen.

Vgl. v. Völderndorff, Konkursordnung 2. Aufl. Bd. 1 S. 602; Willenbücher, Reichs-Konkursordnung S. 129; Endemann, Deutsches Konkursverfahren S. 368.

Jaeger, a. a. O. S. 487, ist der Ansicht, zunächst habe der Konkursverwalter über die Frage zu befinden, ob sich Unzulänglichkeit herausgestellt habe, oder nicht. Daß das Konkursgericht durch beschwerdefähigen Beschluß den Zeitpunkt des Eintritts der Unzulänglichkeit festzustellen habe, sei nirgends gesagt und auch aus den §§ 187. 204 K.O. nicht abzuleiten.

Das „Sich-Herausstellen" der Unzulänglichkeit der Konkursmasse besteht darin, daß dieser Zustand tatsächlich erkennbar wird. Wann und durch welche Tatsachen diese Erkennbarkeit hervortritt, ist, soweit es sich um die Erkenntnis desjenigen handelt, für dessen Vorgehen die Erkennbarkeit maßgebend sein muß, nach der konkreten Sachlage, „der Beziehung der objektiven Tatsache zu den in Betracht kommenden Personen" (Wolff, a. a. O. S. 231) zu beurteilen. Der Beklagte gibt keinen stichhaltigen Grund an, warum er die Erklärung des Konkursverwalters nicht gelten lassen will. Die Entgegnung, er wisse nicht, ob die Konkursmasse zur Befriedigung der Massegläubiger nicht ausreiche, stimmt mit seinem eigenen Verhalten nicht überein; die durch den Berichtigungsbeschluß festgestellte Erklärung des Beklagten, er habe beim Amtsgerichte nicht erklärt, daß er keine Befriedigung aus der Masse würde erlangen können, sondern in seiner Eingabe an das Amtsgericht gesagt, wenn das ihm zustehende Pfandrecht aufgehoben würde, so würde er voraussichtlich endgültig seinen Anspruch verlieren, läßt doch nur ersehen, daß er die Masse nicht für ausreichend hielt, seine Forderung zu decken. Er hat diese Erklärung in einer an das Amtsgericht gerichteten Eingabe vom 14. April 1904 abgegeben. Diese Erklärung gibt die Begründung für sein Vorgehen. Der zeitliche enge Zusammenhang mit der Vorpfändung berechtigt zu dem Schlusse, daß die Besorgnis, bei einer Konkurrenz mit anderen Massegläubigern keine Befriedigung zu finden, ihn zu seinem Vorgehen bestimmte, die Besorgnis aber auf der Erkenntnis der Unzulänglichkeit der Masse beruhte.

Demgemäß war der Beklagte nicht mehr berechtigt, gesondert seine Befriedigung zu suchen; er mußte sich vielmehr der verhältnismäßigen Befriedigung nach der Rangordnung des § 53 K.O. a. F. unterwerfen. Was er dieser zuwider erhielt, unterliegt der Zurückforderung wegen ungerechtfertigter Bereicherung. Allerdings erscheint die Möglichkeit nicht ausgeschlossen, daß bei der Berichtigung der Masseschulden eine Quote seiner Honorarforderung auf ihn entfällt. Zurzeit und gesondert aber kann er auch diese nicht einmal annähernd bestimmte Quote nicht fordern. Der Konkursverwalter kann vielmehr das zur Masse Gehörige einfordern, um dann zur ordnungsmäßigen Verteilung zu schreiten.

Vgl. Stieglitz, a. a. O. S. 363; v. Wilmowski, a. a. O. 5. Aufl. S. 245, 6. Aufl. S. 263; Petersen u. Kleinfeller, a. a. O. S. 313." ...

64. 1. Erfordernisse der Bestätigung eines wegen Formmangels nichtigen Vertrags.
B.G.B. § 141.
2. Ist der Mangel der im § 313 B.G.B. vorgeschriebenen Form vom Prozeßrichter von Amts wegen zu berücksichtigen?
3. Kann die Partei auf den Rechtsbehelf des Formmangels aus § 313 B.G.B. wirksam verzichten?

V. Zivilsenat. Urt. v. 20. September 1905 i. S. offene Handelsgesellschaft Fr. & J. (Bekl.) w. W. (Kl.). Rep. V. 58/05.

I. Landgericht Leipzig.
II. Oberlandesgericht Dresden.

Durch Vertrag vom 4. Januar 1900 verkaufte der Kläger der Beklagten die ihm gehörige ideelle Hälfte des im ganzen ungefähr 11120 qm haltenden Feldgrundstücks Bl. 70 des Grundbuchs für Kl.-W. für den Preis von 32256,50 M.

Im § 3 wurde bestimmt:

„Die Firma Fr. & J. übernimmt die auf Bl. 70 des Grundbuchs für Kl.-W. haftenden Hypothekenschulden, welche zurzeit in einer durch Kautionshypothek von 4000 M gesicherten Forderung und einer Kaufgelderrestforderung von 21000 M der Bank für Grundbesitz bestehen, samt Anhängen zur Hälfte in Anrechnung auf den Kaufpreis."

Der Vertrag ist privatschriftlich abgefaßt; im Anschluß an ihn hat am 5. Januar 1900 die Auflassung stattgefunden, und ist die Eintragung der neuen Eigentümerin auf Kl.-W. Nr. 70 erfolgt.

Bei Abfassung des Kaufvertrags ist ein Irrtum vorgefallen, insofern die Fläche von 11120 qm, an der der Kläger das Miteigentum der Beklagten überließ, grundbuchmäßig aus zwei Grundstücken Bl. 70 und Bl. 93 Kl.-W. besteht. Hierüber und daß auch das Grundstück Bl. 93 verkauft und aufgelassen werden sollte, sind die Parteien einig; sie streiten aber darüber, ob die beiden auf Bl. 93 ebenso wie auf Bl. 70 für die Bank für Grundbesitz eingetragenen Hypotheken, nämlich eine Kautionshypothek von 800 M und eine Kaufgelderhypothek von 3513 M, von der Käuferin ebenfalls zur Hälfte übernommen werden sollten, wie Kläger behauptet, und zwar die beiden Kautionshypotheken von 4000 und 800 M ohne Anrechnung, die beiden Kaufgeldhypotheken (21000 und 3513 ℳ) unter Anrechnung auf den Kaufpreis.

Die Beklagte, die die Übernahme der auf Bl. 93 haftenden Hypotheken bestreitet, verweigert die Entgegennahme der Auflassung des Grundstücks Bl. 93, bevor nicht Kläger diese Hypotheken zur Löschung gebracht habe. Die vom Kläger auf Verurteilung der Beklagten, daß sie die Auflassung des Grundstücks Bl. 93 des Grundbuchs von Kl.-W. an sie geschehen lasse, erhobene Klage wurde in erster Instanz abgewiesen.

Dagegen verurteilte das Berufungsgericht die Beklagte, die Auflassung der im Eigentum des Klägers stehenden Hälfte des bezeichneten Grundstücks unter Übernahme der Hälfte der Schulden, für welche die unter 1 und 2 eingetragenen Hypotheken an dem Grundstücke beim Abschluß des Vertrags vom 4. Januar 1900 bestanden haben und noch gegenwärtig bestehen, als Erwerber vor dem Grundbuchamte zu erklären.

In der Berufungsinstanz hatten die Parteien ausdrücklich ihr Einverständnis erklärt, daß sie beide zur Auflassung der Beklagten auf Bl. 93 auf Grund des Vertrags vom 4. Januar 1900 gelangen wollen, insbesondere hatte die Beklagte erklärt, daß sie sich nicht mit dem Mangel der im § 313 B.G.B. vorgeschriebenen Form verteidigen wolle.

Auf die Revision der Beklagten ist das erste Urteil wiederhergestellt worden.

Aus den Gründen:

„Der Vertrag vom 4. Januar 1900 hat, worüber die Parteien einig sind, nicht bloß das darin benannte Grundstück Bl. 70 Kl.-W., sondern auch das Grundstück Bl. 93 Kl.-W. zum Gegenstande, indem angenommen wurde, daß dieses Grundstück in dem Bestande von Bl. 70 mitenthalten sei. Es liegt also nur eine unrichtige Bezeichnung (falsa demonstratio) vor, die nicht hindern würde, die Wirksamkeit des Vertrags und der sich daran schließenden Einigung (Auflassung) auch auf das Grundstück Bl. 93 zu erstrecken. Der Vertrag ist aber nicht in der im § 313 B.G.B. vorgeschriebenen Form geschlossen und deshalb nach § 125 a. a. O. nichtig, soweit er nicht durch die nachfolgende Auflassung **und** Eintragung in das Grundbuch gültig geworden ist. Die Eintragung im Grundbuch ist auf Bl. 70 Kl.-W., nicht aber auf Bl. 93 Kl.-W. erfolgt, bezüglich dieses Grundstücks also die den Mangel der Form heilende Kraft der Auflassung und Eintragung nicht eingetreten (Urteil des Senats vom 1. April 1905[1] i. S. Rep. V. 448/04). Hiernach muß die auf den nichtigen Vertrag gestützte Klage abgewiesen werden, sofern nicht in den von den Parteien in der Berufungsinstanz abgegebenen Erklärungen eine Bestätigung des nichtigen Rechtsgeschäfts im Sinne des § 141 Abs. 1 B.G.B. gefunden werden kann.

Das ist zu verneinen. Der § 141 B.G.B. bestimmt: „Wird ein nichtiges Geschäft von demjenigen, welcher es vorgenommen hat, bestätigt, so ist die Bestätigung als erneute Vornahme zu beurteilen." Es muß also, wenn es sich, wie hier, um einen zweiseitigen Vertrag handelt, aus den beiderseitigen Erklärungen eine vollkommene Willensübereinstimmung über die beiderseitigen Rechte und Verpflichtungen erhellen; es müssen in der nachträglichen Bestätigung eines nichtigen Vertrags alle Erfordernisse des Vertrags selbst erfüllt, also insbesondere die Willensübereinstimmung der Kontrahenten zum Ausdruck gelangt sein. Daran fehlt es hier, da ja über eine im Sinne der Kontrahenten wesentliche Vertragsbedingung, nämlich die Übernahme der auf einem der verkauften Grundstücke eingetragenen Hypotheken, keine Übereinstimmung unter den Kontrahenten herrscht. Die in den Tatbestand des Berufungsurteils aufgenommene Erklärung der Parteien, daß sie beide zur Auflassung der Beklagten auf Bl. 93 auf Grund des Vertrags vom 4. Januar gelangen wollen, konstatiert nur ein Einverständnis der Kontrahenten über den Gegenstand des Verkaufs, keineswegs über die Kaufbedingungen, hinsichtlich deren eben der zur richterlichen Entscheidung gebrachte Streit besteht. Eine Bestätigung des wegen Formmangels nichtigen Vertrags, die als eine erneute Vornahme angesehen werden könnte, liegt sonach materiell nicht vor, so daß von der Frage abgesehen werden kann, ob (formell) vor dem Prozeßrichter abgegebene Erklärungen, die nicht zu einer Erledigung des Rechtsstreits durch Vergleich, Verzicht oder Anerkenntnis geführt haben (§ 160 Abs. 2 Ziff. 1 Z.P.O.), im Falle des § 313 B.G.B. die dort vorgeschriebene gerichtliche oder notarielle Beurkundung zu erfüllen geeignet sind.

---

[1] Abgedruckt Bd. 60 dieser Sammlung S. 338. D. R.

Muß hiernach den Erklärungen der Parteien im gegenwärtigen Prozesse die Bedeutung einer Bestätigung des wegen Formmangels nichtigen Vertrags im Sinne des § 141 B.G.B. versagt bleiben, so fällt damit der auf den nichtigen Vertrag gegründete Anspruch. Denn die Nichtigkeit des Vertrags war von Amts wegen zu berücksichtigen.... Ein Verzicht auf Beachtung der im § 313 B.G.B. im öffentlichen Interesse gegebenen Vorschrift ist wirkungslos und konnte den Berufungsrichter nicht berechtigen, von Anwendung des § 313, die zur Abweisung der aus einem nichtigen Vertrage erhobenen Klage führen mußte, abzusehen.

Hiernach beruht das angefochtene Urteil auf einer Verletzung des § 313 B.G.B. und unterliegt der Aufhebung." ...

---

65. Ist in Ansehung von Verhältnissen des bürgerlichen Rechts das Verlöbnis ein Vertrag, auf den die allgemeinen Vorschriften des Bürgerlichen Gesetzbuchs über Geschäftsfähigkeit (§§ 104 flg.) Anwendung zu finden haben? Und hat die Beiwohnung, welche eine Minderjährige einem Minderjährigen gestattet hat, nachdem dieselbe ohne Einwilligung ihrer gesetzlichen Vertreter ein Eheversprechen gewechselt hatten, als Beiwohnung unter Verlobten zu gelten, wenn von ihnen, nachdem beide die Volljährigkeit erreicht hatten, das Eheversprechen genehmigt wird, ohne daß inzwischen ein Rücktritt erfolgt war?

B.G.B. §§ 1297. 1300. 107. 108. 109. 184.

IV. Zivilsenat. Urt. v. 21. September 1905 i. S. St. (Bekl.) w. G. (Kl.). Rep. IV. 140/05.

I. Landgericht Dresden.
II. Oberlandesgericht daselbst.

Der Beklagte trat zu der Klägerin in Beziehungen, welche dazu führten, daß die Klägerin ihm in der Zeit vom September 1900 ab wiederholt die Beiwohnung gestattete, was zur Folge hatte, daß die Klägerin am 1. Juli 1901 von einem Knaben entbunden wurde. Die Klägerin macht jetzt geltend, daß sie, als sie dem Beklagten die

Beiwohnung gestattet habe, mit diesem verlobt und unbescholten gewesen, er aber demnächst ohne jeden Grund von dem Verlöbnis zurückgetreten sei. Auf Grund des § 1300 B.G.B. fordert die Klägerin daher eine Entschädigung, die sie in erster Instanz vorschlagsweise auf 15 000 *M* bezifferte. Vom Landgericht wurde der Beklagte verurteilt, an die Klägerin 1000 *M* zu zahlen. Gegen dieses Urteil legten beide Parteien Berufung ein; die Klägerin mit dem Antrage, den Beklagten zur Zahlung von mindestens 7500 *M* zu verurteilen, der Beklagte mit dem Antrage auf völlige Abweisung der Klage. Vom Berufungsgericht wurde zunächst über den Grund des Anspruchs erkannt, der Klägerin ein richterlicher Eid mit folgender Eidesformel:

„der Beklagte hat unmittelbar, bevor ich ihm einmal die Beiwohnung gestattete, mir versprochen, mich zu heiraten",

auferlegt und hiervon die Entscheidung abhängig gemacht. Die Revision des Beklagten wurde zurückgewiesen.

Aus den Gründen:

„Durch § 1300 B.G.B. wird der Verlobten, welche ihrem Verlobten die Beiwohnung gestattet hat, ein Anspruch auf Entschädigung gewährt, wenn sie unbescholten gewesen, und er ohne wichtigen Grund von dem Verlöbnis zurückgetreten ist. Der Anspruch ist mithin nur begründet, wenn ein nach bürgerlichem Recht gültiges Verlöbnis bestanden hat, und die Beiwohnung erfolgt ist, nachdem das Verlöbnis bereits eingegangen war. Das Landgericht hat das Vorhandensein der letzterwähnten, ebenso wie der anderen Voraussetzungen des § 1300 im vorliegenden Falle für dargetan erachtet. Nicht streitig ist es, daß die Klägerin sich seit dem September 1900 wiederholt dazu herbeigelasseu hat, dem Beklagten die Beiwohnung zu gestatten, daß sie unbescholten war, und daß er sich, anscheinend im Jahre 1902, von ihr zurückgezogen hat, ohne daß ein Grund vorgelegen hätte, welcher den Rücktritt von einem Verlöbnis rechtfertigen könnte. Gleichwohl will der Beklagte keine Entschädigung gewähren, weil ein Verlöbnis nicht bestanden habe, und zwar stellt er nicht nur die Abgabe eines Eheversprechens in Abrede, sondern schützt auch vor, daß jedenfalls er zu der Zeit, als ihm die Klägerin die Beiwohnung gestattet habe, noch minderjährig gewesen sei, und die Zustimmung der Eltern zu einer Verlobung gefehlt habe. Über das Alter der

Parteien machte der Beklagte in erster Instanz die Angabe, daß er selbst am 18. Oktober 1879, die Klägerin am 23. September 1879 geboren sei. Das Landgericht ist indes zu einer Verurteilung gelangt. . . . Das Berufungsgericht hat die Voraussetzungen des § 1300 B.G.B. im übrigen ebenfalls für dargetan, dagegen die Behauptung der Klägerin, daß sie mit dem Beklagten, als sie sich ihm hingegeben, verlobt gewesen sei, nicht für voll bewiesen gehalten. Wohl aber hat es aus dem Sachverhalt eine hohe Wahrscheinlichkeit dafür entnommen, daß der Beklagte in irgendeinem der Fälle, in denen sie ihm die Beiwohnung gestattete, ihr unmittelbar vorher die Ehe versprochen habe, und hat deshalb die Entscheidung von dem oben mitgeteilten Eide abhängig gemacht. Das Berufungsgericht ist hierbei davon ausgegangen, daß das Bürgerliche Gesetzbuch das Verlöbnis als einen Vertrag auffasse, und hat angenommen, daß ein solcher, falls die zum Eide verstellte Tatsache der Wahrheit entspreche, zustande gekommen sei, da die Klägerin alsdann durch die Gestattung der Beiwohnung das Eheversprechen angenommen habe. Es hat ferner die Frage berührt, ob für diesen Vertrag volle Geschäftsfähigkeit erforderlich sei, indes eine Entscheidung oder eine Feststellung hinsichtlich des Alters der Parteien, über welches die Klägerin in zweiter Instanz andere Angaben gemacht hatte, nicht für erforderlich erachtet, und zwar deshalb nicht, weil der Beklagte durch ein Schreiben vom 20. Januar 1901, sowie durch ein ferneres Schreiben vom 26. Juni 1901 ein erneutes Versprechen, das bestehende Verhältnis aufrecht zu erhalten, gegeben habe, und die Klägerin, wie anzunehmen, gleichen Willens gewesen sei. Das Berufungsgericht hat hieraus entnommen, daß hiernach, wenn bei Abgabe des Eheversprechens und dessen Annahme durch Gewährung der Beiwohnung beide Parteien minderjährig gewesen wären, oder doch einer von ihnen die Volljährigkeit noch nicht erreicht gehabt hätte, zu einer Zeit, als beide volljährig waren, eine Bestätigung erfolgt sein, alsdann aber jedenfalls im Hinblick auf § 108 B.G.B. ein gültiges Verlöbnis, und zwar ein vor der Beiwohnung eingegangenes Verlöbnis, anzunehmen sein würde.

Die Revision wendet hiergegen ein, es könne in der Gestattung der Beiwohnung nicht die Annahme eines Eheversprechens gefunden werden. Diese Rüge enthält indes nur eine unzulässige Bemängelung der tatsächlichen Würdigung. Sodann beanstandet die Revision die Eidesformel und vermißt die nötige Bestimmtheit der zum Eide verstellten Tatsache, namentlich in Ansehung der Zeit, zu der die Beiwohnung stattgefunden hat. Diese Rüge kann gleichfalls keinen Erfolg haben. Das Berufungsgericht will feststellen, daß die Klägerin irgendeine, gleichviel welche, der Beiwohnungen, zu der sie sich verstand, dem Beklagten nach vorgängigem Eheversprechen desselben gestattet habe. Für diesen Fall will das Berufungsgericht annehmen, daß die Beiwohnung erfolgt sei nach Eingehung eines Verlöbnisses, das zwar anfangs vielleicht nicht wirksam war, aber, durch Genehmigung beider Teile, nachmals, und zwar von Anbeginn an, wirksam wurde. Diese Erwägungen sind rechtlich nicht zu beanstanden.

Was unter einem Verlöbnis nach dem Recht des Bürgerlichen Gesetzbuchs zu verstehen, und was zu seiner Eingehung erforderlich sei, ist vom Gesetz nicht näher bestimmt. Als Handlung — die Verlobung — ist das Verlöbnis das gegenseitige Eheversprechen. Das ist kaum streitig; aber über seine rechtliche Natur gehen die Meinungen auseinander.

Für den Bereich des Strafrechts (vgl. § 52 Abs. 2 St.G.B. und die Bestimmungen, in denen für „Angehörige" besonderes angeordnet wird, u. a. § 247 Abs. 1, § 263 Abs. 4) und des Strafprozesses (vgl. § 51 Ziff. 1 St.P.O.) ist von den Strafsenaten des Reichsgerichts in früherer Zeit, als ein einheitliches bürgerliches Recht in Deutschland noch nicht bestand, und partikularrechtlich die Gültigkeit eines Verlöbnisses oft von der Beobachtung vorgeschriebener Formen abhängig war, wiederholt ausgesprochen, daß der Begriff der Verlobten im Sinne des Strafrechts wesentlich nur aus der Strafgesetzgebung selbst heraus zu erklären sei (vgl. Entsch. des R.G.'s in Strafs. Bd. 10 S. 117. 119, Bd. 14 S. 7. 8, Bd. 24 S. 155. 156), und auch nach Inkrafttreten des Bürgerlichen Gesetzbuchs ist hieran festgehalten (vgl. ebendaselbst Bd. 35 S. 49), unter Hinweis darauf, daß für das Strafrecht, abweichend vom Zivilrecht, das sittliche Element, das dem Verlöbnis innewohne, entscheidend sein müsse.

Für das Recht des Bürgerlichen Gesetzbuchs aber kommt folgendes in Betracht. Der erste Entwurf bestimmte im § 1227 „durch das Verlöbnis wird eine Verbindlichkeit der Verlobten zur Schließung der Ehe nicht begründet", und wollte damit zum Ausdruck bringen, daß dem Verlobungsvertrag grundsätzlich jede Wirkung abzusprechen sei. Im Falle des grundlosen Rücktritts sollte zwar eine Verpflichtung zum Ersatz des sog. negativen Interesses eintreten (§ 1228), jedoch wurde diese Bestimmung nur aus Rücksichten der Billigkeit für angezeigt erachtet (vgl. Motive Bd. 4 S. 3). Die zweite Kommission ging von dieser Auffassung ab und nahm die jetzt im § 1297 Abs. 1 B.G.B. gegebene Bestimmung an, daß aus einem Verlöbnis nicht auf Eingehung der Ehe geklagt werden könne. Hierdurch sollte anerkannt werden, daß auch dem Verlöbnis rechtliche Bedeutung zukomme. Die Entscheidung der Frage nach dem prinzipiellen Charakter des Verlöbnisses meinte aber die Kommission der Wissenschaft überlassen zu sollen (vgl. Protokolle IV S. 2). In der Literatur ist diese Frage häufig erörtert worden. Von einigen Schriftstellern wird das Verlöbnis als ein rein tatsächliches, d. h. als ein tatsächlich gegebenes, Eheversprechen betrachtet, auf welches die allgemeinen Bestimmungen über Eingehung von Verträgen, also auch die über Geschäftsfähigkeit, nicht Anwendung finden, dessen Gültigkeit vielmehr dem freien Ermessen des Richters unterliegt, und das, wenn seine Gültigkeit anerkannt wird, ein lediglich tatsächliches Verhältnis erzeugt. Überwiegend wird dagegen in der Verlobung ein Vertrag gefunden; jedoch herrscht in Einzelheiten keine Übereinstimmung, und insbesondere findet sich die Ansicht,

vgl. Dernburg, Das bürgerliche Recht Bd. 4 § 6 IV., § 7 II. 3, auch Goldmann, in der Deutschen Juristen-Zeitung 1901 S. 432,

daß das Verlöbnis ein familienrechtlicher Vertrag sei, auf den zwar die Bestimmungen in den §§ 104. 105 B.G.B. über die Geschäftsfähigkeit, aber nicht die §§ 107 flg. über die beschränkte Geschäftsfähigkeit Anwendung zu finden hätten. Letztere Ansicht kann indes ebensowenig wie die zuerst erwähnte geteilt werden. Die Verlobung ist ein wechselseitig gegebenes und angenommenes Versprechen, und daher muß sie als Vertrag, das dadurch herbeigeführte Verhältnis als ein Vertragsverhältnis aufgefaßt werden. Beides ist zwar nicht vermögensrechtlicher Natur, und man kann daher die Verlobung sehr wohl einen familienrechtlichen Vertrag nennen; aber es darf hieraus nicht die Folgerung gezogen werden, daß die Vorschriften des Bürgerlichen Gesetzbuchs über Rechtsgeschäfte außer Betracht zu bleiben hätten. Das Verlöbnis gehört allerdings dem Familienrecht an, hat aber für das Vermögensrecht auch Bedeutung, da es zu Ansprüchen auf Schadensersatz führen kann (§§ 1298—1300 B.G.B.), seine Auflösung der Regel nach die Rückforderung der gegebenen Geschenke begründet (§ 1301), und für die „Verlobten" im Bereich des Erbrechts Sonderbestimmungen gelten (§§ 2077 Abss. 2. 3, 2275 Abss. 2. 3, 2276 Abs. 2, 2279 Abs. 2, 2290 Abs. 3, 2351, 2347 Abs. 2 Satz 2). Im Interesse der Rechtssicherheit liegt es daher, für den Begriff des Verlöbnisses nicht Sondervorschriften aufzustellen, die das Bürgerliche Gesetzbuch nicht kennt, sondern für die Beantwortung der Frage, wann ein Verlöbnis wirklich zustande kommt, die allgemeinen Vorschriften gelten zu lassen. Nur dann gewinnt man eine sichere Grundlage für die Beantwortung jener Frage, und das ist um so mehr nötig, als das Bürgerliche Gesetzbuch die Wirksamkeit eines Verlöbnisses nicht von der Beobachtung bestimmter Formen abhängig gemacht hat. Werden aber die allgemeinen Vorschriften des Bürgerlichen Gesetzbuchs über Rechtsgeschäfte, also auch diejenigen über Geschäftsfähigkeit (§§ 104 flg.), als maßgebend betrachtet, so bedarf ein Minderjähriger zum Verlöbnis der Einwilligung seines gesetzlichen Vertreters, und zwar wegen § 107. Die dort gemachte Unterscheidung von Willenserklärungen, durch die der Minderjährige lediglich einen rechtlichen Vorteil erlangt, trifft freilich auf Verlobungen nicht zu; aber daraus folgt nur, daß es der Einwilligung stets bedarf. Der Umstand, daß es in Ansehung der Eheschließung für nötig erachtet ist, im § 1304 Abs. 1 das Erfordernis einer solchen Einwilligung besonders zu erwähnen, ist ohne Bedeutung. Denn aus dieser Erwähnung folgt nicht, daß § 107 für familienrechtliche Verträge an und für sich nicht gelte; sondern sie ist offenbar nur deshalb erfolgt, weil es zweckmäßig schien, für das Eherecht das Erfordernis der Genehmigung für alle einzelnen Fälle klarzustellen (vgl. §§ 1304—1308, 1336, 1337). Andererseits ist es nicht zutreffend, daß die verlassene minderjährige Braut besser gestellt ist, wenn ihr Verlöbnis als ein tatsächlicher Vorgang betrachtet wird; denn diejenigen Gründe, die bei Auffassung des Verlöbnisses als Vertragsverhältnis das Verlöbnis als unwirksam erscheinen ließen, würden bei seiner Auffassung als tatsächlich bestehendes Verhältnis den anderen zum Rücktritt berechtigen,

vgl. Planck, B.G.B. 3. Aufl. Bd. 4 S. 9;

es würde mithin letztere Auffassung der verlassenen Braut nichts nützen. Namentlich aber ist zu beachten, daß ein von einer minderjährigen Person eingegangenes Verlöbnis auch dann, wenn es als Vertrag angesehen wird, nicht etwa ein Vorgang ist, dem keine rechtliche Bedeutung zukommt. Es ist vielmehr ein Vertrag, dessen Wirksamkeit zufolge § 108 B.G.B. in der Schwebe, nämlich von der Genehmigung ihres gesetzlichen Vertreters oder, wenn der Minderjährige unbeschränkt geschäftsfähig geworden ist, des letzteren selbst abhängig ist. Und es wirkt die Genehmigung, wenn sie erteilt wird, zufolge § 184 Abs. 1 B.G.B. auf den Zeitpunkt der Vornahme des Rechtsgeschäfts zurück, d. h. es gilt rechtlich das Verlöbnis als wirksam von Anfang an.

Im Hinblick hierauf ist das angefochtene Urteil für einwandfrei zu erachten; denn für den Fall der Eidesleistung ist folgender Sachverhalt zu unterstellen. Die Klägerin und der Beklagte hatten sich verlobt, und nach Eingehung des Verlöbnisses hat die Klägerin dem Beklagten die Beiwohnung gestattet. Vielleicht war einer von diesen damals minderjährig, und die Einwilligung des Vaters zu der Verlobung ist nicht erteilt worden. Gleichwohl hatte das Verlöbnis die im § 108 B.G.B. bezeichnete Wirkung. Ein Widerruf seitens des Beklagten ist nicht erfolgt, und es ist deshalb nicht zu erörtern, ob derselbe angesichts der Bestimmung im § 109 Abs. 2 B.G.B. überhaupt zum Widerruf berechtigt gewesen wäre. Dagegen ist von beiden, als sie großjährig waren, das Verlöbnis genehmigt worden. Zufolge § 108 Abs. 3, § 184 Abs. 1 B.G.B. hat deshalb die Verlobung als von Anfang an rechtswirksam zu gelten, und die Beiwohnung ist nach Eingehung des Verlöbnisses erfolgt. Mit Recht ist daher für den Fall der Eidesleistung der Anspruch der Klägerin als berechtigt anerkannt worden, und der Beklagte hat keinen Grund zur Beschwerde." ...

---

66. Kann in dem Falle, daß von dem Landgericht, in Abänderung eines ablehnenden Beschlusses des Nachlaßgerichts, die Erteilung eines Erbscheins angeordnet, und demgemäß der Erbschein von dem Nachlaßgericht erteilt worden ist, der wirkliche Erbe nur die Einziehung oder Kraftloserklärung des Erbscheins bei dem Nachlaß-

gericht beantragen und die Herausgabe des Erbscheins an das Nachlaßgericht verlangen, oder ist auch die weitere Beschwerde gegen den Beschluß des Landgerichts zulässig, mit dem Antrag, die Einziehung oder Kraftloserklärung des Erbscheins anzuordnen?

B.G.B. §§ 2361. 2362.
Fr.G.G. §§ 19. 20. 27.

IV. Zivilsenat. Beschl. v. 21. September 1905 in der Bl.'schen Nachlaßsache. Beschw.-Rep. IV. 325/05.

I. Amtsgericht Weimar.
II. Landgericht daselbst.

Die am 31. Oktober 1904 verstorbene Witwe Bl. hatte am 28. August 1866 mit ihrem Ehemann, dem Landwirt Bl., ein gemeinschaftliches Testament errichtet, in welchem die Ehegatten gegenseitig sich selbst, und sodann ihre Geschwister und Geschwisterkinder zu Erben eingesetzt hatten, und zwar mit folgenden Worten:

„Der zuletzt Überlebende von uns beiden soll das gesamte nachgelassene Vermögen des von uns beiden zuerst Versterbenden erb- und eigentümlich erhalten, er soll aber verpflichtet sein, dieses Vermögen bei seinem Tode den Geschwistern, bezüglich Geschwisterkindern des zuerst Versterbenden unverkürzt zu hinterlassen."

Nach dem Tode des Landwirts Bl. errichtete die Witwe am 19. Juni 1903 ein ferneres Testament, erklärte in diesem ihre früheren Verfügungen für ungültig und ernannte zur alleinigen Erbin ihrer „sämtlichen Hinterlassenschaft" eine Nichte, Emilie B. Letztere nahm die Erbschaft an und beantragte bei dem Nachlaßgericht, dem Amtsgericht in Weimar, die Ausstellung eines Erbscheines, wobei sie indes erklärte, daß sie denjenigen Teil des Nachlasses, der sich als von dem Landwirt Bl. ererbtes Vermögen darstelle, an dessen Nacherben herauszugeben habe, und zwar auf Grund des Testaments vom 28. August 1866, während sie zufolge des Testaments vom 19. Juni 1903 alleinige Erbin hinsichtlich des gesamten übrigen Nachlasses der Witwe Bl. sei. Das Amtsgericht war jedoch der Ansicht daß die Witwe Bl. durch das Testament vom 28. August 1866 nicht bloß verpflichtet worden sei, das Vermögen ihres vor ihr verstorbenen Mannes dessen Seitenverwandten zu hinterlassen, sondern daß dieses

Testament sie auch in Ansehung der von ihr selbst damals verfügten Erbeseinsetzung gebunden habe, deshalb aber ihr späteres Testament vom 19. Juni 1903 ungültig sei. Aus diesem Grunde wurde vom Amtsgericht der Antrag der Emilie B. auf Erteilung eines Erbscheins durch Beschluß vom 25. Januar 1905 abgelehnt. Hiergegen legte die Emilie B. Beschwerde ein. Vom Landgericht in Weimar wurde durch Beschluß vom 17. April 1905 der Beschwerde stattgegeben, und das Amtsgericht angewiesen, die Erteilung des beantragten Erbscheins aus den in dem angefochtenen Beschluß angegebenen Gründen nicht länger zu verweigern. Darauf erteilte das Amtsgericht unter dem 11. Mai 1905 einen Erbschein in nachstehender Fassung:

„Als alleinige Erbin der am 31. Oktober 1904 in Weimar verstorbenen Witwe ... Bl. geb. L. hat sich auf Grund des am 19. Juni 1903 errichteten Testaments die ledige ... Emilie B. in Weimar ausgewiesen, jedoch nicht hinsichtlich desjenigen Vermögens, welches der Erblasserin von ihrem verstorbenen Ehemann, dem Rentner ... Bl., durch das gemeinschaftliche Testament vom 28. August 1866 als Vorerbin zugewendet worden ist, und hinsichtlich dessen die in dem ebengenannten Testamente zugunsten von Seitenverwandten des Ehemannes Bl. angeordnete Nacherbschaft besteht."

Nunmehr legte der Drechsler Alfred E., Sohn einer vorverstorbenen Schwester der weiland Witwe Bl., welcher selbst Erbrechte an deren Nachlaß in Anspruch nimmt, gegen den Beschluß des Landgerichts vom 17. April 1905 Beschwerde ein und erklärte zugleich, er wolle auch gegen den Erbschein vom 11. Mai 1905, falls solche überhaupt zulässig sei, Beschwerde erheben. Sollte die Zulässigkeit des Rechtsmittels gegen die Erteilung des Erbscheins nicht anerkannt werden, so beantrage er, denselben von Amts wegen einzuziehen und anderweite Ermittlungen anzustellen. Der Beschwerde haben sich alsdann die anderen Beschwerdeführer angeschlossen, zum Teil in der Form, daß sie erklärten, gegen den Beschluß des Landgerichts Protest zu erheben.

Das zur Entscheidung berufene Oberlandesgericht in Jena erachtete die Beschwerde für zulässig, sah sich aber gehindert, in ihre sachliche Prüfung einzutreten, da in einem gleichartigen Falle das Oberlandesgericht in Darmstadt durch Beschluß vom 13. Juli 1904

(Zentralbl. für freiw. Gerichtsbark. 5. Jahrg. S. 317) die Beschwerde für unzulässig erklärt habe. Im Hinblick hierauf legte das Oberlandesgericht Jena mittels Beschlusses vom 22. Juli 1905 die weitere Beschwerde gemäß § 28 Abs. 2 Fr.G.G. dem Reichsgericht vor.

Die Beschwerde wurde für zulässig erklärt, in der Sache aber als unbegründet zurückgewiesen, aus folgenden

Gründen:

„Der Rechtsauffassung des Oberlandesgerichts Jena ist beizutreten. Eine Beschwerde ist in Fällen der vorliegenden Art für zulässig erachtet von dem Oberlandesgericht in Jena durch Beschluß vom 14. Mai 1902 (Rechtspr. der O.L.G. Bd. 5 S. 353) und dem Kammergericht in Berlin durch Beschluß vom 14. November 1904 (Rechtspr. Bd. 9 S. 436); das Bayerische Oberste Landesgericht hat in seinem Beschluß vom 5. August 1901 (Sammlung seiner Entsch. in Zivils. Bd. 2 S. 543) zwar eine Entscheidung hierüber nicht getroffen, sich aber in einer Weise ausgesprochen hat, welche die Annahme rechtfertigt, daß auch dieser oberste Gerichtshof geneigt sei, die Zulässigkeit einer Beschwerde anzuerkennen. Schlechthin dagegen ist eine solche Beschwerde für unzulässig erklärt worden von dem Oberlandesgericht in Darmstadt durch den obenerwähnten Beschluß. Die für letztere Ansicht angegebenen Gründe sind indes nicht zutreffend.

Um einen tatsächlich erteilten unrichtigen Erbschein wieder zu beseitigen, sind im Bürgerlichen Gesetzbuch zwei Wege vorgesehen: dem Nachlaßgericht ist, im § 2361, zur Pflicht gemacht, den erteilten Erbschein, falls sich ergibt, daß derselbe unrichtig ist, einzuziehen, oder, wenn derselbe nicht sofort erlangt werden kann, durch Beschluß für kraftlos zu erklären. Diese Maßnahme hat das Nachlaßgericht von Amts wegen zu treffen. Daneben ist im § 2362 Abs. 1 dem wirklichen Erben die Befugnis erteilt, von dem Besitzer eines unrichtigen Erbscheins dessen Herausgabe an das Nachlaßgericht zu verlangen und diesen Anspruch im Klagewege zu verfolgen. Hieraus ergibt sich, daß die Anordnung der Erteilung eines Erbscheins jedenfalls dann, wenn der Erbschein tatsächlich erteilt worden ist, nicht zum Gegenstand einer Beschwerde gemacht werden kann. Die Wirkungen, die das Bürgerliche Gesetzbuch in den §§ 2365 flg. mit der Erteilung eines Erbscheins verbindet, treten, wie in dem erwähnten

Beschluß des Bayerischen Obersten Landesgerichts (S. 545) hervorgehoben wird, sofort ins Leben; und es ist daher nicht angängig, die Folgen, welche mit der Erteilung, bzw. dem Besitz eines unrichtigen Erbscheins verknüpft sind, einfach dadurch zu beseitigen, daß die Anordnung der Erteilung aufgehoben, und der Antrag auf Erteilung abgelehnt wird. Es ergibt sich ferner, daß mit der Beschwerde nicht eine Abänderung des Erbscheins seinem Inhalte nach erzielt werden kann, das Beschwerdegericht mithin nicht Änderungen an dem Inhalte des Erbscheins vornehmen, oder an die Stelle des erteilten einen anderen setzen kann. Denn zufolge §§ 2361. 2362 B.G.B. kann ein unrichtiger Erbschein nur dadurch beseitigt werden, daß er von dem Nachlaßgericht eingezogen, oder an dieses abgeliefert, oder durch Beschluß des Nachlaßgerichts für kraftlos erklärt wird. Dagegen fehlt jeder Grund für die Annahme, daß die Einziehung oder die Kraftloserklärung eines Erbscheins nicht auch auf dem Beschwerdewege erreicht werden kann. Gegen die Verfügung des Gerichts erster Instanz in Angelegenheiten der freiwilligen Gerichtsbarkeit steht zufolge § 20 Abs. 1 Fr.G.G. die Beschwerde jedem zu, dessen Recht durch die Verfügung beeinträchtigt ist; und zufolge § 27 dieses Gesetzes ist gegen die Entscheidung des Beschwerdegerichts die weitere Beschwerde zulässig, wenn die Entscheidung auf einer Verletzung des Gesetzes beruht. Diese Beschwerden sind unter den bezeichneten Voraussetzungen grundsätzlich stets zulässig und nur dann ausgeschlossen, wenn besondere gesetzliche Bestimmungen ihrer Zulässigkeit im Wege stehen. Das ist, wie bemerkt, zufolge §§ 2361. 2362 B.G.B. hinsichtlich des Erbscheins, soweit diese Frage hier in Betracht kommt, insofern der Fall, als die Wiederaufhebung der Anordnung eines tatsächlich erteilten Erbscheins und die Änderung seines Inhalts nicht mittels der Beschwerde erzielt werden kann. Anders dagegen verhält es sich mit der Einziehung. Die im § 2361 B.G.B. dem Nachlaßgericht zur Pflicht gemachten Maßnahmen können von jedem, dessen Recht durch die erfolgte Erteilung des Erbscheins beeinträchtigt wird, beantragt, und gegen die Ablehnung eines solchen Antrags kann zufolge § 20 Abs. 1 Fr.G.G. Beschwerde erhoben werden (vgl. Beschluß des Bayerischen Obersten Landesgerichts vom 22. November 1901, Samml. seiner Entsch. Bd. 2 S. 725). In einem Falle wie dem vorliegenden würden daher, wenn das Landgericht, wie hier geschehen ist, die Erteilung eines Erbscheins angeordnet hat, diejenigen Personen, die sich für die wirklichen Erben halten, die Einziehung des Erbscheins bei dem Nachlaßgericht beantragen und die Ablehnung eines solchen Antrags zum Gegenstand der Beschwerde und der weiteren Beschwerde machen können. Im Hinblick hierauf ist es zweifellos, daß es weit einfacher ist, die weitere Beschwerde bereits gegen einen die Anordnung der Erteilung aussprechenden Beschluß des Landgerichts zu gestatten. Es ist aber auch kein gesetzlicher Grund ersichtlich, weshalb dies nicht angängig sein, also weshalb nicht, ohne völlig zwecklos das Verfahren vor dem Nachlaßgericht und dem Landgericht zu erneuern, sofort die Entscheidung der dritten Instanz herbeigeführt werden könnte. Es ist vielmehr ein solches Verfahren für zulässig zu erachten; nur muß der Antrag der weiteren Beschwerde nicht auf Aufhebung der vom Landgericht verfügten Erteilung des Erbscheins, auch nicht auf eine Abänderung seines Inhalts, sondern darauf gerichtet werden, daß derselbe eingezogen oder für kraftlos erklärt werde. Daß nach Erteilung eines Erbscheins eine solche Beschwerde zulässig sei, ist übrigens auch während der Beratung des Entwurfs des Gesetzes über die freiwillige Gerichtsbarkeit zur Sprache gekommen und anerkannt worden (vgl. Kommissionsbericht zu § 80 des Entwurfs, Drucks. des Reichstags 1897/98 Nr. 109 S. 49).

Im vorliegenden Falle lassen sich die vom Beschwerdeführer E. gestellten Anträge dahin verstehen, daß er eine Anweisung an das Nachlaßgericht, den in Rede stehenden Erbschein einzuziehen, herbeiführen wolle; und das Verlangen der anderen Beschwerdeführer, die meist keinen besonderen Antrag gestellt haben, ist in gleicher Weise aufzufassen. Die Zulässigkeit der weiteren Beschwerde ist deshalb nicht zu beanstanden.

In der Sache selbst war dem Landgericht lediglich beizutreten. Dasselbe legt das Testament vom 28. August 1866 dahin aus, daß der überlebende Gatte nur verpflichtet worden sei, das von dem zuerst Verstorbenen ererbte Vermögen an dessen Geschwister oder Geschwisterkinder als Nacherben zu hinterlassen, daß er dagegen hinsichtlich seines eigenen Vermögens freie Hand behalten habe. Diese Auslegung läßt einen Rechtsirrtum in keiner Weise erkennen; dann aber ist die Anordnung, daß der Erbschein zu erteilen sei, gerechtfertigt." ...

67. Inwieweit kann der Verkäufer der Berechnung seines Schadensersatzanspruchs wegen Nichterfüllung gegenüber dem in Annahme- und Zahlungsverzug befindlichen Käufer auf Grund des § 326 B.G.B. das Ergebnis eines von ihm vorgenommenen freihändigen Verkaufs der Ware zugrunde legen?

II. Zivilsenat. Urt. v. 22. September 1905 i. S. Pfälz. Chamotten- u. Tonwerke (Bekl.) w. B. (Kl.). Rep. II. 3/05.

I. Landgericht Kaiserslautern.
II. Oberlandesgericht Zweibrücken.

Im August 1900 kam zwischen den Parteien ein Vertrag zustande, nach welchem die verklagte Aktiengesellschaft von dem Kläger die Förderung von Ton aus einer neuen Grube des Klägers nach Maßgabe ihres Bedarfs zum Einheitspreise von 71 ₰ für 100 kg frei ihrer Fabrik in Eisenberg kaufte.

Die Beklagte hat zunächst vertragsgemäß den ihr gelieferten Ton abgenommen, dagegen vom Juli 1902 ab die Abnahme weiteren Tons verweigert, indem sie aufstellte, sie habe nur die erste Schicht, die damals abgebaut gewesen sei, gekauft, nicht aber auch die zweite Schicht. Der Kläger hat diese Aufstellung bestritten, vielmehr behauptet, daß die Beklagte den sämtlichen Ton erster und zweiter Klasse, einerlei aus welcher Schicht derselbe herrühre, gekauft habe; er hat auf Abnahme bestanden und angedroht, daß, wenn dieselbe nicht binnen der gesetzten Frist von 8 Tagen erfolge, er den damals geförderten Ton anderweitig verkaufen werde. Bei diesem demnächst erfolgten Verkaufe des fraglichen Quantums ergab sich ein Mindererlös von 420,67 ℳ gegenüber dem Vertragspreis. Daraufhin erhob der Kläger Klage, mit der er beantragte,

1. die Beklagte zur Zahlung von 420,67 ℳ nebst Zinsen von 4 Prozent vom Tage der Klage ab zu verurteilen;
2. festzustellen, daß der zwischen den Parteien am 30. August 1900 geschlossene Vertrag sich auf den sämtlichen Ton erster und zweiter Klasse der in den Hettenheimer Wiesen belegenen Grube des Klägers bezieht, demgemäß zu erkennen, daß die Beklagte verpflichtet ist, den sämtlichen Ton erster und zweiter Klasse dieser Grube nach Maßgabe ihres Bedarfs abzunehmen.

Das Landgericht zu Kaiserslautern wies zunächst durch ein Teilurteil vom 27. Februar 1903 die Klage bezüglich des eingeklagten Betrags von 420,67 *M* ab. Sodann erkannte dasselbe nach einer Beweisaufnahme durch Zeugen und Sachverständige durch Urteil vom 24. April 1903 dem Klagantrag zu 2 gemäß. Gegen das erstere Urteil legte der Kläger, gegen das letztere die Beklagte Berufung ein. Das Oberlandesgericht zu Zweibrücken verurteilte, nach Verbindung beider Berufungssachen und einer weiteren Beweisaufnahme, durch Urteil vom 31. Oktober 1904 auf die Berufung des Klägers unter Aufhebung des Teilurteils vom 27. Februar 1903 die Beklagte zur Zahlung von 420,67 *M* nebst Zinsen von 4 Prozent vom 24. November 1902 ab, wies dagegen die Berufung der Beklagten gegen das Urteil vom 24. April 1904 zurück.

Die gegen dieses Urteil von der Beklagten eingelegte Revision wurde zurückgewiesen, soweit es hier interessiert, aus folgenden

Gründen:

... „Die Revisionsklägerin bemängelt zu dem ersten Klagepunkte im wesentlichen nur die Berechnung des Schadens auf Grund des von dem Kläger nach der Erfüllungsweigerung der Beklagten vorgenommenen freihändigen Verkaufs des Tons, als die Differenz zwischen dem von der Beklagten geschuldeten Vertragspreise und dem bei dem freihändigen Verkaufe erzielten Preise. Es wird ausgeführt, um den Schadensersatzanspruch in der geforderten Höhe zu begründen, genüge nicht die einfache Berufung auf den nicht in den Formen des § 373 H.G.B. vorgenommenen freihändigen Verkauf, zu welchem die Beklagte keineswegs, wie Kläger behaupte, ihre Einwilligung erteilt habe; ein Schaden sei dem Kläger durch den Verzug der Beklagten nur entstanden, soweit der erzielte Verkaufserlös dem Werte der Ware bei der gegebenen Sachlage entsprochen habe, also ein angemessener gewesen sei; das habe der Kläger zur Begründung der Höhe seines Anspruchs zu erweisen.

Diese Ausführungen sind indessen bei der vorliegenden Sach- und Rechtslage nicht geeignet, die Revision zu begründen. Der Schadensersatzanspruch des Verkäufers gegen den in Verzug befindlichen Käufer ist auch bei Handelskäufen nicht mehr, wie früher nach Art. 354 A.D.H.G.B., durch den in den Formen der öffentlichen

Versteigerung vorzunehmenden, für Rechnung des Verkäufers gehenden Selbsthilfeverkauf bedingt. Der Verkäufer ist zur Feststellung der Höhe seines Anspruchs durch öffentlichen Selbsthilfeverkauf zwar immer noch berechtigt, aber nicht mehr verpflichtet; er kann insbesondere den ihm durch den Verzug des Gläubigers entstandenen Schaden in jeder anderen Weise berechnen und nachweisen; insbesondere kann er sich auch des Mittels bedienen, der von dem Käufer nicht abgenommenen Ware anderweitig durch freihändigen Verkauf sich zu entledigen. Ein solcher freihändiger Verkauf geht dann zwar als solcher nicht für Rechnung des Käufers (vgl. Denkschrift zum neuen Handelsgesetzbuch S. 219); derselbe kann aber der Schadensberechnung zugrunde gelegt werden, sofern der Verkäufer dabei mit der Sorgfalt eines ordentlichen Kaufmanns verfahren ist (§ 347 Abs. 1 H.G.B.), insbesondere nicht gegen Treu und Glauben verstoßen, und das Interesse auch des säumigen Käufers nicht außer Augen gelassen hat. Daß aber das Oberlandesgericht, das insbesondere auch über die Höhe des zuzuerkennenden Schadens gemäß § 287 Z.P.O. nach freier Überzeugung Entscheidung zu treffen hatte, bei seiner Beurteilung von diesen Gesichtspunkten ausgegangen ist, ergeben nicht nur die Ausführungen im Eingang der Entscheidungsgründe, sondern auch die Erwägungen bezüglich der Einwendung der Beklagten, daß der Kläger nicht nur Ton zweiter, sondern auch erster Sorte, den letzteren aber als zweiter Sorte verkauft habe, indem dort dargetan wird, das Vorbringen des Klägers, daß es sich dabei nur um ein kleines Quantum Ton erster Sorte gehandelt habe, welches er, um die Abnahme zu erzielen, mit dem Ton zweiter Sorte gleichmäßig berechnet habe, sei nicht widerlegt, erscheine auch glaubhaft und geeignet, die billigere Berechnung zu rechtfertigen. Sonach erweist sich der auf die Berechnung der Höhe des zuerkannten Schadens bezügliche Angriff der Revision als nicht zutreffend, und da auch im übrigen die Voraussetzungen des § 326 B.G.B. einwandfrei festgestellt sind, so ist die Entscheidung des angefochtenen Urteils zu dem ersten Klagantrag gerechtfertigt." ...

68. Gibt der § 22 Abs. 4 der Grundsätze des Bundesrats für die Besetzung der Subaltern- und Unterbeamtenstellen mit Militäranwärtern von 1882 den Militäranwärtern ein unbedingtes Recht darauf, daß bei dem System der Dienstalterszulagen ihre Probezeit für die Berechnung des Dienstalters in Anrechnung gebracht wird?

III. Zivilsenat. Urt. v. 22. September 1905 i. S. T. (Kl.) w. Reichspostfiskus (Bekl.). Rep. III. 49/05.

I. Landgericht Hamburg.
II. Oberlandesgericht daselbst.

Die in der Überschrift gestellte Frage wurde vom Reichsgericht verneint, aus folgenden

Gründen:

... „Im übrigen rügt die Revision lediglich die Verletzung des Abs. 4 des § 22 der Grundsätze des Bundesrats für die Besetzung der Subaltern- und Unterbeamtenstellen mit Militäranwärtern von 1882, welcher die Berücksichtigung des Probejahrs des Klägers für das Aufrücken in höhere Diensteinkommen ausdrücklich vorschreibe. Der Revision kann zugegeben werden, daß die Ausführung des Berufungsgerichts, welche die Anwendung dieser zugunsten der Militäranwärter getroffenen Bestimmung deshalb verneint, weil bei dem Aufrücken in höhere Einnahmen auch auf die Führung und Qualifikation der Beamten Rücksicht genommen werden könne, also nicht lediglich das Dienstalter entscheidend sei, nicht unbedenklich ist, da das Wort „lediglich" sich in dem Abs. 4 nicht findet, auch durchweg ein Zwang zur Bewilligung von Zulagen ohne Rücksicht auf diese Umstände nicht besteht, und damit dem Abs. 4 im wesentlichen alle Bedeutung genommen werden würde. Aber die Revision scheitert an dem klaren Wortlaut des Abs. 4, daß die in ihm vorgeschriebene Anrechnung der Probezeit von der Bedingung abhängig gemacht ist, daß in dem betreffenden Dienstzweige nach den für ihn bestehenden Bestimmungen die Gesamtdienstzeit für das Aufrücken in höhere Diensteinnahmen entscheidend ist. Das ist in dem Dienstzweige der Post- und Telegraphenverwaltung mindestens seit Einführung des Systems der Dienstaltersstufen nicht der Fall, da hiernach für den

Eintritt in die höhere Stufe nicht die Gesamtdienstzeit, sondern, wie in den Denkschriften zum Etat 1893/94 S. 55, 1894/95 S. 56 flg. ausdrücklich hervorgehoben ist, auf welche als auch für die Post- und Telegraphenbeamten maßgebend in der Denkschrift zu dem dieses System auch für die Post- und Telegraphenverwaltung einführenden Etat für 1895/96 (S. 54) verwiesen wird, die Zeit seit der etatsmäßigen Anstellung entscheidend ist. Daß auch tatsächlich in der Post- und Telegraphenverwaltung in dieser Weise verfahren, also für die Alterszulagen der Tag der etatsmäßigen Anstellung als entscheidend erachtet wird, hat die Revision in der mündlichen Verhandlung ausdrücklich zugegeben. Beim Fortfall der im Abs. 4 gesetzten Bedingung kann daher von seiner Anwendung keine Rede sein. Wenn die Revision demgegenüber noch geltend gemacht hat, daß unter der „Gesamtdienstzeit" des Abs. 4 eben die etatsmäßige Gesamtdienstzeit gemeint sei, weil für das Aufrücken in höhere Diensteinnahmen stets und insbesondere zur Zeit der Erlassung der Grundsätze (1882) nur die etatsmäßige Dienstzeit maßgebend gewesen sei, so mag demgegenüber nur darauf hingewiesen werden, daß z. B. in Preußen, auch 1882, bei den Richtern erster Instanz nicht die etatsmäßige Anstellung, sondern die Ernennung zum Gerichtsassessor maßgebend war, und nichts dafür erbracht ist, daß nicht auch in anderen Dienstzweigen oder in anderen deutschen Staaten ähnliche Einrichtungen bestanden, insbesondere ebenso wie für die Pensionierung, auch für das Aufrücken in höhere Einnahmen die Gesamtdienstzeit als entscheidend angesehen ist. Übrigens ist diese Gleichstellung der etatsmäßigen Dienstzeit mit der Gesamtdienstzeit schon mit dem Wortlaut unvereinbar. Die Auffassung des Klägers und der Revision widerstreitet aber auch dem im § 22 der Grundsätze zum Ausdruck gebrachten Standpunkt der möglichsten Gleichstellung der Militär- und Zivilanwärter; sollen für die Zivilanwärter die Zeiten ihres Vorbereitungsdienstes und ihrer ersten, außeretatsmäßigen, vielleicht jahrelangen Anstellung nicht in Anrechnung kommen, sondern lediglich die Zeit seit der etatsmäßigen Anstellung entscheidend sein, dann fehlt es auch bei den Militäranwärtern an einem Grunde, diesen eine frühere Zeit in Anrechnung zu bringen. Der Abs. 4 hat offenbar den Zweifel beseitigen wollen, ob eine Probezeit als schon in der Dienstzeit miteinbegriffen erachtet werden könne, und hat dies zugunsten der Militäranwärter ausdrücklich festgesetzt. Wenn endlich die Revision noch behauptet, daß dem Kläger sein Dienstalter in unentziehbarer Weise vom Eintritt in den Dienst berechnet sei, so trifft dies nicht die Sachlage, da es sich allein darum handelt, ob die Voraussetzung der Anwendbarkeit des Abs. 4 vorliegt, was, wie dargelegt, nicht der Fall ist."

---

69. Anwendbarkeit des § 139 B.G.B., wenn Auflassung und Eintragung auf Grund eines privatschriftlichen Vertrags erfolgt sind, der nach § 311 B.G.B. der gerichtlichen oder notariellen Beurkundung bedurft hätte. Beweislast.

V. Zivilsenat. Urt. v. 23. September 1905 i. S. W. (Bekl.) w. Witwe M. (Kl.). Rep. V. 44/05.

I. Landgericht Aurich.
II. Oberlandesgericht Celle.

Die Parteien schlossen am 15. Januar 1904 einen privatschriftlichen Vertrag, dessen Unterschriften später gerichtlich beglaubigt wurden, inhalts dessen die Klägerin, „ihr ganzes bewegliches und unbewegliches Vermögen, namentlich den im Grundbuch von J. Bd. II Bl. Nr. 52 eingetragenen Grundbesitz an den Beklagten" zu den im Vertrage näher bestimmten Bedingungen „übertrug", und in dem schließlich bestimmt war: „Sollte der Witwe M. (der Klägerin) zu ihren Lebzeiten noch Vermögen zufallen, so erwirbt dieses gleichfalls W." (der Beklagte). Nachdem am 25. Januar 1904 auf Grund dieses Vertrags die Auflassung des in ihm bezeichneten Grundstücks an den Beklagten erfolgt, und dieser als Eigentümer in das Grundbuch eingetragen worden war, wurde die Klägerin gegen ihn dahin klagbar, daß er in die Aufhebung des Vertrags und der Auflassung willigen und zur Einwilligung in die Rückauflassung des Grundstücks an sie verurteilt werden solle. Der erste Richter wies die Klage ab, der Berufungsrichter verurteilte nach dem Klagantrage. Die Revision wurde zurückgewiesen.

Aus den Gründen:

„Ob der zwischen den Parteien geschlossene Vertrag etwa schon wegen seiner Schlußbestimmung, wonach der Beklagte auch das künftig der Klägerin zufallende Vermögen erwerben soll, nach § 310 B.G.B. nichtig sein möchte, läßt der Berufungsrichter dahingestellt, weil er die Nichtigkeit des Vertrags aus dem § 311 B.G.B. herleitet. Denn nach dieser Vorschrift habe der Vertrag, da er das ganze bewegliche und unbewegliche Vermögen der Klägerin ergreifen und auf den Beklagten übertragen sollte, der gerichtlichen oder notariellen Beurkundung bedurft; diese Form sei nicht gewahrt, und daraus ergebe sich nach § 125 B.G.B., daß der Vertrag nichtig sei. Gegen diesen Entscheidungsgrund kämpft die Revision vergeblich an. Es ist allerdings richtig, daß im Vertrage der im Grundbuch von J. Bd. II Bl. 52 eingetragene Grundbesitz der Klägerin namentlich als Gegenstand hervorgehoben wird, der auf den Beklagten mitübergehen solle, und daß in Ausführung des Vertrags die Auflassung dieses Grundstücks an den Beklagten und dessen Eintragung als Eigentümer erfolgt ist. Aber daraus folgt keineswegs ohne weiteres, daß nun der Vertrag seinem ganzen Inhalte nach gemäß § 313 Satz 2 B.G.B. gültig geworden sei. Denn es ist eben kein Vertrag, durch den sich der eine Teil (die Klägerin) nur verpflichtet hätte, das Eigentum an einem Grundstücke zu übertragen, sondern es ist ein Vertrag mit weiterem Inhalt, und die Übertragung des Grundstücks bildet nur einen Teil davon. Ob in solchem Falle der Vertrag wenigstens insoweit, als er die Ubertragung des Grundstücks betrifft, durch Auflassung und Eintragung gültig wird, hängt nach § 139 B.G.B. davon ab, ob anzunehmen ist, daß die Parteien den Vertrag insoweit auch allein, d. h. unabhängig von dem übrigen Vertragsinhalt, als selbständigen Vertrag geschlossen haben würden. Der Berufungsrichter scheint zwar die Anwendbarkeit des § 139 auf einen solchen Fall zu bezweifeln; aber ohne jeden Grund. Eine andere gesetzliche Bestimmung, an deren Hand sich sonst die Entscheidung treffen ließe, besteht überhaupt nicht. Jedenfalls hat sich — trotz seiner Zweifel — der Berufungsrichter auf diesen richtigen Standpunkt gestellt und von ihm aus geprüft, ob die Parteien den Vertrag auch nur bezüglich des in ihm erwähnten Grundstücks geschlossen haben würden. Der Berufungsrichter hat dies verneint; es fehlt ihm hierfür — wie er sagt — jeder Anhalt. Und wenn er hinzufügt, der Beklagte habe in dieser Richtung nichts beigebracht, woraus allerdings hervorgeht, daß er den Beklagten in der hier fraglichen Beziehung als beweispflichtig erachtet, so ist auch das nicht rechtsirrtümlich. Es entspricht dies vielmehr nach dem im Bürgerlichen Gesetzbuche festgehaltenen Sprachgebrauche der Fassung, die für den § 139 gewählt ist, wie es auch von den Motiven zu dem entsprechenden § 114 des ersten Entwurfs (Motive Bd. 1 S. 222) ausdrücklich hervorgehoben wird."...

---

70. Darf der Nebenintervenient einer Partei diese Beistandschaft aufgeben und der anderen Partei als Nebenintervenient beitreten?

V. Zivilsenat. Beschl. v. 23. September 1905 i. S. T. (Kl.) w. Stadtgemeinde K. (Bekl.). Beschw.-Rep. V. 261/05.

I. Oberlandesgericht Köln.

Aus den Gründen:

„Der Kläger hat im Jahre 1901 vom Kaufmann Louis B. die Parzelle Flur 7 Nr. 1416/36 von Köln-Altstadt gekauft und grundbuchlich übertragen erhalten, die damals schon von der Stadt Köln zum Fußsteig der Hohestraße eingezogen war und seitdem dem öffentlichen Verkehr dient. Der Kläger hat nun gegen die Stadt auf Zahlung einer Entschädigung von 3000 ℳ nebst Zinsen, oder auf Einleitung des Enteignungsverfahrens Klage erhoben und seinem Verkäufer B. den Streit verkündet. Dieser hat dann seinen angeblichen Verkäufern F. und Fr. den Streit verkündet; und in der ersten Instanz sind alle drei, B., F. und Fr., dem Kläger als Nebenintervenienten beigetreten. Vom Landgericht wurde die Klage abgewiesen, und der Kläger in sämtliche Prozeßkosten verurteilt. Der Nebenintervenient B. legte Berufung ein und ließ die Berufungsschrift auch an F. und Fr. zustellen; diese erklärten dann aber in einem den Hauptparteien und dem B. zugestellten Schriftsatze, daß sie als Nebenintervenienten zugunsten der Beklagten in den Rechtsstreit einträten und sich deren Anträgen anschlössen. Sie bestritten nunmehr, daß sie die in Frage stehende Parzelle an B. verkauft hätten, behaupteten vielmehr in Übereinstimmung mit der Beklagten, daß diese das Grundstück schon vor 1900 vom damaligen Besitzer gekauft und zu eigen erworben habe, B. aber niemals dessen Eigentümer gewesen sei. Daraus folgerten sie, daß sie ein Interesse nicht am Obsieg des Klägers, sondern nur an der Klagabweisung hätten, und fügten hinzu, daß ihre erstinstanzliche Intervention zugunsten des Klägers nur auf Mißverständnis und möglicherweise auf einem Irrtum ihres Prozeßbevollmächtigten beruht habe. Sie bestritten zugleich die Zulässigkeit der vom Nebenintervenienten B. eingelegten Berufung und beantragten deren Verwerfung.

Der Kläger und dessen Nebenintervenient B. beantragten dagegen, die jetzige Nebenintervention von F. und Fr. zugunsten der Berufungsbeklagten für unzulässig zu erklären. Sie hielten diesen Wechsel, nachdem die genannten Personen in der ersten Instanz dem Kläger als Nebenintervenienten zur Seite gestanden hätten, prozessual für unzulässig; nur aus diesem prozessualen Grunde, so erklärten sie, werde der jetzigen Nebenintervention widersprochen.

In der Berufungsinstanz ist die mündliche Verhandlung zunächst auf die Frage der Zulässigkeit der von B. eingelegten Berufung, und der jetzt zugunsten der Beklagten erklärten Nebenintervention von F. und Fr. beschränkt, und durch Zwischenurteil für Recht erkannt worden, daß die Berufung des B. sowohl wie die Nebenintervention von F. und Fr. zulässig seien.

Gegen diese Entscheidung hat der Kläger rechtzeitig sofortige Beschwerde erhoben. Ein bestimmter Antrag ist nicht gestellt, auch keine Begründung versucht worden; die Beschwerde kann sich aber nur gegen die Zulassung der Nebenintervention von F. und Fr. richten. Sie ist unbegründet, indem in allen wesentlichen Punkten der eingehenden Begründung des angefochtenen Zwischenurteils beigetreten werden muß.

Selbstverständliche Voraussetzung für einen vom Nebenintervenienten beabsichtigten Wechsel der zu unterstützenden Partei ist die vorherige Lösung des durch den Beitritt des Nebenintervenienten entstandenen prozessualen Verhältnisses zwischen ihm und der bisher unterstützten Partei, mit deren Erklärungen und Handlungen er sich fortan, dem Verbot im § 67 Z.P.O. entgegen, in Widerspruch setzen will. Daß eine solche Lösung nicht grundsätzlich ausgeschlossen ist, beweist die von der Zivilprozeßordnung (§ 71) zugelassene Möglichkeit ihrer Erzwingung durch die eine oder andere Partei; und wenn ein solcher Fall eintritt, wird kaum ein Bedenken dagegen aufgeworfen werden können, daß der herausgewiesene Nebenintervenient sich nun der bisherigen gegnerischen Partei als Nebenintervenient anschließen darf, falls er ein dazu erforderliches rechtliches Interesse glaubhaft macht (§ 66 Abs. 1). Vorliegendenfalls handelt es sich aber nicht um ein erzwungenes Aufgeben der ersten Nebenintervention, sondern die Nebenintervenienten F. und Fr. haben freiwillig ihren in erster Instanz erklärten Beitritt auf seiten des Klägers aufgegeben und sich der Beklagten angeschlossen; es fragt sich also, ob dies zulässig war. Bei Erörterung dieser Frage kann der Fall der streitgenössischen Nebenintervention (§ 69) ausgeschlossen bleiben, weil ein solcher hier nicht gegeben ist; der Berufungsrichter hat dies zwar nur bezüglich des Verhältnisses der Nebenintervenienten F. und Fr. zur Beklagten geprüft und verneint, während sich Bedenken gerade dann ergeben könnten, wenn die Nebenintervenienten Streitgenossen des Klägers gewesen wären, dessen Interessen sie fortan entgegenwirken wollen. Allein die Voraussetzungen des § 69 treffen ersichtlich auch auf das Rechtsverhältnis der Nebenintervenienten zum Kläger nicht zu.

Das Gesetz erwähnt ein freiwilliges Ausscheiden des Nebenintervenienten nicht ausdrücklich; der Berufungsrichter führt aber zutreffend aus, daß dessen Zulässigkeit nach dem Zweck und der gesetzlichen Gestaltung der Nebenintervention keinem Zweifel unterliegen kann.

Durch Einführung der Nebenintervention bezweckt der Gesetzgeber, das etwaige rechtliche Interesse eines Dritten am Obsieg dieser oder jener Partei dadurch zu schützen, daß dem Dritten gestattet wird, die bezügliche Partei in der Prozeßführung zu unterstützen und zu diesem Behuf ihr im Prozeß beizutreten (§ 66). Solche Unterstützung kann auch der Partei selbst wünschenswert sein, und ihr ist in der Streitverkündung ein Mittel gegeben, auf die Intervention des Dritten hinzuwirken (§§ 72 flg.); aber erzwingen kann sie diese ebensowenig, (§ 74 Abs. 2), wie sie die Intervention, wenn deren Voraussetzung vorliegt, verhindern kann. Allein entscheidend ist das rechtliche Interesse des Dritten. Die Nebenintervention ist demnach nur ein Recht, nicht eine Pflicht des Nebenintervenienten; er allein hat darüber zu befinden, ob er von diesem Recht Gebrauch machen, und was er zur

Unterstützung seiner Partei innerhalb der dafür im § 67 gezogenen Schranken vornehmen will. Daraus folgt dann aber weiter, daß dem Nebenintervenienten auch darüber freie Entschließung zusteht, ob er eine begonnene Nebenintervention fortsetzen, oder wieder aufgeben will. Dieser aus der Natur der Nebenintervention als eines bloßen Rechts des Nebenintervenienten sich ergebende Schluß könnte nur dann auf Bedenken stoßen, wenn, wie hier behauptet worden war, durch Zurücknahme der Nebenintervention bereits entstandene Rechte der Prozeßparteien verletzt würden. Mit Recht wird aber dies vom Berufungsrichter verneint. Allerdings gewinnt die unterstützte Partei durch die Nebenintervention — und im Falle der Streitverkündung schon durch diese allein, auch wenn sie vergeblich geblieben war (§ 74 Abs. 3) — gewisse, im § 68 bestimmte Vorteile in dem zwischen ihr und dem Nebenintervenienten bestehenden Rechtsverhältnis; aber diese verbleiben ihr auch, wenn die Nebenintervention zurückgezogen wird, da das Gesetz sie an die Nebenintervention als solche, also an deren Beginn — und im Falle der Streitverkündung an diese — knüpft. Ebensowenig wird der Gegner der unterstützten Partei, wie auch geltend gemacht worden war, in seinem Anspruche auf Ersatz der Kosten der Nebenintervention durch den unterliegenden Nebenintervenienten (§ 101 Abs. 1) verkürzt. Der Berufungsrichter führt zutreffend aus, daß der zurücktretende Nebenintervenient im Verhältnis zur gegnerischen Partei als unterliegend anzusehen sei und darum, in entsprechender Anwendung der für die Zurücknahme der Klage oder eines Rechtsmittels gegebenen Vorschrift (§§ 271. 515. 566), die durch die zurückgenommene Nebenintervention entstandenen Kosten zu tragen habe, dazu auch ohne Rücksicht auf den Ausfall des Prozesses in der Sache selbst, trotz der eben nur den Regelfall einer zu Ende geführten Nebenintervention behandelnden Vorschrift im § 101, schon sofort vom Gegner angehalten werden könne.

Sonach ist das Recht des Nebenintervenienten, eine begonnene Nebenintervention freiwillig aufzugeben und aus dem Rechtsstreit wieder auszutreten, unbedenklich anzuerkennen. Macht er von diesem Rechte Gebrauch, so wird zwar — entgegen der anscheinend darin abweichenden Ansicht des Berufungsrichters — darüber gestritten werden können, ob er nicht dadurch dem Gegner gegenüber auf eine Wiederaufnahme derselben Intervention verzichtet habe, —

denn die vom Berufungsrichter angezogene Entsch. des R.G.'s in Zivils. Bd. 23 S. 341 betrifft nicht diesen, sondern den Fall einer zurückgewiesenen Nebenintervention, — oder ob dann der Gegner nicht wenigstens vorherige Erstattung der Kosten der früheren Nebenintervention in entsprechender Anwendung der Vorschrift in § 271 Abs. 4 verlangen dürfe. Allein das kann dahingestellt bleiben, da es sich im vorliegenden Falle um die Frage handelt, ob der von der Unterstützung der einen Partei zurückgetretene Nebenintervenient gehindert sei, wieder in den Prozeß einzutreten, um fortan die andere Partei zu unterstützen. Das muß aber in Übereinstimmung mit dem Berufungsrichter bejaht werden, weil mangels entgegenstehender Vorschriften nicht zu verstehen ist, wodurch der vom Rechtsstreit wieder freigewordene Dritte das ihm im § 66 gewährte Recht verloren haben könnte, sein rechtliches Interesse an dem Obsieg des früheren Gegners durch eine neue Intervention zugunsten dieser Partei zu schützen. Mit Recht weist der Berufungsrichter das hiergegen erhobene Bedenken zurück, daß sich der Nebenintervenient entgegen der Vorschrift im § 67 mit Erklärungen und Handlungen der Hauptpartei in Widerspruch setzen würde; die hier vom Gesetze gemeinte Hauptpartei ist die vom Nebenintervenienten dermalen unterstützte, nicht die Partei, die er früher unterstützt hatte. Auch setzt der Nebenintervenient sich nun nicht etwa in Widerspruch mit seinen eigenen früheren Anträgen; denn diese hat er durch Zurücknahme der damaligen Nebenintervention für seine Person fallen lassen; wenn und soweit sie trotzdem noch für den weiteren Prozeß wirksam bleiben, geschieht es nur, weil sie als Anträge der Partei gelten, für die sie gestellt wurden. Daß, worauf weiter hingewiesen worden war, der Dritte durch den Wechsel seiner prozessualen Stellung in die Lage kommen könne, etwaige vertrauliche Mitteilungen der früher unterstützten Partei gegen diese im ferneren Verlauf des Prozesses auszunutzen, gibt der Berufungsrichter als möglich zu; er findet darin aber keinen Grund, das Interesse des Dritten an der neuen Intervention, das im vorliegenden Falle unbestritten vorhanden ist, schutzlos zu stellen; und auch darin kann dem Berufungsrichter nur beigetreten werden, da im Gesetze das rechtliche Interesse des Nebenintervenienten selbst als das allein entscheidende für die Zulassung der Intervention hingestellt wird. Auch der Einwand ist vom Berufungsrichter widerlegt worden, daß die in erster Instanz gegnerische, in zweiter Instanz vom Nebenintervenienten unterstützte Partei durch solchen Wechsel nicht der Möglichkeit beraubt werden dürfe, im Rechtsmittelzuge eine andere Entscheidung über die Kosten der Nebenintervention herbeizuführen, wenn diese ihr auferlegt worden seien. Das geschieht aber nicht; mit Recht weist der Berufungsrichter darauf hin, daß das eingelegte Rechtsmittel auch die Entscheidung über den Kostenpunkt ergreift, und daß der höhere Richter schon von Amts wegen (§ 308 Abs. 2) die unrichtige Kostenentscheidung abzuändern hat, gleichviel ob und in welcher Stellung der Nebenintervenient dann noch am Prozesse teilnimmt.

Schließlich hat der Berufungsrichter noch geprüft, ob die Zurücknahme der früheren, von F. und Fr. zugunsten des Klägers betriebenen Nebenintervention in der vorgeschriebenen Form erfolgt sei, nämlich, wie er in Übereinstimmung mit dem VI. Zivilsenate des Reichsgerichts (Entsch. Bd. 56 S. 29) unter entsprechender Anwendung der Vorschrift im § 271 Abs. 2 für die Zurücknahme einer Klage als erforderlich ansieht, entweder durch Erklärung in der mündlichen Verhandlung, oder durch Zustellung eines Schriftsatzes. Er bejaht die Frage, indem er in dem den Parteien und dem Nebenintervenienten B. zugestellten Schriftsatze der Nebenintervenienten F. und Fr. vom 22. April 1905, worin sie erklären, daß sie der Beklagten als Nebenintervenienten beitreten und sich deren Anträgen anschließen, die deutliche und von dem Kläger und dessen Nebenintervenienten B. auch so verstandene Erklärung findet, daß die Nebenintervention zugunsten des Klägers aufgegeben werde. Das läßt sich nicht beanstanden. Veranlaßt durch die — übrigens für die damalige Entscheidung unerhebliche — Bemerkung im erwähnten Urteile des VI. Zivilsenats des Reichsgerichts, daß auch der Abs. 1 des § 271 auf die Zurücknahme einer Nebenintervention entsprechende Anwendung finden müsse, wirft der Berufungsrichter noch die Frage auf, ob etwa in dieser Beziehung ein Bedenken gegen die Gültigkeit der Zurücknahme der ersten Nebenintervention erhoben werden könne, da sie nicht vor der mündlichen Verhandlung, sondern erst in zweiter Instanz erklärt worden sei, nach dieser Bestimmung also der Einwilligung des Beklagten bedurft haben würde. Wenn nun der Berufungsrichter dieses Bedenken für den vorliegenden Fall schon dadurch als erledigt ansehen möchte, daß hier die Beklagte mit dem Wechsel einverstanden sei, so schlägt dieser Grund allerdings nicht durch. Denn wenn wirklich der Abs. 1 des § 271 hier entsprechende Anwendung fände, so würde doch unter dem dort erwähnten „Beklagten" im Fall der Zurücknahme einer Nebenintervention unmöglich die verklagte Partei als solche, sondern nur diejenige Partei verstanden werden können, die, gleichwie der Beklagte an der Fortsetzung des Prozesses, an der Fortsetzung der Nebenintervention ein Interesse haben möchte; und das könnte nur die bisher unterstützte Partei sein, mithin vorliegendenfalls der Kläger, der in die Zurücknahme der Nebenintervention nicht eingewilligt hat. Der Berufungsrichter erklärt sich aber weiter gegen die Anwendbarkeit des Abs. 1 auf den Fall der Zurücknahme einer Nebenintervention überhaupt, und darin muß ihm Recht gegeben werden. Allerdings nicht aus den von ihm angeführten Gründen, die dahin gehen, daß das Gesetz zwar dem Beklagten in gewissem Umfange ein Recht auf Entscheidung des streitigen Anspruchs in dem einmal anhängig gemachten Verfahren gewähre, daß streitig aber nur der vom Kläger geltend gemachte Anspruch sei, während der Nebenintervenient für sich selbst überhaupt keinen Anspruch erhebe, und durch Zurücknahme der Nebenintervention auch nicht die Entscheidung über den zwischen den Parteien streitigen Anspruch beeinträchtigt werde. Dabei setzt also der Berufungsrichter wieder voraus, daß bei entsprechender Anwendung des § 271 Abs. 1 auf die Nebenintervention unter dem dort genannten „Beklagten" die verklagte Hauptpartei, oder — was wohl gemeint ist — der Gegner der bisher unterstützten Partei zu verstehen sei, während nach dem vorher Erörterten nur die verlassene, bisher unterstützte Hauptpartei darunter verstanden werden könnte. Diese hat aber, wie vorstehend in Übereinstimmung mit dem angefochtenen Urteile dargelegt worden ist, überhaupt keinen Anspruch auf Fortsetzung der Nebenintervention. Dem Abs. 1 des § 271 muß demnach die entsprechende Anwendbarkeit auf die Zurücknahme einer Nebenintervention abgesprochen werden.

Aus diesen Gründen war die Beschwerde des Klägers auf seine Kosten zurückzuweisen."

71. 1. Abgrenzung desjenigen, was im Falle eines nach § 304 Z.P.O. zu erlassenden Zwischenurteils in das Gebiet des Grundes des Anspruches fällt, von dem, was in das Gebiet des Betrages fällt. Ist insbesondere über die Einrede der beschränkten Haftung (§ 780 Abs. 1 Z.P.O.) schon bei Gelegenheit des Urteils über den Grund zu entscheiden?

2. Unter welchem Gesichtspunkte könnte etwa der Fiskus, dem außerkontraktliche Schadensersatzansprüche eines körperlich beschädigten Beamten abgetreten sind, Ersatz der Stellvertretungskosten verlangen, die er infolge dieser Körperverletzung hat aufwenden müssen?

VI. Zivilsenat. Urt. v. 25. September 1905 i. S. Reichspostfiskus (Kl.) w. L. Erben (Bekl.). Rep. VI. 589/04.

I. Landgericht Stettin.
II. Oberlandesgericht daselbst.

Der Reichspostfiskus hatte teils aus eigenem Rechte, teils auf Grund einer Rechtsabtretung von seiten des pensionierten Postschaffners W. wegen einer dem letzteren im Januar 1900, als er noch im Dienste stand, durch Überfahren zugefügten Körperverletzung auf Schadensersatz geklagt, und zwar sowohl gegen den Eigentümer des Geschirrs, W. L., der im Laufe der ersten Instanz verstarb, als auch gegen den Kutscher Sch. Die Klage gegen den letzteren wurde abgewiesen und kommt hier nicht weiter in Betracht. Den Erben des W. L. gegenüber wurde vom Berufungsgericht auf Grund des § 833 B.G.B. der Klaganspruch durch Zwischenurteil dem Grunde nach für berechtigt erklärt. Auf die Revision dieser Beklagten hat das Reichsgericht insoweit das Berufungsurteil aufgehoben und die Sache in die Berufungsinstanz zurückverwiesen.

Aus den Gründen:

... „Mit dem Umstande, daß die gegenwärtigen Beklagten zu 1 hier nur als Erben des W. L. in Anspruch genommen werden, hängt zusammen, daß sie in der Schlußverhandlung erster Instanz ... den eventuellen Antrag ... gestellt haben, für den Fall der Verurteilung ihre Haftung auf das Gesamtgut zu beschränken. ... Das Landgericht hatte allerdings, da es die Klage gänzlich abwies, keinen

Anlaß, auf diesen Punkt einzugehen; aber das Berufungsgericht hätte nicht unter völliger Übergehung desselben den Anspruch durch Zwischenurteil schlechtweg dem Grunde nach für berechtigt erklären dürfen. Freilich war jener eventuelle Antrag nicht zutreffend formuliert. Wenn Beschränkung der Haftung „auf das Gesamtgut“ verlangt wurde, so war damit wohl mittelbar behauptet, daß der verstorbene L. mit seiner jetzt verklagten Witwe in allgemeiner Gütergemeinschaft gelebt habe, und daß die Gütergemeinschaft jetzt zwischen der Witwe und den Kindern fortgesetzt werde, wovon allerdings bis dahin im Prozesse nichts zur Sprache gekommen war. Aber das Verlangen der im § 1489 Abs. 2 B.G.B. vorgesehenen Haftungseinschränkung paßte hier insofern nicht, als die Beklagten zu 1 als Erben des W. L. in den Rechtsstreit eingetreten waren, und daher die Beschränkung ihrer Haftung auf den Nachlaß nach Maßgabe des § 1975 oder des § 1990 B.G.B. von ihnen zu erstreben war. Immerhin war bei dieser Sachlage Anlaß gegeben, das eigentliche Begehren der Beklagten gemäß § 139 Abs. 1 Z.P.O. aufzuklären, zumal da die Beschränkung auf das Gesamtgut und diejenige auf den Nachlaß hier im praktischen Ergebnisse leicht auf das gleiche hinauslaufen möchten. Es ist also hier die Einrede der beschränkten Haftung im Sinne des § 780 Abs. 1 Z.P.O. einstweilen als vorgebracht zu unterstellen. Ob sie eventuell begründet sein würde, kann hier ganz unerörtert bleiben, da in der Berufungsinstanz noch gar keine Verhandlung darüber stattgefunden hat, sie vielmehr dort einfach unbeachtet geblieben ist. Dies allein nötigt schon zur Aufhebung des vorigen Urteils, soweit es sich auf die Beklagten zu 1 bezieht, und zur Zurückverweisung der Sache in die Berufungsinstanz. Denn die Frage, ob der Schuldner schlechtweg, oder nur mit Vorbehalt haftet, betrifft im Sinne des § 304 Abs. 1 Z.P.O. nicht etwa den Betrag, sondern den Grund des Anspruchs.

Auch im übrigen erweisen sich die Gründe des Berufungsurteils in dem hier erheblichen Teile nicht als frei von Rechtsirrtümern. Der dem Grunde nach festgestellte Anspruch des Klägers richtet sich auf Ersatz von Schaden, der teils ihm selbst, teils dem Postschaffner W. dadurch entstanden sein soll, daß der letztere am 18. Januar ... 1900 zu C. von einem dem ursprünglichen Beklagten zu 1 gehörenden Fuhrwerke überfahren worden ist und dadurch erhebliche Körperverletzungen davongetragen hat. Was den dem W. entstandenen Schaden anlangt, so soll der Ersatzanspruch von diesem auf den Kläger teils nach Maßgabe des § 10 Abs. 3 des Fürsorgegesetzes vom 15. März 1886, teils dadurch, daß W. alle nicht schon gesetzlich auf jenen übergegangenen Ersatzansprüche ihm abgetreten habe, übergegangen sein. Da diese Zession unbestritten ist, so bedarf es keiner Erörterung darüber, inwieweit die Berufung auf das Gesetz vom 15. März 1886 zutrifft . . . Von den im Tatbestand erster Instanz aufgeführten Ansprüchen würden nun zunächst dem W. erworben sein die unter 2 (Heilungskosten seit dem 1. Juli 1901) und unter 1 b (lebenslängliche Rente vom 1. Juli 1901 an) genannten, auch von den unter 1 a bezeichneten die 232,20 *M*, bis zum 30. Juni 1901 aufgewandte Heilungskosten, nicht dagegen die unter 1 a geforderten 1058 *M* „Stellvertretungskosten" für die Zeit bis zum 30. Juni 1901. Diese sind vom Kläger, der so lange dem W. sein volles Gehalt zahlte, notgedrungen nebenher aufgewandt worden und bilden insofern einen Schaden, der unmittelbar dem Kläger durch den dem W. widerfahrenen Unfall entstanden ist. Es ist nicht abzusehen, nach welcher Rechtsnorm das Oberlandesgericht auch diesen Anspruch dem Grunde nach für berechtigt hat erklären können. Der Kläger hat denselben darauf gestützt, daß auch er selbst in der Person des W. „als seines Organs" verletzt sei; daß diese Begründung ganz verfehlt ist, bedarf keiner weiteren Ausführung. Das Berufungsgericht hat den verstorbenen L. für haftbar erklärt nach § 833 B.G.B., weil die körperliche Beschädigung ursächlich auf das Durchgehen der L.'schen Pferde zurückzuführen sei. Aber der § 833 nennt, indem er nur an Beschädigungen von Menschen oder Sachen anknüpft, nur den Verletzten selbst als Ersatzberechtigten; aus den §§ 844 und 845 ergeben sich dann noch gewisse Ansprüche Dritter, unter denen jedoch der hier fragliche nicht vorkommt.

Es würde demnach an sich schon hier ein weiterer Grund gegeben sein, das angefochtene Urteil wenigstens zum Teil aufzuheben; indessen läßt sich die Entscheidung insoweit aus einem anderen Grunde aufrecht erhalten. Da nämlich W. alle seine Ansprüche aus dem Unfall an den Kläger abgetreten hat, so könnte letzterer auch die Rente einklagen, die dem W. selbst für die Zeit vom 18. Januar 1900 bis zum 30. Juni 1901 gebühren würde. Denn wie der

Anspruch auf die Rente nach § 843 Abs. 4 B.G.B. nicht dadurch ausgeschlossen wird, daß ein anderer dem Verletzten Unterhalt zu gewähren hat, so natürlich auch nicht dadurch, daß ein anderer ihm Gehalt zu zahlen hat. Nun würden aber nach den Angaben des Klägers die in Rede stehenden Rentenbeträge längst ausreichen, um die geforderten 1058 ℳ zu decken." (Dies wird weiter ausgeführt.)

„Die Anwendung des § 833 B.G.B. auf den gegenwärtigen Fall ist im übrigen frei von Bedenken ...

Nicht dagegen konnte die Entscheidung des Berufungsgerichts insoweit gebilligt werden, als sie die auf § 254 Abs. 1 B.G.B. gestützte Einrede eigenen Verschuldens des W. betrifft." (Dies wird weiter ausgeführt.) „Daher muß das angefochtene Urteil auch aus dem Grunde aufgehoben werden, weil es den Anspruch gegen die Beklagten zu 1 nicht bloß zu einer Quote, sondern in ganzem Umfange für gerechtfertigt erklärt hat. Bei der anderweiten Verhandlung und Entscheidung der Sache wird in dieser Beziehung freilich noch zu erwägen sein, welche Bedeutung dem Umstande beizumessen ist, daß der Kläger unter 1 b seiner Klaganträge die Rente vom 1. Juli 1901 ab nicht in der vollen Höhe, wie sie möglicherweise dem W. zustehen würde, sondern nur nach Maßgabe der von ihm zu zahlenden gesetzlichen Pension von zwei Dritteln des Gehalts gefordert hat, und dementsprechend unter 1 a die bis zum 30. Juni 1901 verfallenen Renten nur in Höhe von 1058 ℳ Stellvertretungskosten. Es wäre zu erörtern, inwiefern etwa hiermit schon nur eine Quote von demjenigen gefordert wäre, was der Kläger, als Zessionar des W., nach seinen tatsächlichen Angaben über die Größe des Schadens, deren Richtigkeit vorausgesetzt, zu fordern berechtigt sein würde, falls keine Quotenteilung einträte." ...

---

72. Ist ein Abkommen, wodurch der Gemeinschuldner einem einzelnen Gläubiger nach Abschluß und Bestätigung eines Zwangsvergleichs den Ersatz des hierdurch erlittenen Ausfalles verspricht, unter allen Umständen deshalb nichtig, weil es vor der Rechtskraft des Bestätigungsbeschlusses getroffen worden ist?

§ 168 K.O. a. F. (§ 181 K.O. n. F.).

II. Zivilsenat. Urt. v. 26. September 1905 i. S. Ph. (Bekl.) w. K. (Kl.). Rep. II. 17/05.

I. Landgericht Köln.
II. Oberlandesgericht daselbst.

Die Frage wurde verneint aus folgenden

Gründen:

„Die Revision richtet sich lediglich gegen denjenigen Teil des Berufungsurteils, der das angeblich unmittelbar nach Abschluß und Bestätigung des Zwangsvergleichs vom 26. Mai 1899 getroffene Abkommen der Parteien betrifft. In dieser Beziehung hat das Berufungsgericht erwogen; eine klagbare Verbindlichkeit des Klägers zum Ersatze des der Firma G. & Ph. durch den Zwangsvergleich entstandenen Ausfalls könne, wie auch das Urteil des erkennenden Senats vom 22. Januar 1904 hervorhebe, nur dann begründet sein, wenn er nach Aufhebung des Konkursverfahrens, bzw. nach rechtskräftiger Bestätigung des Zwangsvergleichs das Versprechen völliger Befriedigung gegeben habe. Denn nach dem zur Anwendung kommenden § 168 K.O. a. F. (§ 181 n. F.) sei jedes Abkommen des Gemeinschuldners mit einzelnen Gläubigern, durch welches diese bevorzugt werden sollen, nichtig, sofern nicht alle zurückgesetzten Konkursgläubiger in die ungleiche Bestimmung der Rechte eingewilligt hätten. Der abgeschlossene Vergleich bedürfe der Bestätigung des Konkursgerichts (§ 170 K.O. a. F.); er sei aber auf Antrag eines nicht bevorrechtigten Konkursgläubigers zu verwerfen, wenn § 168 K.O. a. F. verletzt sei. Auch stehe gegen den Beschluß, der den Zwangsvergleich bestätige, jedem nicht bevorrechtigten Konkursgläubiger die sofortige Beschwerde zu, und zwar aus denselben Gründen, die den Antrag auf Verwerfung des Vergleichs nach § 173 bzw. 168 K.O. a. F. rechtfertigen (§ 174). Erst nach rechtskräftiger Bestätigung des Zwangsvergleichs könne die Aufhebung des Konkursverfahrens beschlossen werden (§ 175). Nichtig bleibe hiernach jedes einseitig mit dem Gemeinschuldner getroffene Abkommen eines Gläubigers, das diesen entgegen dem § 168 vor anderen Gläubigern bevorzuge, solange der Zwangsvergleich nicht rechtskräftig bestätigt sei. Das Berufungsgericht hat nun das nach der Bekundung des Zeugen N. von dem Kläger dem Beklagten unmittelbar nach Abschluß und Bestätigung des Zwangsvergleichs abgegebene Versprechen voller Befriedigung der Firma G. & Ph. schon um deswillen als nichtig angesehen, weil das Versprechen vor der Rechtskraft des Bestätigungsbeschlusses abgegeben worden ist. Mit Recht wird diese Rechtsauffassung von dem Revisionskläger bekämpft. Das Berufungsgericht geht darin zu weit und trägt dem Grunde und Zwecke der Gesetzesvorschrift keine Rechnung, wenn es jedes Abkommen, wodurch der Gemeinschuldner nach Abschluß und Bestätigung des Zwangsvergleichs, jedoch vor der Rechtskraft des Bestätigungsbeschlusses, einem Gläubiger gänzlichen oder teilweisen Ersatz des durch den Zwangsvergleich erlittenen Ausfalls verspricht, unterschiedslos als nichtig ansieht. Auch irrt es in der Annahme, daß diese seine Auffassung mit dem Urteile des erkennenden Senats übereinstimme. In dem Urteile stand nur ganz allgemein die Frage zur Entscheidung, ob das nach Aufhebung des Konkursverfahrens der Firma G. & Ph. gegen die Zusicherung oder Gewährung von Kredit abgegebene Versprechen völliger Befriedigung nichtig sei. Diese Frage wurde verneint. Erst aus Anlaß der zwischenzeitlich erfolgten Vernehmung des Zeugen N. hat sich die Entscheidung auf die Frage zugespitzt, ob jedes nach Abschluß und Bestätigung des Zwangsvergleichs, aber vor der Rechtskraft des Bestätigungsbeschlusses abgegebene Versprechen der fraglichen Art unter § 168 K.O. a. F. falle. Auch diese Frage ist grundsätzlich zu verneinen. Die Bestimmung des § 168 hat den Grund und Zweck, die gleiche Behandlung aller Gläubiger durch den Zwangsvergleich zu sichern und jedes Abkommen zu verhüten, wodurch ein Gläubiger ohne Wissen und Willen der übrigen Gläubiger bevorzugt werden soll und bewogen werden kann, im Hinblick auf den ihm durch das Abkommen gewährten besonderen Vorteil für den Zwangsvergleich zu stimmen, auch wenn dieser das gemeinsame Interesse der Gläubiger nicht wahrt. Die Möglichkeit eines solchen für die übrigen Gläubiger gefährlichen Einflusses auf das Zustandekommen des Zwangsvergleichs ist aber dann ausgeschlossen, wenn der Gemeinschuldner nach Abschluß und Bestätigung des Zwangsvergleichs, wenn auch noch vor der Rechtskraft des Bestätigungsbeschlusses, einem Gläubiger in lauterer Absicht, etwa zu dem Zwecke, ihn zur Fortsetzung der bisherigen Geschäftsverbindung und zu weiterer Kreditgewährung zu veranlassen, besondere Versprechungen bezüglich des durch den Zwangsvergleich erlittenen Ausfalls macht. Es ist kein Grund erkennbar, weshalb auch ein derartiges Versprechen unter die Verbotsbestimmung des § 168 fallen sollte. Die hier vertretene Auffassung ist denn auch in der Rechtslehre die herrschende.

Vgl. v. Wilmowski, Konkursordnung § 168 Bem. 4; v. Sarwey, Konkursordnung § 181 Bem. 3.

Anders jedoch liegt die Sache, und es ist eine Ausnahme von dem aufgestellten Grundsatze zu machen, wenn ein Abkommen zwar nach Abschluß und Bestätigung des Zwangsvergleichs, aber nicht in lauterer Absicht, sondern zur Umgehung des § 168 und in der erklärten Absicht getroffen wird, ein bereits vor dem Zwangsvergleiche bewußterweise unwirksam getroffenes Abkommen zu bestätigen.

Vgl. Petersen u. Kleinfeller, Konkursordnung § 181 Bem. 4.

Denn grundsätzlich ist die Umgehung eines Verbotsgesetzes der direkten Gesetzesverletzung gleichzustellen, und eine strenge Handhabung des § 168 liegt im öffentlichen Interesse. Die hier gemachte Unterscheidung trägt sowohl dem Grunde und Zwecke des Gesetzes, als auch der tatsächlichen Verschiedenheit der Fälle Rechnung. Hiernach beruht das Berufungsurteil auf einer Verletzung des § 168 K.O. und konnte so, wie es begründet ist, nicht aufrecht erhalten werden. Indessen reichen die von dem Berufungsgericht getroffenen Feststellungen hin, um die Entscheidung mit anderer Begründung nach Maßgabe der vorentwickelten Rechtsansicht gerechtfertigt erscheinen zu lassen (§ 563 Z.P.O.). Das Berufungsgericht hat nämlich tatsächlich festgestellt, gemäß der mit der Aufstellung des Beklagten sich deckenden Aussage des Zeugen N. habe dieser schon vor dem Zwangsvergleiche die Parteien auf die Rechtsunwirksamkeit ihres während des Konkursverfahrens getroffenen Abkommens aufmerksam gemacht. Deshalb sei auf seine Veranlassung etwa eine Stunde nach Abschluß und Bestätigung des Zwangsvergleichs zu 10 Prozent der Forderungen die frühere Vereinbarung der Parteien, der zufolge Kläger der Firma G. & Ph. volle Befriedigung versprochen habe, neu vereinbart, bzw. bestätigt worden.... Auf Grund dieser Feststellungen ist anzunehmen, daß das fragliche Versprechen nicht bloß zeitlich mit dem Zwangsvergleiche, sondern auch ursächlich mit dem vor dem Zwangsvergleiche getroffenen Abkommen zusammenhängt und gerade zu dem Zwecke gegeben worden ist, um das letztere, bewußterweise nichtige, Abkommen zu bestätigen. Bei dieser Sachlage stellt sich das Versprechen als eine Umgehung des § 168 K.O. und somit als nichtig dar, selbst wenn auch die Firma G. & Ph. daraufhin dem Kläger weiteren Kredit gewährt haben sollte." ...

---

73. Wann ist im Sinne des § 109 Z.P.O. „die Veranlassung für eine Sicherheitsleistung weggefallen"?

III. Zivilsenat. Beschl. v. 26. September 1905 i. S. Spr. (Kl.) w. C. (Bekl.). Beschw.-Rep. III. 283/05.

I. Landgericht Münster i. W.
II. Oberlandesgericht Hamm.

Gründe:

„Das Oberlandesgericht hat unter Verweisung auf den diesseitigen Beschluß vom 10. Januar 1902 (Entsch. Bd. 50 S. 376 flg.) den Antrag der Klägerin auf eine Fristbestimmung gemäß § 109 Abs. 1 Z.P.O. abgelehnt, weil noch Gefahr bestehe, daß durch den von der Klägerin erwirkten Arrestbefehl dem Beklagten ein widerrechtlicher Nachteil entstehe, der im § 109 Abs. 1 a. a. O. vorausgesetzte Wegfall der Veranlassung für eine Sicherheitsleistung aber erst dann vorliege, wenn für den Betroffenen die Möglichkeit eines Schadens nicht mehr bestehe. Die Verhältnisse liegen aber vorliegend wesentlich anders, als in dem damals zur diesseitigen Entscheidung gekommenen Falle. Damals bestand noch die Möglichkeit weiter eintretender Schäden; die Verhältnisse waren noch gar nicht geklärt, um eine Schadensersatzklage erheben zu können, und insbesondere war über die Rechtmäßigkeit oder Unrechtmäßigkeit des Arrestes noch keine Entscheidung ergangen. Gegenwärtig ist aber über die Rechtmäßigkeit des Arrestes entschieden; er ist rechtskräftig für ungerechtfertigt erklärt und durch für vorläufig vollstreckbar erklärtes Urteil schon am 30. November 1901 wieder aufgehoben. Ein weiterer Schaden kann seitdem in Anbetracht der §§ 775 Nr. 1. 928 Z.P.O. schwerlich noch daraus entstanden sein oder noch entstehen, und es ist auch nach Lage der Sache wenig wahrscheinlich, daß während des Bestehens des Arrestes ein Schaden aus ihm entstanden ist, da die Folgen des Arrestbefehls, soweit die Akten ergeben, lediglich die gewesen sind, daß in der kurzen Zeit vom 27. September bis zum 30. November 1901 der Beklagte über seinen gepfändeten Geschäftsanteil an einer Gesellschaft m. b. H. nicht hat verfügen, in dieser Zeit einen gepfändeten Auflassungsanspruch nicht hat geltend machen können, und daß sein Mobiliar in dieser Zeit unter Belassung in der Wohnung gepfändet war. Die Möglichkeit, daß ein Schaden entstanden ist, ist allerdings nicht zu bestreiten; beispielsweise wenn dem Beklagten durch den Arrest eine in die fragliche Zeit fallende günstige Gelegenheit zum Verkauf seines Geschäftsanteils entzogen wäre. Aber daß die Fristsetzung des § 109 Abs. 2, wie der angefochtene Beschluß annimmt, voraussetze, daß die Möglichkeit eines Schadens überhaupt nicht bestehe, daß also dies dem Gerichte nachgewiesen, oder wenigstens glaubhaft gemacht werden müsse, kann nach dem Zwecke des durch die Novelle vom 17. Mai 1898 neu eingeführten § 109, welcher darauf abzielt, auf einfachere Weise dem Sicherheitleistenden die Wiedererlangung der Sicherheit zu ermöglichen, nicht angenommen werden. Als „Wegfall der Veranlassung der Sicherheitsleistung" kann allerdings, wie in dem angezogenen diesseitigen Beschlusse vom 10. Januar 1902 ausgeführt ist, nicht die Beseitigung der prozessualen Maßregel (hier des Arrestes) angesehen werden, sondern nur eine derartige Gestaltung der Verhältnisse, daß eine Fortdauer der Sicherheit zur Verhütung einer Gefährdung des durch den Arrest Betroffenen nicht mehr erforderlich erscheint, daß also, was auch in dem angeführten Beschlusse als entscheidend hingestellt ist, ein weiterer Schaden nicht mehr entstehen kann und der sofortigen Liquidierung eines etwa bereits entstandenen Schadens Hindernisse nicht mehr entgegenstehen. Die Sicherheitsleistung hat ihrer Natur nach einen provisorischen Charakter, und sobald der Schaden selbst liquidiert werden kann, liegt zu einer weiteren Fortdauer dieses Schwebezustandes eine Veranlassung nicht mehr vor. Daher kann zu einer Fristsetzung aus § 109 Abs. 1 nicht der Nachweis gefordert werden, daß ein Schaden überhaupt nicht entstanden ist, um so weniger, als ja zur Klarstellung dieser Frage eben die Fristsetzung bestimmt ist. Ob nun aber im Einzelfalle anzunehmen ist, daß ein Schaden überhaupt nicht entstanden ist, nicht noch entstehen kann, oder ein etwa entstandener Schaden gegenwärtig alsbald liquidiert werden kann, so daß eine Frist zur Erhebung dieser Klage billigerweise gesetzt werden darf, dafür kann nur richterliches Ermessen nach den obwaltenden konkreten Umständen entscheidend sein. Im vorliegenden Falle, in welchem der Arrest bereits im November 1901 aufgehoben wurde, ist unter Berücksichtigung aller Umstände nicht abzusehen, weshalb ein etwaiger Schaden jetzt, nach bald vier Jahren, nicht sollte liquidiert werden können, und ist daher dem Antrage der Klägerin stattgegeben."

---

74. Ist in der Tarifnummer 1a des Reichsstempelgesetzes vom 14. Juni 1900 unter dem dem Emissionsstempel gleichfalls unterliegenden Betrage, zu welchem die Aktien höher, als der Nennwert lautet, ausgegeben werden, nur der von der Aktiengesellschaft selbst ziffermäßig festgesetzte Überpari-Emissionskurs, oder auch der höhere den Nennbetrag übersteigende Wert zu verstehen, zu welchem sie von den ersten Erwerbern übernommen werden?

VII. Zivilsenat. Urt. v. 26. September 1905 i. S. Bank für Handel und Industrie in Darmstadt (Kl.) w. hess. Fiskus (Bekl.). Rep. VII. 614/04.

I. Landgericht Darmstadt.
II. Oberlandesgericht daselbst.

Im Jahre 1902 schlossen die Bank für Süddeutschland und die Bank für Handel und Industrie, beide in Darmstadt, einen Verschmelzungsvertrag miteinander dahin ab, daß die Bank für Süddeutschland ihr Vermögen als Ganzes ohne Liquidation an die Bank für Handel und Industrie gegen einen Betrag von 13 060 000 ℳ übertrug, den diese in Gestalt von 13 060 neuen Aktien zu 1000 ℳ das Stück an die Aktionäre der Bank für Süddeutschland zu gewähren hatte. Die Bedingungen gingen im einzelnen dahin, daß die Aktionäre der Bank für Süddeutschland für vier Aktien ihrer Bank zum Nennwert von 300 ℳ das Stück, also für einen Nennwert ihrer

Aktien zum Belaufe von 1200 M, eine Aktie der Bank für Handel und Gewerbe zum Nennwert von 1000 M erhalten sollten. Die Bank für Handel und Industrie gab in Durchführung dieses Vertrags 13 060 neue Inhaberaktien über je 1000 M an die Aktionäre der Bank für Süddeutschland aus und verstempelte jede dieser Aktien mit 20 M. Der hessische Fiskus erachtete dies für unzureichend. Er war der Ansicht, daß die neuen Aktien nicht nach ihrem Nennwert von 1000 M, sondern nach einem Wert von 1370 M zu besteuern seien, was einen Stempelbetrag von 28 M für jede Aktie, also einen Mehrbetrag von 8 M für das Stück und von 104480 M für sämtliche 13060 Stück ergab. Die Bank für Handel und Industrie entrichtete diese Summe und forderte alsdann hiervon mit der erhobenen Klage einen Teilbetrag von 2000 M nebst Zinsen zurück, indem sie geltend machte, daß die Stempelmehrforderung des Beklagten ungerechtfertigt sei. Der erste Richter gab der Klage statt; der zweite wies sie ab.

Die Revision der Klägerin wurde zurückgewiesen, aus folgenden

Gründen:

„Der erkennende Senat hat zu der vorliegenden Rechtsfrage bereits in einem Urteil vom 12. April 1904 (s. Holdheim's Monatsschrift 1904 S. 265) Stellung genommen und findet weder in den Ausführungen des ersten Richters, noch in denjenigen der Revision, die sich im wesentlichen an jene anschließen, einen Anlaß, diesen auch vom Berufungsrichter geteilten Standpunkt wieder zu verlassen. . . .

Die Ausführungen des ersten Richters sowohl wie diejenigen der Revision lassen keinen Zweifel darüber, daß es für den von ihnen eingenommenen Standpunkt nicht entscheidend ist, was das Wort „Ausgabe" (von Aktien) isoliert betrachtet zu bedeuten hat, sondern daß das Schwergewicht für sie auf Beantwortung der Frage ruht, was das Gesetz unter „Ausgabe von Aktien zu einem höheren als dem Nennbetrage" versteht. Ihr Gedankengang ist, in Kürze dargestellt, der folgende; das Handelsgesetzbuch begreife in seinen hierauf bezüglichen Bestimmungen (§§ 184 Abs. 2. 195 Abs. 3. 199 Abs. 1 Nr. 2. 262 Nr. 2. 278 Abs. 3. 284 Abs. 5) unter Ausgabe von Aktien zu einem höheren als dem Nennbetrage nur den von der Aktiengesellschaft selbst bei der Ausgabe festgesetzten Überpari-Emissionskurs. Denselben Sinn, und nur diesen, verbinde das Reichsstempelgesetz mit der Bestimmung in der Tarif-Nr. 1a, wonach bei inländischen Aktien die Versteuerung zuzüglich des Betrags erfolgt, zu welchem sie höher, als der Nennwert lautet, ausgegeben werden. Im vorliegenden Falle habe die aufnehmende Aktiengesellschaft die an die Aktionäre der aufgelösten Gesellschaft gewährten Aktien an diese nicht zu einem von ihr festgesetzten Überparikurse, sondern nur zum Nennbetrage überlassen; daher sei nichts vorhanden, was über den Nennbetrag hinaus dem Emissionsstempel als Steuerobjekt dienen könnte. Der innere Wert der Aktien könne als solches Steuerobjekt nicht angesehen werden.

Diese Auffassung kann nicht für richtig erachtet werden. Zutreffend ist, daß das Handelsgesetzbuch unter der Ausgabe der Aktien zu einem höheren als dem Nennbetrage nur die Ausgabe zu einem von der Aktiengesellschaft selbst festgesetzten, bestimmten, den Nennbetrag übersteigenden Kurse versteht. Nicht zutreffend ist dagegen die Annahme, daß bezüglich dieses Punktes die Begriffskreise des Handelsgesetzbuchs und des Reichsstempelgesetzes sich miteinander decken. Freilich ist es selbstverständlich, daß das Reichsstempelgesetz jenen Fall auch vor Augen hat, wenn es von dem „Betrage" spricht, „zu welchem die Aktien höher, als der Nennwert lautet, ausgegeben werden". Allein der Sinn dieser Worte beschränkt sich hierauf nicht; er reicht darüber hinaus. Die Worte lassen auch Raum für den Fall, daß die Aktien, ohne ziffermäßige Festsetzung eines den Nennbetrag übersteigenden Kurses, zu einem den Nennbetrag übersteigenden Werte ausgegeben werden. Daß die Bestimmung des Reichsstempelgesetzes in diesem Sinne ausgelegt werden muß, ergibt die folgende Betrachtung. Es sei der Fall gesetzt, daß bei der Verschmelzung zweier Aktiengesellschaften die aufnehmende Gesellschaft zwei Millionen junger Aktien ausgibt, von denen sie die eine den Aktionären der aufgelösten Gesellschaft gewährt, während sie die zweite ihren alten Aktionären anbietet, oder zur Subskription auflegt, oder an der Börse einführt. Es sei ferner angenommen, daß sie für diese zweite Million einen Emissionskurs von 150 Prozent festsetzt. Diese Maßnahme läßt sich von verschiedenen Gesichtspunkten aus beurteilen. Hier greift der folgende Platz. Der Nennbetrag der Aktien hat eine zweifache Bedeutung. Er gibt erstens im Zusammenhalt mit Zahl und Nennbetrag der übrigen Aktien das Anteilsverhältnis des einzelnen Aktionärs am Gewinn und dem etwaigen Liquidationsvermögen der Aktiengesellschaft an, und bezeichnet ferner den Mindestbetrag (§ 184 Abs. 1 H.G.B.), der an die Gesellschaft zu entrichten ist, wenn jemand das Recht der Mitgliedschaft erwerben will. Abzusehen ist hier von der funktionellen Bedeutung, die diesem Betrage in der Hand der Aktiengesellschaft in der Eigenschaft als Einlage, und damit als Teil und Bildungselement des Grundkapitals beiwohnt. Abzusehen ist hier ferner von der abstraktrechtlichen Konstruktion der Verhältnisse zwischen Aktionär und Aktiengesellschaft bei der Gründung (bzw. Neugründung) (s. Entsch. des R.G.'s in Zivils. Bd. 31 S. 21). Hier kommt es nur an auf die praktische Betrachtungsweise vom Standpunkte des Aktionärs. Bei einfach natürlicher wirtschaftlicher Anschauung der Dinge von diesem Gesichtspunkt aus läßt sich jener Betrag als Entgelt oder Gegenwert gegen das von der Aktiengesellschaft gewährte Mitgliedschaftsrecht ansehen. Die Aktiengesellschaft kann nun, sei es bei der Gründung, sei es bei der Ausgabe junger Aktien, die Ansicht hegen, daß der Wert ihrer Mitgliedsberechtigungen den Nennbetrag der Aktie übersteigt. In solchem Falle erhöht sie nach ihrer Schätzung dieses Wertes den Betrag, der an sie als Entgelt oder Gegenwert für die Gewährung von Mitgliedsberechtigungen zu entrichten ist. Der Nennbetrag mit dieser Erhöhung (dem Emissionsagio) stellt alsdann das Entgelt oder den Gegenwert für das gewährte Mitgliedsrecht dar. Im obigen Falle erklärt demgemäß die Aktiengesellschaft, indem sie 1000 Stück neuer Aktien zum Nennwerte von je 1000 *M*, aber zu einem Emissionskurse von 150 Prozent ausgibt, daß sie den Wert dieser neu geschaffenen 1000 Mitgliedsrechte nicht auf den Nennwert von 1000 *M*, bzw. 1 Million, sondern auf den Wert von je 1500 *M*, bzw. $1^1/_2$ Millionen bemißt und nur gegen Zahlung dieses Betrags die neuen Mitgliedsrechte gewähren will. Der Emissionsstempel hat, wie die Stempelsteuer vielfach, den Kapitalswechsel zum Gegenstande. Er will das Kapital treffen auf seinem Wege und in seinem Übergange aus der Hand des Aktionärs in die Hand der Aktiengesellschaft. Danach ist es nur folgerichtig und dem Wesen und Zweck des Emissionsstempels entsprechend, wenn durch die neuen Bestimmungen des Reichsstempelgesetzes vom 14. Juni 1900 nicht nur der Nennbetrag, sondern auch der Betrag des Emissionsagios der Versteuerung unterworfen wird; denn auch hierbei handelt es sich, wie dargelegt, um einen Kapitalsübergang. Daß das Emissionsagio trotz seiner rechtlichen Natur als Kapitalseinlage, welche es zu einem Bildungsfaktor des Grundkapitals prädestiniert,

s. hierüber aus der neuesten Literatur und Rechtsprechung: Rehm, Bilanzen S. 345. 348; Entsch. des preuß. Oberverwaltungsgerichts in Staatssteuersachen Bd. 10 S. 252,

dennoch nicht diesem, sondern dem Reservefonds zuzuführen ist, beruht lediglich auf den positiven Bestimmungen des Deutschen Handelsgesetzbuchs.

Es fragt sich nun, wie es mit den anderen 1000 Stück neuen Aktien zum Nennwert von je 1000 ℳ steht, welche in dem oben angenommenen Falle die aufnehmende Aktiengesellschaft den Aktionären der einverleibten Gesellschaft als Entgelt für das ihr überlassene Vermögen dieser Gesellschaft gewährt. Auf der Hand liegt, daß die aufnehmende Gesellschaft, die durch die oben angenommene gleichzeitige Ausgabe einer anderen Million junger Aktien zum Emissionskurse von 150 Prozent gezeigt hat, welchen Wert sie ihren Mitgliedschaftsrechten beilegt, nicht wohl gewillt sein wird, den Aktionären der aufgelösten Gesellschaft ein Geschenk von hunderttausenden zu machen, indem sie nur den Nennwert der neuen Aktien dem ihr überlassenen Vermögen der aufgelösten Gesellschaft gegenüberstellt. Es ist vielmehr selbstverständlich, daß sie, mag es auch mit Modifikationen geschehen, im wesentlichen hier gleichfalls den wirklichen inneren Wert der Aktien als Entgelt und Gegenwert gegen das Vermögen der einverleibten Gesellschaft verwendet. Im großen betrachtet, wird sich das Verhältnis daher so darstellen, daß, wenn die aufnehmende Gesellschaft den Aktionären der aufgelösten Gesellschaft 1000 Stück junger Aktien zum Nennwert von 1 Million gewährt, der Wert des ihr überlassenen Vermögens jener Gesellschaft nicht 1 Million, sondern $1^1/_2$ Millionen betragen wird. Die Gleichheit der beiden angenommenen Fälle springt in die Augen. In beiden Fällen gibt die Aktiengesellschaft nichts Sachliches und Körperhaftes, sondern etwas Immaterielles hin, nämlich je 1000 Mitgliedsrechte. Dafür empfängt sie jedesmal ein Kapital von $1^1/_2$ Millionen, das eine Mal in barem Gelde, das andere Mal in anderen Vermögensgegenständen. Der Emissionsstempel will, wie oben erörtert, das Kapital in seinem Wechsel treffen. Es ist daher schlechterdings nicht einzusehen, weshalb es vom Standpunkte des Gesetzes aus einen Unterschied soll begründen können, daß das Kapital welches in die Hand der Aktiengesellschaft wandert, in dem einen Falle aus barem Gelde, in dem anderen aus sonstigen Vermögenswerten besteht. Das Gesetz kennt auch einen solchen Unterschied nicht. Es herrscht kein Zweifel darüber, daß der Emissionsstempel auch dann zu erlegen ist, wenn die Kapitaleinlage, für welche das Aktienrecht gewährt wird, nicht Geldeinlage, sondern Sacheinlage ist. Gilt dies, wie von dem ersten Richter und der Revision nicht in Frage gezogen ist und nicht in Frage gezogen werden konnte, soweit der Nennbetrag der Aktie reicht, so fehlt es an jedem ersichtlichen Grunde für die Annahme, daß, soweit es sich um den den Nennwert übersteigenden Betrag handelt, nunmehr ein bisher unbekannter Unterschied wirksam hervortreten sollte. Nach diesem allem muß das Gesetz seinem Sinne und Zweck gemäß dahin ausgelegt werden, daß unter dem „Betrag", zu dem die Aktien „höher", als der Nennwert lautet, ausgegeben werden, nicht nur ein ziffermäßig festgesetzter Überpari-Emissionskurs, sondern auch der den Nennbetrag übersteigende Wert zu verstehen ist, zu dem sie von den ersten Erwerbern übernommen werden.

Die Verhandlungen der Reichstagskommission und des Reichstags berühren diesen Punkt allerdings nicht ausdrücklich; allein ihr Inhalt läßt zur Genüge erkennen, daß die oben vertretene Auffassung innerhalb der Tragweite der gewollten Änderung liegt. Wenn in der Kommission (s. den Kommissionsbericht S. 16, Drucksachen des Reichstags 1898/99 Nr. 870) der Gedanke als richtig anerkannt wurde, daß „die wirkliche Kapitalanlage, und nicht der Nennwert des Kapitals stempelpflichtig zu machen sei", und dieser Gedanke zu der vorliegenden Gesetzesänderung führte, so trifft selbige auch den streitigen Fall. Was aber den oben erwähnten allgemeinen Gesichtspunkt angeht, unter dem der Emissionsstempel steht, so wird er voll beleuchtet durch die bei Beratung einer anderen Tarifbestimmung getane Äußerung des Berichterstatters, die ganze Stempelgesetzgebung gehe von dem Gedanken aus, daß das Kapital überall, wo es sich auf dem öffentlichen Markte zeige, sei es daß es zum Ankauf von Immobilien, Aktien, oder Wertpapieren benutzt werde, mit einer Stempelsteuer belegt werden solle (Stenographische Berichte S. 5879).

Die stärkste Stütze findet die getroffene Auslegung in Nr. 4 der Ausführungsbestimmungen des Bundesrats vom 21. Juni 1900, woselbst es heißt, als Betrag, zu dem die Papiere (höher als der Nennwert) ausgegeben würden, gelte der Preis oder Wert, für welchen sie von den ersten Erwerbern übernommen würden. Daß hier unter „Wert" nicht ein ziffermäßig festgesetzter Emissionskurs zu verstehen ist, erscheint zweifellos. Die Revision hat allerdings, im Anschluß an entsprechende Ausführungen des ersten Richters, versucht, durch den Hinweis darauf, daß im vorhergehenden Satze der Nr. 4 der erwähnten Ausführungsbestimmungen die §§ 184 und 278 H.G.B. in Bezug genommen sind, Zweifel an dieser Auffassung zu wecken. Allein diese sind nicht begründet. Wie schon eingangs erwähnt, findet selbstverständlich die Tarifvorschrift Anwendung, wenn ein Emissionskurs festgesetzt ist, ein Fall, auf den, wie nicht zu bestreiten ist, die Bestimmung sogar in erster Reihe gemünzt ist. Hierauf bezieht sich, wie bereits der Berufungsrichter zutreffend geltend gemacht hat, die Anführung der §§ 184. 278 H.G.B., die daher ganz am Platze war. Daraus kann mithin angesichts des mitgeteilten klaren Wortlautes des folgenden Satzes zugunsten der Ansicht der Revision nichts gefolgert werden. Die Revisionsklägerin ist alsdann dazu übergegangen, die Gültigkeit und damit die Beweiskraft der in Rede stehenden bundesrätlichen Ausführungsvorschrift mit der Behauptung anzugreifen, daß sie mit dem Gesetz in Widerspruch stehe. Es ist hier kein Anlaß gegeben, die neuerdings in der Rechtslehre umstrittene Frage nach dem Wesen und dem Unterschied von Gesetz und Verwaltungsvorschrift zu erörtern; denn darin hat die Revision jedenfalls recht, daß die Ausführungsbestimmung des Bundesrats ungültig sein würde, wenn sie dem Gesetze widerstritte. Allein daß dies in Wahrheit nicht der Fall ist, zeigen die obigen Ausführungen. Sie enthält vielmehr umgekehrt, wie schon hervorgehoben, eine wertvolle Bestätigung des gewonnenen Ergebnisses, da der Bundesrat als gesetzgebender Faktor mit Sinn und Zweck des Gesetzes, wenngleich dieses nicht aus seiner Initiative, sondern aus der des Reichstags hervorgegangen ist, auf das Genaueste vertraut sein muß.

Der erste Richter hat erhebliches Gewicht darauf gelegt, daß hier nicht gemäß der Vorschrift des § 278 Abs. 3 H.G.B. ein Generalversammlungsbeschluß über den Mindestbetrag, zu dem die Aktien über pari auszugeben seien, gefaßt worden ist. Er zieht aus dieser Tatsache den Schluß, daß, weil hiernach eine Ausgabe der Aktien über den Nennbetrag in Ermangelung solchen Beschlusses gar nicht habe stattfinden können und dürfen, eine solche auch nicht stattgefunden habe. Denselben Gedanken hat auch die Revision verfochten. Der Berufungsrichter tritt insoweit dem ersten Richter bei, als er annimmt, daß auch bei der Fusion eintretendenfalls die §§ 278 Abs. 3 und 262 Ziff. 2 H.G.B. zu beachten seien; er tritt aber der hieraus gezogenen Folgerung mit der Erwägung entgegen, der aus der Tatsache, daß die Aktien zu einem höheren Werte als dem Nennwert von den ersten Erwerbern übernommen seien, für den Fiskus erwachsene Stempelanspruch könne durch die Nichtbeobachtung handelsrechtlicher Vorschriften nicht geschmälert werden. Es könnte fraglich sein, ob sich dieser Punkt nicht einfach durch die von der Ansicht der beiden Vorinstanzen abweichende Annahme erledigt, daß bei Übernahme der Aktien zu einem höheren Wert als dem Nennbetrage, sei es bei der Fusion, sei es bei einem sonstigen Falle der Sacheinlage, die Ausgabe der Aktien zu einem entsprechenden, ziffermäßig festgesetzten Betrage über pari zwar zulässig, aber nicht geboten sei, so daß hier von einer Verletzung handelsrechtlicher Vorschriften gar nicht die Rede sein könnte. Für diese von Staub, Komm. zum H.G.B. Bd. 1 S. 807 Anm. 13, S. 808 Anm. 16 Abs. 2, vertretene, von anderen (s. Simon, Bilanzen 3. Aufl. S. 280; Pinner, Aktienrecht S. 215) anscheinend nicht geteilte Ansicht lassen sich erhebliche Gründe geltend machen. Es kann indessen davon abgesehen werden, diese Frage zur Entscheidung zu bringen; denn auf alle Fälle ist dem Berufungsrichter in seiner Schlußerwägung beizutreten. Die Tatsache liegt vor, daß die von der Klägerin ausgegebenen jungen Aktien von den bisherigen Aktionären der Süddeutschen Bank zu einem höheren Wert als dem Nennbetrage übernommen worden sind. Diese Tatsache genügt, um nach dem Reichsstempelgesetz auch den Mehrwert der Aktien stempelpflichtig zu machen. War handelsrechtlich noch etwas Weiteres erforderlich — was übrigens nur dem Zwecke der Dotierung des Reservefonds dienen konnte (§ 262 Ziff. 2 H.G.B.) —, so kann die Unterlassung dieser Maßnahme die Stempelpflicht nicht beseitigen." ...

75. Umfang der Ersatzpflicht im Falle des § 735 Abs. 2 H.G.B.

I. Zivilsenat. Urt. v. 27. September 1905 i. S. Aktiengesellschaft D. L. L. (Bekl.) w. S. & Co. (Kl.). Rep. I. 270/05.

I. Landgericht Hamburg, Kammer für Handelssachen.
II. Oberlandesgericht daselbst.

Am 22. Oktober 1902 fand im Hafen von Rotterdam ein Zusammenstoß zwischen dem der Klägerin gehörigen Dampfer „Como" und dem Dampfer „Lipsos" der Beklagten statt, bei welchem Kasko und Ladung des „Lipsos" beschädigt wurden. Kasko und Ladung des „Como" blieben unbeschädigt. Über die Schuldfrage fand in Hamburg ein schiedsgerichtliches Verfahren statt; dem Schiedsvertrage waren auch die Interessenten der beschädigten Ladung beigetreten; ihre Ansprüche wurden im schiedsgerichtlichen Verfahren von der Beklagten kraft Inkassomandats geltend gemacht. Der Schiedsspruch vom 28. August 1903 stellte fest, daß das Verschulden auf beiden Seiten gleich groß gewesen sei, und erklärte die Firma S. & Co. als Reeder des „Como" für verpflichtet, den halben Kaskoschaden und den ganzen Ladungsschaden des „Lipsos", der 222000 *M* betrug, zu bezahlen. Dieser Schaden wurde auch von der Klägerin bezahlt. Sie forderte nun von der Beklagten, welche sich den Ladungsbeteiligten gegenüber von der Haftung für durch Schuld der Besatzung entstehende Kollisionsschäden freigezeichnet hatte, die Ausgleichung des Ladungsschadens, indem sie sich auf § 426 B.G.B. und §§ 734. 735 H.G.B. stützte. Die Beklagte wandte ein, daß ein Gesamtschuldverhältnis nicht vorliege, weil die Reederei des „Lipsos" sich den Ladungsbeteiligten gegenüber freigezeichnet habe. Der § 735 H.G.B. spreche nur vom Kasko-, nicht vom Ladungsschaden; er regele nur die Ersatzpflicht, soweit eine solche an sich gesetzlich bestehe.

Das Landgericht verurteilte die Beklagte nach dem Antrag der Klage, und die Berufung der Beklagten wurde vom Oberlandesgericht zurückgewiesen. Auch die Revision der Beklagten ist zurückgewiesen worden, aus folgenden

Gründen:

„Die Angriffe, welche die Revision gegen das Urteil des Oberlandesgerichts erhoben hat, sind nicht gerechtfertigt. Die Entscheidung des Berufungsgerichts ist richtig, und auch der Begründung, wie sie für dieselbe gegeben wurde, ist durchaus beizutreten. Es ist zutreffend, daß der von der Klägerin erhobene Anspruch in der Bestimmung des § 735 Abs. 2 H.G.B. seine volle und ausreichende Grundlage findet. Diese Gesetzesvorschrift regelt im Verhältnis der Reeder untereinander die Verteilung des ganzen Schadens, welcher bei einem durch das Verschulden mehrerer Schiffe herbeigeführten Zusammenstoß herbeigeführt worden ist; sie erstreckt sich nicht nur auf den Kaskoschaden, sondern auch auf den Ladungsschaden und die indirekten Schädigungen, welche infolge des Zusammenstoßes sich ergeben haben, und umfaßt, wie bereits in dem Urteil Entsch. des R.G.'s in Zivils. Bd. 51 S. 365 dargelegt ist, auch denjenigen Nachteil, welchen einer der Reeder dadurch erleidet, daß er den Ladungseigentümern gegenüber, welche von ihm den Ersatz ihres ganzen Schadens gefordert haben, volle Zahlung leisten mußte, während er dem mitschuldigen Reeder gegenüber sich darauf berufen kann, daß er nur zu 50 Prozent ersatzpflichtig ist. Die Revision will diese Auslegung des § 735 Abs. 2 nicht gelten lassen; sie will die Wirksamkeit dieser Bestimmung auf den Kaskoschaden beschränken und die sonstigen Schäden von der Regelung nach Maßgabe dieser Gesetzesstelle ausschließen. Aber nach dem Wortlaute der Bestimmung wie nach ihrer Entstehungsgeschichte gebricht es an jedem Anhaltspunkt für eine derartig beschränkende Auslegung, und was den Ladungsschaden anlangt, ist sie schon durch den letzten Satz des § 734 Abs. 1, welcher den Ladungsschaden zum Kollisionsschaden rechnet, gänzlich ausgeschlossen. Den Wünschen der Schiffahrts- und Handelskreise, welchen die neue Bestimmung des § 735 Abs. 2 ihre Entstehung verdankt, konnte selbstverständlich auch nur damit gedient sein, daß für die ganze Schadensverteilung, welche nach einem durch das Verschulden mehrerer Schiffe herbeigeführten Zusammenstoß sich als notwendig erweist, die von ihnen als zweckmäßig und richtig erachtete gesetzliche Ordnung eintrat. Die Revision der Beklagten war demnach als unbegründet zurückzuweisen."

76. Ist die Übergangsbestimmung des Art. 2 Abs. 2 des Unfallfürsorgesetzes für Beamte und Personen des Soldatenstandes vom 18. Juni 1901 dahin zu verstehen, daß in der Zwischenzeit vom Inkrafttreten dieses Gesetzes bis zu dem Zeitpunkte, in dem durch die Landesgesetzgebung oder durch statutarische Bestimmungen innerhalb der bis zum 1. Januar 1903 gewährten Frist der bis dahin vorhanden gewesenen Minderwertigkeit der Fürsorge in dem dem Gesetze vom 18. Juni 1901 entsprechenden Maße abgeholfen worden ist, es bei dem bisherigen Rechtszustande, also bei der auf Grund des Unfallfürsorgegesetzes vom 15. März 1886 getroffenen Fürsorge, sein Verbleiben habe?

VI. Zivilsenat. Urt. v. 2. Oktober 1905 i. S. H. Wwe. (Kl.) w. bayer. Eisenbahnfiskus (Bekl.). Rep. VI. 583/04.

I. Landgericht I München.
II. Oberlandesgericht daselbst.

Am 19. November 1902 wurde der zum nicht pragmatischen statusmäßigen Personal gehörige, mit festem Gehalt und Pensionsberechtigung angestellte Wagenwärtergehilfe X. H. infolge des Zusammenstoßes zweier Eisenbahnzüge in der Station Sch. in seiner Dienstesausübung getötet. Der Witwe des Getöteten wurde durch Entschließung der Königlichen Generaldirektion vom 4. Januar 1903 gemäß § 45 der bayerischen Verordnung vom Jahre 1894, „die Dienstverhältnisse der nicht pragmatischen Beamten und Staatsbediensteten betr.", eine Unfallrente von jährlich 264 ℳ zugesprochen. Dieselbe begnügte sich jedoch mit diesem Bezuge nicht, sondern verlangte auf Grund des Haftpflichtgesetzes Entschädigung und Zuerkennung einer Rente. Überdies erachtete sie auch die auf Grund der Verordnung vom 26. Juni 1894 ihr zugesprochene Rente für zu gering bemessen. Nach fruchtloser Angehung der zuständigen Verwaltungsstelle erhob sie daher Klage gegen den Eisenbahnfiskus mit dem Antrage, den Beklagten für schuldig zu erkennen, an sie die Beerdigungskosten in Höhe von 134,74 ℳ nebst Zinsen zu bezahlen, ferner vom 20. November 1902 ab als Zusatz zu der bereits angewiesenen Pension eine jährliche, in monatlichen Raten vorauszahlbare Rente von 532,50 ℳ, jeweils mit den den Dienst- und

Altersgenossen des X. H. zukommenden Gehaltsvorrückungen und Aufbesserungen um die Hälfte jeder Einkommensmehrung steigend, zu gewähren, 2c.

Durch Teilurteil des Landgerichts wurden die mit der Klage geltend gemachten, außerhalb der Verordnung vom 26. Juni 1894 gelegenen Ansprüche abgewiesen.

Die Berufung und die Revision der Klägerin wurden zurückgewiesen, letztere aus folgenden

Gründen:

„Gemäß § 12 des Reichsgesetzes, betr. die Fürsorge für Beamte und Personen des Soldatenstandes infolge von Betriebsunfällen vom 15. März 1886 steht Staats- und Kommunalbeamten und deren Hinterbliebenen, für welche durch die Landesgesetzgebung oder durch statutarische Festsetzung gegen die Folgen eines im Dienste erlittenen Betriebsunfalls eine den Vorschriften der §§ 1—5 dieses Gesetzes mindestens gleichkommende Fürsorge getroffen ist, wegen eines solchen Unfalls ein reichsgesetzlicher Anspruch auf Ersatz des durch denselben erlittenen Schadens nur nach Maßgabe der §§ 8—10 des Gesetzes zu. Ferner finden gemäß des Satzes 2 des § 12 auf solche Staats- und Kommunalbeamten und deren Hinterbliebene die reichsgesetzlichen Bestimmungen über Unfallversicherung keine Anwendung. Hiernach erscheinen im Falle einer dem Gesetze entsprechend getroffenen Fürsorge reichsgesetzliche Schadensersatzansprüche der Staats- und Kommunalbeamten oder deren Hinterbliebener gegen die Betriebsverwaltung, insbesondere auf Grund des Haftpflichtgesetzes, und ebenso eine Anwendung der reichsgesetzlichen Bestimmungen über Unfallversicherung auf die Genannten als ausgeschlossen. Daß die Verordnung vom 26. Juni 1894 nicht nur bestimmt ist, diese Fürsorge zu treffen, sondern auch den Voraussetzungen des § 12 des Gesetzes vom 15. März 1886 entspricht, ist in keiner Weise bestritten.

Durch das Unfallfürsorgegesetz für Beamte und für Personen des Soldatenstandes vom 18. Juni 1901 ist nun diese Fürsorge erheblich erweitert. Demgemäß entspricht auch die Verordnung vom 26. Juni 1894 in dem von ihr getroffenen Maße der Fürsorge nicht mehr den Voraussetzungen des § 14 des Gesetzes vom 18. Juni 1901, der in Übereinstimmung mit § 12 des Gesetzes vom 15. März 1886 an die dem nunmehrigen Gesetze entsprechende Fürsorge die oben erörterte Folge des Ausschlusses reichsgesetzlicher Schadensersatzansprüche und der reichsgesetzlichen Bestimmungen über Unfallversicherung knüpft. Um nun einen Einklang der auf Grund des Gesetzes vom 15. März 1886 geschaffenen landesgesetzlichen oder statutarischen Fürsorge mit der erweiterten Fürsorge des Gesetzes vom 18. Juni 1901 herzustellen, wurde die Übergangsbestimmung des Art. 2 Abs. 2 getroffen. Hiernach behält es, soweit Staats- und Kommunalbeamte der im Art. 1 § 1 bezeichneten Art beim Inkrafttreten des Gesetzes zufolge einer dem Gesetze vom 15. März 1886 genügenden landesgesetzlichen oder statutarischen Fürsorge von der reichsgesetzlichen Unfallversicherung ausgeschlossen sind, hierbei bis zum 1. Januar 1903 sein Bewenden.

Die die Fürsorge bei Betriebsunfällen regelnden §§ 44 und 45 der Verordnung vom 26. Juni 1894 wurden in der dem Gesetze vom 18. Juni 1901 entsprechenden Erweiterung der Fürsorge durch die Bestimmungen der am 22. November 1902, also erst nach dem Unfalle, im Gesetz- und Verordnungsblatt für das Königreich Bayern veröffentlichten Allerhöchsten Verordnung vom 13. November 1902 ersetzt. Die Ansprüche der Klägerin fallen also noch nicht unter die Verordnung vom 13. November 1902.

Die Klägerin legt nun die Übergangsbestimmung des Abs. 2 des Art. 2 des Reichsgesetzes vom 18. Juni 1901 dahin aus, daß lediglich die Unfallversicherung ausgeschlossen bleibe, im übrigen aber das bürgerliche Recht und das Haftpflichtgesetz eintrete, während nach der Auffassung des Beklagten bis zu der am 13./22. November 1902 erfolgten Erlassung landesgesetzlicher, dem Gesetze vom 18. Juni 1901 entsprechender Bestimmungen der status quo ante, d. h. der Ausschluß von der Unfallversicherung und die anstatt der Unfallversicherung erlassenen Fürsorgebestimmungen, hier also die Verordnung vom 26. Juni 1894, in Kraft geblieben wären. Nach der Auffassung der Klägerin wäre also in der Zwischenzeit von dem Anfangstage der Geltung des Reichsgesetzes vom 18. Juni 1901, dem 24. Juni 1901, dem Tage der Verkündung und des Inkrafttretens des Gesetzes, bis zur Erlassung diesem Gesetze entsprechender Fürsorgebestimmungen, in Bayern also bis zum 22. November 1902, ein Rechtszustand wieder eingeführt worden, der durch die Verordnung vom 26. Juni 1894 beseitigt war.

Das Berufungsgericht hat in Übereinstimmung mit dem Gerichte erster Instanz sich der Anschauung des Beklagten angeschlossen. Dieser Anschauung war auch beizupflichten.

Für die von der Klägerin geltend gemachte Anschauung spricht zwar weniger der Wortlaut der Übergangsbestimmung, wie das Berufungsgericht annimmt, und die Revision auszuführen sucht, als die Unvollständigkeit des Ausdrucks, die darin liegt, daß nur vom Ausschlusse von der reichsgesetzlichen Unfallversicherung die Rede ist. Aber weil nur hiervon die Rede ist, so erweist sich sofort, daß der Gesetzgeber den mit dieser Bestimmung verfolgten Gedanken nur unvollkommen ausgedrückt hat, und es ergibt sich des weiteren die Frage, wie er ergänzt werden muß. Diese Ergänzung ist aber in den Bestimmungen zu suchen, die an die Stelle der Unfallversicherung treten. Hier ist nun nicht anzunehmen, daß der Gesetzgeber die Rechtskontinuität habe unterbrechen und einen Rechtszustand wieder einführen wollen, der durch das Gesetz von 1886 in Verbindung mit landesgesetzlichen oder statutarischen Fürsorgebestimmungen, in Bayern also mit den Bestimmungen der Verordnung vom 26. Juni 1894, beseitigt war. Als natürlicher Inhalt des nicht ganz ausgesprochenen Gedankens stellt sich vielmehr der dar, daß in der Zwischenzeit, d. h. bis durch die Landesgesetzgebung oder durch statutarische Bestimmungen innerhalb der bis zum 1. Januar 1903 gewährten Frist der bestehenden Minderwertigkeit der Fürsorge in dem dem Gesetze vom 18. Juni 1901 entsprechenden Maße abgeholfen sein werde, es bei dem bisherigen Rechtszustande, also der bisher — in Bayern durch die Verordnung vom 26. Juni 1894 — gewährten Fürsorge, sein Verbleiben habe. Diese Auffassung findet noch ihre besondere Unterstützung darin, daß das Gesetz vom 18. Juni 1901 das Gesetz vom 15. März 1886 nicht aufhebt, sondern, wie in Art. 1 des ersteren ausdrücklich erklärt ist, dem letzteren nur eine neue („die nachstehende") Fassung gibt.

Die von der Klägerin vertretene Ansicht wird noch auf einen aus § 7 des Gewerbeunfallversicherungsgesetzes entnommenen Gegensatz zu begründen versucht, nämlich auf den Gegensatz von in Betriebsverwaltungen eines Bundesstaates oder eines Kommunalverbandes mit festem Gehalt und Pensionsberechtigung angestellten Beamten, und von anderen Beamten eines Bundesstaates oder Kommunalverbandes, für welche die im § 12 des Gesetzes vom 15. März 1886 vorgesehene Fürsorge in Kraft getreten ist. Da die erste Beamtengruppe schon durch § 7 des Gewerbeunfallversicherungsgesetzes von der Unfallversicherung ausgeschlossen ist, so soll die Bestimmung des Abs. 2 des Art. 2 des Fürsorgegesetzes vom 18. Juni 1901 nur die zweite Gruppe betreffen. Mit Recht wird dagegen geltend gemacht, daß weder das Fürsorgegesetz vom Jahre 1886, noch das neuere vom 18. Juni 1901 eine solche Unterscheidung kennt.

Vgl. Schleizer, in den Blättern für administrative Praxis Bd. 53 S. 397." ...

---

77. Zur Auslegung des § 833 B.G.B.

VI. Zivilsenat. Urt. v. 2. Oktober 1905 i. S. L. (Bekl.) w. H. (Kl.). Rep. VI. 584/04.

I. Landgericht Landsberg a. W.
II. Kammergericht Berlin.

Anfang Februar 1904 glitt der Kläger auf einer Holztreppe aus und fiel hinab. Vor der Treppe hielt das Fuhrwerk des Beklagten. Der Kläger fiel vor die Vorderräder des Wagens und gegen die Hinterbeine der Pferde. Diese bäumten sich und zertraten ihm mehrere Rippen. Einen Teil des ihm dadurch entstandenen Schadens verlangte er von dem Beklagten als dem Halter der Pferde nach § 833 B.G.B. ersetzt. Das Landgericht wies die Klage ab; das Kammergericht aber erklärte den Klaganspruch dem Grunde nach für gerechtfertigt. Auf die Revision des Beklagten ist das Berufungsurteil aufgehoben, und die Sache an das Berufungsgericht zurückverwiesen worden, aus folgenden

Gründen:

„Die Revision wirft dem Berufungsgericht eine Begriffsverwechselung vor, insofern es das Verhalten der Pferde als ein willkürliches ansehe, obgleich es feststelle, es entspreche der Natur eines Pferdes nicht, in einem Falle, wie dem vorliegenden, auszuschlagen und auf das ihm unbequeme Hindernis zu treten, so daß für die Pferde auch keine zwingende Veranlassung vorgelegen habe, den

Kläger zu beschädigen. Nach der Ansicht der Revision schließt diese letztere Feststellung die Willkürlichkeit des Verhaltens der Pferde aus. Das ist aber nicht zutreffend. Ein willkürliches Tun liegt vor, wenn das Tier nicht der leitenden Hand und dem ihm aufgezwungenen Willen eines Menschen folgte, auch nicht unter einem unwiderstehlichen Zwange tätig war. Daß jene Voraussetzung in dem zur Entscheidung stehenden Falle gegeben war, ergibt die Sachlage. Was aber den Zwang letzterer Art anlangt, so genügt es zur Annahme eines solchen nicht, daß das Tier durch irgendeinen äußeren Anreiz zu einer jähen, gewaltsamen Bewegung veranlaßt worden ist; auch solchenfalls liegt — von bloßen Reflexbewegungen abgesehen — ein willkürliches Verhalten vor, und es ist gerade in der tierischen Natur begründet, daß das Tier durch solche plötzliche Einwirkungen auf seine Sinne erschrickt und zu einem selbständigen Ausdrucke seiner Energie angeregt wird. Von einem unwiderstehlichen Zwange läßt sich vielmehr nur dann reden, wenn eine Einwirkung außergewöhnlicher Art vorliegt, durch die das besondere *tierische* Tun überhaupt ausgeschaltet wird; dadurch würde die Willkürlichkeit seines Tuns und damit die Verursachung des Schadens durch das Tier ausgeschlossen sein. Das Berufungsgericht ist nun davon ausgegangen, daß das Ausschlagen der Pferde und das Treten auf das ihnen unbequeme Hindernis keinesfalls mit *Notwendigkeit* durch den Anprall des Klägers hervorgerufen worden sei; es habe keine zwingende Veranlassung vorgelegen, daß die Pferde ausschlugen oder auf den Kläger traten. Bei *Zugrundelegung dieser Auffassung* hat es ein willkürliches, selbständiges Tun der Pferde mit Recht angenommen.

Dieser Auffassung stehen jedoch im vorliegenden Falle Bedenken entgegen. Das Berufungsgericht führt aus, das „Durchschnittspferd" werde zwar bestrebt sein, der unvorhergesehenen Berührung sich zu entziehen und dabei die Füße und den berührten Teil des Körpers in eine andere Stellung zu bringen; es entspreche aber nicht der Natur eines an den Verkehr und den Umgang mit Menschen gewöhnten Pferdes, in einem Falle wie dem vorliegenden auszuschlagen oder auf das ihm unbequeme Hindernis zu treten. Diese Ausführung steht im Widerspruch mit den Darlegungen des erkennenden Senats in dem auf S. 65 flg. des 60. Bandes der Entsch. des R.G.'s in Zivils. abgedruckten Urteile, wonach für die Anwendung des § 833

B.G.B. grundsätzlich nicht entscheidend ist, ob das Verhalten des Tiers mit der allgemeinen Natur seiner Gattung in Widerspruch steht, und ob es auf einen Fehler — vitium — zurückzuführen ist. Auch wenn man, entgegen der Ansicht des Berufungsgerichts, davon ausgehen wollte, es liege in der Natur der Pferde, daß sie in einem Falle der vorliegenden Art ausschlagen und auf das ihnen unbequeme Hindernis treten, so wäre ebenfalls — und zwar noch zwingender, als bei jener Ansicht — ein Ausfluß der tierischen Natur, ein willkürliches Tun anzunehmen.

Von entscheidender Bedeutung ist lediglich, ob die Pferde infolge des Anpralls des Körpers des Klägers die Stellung ihrer Beine verändern und auf den Kläger treten mußten. Wäre dies zu bejahen, so würde nicht ein willkürliches Verhalten, sondern ein unwillkürliches, mechanisches vorliegen, und die Verletzung lediglich infolge des Zurückdrängens der Pferde durch den Körper des Klägers herbeigeführt worden sein. Das Berufungsgericht hat diese Frage verneint, indem es annimmt, es liege nichts dafür vor, daß der Anprall des Klägers an die Hinterbeine der Pferde ein besonders wuchtiger gewesen sei. Es ist nun zwar richtig, daß ein unwiderstehlicher Zwang für die Pferde, sich aufzubäumen und den Kläger zu treten, darin noch nicht begründet war, daß der Körper des Klägers ihre Hinterbeine nur berührte. Allein jene Annahme ist nicht prozeßgerecht." (Dies wird näher dargelegt.) . . .

---

78. 1. Voraussetzungen des Schuldversprechens und des Schuldanerkenntnisses im Sinne der §§ 780. 781 B.G.B.
2. Anfechtung eines Schuldanerkenntnisses in einem Falle des § 812 Abs. 2 B.G.B.
3. Wann entspricht im Sinne des § 779 B.G.B. der nach dem Inhalte des Vergleichs als feststehend zugrunde gelegte Sachverhalt nicht der Wirklichkeit?

VI. Zivilsenat. Urt. v. 2. Oktober 1905 i. S. R. u. Gen. (Kl.) w. Schl. (Bekl.). Rep. VI. 587/04.

I. Landgericht Zabern.
II. Oberlandesgericht Colmar.

Aus den Gründen:

„Der Beklagte wird hier in Anspruch genommen als einziger Erbe seiner im Jahre 1902 zu Pf. im Elsaß verstorbenen Schwester Katharina R. geb. Schl., der Witwe des eben daselbst im Jahre 1891 verstorbenen Philipp R. Die Klage ist gestützt auf zwei von dieser unterschriebene Schuldscheine vom 18. Februar 1900, worin sie den vier Klägern 2000 ℳ, bzw. 720 ℳ schuldig zu sein bekennt und diese Summen zu zahlen verspricht. Das Landgericht hat hierin zwei abstrakte Schuldversprechen nach Maßgabe des § 780 B.G.B. gefunden; jedoch ohne genügenden Grund. Denn da jene Geldbeträge dort nicht ohne Angabe eines Rechtsgrundes, sondern als ohnehin schon geschuldete versprochen werden, so ist nicht ersichtlich, woraus der Wille gefolgert werden sollte, daß das Versprechen die Verpflichtung selbständig begründen solle. Es könnte hier nur von abstrakten Schuldanerkenntnissen nach Maßgabe des § 781 B.G.B. die Rede sein. Auch als solche will aber das Berufungsgericht die Schuldscheine nicht gelten lassen; jedoch wiederum aus unzureichenden Gründen. Denn irgendein Schuldgrund ist in den Urkunden nicht genannt, und daß man einen solchen außerdem weiß, ja daß die Kläger sogar von vornherein einen solchen bezeichnet haben, ändert noch nichts, da es sich bei jedem Schuldanerkenntnisse von selbst versteht, daß es einen bestimmten materiellen Grund hat, und da andererseits überflüssige tatsächliche Angaben eines Klägers für die rechtliche Natur des konkreten Klagegrundes unerheblich sind.[1] Auch daraus, daß an demselben Tage, an welchem die Witwe R. die Schuldscheine ausstellte, von ihr und den vier Klägern eine „Vereinbarung" unterzeichnet worden war, worin ein zwischen ihnen zu ordnendes Rechtsverhältnis dargelegt, und darüber das Abkommen getroffen war, daß die Witwe R. zur Deckung einer Summe von 3400 Franken den Klägern die Schuldscheine ausstellen und deren Betrag bezahlen, diese Schuld aber erst beim Tode der Witwe R. fällig werden sollte, folgt nicht mit Notwendigkeit etwas gegen die abstrakte Natur der Schuldscheine; im Gegenteil könnte man ebensogut sagen, daß offenbar gerade wegen dieser abstrakten Natur ihre Aus-

[1] Vgl. Klingmüller, Schuldversprechen und Schuldanerkenntnis S. 89 flg.
D. E.

stellung neben dem schon in der „Vereinbarung" enthaltenen Zahlungsversprechen noch besonders ausbedungen worden sei, wie das in ähnlichen Fällen etwa mit der Ausstellung von Wechseln geschieht. Freilich könnte man auch meinen, daß das Oberlandesgericht ... nun einmal eine tatsächliche Feststellung dahin getroffen habe, daß die Beteiligten die Schuldscheine nicht als abstrakte Schuldbekenntnisse gewollt haben; welche Feststellung dann vielleicht unanfechtbar sein möchte. Wie es sich hiermit verhält, kann indessen dahingestellt bleiben, da dieser Punkt für die weitere Beurteilung der Sache bedeutungslos ist. Dies ergibt sich aus folgenden Erwägungen.

Das Berufungsgericht, das als Klagegrund nur die eben erwähnte „Vereinbarung" vom 18. Februar 1900 gelten lassen will, charakterisiert dieselbe mit Recht als einen Vergleich. Der verstorbene Ehemann Philipp R. hatte nämlich seit dem Jahre 1862 ein seinem um das Jahr 1860 nach den Vereinigten Staaten von Amerika ausgewanderten und nachher verschollenen Bruder Jakob R. gehörendes Kapital in Verwaltung gehabt, und seine Witwe hatte hierüber am 14. März 1891 dem Georg R., als dem damals noch überlebenden Bruder des Philipp und des Jakob R., auf den, als vermutlichen Erben des Jakob, nun die Verwaltung übergehen sollte, Rechnung gelegt und ihm den Saldo ausbezahlt; dabei waren aber zwei Posten von 900 und von 2500 Franken, die die Witwe Philipp R. dem Georg R. als dem Jakob R. nach Amerika geschickt in Rechnung gebracht hatte, von jenem nicht anerkannt worden, und hatte er sich in dieser Hinsicht alle Rechte vorbehalten. Hierüber trafen nun eben die vier Kläger, als Erben jenes, inzwischen gleichfalls verstorbenen, Georg R., mit der Witwe Ph. R. am 18. Februar 1900 das erwähnte Abkommen, wodurch einerseits die letztere ihre Verpflichtung zur Zahlung der in 2720 ℳ umgerechneten 3400 Franken anerkannte, andererseits jene ihr die Summe für ihre, der Witwe R., Lebenszeit zinslos beließen. Ohne Zweifel war dies ein Vergleich im Sinne des § 779 Abs. 1 B.G.B. Das Berufungsgericht nimmt nun an, daß nach dem Beweisergebnisse des gegenwärtigen Prozesses der nach dem Inhalte des Vergleichs diesem zugrunde gelegte Sachverhalt der Wirklichkeit nicht entsprochen habe, und, da bei Kenntnis der wahren Sachlage der Streit oder die Ungewißheit nicht entstanden sein würde, nach der schon angeführten Gesetzesstelle der Vergleich der Rechtswirkung entbehre; als jenen zugrunde gelegten Sachverhalt sieht das Oberlandesgericht „die Ungewißheit, bzw. den Mangel eines Beweises der an Jakob R. erfolgten Zahlung an". Wäre dies zutreffend, so würde, wie das Oberlandesgericht mit Recht bemerkt hat, eine entsprechende Einwendung auch der Klage aus den Schuldanerkenntnissen im Wege stehen. Diese sind zur Erfüllung der in dem Vergleiche übernommenen Verpflichtung ausgestellt. Wenn also diese Verbindlichkeit wegen Unwirksamkeit des Vergleichs in Wirklichkeit nicht existierte, so würde ein Fall ungerechtfertigter Bereicherung nach Maßgabe des § 812 B.G.B., insbesondere des Abs. 2 desselben, vorliegen, und deshalb nach § 821 daselbst auch eine Einrede (exceptio indebiti) begründet sein.

Vgl. Planck, B.G.B. Bd. 2 Bem. 3 zu § 779 S. 527.

Jene Auffassung des Oberlandesgerichts, wonach aus dem angegebenen Grunde der Vergleich unwirksam sein soll, trifft nun aber nicht zu, ist vielmehr von den Klägern mit Recht zum Gegenstande ihres Revisionsangriffs gemacht worden. Dabei kann dahingestellt bleiben, ob auch prozessuale Bedenken gegen die tatsächlichen Feststellungen des Berufungsgerichts bestehen. Auch wenn man die letzteren völlig dahin gelten läßt, daß Philipp R. in den Jahren 1868 und 1871 die fraglichen Beträge von 900 und 2500 Franken dem Jakob R. nach Amerika übermacht habe, so ist doch die aus ihnen gezogene Folgerung, daß deswegen der dem Vergleiche zugrunde gelegte Sachverhalt der Wirklichkeit nicht entsprochen hätte, rechtlich unhaltbar. Die Frage, ob Philipp R. seinem Bruder Jakob die 3400 Franken gezahlt habe, bildete gerade den Streitpunkt, der durch den Vergleich erledigt werden sollte, und daß die Paziszenten sich im Irrtum über einen Punkt befunden haben, der einen Gegenstand des Vergleichs ausmachte, konnte die Unwirksamkeit des letzteren nicht zur Folge haben.

Vgl. Planck, a. a. O. Bem. 2, b zu § 779 S. 526.

Unter dem „zugrunde gelegten Sachverhalt" sind vom Gesetze gerade andere tatsächliche Voraussetzungen verstanden, auf welche der Streit oder die Ungewißheit sich nicht bezieht.[1] Wollte man aber selbst, mit dem Berufungsgerichte, „die Ungewißheit, bzw. den Mangel des

[1] Vgl. Hedemann, Vergleichsirrtum S. 83. 93 flg. D. E.

Beweises der an Jakob R. erfolgten Zahlung" mit unter den „zugrunde gelegten Sachverhalt" begreifen, so wäre dann zu sagen, daß es nicht deswegen, weil jetzt Beweis für die in Rede stehende Zahlung vorliegt, weniger der Wirklichkeit entspricht, daß bei Abschluß des Vergleichs für die Kontrahenten die Tatsache der Zahlung ungewiß war, und es an Beweis für dieselbe fehlte.

Vgl. aus dem römischen Rechte z. B. l. 65 § 1 Dig. de cond. ind. 12, 6; l. 19. 23 Cod. de transact. 2, 4.

Dieser Rechtsirrtum des Berufungsgerichts muß zur Aufhebung des angefochtenen Urteils führen, so weit es nicht etwa aus anderen Gründen aufrecht zu halten sein möchte. In dieser Beziehung kommen gewisse andere vom Beklagten erhobene Einwendungen in Betracht, von denen jedoch keine zur Endentscheidung reif ist, so daß die Aufhebung des vorigen Urteils, sowie die Zurückverweisung der Sache ans Berufungsgericht unvermeidlich ist." (Die weiteren Ausführungen interessieren hier nicht.)

---

79. Inwieweit kann ein Privatweg durch Widmung der Eigentümer sich zu einem dem öffentlichen Verkehr dienenden Wege ausbilden?

Kann in der Besitznahme und tatsächlichen Einverleibung von im Privateigentum stehenden Grund und Boden in eine öffentliche Straße das Verlangen der Stadtgemeinde auf Abtretung desselben gemäß § 13 Ziff. 1 des Fluchtliniengesetzes vom 2. Juli 1875 gefunden werden, die die Gemeinde zur Einleitung des Enteignungsverfahrens behufs Festsetzung der dem Eigentümer zu gewährenden Entschädigung verpflichtet?

Kann sich die Stadtgemeinde zur Abweisung ihrer bezüglichen Verpflichtung auf polizeiliche Anordnungen bezüglich der Einrichtung der Straße namentlich dann berufen, wenn die Polizeiverwaltung in der Hand der städtischen Verwaltung liegt?

II. Zivilsenat. Urt. v. 6. Oktober 1905 i. S. Stadtgemeinde Remscheid (Bekl.) w. W. u. Gen. (Kl.). Rep. II. 56/05.

I. Landgericht Elberfeld.
II. Oberlandesgericht Köln.

Die Kläger sind grundbuchmäßige Eigentümer der zu Remscheid gelegenen Industriestraße, die im Kataster als Parzelle Flur 3 Nr. 5986/783 und 5987/783 eingetragen ist. Für einen Teil dieser Straße ist das Fluchtlinienfestsetzungsverfahren eingeleitet. Die Fluchtlinien sind für die Straße von der Bismarckstraße bis zur Greulingstraße am 29. Dezember 1893, und für den Teil der Straße, der an der Greulingstraße beginnt und bei den Punkten c. d. einer vorgelegten Handzeichnung endet, am 22. Oktober 1896 förmlich festgesetzt worden.

Die Kläger behaupteten, daß die Industriestraße, die bisher immer ein Privatweg gewesen sei, nunmehr von der verklagten Stadtgemeinde als öffentlicher Weg in Anspruch genommen werde, daß die Beklagte an der Wegefläche eine Reihe von Besitzhandlungen vorgenommen und damit die Abtretung der Parzellen für den öffentlichen Verkehr verlangt habe. Die Beklagte sei daher gemäß §§ 13 Ziff. 1 und 14 Abs. 1 des Fluchtliniengesetzes verpflichtet, behufs Feststellung der Entschädigung das Enteignungsverfahren einzuleiten. Eventuell müsse die Beklagte für die Entziehung der Wegefläche Entschädigung nach allgemeinen Grundsätzen leisten, oder, falls auch diese Entschädigungspflicht nicht gegeben sei, die von ihr widerrechtlich in der Straße angelegten Gas- und Wasserleitungsröhren entfernen.

Die Kläger haben demnach Klage erhoben mit dem Antrag,

1. in erster Linie die Beklagte für verpflichtet zu erklären, wegen der oben angegebenen Parzellen das Enteignungsverfahren einzuleiten;
2. eventuell die Beklagte zu verurteilen, wegen Entziehung dieser Parzellen Enschädigung zu leisten;
3. äußerst eventuell die Beklagte zu verurteilen, die Gas- und Wasserleitungsröhren aus der Straße zu entfernen.

Das Landgericht verurteilte die Stadt nach dem ersten Klagantrag, und die hiergegen von der Beklagten eingelegte Berufung wurde vom Oberlandesgericht zurückgewiesen. Auch die Revision wurde zurückgewiesen, aus folgenden

Gründen:

„Nach den tatsächlichen Feststellungen des Oberlandesgerichts ist die von demselben durch Zurückweisung der Berufung aufrechterhaltene Verurteilung der verklagten Stadtgemeinde zur Einleitung des Enteignungsverfahrens wegen der zu Remscheid gelegenen, nunmehr in die Industriestraße hineingezogenen Grundstücksparzellen der Kläger Flur 3 Nr. 5986 und 5987 aus 783, soweit sie auf der Zeichnung des Geometers P. vom August 1902 mit a. c. d. bezeichnet sind, rechtlich begründet.

Das Oberlandesgericht hat zunächst das Privateigentumsrecht der Kläger, als Rechtsnachfolger der Eheleute Sch., an den vorbezeichneten Parzellen auf Grund der von denselben vorgelegten notariellen Urkunden einwandfrei festgestellt. Seitens der beklagten Stadtgemeinde ist denn auch in dieser Hinsicht zur Begründung der Revision lediglich geltend gemacht worden, es sei vom Oberlandesgericht zu Unrecht ein ihrerseits gestelltes Beweiserbieten übergangen worden, daß die Industriestraße, nachdem sie von den Klägern und ihren Rechtsvorgängern angelegt worden, von jeher öffentlichen Zwecken gedient habe, wobei bemerkt wurde, es könne sehr wohl ein ursprünglich Privatzwecken dienender Weg im Verlauf der Zeit mit Zustimmung der Wegeigentümer und unter Duldung der Wegepolizeibehörden sich zu einem dem öffentlichen Verkehr dienenden Wege ausbilden.

Dieser Angriff ist indessen verfehlt. Das Oberlandesgericht hat das fragliche Vorbringen gewürdigt; insbesondere hat dasselbe hervorgehoben, die Industriestraße sei früher eine mit nur einzelnen Häusern besetzte Sackgasse gewesen, die zum öffentlichen Verkehr wenig geeignet gewesen sei; die Eheleute Sch. wie ihre Rechtsnachfolger hätten bei dem Verkaufe von angrenzenden Grundstücken dem Käufer jedesmal eine Servitut zur Benutzung des Weges bestellt und dadurch zu erkennen gegeben, daß sie den Weg nicht allgemein für jedermann zugänglich machen, sondern nur den Angrenzern ein privates Recht auf Benutzung des Weges, soweit es für ihre Grundstücke erforderlich war, erteilen wollten; sodann hätten auch die Erben der Eheleute Sch. bei der Teilung vereinbart, der Weg müsse für die Interessenten, deren Rechtsvorgänger und Rechtsnachfolger bestehen bleiben. Wenn aus diesen wesentlichen Umständen vom Oberlandesgericht der Schluß gezogen wird, daß seitens der Kläger und ihrer Rechtsvorgänger eine Widmung des Weges zu öffentlichen Zwecken, die demselben den Charakter eines öffentlichen Weges beigelegt hätte, nicht anzunehmen sei, und daß das fragliche Beweiserbieten, das auf eine solche Annahme hinzuweisen scheine, demgegenüber als zu unbestimmt nicht in Betracht kommen könne, so ist dem lediglich beizupflichten.

Das Oberlandesgericht hat sodann weiter angenommen, daß die verklagte Stadt an den streitigen Grundstücken eine Reihe von Besitzhandlungen vorgenommen habe, die sich als umfassende Besitzergreifung und tatsächliche Umgestaltung derselben als öffentliche Straße darstellten; es erachtet danach die Voraussetzungen des § 13 Ziff. 1 des Fluchtliniengesetzes vom 2. Juli 1875, „daß die zur Straße bestimmten Grundflächen auf Verlangen der Gemeinde für den öffentlichen Verkehr abgetreten werden", für gegeben. Diese Besitzergreifungshandlungen bestehen einmal in der im Jahre 1896 erfolgten Legung von Gas- und Wasserleitungsröhren in die Grundstücke, und sodann in der im Jahre 1900 erfolgten, bis auf einen Teil des Bürgersteiges an den Klägern verbliebenen Grundstücken, vollendeten Ausbauung der Straße, unter Einbeziehung der den Klägern gehörigen Flächen, soweit sie zwischen den festgestellten Fluchtlinien liegen.

Die verklagte Stadt hat geltend gemacht, sie habe den Ausbau der Industriestraße auf polizeiliche Anordnung und zudem lediglich im Auftrag und Interesse der Angrenzer vorgenommen, und sie hat gerügt, ein von ihr in der Berufungsinstanz angetretener Beweis, daß von dem Bürgermeister als Polizeiverwalter verschiedenen Angrenzern eröffnet worden sei, daß aus polizeilichen Gründen, in Ansehung des auf der Straße tatsächlich stattfindenden Verkehrs mit schwerem Fuhrwerk, die Straßenbefestigung gefordert werden müsse, sei vom Oberlandesgericht übergangen worden. Indessen auch dieser Angriff ist verfehlt. Abgesehen davon, daß die Legung der Gas- und Wasserröhren aus wegepolizeilichen Gründen nicht behauptet ist, hat auch das Oberlandesgericht auf Grund des Ergebnisses der gesamten Verhandlungen, insbesondere unter Bezugnahme auf die vorgelegten Berichte über Verhandlungen der Stadtverordneten und die Äußerungen der beteiligten Behörden festgestellt, daß, wenn auch zeitweise wegen des schlechten Zustandes der Straße polizeiliche Anordnungen in Aussicht genommen gewesen seien, und wenn auch bei dem Ausbau der Straße das Interesse der Anlieger, die sich auch zur Tragung von Kosten verpflichtet hatten, einen bedeutsamen Faktor gebildet habe, doch die Stadt als solche die Legung der Röhren und den Ausbau der Straße, zum Teil auch aus eigenen Mitteln, ausgeführt und die Pflicht zur Unterhaltung der Straße übernommen hat. Danach ist das erwähnte Beweiserbieten sachlich gewürdigt und mit Recht für unerheblich erachtet worden; die nicht ausdrückliche Erwähnung desselben kann als entscheidender Mangel des Urteils nicht angesehen werden.

Was insbesondere den Gesichtspunkt der polizeilichen Verfügung anlangt, so ist nicht ersichtlich und nicht behauptet, daß eine solche im vorliegenden Falle erlassen worden ist. Selbst wenn aber auch die Stadt infolge einer Anordnung der Polizeiverwaltung dazu übergegangen wäre, die Industriestraße auszubauen und zu diesem Zwecke das innerhalb der festgesetzten Fluchtlinien liegende Privateigentum in Besitz zu nehmen, so würde dieser Umstand dem auf Grund der §§ 13 Ziff. 1 und 14 Abs. 1 des Fluchtliniengesetzes erhobenen und zugesprochenen Anspruch auf Einleitung des Enteignungsverfahrens behufs Feststellung der den Klägern zu gewährenden Entschädigung nicht entgegenstehen. Eine solche polizeiliche Verfügung würde rechtlich nur den Grund des Vorgehens der Stadtgemeinde bilden, der als solcher die Herrichtung und Unterhaltung der städtischen Straßen obliegt, und die hierbei auch diejenigen Maßnahmen zu beobachten hat, die von den zuständigen polizeilichen Organen im Interesse der Sicherheit des Verkehrs für notwendig erachtet werden. Dieses Verhältnis ist auch dann nicht anders, wenn, wie im vorliegenden Falle, die städtischen Behörden auch mit der Polizeiverwaltung betraut sind. Es ist nicht angängig, bei Anordnungen der Gemeindeverwaltung über Anlegung von Straßen, die tatsächlich in das Privateigentum eingreifen, die Entschädigungspflicht der Gemeinde aus dem Gesichtspunkte abzulehnen, weil dieselbe Verwaltung als polizeiliches Organ die erfolgte Regulierung aus Gründen polizeilicher Natur für nötig gehalten und angeordnet hat.

Die verklagte Stadtgemeinde hat schließlich noch die Verletzung des § 13 Ziff. 1 des Fluchtliniengesetzes um deswillen gerügt, weil in den vom Oberlandesgericht festgestellten Handlungen ein Abtretungsverlangen im Sinne jener Bestimmung nicht zu finden sei, insbesondere, wie der V. Zivilsenat (Entsch. in Zivils. Bd. 33 S. 238) ausgesprochen habe, die tatsächliche Einverleibung in die Straße dem Falle nicht gleichgestellt werden könne, daß die zur Straße bestimmten Flächen auf Verlangen der Gemeinde abgetreten werden (zu vgl. auch Friederichs-v. Stranz u. Tornen, Fluchtliniengesetz 5. Aufl. zu §§ 13. 14 S. 144 Bem. 6).

Ob jener Entscheidung des V. Senats — der gegenüber übrigens für einen dem Enteignungsgesetz vom 11. Juni 1874 unterstehenden Fall auf die Entscheidung des VII. Zivilsenats Bd. 55 S. 7 flg. zu verweisen ist — würde beigetreten werden können, bedarf der Erörterung und Entscheidung nicht, weil die tatsächliche Sachlage damals insofern eine wesentlich andere war, als lediglich infolge der bei Erteilung der polizeilichen Bauerlaubnis aufgegebenen Innehaltung der festgesetzten Fluchtlinien ohne jedes Zutun der Stadtgemeinde ein Teil des klägerischen Grundstücks unbebaut geblieben war. Im vorliegenden Falle hat das Oberlandesgericht tatsächlich in der Ausbauung der klägerischen Grundstücke zur öffentlichen Straße, zu der auch die Genehmigung der Kläger festgestellt wird, das Verlangen der Abtretung für den öffentlichen Verkehr und die Abtretung selbst gefunden. Das ist nicht rechtsirrtümlich; insbesondere ist eine Abtretung zu Eigentum für die Anwendung des § 13 Ziff. 1 a. a. O. nicht erforderlich.

Dieses Ergebnis entspricht denn auch materiell durchaus der gegebenen Sachlage und dem Grundsatze, der in Art. 9 der preußischen Verfassungsurkunde und dem zur Zeit des Eingriffs geltenden Art. 545 Code civil Ausdruck gefunden hatte, daß das Eigentum nur aus Gründen des öffentlichen Wohles und nur gegen Entschädigung entzogen oder beschränkt werden darf (vgl. § 75 Einl. zum preuß. A.L.R.). Durch die Einbeziehung in die öffentliche Straße, an der als res extra commercium ein Privateigentumsrecht nicht möglich ist, wurde den Klägern jede Ausnutzung und Verwertung ihres Eigentums entzogen und unmöglich gemacht. Wollte man ihnen auch den Anspruch auf Entschädigung, bzw. Festsetzung derselben in dem hierfür vorgesehenen Enteignungsverfahren absprechen, so ständen sie dem Eingriffe in ihr Privatrecht gegenüber rechtlos da, während andererseits die Stadtgemeinde ohne Gegenleistung das publizistische Eigentum der von ihr in Besitz genommenen Grundstücke erwerben würde. Das ist nicht der Wille des Gesetzes und entspricht insbesondere nicht der Tendenz des Fluchtliniengesetzes, wie sich auch aus den weiteren Bestimmungen, insbesondere des § 13 a. a. O., ergibt.

Im gleichen Sinne hat denn auch in ähnlich liegenden Fällen insbesondere der erkennende Senat wiederholt entschieden (vgl. u. a. Rhein. Arch. 84 II S. 42 flg., 87 II S. 47 flg., Entsch. in Zivils. Bd. 46 S. 286, Urteil vom 14. Juni 1901, Rep. II. 81/01, und vom 24. Februar 1905, Rep. II. 259/04); derselbe findet keinen Anlaß, von dieser Rechtsprechung abzugehen.

Danach war die Revision der verklagten Stadtgemeinde zurückzuweisen.

---

80. Findet § 723 Abs. 3 B.G.B. auf bereits vor 1900 entstandene Gesellschaften Anwendung? Kann nach dieser Bestimmung der Austritt aus der für unbestimmte Zeit eingegangenen Gesellschaft von der Zahlung eines sog. Abfindungsgeldes abhängig gemacht werden?

I. Zivilsenat. Urt. v. 9. Oktober 1905 i. S. G. (Bekl.) w. S. u. Gen. (Kl.). Rep. I. 133/05.

I. Landgericht Graudenz.
II. Oberlandesgericht Marienwerder.

Die Parteien waren Mitglieder der durch schriftlichen Vertrag gegründeten „Molkereigesellschaft W." Diese Gesellschaft hatte auf einem mit gemeinsamen Mitteln erworbenen Grundstücke eine Molkerei und Käserei errichtet, die sie durch Verpachtung nutzte. Die Zeitdauer der Vereinigung war eine unbestimmte. Jeder Gesellschafter hatte von einer bestimmten Anzahl Kühe die Milch an den Pächter der Gesellschaft abzuführen. Beklagter, der mit acht Kühen beteiligt war, zeigte am 1. September 1903 nach Verkauf seines Grundstücks seinen Austritt zum 1. Oktober 1903 an.

Auf Grund des § 23 Abs. 1 des Vertrags, welcher lautete:

> „Der freiwillige Austritt einzelner Mitglieder aus der Gesellschaft ist an eine Abfindungssumme von 300 ℳ für jede von dem betreffenden Gesellschafter gezeichnete Kuh geknüpft."

verlangten die Kläger die Verurteilung des Beklagten zur Zahlung von 2400 ℳ nebst Zinsen an die Kasse des Vereins. Eventuell beriefen sie sich dafür auf § 723 Abs. 2 Satz 2 B.G.B., indem sie behaupteten, daß Beklagter ihnen durch unzeitige Kündigung einen Schaden in Höhe von 2400 ℳ verursacht habe. Das Landgericht wies die Klage ab, wogegen das Oberlandesgericht ihr stattgab. Auf Revision des Beklagten wurde das Berufungsurteil aufgehoben.

Aus den Gründen:

... „Es muß ... der Revision darin beigetreten werden, daß § 23 Abs. 1 des Statutes wegen Verstoßes gegen § 723 B.G.B. unverbindlich ist.

Die vom Vorderrichter unentschieden gelassene Frage, ob § 723 Abs. 3 B.G.B. auf bereits vor 1900 entstandene Gesellschaften Anwendung findet, ist im Einklange mit den sie behandelnden Schriftstellern, besonders mit Rücksicht auf die bei Habicht, Einwirkung des Bürgerlichen Gesetzbuchs 3. Aufl. S. 164 flg., geschilderte Entstehungsgeschichte des Art. 170 Einf.-Ges. zum B.G.B., zu bejahen. Es handelt sich um eine Vorschrift von „entschieden reformatorischer oder prohibitiver Bedeutung", die als solche auch bei den Verhandlungen der zweiten Kommission ohne Widerspruch ausdrücklich miterwähnt wurde. Es erscheint zudem an sich ausgeschlossen, daß der Gesetzgeber, der insoweit die wirtschaftliche Freiheit der Beteiligten nicht beschränkt wissen wollte, unter dem alten Rechte entstandene, mit dem damit aufgestellten Grundsatze in Widerspruch stehende Gesellschaften unter dem neuen Rechte unbeschränkt hätte weiter bestehen lassen wollen.

Vgl. Habicht, a. a. O. S. 313. 314; Niedner, Einführungsgesetz Art. 170 Bem. 5b; Planck, Einführungsgesetz Art. 170 Bem. 10; Neumann, Bürgerliches Gesetzbuch Bd. 3 4. Aufl. S. 161.

Es ist aber auch gegen den Vorderrichter anzunehmen, daß durch § 23 Abs. 1 des klägerischen Statutes das Kündigungsrecht der Gesellschafter den Vorschriften des § 723 zuwider beschränkt wird. Nach § 723 Abs. 1 kann bei auf unbestimmte Zeit eingegangenen Gesellschaften — und um eine solche Gesellschaft handelt es sich hier — jeder Gesellschafter die Gesellschaft jederzeit kündigen. Dieses freie Kündigungsrecht wäre sehr empfindlich beschränkt, wenn seine Ausübung an die Zahlung einer sog. Abfindungssumme, die die Wirkung einer Vertragsstrafe hat, und die im vorliegenden Falle den erheblichen Betrag von 2400 *M* erreichen würde, geknüpft wäre. Mit Recht hat daher das Oberlandesgericht Kiel in einem im wesentlichen gleichliegenden Falle (s. Seuffert, Archiv Bd. 57 Nr. 147) die Unverbindlichkeit einer solchen Vereinbarung angenommen, indem es zugleich hervorhebt, daß sie auch nicht unter dem Gesichtspunkte eines im voraus festgestellten Schadensersatzes aufrecht erhalten werden kann, weil nach § 723 B.G.B. eine Verpflichtung zum Schadensersatze nicht bei Kündigung überhaupt, sondern nur bei unzeitiger Kündigung anerkannt und zugelassen wird. Mit Recht verweist sodann die Revision auf das Erkenntnis des Reichsgerichts in den Entsch. in Zivils. Bd. 30 S. 83, wo Nachteile, die an den Austritt aus einer Genossenschaft geknüpft waren, ebenfalls unter den Gesichtspunkt der Strafstipulation gebracht sind und dem § 38 des damals geltenden Genossenschaftsgesetzes gegenüber für unzulässig erachtet wurden. Mit Unrecht bestreitet der Vorderrichter die Analogie des gegenwärtigen Falles mit dem dort entschiedenen. Ein Unterschied besteht nur insofern, als im Genossenschaftsgesetze im allgemeinen Abweichungen von dem in ihm enthaltenen Normalstatute, soweit sie nicht ausdrücklich gestattet sind, für unzulässig erklärt werden, während für Gesellschaften nach dem Bürgerlichen Gesetzbuch eine Spezialbestimmung Beschränkungen des in den Abss. 1 und 2 des § 723 geregelten Kündigungsrechts verbietet. Dem Vorderrichter kann nicht zugegeben werden, daß der Gesellschaftsvertrag in dieser Beziehung die Auseinandersetzung mit einem ausscheidenden Gesellschafter frei regeln kann; es darf vielmehr in das durch § 723 B.G.B. gewährleistete Kündigungsrecht auch durch Vertragsbestimmungen, welche die Auseinandersetzung betreffen, nicht eingegriffen werden." ...

81. Was ist Gegenstand der Versteigerung, wenn auf Grund einer gemäß § 844 Z.P.O. getroffenen Anordnung ein „Wechsel" öffentlich versteigert wird? Welche Rechtsfolge hat es, wenn das Gericht, welches die Anordnung gemäß § 844 Z.P.O. getroffen hatte, für diese Anordnung nicht zuständig war? Anwendbarkeit des § 1244 B.G.B.?

I. Zivilsenat. Urt. v. 9. Oktober 1905 i. S. K. & S. (Kl.) w. W. (Bekl.). Rep. I. 122/05.

I. Landgericht I Berlin, Kammer für Handelssachen.
II. Kammergericht daselbst.

Geklagt war aus einem von G. H. zu Charlottenburg am 29. Dezember 1903 auf den Beklagten gezogenen, von diesem akzeptierten, am 16. März 1904 mangels Zahlung protestierten Sichtwechsel an eigene Order über 3000 ℳ auf Zahlung der Wechselsumme nebst Zinsen und Wechselunkosten.

Die Klägerin stützte ihr Klagerecht darauf, daß sie den Wechsel in der gemäß § 844 Z.P.O. in der Zwangsvollstreckungssache der Firma „Berliner Ausstellungsgalerien M. B. G. m. b. H." gegen G. H. nach erfolgter Pfändung angeordneten öffentlichen Versteigerung dieses Wechsels erstanden habe.

Der Beklagte widersprach der Klage, und diese wurde vom Landgericht abgewiesen, weil die Forderung des G. H. aus dem Wechsel nicht gesetzmäßig (nämlich nicht gemäß § 831 Z.P.O.) gepfändet worden sei.

Auch die Berufung der Klägerin blieb ohne Erfolg. Das Kammergericht wies sie deshalb zurück, weil die Klägerin durch die Ansteigerung nur das Eigentum am Wechselpapier, nicht aber die Rechte aus dem Wechsel erlangt habe.

Die Revision führte zur Aufhebung des Berufungsurteils aus folgenden

Gründen:

„Der Grund, aus welchem die Berufung zurückgewiesen worden ist, erscheint als gänzlich verfehlt.

Nach § 831 Z.P.O. wird die Pfändung der Forderung aus einem Wechsel dadurch, d. h. nur dadurch, bewirkt, daß der Gerichtsvollzieher das Wechselpapier in Besitz nimmt. Deshalb war die zunächst in der Form des § 829 Z.P.O. vorgenommene „Pfändung" der Forderung G. H.'s aus dem Wechsel, wie das Landgericht mit Recht angenommen hat, wirkungslos. Ausweislich des in der Berufungsinstanz vorgelegten Pfändungsprotokolls ist indes, was die Beklagte ohne Grund bestreitet, am 25. April 1904 eine dem § 831 Z.P.O. entsprechende Pfändung erfolgt. Selbstverständlich war Gegenstand der durch Inbesitznehmung der Wechselurkunde bewirkten Pfändung, wie sich aus dem § 831 ergibt, die Forderung aus dem Wechsel.

Nach der Regelvorschrift des § 835 Z.P.O. hatte sich nun die Zwangsvollstreckungsgläubigerin die für sie gepfändete Forderung aus dem Wechsel zur Einziehung oder an Zahlungsstatt zum Nennwerte überweisen zu lassen. Anstatt der Überweisung konnte indes auf Grund des § 844 Z.P.O., wenn er zutraf, das Gericht eine andere Art der Verwertung der Forderung anordnen. Auf Grund dieses § 844 ist der Beschluß des Amtsgerichts Berlin vom 16. Mai 1904 ergangen, und daher war es wiederum selbstverständlich, daß mit der vom Gericht gestatteten Versteigerung des „Wechsels" durch einen Gerichtsvollzieher die Versteigerung der Forderung aus dem Wechsel und der zu ihrer Geltendmachung erforderlichen Wechselurkunde gemeint war, und ferner selbstverständlich, daß auch die auf Grund der gerichtlichen Gestattung vorgenommene Versteigerung zum Gegenstande hatte die Wechselforderung und die Wechselurkunde. Zum Erwerbe jener wie dieser bedurfte es daher außer der Zuschlagserteilung und der Übergabe der Wechselurkunde eines weiteren Übertragungsaktes nicht.

Vom Beklagten ist nun allerdings eingewendet worden, daß nicht das Amtsgericht Berlin, sondern nur das Amtsgericht Charlottenburg zu der getroffenen Anordnung befugt gewesen wäre. Befugt zu einer Anordnung auf Grund des § 844 Z.P.O. ist nur das nach § 828 Abs. 2 zuständige Vollstreckungsgericht. Der „Schuldner" im Sinne dieser letzteren Vorschrift ist der Zwangsvollstreckungsschuldner. Zuständiges Vollstreckungsgericht war hier also, da § 23 Z.P.O. außer Frage ist, dasjenige Amtsgericht, bei welchem G. H. am 16. Mai 1904 seinen allgemeinen Gerichtsstand hatte, und dieses Gericht war, wie es scheint, nicht das Amtsgericht Berlin, sondern nach § 16 Z.P.O. das Amtsgericht Charlottenburg, da die Angaben im Eingang des Beschlusses vom 16. Mai 1904 darauf schließen lassen, daß G. H. damals keinen Wohnsitz hatte, sein letzter Wohnsitz Charlottenburg, und sein Aufenthaltsort unbekannt war. War dem so, dann entbehrte die vom Amtsgericht Berlin getroffene Anordnung der Gültigkeit, und deshalb die auf Grund dieser Anordnung im Wege der öffentlichen Versteigerung vorgenommene Veräußerung der Rechtmäßigkeit.

Dieser Mangel muß indes nach dem gegenwärtig vorliegenden Sachverhalt für geheilt erachtet werden. Für das Pfandrecht an einem Inhaberpapier gelten nach § 1293 B.G.B. die Vorschriften über das Pfandrecht an beweglichen Sachen. Auf das Pfandrecht an sonstigen Rechten finden nach § 1273 Abs. 2 B.G.B. die nämlichen Vorschriften entsprechende Anwendung, soweit sich nicht aus den §§ 1274—1296 ein anderes ergibt. In Betracht zu ziehen ist hier eine der im § 1244 enthaltenen Vorschriften, nämlich diejenige, wonach, falls eine Sache als Pfand veräußert wird, ohne daß den Erfordernissen genügt wird, von denen die Rechtmäßigkeit der Veräußerung abhängt, die Vorschriften der §§ 932—934. 936 entsprechende Anwendung insbesondere dann finden, wenn die Vorschriften des § 1235 beobachtet worden sind. Im allgemeinen wird nun zwar die Anwendung dieser im § 1244 enthaltenen Vorschrift auf das Pfandrecht an Rechten ausgeschlossen durch den § 1277 Satz 1 B.G.B. Raum für ihre Anwendung ist aber, wo ausnahmsweise die Befriedigung aus dem Pfandrecht an einem Recht im Wege des Verkaufs dieses Rechts erfolgt, in welcher Hinsicht auf den Fall des § 1295 B.G.B. zu verweisen ist.

Vgl. Planck, Bürgerl. Gesetzbuch Bem. 2 o zu § 1273; Biermann, Kommentar zum Bürgerl. Gesetzbuch Bem. 2 d zu § 1273; Düringer u. Hachenburg, Das Handelsgesetzbuch Bd. 2 Vorbem. zu § 368 Anm. IX 2 b u. c (S. 529. 530).

Das Pfändungspfandrecht steht, soweit sich nicht aus der Zivilprozeßordnung etwas anderes ergibt, unter den Vorschriften des Bürgerlichen Gesetzbuchs; daraus ergibt sich die Anwendbarkeit der erwähnten Vorschrift des § 1244 auch im vorliegenden Falle, und zwar zugunsten der Klägerin, es sei denn, daß die Klägerin, was bisher weder festgestellt noch behauptet ist, in betreff der Gerichtszuständigkeit für die Anordnung der Versteigerung des Wechsels nicht in gutem Glauben war." ...

---

82. Findet § 258 Z.P.O. auch auf die Einklagung von solchen „wiederkehrenden Leistungen" Anwendung, welche nicht lediglich vom Zeitablauf, sondern auch von einer Vor- oder Gegenleistung des Empfängers abhängen, wie insbesondere Miet- und Pachtzinsen? Und gelten in dieser Beziehung gleiche Grundsätze im Falle des § 259 Z.P.O.?

III. Zivilsenat. Urt. v. 10. Oktober 1905 i. S. B. (Kl.) w. R. & Co. (Bekl.). Rep. III. 245/05.

I. Landgericht Bremen.
II. Oberlandesgericht Hamburg.

Mittels schriftlichen Vertrags vom 1. Januar 1900 hatte der Kläger an die Firma R. & Co. ein Fabriklokal auf die Dauer von 12 Jahren, also bis zum 31. Dezember 1911, vermietet. Die jetzigen drei Beklagten traten bei Übernahme der erwähnten Firma in diesen Mietvertrag ein und nahmen das Lokal in Benutzung, blieben aber mit der am 1. Juli 1904 verfallenen vierteljährlichen Mietzinsrate in Rückstand. Darauf erhob der Kläger am 2. Juli 1904 Klage gegen sie auf Zahlung der bis zum 31. Dezember 1911 fällig werdenden Mietgelder in vierteljährlichen Raten, und machte zur Begründung seines Antrags noch geltend, daß die Beklagten ihre Verpflichtung zur Bezahlung von jährlich 1000 ℳ Mietzins wiederholt bestritten und sich derselben zu entziehen versucht hätten, welche Behauptung die Beklagten in Abrede stellten. Das Landgericht ging auf den hierüber angetretenen Beweis und Gegenbeweis nicht ein, erachtete vielmehr die Klage schon nach § 258 Z.P.O. für zulässig und verurteilte die Beklagten im wesentlichen nach dem Klagantrag. Das Berufungsgericht wies unter Abänderung dieser Entscheidung die Klage ab, indem es die beiden zweitinstanzlich von den Beklagten gegen dieselbe vorgebrachten Einwendungen für begründet erachtete. Auf die Revision des Klägers wurde dieses Urteil vom Reichsgericht aufgehoben, und in den Gründen nach Verwerfung des ersten Einwandes ausgeführt:

... „Dagegen erscheint die Entscheidung des Berufungsgerichts in Ansehung des zweiten Einwandes der Beklagten an sich zutreffend. Dieser Einwand geht in erster Linie dahin, daß es insofern an der Voraussetzung für die Anwendbarkeit des § 258 Z.P.O. fehle, als bei dem vorliegenden gegenseitigen Mietvertrag die Verpflichtung zur Zahlung der künftigen, postnumerando zahlbaren Mietraten davon abhängig sei, daß der Kläger vorgängig ordnungsmäßig seine Verpflichtungen als Vermieter erfülle.

Es handelt sich hier um die Auslegung des § 258 Z.P.O.,

wonach „bei wiederkehrenden Leistungen auch wegen der erst nach Erlassung des Urteils fällig werdenden Leistungen Klage auf künftige Entrichtung erhoben werden kann". Mit Recht hat die Vorinstanz angenommen, daß diese Vorschrift sich nur auf einseitige Leistungen, deren Fälligkeit lediglich vom Zeitablauf abhange, nicht aber auf solche Leistungen aus zweiseitigen Verträgen beziehe, welche von einer gleichzeitigen oder vorgängigen Gegenleistung des Klägers abhängig seien, insbesondere nicht auf Mietzinsen, welche vom Vermieter nur nach vorgängiger Gewährung des Mietgegenstandes einzufordern seien.

Allerdings spricht, worauf die Revision zunächst Gewicht legt, § 258 allgemein von „wiederkehrenden Leistungen", während der ihm vorausgehende § 257 speziell bei „einer nicht von einer Gegenleistung abhängigen Geldforderung, deren Geltendmachung an den Eintritt eines Kalendertages geknüpft ist", die Klage auf künftige Zahlung zuläßt. Die Revision folgert daraus, daß im Falle des § 258 die Abhängigkeit von einer Gegenleistung nicht erfordert werde. Allein schon die erwähnte Wortfassung steht der oben aufgestellten Auslegung nicht entgegen, läßt sich vielmehr dahin deuten, daß unter den „wiederkehrenden Leistungen" des § 258 solche, die noch von einer Gegenleistung des Klägers abhängig sind, entsprechend der ausdrücklichen Vorschrift des § 257, nicht einbegriffen sind. So kann aus dem Ausdruck „fällig werdenden Leistungen" im § 258 mit Gaupp-Stein, Kommentar 6./7. Aufl., § 258 Bem. I Abs. 2 die wesentliche Abhängigkeit vom Zeitablauf, und außerdem auch aus dem weiter unten zu erwähnenden § 259 („außer den Fällen der §§ 257. 258") ein gewisser Zusammenhang des § 258 mit dem § 257 und eine Gleichartigkeit der in Frage stehenden Voraussetzung für beide Paragraphen gefolgert werden.

Etwaige noch verbleibende Bedenken erledigen sich durch die Begründung, welche dem — dem jetzigen § 258 Z.P.O. entsprechenden — § 231b des Entwurfs zu dem Gesetze, betreffend Änderungen der Zivilprozeßordnung vom 17. Mai 1898 beigefügt ist. Hier wird zunächst bemerkt, daß „die neue Vorschrift der seitherigen Praxis des gemeinen und des preußischen Rechts entspreche". In der Praxis des gemeinen Rechts aber war — wenigstens der Regel nach — wohl die Klage auf künftige, nur noch vom Zeitablauf abhängige, nicht aber auf die noch von einer Gegen- oder Vorleistung abhängigen künftigen Leistungen als zulässig anerkannt.

Vgl. Entsch. des R.G.'s in Zivils. Bd. 41 S. 372; Jurist. Wochenschr. 1897 S. 146 Nr. 4; Rhein. Archiv Bd. 86 II S. 85; Seuffert's Archiv Bd. 50 Nr. 152, Bd. 52 Nr. 140.

Und auch in der Praxis des preußischen Rechts galt im allgemeinen bloß der Grundsatz, daß bei Fälligkeit einer Leistung die Klage auch wegen der künftig verfallenden Leistungen zulässig sei, was aber mit Rücksicht auf die §§ 189. 190 des Anh. zur Allg. Gerichtsordnung I. 28 § 1 und nach dem Vorgange der auf den §§ 4 und 16 a. a. O. beruhenden Kündigungsklagen auf Klagen aus zweiseitigen Verträgen nicht ausgedehnt wurde.

Dazu kommt weiter, daß die erwähnte Begründung als Beispiele von „wiederkehrenden Leistungen" nur „Leibrenten, Unterhaltsrenten und sonstige Geldrenten" anführt, also durchweg einseitige, von einer Gegenleistung nicht abhängige Leistungen. Sodann trifft auch der in der Begründung angegebene Zweck der neuen Vorschrift, „dem Kläger die Durchführung wiederholter, den gleichen Gegenstand betreffender Prozesse" zu ersparen, nur bei der hier vertretenen Beschränkung auf die lediglich vom Zeitablauf abhängigen Leistungen zu; denn bei den von einer Gegenleistung abhängigen künftigen Leistungen würden sich die auf solche gerichteten Prozesse je nach der Erfüllung oder (gänzlichen oder teilweisen) Nichterfüllung der Gegenleistung seitens des Klägers keineswegs gleichartig gestalten.

Zu dem allen tritt der auch von der Vorinstanz angeführte Grund, daß die Zulassung der abweichenden Auslegung zu einer wesentlichen Beschränkung des in den §§ 320. 322 B.G.B. enthaltenen Grundsatzes des materiellen Rechts führen würde, wonach der aus einem gegenseitigen Vertrage Verpflichtete die ihm obliegende Leistung bis zur Bewirkung der Gegenleistung verweigern und der Klage eine hierauf gerichtete Einrede entgegensetzen kann. Die Geltendmachung dieser Befugnis würde vereitelt, oder erheblich erschwert, wenn insbesondere der Mieter auf die Klage des zur Vorleistung verpflichteten Vermieters zur Zahlung des Mietzinses für einen längeren Zeitraum rechtskräftig im voraus verurteilt werden könnte, und bei späterer mangelhafter Vertragserfüllung seitens des Vermieters auf die Klagerhebung nach § 767 Z.P.O. angewiesen wäre. Hätte der Gesetzgeber mit dem § 258 einen solchen Eingriff in das materielle Recht beabsichtigt, so wäre zweifellos diesem Paragraphen eine andere Fassung gegeben worden.

Hiernach tritt der Senat, abweichend von den Kommentaren von Gaupp-Stein, Seuffert, Struckmann u. Koch, welche zu § 258 als wiederkehrende Leistungen neben einseitigen Renten und Zinsen auch „Miet- und Pachtzinsen" anführen, diesen Zusatz aber nicht näher begründen, der Ansicht von Petersen, Kommentar 5. Aufl. S. 509 Bem. 5 zu § 258 bei, daß „in dieser Vorschrift die Fälligkeit der Teilleistung lediglich als vom Zeitablauf abhängig gedacht wird".

Kann hiernach auch die vorliegende Klage nicht auf § 258 Z.P.O. gestützt werden, so läßt sich damit doch noch nicht die angefochtene Entscheidung aufrecht erhalten. Denn nach dem erstinstanzlichen Tatbestand ist die Klage mit der Behauptung, daß die Beklagten dem Kläger die Erfüllung des von ihnen übernommenen Mietvertrags verweigert und sich als nicht mehr an denselben gebunden erachtet hätten, zunächst nach § 259 Z.P.O. erhoben, diese Behauptung von seiten der Beklagten bestritten, und hierzu Beweis und Gegenbeweis angetreten worden. Nach § 259 aber „kann Klage auf künftige Leistung außer den Fällen der §§ 257. 258 erhoben werden, wenn den Umständen nach die Besorgnis gerechtfertigt ist, daß der Schuldner sich der rechtzeitigen Leistung entziehen werde". Nach dieser allgemeinen Fassung ist also hier, abweichend von den §§ 257. 258, die Einklagung jedes künftigen Anspruchs, ohne die dort gesetzte Beschränkung auf einseitige Leistungen, für zulässig erklärt, worüber auch in der Rechtslehre, soweit ersichtlich, Einverständnis herrscht.

Vgl. Petersen, a. a. O. Bem. zu § 259; Seuffert, a. a. O. § 259 Bem. 2; Gaupp-Stein, § 259 Bem. I.

Mit Rücksicht hierauf erscheint die Erhebung der Klage nach § 259 an sich zulässig, woran auch die von den Beklagten im erstinstanzlichen Verhandlungstermin abgegebene Erklärung, daß sie „ihre Verpflichtung zur Zahlung der Miete in Gemäßheit des Vertrags anerkennen", nichts zu ändern vermag.

Da das Berufungsgericht auf diese Seite der Klage nicht eingegangen ist, solche aber nach dem oben Angeführten noch weiterer

Verhandlung bedarf, so war die Aufhebung des angefochtenen Urteils und die Zurückverweisung der Sache in die Vorinstanz geboten."

---

83. Kann auch eine Befugnis, die dem Berechtigten keinen wirtschaftlichen Vorteil bietet, sondern nur dazu dienen soll, einen der Baupolizeiordnung entsprechenden Zustand des Grundstücks sicher zu stellen, den Inhalt einer beschränkten persönlichen Dienstbarkeit bilden?
B.G.B. §§ 1018. 1019. 1090.

V. Zivilsenat. Beschl. v. 11. Oktober 1905 in der Grundbuchsache von St. Ilgen Bd. 13 ꝛc. Rep. V. B 256/05.

I. Amtsgericht St. Ilgen.
II. Landgericht Heidelberg.

Aus den Gründen:

„Nach § 10 der Landesbauordnung für Baden (Verordnung des badischen Ministeriums vom 10. Mai 1869) muß die Außenseite eines Gebäudes als Brandmauer hergestellt werden, wenn sie weniger als 3,6 m vom Nachbargebäude, oder weniger als 1,8 m von der Eigentumsgrenze entfernt ist. Eine Ausnahme hiervon ist nach § 11 Ziff. 4 das. zulässig, wenn Sicherheit dafür besteht, daß auf dem an den Neubau grenzenden Platze in einem Abstande von weniger als 3,6 m nicht gebaut wird. Mit Rücksicht auf diese Bestimmungen hat nach dem Inkrafttreten des Bürgerlichen Gesetzbuchs das Großherzogliche Ministerium des Innern in einem Erlasse vom 29. September 1904 darauf hingewiesen, daß es nach den Vorschriften des Bürgerlichen Gesetzbuchs zulässig erscheine, die von der Landesbauordnung erstrebte Sicherheit dadurch herbeizuführen, daß zu Lasten des Nachbargrundstücks und zugunsten des an der Aufrechterhaltung bauordnungsmäßiger Zustände nächstbeteiligten Rechtssubjekts, d. h. der Gemeinde, eine beschränkte persönliche Dienstbarkeit entsprechenden Inhalts im Sinne des § 1090 B.G.B. im Grundbuch eingetragen werde. Die Gemeinde soll sich dann der Baupolizeibehörde gegenüber verpflichten, den Grundbucheintrag nicht ohne Genehmigung der Behörde löschen zu lassen.

Unter Bezugnahme auf diesen Erlaß des Ministeriums haben die Polizeidiener L.'schen Eheleute als Eigentümer des Grundstücks Friedrichstraße Nr. 74 in St. J. in einer Urkunde vom 28. März 1905 sich verpflichtet, zugunsten der Gemeinde St. J. nie näher als 3,6 m an die Grenze des benachbarten Grundstücks (Grundbuch Bd. 10 Heft 34), dessen derzeitiger Eigentümer der Hauptlehrer a. D. H. ist, heranzubauen. Der jeweilige Eigentümer dieses Grundstücks sei somit berechtigt (heißt es in der Urkunde weiter), an seinem zu erbauenden Wohnhause und Schopf keine Brandmauer zu errichten. Zugleich haben die L.'schen Eheleute die Eintragung dieser „Grunddienstbarkeit" in die II. Abteilung des Grundbuchs des ihnen gehörigen Grundstücks bewilligt und beantragt.

Das Grundbuchamt zu St. J. hat durch Beschluß vom 8. April 1905 die Eintragung als unstatthaft abgelehnt. Es macht hierfür — abgesehen von einem zweiten, hier nicht interessierenden Grunde — geltend, daß, wie die Grunddienstbarkeit nach § 1019 B.G.B. nur in einer Belastung bestehen könne, die für die Benutzung des Grundstücks des Berechtigten Vorteil biete, so auch die beschränkte persönliche Dienstbarkeit nach §§ 1090. 1091 B.G.B. dem Berechtigten eine Befugnis zuwenden müsse, die ihm einen Vorteil gewähre. Unter Vorteil aber habe das Gesetz einen wirtschaftlichen Vorteil verstanden, wie denn überhaupt die Belastnng eines Grundstücks mit Dienstbarkeiten nur in wirtschaftlichen (vermögensrechtlichen) Zwecken ihre gesetzliche Grundlage finde. Um einen solchen vermögensrechtlichen Zweck und um einen wirtschaftlichen Vorteil für die Gemeinde St. J. handle es sich hier nicht; vermögensrechtlich oder wirtschaftlich sei die Gemeinde daran, wieweit das Grundstück der L.'schen Eheleute bebaut werde, überhaupt nicht interessiert; sie habe nur ein Interesse daran, daß die Baupolizeivorschrift, also eine öffentlichrechtliche Norm, durchgeführt werde. Dieses öffentlichrechtliche Interesse der Gemeinde könne durch Bestellung einer beschränkten persönlichen Dienstbarkeit für die Gemeinde nicht gewahrt werden.

Gegen diese Entscheidung des Grundbuchamts legten der Polizeidiener L. und der Ratsschreiber B. — dieser als derjenige, der auf dem seinem Schwiegervater H. gehörigen Grundstücke den Neubau errichten will — Beschwerde an das Landgericht H. ein. Das Landgericht hat die Beschwerde zurückgewiesen. Es erachtet zwar auch den B. zur Einlegung der Beschwerde für legitimiert, schließt sich aber in der Sache selbst der im vorstehenden zusammengefaßten Ausführung des Grundbuchamtes an.... Gegen die Entscheidung des Landgerichts haben L. und B. weitere Beschwerde an das Oberlandesgericht in Karlsruhe eingelegt. Sie fechten die Entscheidung als auf Gesetzesverletzung beruhend an und beantragen,

unter Aufhebung derselben das Grundbuchamt anzuweisen, die von den Polizeidiener L.'schen Eheleuten bewilligte beschränkte persönliche Dienstbarkeit zugunsten der Gemeinde St. J. in das Grundbuch von St. J. einzutragen.

Das Oberlandesgericht in Karlsruhe hält die weitere Beschwerde, zu der es auch den Mitbeschwerdeführer B. für legitimiert erachten möchte, für begründet. Es sieht sich aber behindert, der weiteren Beschwerde stattzugeben, weil es sich damit in Widerspruch setzen würde zu einem Beschlusse des Kammergerichts in Berlin vom 3. Dezember 1900 (Rep. Y 785/00), in dem dieser Gerichtshof als Grundsatz ausgesprochen hat, daß von den Befugnissen, die den Inhalt einer Grunddienstbarkeit bilden, nur solche zum Gegenstand einer beschränkten persönlichen Dienstbarkeit gemacht werden können, die dem Berechtigten einen wirtschaftlichen Vorteil bieten oder bieten können. Das Oberlandesgericht hat deshalb die weitere Beschwerde gemäß § 79 Abs. 2 G.B.O. dem Reichsgericht zur Entscheidung vorgelegt....

Die Ausführungen des Oberlandesgerichts im Vorlegungsbeschlusse sind nicht geeignet, eine vom Beschlusse des Kammergerichts abweichende Rechtsauffassung zu rechtfertigen. Die Unterscheidung von zwei Arten von beschränkten persönlichen Dienstbarkeiten, von der das Oberlandesgericht in Karlsruhe im Anschluß an v. Staudinger (Kommentar zu § 1090 B.G.B.) ausgeht, mag richtig sein. Für die hier zu entscheidende Frage hat sie keine Bedeutung. Hier handelt es sich darum, ob es, wie das Kammergericht angenommen hat, zum Wesen sowohl der Grunddienstbarkeit wie der beschränkten persönlichen Dienstbarkeit gehört, daß das ihren Inhalt bildende Recht für den Berechtigten einen wirtschaftlichen Vorteil bietet oder bieten kann, oder ob man hiervon absehen und auch ein außerhalb des Privatrechts liegendes Interesse für ausreichend erachten darf, um ein Recht, das zu seiner Befriedigung dienen soll, als beschränkte persönliche Dienstbarkeit gelten zu lassen. Das Reichsgericht trägt kein Bedenken, sich mit dem Kammergericht für die erste Alternative zu entscheiden. Bezüglich derjenigen beschränkten persönlichen Dienstbarkeiten, welche die Berechtigung geben, „das Grundstück in einzelnen Beziehungen zu benutzen", kann dies nach dem Wortlaute des § 1090 B.G.B. nicht wohl zweifelhaft sein. Aber um eine solche handelt es sich hier nicht; hier ist eine Befugnis in Frage, „die den Inhalt einer Grunddienstbarkeit bilden kann". Mit diesen Worten weist das Gesetz auf diejenigen Merkmale hin, die es in den §§ 1018. 1019 für die Grunddienstbarkeiten aufgestellt hat, und die für die beschränkte persönliche Dienstbarkeit nur insoweit sich ändern, als es sich eben nicht um die Bedürfnisse eines Grundstücks, sondern um die Bedürfnisse einer Person handelt. Nun schreibt für die Grunddienstbarkeit der § 1019 ausdrücklich vor, daß sie nur in einer Belastung bestehen kann, die für die Benutzung des Grundstücks des Berechtigten Vorteil bietet, und daß ihr Inhalt über das danach sich ergebende Maß hinaus nicht erstreckt werden kann. Dieser Wortlaut läßt keine andere Auffassung zu als die, daß das Gesetz hier unter „Vorteil" einen wirtschaftlichen Vorteil verstanden hat, d. h. einen Vorteil, der in den privatrechtlichen Beziehungen des Grundstücks zu einem anderen Grundstücke seine Unterlage findet. Eine Belastung, die nicht zugleich eine Veränderung der privatrechtlichen Beziehungen der beiden Grundstücke zueinander in sich schließt, und zwar eine derartige Veränderung, daß sie für die Benutzung des Grundstücks des Berechtigten Vorteil bietet, kann als Grunddienstbarkeit nicht bestellt werden. Damit ist genügend gekennzeichnet, was unter „wirtschaftlichem Vorteile" zu verstehen ist; es muß ein Vorteil sein, an dessen Erreichung für das Grundstück der Eigentümer ein privatrechtliches Interesse hat. Dies ist eine für das Wesen der Grunddienstbarkeit unerläßliche Voraussetzung, die sich aus § 1019 B.G.B. ergibt. Ist das richtig, so ist damit aber auch die beschränkte persönliche Dienstbarkeit an dieselbe Voraussetzung gebunden. Auch sie muß dem Berechtigten einen Vorteil bieten, an dessen Erreichung er ein privatrechtliches Interesse hat. Diese Übereinstimmung in dem Wesen beider Servituten bringt das Gesetz dadurch zum Ausdruck, daß es im § 1090 die beschränkte persönliche Dienstbarkeit als eine Belastung bezeichnet, derzufolge der Berechtigte das Grundstück in einzelnen Beziehungen benutzen darf, oder die ihm eine sonstige

Befugnis gewährt, „die den Inhalt einer Grunddienstbarkeit bilden kann“. Kann den Inhalt einer Grundgerechtigkeit nur eine Belastung bilden, die für das berechtigte Grundstück einen wirtschaftlichen Vorteil im vorstehend erörterten Sinne bietet, so kann auch nur eine solche Belastung — unter Beschränkung auf das persönliche Bedürfnis des Berechtigten — den Gegenstand einer beschränkten persönlichen Dienstbarkeit ausmachen. In dieser Beziehung unterscheiden sich beide Dienstbarkeiten nicht qualitativ, d. h. nicht nach der Art ihrer Belastung, sondern quantitativ nach ihrem Maße.

Daß eine beschränkte persönliche Dienstbarkeit auch für eine Gemeinde bestellt werden kann, ist selbstverständlich. Ebenso versteht es sich von selbst, daß jeder Vorteil, an dessen Erreichung ein privatrechtliches Interesse besteht, den Gegenstand einer solchen Gemeindeservitut bilden kann. Es steht daher mit den vorstehenden Ausführungen durchaus im Einklange, wenn das Reichsgericht auch das Servitutrecht einer Gemeinde auf den Besuch von Parkanlagen durch das Publikum oder für die Gemeindemitglieder zum Zweck des Vergnügens und der Erholung als eintragungsfähige persönliche Dienstbarkeit anerkannt hat. Denn es ist nicht abzusehen, weshalb nicht auch Befugnisse, die nur eine Annehmlichkeit bieten, als Privatrechte begründet und privatrechtlich geschützt werden sollten. Auch sie sind „wirtschaftliche“ Vorteile in dem oben erörterten Sinne. Um alles dies aber handelt es sich im vorliegenden Falle nicht. Hier handelt es sich um eine baupolizeiliche Vorschrift, an deren Durchführung die Gemeinde ein privatrechtliches Interesse überhaupt nicht hat. Die Normen des Privatrechts sind aber nicht dazu bestimmt, öffentlichrechtlichen Vorschriften zum Vollzuge zu verhelfen; sie sind nur dazu bestimmt, den Privatrechtsverkehr zu regeln und die privatrechtlichen Interessen zu schützen, soweit sie vor dem Gesetz Anerkennung gefunden haben. Damit scheidet das öffentlichrechtliche Interesse von selbst aus, und es ist nicht angängig, mit dem Oberlandesgericht diesen Unterschied zwischen privatrechtlichem und öffentlichrechtlichem Interesse zu verwischen. Nur das privatrechtliche Interesse bietet den vom Gesetz auch für die beschränkte persönliche Dienstbarkeit als Voraussetzung aufgestellten wirtschaftlichen Vorteil; es entfällt, wenn an die Stelle des privatrechtlichen Interesses das öffentlichrechtliche Interesse tritt, und mit ihm entfällt eine für das Wesen der beschränkten persönlichen Dienstbarkeit notwendige Voraussetzung.

Erweist sich hiernach die weitere Beschwerde als materiell unbegründet, so kann unerörtert bleiben, ob der Mitbeschwerdeführer B. zur Einlegung derselben legitimiert war."

84. 1. Örtliches Recht für Vertragsobligationen nach dem Rechte des Bürgerlichen Gesetzbuchs.

2. Kann die Schriftform für eine Rückbürgschaft dadurch hergestellt werden, daß der Rückbürge, der zugleich Mitbürge neben dem Bürgen erster Ordnung ist, in der Hauptbürgschaftsurkunde zugleich schon seine Rückverbürgung erklärt und die Urkunde dann dem anderen Bürgen überläßt, damit dieser sie dem Hauptgläubiger überbringe?

3. Kann auf Grund des § 774 Abs. 1 B.G.B. der Bürge von dem Hauptschuldner Zinsen von dem von ihm dem Gläubiger gezahlten Betrage in der Höhe verlangen, in welcher der Gläubiger solche vertragsmäßig vom Hauptschuldner zu fordern hatte?

4. Voraussetzungen der Maßgeblichkeit eines Ausspruchs des Berufungsgerichts über irrevisibeles Recht.

VI. Zivilsenat. Urt. v. 12. Oktober 1905 i. S. H. Ehefr. (Bekl.) w. Prinz v. A. (Kl.). Rep. VI. 3/05.

I. Landgericht Halberstadt.
II. Oberlandesgericht Naumburg a. S.

Aus den Gründen:

„Teils durch Einverständnis der Parteien, teils durch rechtlich unbedenkliche tatsächliche Feststellungen des Berufungsgerichts ist der folgende Sachverhalt in Gewißheit gesetzt. Am 5. Juni 1901 übernahm in Luxemburg der daselbst wohnhafte Kläger einem ebenfalls dort ansässigen gewissen G. G. gegenüber die Bürgschaft für Beträge in Höhe von zusammen etwa 5300 *M*, welche der gleichfalls in Luxemburg wohnende J. H. dem G. schuldete. Gleichzeitig übernahm, ebenfalls in Luxemburg, die Beklagte nicht nur neben dem Kläger die Mitbürgschaft dem G. gegenüber, sondern auch dem Kläger gegenüber die Rückbürgschaft für H. Der Kläger hat aus seiner Bürgschaft verschiedene Zahlungen im Gesamtbetrage von 2508,55 *M* an S. leisten müssen. Der Hauptschuldner H. ist zahlungsunfähig.

Jetzt nimmt der Kläger die Beklagte aus ihrer Rückbürgschaft auf Ersatz in Anspruch. Wegen gewisser von der Beklagten erhobener Einwendungen ist die Frage erheblich geworden, welches örtliche Recht hier maßgebend sei. Die Regreßpflicht des H. für die Bürgenhaftung des Klägers, welche hier jetzt als Hauptverbindlichkeit in Betracht kommt, ist unzweifelhaft rein nach dem in Luxemburg geltenden französischen Rechte zu beurteilen. Aber auf die Verpflichtung der Beklagten aus ihrer Rückbürgschaft hat das Oberlandesgericht das deutsche Recht, das des Bürgerlichen Gesetzbuchs, für anwendbar erachtet, nur mit der Maßgabe, daß nach Art. 11 Abs. 1 Einf.-Ges. zum B.G.B. in Rücksicht auf die Form der Rückbürgschaft es genügen würde, wenn auch nur die Vorschriften des französischen Rechts, als des Gesetzes des Orts des Vertragsschlusses, beobachtet sein sollten. Dieser Heranziehung des Art. 11 Abs. 1 Einf.-Ges. zum B.G.B. ist unbedenklich beizustimmen. Auch im übrigen weicht das Reichsgericht im Ergebnisse hier vom Berufungsgerichte nicht ab, läßt aber insoweit die Frage offen, ob der Grund, daß der Erfüllungsort der streitigen Verbindlichkeit für das anzuwendende Recht entscheidend sei, Billigung verdient. Das Berufungsgericht hat sich hierfür nur auf die bisherige Rechtsprechung des Reichsgerichts und auf Dernburg (Bürgerl. Recht Bd. 1 § 40 S. 103) berufen. Die Frage liegt aber nicht so, daß man sie als durch diese Hinweise erledigt ansehen könnte. Das Reichsgericht hat allerdings die Frage nach dem auf Vertragsobligationen anzuwendenden Rechte auf Grund der bis 1900 im Deutschen Reiche geltenden Rechte vorwiegend, wenn auch nicht ganz ohne Schwankungen, im Anschlusse an die Savigny'sche Lehre, die schon früher in Deutschland vielen Beifall gefunden hatte, dahin beantwortet, daß in der Regel das Recht des Erfüllungsorts maßgebend sei. Für jene früheren Rechte war die Entscheidung dadurch so weit festgelegt, daß nach § 137 G.V.G. wohl kaum ein einzelner Senat des Reichsgerichts davon abzuweichen berechtigt wäre, ohne die Frage an die vereinigten Zivilsenate, bzw. ans Plenum zu verweisen. Aber formell ist das, wenn es sich, wie im gegenwärtigen Falle, um eine nach neuem Rechte zu beurteilende Sache handelt, jetzt anders, wie formell auch diejenigen Rechtsnormen, die sich etwa für diese Frage auf dem Boden der früher in Deutschland geltenden Rechte als gewohnheitsrechtliche gebildet haben möchten, nach Art. 55 Einf.-Ges. zum B.G.B. keine Geltung mehr beanspruchen könnten, obwohl auch die neue Gesetzgebung die Frage nirgends ausdrücklich entschieden hat. In materieller Beziehung aber ist zu berücksichtigen, daß sich schon seit längerer Zeit die meisten wissenschaftlichen Autoritäten mit sehr beachtenswerten Gründen gegen jene Savigny'sche Ansicht ausgesprochen haben, wie auch Dernburg fast der einzige Schriftsteller ist, der sie auf dem Boden des Rechts des Bürgerlichen Gesetzbuchs vertritt, und daß sie auch im Rechtsleben anderer Völker meistens nicht als richtig anerkannt wird. Bei dieser Sachlage bedarf es mindestens noch erst einer eingehenden Erwägung aller Gründe und Gegengründe, ehe man mit Fug dazu gelangen kann, auch nach dem Rechte des Bürgerlichen Gesetzbuchs wieder das Recht des Erfüllungsorts für das auf Vertragsobligationen regelmäßig anzuwendende zu erklären. Der erkennende Senat hat jedoch im vorliegenden Falle keinen Anlaß gefunden, solche Erwägungen in erschöpfender Weise anzustellen. Nach seiner Ansicht kann es sich doch nur darum handeln, ob nicht statt des Rechts des Erfüllungsorts vielmehr das Personalstatut des Schuldners zur Zeit des Vertragsabschlusses als das regelmäßig anzuwendende angesehen werden muß, wie dies auch die meisten Gegner der Savigny'schen Lehre tun, und ob als jenes Personalstatut hier auf dem Boden des Bürgerlichen Gesetzbuchs das Recht des Wohnorts, oder das des Heimatsstaats zu gelten hat. Jede dieser Annahmen würde aber im vorliegenden Falle zur Anwendung des deutschen Rechts führen; denn die Beklagte ist und war zur Zeit der Verbürgung ohne Zweifel deutsche Reichsangehörige und wohnt, bzw. wohnte in Halberstadt, und eben dort ist daher nach § 269 Abs. 1 B.G.B. auch der Erfüllungsort für die von ihr übernommene Verbindlichkeit. Das in Luxemburg geltende französische Recht könnte nur dann hier in Frage kommen, wenn man die Anknüpfung für das anzuwendende örtliche Recht entweder im Orte des Vertragsschlusses, oder im Wohnorte des Gläubigers suchte. Nun sind aber diese beiden Lösungen des Problems nach Ansicht des erkennenden Senats jedenfalls ausgeschlossen. Der Ort, wo ein Vertrag abgeschlossen wird, ist ein zu äußerlicher, oft durch Zufälligkeiten bestimmter Nebenumstand, als daß ihm eine solche Bedeutung beigelegt werden dürfte, wiewohl dies, namentlich in älteren Zeiten, nicht ganz selten geschehen ist. Noch weniger innerer Grund wäre aber dafür ersichtlich, die Regel in der Maßgeblichkeit des Wohnortsrechts des Gläubigers zu finden. Für das gemeine Recht hat zwar Windscheid (Pandektenrecht [8. Aufl.] Bd. 1 § 35 S. 122 flg.) gelehrt, der Schuldner könne sich, außer auf sein eigenes Wohnortsrecht, auch auf dasjenige des Gläubigers berufen, wenn ihm das besser passe; aber diese vereinzelt dastehende Ansicht hat wegen der dadurch bedingten Unsicherheit der Rechtslage überwiegende Gründe gegen sich.

Wenn übrigens die Beklagte sich darauf berufen hat, daß nach französischem Rechte der von einer Ehefrau ohne Ermächtigung ihres Ehemannes eingegangene obligatorische Vertrag nichtig sei, so scheitert dies, ganz abgesehen von der Frage, ob sich dies wirklich so verhält, schon daran, daß es sich hierbei entweder um die „Geschäftsfähigkeit" handeln würde, die nach Art. 7 Abs. 1 Einf.-Ges. zum B.G.B. nach dem Rechte des Heimatsstaats beurteilt wird, oder um „die persönlichen Rechtsbeziehungen deutscher Ehegatten zueinander", für welche nach Art. 14 Abs. 1 das. die deutschen Gesetze maßgebend sind.

In der Revisionsinstanz hat sich die Beklagte hauptsächlich gegen diejenigen Gründe gewandt, aus denen das Berufungsgericht ihre Bürgschaft für formgerecht übernommen erklärt hat. Damit kann sie jedoch keinen Erfolg haben. Das Oberlandesgericht hat hier eine doppelte Begründung gegeben. Einmal legt es dar, daß die Formvorschriften des französischen Rechts beobachtet seien, was, wie oben schon bemerkt, nach Art. 11 Abs. 1 Einf.-Ges. zum B.G.B. genügen würde. Es stellt fest, daß nach französischem Rechte die Verbürgung nicht schriftlich, sondern nur ausdrücklich vorgenommen zu werden brauche (vgl. Art. 2015 Code civil), und daß letzteres hier jedenfalls dadurch geschehen sei, daß die Beklagte zunächst mündlich dem Kläger die betreffende Willenserklärung abgegeben habe. Hierdurch allein wird die Entscheidung schon getragen. Denn das französische Recht ist in dieser Sache irrevisibel, sowohl weil es hier nur als ausländisches (luxemburgisches) Recht in Betracht kommt, als auch weil es im Bezirke des Oberlandesgerichts zu Naumburg nirgends gilt, bzw. gegolten hat. ...

Übrigens ist auch der andere Entscheidungsgrund des Oberlandesgerichts, nämlich daß auch die Schriftform, die nach deutschem Rechte (§ 766 B.G.B.) erforderlich sein würde, eingehalten sei, unbedenklich. Die Beklagte hat die vom Kläger dem G. ausgestellte Urkunde mitunterschrieben, an deren Schluß gesagt ist, daß sie, die Frau H., sich „als Mit- und Rückbürgin" verpflichte. Diese Urkunde hat sie dann mit ihrer darauf befindlichen Unterschrift dem Kläger überlassen, der sie weiter dem Hauptgläubiger G. überbrachte. Es ist anzunehmen, daß diese Urkunde dazu bestimmt war, nicht nur dem G. gegen den Kläger und die Beklagte, sondern eventuell auch dem Kläger gegen die Beklagte zu dienen, und daß insofern damit das Erfordernis der Schriftlichkeit im Sinne des § 126 Abs. 1 B.G.B. erfüllt war.

Auch sonst liegen gegen die Entscheidung des Berufungsgerichts in der Hauptsache keine rechtlichen Bedenken vor.

Dagegen kann die Änderung, die dasselbe auf die Anschließung des Klägers im Zinsenpunkte an dem Urteil erster Instanz vorgenommen hat, nicht aufrecht erhalten werden. Das Oberlandesgericht hat dem Kläger von dem Tage an, an welchem er als Bürge jeden einzelnen Betrag dem Gläubiger G. bezahlt hat, Zinsen nicht bloß zu 4, sondern zu 6 Prozent zugesprochen, und zwar deshalb, weil der Hauptschuldner H. dem G. Zinsen zu 6 Prozent geschuldet habe, und dieser Anspruch, für den die Beklagte als Bürgin gleichfalls hafte, nach § 774 Abs. 1 B.G.B. durch die Befriedigung des G. auf ihn, den Kläger, übergegangen sei. Das ist ganz unhaltbar. Vor allem ist im § 774 Abs. 1 nicht bestimmt, daß auf den zahlenden Bürgen auch der Anspruch auf diejenigen Zinsen übergehe, die der Gläubiger in *Zukunft* vom Hauptschuldner zu fordern *haben würde*, wenn er eben *nicht* befriedigt worden wäre; sondern nur *soweit* der Bürge den Gläubiger *befriedigt* hat, geht dessen Forderung auf ihn über. Außerdem aber ist es zwar richtig, daß die Frage, wieweit die Beklagte als Rückbürgin für auf den Kläger etwa übergegangene Ansprüche zu haften haben würde, nach deutschem Rechte zu entscheiden ist, dagegen nicht, daß sich nach deutschem Rechte auch bestimmte, welche Ansprüche durch in Luxemburg geschehene Befriedigung des dortigen Gläubigers eines dortigen Hauptschuldners durch einen dortigen Bürgen, den Kläger, auf diesen übergegangen seien. Hierfür ist vielmehr allein das luxemburgische, d. h. das französische, Recht maßgebend. Nun hat allerdings das Berufungsgericht am Schlusse seiner hierher gehörigen Ausführung noch hinzugefügt, daß nach luxemburgischen Rechte (Artt. 2028. 2029 Code civil) übrigens dasselbe gelten würde, wie nach § 774 B.G.B. Hierin kann aber nicht eine für die Revisionsinstanz maßgebende Feststellung irrevisibelen Rechts im Sinne von § 549 Abs. 1, § 562 Z.P.O. erblickt werden; denn es ist vom Standpunkte des Berufungsgerichts aus nur eine beiläufige Bemerkung, auf der nach seiner Meinung die Entscheidung gar nicht beruhen soll, und die völlig beherrscht ist von der irrigen Auslegung des § 774 Abs. 1 B.G.B. In Wirklichkeit geben die angeführten Bestimmungen des Code civil ebensowenig Anlaß zu der Annahme, daß eine zur Zeit der Befriedigung des Gläubigers durch den Bürgen noch gar nicht fällig gewordene und von diesem daher auch nicht berichtigte Zinsforderung auf ihn überginge." (Dies wird weiter ausgeführt.) „Demnach hat der Kläger von der Beklagten nur die gesetzlichen Zinsen nach § 246 B.G.B. in Höhe von 4 Prozent zu fordern, und soweit das Oberlandesgericht die Beklagte zu mehr verurteilt hat, muß das Berufungsurteil aufgehoben, und in der Sache selbst auf die Entscheidung des Landgerichts zurückgegriffen werden." . . .

---

85. 1. Klausel „Kassa gegen Verladungsdokumente", verbunden mit der Klausel, daß der Käufer weder Entgegennahme der Ware noch deren Zahlung, wie vereinbart, wegen Streitigkeiten bezüglich der Vertragserfüllung seitens des Verkäufers verweigern und wegen letzterer erst nach Entgegennahme der Ware und deren Zahlung einen Schiedsrichter angehen kann.

2. Ist in einem solchen Falle der säumige Käufer bei der richterlichen Festsetzung des Schadensersatzes wegen Nichterfüllung nach § 326 Abs. 1 Satz 2 B.G.B. mit seinen Beanstandungen gegen die verladene Ware zu hören, oder damit auf die künftige Entscheidung des Schiedsrichters zu verweisen?

3. Geht der Anspruch auf Schadensersatz wegen Nichterfüllung nach § 326 Abs. 1 Satz 2 B.G.B. nur auf Entschädigung in Geld, oder kann § 249 Satz 1 B.G.B. angewendet werden?

II. Zivilsenat. Urt. v. 13. Oktober 1905 i. S. L. & C. (Bekl.) w. von Str. & Co. (Kl.). Rep. II. 57/05.

I. Landgericht Bremen, Kammer für Handelssachen.
II. Oberlandesgericht Hamburg.

Die Beklagte kaufte von der Klägerin eine Partie Hölzer. Nach der Schlußnote hatte „Zahlung bei Vorzeigen der Verladungspapiere und im Austausch gegen diese" zu erfolgen, und war ferner vereinbart: „Sollten Streitigkeiten irgendwelcher Art aus Anlaß dieses Abschlusses, oder bezüglich Erfüllung dieses Kontrakts entstehen, so darf weder Entgegennahme der Ware, noch Zahlung, wie vereinbart, verweigert werden, sondern nachdem diese erfolgt, ... sollen Schiedsrichter entscheiden." Die Beklagte weigerte Annahme des Konnossements, sowie dessen Zahlung, und begründete unter anderem diese Weigerung damit, daß nach dem Konnossemente geringere Quantitäten und kürzere Durchschnittslängen, als wie in der Schlußnote angegeben, verladen seien. Nach Ankunft der Hölzer im Bestimmungshafen setzte die Klägerin durch Brief vom 26. September 1903 der Beklagten bis zum 28. September eine Frist zur Zahlung gegen Entgegennahme des Konnossements oder der eventuell schon entlöschten Hölzer, und drohte zugleich an, sie werde nach fruchtlosem Ablaufe der Frist die Annahme der der Beklagten obliegenden Leistungen ablehnen und Schadensersatz wegen Nichterfüllung verlangen. Die Beklagte zahlte nicht. Am 9. Oktober 1903 wurden die Hölzer öffentlich versteigert. Die Klägerin berechnete den ihr zu erstattenden Schadensersatz wegen Nichterfüllung auf 12769,65 ℳ. Die Beklagte machte geltend, sie habe mit Recht Zahlung und Abnahme der Hölzer verweigert; jedenfalls sei über ihre Beanstandungen der Hölzer als nicht vertragsgemäß und mangelhaft in dem jetzt anhängigen Verfahren über Festsetzung des Schadens zu entscheiden. Der erste Richter verurteilte nach dem Begehren der Klägerin. Die Berufung der Beklagten wurde zurückgewiesen. Auf ihre Revision wurde das Berufungsurteil aufgehoben, und die Sache zur anderweiten Verhandlung und Entscheidung an das Berufungsgericht zurückgewiesen.

Aus den Gründen:

„1. Die Rechtsprechung des Reichsgerichts (Entsch. in Zivils. Bd. 31 S. 100, Bd. 47 S. 131, Bd. 59 S. 24) gibt der Klausel

„Kasse gegen Verladungsdokumente“ die Tragweite, sie verpflichte den Käufer nicht unbedingt zur Zahlung gegen Übergabe der Papiere, habe vielmehr nur die Wirkung, daß, wenn der Käufer die Einlösung weigere, er die Beweislast für die Berechtigung der Weigerung überkomme. Der Berufungsrichter geht in seinen Urteilsgründen von dieser Auffassung jener Vertragsklausel aus; er erwägt aber, die weiteren Bestimmungen des Schlußscheins, daß bei Streitigkeiten irgendwelcher Art aus Anlaß des Abschlusses oder der Erfüllung des Vertrags weder die Entgegennahme der Ware, noch die Zahlung des Kaufpreises, wie vereinbart, verweigert werden dürfe, und daß nach Empfang der Ware und Zahlung Streitigkeiten durch einen Schiedsrichter endgültig zu entscheiden seien, gingen über die Klausel „Kasse gegen Verladungsdokumente“ weit hinaus, indem sie die Käuferin, auch wenn sie Einwendungen irgendwelcher Art gegen die abgeladene Ware erheben zu können glaube, zunächst unbedingt zur Abnahme der Ware und zur Akzeptation der über den Kaufpreis vom Verkäufer oder seinem Agenten gezogenen Wechsel verpflichte. Danach sei die Beklagte verpflichtet gewesen, die bestrittene Ware auch dann abzunehmen und ihr Akzept zu geben, wenn sie bereits angekommen war, und Beklagte glaubte, Ausstellungen machen zu können. Die Sache würde lediglich dann anders liegen, wenn die für sie nach Ausweis der ihr zugestellten Faktura oder des angebotenen Konnossoments verladene und später angekommene Ware so erhebliche Abweichungen von der gekauften zeigte, daß ihr vorläufige Annahme und Zahlung vor Erledigung der Streitigkeiten nicht zugemutet werden konnte; denn der Verkäufer dürfe sein formales Recht nicht gebrauchen, um unter Verletzung von Treu und Glauben den Käufer zur Abnahme und Zahlung einer Ware zu zwingen, von der er wisse, daß der Käufer sie endgültig nicht zu behalten brauche. Diese Ausführungen lassen eine Verletzung des Gesetzes nicht erkennen; gegen sie hat auch die Revisionsklägerin keinen ausdrücklichen Angriff erhoben.

Der Berufungsrichter erwägt weiter, alles, was die Beklagte zur Rechtfertigung ihrer Weigerung, das Konnossement und die Ware gegen Akzept anzunehmen, vorgebracht habe, sei nicht geeignet, die Voraussetzungen der von ihm zugelassenen Ausnahme zu erfüllen. — Die Revisionsklägerin erhebt hierher eine Reihe von Angriffen, die indessen unbegründet sind.“ (Wird näher ausgeführt.)

„2. Nach dem Gesagten hat der Berufungsrichter ohne Verletzung des Gesetzes angenommen, daß die Beklagte durch Verweigerung der Annahme des Konnossements und der Ware im Gläubigerverzug (§ 293 B.G.B.) war, daß aber die Beklagte, weil zur „Abnahme" der Ware und Leistung ihres Akzepts verpflichtet, auch im Zahlungsverzug, worauf es in erster Reihe ankommt, übrigens auch im Schuldnerverzug mit der Abnahme war, als ihr am 26. September 1903 das Schreiben von diesem Tage zuging. Aus dem Annahmegläubigerverzug der Beklagten hätte der Klägerin ein Selbsthilfeverkauf nach § 373 H.G.B. offen gestanden; einem solchen stand auch die Schiedsklausel, wie sie von den Instanzgerichten ausgelegt wird, nicht entgegen, und wenn die Klägerin nach Vornahme eines solchen Selbsthilfeverkaufs auf Zahlung des Preises und ihrer nach § 304 B.G.B. zu erstattenden Auslagen mit Abzug des Steigerlöses geklagt hätte, so wären unbedenklich die obigen Vertragsbestimmungen anwendbar gewesen, wodurch die Beklagte mit ihren Beanstandungen wegen der Ware an den Schiedsrichter verwiesen ist.

Mit zutreffender Begründung leitet indessen der Berufungsrichter aus dem Schreiben vom 26. September ab, daß die Klägerin der Beklagten nach eingetretenem Leistungsverzuge gemäß § 326 Abs. 1 Satz 1 B.G.B. Nachfrist gesetzt und Schadensersatz wegen Nichterfüllung begehrt hat. Auch seine weitere Annahme, der erwähnte Zahlungsverzug habe die Klägerin zur Anwendung des § 326 a. a. O. berechtigt, gibt zu rechtlichen Bedenken keinen Anlaß. Allerdings war die Beklagte nur zu einer vorläufigen Zahlung verpflichtet, unter Vorbehalt der Entscheidung des Schiedsgerichts über ihre bestrittenen Bemängelungen; und diese Entscheidung konnte dahin ausfallen, daß die Ware überhaupt nicht empfangbar, oder der beanspruchte Preis zu mindern, und danach der vorläufig bezahlte Preis ganz oder teilweise zurückzuerstatten sei. Der Berufungsrichter konnte indessen in Auslegung der Vertragsbestimmungen auch jene vorläufige Zahlungspflicht als Hauptleistung im Sinne des § 326 Abs. 1 auffassen und danach aus dem Leistungsverzuge mit ihr die Klägerin zur Androhung berechtigt erachten, daß sie nach Ablauf der Frist Leistung aus dem ganzen Vertrag ablehne und Schadensersatz wegen Nichterfüllung des Vertrags, wie vereinbart, verlange.

Die Wahl des Schadensersatzes wegen Nichterfüllung nach § 326

Abs. 1 Satz 2 B.G.B. hat nach der ständigen Rechtsprechung des erkennenden Senats, der übrigens der Berufungsrichter beitritt, die Wirkung, daß sich der ganze gegenseitige Vertrag in einen einseitigen Anspruch des nicht säumigen Vertragsteils gegen den säumigen auf Schadensersatz wegen Nichterfüllung des ganzen Vertrags umwandelt. Die Klägerin hatte im gegebenen Falle den sog. konkreten Schaden liquidiert und zu dessen Feststellung die in Bremen angekommene Ware versteigert. Der Berufungsrichter führt rechtlich einwandfrei aus, daß die Art der Feststellung des Schadens durch eine Versteigerung der Ware — Deckungsverkauf —, bei der die Interessen der Beklagten an Erzielung eines möglichst hohen Kaufpreises gewahrt wurden, an sich und auch bei der hier gegebenen besonderen Sachlage zulässig war. In der aufgemachten Schadensrechnung schreibt sich die Klägerin den von der Beklagten seinerzeit geforderten Preis gut und belastet sich mit dem Steigerlöse. Die Beklagte hatte indessen nach mehrfacher Richtung die versteigerte Ware als mangelhaft und nicht vertragsgemäß beanstandet und den Standpunkt eingenommen, daß über diese Beanstandungen in dem jetzt anhängigen Verfahren über Festsetzung des Schadens zu entscheiden sei. Mit Bezug auf diese Sachlage erwägt der Berufungsrichter: „Für die Höhe des definitiv der Beklagten zur Last fallenden Schadens ist nicht ohne Bedeutung, ob die verkaufte Ware vertragsmäßig war. Denn es ist anzunehmen, daß diese einen höheren Preis erzielt haben würde, als vertragswidrige und minderwertige. Einer Feststellung nach dieser Seite bedarf es aber zurzeit nicht. Denn die Klägerin kann verlangen, erst einmal so gestellt zu werden, wie sie stehen würde, wenn die Beklagte ihr die Ware abgenommen und bezahlt hätte. Mußte aber die Beklagte die Ware — vorbehaltlich ihrer Ansprüche wegen etwaiger vertragswidriger Beschaffenheit — zunächst einmal so annehmen, wie sie bei dem Angebot war, so erhält die Klägerin auch nur die gleiche Stellung, und nicht mehr, wenn sie bei ihrer Schadensrechnung den Erlös einstellt, den die Ware in dem Zustand erzielte, worin sie der Beklagten angeboten wurde. Da die Wahl von Schadensersatz wegen Nichterfüllung nicht, wie der Rücktritt vom Vertrage, die Wirkung hat, daß das durch den Vertrag begründete Schuldverhältnis erlischt, sondern der Vertrag fortbesteht (Entsch. des R.G.'s in Zivils. Bd. 50 S. 266. 267), so wird die Frage, ob die Ware nicht den Vertragsbedingungen entsprach, auch jetzt noch von dem vereinbarten Schiedsgericht festzustellen und von diesem zu bestimmen sein, ob und wieviel die Klägerin von dem ihr zuerkannten Schadensersatze zurückzuzahlen hat."

In diesen Ausführungen liegt das rechtliche Bedenken, das zur Aufhebung des Urteils führt. In den Fällen des § 326 Abs. 1 Satz 2 B.G.B. wandelt sich das ganze Vertragsverhältnis, nicht bloß der Bestandteil desselben, in bezug auf den ein Schuldnerverzug vorlag, in den Anspruch auf Schadensersatz wegen Nichterfüllung um. An die Stelle des Anspruchs der Klägerin auf vorläufige Zahlung und ihrer Verpflichtung zur Leistung vertragsgemäßer Ware, sowie an die Stelle der Verpflichtung der Beklagten zu vorläufiger Zahlung, unter Vorbehalt der Entscheidung des Schiedsrichters und ihres Anspruchs auf eine in der erwähnten Weise geregelte Leistung vertragsgemäßer Ware, ist für, aber auch gegen beide Vertragsteile der einseitige Anspruch der Klägerin auf Schadensersatz wegen Nichterfüllung aus § 326 a. a. O. getreten. Deshalb kann sich die Klägerin bei der Schadensliquidation nicht kurzer Hand auf den Standpunkt stellen, daß die Beklagte unter Vorbehalt der Entscheidung des Schiedsrichters vorläufig den vereinbarten Preis gegen die angebotene Ware zu zahlen hatte. Denn damit liquidiert sie nur einen Schaden wegen Nichterfüllung der Vorausleistung, nicht wegen Nichterfüllung des ganzen Vertrags, wie vereinbart; sie liquidiert nur einen vorläufigen Schaden unter Vorbehalt endgültiger Entscheidung des Schiedsrichters, ob und in welchem Betrage dieser Schaden zu mindern sei. Das entspricht an sich nicht der rechtlichen Natur und dem Inhalte des Schadensersatzes wegen Nichterfüllung aus § 326.

Das dargelegte Bedenken kann auch nicht durch Hinweis auf § 249 Satz 1 B.G.B. beseitigt werden, wonach der Schadensersatzanspruch in erster Reihe auf Naturalherstellung geht. Allerdings könnte der Gesichtspunkt der Naturalherstellung im Sinne des § 249 bei der hier gegebenen Sachlage zu dem vom Berufungsrichter gewonnenen Ergebnisse führen. Bei dem Schadensersatz wegen Nichterfüllung nach § 326 Abs. 1 Satz 2 kann indessen von Anwendung des § 249 Satz 1 nicht die Rede sein; dieser Schadensersatzanspruch ist stets Anspruch auf Entschädigung in Geld. Denn nach der ausdrücklichen Vorschrift jener Gesetzesbestimmung ist der ursprüngliche Erfüllungsanspruch ausgeschlossen; die Vorschrift des § 249 Satz 1 würde aber dahin führen, jenen Erfüllungsanspruch wieder herzustellen.[1]

Der § 326 a. a. O. enthält indessen dispositives Recht und kann durch Vereinbarung der Parteien geändert werden. Deshalb wäre die Vereinbarung, daß bei dem Anspruch auf Schadensersatz wegen Nichterfüllung nach § 326 der Schuldner mit seinen Beanstandungen gegen die dem Schadensanspruch zugrunde gelegte Ware vorerst nicht gehört, und auf die vorbehaltene Entscheidung des Schiedsrichters verwiesen werde, rechtlich zulässig. Für den vorliegenden Fall wäre es danach durchschlagend, wenn die mehrfach erwähnten Bestimmungen im Schlußschein so stark wären, daß sie auch auf den Anspruch auf Schadensersatz wegen Nichterfüllung nach § 326 erstreckt werden könnten. Eine solche Auslegung wäre geeignet, die Entscheidung des Berufungsrichters zu tragen. Seine Argumente sind indessen überwiegend der rechtlichen Natur des erwähnten Anspruchs auf Schadensersatz entnommen und sind gerade nach dieser Richtung rechtlich nicht bedenkenfrei; sie reichen auch in ihrem Schlußsatze nicht zu, in ihnen eine Auslegung der erwähnten Vertragsbestimmungen dahin zu finden, daß sie nach Absicht der Parteien auch für den Anspruch auf Schadensersatz wegen Nichterfüllung nach § 326 a. a. O. anzuwenden seien. Eine Auslegung jener Vertragsbestimmungen fällt aber wenigstens zum Teil in das Gebiet der Tatsachenwürdigung und kann deshalb vom Revisionsrichter nicht vorgenommen werden. Danach mußte das Berufungsurteil aufgehoben, und die Sache, da sie noch weiterer Erörterung in tatsächlicher Beziehung bedarf, an das Berufungsgericht zur anderweiten Verhandlung und Entscheidung zurückverwiesen werden." ...

---

[1] Vgl. Rehbein, B.G.B. Bd. 2 S. 202; Goldmann-Lilienthal, Bd. 1 (2) S. 384; Crome, System Bd. 2 § 158 Anm. 28; Windscheid-Kipp, Bd. 2 S. 61 unter g; v. Thur, in Ihering's Jahrb. Bd. 46 S. 49. Die Bedenken von Kipp 27. Deutsch. Jur.-Tag Bd. 1 S. 255 beziehen sich nur auf die Fälle des Unvermögens; vgl. auch Fischer, Der Vermögensschaden und seine Beseitigung S. 191 flg. D. E.

86. Kann für noch nicht erzeugte Nachkommenschaft Hypothek eingetragen, für sie im Zwangsversteigerungsverfahren angemeldet, und der Widerspruchsprozeß geführt werden?

B.G.B. § 1115.
Zw.V.G. §§ 114. 115.
Z.P.O. §§ 50 flg.

V. Zivilsenat. Urt. v. 14. Oktober 1905 i. S. M. (Kl.) w. Deszendenz des Gust. E. (Bekl.). Rep. V. 90/05.

I. Landgericht I Berlin.
II. Kammergericht daselbst.

Durch wechselseitiges Testament vom 4. Oktober 1882 hatten die Eheleute E. in B. eines ihrer Kinder, den Sohn Gustav E., in guter Absicht enterbt und ihren anderen Sohn Otto E. als Kurator der den Gustav E. treffenden Erbmasse mit alleiniger und uneingeschränkter Verwaltung über den Pflichtteil hinaus ernannt.

Auf Grund einer Verhandlung vom 2. Januar 1892 wurde auf dem Grundstück eines anderen Bruders, Hermann E., eine Kautionshypothek im Höchstbetrage von 25000 ℳ für die „Gustav E.'sche Deszendenz“ zur Sicherheit derjenigen Ansprüche eingetragen, die dieser gegen den Grundstückseigentümer erwachsen würden.

Im Zwangsversteigerungsverfahren gegen Hermann E. kam diese Kautionshypothek laut Kaufgelderbelegungsprotokolls vom 11. Juni 1900 nebst Kosten mit 25027 ℳ voll zum Zuge. Die Klägerin aber, die an ihrer Nachhypothek von 40000 ℳ einen Ausfall von 33337 ℳ nebst Zinsen erlitt, und der das Grundstück für das Meistgebot von 550000 ℳ zugeschlagen worden war, erhob Widerspruch und Widerspruchsklage gegen den Verteilungsplan bezüglich der E.'schen 25027 ℳ mit dem Antrage, den Widerspruch für gerechtfertigt zu erklären und die Beklagte zur Bewilligung der Auszahlung der 25027 ℳ an sie, die Klägerin, zu verurteilen.

Sie bekämpfte aus den verschiedensten Gründen den Rechtsbestand der in Rede stehenden Kautionshypothek sowie die Legitimation der Beklagten dazu.

Diese aber beantragte nicht nur Klagabweisung, sondern erhob auch Widerklage auf Auszahlungsbewilligung zu ihren Gunsten.

Nach diesen Anträgen der Beklagten erkannte der erste Richter, und die Berufung und Revision der Klägerin wurden zurückgewiesen.

Aus den Gründen:

... „Von der Revisionsklägerin werden, wie sie ausdrücklich erklärte, nicht die tatsächlichen Feststellungen des Vorderrichters über die Entstehungsgeschichte der Kautionshypothek und deren Ausfüllung (Valutierung), sondern nur seine Ausführungen angegriffen, wonach er ein wesenloses Gebilde, eine „Deszendenz“, als Gläubigerin einer Hypothek und als Prozeßpartei, wenigstens als Widerklägerin, zugelassen habe. Die Revision hat sich aber als unbegründet erwiesen. Wie sie selbst teilweise zugibt, wäre der Klägerin die Verneinung der Partei- und Prozeßfähigkeit der verklagten „Deszendenz“ insofern vielleicht von Nachteil, als man daran zweifeln könnte, ob wenigstens die Klage nicht sofort (nach §§ 50 flg. 253 Ziff. 1 Z.P.O.) abgewiesen werden müßte. Dem ist beizufügen, daß es in diesem Falle ebenso zweifelhaft wäre, ob nicht auch dem Verlangen der Widerklage, der es nach § 880 Z.P.O. gar nicht bedurft hätte, von Amts wegen entsprochen werden müßte. Indessen können diese Fragen deshalb auf sich beruhen, weil, wie ja auch die Klägerin durch ihre Klagerhebung selbst anerkannte, der Gustav E.'schen Deszendenz nach Lage der Sache Partei- und Prozeßfähigkeit nicht abgesprochen werden kann.

Die Eintragung einer Hypothek für die jetzige oder künftige Nachkommenschaft einer bestimmten Person ist nach jetzigem Rechte zweifellos gültig. Der Satz 2 des § 1913 und der § 2101 B.G.B. setzen die Zulassung der Einsetzung noch nicht erzeugter Nacherben als selbstverständlich voraus. Im § 2162 Abs. 2 daselbst werden für den Fall, daß der im Testament Bedachte zur Zeit des Erbfalls noch nicht erzeugt ist, Bestimmungen getroffen, die ihm wenigstens auf 30 Jahre das Vermächtnis sichern, und der § 2178 B.G.B. gibt Vorschriften über die Zeit, in der einem noch nicht erzeugten Vermächtnisnehmer das Vermächtnis anfällt. Ist aber hiernach einer noch nicht erzeugten Nachkommenschaft erbrechtliche Erwerbsfähigkeit zugestanden, so müssen ihr auch auf anderen Gebieten des bürgerlichen Rechts ähnliche, sonst nur der wirklichen natürlichen oder juristischen Persönlichkeit zustehende Rechte eingeräumt werden; und in der Tat erkennt es die Begründung zum Bürgerlichen Gesetzbuch — Motive Bd. 3 S. 641 — ausdrücklich an, daß das Grundbuchrecht die Bestellung einer Hypothek für die künftige Nachkommenschaft einer bestimmten Person ermöglichen muß und ermöglicht, indem der § 1115 B.G.B. seinem Sinne nach nur das Erfordernis hinlänglicher Bestimmtheit des Hypothekgläubigers aufstelle, und dieses Erfordernis durch Bezeichnung der Stammeltern der künftigen Nachkommenschaft genügend gewahrt sei.

Vgl. Turnau-Förster, Liegenschaftsrecht Bd. 1 S. 599 flg.

In vorliegender Sache ist allerdings die Frage der gültigen Entstehung einer derartigen Hypothek zunächst nach dem zur Zeit der Hypothekbestellung — im Jahre 1892 — geltenden preußischen Hypothekenrechte zu beurteilen, und es muß zugegeben werden, daß sie nach diesem Rechte nicht unbestritten war. Indessen findet der erkennende Senat keinen Anlaß, jenen Rechtslehrern und Entscheidungen preußischen Rechts entgegen zu treten, die zu gleichen Ergebnissen, wie das obige, gelangt sind und erbrechtliche Erwerbsfähigkeit und demgemäß folgerichtig auch Hypothekerwerbsfähigkeit einer künftigen Nachkommenschaft sowie Parteifähigkeit einer solchen angenommen haben.

Vgl. Gruchot, Beiträge Bd. 33 S. 964, Bd. 35 S. 984, Bd. 37 S. 913; Jahrbuch des K.G. II. S. 126, IV. S. 87; Dernburg, Preuß. Privatrecht III. § 100 Anm. 7 und 8; Turnau, Grundbuchordnung I. S. 377 flg. II. S. 371.

Es war sonach im gegebenen Falle der Eintrag der Kautionshypothek für die „Deszendenz des Gustav E." als Gläubigerin auch nach § 23 preuß. Eig.-Erw.-Ges. nicht wegen Fehlens der Angabe eines richtigen, bestimmten Gläubigers ungültig. Für diese Nachkommenschaft ist Otto E. im Verteilungsverfahren gegen Hermann E. aufgetreten, und gegen sie konnte, ja mußte die Klägerin ihren Widerspruch und ihre Widerspruchsklage richten, weil sie eben als die ihr vorgehende Realgläubigerin in den Teilungsplan eingesetzt ist und zuvor die Forderung von 25000 *M* in Haupt- und Nebensache angemeldet hatte.

War aber diese Hypothek, was von der Revision selbst nicht bekämpft wird, in allen anderen Beziehungen gültig, war sie richtig ausgefüllt, und die Bedingung ihrer Zahlbarkeit spätestens im Versteigerungstermin eingetreten, wie dies alles aus den einwandfreien Feststellungen des Kammergerichts hervorgeht, hatte sich insbesondere auch, wie nach Gesetz und Rechtsprechung nicht zu bezweifeln, die am

1. Januar 1900 gültige Kautionshypothek in eine Sicherheitshypothek neuen Rechts verwandelt,

vgl. Art. 192 Einf.-Ges. zum B.G.B., Entsch. des R.G.'s in Zivils. Bd. 52 S. 111. 411,

so ist nicht abzusehen, wie die Klägerin Rechte auf den zur Hebung gelangenden Betrag begründen will. Dies könnte sie allenfalls dann, wenn vor 1900 eine gültige Kautionshypothek überhaupt nicht bestanden, sie, die Klägerin, also Ansprüche auf Vorrücken in den leeren Rang hätte; aber daraus, daß etwa die Gustav E.'sche Deszendenz in Wirklichkeit nicht aktiv legitimiert für die Hypothek, oder durch Otto E. nicht richtig vertreten gewesen wäre, kann sie keine Rechte für sich ableiten, weil sie damit Einwendungen aus den Rechten Dritter erheben würde, und weil, wenn nicht die erwähnte Deszendenz in Wahrheit Gläubigerin, oder die Vertretung der Deszendenz nicht in Ordnung sein sollte, doch ein anderer Gläubiger, etwa Gustav E. als Erbe selbst, wie der Berufungsrichter annimmt, oder die anders vertretene Deszendenz als sie ausschließend im Range vorgehen würde.

Vgl. Urteil des Reichsgerichts, Rep. V. 300/02, vom 28. Januar 1903 (Jurist. Wochenschr. S. 113 Nr. 49).

Die vom Kammergericht erörterten Fragen in dieser Richtung können daher auf sich beruhen; jedoch kann dem Vorderrichter darin kein Rechtsirrtum nachgewiesen werden, daß er den Otto E. als einen von den Erblassern für einen Teil der Erbschaft ernannten Testamentsexekutor und somit zur Vertretung der Beteiligten in der Sache befugt erachtet. Es kann nach §§ 557 flg., insbesondere § 558 A.L.R. I. 12 keinem Zweifel unterliegen, daß eine derartig beschränkte Ernennung von Testamentsvollstreckern rechtlich zulässig ist.

Vgl. Dernburg, Preuß. Privatrecht III. § 166 S. 487.

Da nach dem Ausgeführten die Hypothekbestellung und Anmeldung für die Gustav E.'sche Deszendenz und die Zuteilung der 25027 *M* an diese nicht beanstandet werden können, da es somit auch auf die Frage, ob nicht in zweiter Reihe eine Eigentümerhypothek des Hermann E., und die von diesem abgegebenen Anerkennungs- und Übertragungserklärungen zu Recht beständen, überhaupt nicht ankommt, so war es gerechtfertigt, daß die Vorderrichter die Klage abgewiesen und der Widerklage, wie geschehen, stattgegeben haben." ...

87. 1. Unter welchen Voraussetzungen hat der durch unanfechtbar gewordenes Urteil zu einer Leistung aus einem nichtigen Geschäft Verurteilte einen Anspruch auf Anfechtung dieses Urteils und Aufhebung der Wirkungen seiner Rechtskraft?

2. Einstweilige Verfügung als Mittel zur Sicherung dieses Anspruchs.

I. Zivilsenat. Urt. v. 14. Oktober 1905 i. S. Ehefr. H. (Bekl.) w. L. (Kl.). Rep. I. 143/05.

I. Landgericht I Berlin.
II. Kammergericht daselbst.

Der Kläger wurde durch rechtskräftiges Versäumnisurteil vom 21. Juli 1900 verurteilt, an die Beklagte 5800 ℳ nebst Zinsen zu zahlen. Das Urteil erging, nachdem der Kläger durch öffentliche Bekanntmachung geladen war, weil nach der Behauptung der Beklagten sein Aufenthalt unbekannt war. Die öffentliche Zustellung war auf Grund einer Bescheinigung des Polizeipräsidiums zu B. vom 22. März 1900 des Inhalts bewilligt, daß der am 21. September 1871 geborene B. seit dem 3. Februar 1891 von Steglitzerstraße ... nach Afrika ohne Angabe des Orts abgemeldet und seitdem nicht wieder zur Anmeldung gelangt sei.

Im Jahre 1904 betrieb die Beklagte die Zwangsvollstreckung aus dem Urteile. Der Kläger wurde gegen die Beklagte mit dem Antrage klagbar, sie zu verurteilen, anzuerkennen, daß ihr aus dem Urteil keine Rechte zustehen, weil es sich bei der Judikatforderung um wucherische Forderungen handle, die Erwirkung des Urteils eine wucherische Ausbeutung enthalte, das Urteil auch erschlichen sei, da der Beklagten sein Aufenthalt in Bloemfontein bekannt gewesen sei. Gleichzeitig mit Erhebung dieser noch nicht entschiedenen Klage beantragte und erlangte der Kläger auf Grund der §§ 935. 940 Z.P.O. den Erlaß einer einstweiligen Verfügung, durch welche angeordnet wurde, daß die Beklagte 1. aus dem Urteil die Zwangsvollstreckung nicht betreiben, 2. den Schuldtitel nicht veräußern dürfe, 3. den Schuldtitel an einen vom Kläger zu benennenden Gerichtsvollzieher herauszugeben habe.

Die Judikatforderung von 5800 M rührte aus einem Kaufgeschäft vom Jahre 1894 über Wagen, Pferd und Geschirr her. Nach der Behauptung des Klägers war das Kaufgeschäft nichts als ein verschleiertes wucherisches Darlehnsgeschäft. Im Jahre 1894, als er noch studiert, unselbständig und in väterlicher Gewalt gewesen, und ein lockeres Leben geführt, habe Julius H. sich ihm auf der Straße für Geldgeschäfte angeboten, ihm vorgeschlagen, um die Wuchergesetze zu umgehen, wolle er, H., ihm zum Schein gegen Wechsel, die prolongiert werden würden, Wagen und Pferd verkaufen, die ein Dritter ihm sofort wieder abkaufen und mit 3000 M bezahlen werde. H. habe ihm nicht ganz 300 M gegeben, und am nächsten Tage habe er im Fuhrgeschäft von R. an S., der sich als Käufer vorgestellt, das Gespann verkauft, aber nur 400 M erhalten, die S. als Kaufpreis geboten, während Pferd und Wagen etwa 1000 M wert gewesen seien. Im Hauptprozeß gab die Beklagte an, daß sie durch ihren Ehemann H. als ihren Vertreter das Gespann für 5800 M an den Kläger verkauft habe.

Der Kläger behauptete weiter, daß er dann nach Südafrika gegangen sei, bei dem Obersten Gericht des Orange-Freistaats in Bloemfontein die Zulassung als Anwalt erlangt habe, 1898 nach Berlin zurückgekehrt sei, den Julius H. auf der Straße getroffen und ihm vor seiner Rückkehr nach Bloemfontein gesagt habe, daß er sein Domizil in Bloemfontein habe, dort als Rechtsanwalt wirke und über kurz oder lang dahin zurückkehren werde. Nach seiner Behauptung wußte die Beklagte von dem gesamten Sachverhalt durch ihren Ehemann, und benützte sie bei den damaligen kriegerischen Verwickelungen in Südafrika in der Voraussicht, daß die öffentliche Zustellung ohne Erfolg bleiben werde, Zeit und Gelegenheit, um den vollstreckbaren Titel zu erlangen. Der Kläger sei dadurch gefährdet, weil H., der wegen Wuchers bereits gestraft, mehrfach den Offenbarungseid geleistet habe, und auch die Beklagte insolvent sei.

Die Beklagte erhob Widerspruch gegen die einstweilige Verfügung, bestritt, daß es sich um Wuchergeschäfte gehandelt, daß sie den Aufenthalt des Klägers in Bloemfontein gekannt, daß Anlaß zur Anfechtung des Judikates und zum Erlaß der einstweiligen Verfügung vorliege, und behauptete, es habe sich um ein reelles Kaufgeschäft gehandelt, das Pferd habe 3500 *M* beim Einkauf gekostet, der Kläger habe die Schuld auch noch 1898 anerkannt.

Der erste Richter hob die einstweilige Verfügung auf; dagegen wurde auf die Berufung des Klägers vom Kammergericht im Wege der einstweiligen Verfügung angeordnet, daß die Beklagte bis zur Entscheidung des Rechtsstreits in der Hauptsache aus dem Judikate sich der Zwangsvollstreckung zu enthalten, die Veräußerung des Schuldtitels zu unterlassen und denselben an einen Gerichtsvollzieher herauszugeben habe.

Die Revision der Beklagten ist zurückgewiesen worden, aus folgenden

Gründen:

„1. Daß der Beklagten, wie die Revision an erster Stelle rügt, durch die einstweilige Verfügung die Betreibung der Zwangsvollstreckung aus den Urteilen und Kostenfestsetzungsbeschlüssen nicht habe untersagt werden dürfen, sondern nur im Wege einer Anordnung nach § 769 Z.P.O., ist nicht richtig. Der § 769 setzt für den Fall des § 767 Z.P.O. voraus, daß der judikatmäßige Anspruch nachträglich, d. h. nach Schluß der letzten mündlichen Verhandlung, aus Gründen ganz oder teilweise fortgefallen ist, die im Prozeß auch durch Einspruch nicht mehr haben geltend gemacht werden können. Darum handelt es sich hier nicht, und der § 769 ist deshalb unanwendbar. Nach der Behauptung des Klägers ist ein rechtswirksamer Anspruch für die Beklagte überhaupt nicht entstanden, weil dem Judikat ein nach dem Gesetz vom 24. Mai 1880 (19. Juni 1893) und dem § 138 Abs. 2 B.G.B. nichtiges Wuchergeschäft zugrunde liege, das keinen Anspruch auf Leistung, sondern die Rückforderung des Geleisteten begründe. Ist dem Kläger dem rechtskräftigen Judikate gegenüber der Nachweis zu gestatten, daß es auf nichtigen Geschäften beruhe, so hat er auch einen Anspruch darauf, daß in der Zwangsvollstreckung von ihm nicht beigetrieben wird, was ihm wieder erstattet werden müßte, weil er es zurückfordern kann. Dieser Anspruch kann nicht durch eine Anordnung aus § 769 Z.P.O. gesichert werden, sondern nur durch eine einstweilige Verfügung nach §§ 935. 945 Z.P.O., deren Voraussetzungen der Berufungsrichter im übrigen unangefochten feststellt.

2. In der Sache selbst bestehen gegen diesen von dem Kläger im Hauptprozeß gegen die Beklagte mit dem aus dem Tatbestand

ersichtlichen Antrage erhobenen und von dem Berufungsrichter für glaubhaft gemacht angesehenen Anspruch nicht zu verkennende rechtliche Bedenken. Gleichwohl ist dem Berufungsrichter im Ergebnis beizutreten.

Der Berufungsrichter sieht für glaubhaft gemacht an, daß das im Jahre 1894 mit dem damals studierenden, mittellosen, unselbständigen, in väterlicher Gewalt stehenden Kläger abgeschlossene Kaufgeschäft über Pferd und Wagen, auf welchem das Judikat auf Zahlung der 5800 *M* nebst Zinsen beruht, kein reelles Kaufgeschäft gewesen, sondern unter seiner Form ein Darlehnsgeschäft versteckt worden ist, bei welchem der Kläger unter Beihilfe des S. und G. durch Julius H., den Ehemann der Beklagten, in gröblicher Weise wucherisch übervorteilt worden ist. Daß der Beklagten der wucherische Charakter des Geschäfts bekannt gewesen ist, sieht der Berufungsrichter ebenso für glaubhaft gemacht an. Das greift die Revision nicht an. Darauf allein kann indessen die Beseitigung des rechtskräftigen Urteils und der Wirkung einer Rechtskraft, § 322 Z.P.O., nicht gestützt werden. Klage und Urteil sind die gesetzlichen Mittel zur Durchsetzung jedes Anspruchs. Das Gesetz eröffnet dem Schuldner die Möglichkeit, sich im Rechtsstreit gegen jeden Anspruch zu verteidigen, und geltend zu machen, daß der erhobene Anspruch nicht entstanden, oder nicht klagbar und erzwingbar sei. Es eröffnet ihm die ordentlichen Rechtsmittel zur Beseitigung nicht rechtskräftiger Urteile und in beschränktem Umfange im Wiederaufnahmeverfahren der §§ 578 flg. Z.P.O. selbst die Möglichkeit der Beseitigung rechtskräftiger Urteile durch die Restitutionsklage und die Nichtigkeitsklage. Ist aber das ergangene Urteil, wie hier, weder durch ordentliche, noch durch außerordentliche Rechtsmittel mehr anfechtbar, so ist auch grundsätzlich der erhobene Anspruch unanfechtbar geworden, und jede weitere Untersuchung darüber ausgeschlossen, ob der Anspruch entstanden, klagbar und erzwingbar, infolgedessen aber auch jede Verteidigung damit, daß der Anspruch unklagbar und nicht erzwingbar sei, und daß Klage und Urteil nur dazu haben dienen sollen, einen solchen Anspruch erzwingbar zu machen. Alles dies gilt grundsätzlich auch für Versäumnisurteile und selbst für den Fall, daß das Versäumnisurteil nach öffentlicher Zustellung ergangen. Ist es unanfechtbar geworden, so kann nachträglich nicht mehr untersucht werden, ob die öffentliche Ladung mit Grund, oder ohne Grund bewilligt ist. Im vorliegenden Falle kann nicht einmal gesagt werden, daß sie ohne Grund bewilligt ist. Das Gericht durfte auf Grund der ihm vorgelegten Bescheinigung des Polizeipräsidiums zu B. annehmen, daß der Aufenthalt des damaligen Beklagten unbekannt sei, und nachdem das Urteil unanfechtbar geworden, kommt es grundsätzlich selbst darauf nicht an, ob der damaligen Klägerin der Aufenthalt bekannt war.

Vgl. Entsch. des R.G.'s in Zivils. Bd. 59 S. 259.

Diese Grundsätze verkennt im wesentlichen auch der Berufungsrichter nicht. Er geht unter Berufung auf das Urteil des Reichsgerichts in den Entsch. in Zivils. Bd. 39 S. 142 davon aus, daß der rechtskräftig festgestellte Anspruch an sich unanfechtbar geworden sei, und fordert zur Beseitigung des ergangenen Judikats und seiner Rechtskraftwirkung einen neuen, selbständigen, gegen das Urteil selbst gerichteten Anfechtungsgrund. Diesen findet er an erster Stelle darin, daß die Beklagte durch die Erwirkung des Urteils selbst in Fortsetzung des wucherischen Treibens den Leichtsinn des Klägers von neuem ausgebeutet habe. Er führt aus, der Kläger habe leichtsinnig gehandelt, als er 1898 bei seinem Fortgange von B. nach Bloemfontein sich habe nach Afrika und nicht nach Bloemfontein abmelden lassen; die Beklagte, die von dem Wuchergeschäft und dem Fortgange des Klägers nach Bloemfontein Kenntnis gehabt, habe diesen Leichtsinn des Klägers dadurch ausgebeutet, daß sie unter Benutzung der mangelhaften Abmeldung und unter Spekulation darauf, die öffentliche Ladung werde bei den damaligen kriegerischen Zuständen in Afrika keinen Erfolg haben, im Jahre 1900 die öffentliche Ladung und auf Grund derselben das Versäumnisurteil erwirkt habe.

Die Revision macht hiergegen mit Recht geltend, daß dem vom Berufungsrichter gekennzeichneten Verfahren der Beklagten der rechtsgeschäftliche Charakter des Wuchers völlig fehle, eine fortgesetzte wucherliche Ausbeutung darin nicht gefunden werden könne. In der Tat ist nicht abzusehen, wie dieser Leichtsinn des Klägers, selbst wenn er als solcher zu charakterisieren wäre, als Mittel zur Erlangung oder Erhaltung wucherlicher Vermögensvorteile im Sinne des Gesetzes vom 24. Mai 1880 und des Gesetzes vom 19. Juni 1893 habe sollen dienen können. In dem angezogenen Urteil des Reichsgerichts in den Entsch. in Zivils. Bd. 39 S. 142 wurde eine Fortsetzung des wucherischen Treibens darin gefunden, daß der Judikatgläubiger, der aus Wuchergeschäften eine Forderung unanfechtbar erstritten, den Beklagten von der Vorschützung der Einrede des Wuchers durch die Erklärung abgehalten haben sollte, der Wechsel über das Wucherdarlehn werde nur der Form wegen eingeklagt, von dem Urteil solle kein Gebrauch gemacht werden, wenn der Beklagte keinen Widerspruch gegen die Klage erhebe. Aus diesem Grunde wurde unter der Voraussetzung, daß der Beklagte auch damals noch in Notlage war, dem rechtskräftigen Judikat die Wirkung der Rechtskraft versagt. So liegt die Sache hier nicht.

Getragen wird das Berufungsurteil aber durch das, was es sonst noch für glaubhaft gemacht ansieht. Als glaubhaft gemacht gilt dem Berufungsrichter nicht bloß, daß das ergangene Judikat auf nichtigen Wuchergeschäften beruhe, und daß die Beklagte den Charakter dieser Geschäfte gekannt habe. Er erachtet außerdem für glaubhaft gemacht, daß die Beklagte in dem Bewußtsein, daß ihr Rechte aus diesen Geschäften nicht zustehen, mit der Anstellung des Prozesses von 1894 bis 1900, einem Zeitpunkt gewartet, wo sie darauf habe rechnen können und gerechnet habe, der Beklagte, jetzige Kläger, werde bei den damaligen Zuständen in Afrika von der Klage und der öffentlichen Ladung keine Kenntnis erlangen, daß sie bei dem Antrage auf Bewilligung der öffentlichen Zustellung gewußt, der Beklagte sei als Anwalt bei dem Obersten Gericht in Bloemfontein zugelassen und habe 1898 in Berlin erklärt, er werde über kurz oder lang dahin zurückkehren, daß sie dies bewußt in der Absicht verschwiegen, die öffentliche Zustellung, die ihr sonst nicht bewilligt worden wäre, und ein Versäumnisurteil zu erlangen, um dies als Mittel zu benutzen, sich die wucherlichen Vorteile zu verschaffen und zu sichern.

Wird hiervon ausgegangen, — und die Revision greift das, was der Berufungsrichter als glaubhaft gemacht seinem Urteil zugrunde legt, nicht an, — so ist in dem, was die Beklagte in dem Bewußtsein, daß ihr ein rechtswirksamer Anspruch nicht zustehe, getan, um für diesen Anspruch ein Judikat zu erlangen, eine vorsätzliche rechtswidrige und gegen die guten Sitten verstoßende Handlung zu finden, aus der die Beklagte keine Rechte herleiten kann, sondern zum Schadensersatz verpflichtet ist (§ 826 B.G.B.). Ist sie zum Schadensersatz verpflichtet, so hat sie den früheren Zustand wieder herzustellen (§ 249 B.G.B.), und das kann nur durch Herausgabe des Titels für die Zwangsvollstreckung und die Unterlassung der Zwangsvollstreckung geschehen. Die formale Rechtskraft des ergangenen Judikats steht der Anwendung des § 826 nicht entgegen. Die Wirkung der Rechtskraft muß da zessieren, wo sie bewußt rechtswidrig zu dem Zwecke herbeigeführt ist, dem, was nicht Recht ist, den Stempel des Rechts zu geben. Damit wird kein neuer Rechtssatz ausgesprochen. Auf ihm beruht vielmehr im Grunde sowohl das obige Urteil in den Entsch. des R.G.'s in Zivils. Bd. 39 S. 142, als auch das Urteil in den Entsch. a. a. O. Bd. 36 S. 249, wo im Anschluß an frühere Urteile des vormaligen Obertribunals zu Berlin (Entsch. Bd. 52 S. 1 und Striethorst's Archiv Bd. 6 S. 261) die Wirkung der Rechtskraft einem Judikat versagt ist, das nach dem Willen beider Parteien zum Schein herbeigeführt ist, d. h. kein Recht schaffen sollte, und namentlich das Urteil des Reichsgerichts in den Entsch. in Zivils. Bd. 46 S. 75. In diesem Falle war der Schuldner rechtskräftig zur Zahlung der Wechselsumme verurteilt, obwohl er gezahlt hatte, nachdem der Wechselgläubiger wissentlich falsch beschworen hatte, daß nicht gezahlt sei. Der Gläubiger war wegen dieses Meineids gestraft, das Urteil aber rechtskräftig geworden, und auch die Restitutionsklage versäumt. Hier hat das Reichsgericht die Kondiktion der in der Zwangsvollstreckung beigetriebenen Wechselsumme zugelassen, weil die Wirkung der Rechtskraft dem Grundsatz gegenüber zessiere, daß vorsätzliche Rechtsverletzung zum Schadensersatze verpflichte.

Nicht wesentlich anders liegt die Sache hier, vorausgesetzt, daß im Hauptprozesse erwiesen wird, was der Berufungsrichter für glaubhaft gemacht ansieht, daß die Beklagte bewußt einen nichtigen Anspruch aus Wuchergeschäft verfolgt und sich das Judikat für diesen Anspruch dadurch verschafft hat, daß sie die Klage absichtlich erhob und sich die öffentliche Zustellung absichtlich bewilligen ließ zu einer Zeit, wo sie darauf rechnen konnte und gerechnet hat, der jetzige Kläger werde von der Klage keine Kenntnis erhalten und sich nicht verteidigen können. Dann ist das, was die Beklagte getan hat, namentlich das Verschweigen des ihr bekannten Wohnsitzes des

Klägers, ein arglistiges, rechtswidriges, gegen die guten Sitten verstoßendes Verhalten zu unlauterem Zwecke, welches gemeinrechtlich die actio de dolo begründen würde, und jetzt die Anwendung des § 826 B.G.B. rechtfertigt, die Berufung auf die Rechtskraft aber als eine gegen die guten Sitten verstoßende Ausbeutung derselben erscheinen läßt.

Vgl. Dernburg, in der Deutschen Juristen-Zeitung 1905 S. 466."

---

88. Sind der Kredit, der Erwerb und das Fortkommen eines Menschen Rechtsgüter, die, wenn sie durch Verbreitung unwahrer Tatsachen beeinträchtigt werden, Schutz durch Klage auf Unterlassung weiterer Verbreitung der verletzenden Behauptungen zu beanspruchen haben? Beweislast in betreff der Wahrheit der verbreiteten Behauptungen.

VI. Zivilsenat. Urt. v. 16. Oktober 1905 i. S. H. (Kl.) w. V. u. Gen. (Bekl.). Rep. VI. 13/05.

I. Landgericht Altona.
II. Oberlandesgericht Kiel.

In der Zuckerwarenfabrik, die der Kläger in Altona betrieb, traten in den ersten Tagen des Novembers 1903 die Arbeiter in Ausstand, um höhere Löhne zu erlangen; es kam indes alsbald zu einer Einigung auf Grund von Verhandlungen, die der Beklagte V. als Vorsitzender des „Zentralverbandes der Konditoren, Leb- und Pfefferküchler" mit dem Kläger führte. Hierbei versprach der Kläger auch, er werde die Vorgänge bei der Arbeitsniederlegung gegenüber den an dieser beteiligt gewesenen Arbeitsnehmern nicht zum Anlaß einer Kündigung machen.

Im Dezember 1903 entließ jedoch der Kläger mehrere der am Streik beteiligt gewesenen Personen, zunächst zwei Mädchen und sodann zwei dem genannten Zentralverbande angehörige Arbeiter. Darauf richtete der Beklagte V. unter dem 20. Januar 1904 an den Kläger einen Brief, in dem er auf das erwähnte Versprechen Bezug nahm und aussprach, daß mit diesem die Entlassung der Mädchen und der beiden Arbeiter nicht im Einklang stehe; zugleich bat er um Mitteilung, ob der Kläger jenes Versprechen nicht mehr als bindend betrachte, und fügte hinzu, daß dann auch der Zentralverband sich gezwungen sehen würde, zu der Angelegenheit Stellung zu nehmen. Der Kläger ließ die Zuschrift unbeantwortet und kündigte alsbald noch fünf Arbeitern, von denen er annahm, daß sie sämtlich Mitglieder des Zentralverbandes der Konditoren, Leb- und Pfefferküchler seien; er bezeichnete dabei als Grund der Kündigung die Zugehörigkeit der Genannten zu dem Verbande, sowie das ihm von V. zugegangene Schreiben. Infolgedessen wurden in Altona Flugblätter in den Straßen an die Vorübergehenden verteilt und in die Läden und Wohnungen getragen, in denen das vom Kläger Anfang November 1903 gegebene Versprechen mitgeteilt und behauptet war, daß der Kläger dasselbe gebrochen habe, und zugleich an die Empfänger der Flugblätter die Bitte gerichtet war, ihren Bedarf an Zuckerwaren nicht mehr bei dem Kläger und denjenigen Händlern, die von ihm bezogene Waren vertrieben, zu kaufen; angefügt waren Listen über die Geschäfte, die Waren des Klägers führten. Unstreitig hatten sich die Beklagten V., R., L., K., G., T. und B. an der Verbreitung der Flugblätter beteiligt. Der Kläger erhob gegen sie Klage mit dem Antrage, sie zu verurteilen, bei Vermeidung einer für jeden Fall der Zuwiderhandlung festzusetzenden Strafe es zu unterlassen, Flugblätter zu verfassen, zu drucken oder zu verbreiten, in denen das Publikum aufgefordert werde, nicht mehr von dem Kläger Ware zu beziehen oder von ihm hergestellte Ware zu konsumieren, solange nicht der Bezug oder Konsum von dem Verbande der Konditoren, Leb- und Pfefferküchler freigegeben sei, unter Aufstellung der Behauptung, der Kläger habe entgegen seinem Versprechen Arbeiter entlassen, das seinen Arbeitern oder einzelnen seiner Arbeiter gegebene Wort gebrochen, oder ähnlicher Behauptungen.

Das Landgericht verurteilte die bezeichneten Beklagten unter Androhung einer Geldstrafe für jeden Zuwiderhandlungsfall dahin, es zu unterlassen, Flugblätter in die Häuser zu tragen, auf den Straßen zu verteilen oder in anderer Weise unter das Publikum zu bringen, in denen das Publikum unter Aufstellung der Behauptung, der Kläger habe entgegen seinem Versprechen Arbeiter entlassen, das seinen Arbeitern oder einzelnen seiner Arbeiter gegebene Wort gebrochen, oder gleichbedeutender Behauptungen aufgefordert werde, nicht mehr von dem Kläger Ware zu beziehen, oder von dem Kläger hergestellte Ware zu konsumieren, solange nicht der Bezug oder Konsum vom Verbande der Konditoren, Leb- und Pfefferküchler freigegeben werde.

Auf die Berufung der Beklagten wies das Oberlandesgericht Kiel die Klage ab; das Reichsgericht aber stellte die erstinstanzliche Entscheidung wieder her.

Aus den Gründen:

„Die Revision ist als zulässig anzusehen, und zwar schon deshalb, weil das Interesse des Klägers daran, daß von den Beklagten nicht mehr Flugblätter verbreitet werden, in denen er des Wortbruchs gegenüber seinen Arbeitern geziehen wird, kein bloß vermögensrechtliches ist; es kann deshalb dahingestellt bleiben, ob nicht auch sein vermögensrechtliches Interesse an der Wiederherstellung der erstinstanzlichen Entscheidung auf mehr als 1500 ℳ zu veranschlagen wäre.

Die Revision erscheint auch begründet.

Nach dem oben wiedergegebenen Wortlaute des Klagantrags muß angenommen werden, daß der Kläger nur verlangt, es solle den Beklagten verboten werden, auch ferner noch Flugblätter zu verbreiten, in denen das Publikum mit der Begründung, daß der Kläger ein seinen Arbeitern gegebenes Versprechen gebrochen habe, aufgefordert wird, bis auf weiteres keine von dem Kläger in den Verkehr gebrachten Waren zu kaufen. Jedenfalls aber muß das erstinstanzliche Urteil dahin verstanden werden, daß damit den jetzigen Revisionsbeklagten nur untersagt sein sollte, Flugblätter zu verbreiten, in denen jene Aufforderung mit der Behauptung, daß der Kläger ein seinen Arbeitern gegebenes Versprechen gebrochen habe, verknüpft, und die Aufforderung auf diese Beschuldigung gestützt wird.

Bei dieser Beschränkung der von dem Landgerichte ausgesprochenen Verurteilung, bei welcher der Kläger sich beruhigt hat, war in der Berufungsinstanz, und ist jetzt nicht darüber zu entscheiden, ob den Berufungsklägern und jetzigen Revisionsbeklagten untersagt werden könne, durch Verbreitung von Flugblättern das Publikum in Altona und Umgegend lediglich aufzufordern, in dem Streite, der zwischen dem Kläger und einzelnen seiner Arbeiter entstanden ist, die letzteren, bzw. den ihre Interessen vertretenden Zentralverband der Konditoren,

Leb- und Pfefferküchler dadurch zu unterstützen, daß es bis zu einer Gegenerklärung dieses Verbandes keine Waren mehr kaufe; es kommt vielmehr nur darauf an, ob der Kläger berechtigt ist, zu verlangen, daß diese Aufforderung nicht in Verbindung mit dem erwähnten Vorwurfe des Wortbruchs und auf ihn gestützt verbreitet werde.

Jedenfalls in dieser Beschränkung ist das Verlangen des Klägers als berechtigt anzuerkennen.

Der Vorwurf, der in den von den Revisionsbeklagten verbreiteten Flugblättern gegen den Kläger erhoben ist, geht dahin, er habe dem von ihm Anfang November 1903 zur Beilegung des damals in seiner Fabrik ausgebrochenen Streiks gegebenen Versprechen, die an diesem beteiligt gewesenen Arbeiter wegen dieser ihrer Teilnahme nicht aus dem Arbeitsverhältnis zu entlassen, insofern zuwidergehandelt, als er im Dezember 1903 und im Januar 1904 zwei Fabrikmädchen und sieben Arbeiter doch deshalb entlassen habe, weil sie an der Ausstandsbewegung teilgenommen hätten. Dieser Vorwurf war nicht bloß im allgemeinen geeignet, den Kläger in der öffentlichen Meinung herabzuwürdigen, sondern, wie die Vorinstanz nicht verkennt, auch geeignet, ihm Nachteile für den Betrieb seines Geschäfts, also für seinen Erwerb, zu bereiten, insbesondere sein Verhältnis zu den bei ihm beschäftigten Arbeitern ungünstig zu beeinflussen und ihm die Gewinnung tüchtiger, auf Vertragstreue haltender Arbeiter zu erschweren.

Nun müssen aber, wie der erkennende Senat bereits in einem Urteil vom 5. Januar 1905, Rep. VI. 38/04 (Entsch. des R.G.'s in Zivils. Bd. 60 S. 6 flg.) ausgesprochen hat, der Kredit, der Erwerb und das Fortkommen eines Menschen als Rechtsgüter angesehen werden, denen dann, wenn sie durch Behauptung oder Verbreitung unwahrer Tatsachen beeinträchtigt werden, Rechtsschutz zu gewähren ist, und zwar nicht bloß unter den in § 824 B.G.B. vorgesehenen Voraussetzungen in der Form der Schadensersatzklage, sondern nach Analogie der Bestimmungen in den §§ 12. 862. 1004 B.G.B. mittels der Klage auf Unterlassung künftiger Verletzungen auch dann, wenn demjenigen, welcher die objektiv unwahren Tatsachen behauptet oder verbreitet hat, ein subjektives Verschulden nicht beizumessen ist, oder er in Wahrnehmung berechtigter Interessen gehandelt hat.

An dieser Auffassung ist festzuhalten."

(Es folgen Darlegungen dahin, im Berufungsurteile sei einwandfrei festgestellt, daß der Kläger den beiden Fabrikmädchen und den beiden zuerst entlassenen Arbeitern nicht deshalb gekündigt habe, weil sie an dem früheren Ausstand beteiligt gewesen seien; insoweit sei also die objektive Unwahrheit des Vorwurfs, der Kläger habe durch Entlassung dieser Personen sein Wort gebrochen, positiv festgestellt. Dann fährt das Urteil fort:)

„Anders liegt die Sache bezüglich der Entlassung der fünf Arbeiter, denen der Kläger nach Empfang des B.'schen Briefes vom 24. Januar 1904 unter ausdrücklichem Hinweis darauf, daß sie Mitglieder des Zentralverbandes seien, gekündigt hat.

Hier erachtet die Vorinstanz zwar nicht für erwiesen, daß der Kläger unter Verletzung seines gegebenen Versprechens die fünf Arbeiter wegen ihrer Teilnahme an dem Anfang November 1903 ausgebrochenen Streik aus ihrem Arbeitsverhältnisse entlassen habe; es stellt aber auch nicht positiv fest, daß die Entlassung nicht aus diesem, sondern aus den anderen in dem Berufungsurteil angegebenen Gründen erfolgt sei.

Indes muß diese Sachlage als ausreichend angesehen werden, die Verurteilung der Revisionsbeklagten dahin zu rechtfertigen, daß sie Flugblätter, in denen der Vorwurf des Wortbruchs gegen den Kläger ausgesprochen wird, nicht ferner verbreiten. Das Verlangen des Klägers, daß diese weitere Verbreitung unterbleibe, kommt hier nicht als Geltendmachung eines Schadensersatzanspruchs aus § 824 B.G.B. in Betracht, sondern als die Abwehrklage zum Schutze des ein Rechtsgut darstellenden Erwerbes des Klägers. Die Verbreitung einer tatsächlichen Behauptung, welche diesen Erwerb zu beeinträchtigen oder zu gefährden geeignet ist, stellt eine Verletzung dieses Rechtsgutes dar, deren künftige Unterlassung gefordert werden kann, sofern nicht von den Revisionsbeklagten durch den Nachweis der Wahrheit des von ihnen verbreiteten Vorwurfs ihre Berechtigung zur Fortsetzung ihres Verhaltens dargetan wird. Diese Verteilung der Beweislast entspricht auch derjenigen, welche im § 186 St.G.B. und § 6 des Wettbewerbsgesetzes für ähnliche Fälle ausdrücklich bestimmt worden ist. Wenn in den dort behandelten Fällen, sowie in § 824 Abs. 2 B.G.B. zugunsten desjenigen, welcher eine die Ehre, den Kredit, das Fortkommen oder den Geschäftsbetrieb eines anderen schädigende oder gefährdende Tatsache behauptet oder verbreitet hat, bestimmt ist, daß er straflos bleiben, bzw. zum Schadensersatz nicht verpflichtet sein solle, falls er in Wahrnehmung eigener berechtigter Interessen handelte, bzw. der Empfänger der Mitteilung an ihr ein berechtigtes Interesse hatte, so kann, wie schon in dem Urteil vom 5. Januar 1905 hervorgehoben worden ist, daraus nicht die Folgerung abgeleitet werden, daß das Vorhandensein eines solchen Interesses auch die Klage auf künftige Unterlassung der Verbreitung der betreffenden, als unwahr festgestellten oder mindestens nicht erweislich wahren tatsächlichen Behauptungen ausschließe. Das, was bei einer Verurteilung des Beklagten zu einer solchen Unterlassung auferlegt wird, kann dem Übel und dem Nachteile, die ihn bei seiner Bestrafung oder bei der Verurteilung zum Schadensersatz treffen, keineswegs gleichgestellt werden.

Es genügt sonach, was die Entlassung der fünf Arbeiter anlangt, zur Rechtfertigung der von der ersten Instanz ausgesprochenen Verurteilung schon die Tatsache, daß es den Revisionsbeklagten nicht gelungen ist, die Wahrheit der von ihnen verbreiteten Behauptung, daß der Kläger durch Entlassung dieser Arbeiter das von ihm bei der Beilegung des Streiks im November 1903 gegebene Wort gebrochen habe, nachzuweisen.

Voraussetzung für eine Verurteilung der Beklagten zu der in Rede stehenden Unterlassung ist allerdings weiter, daß Anlaß zu der Befürchtung vorliegt, es würden die Beklagten ohne das vom Kläger beantragte gerichtliche Verbot von neuem Flugblätter in Umlauf bringen, in denen er des Wortbruchs beschuldigt wird, der Kläger also weitere Störungen in seinem Erwerbe erleiden." (Es folgen Ausführungen, daß diese Voraussetzung vorliege.) . . .

---

89. Findet der Gerichtsstand des § 29 Z.P.O. auf Rechtsstreitigkeiten aus § 12 Abs. 2 des Gewerbe-Unfallversicherungsgesetzes Anwendung?

III. Zivilsenat. Urt. v. 17. Oktober 1905 i. S. A. (Kl.) w. elektrotechn. Fabrik K. (Bekl.). Rep. III. 287/05.

I. Landgericht Düsseldorf.
II. Oberlandesgericht Köln.

Gründe:

„Der Beklagte hat, während er als Volontär, d. h. ohne Lohn zu erhalten, in der Fabrik der Klägerin beschäftigt war, am 2. März 1903 einen Betriebsunfall erlitten und hat, da er nach den Bestimmungen des Krankenversicherungsgesetzes nicht versichert war, gemäß § 12 Abs. 2 des Gewerbe-Unfallversicherungsgesetzes für die ersten 13 Krankheitswochen die ihm erwachsenen Auslagen gegen die Klägerin als Unternehmerin bei der Ortskrankenkassen-Aufsichtsbehörde geltend gemacht. Diese verurteilte die Klägerin antragsgemäß. Gegen diese Entscheidung ergriff die Klägerin den nach § 14 des Gewerbe-Unfallversicherungsgesetzes und § 58 Abs. 1 des Krankenversicherungsgesetzes zulässigen Rechtsweg mit dem Antrage auf Aufhebung dieser Entscheidung, indem sie geltend machte, daß der Beklagte als Volontär weder als Arbeiter noch als Betriebsbeamter, bzw. Techniker oder Werkmeister (§§ 1. 2 des Gewerbe-Unfallversicherungsgesetzes) anzusehen sei, und daher die Bestimmungen des Gewerbe-Unfallversicherungsgesetzes, insbesondere der in Frage stehende § 12 Abs. 2 desselben, auf ihn keine Anwendung finden könnten. Sie erhob diese Klage aber nicht in dem allgemeinen Gerichtsstande des Beklagten, der derzeit bereits in Hannover wohnte, sondern auf Grund des § 29 Z.P.O. bei dem Landgericht in Düsseldorf, in dessen Bezirk sich die Fabrik der Klägerin, in welcher sich der Unfall ereignet hatte, befindet. Der Beklagte erhob die prozeßhindernde Einrede der Unzuständigkeit des Gerichts, da die streitige Verpflichtung unmittelbar auf dem Gesetz beruhe, und daher der § 29 Z.P.O. nicht zutreffe. Beide Vorinstanzen haben den Einwand verworfen, weil der § 29 Z.P.O. in der Tat Anwendung finde. Das Berufungsgericht führt aus, es handle sich um einen Anspruch aus einem Vertrage, denn die Klage sei darauf gestützt, daß der Beklagte nicht in einem solchen Arbeitsverhältnis zu der Klägerin gestanden habe, welches die Voraussetzung des § 12 Abs. 2 des Gewerbe-Unfallversicherungsgesetzes bilde. Sachlich habe also die Klage die Feststellung zum Gegenstand, daß zwischen den Parteien kein Vertragsverhältnis bestanden habe, aus dem eine gesetzliche Verpflichtung, wie sie § 12 Abs. 2 bestimme, hervorgehe. Gegenstand des Klagbegehrens sei also der Inhalt und die Tragweite des bestehenden Vertragsverhältnisses. Allerdings sei nicht unmittelbar dieses ganze Vertragsverhältnis streitig, sondern nur eine gesetzlich daran zu knüpfende oder nicht zu knüpfende öffentlichrechtliche Folgerung. Aber auch eine Entscheidung über einen derartigen Anspruch, der den Vertragsinhalt zur notwendigen Grundlage habe, der also auf die dem Vertrag vom Gesetz beigelegte und demnach als stillschweigend mitvereinbart geltende Tragweite eines vertraglichen Verhältnisses gestützt werde, falle unter § 29 Z.P.O.

Mit Recht werden diese Ausführungen von der Revision als rechtsirrig angefochten. Das Gewerbe-Unfallversicherungsgesetz, welches nur ein Glied der zur Besserung der Lage der Arbeiter durch ihre Versicherung gegen Krankheit, Unfall, Alter und Invalidität bestimmten sozialen Gesetzgebung bildet, beruht, wie allseitig anerkannt ist, auf dem Boden des öffentlichen Rechts, und die in ihm aufgestellten Verpflichtungen sind, wie auch das Berufungsgericht selbst ausspricht, öffentlichrechtliche Verpflichtungen, die durch das öffentlichrechtliche Gesetz unmittelbar dem Verpflichteten, vorliegend (§ 12 Abs. 2) den Unternehmern, auferlegt sind. Die Verpflichtung beruht nicht auf einem Vertrage, sondern unmittelbar auf dem Gesetz. Das ergibt sich schon daraus, daß die Verpflichtung des § 12 Abs. 2 ohne weiteres auch die Unternehmer traf, die ihre Arbeitsverträge vor Inkrafttreten des Gesetzes geschlossen hatten, und auch die Unternehmer trifft, die entgegenstehende Vertragsabreden mit ihren Arbeitern getroffen haben. Daß ein Arbeitsverhältnis der in den §§ 1. 2 des Gewerbe-Unfallversicherungsgesetzes vorgesehenen Art vorliegen muß, ist lediglich eine Voraussetzung oder ein Begriffsmerkmal der gesetzlichen Verpflichtung; nicht aber beruht die Verpflichtung auf dem das Arbeitsverhältnis begründenden Vertrage. Die Ausführung des Berufungsgerichts, daß die Klage nach ihrer inhaltlichen Bedeutung sich als Klage auf Feststellung des Nichtbestehens eines Vertrags darstelle, der die Verpflichtung des § 12 Abs. 2 mit sich bringe, ist nicht richtig. Schon der Klagantrag auf Aufhebung der Entscheidung der Aufsichtsbehörde geht inhaltlich dahin und ist darauf gestützt, daß die gesetzliche Verpflichtung des § 12 Abs. 2 nicht vorliege. Über den Inhalt des zwischen den Parteien geschlossenen Vertrags besteht zwischen den Parteien kein Streit; es steht fest, daß der Kläger als Volontär bei der Beklagten in Stellung war, und der

Streit ist einzig der, ob auf dieses feststehende Sachverhältnis die Verpflichtung des § 12 Abs. 2 Anwendung findet, ob unter den „Arbeitern, Betriebsbeamten, Technikern und Werkmeistern", welche die §§ 1. 2 des Gewerbe-Unfallversicherungsgesetzes aufführen, auch die Volontäre zu verstehen sind. Es handelt sich daher lediglich um die Auslegung, die Abgrenzung der im § 12 Abs. 2 aufgestellten gesetzlichen Verpflichtung, und nicht um eine Verpflichtung aus einem Vertrage. Ist aber hiernach der Gerichtsstand des § 29 Z.P.O. nicht gegeben, so mußte die Klage, weil bei einem unzuständigen Gericht erhoben, abgewiesen werden."

---

90. Kann die Pfändung einer in Zukunft möglicherweise entstehenden Eigentümerhypothek im Grundbuch eingetragen werden?

V. Zivilsenat. Beschl. v. 18. Oktober 1905 i. S. Heinr. & H. M., (Gläub.) w. B. (Schuldn.). Beschw.-Rep. V. 241/05.

I. Amtsgericht I München.
II. Landgericht daselbst.

Otto B. in M. ließ im November 1898 auf seinem Anwesen Hs. Nr. 22 für die Aktiengesellschaft „A.", eine mit 4 Prozent verzinsliche Darlehnshypothek von 335000 *M* mit einer Kautionshypothek für nicht bevorzugte Zinsen, Verzugszinsen, Kosten und Schäden zu 33500 *M* eintragen.

Seit 1. Mai 1905 ist das Grundbuch in M. als angelegt erklärt.

Von der Firma Heinr. und H. M., Bankgeschäft in M., wurde zugunsten einer vorläufig vollstreckbaren Forderung von 29000 *M* nebst Zinsen und Kosten gegen B. Pfändungsbeschluß in „die an Stelle der für die Aktiengesellschaft A. eingetragenen Kautionshypothek von 33500 *M* möglicherweise zur Entstehung gelangende Eigentümerhypothek" erwirkt. Das Grundbuchamt wies jedoch den Antrag auf Eintragung dieser Pfändung in das Grundbuch zurück. In der Begründung dieser Verfügung wurde zwar zugegeben, daß die

Pfändung einer zukünftigen Eigentümerhypothek zulässig sei, deren Eintragung aber aus den zwei Haupterwägungen abgelehnt:

1. daß die unter dem alten bayerischen Hypothekenrecht begründeten Nebensachenkautionshypotheken, insbesondere im Hinblick auf § 1178 B.G.B., selbständiger Bedeutung entbehrten, und ihre von niemand vorausgesehene Umgestaltung in Eigentümerhypotheken schwerste Nachteile für die nachfolgenden Hypothekengläubiger ꝛc nach sich ziehen würde;
2. daß aber auch die Eintragung der erwähnten Pfändung nach § 40 G.B.O. sowie deshalb rechtlich unzulässig sei, weil das bedingte Recht des Grundstückseigentümers auf Erwerb einer Eigentümerhypothek weder selbst dinglich sei, noch auch dem jeweiligen Grundstückseigentümer zustehe.

Dabei bezog sich das Grundbuchamt insbesondere auf den Beschluß des Kammergerichts vom 16. Februar 1905, abgedruckt in der Deutschen Jurist.-Zeitg. 1905 S. 461 (und R.J.A. 5 S. 270 flg.).

Die Beschwerde der Gläubigerin wurde durch Beschluß des Landgerichts M. im wesentlichen unter Billigung der Gründe des Amtsgerichts zurückgewiesen. Der weiteren Beschwerde der Gläubigerin wollte das bayerische Oberste Landesgericht, wie es unter ausführlicher Begründung in seinem Beschlusse vom 23. Juni 1905 darlegte, zwar stattgeben, es sah sich aber im Hinblick auf den vorerwähnten kammergerichtlichen Beschluß daran gehindert und hat deshalb die Sache dem Reichsgericht vorgelegt.

Dieses wies jedoch, unter Anerkennung seiner nach § 79 Abs. 2 G.B.O. gegebenen Zuständigkeit, die weitere Beschwerde zurück, aus folgenden

Gründen:

„Mit dem Obersten Landesgerichte muß der für Ablehnung der Pfändungseintragung von den Unterrichtern angeführte erste Grund, daß nämlich die Zinsen- und Kostenkautionen keine selbständigen Hypotheken seien, mißbilligt werden. Zutreffend führt der Vorlegungsbeschluß aus, daß derartige auf Grund des bayerischen Hypothekenrechts eingetragene Kautionen nunmehr nichts anderes seien als Sicherungshypotheken für einen Höchstbetrag nach § 1190 B.G.B., deren Wesen der Entstehung von Eigentümerhypotheken keineswegs entgegensteht.

Daß die Aussicht des Eigentümers auf möglichen künftigen Erwerb einer Eigentümerhypothek, mag man sie „Anwartschaft auf Eigentümerhypothek", oder mit anderen „vorläufige Eigentümerhypothek", oder vielleicht auch „bedingte Eigentümerhypothek" nennen, schon ein Recht des Eigentümers bildet, und daß dieses Recht sogar pfändbar ist, nehmen mit vielen anderen und insbesondere auch mit dem kammergerichtlichen Beschlusse vom 16. Februar 1905 auch das Grundbuchamt und das Landgericht M. I an, und es mag die Richtigkeit dieser Sätze hier unterstellt werden. Da andererseits auch die vom bayerischen Obersten Gerichtshofe zurückgewiesene, vom Kammergericht und den jetzt angefochtenen Beschlüssen geteilte Meinung, als sei das erwähnte Recht des Eigentümers nur ein persönliches, zu erheblichen Bedenken Anlaß gibt, so könnte man dessen Dinglichkeit annehmen und dann folgern, daß es auf dem in den §§ 830. 857 Abs. 6 Z.P.O. verzeichneten Wege, gepfändet werden könnte und müßte, daß also bei Anwartschaft auf eine Eigentümerbuchhypothek deren Pfändung nur durch Eintragung in das Grundbuch rechtswirksam werden, diese Eintragung daher auch nicht verweigert werden könnte. Indessen ist schon eine solche Schlußfolgerung nicht ohne weiteres zulässig. Denn einerseits bleibt es, wenn auch nach der Rechtsprechung insbesondere auch des beschließenden Senats die Anwendbarkeit der angezogenen §§ 830. 857 Abs. 6 Z.P.O. auch auf Eigentümerhypotheken und Grundschulden auszudehnen ist, immer noch fraglich, ob dies auch zugunsten der bloßen Anwartschaft auf Eigentümerhypotheken gelten muß; andererseits aber gibt das Gesetz im § 857 Abss. 1 u. 2 Z.P.O. doch auch einen anderen Weg für Pfändung von solchen Rechten, die nicht Gegenstand der Zwangsvollstreckung in das unbewegliche Vermögen und auch nicht Gegenstand gewöhnlicher Forderungs- und Anspruchspfändung sind.

Wollte man aber auch alle vorstehenden Fragen im Sinne der Beschwerdeführerin und zugunsten ihres Eintragsbegehrens entscheiden, so muß doch dieses Begehren und damit die Beschwerde an Gründen scheitern, die in den bisherigen Beschlüssen zwar zum Teil angedeutet, aber noch nicht genügend erörtert worden sind. Sie ergeben sich aus dem Wesen und Zwecke der Grundbuchgesetzgebung überhaupt und insbesondere aus der richtigen Auslegung und Anwendung des § 40 G.B.O.

Im Gegensatz zum römischen Rechte hielt es schon das ältere deutsche Recht für nötig, die besonders wichtigen Eigentums- und Pfandansprüche auf unbewegliche Sachen durch Einrichtungen zu sichern, wodurch ihre Kenntnis für alle Beteiligten am besten und einfachsten vermittelt, und sie selbst tunlichst gegen Störung und Verdunklung geschützt werden konnten. Aus mannigfachen älteren Versuchen zur Erreichung dieser Ziele entwickelte sich schließlich die als die zweckmäßigste erkannte Maßregel der Eintragung der erwähnten Rechte in öffentliche Bücher, in das Grundbuch. Man kann und muß es insbesondere auch als Hauptzweck des durch die neue deutsche Reichsgesetzgebung geschaffenen Grundbuchs erklären, daß dadurch auf sicherer Grundlage bestimmte und sichere Rechtsverhältnisse für unbewegliche Sachen geschaffen und erhalten werden sollten. Dieser Zweck ist so selbstverständlich, daß er in der Begründung der betreffenden Gesetzgebung, die er als leitender Grundgedanke durchzieht, keiner ausführlichen Erörterung bedurfte. Übrigens ist er an einzelnen Stellen jener Begründung (vgl. z. B. Motive zum B.G.B. Bd. 3 S. 10. 16. 20. 161) besonders hervorgehoben, und er hat in einzelnen Stellen des Gesetzes selbst deutlichen Ausdruck gefunden.

Hierher sind z. B. zu rechnen, der Abs. 2 des § 873 B.G.B., der zur Bedingung von Grundbucheintragungen gerichtliche oder notarielle Beurkundungen oder Erklärungen vor dem Grundbuchamte selbst macht, und der § 925 daselbst, der sogar gleichzeitige Anwesenheit des Veräußerers und des Erwerbers bei der Auflassung fordert, und eine Auflassung unter einer Bedingung oder Zeitbestimmung verbietet, ferner auch der § 1115 B.G.B., worin genaue Angaben über einzutragende Hypotheken vorgeschrieben sind. In den §§ 5 und 6 G.B.O. ist der Besorgnis vor Verwirrung des Grundbuchs ausdrücklich Rechnung getragen, und der § 16 G.B.O., der einen Eintragungsantrag unter Vorbehalt untersagt, der § 18 ebenda, der genaue Vorschriften für den Fall von Eintragungshindernissen gibt, und der § 29 G.B.O., der abermals öffentliche Urkunden als Grundlagen für Eintragungen verlangt, bekunden ebenfalls die stete Fürsorge des Gesetzgebers für den angegebenen Hauptzweck des Grundbuchs. Dieser kann aber nur im Wege einer gewissen Selbstbeschränkung erreicht werden. Wie sich die Grundbuchgesetzgebung selbst nur auf einen bestimmten Kreis von Rechten erstreckt, so muß sie sich auch innerhalb des ihr eigenen

Gebiets sachgemäße Schranken auflegen. Sie will und kann nicht alle denkbaren Rechtsverhältnisse, wovon unbewegliche Sachen und Rechte an solchen betroffen werden, in ihren Bereich ziehen und zum Gegenstande von Eintragungen machen, da ein solches Bestreben, soweit überhaupt denk- und durchführbar, gerade die beabsichtigte Kürze, Einfachheit und Übersichtlichkeit der Grundbücher wiederaufheben und das Gegenteil, nämlich Verwirrung und Undeutlichkeit, herbeiführen würde. So erklärt es sich beispielsweise, daß die Besitzverhältnisse in bezug auf unbewegliche Sachen vom Grundbuch ausgeschlossen sind, und daß dieses nur einer ganz bestimmten, durch Privatwillkür nicht zu erweiternden, und gegen früher z. B. hinsichtlich der Miete und Pacht eingeschränkten Zahl von Rechten an unbeweglichen Sachen offen steht (vgl. auch Motive zum B.G.B. Bd. 3 S. 3). Hierher wird auch zu rechnen sein, daß der Gesetzgeber für die doch nunmehr so wichtige Eigentümerhypothek nur wenige Leitsätze gibt, aber Einzelbestimmungen darüber, insbesondere über Notwendigkeit und Zeit ihrer Eintragung, unterläßt.

Nach diesen Erwägungen muß es als geradezu ausgeschlossen gelten, daß das Gesetz die Eintragung solcher höchstbedingter, häufig überhaupt nicht oder doch nicht in absehbarer Zeit zu verwirklichender Rechte, wie eines hier in Frage steht, in das Grundbuch gestatten wollte, daß freiwillige Verfügungen oder Vollstreckungsanordnungen über künftig vielleicht entstehende Eigentümerhypotheken oder Grundschulden eintragbar wären, wodurch zu künftigen Verfügungen über die betreffenden Hypotheken selbst und zu deren Löschung nach § 876 B.G.B., §§ 19. 21 G.B.O. die Zustimmung der bedingt Berechtigten notwendig gemacht, und der Grundbuchverkehr auf das erheblichste erschwert würde. Hierbei kommt noch besonders in Betracht, daß die hier zu entscheidende Frage nicht bloß für Höchstbetragshypotheken, sondern für die ganze Menge der Hypotheken und der dabei möglichen Eigentümerhypotheken von Bedeutung ist, und daß, wenn man die Eintragung der Übertragung oder Pfändung der künftig möglichen Eigentümerhypothek gestatten wollte, man folgerichtig auch die Einschreibungen von Weiterverfügungen und Pfändungen bei derartig höchstbedingten und zweifelhaften Rechten nicht verwehren könnte. Es bedarf keiner näheren Ausführung, daß alles dieses eine unabsehbare, höchst nachteilige Belastung und Anfüllung des Grundbuchs, dessen größte Unübersichtlichkeit und hieraus erwachsende Rechtsverwirrung nach sich ziehen könnte und mit Wahrscheinlichkeit nach sich ziehen würde.

Sprechen schon die vorstehenden allgemeinen Erwägungen zwingend gegen den vorliegenden Eintragungsantrag der Firma Heinr. & H. M. und gegen deren nunmehrige weitere Beschwerde, so sind beide vollends nach richtiger Auslegung und Anwendung des § 40 G.B.O. unstatthaft. Nach Abs. 1 dieser Gesetzesstelle soll ein Eintrag im Grundbuche nur erfolgen, wenn derjenige, dessen Recht dadurch betroffen wird, als der Berechtigte eingetragen ist. Braucht man auch diese Vorschrift nicht streng wörtlich und formalistisch dahin zu verstehen, daß in jedem Falle und auch dann der Vorberechtigte zuerst eingeschrieben werden muß, wenn von dem tatsächlich jetzt Berechtigten freiwillig oder von seinem Vollstreckungsgläubiger nach § 14 G.B.O. die Urkunden, aus denen unzweifelhaft der Rechtsübergang erhellt, beigebracht sind, kann in diesem Falle vielmehr ein einziger entsprechender Eintrag über die Rechtsveränderung genügen, so versteht das Gesetz doch unzweifelhaft unter dem Berechtigten einen endgültig und bestimmt, aber nicht einen nur eventuell Berechtigten, wie z. B. einen Nacherben oder den, der möglicherweise künftig einmal Eigentümerhypothekar wird. „Berechtigter" im Sinne der Grundbuchgesetzgebung kann eben nach obigem nur der schon jetzt endgültig Berechtigte sein. Nach der Denkschrift zu § 38 des Entwurfs der Grundbuchordnung soll die Vorschrift des Abs. 1 des § 40 einerseits dem Grundbuchamte die Legitimationsprüfung erleichtern, andererseits den eingetragenen Berechtigten dagegen sichern, daß ungeachtet der nach § 891 B.G.B. mit der Eintragung verbundenen Vermutung ein anderer unbefugterweise über das Recht verfügt. Diese Absicht des Gesetzgebers und der § 891 B.G.B. passen überhaupt nicht auf die Eintragung eines nur bedingt Berechtigten. Eingetragen sind der Hypothekgläubiger und der Grundstückseigentümer, und für sie besteht die volle Vermutung des § 891 a. a. O.; sie kann durch die bloße Möglichkeit späterer Entstehung einer Eigentümerhypothek oder späteren Eintritts eines Nacherben oder sonstigen eventuell Berechtigten nicht entkräftet werden, sondern nur durch den wirklichen Eintritt der Eigentümerhypothek, Nacherbschaft rc. Es ist deshalb die Schlußfolgerung geboten, daß die Eintragung solcher bedingten Rechte, als für den

Grundbuchsverkehr, insbesondere für Widerlegung oder Begründung einer Vermutung, zwecklos, unzulässig ist. Das Grundbuch will öffentlichen Glauben, Vermutungen für wirkliches Bestehen von Rechten begründen; Rechtsverhältnissen, bei denen dies nach der Natur der Sache nicht möglich ist, muß es verschlossen sein. So wird es denn dem Eigentümer oder auch seinem Vollstreckungsgläubiger wohl gestattet sein, auf Grund Nachweises durch öffentliche Urkunden die Einschreibung von Verfügungen oder Pfändungen bei wirklich schon entstandenen Eigentümerhypotheken zu erwirken, weil hierbei eben der Vorberechtigte, der Eigentümerhypothekar, als eintragsfähig bestimmt nachgewiesen ist; aber die Eintragsfähigkeit des künftigen etwaigen Eigentümerhypothekars, seiner Verfügungen und der Pfändungen gegen ihn ist ebenso entschieden zu verneinen. Ähnlich muß es sich beim Nacherben verhalten. Dessen Anwartschaft kann zwar als beschränkend in Abteilung II oder III des Grundbuchs eingetragen werden; er muß sogar nach § 52 G.B.O. grundbuchmäßig gesichert werden; aber dadurch wird er nicht Berechtigter im Sinne des § 40 Abs. 1 G.B.O., der grundbuchmäßig über seine bedingten Rechte verfügen, oder gegen den grundbuchmäßige Zwangsvollstreckung betrieben werden könnte.

Zu erwähnen sind noch die besonderen Schwierigkeiten, die durch Eintragung von Rechtsveränderungen bei künftig möglichen Eigentümerhypotheken verursacht werden könnten, und deren Verhinderung gleichfalls als in der Absicht des Gesetzgebers gelegen zu erachten ist. Wie die Rechtsprechung, besonders auch des erkennenden Senats, annimmt, kann schon ein früher eingetragen gewesener Eigentümer Rechte als Eigentümerhypothekar an einer eingetragenen Hypothek erworben haben, die auch ohne Eintrag stillschweigend fortbestehen können. Ebenso ist es selbstverständlich möglich, daß erst unter späteren Rechtsnachfolgern im Eigentume die Eigentümerhypothek wirklich zur Entstehung gelangt. Auch die Rechte dieser anderen Eigentümer würden, ebenso wie die der eingetragenen Hypothekgläubiger, durch Verfügungs- und Pfändungseintragungen, wie die hier beantragte, nicht unberührt bleiben. Zwar ist zuzugeben, daß an sich durch Pfändung einer möglicherweise künftig entstehenden Eigentümerhypothek eine schon in der Vergangenheit entstandene Eigentümerhypothek an sich nicht betroffen würde; auch ist dem Obersten Landesgerichte darin beizupflichten, daß bei Höchstbetragshypotheken durch Eintragung eventueller Pfändungen zc der Kreditverkehr zwischen Gläubiger und Schuldner rechtlich nicht beeinträchtigt und gestört werden dürfte. Immerhin ist es aber denkbar und wahrscheinlich, daß der eingetragene Berechtigte der eventuellen Verfügung oder Pfändung seine, wenn auch nur scheinbaren Rechte behaupten und verfolgen und den genannten wirklich Berechtigten wesentliche Hindernisse in der Wahrung ihrer Rechte tatsächlich bereiten könnte. Auch wird insbesondere zu verneinen sein, daß der künftige Eigentümer im voraus durch Verfügungen des jetzigen Eigentümers oder Pfändungseinträge gegen diesen so beschränkt werden kann, daß, wenn er z. B. durch Zahlung oder Verzicht zu seinen Gunsten Eigentümerhypothekar wird, sofort die Rechte des eingetragenen Eventualberechtigten aufleben würden, was der Doppelbelastung des Grundstücks mit der betreffenden Post gleichkäme.

Auf Grund ähnlicher Erwägungen wie die vorstehenden hat sich auch die Rechtswissenschaft, soweit sie überhaupt Pfändungen künftiger Eigentümerhypotheken zulassen will, gegen deren Eintragung im Grundbuche ausgesprochen.

Vgl. Biermann, Sachenrecht S. 310. 418; Endemann, Lehrbuch 2. Aufl. S. 741 Anm. 22; Hirsch, im Archiv für bürgerl. Recht Bd. 25 S. 247.[1]

Nach dem allen muß die Beschwerde der Firma Heinr. & H. M. als unbegründet zurückgewiesen werden." ...

91. Umfang der Pflicht des preußischen Staates, zu den von den Provinzialverbänden bestrittenen Kosten der Fürsorgeerziehung beizutragen. Preuß. Gesetz vom 2. Juli 1900.

IV. Zivilsenat. Urt. v. 19. Oktober 1905 i. S. preuß. Fiskus (Bekl.) w. Prov. Brandenburg (Kl.). Rep. IV. 83/05.

I. Landgericht Potsdam
II. Kammergericht Berlin.

[1] Zu vgl. auch Predari, G.B.O. § 19 Bem. 8 u. 9 S. 302 flg. D. E.

Der klagende Provinzialverband macht im vorliegenden Rechtsstreite gegen den preußischen Staat einen Anspruch auf Erstattung von Fürsorgeerziehungskosten geltend. Es handelt sich um Kosten aus dem Jahre $\frac{\text{1. April 1901}}{\text{31. März 1902}}$. Der Kläger berechnet nach Abzug der vom Staate bereits geleisteten Zahlung den nach § 15 Abs. 2 des Gesetzes vom 2. Juli 1900 über die Fürsorgeerziehung Minderjähriger aus der Staatskasse zu leistenden Zuschuß in Höhe von zwei Dritteln der Kosten auf 28 188,37 ℳ und verlangt Verurteilung des Beklagten zur Zahlung dieser Summe nebst Zinsen. Der Beklagte meint, seine gesetzliche Beitragspflicht erstrecke sich nicht auf solche Kosten, aus denen sich die streitige Summe zusammensetze, nämlich Kosten der allgemeinen Verwaltung (namentlich Dezernentengehälter des Landesrates und des Landesassessors, Beamtengehälter, Reisekosten des Vertrauensmannes, Porto, Druck- und Einrückungskosten, Ruhegehälter sowie Witwen- und Waisengeldbeiträge), ferner Bauunterhaltungskosten und Zinsen der Bau- und Grunderwerbskosten. Das Landgericht gab dem Klagebegehren statt, und das Kammergericht wies die vom Beklagten eingelegte Berufung zurück. Auf die Revision des Beklagten wurde das Berufungsurteil aufgehoben, aus folgenden

Gründen:

„Wie der § 9 Abs. 1 des am 1. April 1901 in Kraft getretenen Gesetzes vom 2. Juli 1900 über die Fürsorgeerziehung Minderjähriger bestimmt, liegt die Ausführung der Fürsorgeerziehung dem verpflichteten Kommunalverbande ob. Wie ferner der § 14 desselben Gesetzes (auf den im § 9 Abs. 1 hingewiesen ist) bestimmt, sind die Provinzialverbände verpflichtet, die Unterbringung der durch Beschluß des Vormundschaftsgerichts zur Fürsorgeerziehung überwiesenen Minderjährigen in einer den Vorschriften dieses Gesetzes entsprechenden Weise zu bewirken. Sie haben für die Errichtung von Erziehungs- und Besserungsanstalten zu sorgen, soweit es aber an Gelegenheit fehlt, die Zöglinge in geeigneten Familien sowie in öffentlichen, kirchlichen oder privaten Anstalten unterzubringen, auch soweit nötig für ein angemessenes Unterkommen bei der Beendigung der Fürsorgeerziehung zu sorgen. Die §§ 9 und 14 enthalten zwar keine Bestimmung darüber, auf wessen Kosten die Unterbringung der zur Fürsorgeerziehung überwiesenen Minderjährigen, und die Beschaffung des Unterkommens bei der Beendigung der Fürsorgeerziehung zu bewirken sei; allein der Mangel einer derartigen Bestimmung ergibt im Zusammenhange mit dem übrigen Gesetzesinhalte gerade, daß der Gesetzgeber davon ausgegangen ist, die Kosten habe derjenige Kommunalverband zu tragen, dem die Fürsorgeerziehung obliegt, also im vorliegenden Falle der Kläger. Wenn sich das Gesetz der Ausdrücke bedient: die Provinzialverbände seien zu etwas verpflichtet, sie haben für etwas zu sorgen, ihnen liege es ob, so ist damit von vornherein — unbeschadet einzelner Ausnahmen — ausgesprochen, die fragliche Verpflichtung, Sorge, Obliegenheit gehe zu Lasten desjenigen, dem das Gesetz die Pflichten auferlegt. Diese Auslegung entspricht schon dem Wortsinn der gebrauchten Redewendungen. Den Provinzialverbänden sind mit der Auferlegung jener Lasten- erweiterter Fürsorgeerziehung auch die infolgedessen erforderlich werdenden Geldopfer auferlegt. Eben weil die Provinzialverbände grundsätzlich alle durch die Fürsorgeerziehung verursachten Kosten zu tragen haben, hat der Staat nur einen Zuschuß zu leisten. Von einer derartigen Zuschußpflicht des Staates kann nur unter der Voraussetzung die Rede sein, daß die Provinzialverbände als die zur Tragung der Kosten in erster Reihe Verpflichteten anzusehen sind. Deshalb spricht das Gesetz im § 15 Abs. 2 davon, daß die Kommunalverbände aus der Staatskasse einen Zuschuß erhalten. Es geht auch, wie weiter unten darzulegen, aus der Entstehungsgeschichte des Gesetzes hervor, daß man bei der Beratung des Entwurfs allseitig davon ausging, das Gesetz lege den Provinzialverbänden Lasten auf, die sie auf eigene Kosten zu tragen hätten, und daß gerade deswegen das Bestreben hervortrat, den Staat mit einem möglichst hohen Zuschusse zu den Kosten zu beteiligen. Mithin würde beispielsweise der Kläger, wenn er behufs Unterbringung der Zöglinge neue Erziehungs- und Besserungsanstalten errichten müßte, grundsätzlich die Kosten des Neubaues selbst zu tragen haben.

Der § 15 desselben Gesetzes handelt von gewissen durch die Fürsorgeerziehung entstehenden Kosten und von dem zu den Kosten zu leistenden Staatszuschusse. Im Abs. 1 Satz 1 werden die Kosten der Überführung, ersten Ausstattung, Beerdigung und Rückreise eines Zöglinges dem Ortsarmenverband, und nur, wenn ein solcher nicht vorhanden ist, dem Kommunalverbande zur Last gelegt. Im Anschlusse daran heißt es dann in Abs. 1 Satz 3:

„die übrigen Kosten des Unterhalts und der Erziehung sowie der Fürsorge für entlassene Zöglinge tragen in allen Fällen die Kommunalverbände;"

sowie im Abs. 4:

„die Kommunalverbände erhalten zu den nach Abs. 1 von ihnen zu tragenden Kosten aus der Staatskasse einen Zuschuß in Höhe von zwei Dritteln dieser Kosten."

Unter den „übrigen Kosten" im Abs. 1 Satz 3 können nun nicht die sämtlichen übrigen Kosten verstanden werden, welche dem Provinzialverbande durch Erfüllung der ihm im § 14 auferlegten Fürsorgepflicht erwachsen und dem Ortsarmenverbande nicht zur Last fallen. Hätte der Gesetzgeber unter den übrigen Kosten diese allgemeinen und umfangreicheren Kosten gemeint, so würde er sich einer anderen Ausdrucksweise als geschehen bedient haben. Er hätte dann wohl allgemein von den übrigen Kosten der Fürsorgeerziehung gesprochen. Das Gesetz spricht aber von den übrigen Kosten des Unterhalts und der Erziehung sowie der Fürsorge für entlassene Zöglinge. Gerade dieser Zusatz weist gegenüber den allgemeinen Kosten auf eine beabsichtigte Einschränkung des Staatszuschusses, auf eine bestimmte Gruppe von Kosten hin, und es muß untersucht werden, wie weit diese Einschränkung reicht. Jedenfalls kann die Meinung, es sei bei Anwendung der §§ 14 und 15 unterschiedslos und gleichmäßig an sämtliche Kosten der Fürsorgeerziehung zu denken, bei der wechselnden Ausdrucksweise nicht gebilligt werden. Für die Frage, wie weit die bezeichnete Einschränkung reicht, gibt das Gesetz selbst keinen Anhalt. Aus dem § 16 des Gesetzes läßt sich für die Auslegung des § 15 nichts entnehmen. Der § 16 Abs. 2 spricht von den Kosten der allgemeinen Verwaltung, der Fürsorgeerziehung, des Baues und der Unterhaltung der von den Kommunalverbänden errichteten Anstalten. Diese Kosten sollen außer Ansatz bleiben bei der Festsetzung derjenigen Tarife, welche für die Erstattungsforderung der Kommunalverbände an den Zögling und der zu seinem Unterhalte Verpflichteten zugrunde zu legen sind. Die Annahme, daß diese dem Zöglinge, bzw. dem Unterhaltspflichtigen gegenüber außer Ansatz zu lassenden Kosten auch dem Staate gegenüber außer Ansatz zu lassen seien, trifft nicht zu. Offenbar haben den Gesetzgeber Billigkeitsrücksichten geleitet, wenn er den Anspruch auf Erstattung der Kosten gegenüber dem Zöglinge, der gewissermaßen eine genossene Wohltat heimzahlen soll, und gegenüber dem Unterhaltspflichtigen bis auf das Allernotwendigste einschränkte. Es mag auch die Erwägung, daß es sich meist um bedürftige Personen handeln werde, eine Rolle gespielt haben. Derartige Gesichtspunkte kommen nun aber bei der Erstattungsforderung des Provinzialverbandes an den Staat nicht in Frage. Auch aus dem § 16 Abs. 5 folgt für die als unzutreffend bezeichnete Annahme nichts. Die dort vorgeschriebene Anrechnung von zwei Dritteln der erstatteten Beträge auf den Staatszuschuß ist lediglich eine Folge der Beitragspflicht des Staates; denn in demselben Verhältnisse, in welchem er Kosten zu tragen hat, müssen ihm auch Kosten, die anderweit eingezogen werden, zugute gerechnet werden, da sonst eine doppelte Kostenerstattung eintreten würde.

Dagegen bietet für die Frage, wie weit die beabsichtigte Einschränkung reicht, die Entstehungsgeschichte des Gesetzes hinreichende Anhaltspunkte. Aus derselben sind nämlich folgende Umstände als bezeichnend hervorzuheben: Die dem Entwurfe des Gesetzes beigefügte Begründung (Drucksachen des Herrenhauses, Session 1900 Nr. 8) berührt S. 16 unten die Frage, ob die Kommunalverbände gezwungen sein werden, größere einmalige Aufwendungen zu machen für den Bau neuer Erziehungsanstalten, und gelangt zu dem Ergebnisse, daß diese Annahme im allgemeinen nicht zutreffe, vielmehr in den bestehenden Anstalten noch genügend Raum vorhanden sei, und daß sich die etwa notwendig werdende Umgestaltung bestehender Anstalten ohne große Kosten werde bewerkstelligen lassen. Seite 16 heißt es dann weiter, daß alle übrigen Kosten (abgesehen von den den Ortsarmenverbänden zur Last fallenden) der Staat zur Hälfte übernehmen wolle. Diese Verteilung habe sich bewährt, und es empfehle sich, sie auch für die erweiterte Zwangserziehung beizubehalten. Das Herrenhaus beriet den Entwurf in erster Lesung in der Sitzung vom 11. Januar 1900 (Stenographischer Bericht S. 13 flg.) und überwies ihn einer Kommission von 15 Mitgliedern. In dem gedruckten Berichte dieser Kommission vom 26. März 1900 (Nr. 31 der Drucksachen des Herrenhauses) werden S. 15 die von dem

Minister des Innern abgegebenen Erklärungen wiedergegeben, die dahin gegangen seien: als Äußerstes könne die Übernahme der Hälfte der Baukosten außer der Hälfte der laufenden Kosten von seiten des Staats in Aussicht gestellt werden, wenn Bestimmungen getroffen würden, wonach Bauten, zu denen ein Staatszuschuß in Anspruch genommen würde, nur mit Genehmigung des Staats errichtet, und nicht ohne dessen Genehmigung und nur nach Rückerstattung der aus der Staatskasse geleisteten Zuschüsse zu anderen als Zwangserziehungszwecken verwendet werden dürften. Nach langer Debatte, in der auch auf die Unfähigkeit einiger Provinzen zur Tragung dauernder Lasten hingewiesen worden sei, habe, wie es in dem Berichte heißt, die Kommission beschlossen, drei Viertel der laufenden und die Hälfte der Baukosten dem Staate aufzuerlegen. Der Finanzminister v. Miquel habe Erklärungen folgenden Inhalts abgegeben (S. 15 und 16 des Berichts): Der Staat sei bereit, zwei Drittel der Kosten des Unterhalts und der Erziehung zu übernehmen. Jede weitergehende Verschiebung der Kostenlast zuungunsten des Staats sei für die Staatsregierung unannehmbar. Hinsichtlich der Bauten müsse es bei der gegenwärtigen Regelung verbleiben. Hier hange die Höhe der Kosten wesentlich von dem Verhalten der Provinzialverwaltung ab, namentlich davon, ob sie Anstaltserziehung, oder Familienerziehung, welche letztere er regelmäßig vorziehe, eintreten lasse. Die Verhältnisse lägen in den einzelnen Provinzen sehr verschieden. Einige hätten eine ausreichende Zahl von Anstalten, andere nicht. Die Beitragspflicht des Staats würde sich möglicherweise nachteilig für die ärmeren Verbände gestalten. Dagegen sei er bereit, Zuschüsse zu notwendigen Bauten unter Prüfung der Verhältnisse im einzelnen Falle im Etat bereit zu stellen. Eine gesetzliche Regelung könne indessen hier nicht eintreten. Das Abgeordnetenhaus überwies den Entwurf, nachdem es ihn am 26. April 1900 in erster Lesung beraten hatte (Stenogr. Bericht S. 3946 flg.), einer Kommission von 21 Mitgliedern. In dem gedruckten Berichte dieser Kommission (Bericht der XVIII. Kommission vom 17. Mai 1900, Nr. 131 der Drucksachen des Abgeordnetenhauses) wird S. 25 vorausgeschickt, daß sich eine umfangreiche, längere Diskussion an die Frage der Regelung und Verteilung der Kosten, die das neue Gesetz verursachen würde, geknüpft habe. Seite 26 heißt es, es habe ein

Antrag vorgelegen, dem § 15 Abs. 2 folgende Fassung zu geben: „Die Kommunalverbände erhalten dazu aus der Staatskasse einen Zuschuß von 120 M jährlich für jeden Zögling." Gegenüber der ablehnenden Haltung des Kommissars des Finanzministers (S. 27) sei erwidert worden (S. 28), von ministerieller Seite seien nur die Unterhaltskosten in Betracht gezogen worden, nicht aber die Baukosten für Anstalten, die entstanden seien und noch entstehen würden. Diese würden sich bei der Vermehrung der Zwangszöglinge hoch stellen und seien bei dem vorgeschlagenen Satze von 120 M mit in Betracht gezogen worden. Ein Regierungskommissar habe bemerkt, daß nach dem bestehenden Gesetze und nach der Praxis in der dem Entwurfe beigefügten Skala bereits die baulichen Unterhaltskosten sowie die Ausgaben für Lehrer ꝛc enthalten seien. Der bezeichnete Antrag sei sodann angenommen worden. In der Sitzung des Abgeordnetenhauses vom 21. Mai 1900 (Stenographischer Bericht S. 4626) erklärte der Abgeordnete Noelle hinsichtlich eines gestellten Antrags, derselbe bezwecke, daß ein gewisser Geldbestand sofort allen Provinzen überwiesen würde, um ihnen die Lasten zu erleichtern, die ihnen durch dieses Gesetz in baulicher Hinsicht durch Errichtung neuer Anstalten auferlegt werden würden.

Aus dem Zusammenhange dieser der Entstehungsgeschichte des Gesetzes entnommenen Umstände ergibt sich zunächst für die Frage, was unter den Kosten des Unterhalts und der Erziehung im Sinne des § 15 des Gesetzes zu verstehen sei, als völlig zweifellos die Übereinstimmung der Regierung und der gesetzgebenden Körperschaften darüber, daß unter jenen Kosten die Baukosten für errichtete und noch zu errichtende Anstalten nicht mitbegriffen sind. Nicht nur ist der Begründung des Entwurfs diese Auffassung eigen, und die Vertreter der Regierung haben sie bei den Beratungen wiederholt und nachdrücklich zum Ausdruck gebracht, sondern es ist auch im Schoße der Kommissionen und bei den Landtagsverhandlungen kein Zweifel über diese Auffassung des Entwurfs aufgetaucht. Man hat im Gegenteil diese Auffassung geteilt und demzufolge durch Stellung und Annahme von Anträgen versucht, den Entwurf dahin abzuändern, bzw. zu ergänzen, daß der Staat auch zur Beteiligung an den Baukosten herangezogen werden solle. Da nun aber nach dieser Richtung hin der Entwurf in unveränderter Fassung Gesetz geworden ist, so ist es geboten, das Gesetz nicht anders auszulegen, als der Entwurf von den gesetzgebenden Gewalten verstanden wurde. Zu einer Abweichung liegen zwingende Gründe nicht vor. Dem Berufungsgerichte kann zugegeben werden, daß an sich zu den Kosten des Unterhalts im weitesten Sinne auch die durch Herstellung der nötigen Anstalten verursachten Kosten gerechnet werden können; denn zum Unterhalt im weitesten Sinne gehört eben nicht nur die Verpflegung, sondern auch die Beschaffung von Wohn- und Schlafräumen. Das Berufungsgericht weist auch auf den § 16 des Fürsorgeerziehungsgesetzes hin, wo im ersten Absatze der Ausdruck „Kosten des Unterhalts" mit Rücksicht auf die im zweiten Absatze getroffene Ausscheidung gewisser Kosten in jenem weitesten Sinne gebraucht zu sein scheint. Allein diese Umstände erklären sich aus der Dehnbarkeit des Begriffs „Kosten des Unterhalts" und aus der mehr oder minder strengen Übung der Kunst, dem gesetzgeberischen Gedanken stets einen unzweideutigen Ausdruck zu verleihen; sie können aber nicht dazu führen, das Gesetz anders auszulegen, als es erwiesenermaßen selbst ausgelegt sein will.

Hiernach ist, abweichend von der Ansicht des Berufungsgerichts anzunehmen, daß sich die Beitragspflicht des Staats auf die durch den Bau bestehender oder noch zu errichtender Anstalten verursachten Kosten nicht erstreckt.

... Im übrigen ist dagegen dem Berufungsgerichte vollständig beizupflichten. Insbesondere ist in Übereinstimmung mit dem Berufungsgericht anzunehmen, daß die Kosten der allgemeinen Verwaltung der Fürsorgeerziehung sowie die Kosten der baulichen Unterhaltung der von den Kommunalverbänden errichteten Anstalten zu denjenigen Kosten zu rechnen sind, auf die sich die gesetzliche Beitragspflicht des Staats erstreckt. Daß der Unterhalt und die Erziehung der Zöglinge diese Kosten verursacht, kann nicht bezweifelt werden. Sie müssen daher an sich als erstattungsfähig betrachtet werden. Davon könnte abgewichen werden, wenn, wie es bei den Baukosten der Fall ist, ein genügender Anhalt dafür vorhanden wäre, daß diese Kosten, oder doch eine gewisse Gruppe dieser Kosten nach der Absicht des Gesetzgebers nicht als erstattungsfähig habe gelten sollen. Ein derartiger Anhalt ist nicht vorhanden. Bezüglich der Bauunterhaltungskosten spricht sogar im Gegenteil das Verhalten der Regierung bei den Beratungen des Entwurfs dafür, daß sie diese Gruppe von Kosten damals selbst als erstattungsfähig betrachtet hat. Nach den Erklärungen der Regierung sind die baulichen Unterhaltungskosten schon bei Anwendung des Gesetzes, betreffend die Unterbringung verwahrloster Kinder, vom 13. März 1878 als erstattungsfähig betrachtet und auch bei dem Entwurfe des neuen Fürsorgeerziehungsgesetzes, dem das erstere zum Vorbilde diente, in Rechnung gezogen worden. In dieser Beziehung hat es lediglich beim alten bleiben sollen.

Auf Grund dieser Erwägungen sind von dem erhobenen Erstattungsanspruche nur die Baukosten abzusetzen. Wieviel diese betragen, bedarf noch der Feststellung. In der Berechnung des Klägers vom $\frac{30.\ \text{April}}{16.\ \text{Dezember}}$ 1902 sind unter Nr. 1147 als anteilige Zinsen der Bau- und Grunderwerbskosten der Schul- und Erziehungsanstalt in Straußberg 12 303 ℳ angesetzt, welcher Betrag in einer Nachtragsrechnung auf 12 342,25 ℳ erhöht ist. Zwei Drittel dieser Summe, nämlich 8228,17 ℳ, sind dem Kläger nebst Zinsen in den Vorinstanzen zugesprochen worden. Es kann einem begründeten Bedenken nicht unterliegen, daß zu den Baukosten, wenn sie vom Bauherrn nicht aus eigenen Mitteln bestritten werden, auch die zu ihrer Bestreitung aufgenommene Bauschuld gehört. Würde der Staat zur anteiligen Bezahlung oder Verzinsung der Bauschuld herangezogen werden dürfen, so würde das nichts anderes bedeuten, als auf einem Umwege die Baulast auf seine Schultern abzuwälzen, was das Fürsorgeerziehungsgesetz, wie oben dargelegt, nicht bezweckt hat. Ebensowenig darf der Anschaffungswert der verwendeten Baustoffe in Rechnung gestellt werden.

Es mag schließlich noch darauf hingewiesen werden, daß der erkennende Senat in dem (nicht zum Abdruck gelangten) Urteile vom 13. Februar 1902, Rep. IV. 361/01, wo es sich um die Auslegung des obenerwähnten Gesetzes vom 13. März 1878 handelte, angenommen hat, daß die Ruhegehaltsansprüche der bei einer Erziehungs- und Besserungsanstalt der fraglichen Art angestellt gewesenen Lehrer, ebenso wie die Gehaltsforderungen der noch im Amte stehenden Anstaltslehrer zu den im § 12 Abs. 2 des Gesetzes vom 13. März 1878 bezeichneten Kosten „der Erziehung" gehören; eine Auffassung, an der auch für die Auslegung des Gesetzes vom 2. Juli 1900 festgehalten wird." ...

92. 1. Unterliegt der an die Stelle der Fracht und der betreffenden Auslagen wegen Nichterfüllung des Frachtvertrags tretende Schadensersatzanspruch des Frachtführers der Verjährung des § 196 Abs. 1 Ziff. 3 B.G.B.?

2. Entspricht für die Unterbrechung der Verjährung die während der Anhängigkeit des inländischen Rechtsstreites im Inlande zugestellte demande en garantie des holländischen Rechts in einem in Holland anhängigen Prozeß der Streitverkündung des deutschen Rechts im § 209 Abs. 2 Ziff. 4 B.G.B.?

II. Zivilsenat. Urt. v. 20. Oktober 1905 i. S. M. L. Aktienges. (Kl.) w. Firma W. N. (Bekl.). Rep. II. 14/05.

I. Landgericht Mannheim.
II. Oberlandesgericht Karlsruhe.

Die Klägerin hatte für die Beklagte den Transport einer großen Partie Bleche aus englischen Häfen nach Ludwigshafen während des Jahres 1899 übernommen und den Seetransport der holländischen Speditionsfirma W. übertragen; diese hatte ihrerseits die Ausführung des Seetransports einer englischen Gesellschaft übertragen. Nachdem einige Sendungen transportiert waren, lehnte die Beklagte, ungeachtet mehrmaliger Aufforderung der Klägerin, es ab, weitere Sendungen vornehmen zu lassen; sie behauptete, an ein bestimmtes Quantum nicht gebunden zu sein, während die Klägerin behauptete, die Beklagte habe eine feste Jahreszusage von mindestens 1000 Tons gemacht; sie, die Klägerin, habe auch dieses Mindestquantum mit der holländischen Firma vereinbart, die ihrerseits in diesem Umfange mit der englischen Gesellschaft kontrahiert habe. Die Firma W., welche auf Klage der englischen Gesellschaft von dem Amsterdamer Gericht zur Zahlung der vereinbarten Fehlfracht verurteilt worden war, strengte bei dem Amsterdamer Gericht eine Garantieklage gegen die gegenwärtige Klägerin an, worauf diese der Beklagten am 10. Mai 1901 durch Zustellung einer demande en garantie den Streit verkündete. Am 1. März 1901 hatte inzwischen die Klägerin die gegenwärtige Klage gegen die Beklagte beim Landgerichte Mannheim erhoben. Dieser Rechtsstreit ruhte vom 1. April 1901 bis zum 22. Dezember 1903. Der Amsterdamer Prozeß, worin zwischenzeitlich Kontumazialurteil gegen die Klägerin ergangen war, das diese aber mit Opposition angriff, ruht seit dem 30. September 1903. Die Klägerin begehrte in dem Mannheimer Rechtsstreite die Verurteilung der Beklagten zur Zahlung desjenigen Betrags, zu welchem sie der Firma W. gegenüber in dem Amsterdamer Prozesse verurteilt worden ist, sowie der in diesem Prozesse für ihren Rechtsanwalt entstandenen Gebühren und des ihr durch die nicht vollständige Erfüllung des Frachtvertrags entgangenen Gewinns (Fehlfracht). Die Beklagte beantragte Klagabweisung; sie berief sich an erster Stelle auf die Verjährung des § 196 Abs. 1 Ziff. 3 B.G.B. Die Vorinstanzen haben die Verjährungseinrede als begründet erachtet. Das Reichsgericht hat diese Ansicht nicht gebilligt, aus folgenden

Gründen:

... „Allerdings ist die Klage nicht auf Zahlung von Fracht mit Einschluß der Auslagen, sondern auf Schadensersatz gerichtet. Allein der Schadensersatz ist anstatt der Fracht verlangt, die bei vollständiger Erfüllung des Vertrags seitens der Beklagten die Klägerin hätte verlangen können. Die Annahme des Berufungsrichters, der an die Stelle der Fracht und der betreffenden Auslagen wegen Nichterfüllung des Frachtvertrags seitens des anderen Kontrahenten tretende Schadensersatzanspruch des Frachtfuhrmanns unterliege derselben Verjährungsvorschrift, wie der Frachtanspruch selbst, folgt mit Notwendigkeit daraus, daß der Schadensersatzanspruch in demselben Vertrage wurzelt und ein Äquivalent für die Frachtforderung ist. Das Interesse der Klägerin, das in dem Frachtvertrag seinen Rechtsgrund hat, realisiert sich in der Schadensersatzforderung, in der Forderung, daß dasjenige ihr von der Beklagten gewährt werde, was sie hätte gewähren müssen, wenn sie nicht vertragsbrüchig geworden wäre, also Zahlung der Fracht nebst Auslagen, aber unter Abzug der Aufwendungen, die von der Klägerin zu machen gewesen wären, wenn die Beklagte die noch fehlenden Bleche zum Transporte übergeben hätte; so hat denn auch die Klägerin den ihr entgangenen Gewinn als Fehlfracht berechnet und beansprucht. Mit Recht hat der Berufungsrichter darauf hingewiesen, daß dieser Ansicht der Wortlaut des Gesetzes, wonach die Verjährung von 2 Jahren die Ansprüche der Frachtfuhrleute wegen der Fracht trifft, nicht entgegenstehe, und daß für die Unterordnung des geltend gemachten Schadensersatzanspruchs unter die in Rede stehende Verjährungsvorschrift der gleiche Grund spreche, wie für die kurze Verjährung der Frachtforderung selbst, nämlich daß bei derartigen Geschäften des täglichen Verkehrs die in kurzer Zeit unvermeidlich eintretende Verdunklung des Sachverhalts nach Möglichkeit verhindert werden solle. Was die angeblichen Kosten der früheren Prozesse betrifft, die in dem Klaganspruche mitenthalten sind, so bilden sie von dem Hauptanspruche abhangende Nebenleistungen, die nach § 224 B.G.B. derselben Verjährung wie der Hauptanspruch unterliegen.

Das Oberlandesgericht hat hiernach ohne Rechtsirrtum angenommen, daß die geltend gemachte Klageforderung der Verjährungsvorschrift des § 196 Abs. 1 Ziff. 3 B.G.B. unterliege. Da die jedenfalls seit dem 1. Januar 1900 laufende Verjährung durch die gegenwärtige, am 1. März 1901 erhobene Klage unterbrochen worden ist, der Rechtsstreit aber, nachdem den Rechtsanwälten der Parteien unterm 10. April 1901 ein Streitwertfestsetzungsbeschluß zugestellt worden war, durch Nichtweiterbetrieb bis zum 22. Dezember 1903, unter welchem Datum die Beklagte zur Fortsetzung des Rechtsstreits geladen wurde, in Stillstand geraten ist, so würde an sich die Verjährung mit dem Ablaufe des 10. April 1903 eingetreten sein, wenn nicht, wie die Klägerin behauptet, ihr Lauf in der Zwischenzeit durch die von ihr am 10. Mai 1901 bewirkte Zustellung einer demande en garantie des holländischen Rechts in dem seitens der W. gegen sie in Amsterdam anhängig gemachten Entschädigungsprozesse an die Beklagte *unterbrochen* worden ist. Das Oberlandesgericht hat die Unterbrechung verneint, weil, wenn man die demande en garantie als eine *Klage* auffasse, bei dem Mangel der Zuständigkeit des Amsterdamer Gerichts in Hinsicht der Beklagten und bei dem Mangel der Gegenseitigkeit in betreff der Anerkennung der Urteile zwischen den Niederlanden und Deutschland ihr nicht die Kraft einer Klage im Sinne des § 209 Abs. 1 B.G.B. zuzusprechen sei, wenn man aber in ihr eine *Streitverkündung* erblicke, auch sie nicht unterbrechend wirken könne, da der § 209 Abs. 2 Ziff. 4 unter Streitverkündung nur eine Streitverkündung der deutschen Zivilprozeßordnung verstehe, und eine in Holland vorgenommene Prozeßhandlung nicht die Wirkung habe, welche § 209 B.G.B. einer in Deutschland vorgenommenen ähnlichen Prozeßhandlung zuschreibe. Ob bezüglich der Klage dieser Begründung beizutreten wäre, bedarf nicht der Erörterung; denn der erkennende Senat vermag die Ausführung des Berufungsrichters in Hinsicht der Streitverkündung nicht zu teilen. Es handelt sich nicht um Anwendung des § 74 Z.P.O., der allerdings eine gerichtliche, d. h. der Vorschrift der deutschen Zivilprozeßordnung entsprechende Streitverkündung voraussetzt, sondern um die Verjährung und deren Unterbrechung, deren einschlägige Vorschriften dem Gebiete des materiellen Rechts angehören und im Bürgerlichen Gesetzbuch geregelt sind. Das Bürgerliche Gesetzbuch hat „aus Rücksichten der Zweckmäßigkeit", insbesondere weil bei den kurzen Verjährungsfristen der Prozeß, durch welchen die Voraussetzungen der Regreßpflicht ganz oder zum Teil erst festgestellt werden, oft länger als diese Fristen währt, und so die Geltendmachung des Regreßanspruchs ohne jedes Verschulden des Berechtigten erschwert, wenn nicht gefährdet werden kann, der Streitverkündung den gleichen Einfluß auf die Verjährung des Regreßanspruchs eingeräumt, wie der bezüglichen Klagerhebung (Motive Bd. 1 S. 329). Die betreffende Vorschrift enthält nicht eine Beschränkung auf den Fall der Streitverkündung in einem bei einem deutschen Gerichte anhängigen Prozesse, sondern legt die Unterbrechungswirkung überhaupt der Streitverkündung bei, die in dem Prozesse geschehen ist, von dessen Ausgang der Anspruch abhängt, ohne dabei zu unterscheiden, ob dieser Prozeß im Inlande oder im Auslande geführt wird. Allerdings ist auch im letzteren Falle erforderlich, daß die betreffende prozessuale Handlung, um als Streitverkündung gelten zu können, die wesentlichen Voraussetzungen der deutschrechtlichen Streitverkündung in sich trägt. Dies trifft aber bei der demande en garantie des holländischen Rechts zu; denn sie enthält zum mindesten den Grund der Streitverkündung und die Lage des anhängigen Rechtsstreits und erfolgt durch Zustellung an denjenigen, dem der Streit verkündet wird; sie ist auch nicht in Holland, sondern in Deutschland durch die Zustellung an die Beklagte vorgenommen worden. Der Umstand, daß dem in Amsterdam im Hauptprozesse ergangenen Urteil mangels Verbürgung der Gegenseitigkeit in Deutschland die Anerkennung versagt ist, hat für die materiellrechtliche Wirkung der erfolgten Streitverkündung keine Bedeutung, da das Gesetz dieselbe nicht von dem Ausgange des Hauptprozesses abhängig gemacht hat. Auch wenn letzterer im Auslande schwebt, liegt für die unterbrechende Kraft einer darin erfolgten

Streitverkündung derselbe Zweckmäßigkeitsgrund vor, wie bei einem im Inlande geführten Prozesse. Die seit dem 10. April 1901 wieder in Lauf gekommene zweijährige Verjährung wurde daher am 10. Mai 1901 durch die an diesem Tage zugestellte Streitverkündung (demande en garantie) unterbrochen, und die Unterbrechung dauerte gemäß §§ 215. 211 B.G.B. bis zum 30. September 1903 fort, so daß bei der am 22. Dezember 1903 eingetretenen Fortsetzung des am Landgericht Mannheim anhängigen Rechtsstreits die gegenwärtige Klage noch nicht verjährt war. Die Entscheidung des Berufungsgerichts beruht aber auf der Annahme der Verjährung; sie war daher wegen Verletzung des § 209 Abs. 2 Ziff. 4 B.G.B. aufzuheben, und die noch nicht spruchreife Sache zur anderweiten Verhandlung und Entscheidung an das Berufungsgericht zurückzuverweisen, ohne daß es noch einer Erörterung der weiteren, die Verjährung betreffenden Revisionsangriffe bedarf." . . .

---

93. 1. Können unerhebliche Fehler in der Abschrift des zugestellten Urteils den Beginn der Berufungsnotfrist hindern?
2. Wann besteht bei Klagerhebung mehrerer Miteigentümer auf Pfandfreigabe notwendige Streitgenossenschaft?
3. Ist die nur gegen einen der notwendigen Streitgenossen eingelegte Berufung wirksam?

Z.P.O. §§ 61. 62. 170. 518 Ziff. 3.

V. Zivilsenat. Urt. v. 21. Oktober 1905 i. S. L. (Bekl.) w. Ehel. G. (Kl.). Rep. V. 37/05.

I. Landgericht Beuthen O./S.
II. Oberlandesgericht Breslau.

Auf Klage der Eheleute G. verurteilte der erste Richter den Beklagten zur Pfandfreigabe eines Grundstücksteiles. Im Eingang (Rubrum) dieses Urteils hieß es:

„In Sachen des Schlossermeisters Karl G. und Gen., Kläger pp. pp. gegen pp. pp."

In seinem Tatbestand war aber von den Eheleuten G. als Klägern die Rede. Unbestritten erfolgten die ersten gegenseitigen Urteilszustellungen am 19. und 23. März 1904, und waren dabei in den zugestellten Urteilsabschriften bei der Klägerbezeichnung die Worte „und Gen." weggelassen worden, so daß es hiernach den Anschein haben konnte, als sei Ehemann G. der alleinige Kläger. Darauf ließ Rechtsanwalt Dr. St. in B. namens des Beklagten dem erstinstanzlichen Prozeßbevollmächtigten der Kläger am 29. März 1903 die Berufungsschrift zustellen, die lediglich den Ehemann G. als Kläger aufführte und nur ihn zur Berufungsverhandlung lud.

Auf Antrag desselben Rechtsanwals St. berichtigte sodann das Landgericht durch Beschluß vom 27. Mai 1904 die Parteibezeichnung seines Urteils durch Einsetzung der Ehefrau G. als Mitklägerin. Es fanden dann wiederholte Urteilszustellungen vom 25. Juli und 22. Oktober 1904 und wiederholte Berufungszustellungen vom 8. August und 22. Oktober 1904 statt, von denen nur die letzte vom 22. Oktober in Ansehung ihrer Formrichtigkeit — nicht aber ihrer Rechtzeitigkeit — anerkannt wurde.

Der Berufungsantrag des Beklagten ging auf Klagabweisung, der Gegenantrag der Kläger in erster Reihe dahin, die Berufung als „unzulässig, bzw. wirkungslos" zurückzuweisen. Das Berufungsgericht ließ schließlich nur über die Berufungsformalien verhandeln und erklärte durch Urteil die Berufung für unzulässig.

Die Revision des Beklagten ist zurückgewiesen worden, aus folgenden

Gründen:

„Mit Unrecht bekämpft die Revision zunächst den Ausspruch des Berufungsrichters, daß die fehlerhaften Urteilszustellungen vom März 1904 gleichwohl schon die Berufungsfrist zwischen sämtlichen Beteiligten in Lauf gesetzt haben. Allerdings gehört zur Zustellung die Übergabe einer Ausfertigung oder beglaubigten Abschrift des zuzustellenden Schriftstücks, und es muß deren Richtigkeit im allgemeinen gefordert werden (§ 170 Z.P.O.). Wie aber selbstverständlich ist, und wie auch das Reichsgericht schon wiederholt in bezug auf Abschriften der Zustellungsurkunden entschieden hat, bildet doch immer der Inhalt der Urschriften die Hauptsache, und wenn der wesentliche Inhalt dieser Urschriften auch aus den zugestellten, wenn auch nicht ganz genauen, Ausfertigungen oder Abschriften genügend entnommen werden kann, so liegt kein Grund vor, wegen erwähnter Ungenauigkeit und Unrichtigkeit nebensächlicher Art die ganze Zustellung für nichtig und unwirksam zu erklären.

Vgl. Entsch. des R.G.'s in Zivils. Bd. 4 S. 433; Jurist. Wochenschr. 1890 S. 237 Nr. 9; Gaupp, Z.P.O. § 170 Bem. IV.

Das Gesagte muß um so mehr für zugestellte Abschriften eines Urteils gelten. Hier wissen die Parteien und ihre Anwälte ganz genau im voraus, für wen und gegen wen geklagt worden ist, zu wessen Gunsten oder Nachteil also auch das Urteil und dessen Zustellung sich richtet. Eine hierauf sich beziehende offenbare Unrichtigkeit in Nebensachen, z. B. in der Parteibezeichnung, können sie, besonders wenn sie sich sogleich aus dem Tatbestand ergibt, so gut erkennen, wie der Richter, der sie berichtigen darf und auf Antrag später berichtigt, und sie dürfen daher aus solchen geringfügigen Unrichtigkeiten keine besonderen Rechtsfolgen ableiten.

So hat denn auch schon der VI. Zivilsenat des Reichsgerichts in seinem Urteile vom 10. Oktober 1898 — Jurist. Wochenschr. 1898 S. 661 Nr. 15 — in einem ganz ähnlichen Falle, wie der vorliegende, die Eröffnung der Berufungsfrist durch ein mit unrichtiger Parteibezeichnung (Rubrum) zugestelltes, nachträglich berichtigtes Urteil angenommen. Es ist in dieser Entscheidung sogar ausgesprochen, daß die Berufung in jenem Falle auch gegenüber dem vierten Mitbeklagten, obschon er im Rubrum des zugestellten Urteils und der Berufungsschrift nicht mitaufgeführt war, Gültigkeit habe, weil sie sich gegen das ganze Urteil richtete, und Antrag auf dessen gänzliche Aufhebung angekündigt war.

Könnte man diesen Ausspruch ohne weiteres auch in gegenwärtiger Sache anwenden, so dürfte man auch hier die nur gegen den klagenden Ehemann gerichtete Zustellung der Berufungsschrift vielleicht für genügend erklären. Allein dies verbietet sich deswegen, weil dem erwähnten Urteile des VI. Senats ein wesentlich anderer Sachverhalt zugrunde lag. Damals wurde Berufung gegen „die Beklagten" und gegen das ganze Urteil ausdrücklich eingelegt, und in der Berufungsschrift sogleich der Antrag auf dessen gänzliche Aufhebung angekündigt. In vorliegender Sache bezeichnet die erste Berufungsschrift vom 25. März 1904 nicht nur in ihrem Rubrum den Ehemann G. als alleinigen Kläger und Berufungsbeklagten, sondern sie enthält auch nur seine Ladung zum Termin und läßt insbesondere auch einen Berufungsantrag überhaupt vermissen. Unter diesen Umständen kann sie nicht als stillschweigend zugleich gegen die klagende Ehefrau gerichtet gelten, sondern es muß angenommen werden, daß der die Berufung einlegende Rechtsanwalt diese nur gegen den Ehemann G. erheben wollte und erhoben hat. Mag es auch im Irrtum, hervorgerufen durch die nicht ganz richtige Urteilsabschrift, geschehen sein, so ist dies doch unerheblich, und muß dem Berufungsgericht darin beigepflichtet werden, daß Grund zu einer — übrigens nach Vorschrift nicht erbetenen — Wiedereinsetzung in den vorigen Stand gemäß §§ 232 Abs. 2. 233 Z.P.O. nicht gegeben war.

Die weitere Prüfung vorliegender Sache ergibt aber folgendes: Mit Recht hat der Vorderrichter in vorliegender Sache notwendige Streitgenossenschaft auf seiten der beiden Kläger angenommen. Vergeblich wird dies von der Revision, die eine Gemeinschaft zur gesamten Hand und Unteilbarkeit des Streitstoffes verneint wissen will, bekämpft. Allerdings steht ein eheliches Güterverhältnis der Eheleute G., das eine notwendige Streitgenossenschaft im engeren Sinne — nach dem zweiten Falle des § 62 Z.P.O. — zu begründen vermöchte, nicht fest. Nahe liegt dagegen, daß die klagenden Eheleute miteinander im gesetzlichen Güterstande der Verwaltung und Nutznießung des Mannes leben. Schon daraus müßte sich notwendig die Untrennbarkeit der Entscheidung gegen Mann und Frau ergeben. Aber auch ganz abgesehen hiervon liegt das Streitverhältnis in jedem Falle so, daß es allen Streitgenossen gegenüber nur einheitlich festgestellt werden kann, daß somit der erste Fall notwendiger Streitgenossenschaft nach § 62 Z.P.O. gegeben ist. Freilich ist dem Revisionskläger für seine unter Hinweis auf Skonietzki u. Gelpcke, Z.P.O. S. 150 Bem. 2a ausgesprochene Meinung Recht zu geben, daß auch der Bruchteil eines Grundstücks verpfändet und demgemäß auch aus der Pfandhaftung entlassen werden kann (§ 1114 B.G.B.). Allein davon kann nach der gegenwärtigen Sachlage keine Rede sein. Die Kläger wollen das Trennstück zu Bebauungszwecken weiter veräußern; solche Zwecke setzen die §§ 4 und 5 ihres mit dem Beklagten geschlossenen Kaufvertrags vom 10. November 1900 voraus, und bei solcher Absicht hätte es keinen Sinn, wenn die Trennstücke zur ideellen Hälfte pfandfrei, zur anderen Hälfte pfandbelastet auf die neuen Erwerber übergehen sollten, was die Einzelveräußerungen, wenn nicht unmöglich machen, so doch aufs höchste erschweren müßte. Übrigens klagen die Eheleute G. eben auf Pfandentlassung des ganzen Teilstückes; sie geben nirgends zu erkennen, daß sie in zweiter Reihe etwa auch sich mit teilweiser Pfandentlassung begnügen würden, und durch solche gewollte und erhobene gemeinsame Klage mehrerer nur auf das Ganze ist der erste Fall des § 62 selbst dann in der Regel gegeben, wenn vielleicht auch an sich Einzelklagen der Genossen nicht ausgeschlossen gewesen wären.

Vgl. Entsch. des R.G.'s in Zivils. Bd. 60 S. 269.

Waren aber nach dem Ausgeführten 1. die Urteilszustellungen vom März 1904 geeignet, die Berufungsnotfrist in Lauf zu setzen, und ist 2. die Streitgenossenschaft zwischen den Klägern eine notwendige, so mußte die Berufung, um zulässig zu sein, innerhalb der Notfrist gegen beide Kläger gerichtet werden. Es hat hierbei der allgemeine Grundsatz des § 61 Z.P.O., wonach Streitgenossen in der Regel dem Gegner als einzelne gegenüberstehen, in Verbindung mit § 518 Ziff. 3 Z.P.O., worin Ladung des Berufungsbeklagten, also auch der sämtlichen Berufungsbeklagten, als unumgänglich vorgeschrieben ist, Anwendung zu finden. Allerdings wurde von der Rechtsprechung die Stellvertretereigenschaft des einen notwendigen Streitgenossen für den anderen, wie sie im § 62 daselbst zugelassen ist, nicht nur für die Berufungsverhandlungen selbst angenommen, sondern auch auf das Verfahren bei Einlegung der Berufung ausgedehnt; aber das letzte geschah immer nur in der Weise, daß ein notwendiger Streitgenosse als Berufungskläger zugleich als Vertreter seiner anderen notwendigen Streitgenossen zugelassen wurde.

Vgl. Entsch. des R.G.'s in Zivils. Bd. 38 S. 426, Bd. 60 S. 269; Jurist. Wochenschr. 1903 S. 21 Nr. 2.

Für diesen Fall rechtfertigt sich auch die Anwendung des § 62; denn der die Berufung nicht einlegende notwendige Streitgenosse erscheint im Vergleich zu dem Berufung einlegenden als „säumig".

Von einer Säumigkeit desjenigen kann aber nicht die Rede sein, der als notwendiger Streitgenosse ein günstiges Urteil miterlangt hat, dessen Rechtskraft abwarten und sie, wenn er von Berufungseinlegung nichts erfährt, annehmen darf. Außerdem setzt auch der Begriff der Vertretung ein aktives Handeln zugunsten des zu Vertretenden, nicht ein bloßes Dulden zu dessen Nachteile wenigstens bei Einleitung der Berufung voraus, und es kann daher hierbei der Streitgenosse, der allein als Berufungsbeklagter benannt und geladen wird, nicht als Vertreter des anderen im Sinne des mehrangezogenen § 62 erachtet werden. Sein passives Entgegennehmen der Berufung kann nicht zugleich als solches des anderen notwendigen Streitgenossen gelten.

So hat denn auch das Reichsgericht wiederholt in vorstehendem Sinne die Unzulässigkeit einer gegen einen notwendigen Streitgenossen allein erhobenen Berufung ausgesprochen, wovon abzugehen kein Anlaß vorliegt.

Vgl. Entsch. des R.G.'s in Zivils. Bd. 36 S. 345, Bd. 40 S. 349.

Diese Unzulässigkeit muß aber eine gänzliche, und kann nicht etwa, wie die Revision annimmt, eine nur gegen den nicht geladenen Genossen wirkende sein, weil eben das Streitverhältnis allen Streitgenossen gegenüber nur einheitlich festgestellt werden kann."

---

94. Kollision eines Patents mit einem älteren Gebrauchsmuster. Zur Auslegung des § 3 Abs. 1 Satz 2 und § 10 Ziff. 2 des Patentgesetzes.

I. Zivilsenat. Urt. v. 21. Oktober 1905 i. S. Gebr. H. (Kl.) w. G. & Co. (Bekl.). Rep. I. 136/05.

I. Patentamt.

Die Klage auf Nichtigkeitserklärung des mit Gültigkeit vom 21. April 1898 ab erteilten Patentes 100507 der Beklagten auf einen „Holzwebschützen" war unter Bezugnahme auf § 3 Abs. 1 und § 10 Ziff. 2 des Patentgesetzes darauf gestützt worden, daß der Gegenstand der Erfindung durch die Gebrauchsmuster 36539 und 53696, welche gleichfalls einen Webschützen betrafen, derartig beschrieben und bekannt geworden sei, daß danach die Benutzung durch andere

Sachverständige möglich gewesen sei. Die Gebrauchsmuster waren am 24. Januar 1895 bzw. am 20. Februar 1896 angemeldet und einige Tage später eingetragen worden; sie wurden nicht verlängert. Das Patentamt hat die Nichtigkeitsklage abgewiesen; die Berufung der Kläger war ohne Erfolg.

Gründe:

„Die Nichtigkeitsklage ist vom Patentamt mit Recht abgewiesen worden, da die Voraussetzungen des § 10 Abs. 2 des Patentgesetzes, auf welchen sie gestützt ist, hier nicht vorliegen, auch wenn man unterstellt, daß der Gegenstand der beiden Gebrauchsmusteranmeldungen vom 24. Januar 1895 und 20. Februar 1896 identisch sei mit dem Gegenstande des Patents Nr. 100507. Eine Patentanmeldung kann allerdings nach § 3 Abs. 1 Satz 2 des Patentgesetzes den Anspruch auf ein Patent nicht begründen, wenn die Erfindung Gegenstand des Patents eines früheren Anmelders ist, oder — wie das Reichsgericht in dem Urteile vom 13. Januar 1900, Rep. I. 390/99, ausgeführt hat — gewesen ist. Die Annahme aber, von welcher die Berufungsklägerin ausgeht, daß derselbe Grundsatz gelten müsse, wenn es sich gar nicht um die Kollision zweier Patente, sondern um die Kollision einer Patentanmeldung mit dem Gegenstande eines älteren Gebrauchsmusters handelt, ist rechtsirrig. Aus dem Patentgesetze kann für die Auffassung der Klägerin nichts entnommen werden; es hat sich mit der hier in Rede stehenden Frage überhaupt nicht befaßt. Dagegen sind in der Begründung des Entwurfs zum Gesetze, betreffend den Schutz von Gebrauchsmustern, zu § 6 des Entwurfs — der unverändert als § 5 Gesetz geworden ist — die Verhältnisse eingehend erwogen worden, wie sie daraus entstehen können, daß ein und derselbe Gegenstand von der einen Seite zum Musterregister und von der anderen zur Patentierung angemeldet wird. Man ging in der Begründung des Entwurfs (S. 15) von der Ansicht aus, daß es einer besonderen Regelung des Verhältnisses zwischen den verschiedenen Anmeldern insoweit nicht bedürfe, als die Veröffentlichung oder offenkundige Benutzung des Gegenstandes der einen Anmeldung zur Folge habe, daß der Gegenstand der anderen Anmeldung nicht mehr als neu sich darstelle, da es hier an den Voraussetzungen für die Patenterteilung oder für die Geltendmachung des Musterschutzrechts fehle, und das zu Unrecht erteilte Patent mit der Nichtigkeitsklage, die Eintragung des Gebrauchsmusters ohne Vorhandensein der materiellen Voraussetzungen mit der Klage auf Löschung des Musters beseitigt werden könne. Im übrigen aber erklärt die Begründung des Entwurfs:

„Eine Notwendigkeit, die Kollisionen zwischen Patent- und Musterschutzrecht in derselben Weise zu behandeln, wie die Kollisionen der Patentrechte unter sich, ergibt sich aus dem Systeme des deutschen Patentwesens nicht. Dieses System nötigt nur zur Aufstellung des Grundsatzes, daß die Beschlußfassungen über Erteilung eines Patents sich auch auf die Prüfung der Frage zu erstrecken haben, wie dieses Patent zu sonstigen, von derselben Behörde erteilten Patenten sich verhält. Dagegen sind die Wirkungen des Patents gegenüber andersartigen Rechten von denselben Gesichtspunkten aus zu beurteilen, wie seine Wirkungen in bezug auf eine ohne Inanspruchnahme eines entgegenstehenden Rechts erfolgte Benutzung des patentierten Gegenstands; und es kann deshalb der Streit zwischen Patentrecht und Musterschutzrecht ebensowohl dem Rechtswege zugewiesen werden, wie die Streitigkeiten über Patentverletzungen. . . .

Da der Patentschutz und der Schutz von Gebrauchsmustern eine zeitlich verschiedene Wirkung äußern, so braucht eine Kollision zwischen beiden nicht dazu zu führen, daß das eine Recht das andere vollständig aufhebt. Vielmehr hat nur die Ausübung des nachstehenden Rechts während der Zeit zu ruhen, innerhalb deren das bessere Recht sich in Wirksamkeit befindet. Solange letzteres der Fall, kommen die Wirkungen aus der späteren Anmeldung weder gegenüber dem Inhaber des vorgehenden Rechts, noch gegenüber Dritten zur Geltung."

Aus dieser Begründung des Entwurfs, welcher im Laufe der Beratungen von keiner Seite widersprochen wurde, ergibt sich klar, daß im § 5 des Gesetzes über den Schutz von Gebrauchsmustern der Fall der Kollision des Patents mit einem Gebrauchsmuster vollkommen selbständig geordnet ist, und zwar in ganz anderer Weise, als die Kollision von Patenten. Nach § 5 des Gebrauchsmustergesetzes tritt durch das ältere Gebrauchsmuster lediglich eine zeitliche Beschränkung der Ausübung des später begründeten Patents ein, die wegfällt, wenn das ältere Gebrauchsmuster durch Zeitablauf oder aus sonstigen Gründen erlischt. Der erhobenen Nichtigkeitsklage fehlt es daher an einer gesetzlichen Grundlage; die Frage der Neuheit der Erfindung war schon wegen Ablaufs der Frist des § 28 Abs. 3 des Patentgesetzes nicht zu erörtern." ...

95. Zur Frage der Besteuerung von Fideikommißanfällen nach § 1 Ziff. 2 des preußischen Erbschaftssteuergesetzes vom 24. Mai 1891; Begriff des steuerpflichtigen Anfalls.

VII. Zivilsenat. Urt. v. 24. Oktober 1905 i. S. preuß. Fiskus (Bekl.) w. Fürst C. (Kl.). Rep. VII. 37/05.

I. Landgericht Posen.
II. Oberlandesgericht daselbst.

Die Gräfin D. stiftete im Jahre 1893 ein Familienfideikommiß der fürstlichen Familie C., das nach Bestätigung und landesherrlicher Genehmigung schon zu Lebzeiten der Stifterin in Wirksamkeit trat. Als erster Fideikommißbesitzer galt sie selbst. Fideikommißfolger wurde nach ihrem am 18. März 1899 eingetretenen Ableben der Kläger. Die Stifterin hatte ihn in ihrem Testament auch zum Allodialerben berufen und ihm dabei die Verpflichtung auferlegt, dem Fideikommiß innerhalb einer bestimmten Frist aus dem Allodialvermögen ein Kapital von 800 000 *M*, sowie weiter $^5/_8$ des verbleibenden Restes einzuverleiben, sowie einige Bauerngrundstücke zuzuschlagen. Die Einverleibung des Kapitals von 800 000 *M* ist vollzogen. Wie es sich damit in Ansehung der anderen Gegenstände verhält, ist nicht festgestellt. Der Beklagte forderte vom Kläger außer der hier nicht in Betracht kommenden Erbschaftssteuer vom Allodialnachlaß auch die Erbschaftssteuer von dem Fideikommißanfall gemäß § 1 Ziff. 2 des Erbschaftssteuergesetzes vom 24. Mai 1891, indem er dabei auch den Wert der Nutzungen des zur Erweiterung des Fideikommisses bestimmten Vermögens in Rechnung stellte. Die einjährigen Nutzungen des angeordneten Zuwachses bezifferte der Fiskus auf 67 989,67 *M* und erhob einen Stempel von 29 230 *M* (statt, wie er es nach seiner Rechnung tun konnte, von 34 234 *M*). Der Kläger zahlte die Steuer und verlangte sie dann im Rechtswege zum Betrage von 8228,50 *M* nebst Zinsen zurück. Das Landgericht erkannte auf Abweisung der Klage. Das Oberlandesgericht verurteilte dagegen den Beklagten zur Zahlung von 8228,50 *M* nebst 4 v. H. Zinsen seit dem Tage der Klagezustellung. Die Revision ist zurückgewiesen worden.

Gründe:

„Der verklagte Fiskus hat als steuerpflichtigen Fideikommißanfall im Sinne der §§ 1. 26 des Erbschaftssteuergesetzes die Erträgnisse von denjenigen Kapitalien und Grundstücken angesehen, welche die Gräfin D. in ihrem Testamente zur Vergrößerung des bereits bestehenden Fideikommisses der fürstlichen Familie C. bestimmt hatte, und danach die Steuer berechnet und eingezogen. Sein Verlangen erscheint jedoch jedenfalls insoweit bei der jetzigen Sach- und Rechtslage unbegründet, als die Steuer auch in Ansehung des dem Fideikommisse noch nicht zugeschlagenen Vermögens gefordert wird. Nur rücksichtlich des Kapitals von 800000 *M* steht fest, daß es Bestandteil des Fideikommisses geworden ist. Im übrigen sollen zwar die Bauerngüter tatsächlich schon längst zum Fideikommisse gehören, aber bezüglich der $^5/_8$ des restlichen Nachlasses der Gräfin D. ist — worüber die Parteien auch nicht streiten — eine rechtsgültige Fideikommißstiftung bisher nicht zustande gekommen. Wäre auch nur in Höhe der Nutzungen von diesem Bruchteile der Fiskus mit seinem Anspruche zurückzuweisen, so würde er den vom Kläger verlangten Betrag zu erstatten haben, da die in seinen Händen verbleibende Steuersumme zur Deckung der von den Nutzungen des Kapitals von 800000 *M* (und auch der bäuerlichen Grundstücke) etwa zu entrichtenden Abgabe völlig ausreicht. Daß auf die Erweiterung des Fideikommisses durch die Umwandlung der bezeichneten Quote des Allodialvermögens der Erblasserin in Fideikommißvermögen die Grundsätze der Neustiftung Anwendung finden, ist unbedenklich und wird auch vom Beklagten nicht bezweifelt. Damit dieses Vermögen die Eigenschaft eines Familienfideikommisses erlange, bedarf es also der gerichtlichen Verlautbarung und Bestätigung der Stiftungsurkunde, möglicherweise auch noch der landesherrlichen Genehmigung (§§ 62. 29. 30. 56 A.L.R. II. 4, Gesetz vom 5. März 1855, § 49 preuß. Ausf.-Ges. zum G.V.G.). Erst mit der Erfüllung der vorgeschriebenen Bedingungen tritt die Fideikommißstiftung in Wirksamkeit; bis dahin hat der berufene Fideikommißbesitzer keine Klage auf Einräumung des nutzbaren Eigentums an dem Fideikommißgute (§ 32 A.L.R. II. 4). Die Frage ist also nicht, wie die Revision meint, ob auch die Nutzungen des erst infolge letztwilliger Anordnung zum Fideikommiß erhobenen Vermögens der erstmaligen Erbschaftssteuerpflicht unterliegen, sondern es handelt sich gegenwärtig um die andere Frage, ob die von Fideikommißanfällen zu zahlende Steuer bereits vor der rechtswirksamen Errichtung des Fideikommisses gefordert werden kann. Wird die Frage verneint, so braucht darauf nicht weiter eingegangen zu werden, ob der erste Fideikommißbesitzer, der auf Grund letztwilliger Verfügung des Stifters in den Genuß der Stiftung gelangt, überhaupt zur Steuer herangezogen werden darf, auch nicht darauf, ob bei einem Testamente, wie es dem Rechtsstreite zugrunde liegt, die Erblasserin, oder der Erbe als Stifter zu betrachten ist — in welch letzteren Falle von der Besteuerung des Erben als Fideikommißfolgers keine Rede sein könnte. Jene Frage ist aber zu verneinen. Das Gesetz spricht sich nicht ausdrücklich über den Begriff des steuerpflichtigen Fideikommißanfalls aus. Indessen ist nach § 5 des Gesetzes Gegenstand der Besteuerung die durch den Anfall bewirkte Bereicherung, und nach § 14 unterliegt Vermögen, dessen Erwerb von dem Eintritt einer aufschiebenden Bedingung abhängt, der Besteuerung erst bei dem Eintritte der Bedingung. Der Wille des Gesetzgebers geht also erkennbar dahin, daß die Steuerpflicht erst mit dem Zeitpunkte beginnt, in welchem der Erwerb der Zuwendung feststeht. Es muß sicher sein, daß der Bedachte in Höhe des Betrags, von welchem die Steuer gefordert wird, wirklich bereichert ist. Dies trifft aber nicht zu bei einer Fideikommißstiftung, zu welcher erst durch eine letztwillige Anordnung der Grund gelegt ist, die jedoch noch nicht verlautbart und bestätigt, und nicht — wo es erforderlich — landesherrlich genehmigt ist. Ob sie ins Leben treten wird, und ob der Berufene zum Genusse der Erträgnisse als Fideikommißbesitzer gelangen wird, steht dahin. Darum kann aber auch von einem zu versteuernden Anfalle so lange nicht gesprochen werden, als die Bedingungen der Errichtung eines Familienfideikommisses nicht erfüllt sind. Wenn Schück-Crusen in ihrem Kommentar zum Erbschaftssteuergesetz Bem. II B b 2 β zu § 1 (S. 10) sagen, daß ein steuerpflichtiger Anfall bei der Errichtung des Fideikommisses durch eine Verfügung von Todes wegen zum erstenmal mit dem Tode des Stifters und der infolgedessen eintretenden Wirksamkeit der letztwilligen Verfügung gegeben sei, so ist dies unter der Voraussetzung richtig, daß das Fideikommiß ohne weiteres in jenem Zeitpunkt entstanden ist, einer Voraussetzung, die für das in Betracht kommende Gebiet des Allgemeinen Landrechts entfällt. Hier wird die auf die Schaffung eines Familienfideikommisses abzielende letztwillige Verfügung nicht mit dem Tode des Erblassers, sondern erst mit dem Eintritt der sonstigen gesetzlichen Erfordernisse einer Fideikommißstiftung wirksam. Deshalb kann auch der Fiskus nicht früher die Steuer von einem Fideikommißanfall verlangen. Die Entscheidung des Berufungsrichters erweist sich hiernach im Ergebnis als richtig; die von den Nutzungen des dem Fideikommiß zuzuschlagenden, aber noch nicht zugeschlagenen Vermögens erhobene Steuer ist jedenfalls zu erstatten. Dabei ist zu bemerken, daß auch die Frage offen bleibt, ob der Fiskus, sofern das Fideikommiß ins Leben tritt, bis zu diesem Zeitpunkt aber sich ein Wechsel in der Person der Anwärter vollzieht, die Steuer von einem mehrfachen Anfall fordern kann."

---

96. Kann der Kläger, der mit der Klage auf Rechnungslegung die Klage auf Herausgabe dessen verbunden hat, was der Beklagte aus dem zugrunde liegenden Rechtsverhältnisse ihm schuldet, nach der rechtskräftigen Verurteilung des Beklagten zur Rechnungslegung, wenn der Beklagte trotz versuchter Zwangsvollstreckung keine Rechnung gelegt hat, den Anspruch auf das Interesse an dem Ausbleiben der urteilsgemäßen Rechnungslegung in der Berufungsinstanz neu erheben?

Z.P.O. §§ 254. 259. 268 Ziff. 3.

VI. Zivilsenat. Urt. v. 26. Oktober 1905 i. S. W. (Bekl.) w. L. (Kl.). Rep. VI. 592/04.

I. Landgericht Münster.
II. Oberlandesgericht Hamm.

Die Klägerin hatte 1897 dem Beklagten aus Anlaß der Übertragung einer Gutsverwaltung 5000 *M* mit dem Auftrage gegeben, dafür Kühe anzukaufen und in die Gutswirtschaft einzustellen.

Nachdem der Beklagte die Verwaltung aufgegeben hatte, erhob die Klägerin gegen ihn Klage mit dem Antrage, ihn zu verurteilen, über die Verwendung der 5000 *M* und die Verwaltung der angeschafften Kühe Rechnung zu legen, die für jene Summe angeschafften Sachen herauszugeben und insbesondere darein zu willigen, daß der hinterlegte Erlös aus der Versteigerung der Kühe an sie ausbezahlt werde. Eventuell wurde die Verurteilung des Beklagten zur Zahlung von 5000 *M* beantragt.

Das Berufungsgericht verurteilte den Beklagten nach dem ersten Antrage; das Urteil wurde aber in der Revisionsinstanz aufgehoben, soweit es den Beklagten verurteilte, angeschaffte Sachen herauszugeben und in die Auszahlung des Erlöses aus den Kühen zu willigen, und insoweit die Sache zur anderweiten Entscheidung an das Berufungsgericht zurückverwiesen. Die Verurteilung des Beklagten zur Rechnungslegung blieb bestehen. Die Klägerin leitete die Zwangsvollstreckung ein, aber ohne Erfolg. Der Beklagte ließ die Strafandrohung des Vollstreckungsgerichts unbeachtet.

In der erneuten Verhandlung vor dem Berufungsgericht nahm die Klägerin daraus Anlaß, den veränderten Antrag zu stellen: den Beklagten zu verurteilen, an die Klägerin 5000 *M* nebst Prozeßzinsen zu zahlen, eventuell: in die Auszahlung des hinterlegten Auktionserlöses zu willigen. Das Berufungsgericht wies den ersten Antrag ab und verurteilte den Beklagten, darein zu willigen, daß von dem Auktionserlöse 2334,70 *M* der Klägerin ausbezahlt würden. Die Entscheidung über weitere 933,80 *M* wurde von einem Eide des Beklagten abhängig gemacht. Die in der Revisionsinstanz von der Klägerin erhobene Beschwerde über die Zurückweisung ihres prinzipalen Antrags blieb erfolglos, aus folgenden

Gründen:

... „Das Berufungsgericht hat den in der letzten Verhandlung an die Spitze gestellten Antrag der Klägerin auf Verurteilung des Beklagten zur Zahlung von 5000 *M* als prozessual unzulässig zurückgewiesen und eine materielle Entscheidung nur über den eventuellen Antrag gegeben. Es geht dabei von der Auffassung aus, daß der Anspruch auf die 5000 *M* ein neuer, daher bei dem Widerspruch des Beklagten nach § 529 Z.P.O. unzulässiger Anspruch sei. Denn die Klägerin stütze ihn auf die Tatsache, daß der Beklagte der rechtskräftigen Verurteilung zur Rechnungslegung nicht nachgekommen sei, auch nicht, nachdem im Wege der Zwangsvollstreckung eine Geldstrafe gegen ihn festgesetzt worden sei. Sie beanspruche nach der von ihr gegebenen Begründung jenen Betrag als das Interesse, das in der hingegebenen Summe von 5000 *M* nebst Zinsen bestehe, und das sei ein neuer Anspruch. Die Klägerin hat bei der Begründung ihrer Anschließung diese Anwendung des § 529 Z.P.O. als rechtsirrig beanstandet und ausgeführt, der im Laufe der Berufungsinstanz vorangestellte Anspruch sei schon früher als eventueller erhoben. Die jetzige Umkehrung der Reihenfolge sei lediglich eine nach § 268 Ziff. 2 Z.P.O. zulässige Erweiterung des Klaganspruchs; man brauche deswegen auf § 268 Ziff. 3 nicht zurückzugreifen. Das Berufungsgericht habe zu Unrecht unterlassen, den Anspruch der Klägerin auf die vollen 5000 *M* einer sachlichen Prüfung zu unterziehen.

Diese Beschwerde ist nicht begründet.

Die Klägerin hat mit der Klage auf Rechnungslegung die Klage auf Herausgabe dessen verbunden, was der Beklagte ihr aus dem zugrunde liegenden Rechtsverhältnisse schuldet. Soweit sie sich dazu imstande sah, hat sie schon in dem auf den Hauptanspruch bezüglichen Antrage die geschuldete Leistung bestimmt, nämlich die Einwilligung des Beklagten in die Auszahlung des Erlöses aus der Versteigerung der 14 Kühe. Die Bestimmung der weiter geschuldeten Leistung hat sie, wie es nach § 254 Z.P.O. zulässig ist, vorbehalten, bis die Rechnung gelegt sein werde. Der frühere eventuelle Antrag auf Verurteilung des Beklagten zur Zahlung von 5000 *M* hat eine besondere Begründung nicht erhalten; diese Summe ist also ebenfalls nur als der Betrag gefordert, der aus dem Rechtsverhältnisse der Parteien vom Beklagten geschuldet werde. Nun ist über die erhobenen Ansprüche durch rechtskräftig gewordenes Teilurteil dahin entschieden, daß der Beklagte zur Rechnungslegung verurteilt worden ist. Auch die Zwangsvollstreckung aus diesem Teilurteil hat begonnen; sie hat aber die Klägerin nicht in die Lage gebracht, ihrem noch rechtshängigen Hauptanspruch die nach § 253 Z.P.O. für eine Leistungsklage erforderliche Bestimmtheit voll zu geben. Die Klägerin fordert hiernach die 5000 *M* nicht als den aus dem Vollmachtsvertrage vom Beklagten ihr geschuldeten Betrag; sie macht nicht eine ergänzte Berechnung des letzteren auf, sondern sie stützt d i e s e n Anspruch, wie auch die gegebene Begründung ausspricht, auf den Ungehorsam des Beklagten gegen das Teilurteil, und sie fordert jene Summe als das Interesse an dem Ausbleiben der Leistung, zu der der Beklagte bereits rechtskräftig verurteilt ist. Die Bezugnahme der Klägerin auf § 268 Ziff. 2 Z.P.O. ist mithin unzutreffend; denn sie fordert nicht aus dem früher schon geltend gemachten Rechtsgrunde eine erweiterte Leistung, sondern eine Leistung, die an die Stelle einer ihr bereits rechtskräftig zuerkannten Leistung treten soll. Es fragt sich aber, ob mit Rücksicht auf die besondere Gestaltung der Klage auf Rechnungslegung, wie sie sich aus § 254 Z.P.O. ergibt, die Vorschrift des § 268 Ziff. 3 Z.P.O. anwendbar, und nach ihr es zulässig ist, daß, nach der rechtskräftigen Erledigung des Hilfsanspruchs, in dem Verfahren über den Hauptanspruch das Interesse eingeklagt werden kann, das beim Ausbleiben der aus dem Teilurteil geschuldeten Handlung dem Gläubiger zu erstatten ist.

Die Frage ist mehrfach bejaht worden.

Vgl. Gaupp-Stein, Z.P.O. zu § 254 Bem. III 4a; Seuffert, Z.P.O. zu § 254 Bem. 4c; Remelé-Anger, Z.P.O. zu § 254.

Allein es ist Bedenken getragen, dieser Rechtsauffassung beizutreten.

Daß die Vorschrift des § 268 Ziff. 3 nicht unmittelbar anwendbar ist, ergibt schon die obige Darlegung. Denn die Klage auf Rechnungslegung ist durch rechtskräftiges Urteil erledigt; damit ist aber die rechtliche Möglichkeit ausgeschlossen, daß die Erhebung des Anspruchs auf das Interesse nur eine zulässige Änderung der erhobenen Klage sei. Das Interesse der Klägerin an der urteilsgemäßen Rechnungslegung fällt aber auch nicht zusammen mit dem, was die Klägerin mit dem noch rechtshängigen Hauptanspruche verlangt. Jener Interesseanspruch ist dem Grunde nach und kann dem Betrage nach verschieden sein von dem, was die Klägerin vom Beklagten aus dem der Klage zugrunde liegenden Rechtsverhältnisse zu fordern hat.

Vgl. Urteil des erkennenden Senats vom 18. November 1895, Entsch. Bd. 36 S. 369 (376).

Die Vorschrift des § 268 Ziff. 3 würde darum nur im Wege der Analogie auf den hier zur Entscheidung stehenden Fall angewendet werden können; für solche Ausdehnung seiner Anwendbarkeit fehlt es aber an ausreichenden Gründen. Die Zweckmäßigkeitsrücksichten, die zu der Vorschrift des § 254 Z.P.O. geführt haben, lassen sich allerdings für die hier abgelehnte Ansicht geltend machen; allein ihnen stehen die Gründe gegenüber, aus denen das Verbot des § 529 Abs. 2 Z.P.O. erlassen ist. Die Regel dieses Verbots für die hier in Rede stehenden Fälle zu durchbrechen, ist um so weniger Bedürfnis, als § 893 Z.P.O. allgemein den Weg anweist, auf dem beim Ausbleiben einer durch Zwangsvollstreckung nicht unmittelbar erzwingbaren Handlung das Interesse einzufordern ist.

Das Berufungsgericht hat hiernach ohne Rechtsirrtum der Klägerin die Befugnis versagt, in diesem Prozesse noch in der Berufungsinstanz ihr Interesse an der Nichtbefolgung der Auflage des Teilurteils einzuklagen." ...

---

97. Darf das Berufungsgericht, wenn in erster Instanz nur über den Grund des Anspruchs verhandelt und erkannt ist, wegen einer der Klage entgegenstehenden Aufrechnungseinrede über den Betrag des Klaganspruchs Beweis erheben und je nach dem Ergebnisse die Klage abweisen?

Z.P.O. §§ 304. 537. 538 Abs. 1 Ziff. 3.

VI. Zivilsenat. Urt. v. 26. Oktober 1905 i. S. R. (Kl.) w. L. (Bekl.). Rep. VI. 25/05.

I. Landgericht I Berlin.
II. Kammergericht daselbst.

Der Kläger hatte den Beklagten auf Schadensersatz wegen einer widerrechtlich erwirkten Zwangsvollstreckung belangt und an der von ihm berechneten Schadenssumme Gegenforderungen des Beklagten in Abzug gebracht, auf welche er indes dem Beklagten den Erlös aus den Pfandgegenständen anrechnen wollte. Das Landgericht verstellte, nachdem es die Verhandlung auf den Grund des Anspruchs beschränkt hatte, die Entscheidung hierüber auf einen Eid des Klägers. Das Berufungsgericht nahm mit Rücksicht auf das von ihm für berechtigt erachtete Verlangen des Beklagten, es sei zu untersuchen, ob der Schaden des Klägers höher sei, als die Gegenforderungen, welche auch der Beklagte zur Kompensation stelle, Beweis über die Höhe des Schadens auf. Es wurden dann in dem Berufungsurteile dem auf diesem Wege ermittelten Betrage des Klaganspruchs, der an sich als begründet angesehen wurde, die Forderungen des Beklagten gegenübergestellt, mit dem Ergebnisse, daß durch Aufrechnung dieser Gegenforderungen die ganze Forderung des Klägers getilgt sei. Demgemäß wurde die Klage abgewiesen. Die Revision des Klägers ist zurückgewiesen worden, aus folgenden

Gründen:

... „Die Revision hält die Behandlung der Sache in zweiter Instanz für prozessual unzulässig. Allerdings solle ein Zwischenurteil nach § 304 Z.P.O. nur dann ergehen, wenn das Gericht überzeugt sei, daß der Anspruch auch dem Betrage nach in irgendwelcher Höhe bestehe. Lägen in dieser Richtung Zweifel vor, so habe eben das Gericht von der Befugnis, über den Grund vorab zu entscheiden, keinen Gebrauch zu machen, sondern den ganzen Streitstoff durch ein Urteil zu erledigen. Da vorliegenden Falls der erste Richter nur über den Grund des Anspruchs entschieden habe, so sei nur dieser Teil des Streites durch Einlegung der Berufung der Entscheidung der zweiten Instanz unterbreitet gewesen. Über die Höhe des Anspruchs habe der Berufungsrichter gar nicht entscheiden können. Habe der Berufungsrichter Bedenken wegen der Zulässigkeit eines Zwischenurteils über den Grund gehabt, so habe er vielleicht das erstinstanzliche Urteil aufheben und die Sache nach § 539 Z.P.O. an das Gericht erster Instanz zurückverweisen können; aber er habe nicht in eine endgültige Prüfung der Frage eintreten dürfen, ob die an sich bestehende Klageforderung durch gleich hohe Gegenforderungen des Beklagten getilgt werde. Es handle sich im gegebenen Falle um eine nicht bloß annäherungsweise, sondern exakt und endgültig getroffene Festsetzung des Betrags. Damit würde die Vorabentscheidung illusorisch gemacht, und insofern eigentlich eine Instanz übersprungen.

Der Angriff kann nicht als begründet anerkannt werden.

Das Kammergericht ist richtigerweise davon ausgegangen, daß der Klaganspruch nur dann gemäß § 304 Z.P.O. dem Grunde nach für gerechtfertigt erklärt werden könne, wenn alle den Grund betreffenden Streitpunkte erledigt seien, und daß zu diesen Streitpunkten auch die auf Gegenforderungen des Beklagten gestützte (eventuelle) Aufrechnungseinrede gehöre, einem Grundsatze, der des öfteren vom Reichsgerichte ausgesprochen ist.

Vgl. Entsch. dess. in Zivils. Bd. 16 S. 385 flg., Bd. 31 S. 361 flg., Bd. 52 S. 27 flg.; Jurist. Wochenschr. 1895 S. 294 Nr. 10, 1902 S. 632 Nr. 5, 1904 S. 39 Nr. 6, S. 364 Nr. 36.

Standen dem Klaganspruche Forderungen des Beklagten gegenüber, durch deren Aufrechnung der erstere möglicherweise vollständig beseitigt wurde, so war der Klaganspruch, mochte er auch im übrigen als begründet erwiesen sein, doch nicht bloß dem Betrage, sondern auch dem Grunde nach streitig, und solange war das Gericht außerstande, über den Grund vorab zu entscheiden. Dies traf im vorliegenden Falle auch schon für den ersten Richter zu. Zwar hatte in erster Instanz der Kläger von sich aus die Gegenforderungen des Beklagten in Rechnung gestellt, ohne daß der Beklagte seinerseits zuerst die Aufrechnungseinrede vorgeschützt hatte. Aber der Beklagte war jedenfalls eventuell mit der Aufrechnung einverstanden und hatte den Betrag des klägerischen Schadensersatzanspruchs im ganzen Umfange bestritten.

Bei dem Bestreben nun, jenem Grundsatze gerecht zu werden, konnte das Berufungsgericht dem Anscheine nach in Konflikt mit einer anderen prozeßrechtlichen Norm kommen, nämlich mit dem Grundsatze, daß die zweite Instanz nicht zur ersten werden darf, daß der Berufungsrichter nicht (über die Grenze der gesetzlichen Devolutivwirkung des Rechtsmittels hinaus) mit etwas sich befassen soll, worüber der Unterrichter noch nicht geurteilt hat.

Vgl. Motive zu § 538 (479) Z.P.O. S. 310 flg.; Hahn, Materialien S. 359; Wach, Vorträge 2. Aufl. S. 270 flg.; Gaupp-Stein, Z.P.O. zu § 537 Bem. I 1, zu § 538 Bem. I u. II.

Nach § 538 Abs. 1 Ziff. 3 Z.P.O. hat das Berufungsgericht die Sache, insofern eine weitere Verhandlung derselben erforderlich ist, an das Gericht erster Instanz zurückzuverweisen, „wenn im Falle eines nach Grund und Betrag streitigen Anspruchs durch das angefochtene Urteil über den Grund des Anspruchs vorab entschieden, oder die Klage abgewiesen ist". Die Worte „insofern eine weitere Verhandlung erforderlich ist" bedeuten allerdings nicht die tatsächliche Notwendigkeit weiterer Verhandlung, sollen vielmehr nur aussprechen: insofern nicht schon die zweitinstanzliche Entscheidung über die in Ziff. 1—5 bezeichneten Streitpunkte die Sache erledigt; auch wenn die Sache für den Berufungsrichter bereits spruchreif wäre, ist doch im Sinne von § 538 Z.P.O. eine weitere Verhandlung erforderlich, sofern nicht schon die Entscheidung des Berufungsgerichts (bei Beschränkung auf den in erster Instanz abgeurteilten Prozeßstoff) den ganzen Streit beendet.

Vgl. Entsch. des R.G.'s in Zivils. Bd. 12 S. 277; Jurist. Wochenschrift 1902 S. 93 Nr. 17; Seuffert, Archiv Bd. 59 Nr. 275.

Allein gerade das letztere greift hier durch. Die Vorschrift des § 538 Ziff. 3 Z.P.O. hat den Fall im Auge, daß das Berufungsgericht den Grund des Anspruchs, sei es in Übereinstimmung mit dem ersten Richter, oder in Abweichung von diesem, bejaht; erachtet der Berufungsrichter selbst den Anspruch für unbegründet, so bleibt kein Raum für eine weitere Verhandlung. Soweit aber der Grund des Anspruchs in Betracht kommt, ist die Sache im ganzen Umfange an das Berufungsgericht erwachsen. Gegenstand der Verhandlung und Entscheidung desselben sind insoweit — nach der Regelnorm des § 537 Z.P.O. — alle den Anspruch betreffenden Streitpunkte, selbst wenn über diese Streitpunkte in erster Instanz nicht verhandelt oder nicht entschieden ist. In einem Falle wie dem vorliegenden nun gehört zu den Streitpunkten, welche den Grund des Anspruchs betreffen, auch der Betrag der Klageforderung. Der Berufungsrichter ist durch die besondere Prozeßlage des Falles, um über die Aufrechnungseinrede und damit über den Klaganspruch selbst entscheiden zu können, genötigt, über jenen Betrag zu befinden; und gelangt er zu dem Ergebnisse, daß die Klageforderung keinenfalls in einem die Gegenforderungen übersteigenden Betrage begründet sei, so hat er ohne weiteres die Klage abzuweisen. Denn innerhalb der Berufungsanträge (§ 536 Z.P.O.) hat das Berufungsgericht die Sache, soweit es damit befaßt ist, und demgemäß die dem Anspruche entgegengestellten Einwendungen vollständig zu erledigen.

Vgl. Entsch. des R.G.'s in Zivils. Bd. 47 S. 366 flg., Bd. 56 S. 186 flg.; Gruchot, Beiträge Bd. 33 S. 727.

Die Verhandlung über den Betrag ist in solchen Fällen lediglich ein Mittel, um den Grund oder Ungrund des Anspruchs festzustellen, die Entscheidung darüber nur ein Element des Urteils über den Grund, nicht eine Entscheidung über den Betrag als selbständigen, durch § 538 Ziff. 3 Z.P.O. dem Gericht erster Instanz vorbehaltenen Streitpunkt.

Es könnte sich nur fragen, ob in einem so gearteten Falle das Berufungsgericht, um das Ergebnis, daß die Partei für einen Teil des Streitstoffs die erste Instanz tatsächlich verliert, zu vermeiden, einen anderen, etwa prozessual gangbaren Weg hätte einschlagen müssen. Aber auch das ist der Revision nicht zuzugeben. Der Berufungsrichter konnte allerdings aus dem Grunde, weil das Verfahren erster Instanz an dem wesentlichen Mangel leide, daß über einen noch nicht entscheidungsreifen Anspruch vorab erkannt war, gemäß § 539 Z.P.O. das landgerichtliche Urteil samt dem zugrunde liegenden Verfahren aufheben und die Sache an die erste Instanz zurückverweisen. Allein das lag in dem Ermessen des Berufungsgerichts; daraus, daß es von dieser Befugnis keinen Gebrauch gemacht hat, kann ein Revisionsangriff nicht entnommen werden,

vgl. Entsch. des R.G.'s in Zivils. Bd. 37 S. 248; Jurist. Wochenschrift 1904 S. 39 Nr. 6,

und es ist auch wohl erklärlich, weshalb der Berufungsrichter diesen Weg — bei dem alsdann über den Grund des Anspruchs gar nichts entschieden gewesen wäre — nicht gewählt hat.

Sodann hätte das Berufungsgericht, wofern vom Beklagten mit einer Gegenforderung aufgerechnet wurde, welche mit der in der Klage geltend gemachten Forderung nicht in rechtlichem Zusammenhange stand, nach Maßgabe von § 302 Z.P.O., und zutreffendenfalls nach vorher gemäß § 145 Abs. 3 Z.P.O. angeordneter getrennter Verhandlung, über die Klageforderung unter Vorbehalt der Entscheidung über die Aufrechnungseinrede ein Zwischenurteil nach § 304 Z.P.O. erlassen können.

Vgl. Jurist. Wochenschr. 1902 S. 632 Nr. 5, 1904 S. 39 Nr. 6; s. übrigens Gruchot, Beiträge Bd. 45 S. 1110.

Abgesehen jedoch davon, daß es sich auch hier um ein, als solches der Nachprüfung nicht unterliegendes, Ermessen des Berufungsgerichts handeln würde, fehlte es schon an jener gesetzlichen Voraussetzung der Trennung: die Gegenforderungen des Beklagten waren mindestens zum Teil mit dem Klaganspruche konnex; denn wenn auch nicht ein gemeinsames Rechtsverhältnis zugrunde liegt, so besteht doch zwischen den beiderseitigen Ansprüchen offenbar ein gewisses Bedingungsverhältnis.

Hiernach kann in dem Verfahren des Berufungsgerichts kein Verstoß gegen Prozeßnormen erblickt werden." ...

98. Wann ist eine schriftliche Willenserklärung unter Anwesenden wirksam abgegeben?

B.G.B. §§ 130. 766.

VII. Zivilsenat. Urt. v. 27. Oktober 1905 i. S. Kreditverein von Lothringen (Bekl. u. Widerkl.) w. Witwe M. (Kl. u. Widerbekl.). Rep. VII. 7/05.

I. Landgericht Metz.
II. Oberlandesgericht Colmar.

Der Beklagte forderte mittels Widerklage von der Klägerin 2112 *M* auf Grund einer Bürgschaft, die die Klägerin für ihren verstorbenen Ehemann übernommen haben sollte. Die Revision gegen das die Widerklage abweisende Berufungsurteil ist zurückgewiesen aus folgenden

Gründen:

... „Verfehlt ist die Berufung des Beklagten auf die Bürgschaft, die die Klägerin angeblich am 28. Juni 1902 für ihren Ehemann dem Beklagten gegenüber übernommen haben soll ... Das Berufungsgericht verneint, daß die Klägerin die Bürgschaft übernommen habe, indem es ausführt, es sei unter den Parteien unbestritten, daß eine die Bürgschaftserklärung der Klägerin enthaltende Urkunde den Vertretern des Beklagten niemals zugegangen, oder auch nur zur Verfügung gestellt worden ist. Die Revision bezeichnet dies als in Widerspruch stehend mit den tatbestandsmäßigen Parteibehauptungen.

Der Beklagte hat nach dem Tatbestande des Berufungsurteils geltend gemacht: „Die Bürgschaftsurkunde sei von der Klägerin unterzeichnet worden; der Direktor K. habe sie nur um deswillen nicht an sich genommen, weil in diesem Augenblick der Ehemann der Klägerin sich erschossen habe; sie habe aber zu seiner Verfügung gestanden." Die letztere Bemerkung ist ersichtlich nur eine Schlußfolgerung. In dem vorbereitenden Schriftsatze, aus dem die Behauptung entnommen ist, erklärt der Beklagte: „In dem Augenblicke, als Klägerin den Bürgschaftsschein unterzeichnet hatte und im Begriffe stand, ihn dem Direktor K. zu übergeben, hat sich der Ehemann der Klägerin in einem Nebenzimmer erschossen. In der durch den Selbstmord entstandenen Bestürzung entfernte sich K., ohne den auf dem Tische liegen gebliebenen Bürgschaftsschein an sich genommen zu haben." Es ist anzunehmen, daß diese Erklärung mit der im Tatbestande wiedergegebenen identisch sein soll. Daß der Beklagte sein Vorbringen berichtigt oder geändert habe, dafür liegt nichts vor. Die Klägerin ihrerseits gibt an, sie wisse nicht, ob sie die Urkunde bereits unterzeichnet hatte, oder nicht. Geht man von der Darstellung des Beklagten als der ihm günstigeren aus, so wird sich allerdings kaum sagen lassen, es sei unstreitig, daß die Bürgschaftsurkunde dem Direktor K. nicht zugegangen sei; wohl aber hätte das Berufungsgericht sagen können, es sei dies nach dem feststehenden Tatbestande unbestreitbar. Zur Gültigkeit des Bürgschaftsvertrags gehört „schriftliche Erteilung" der Bürgschaftserklärung (§ 766 B.G.B.). Schriftlich erteilt ist die Erklärung keinesfalls schon mit der Unterzeichnung des sie enthaltenden Schriftstücks. Die Herstellung dieses Schriftstücks ist bloße Vorbereitung der Erklärung; sie hat rechtlich keine größere Tragweite als die vorgängige Niederschrift einer mündlich abzugebenden Erklärung. Abgegeben wird die schriftliche Erklärung erst durch die Überreichung an den anwesenden oder die Zusendung an den abwesenden Gläubiger. Wirksam wird die abgegebene Erklärung erst in dem Zeitpunkt, in dem sie dem Gläubiger im Sinne des § 130 B.G.B. zugeht, in dem der Gläubiger die tatsächliche Verfügungsgewalt über das die Erklärung enthaltende Schriftstück erlangt. Zwar bezieht sich der § 130 B.G.B. nach seinem Wortlaute nur auf Erklärungen gegenüber Abwesenden; er ist jedoch auch auf Erklärungen unter Anwesenden anwendbar. Der § 130 stellt den allgemeinen, die gesamte Lehre vom Abschlusse der Rechtsgeschäfte beherrschenden Grundsatz auf, daß der Erklärende nicht gebunden sein soll, solange er in der Lage ist, über das die Erklärung enthaltende Schriftstück selbst zu verfügen, wohl aber, sobald der Adressat die tatsächliche Verfügungsgewalt über das Schriftstück erlangt hat. Wenn in Anwendung dieses Grundsatzes der Absender berechtigt ist, das bereits einem Boten oder der Post übergebene Schriftstück zurückzunehmen, so muß auch unter Anwesenden der Erklärende berechtigt sein, die unterschriebene Urkunde zurückzuhalten und selbst die dem Adressaten dargereichte Urkunde zurückzuziehen, solange dieser sie nicht ergriffen oder sonst in seine Verfügungsgewalt gebracht hat. Darüber besteht auch in der Literatur kein Streit. Streitig ist, ob das „Zugehen“ in diesem Sinne genügt, ob nicht unter Anwesenden noch die Kenntnisnahme des Adressaten von dem Inhalte hinzukommen muß, — eine Frage, auf die einzugehen vorliegendenfalls kein Anlaß besteht. Auch der Beklagte will anscheinend das Erfordernis des „Zugehens“ nicht bestreiten, da er seinen Anspruch gerade auf die Behauptung stützt, der Bürgschaftsschein habe dem Direktor K. „zur Verfügung gestanden“.

Prüft man diese Behauptung im Lichte der vorstehenden rechtlichen Gesichtspunkte, so ist klar, daß sie in dem eigenen Vorbringen des Beklagten keine Stütze findet. In dem Augenblick, als im Nebenzimmer der Schuß fiel, soll die Klägerin im B e g r i f f e g e w e s e n sein, den Schein dem Direktor K. zu übergeben. Folglich hatte sie ihre eigene Verfügungsmacht noch nicht aufgegeben. Danach soll die Urkunde auf dem Tische liegen geblieben sein. Daraus folgt aber mit nichten, daß sie dem Direktor K. zur Verfügung stand. Dies ließe sich vielleicht sagen, wenn die Klägerin die Urkunde vor dem Genannten niedergelegt hätte, in der unverkennbaren Absicht, sie ihm zu überlassen. Diese Absicht mag auch ohne weiteres vorauszusetzen sein bei der Niederlegung vor dem Adressaten. Ganz anders, wenn die Klägerin den Schein auf ihrem eigenen Platze liegen ließ, als sie sich in der Bestürzung über den gefallenen Schuß erhob. So gut sie beim Fallen des Schusses die bereits ausgestreckte Hand zurückziehen konnte, so gut konnte sie dem Direktor die Wegnahme der Urkunde untersagen. Dieser hatte kein Recht, die daliegende Urkunde als ihm übergeben anzusehen; denn er konnte nicht annehmen, daß die Wegnahme auch jetzt noch, bei der gänzlich veränderten Sachlage, dem Willen der Klägerin entspreche. Er hat denn auch die Urkunde nicht an sich genommen. Nach alledem hat der Beklagte keinen Vorgang behauptet, aus dem entnommen werden könnte, daß die Klägerin die Urkunde dem Direktor K. zur Verfügung gestellt habe; und es kann deshalb von einer wirksam gewordenen Bürgschaftserklärung der Klägerin keine Rede sein. Demnach erweist sich auch der auf die Bürgschaft gestützte Widerklageantrag als unbegründet.“ . . .

99. 1. Ist gegen Beschlüsse der Oberlandesgerichte, betreffend die Festsetzung des Werts des Streitgegenstands (§ 16 Abs. 2 G.K.G.), nach § 567 Abs. 2 Z.P.O. (n. F.) eine Beschwerde zulässig?

2. Ist das Reichsgericht durch einen gemäß § 574 Abs. 2 Z.P.O. (n. F.) erlassenen, die Zulässigkeit der Beschwerde aussprechenden Beschluß des Oberlandesgerichts behindert, seinerseits die Beschwerde als unzulässig zu verwerfen?

II. Zivilsenat. Beschl. v. 27. Oktober 1905 i. S. v. H. (Kl.) w. v. D. (Bekl.). Beschw.-Rep. II. 97/05.

I. Oberlandesgericht Karlsruhe.

Aus den Gründen:

„Nach § 16 Abs. 2 G.K.G. findet gegen Beschlüsse, betreffend die Festsetzung des Werts des Streitgegenstands, Beschwerde nach Maßgabe des § 567 Abs. 2 Z.P.O. statt. Da es sich im gegebenen Falle um einen solchen, am 3. Juli 1905, also nach dem Inkrafttreten des Gesetzes vom 5. Juni 1905, betreffend Änderungen der Zivilprozeßordnung, erlassenen Beschluß eines Oberlandesgerichts handelt, so ist für die Frage der Zulässigkeit der beiden gegen diesen Beschluß gerichteten Beschwerden der Prozeßparteien die im Art. I Nr. 9 dieses Gesetzes bestimmte neue Fassung des § 567 Abs. 2 Z.P.O. maßgebend. Nach dieser letzteren zurzeit geltenden Vorschrift ist aber gegen die in betreff der Prozeßkosten erlassenen Entscheidungen der Oberlandesgerichte eine Beschwerde überhaupt nicht zulässig. Die gleichmäßige Anwendung dieser neuen Vorschrift auf Beschlüsse der Oberlandesgerichte, betreffend die Festsetzung des Werts des Streitgegenstands, ergibt sich aus Art. II des Gesetzes vom 5. Juni 1905, wonach, soweit in Reichsgesetzen auf Vorschriften der Zivilprozeßordnung verwiesen ist, welche durch den Art. I dieses Gesetzes geändert werden, die entsprechenden Vorschriften dieses Gesetzes an ihre Stelle treten. Zu den hiermit gemeinten Reichsgesetzen gehört insbesondere auch der hier in Rede stehende § 16 Abs. 2 G.K.G., wie dies in der Begründung zu Art. II a. a. O. ausdrücklich hervorgehoben ist. Hiernach ist die Frage der Zulässigkeit der beiden vorliegenden Beschwerden, die gegen einen Beschluß des Oberlandesgerichts, betreffend die Festsetzung des Werts des Streitgegenstands, gerichtet sind, lediglich nach § 567 Abs. 2 Z.P.O. in seiner neuen Fassung zu beurteilen und demgemäß zu verneinen.

Da nach § 574 Abs. 1 Z.P.O. das Beschwerdegericht von Amts wegen zu prüfen hat, ob eine Beschwerde an sich statthaft ist, und dasselbe bei dem Mangel dieses Erfordernisses die Beschwerde als unzulässig zu verwerfen hat, so war demgemäß von dem Reichsgerichte als dem Beschwerdegerichte zu erkennen. Der Verwerfung der Beschwerde als unzulässig stand namentlich der Umstand nicht entgegen, daß das Oberlandesgericht nach § 574 Abs. 2 Z.P.O. (in der Fassung des Gesetzes vom 5. Juni 1905) unter Verkennung der einschlägigen Bestimmungen durch Beschluß vom 17. Oktober 1905 beide Beschwerden für zulässig erklärt hat; denn die im Abs. 2 a. a. O. vorgesehene Entscheidung des Oberlandesgerichts über die Zulässigkeit einer Beschwerde, die gegen eine von ihm erlassene Entscheidung eingelegt ist, ist nur als eine vorläufige anzusehen, durch die das Beschwerdegericht dann, wenn die Beschwerde zur Entscheidung an dasselbe gelangt, auch bezüglich der Frage der Zulässigkeit derselben in keiner Weise gebunden ist. Dies ergibt sich nicht nur aus der erörterten Vorschrift des § 574 Abs. 1 Z.P.O., sondern namentlich auch aus § 574 Abs. 2 Satz 2 daselbst (in der Fassung des Gesetzes vom 5. Juni 1905), wonach dann, wenn eine solche Beschwerde von dem Oberlandesgericht als unzulässig verworfen wird, der Beschwerdeführer binnen einer Woche auf die Entscheidung des Beschwerdegerichts antragen kann. Im gleichen Sinne hat auch schon der III. Zivilsenat des Reichsgerichts durch Beschluß vom 11. Juli 1905, Rep. III. B 274/05, erkannt." ...

---

100. Auch wenn sich eine auf Nichtigerklärung eines rechtskräftigen Endurteils gerichtete Klage nicht als Nichtigkeitsklage bezeichnet, kann die nach § 587 Z.P.O. erforderliche Erklärung, daß Nichtigkeitsklage erhoben werde, aus dem Antrag und dem Inhalte der Klage festgestellt werden.

V. Zivilsenat. Urt. v. 28. Oktober 1905 i. S. Frau D.. (Kl.) w. Zentral-Darlehnskasse (Bekl.). Rep. V. 184/05.

I. Landgericht Prenzlau.
II. Kammergericht Berlin.

Die Klägerin war durch Versäumnisurteil des Landgerichts in Prenzlau vom 23. Dezember 1902 auf Grund einer für ihren Ehemann geleisteten Bürgschaft verurteilt worden, an die Beklagte 9382 ℳ nebst Zinsen zu zahlen, und die Beklagte ließ diese ihr zugesprochene Forderung als Sicherungshypothek auf dem der Klägerin gehörigen Anteil eines in Friedenau belegenen Grundstücks für sich eintragen. Die Klägerin focht, nachdem sie durch Beschluß vom 24. Juni 1903 wegen Geisteskrankheit entmündigt worden war, vertreten durch ihren Vormund, das Urteil mit der Behauptung an, daß sie sowohl zu der Zeit, als dieses erging, und der damalige Prozeß gegen sie schwebte, wie auch zur Zeit der Bürgschaftsübernahme für ihren Ehemann geisteskrank gewesen sei. Die Klage ist erhoben mit dem Antrage,

die Beklagte zu verurteilen, anzuerkennen, daß ihr aus dem rechtskräftigen Urteile vom 23. Dezember 1902 Rechte gegen die Klägerin nicht zustehen, und in die Löschung der auf den Grundstücken zu Friedenau auf dem Anteile der Klägerin für die Beklagte eingetragenen Sicherungshypothek von 9382 ℳ nebst Zinsen zu willigen.

Die Klage enthielt die Erklärung, daß das Urteil „wegen Geisteskrankheit angefochten" werde, bezeichnete sich aber im übrigen weder im Texte, noch in der Aufschrift als Nichtigkeitsklage. Zugestellt wurde die Klage am 18. Dezember 1903. Nachdem hierauf die Beklagte durch Schriftsatz vom 8. Januar 1904 den Antrag hatte ankündigen lassen, die Klage abzuweisen, reichte die Klägerin einen Schriftsatz vom 11. Januar 1904 ein, den sie auch dem Prozeßbevollmächtigten der Beklagten hatte zustellen lassen, und in welchem sie erklärte, daß „in Ergänzung der am 18. Dezember 1903 zugestellten Klage" diese „auch als Nichtigkeitsklage gemäß § 579 Abs. 1 Nr. 4 Z.P.O. erhoben" werde. Sie stellte in diesem Schriftsatze ihren Antrag dahin,

das Urteil vom 23. Dezember 1902 für nichtig zu erklären, dieses Urteil aufzuheben und die jetzige Beklagte mit dem ihr in diesem Urteile zuerkannten Anspruche abzuweisen,

und brachte auch nur diesen Antrag im Termine zur mündlichen Verhandlung vor dem Prozeßgericht erster Instanz zur Verlesung. Die Beklagte ließ sich, ohne das von der Klägerin eingehaltene Verfahren prozessual zu beanstanden, auf die Sache ein und beantragte Abweisung der Klage.

Der erste Richter erkannte, nachdem er über die behauptete Geisteskrankheit der Klägerin zur Zeit der Bürgschaftsübernahme und während des Vorprozesses Beweis erhoben hatte, nach dem in dem Ergänzungsschriftsatze der Klägerin vom 11. Januar 1904 enthaltenen Antrage; dagegen wies das Kammergericht auf eingelegte Berufung die Nichtigkeitsklage als unzulässig ab. Auf Revision der Klägerin wurde dieses Urteil aufgehoben, und die Sache zur anderweiten Verhandlung und Entscheidung an das Berufungsgericht zurückverwiesen, aus folgenden

Gründen:

„Wenn die erhobene Klage als Nichtigkeitsklage gelten und zulässig sein soll, so muß vor allem feststehen, daß das Urteil, gegen welches sie sich richtet, zwischen den Parteien rechtskräftig geworden ist (§ 578 Abs. 1 Z.P.O.). Diese Voraussetzung hat das Berufungsgericht mit Recht als gegeben erachtet. Zwar ist nicht festgestellt, ob das gegen die Klägerin als damalige Beklagte ergangene Versäumnisurteil des Landgerichts Prenzlau vom 23. Dezember 1902 ihr zugestellt worden ist; aber es steht fest, daß die Klägerin und ihr Ehemann unter dem 10. Januar 1903 gegen dieses Urteil Einspruch eingelegt und diesen unter dem 10. Februar 1903 zurückgenommen haben. Dadurch sind sie nach §§ 346. 515 Abs. 3 Z.P.O. des Einspruchs verlustig gegangen, selbst wenn der von ihnen erhobene Einspruch vor Zustellung des Versäumnisurteils eingelegt sein sollte (Entsch. des R.G.'s in Zivils. Bd. 9 S. 420). Das Versäumnisurteil war damit, weil an sich der Einspruch zulässig gewesen wäre, und es daher der Berufung nicht unterliegt (§ 513 Abs. 2 Z.P.O.), rechtskräftig geworden, und wurde als ein bereits rechtskräftiges Urteil dem Vormunde der inzwischen — aber nach dem Februar 1903 — entmündigten Klägerin am 4. Januar 1904 zugestellt. Es kann also auch davon keine Rede sein, daß der Vormund den Erfolg einer Nichtigkeitsklage selbst dadurch vereitelt hätte, daß er es unterließ, den Einspruch einzulegen. Er konnte ihn überhaupt nicht mehr einlegen.

Was nun die weitere hier zur Entscheidung stehende Frage anlangt, ob die Nichtigkeitsklage erhoben ist, so scheidet sich diese nach der vorliegenden Sachlage in zwei Teile. Es fragt sich nämlich, ob schon der am 18. Dezember 1903 zugestellte Klageschriftsatz alle gesetzlichen Erfordernisse der Nichtigkeitsklage enthält, und ferner, wofern dies zu verneinen wäre, ob seine Ergänzung durch den Schriftsatz vom 11. Januar 1904 mit der Wirkung zulässig war, daß nun beide Schriftsätze zusammen als die erhobene Nichtigkeitsklage zu gelten haben. Auf die zweite Frage braucht selbstverständlich nicht eingegangen zu werden, wenn die erste — abweichend vom Berufungsgerichte — in bejahendem Sinne zu beantworten ist. Und dies ist der Fall. Das Bedenken des Berufungsgerichts gründet sich auf § 587 Z.P.O. Nach dieser Bestimmung muß die Klage

„die Bezeichnung des Urteils, gegen welches die Nichtigkeits- oder Restitutionsklage gerichtet wird, und die Erklärung, welche dieser Klagen erhoben werde"

enthalten. Das letzte Erfordernis vermißt der Berufungsrichter. Er erkennt an, daß der Gebrauch des Wortes „Nichtigkeitsklage" nicht gerade erforderlich sei; aber es müsse aus dem Inhalte der Klageschrift ersichtlich sein, daß eine Nichtigkeitsklage nach der Absicht des Klägers erhoben werden solle. Dies lasse die vorliegende Klageschrift nicht erkennen. In letzterer Beziehung ist das Revisionsgericht, welches hier, da es sich nicht um die Auslegung einer rechtsgeschäftlichen Willenserklärung handelt, durch die Auffassung des Berufungsgerichts nicht gebunden wird, anderer Meinung. Auch das Revisionsgericht geht davon aus, daß es, um das zweite Erfordernis des § 587 a. a. O. zu erfüllen, nicht gerade der ausdrücklichen Bezeichnung als „Nichtigkeitsklage" bedarf, daß es vielmehr genügt, wenn der Inhalt der Klage diese als Nichtigkeitsklage erkennen läßt, mag sich auch in ihr die Bezeichnung oder das Wort „Nichtigkeitsklage" überhaupt nicht finden. Der Berufungsrichter legt auf die Absicht des Klägers ein besonderes Gewicht; aber gemeint ist doch wohl die aus der Klageschrift erkennbare Absicht, und deshalb ist die Auffassung des Berufungsgerichts und die des Revisionsgerichts im Grunde genommen dieselbe. Der Unterschied liegt nur in der Anwendung dieser Rechtsauffassung auf die vorliegende Klage. In dieser Beziehung ist dem Berufungsrichter ohne weiteres zuzugeben, daß der Klagantrag die Erhebung einer Nichtigkeitsklage als gewollt nicht erkennen läßt. Er geht, wie oben mitgeteilt ist, dahin, daß die Beklagte zu einem Anerkenntnis und zur Bewilligung einer Löschung verurteilt werden soll. Aber auf der anderen Seite kommt in Betracht, daß dieser Klagantrag, wenn man ihn mit dem Inhalte der Klageschrift vergleicht, sich mit diesem nicht deckt. Denn die Klage bezeichnet als ihren „Gegenstand“ in der Aufschrift: „Anfechtung eines Urteils“; sie trägt inhaltlich vor, daß die Klägerin durch Versäumnisurteil vom 23. Dezember 1902 aus einer für ihren Ehemann übernommenen Bürgschaft zur Zahlung von 9382 M verurteilt, daß sie zur Zeit des Urteils bereits geisteskrank, damals aber noch nicht entmündigt gewesen sei; sie enthält auch ausdrücklich die Erklärung:

„dieses Urteil und die ihm zugrunde liegende Bürgschaft werden wegen Geisteskrankheit angefochten.“

Dieser Inhalt der Klage muß für die Frage, welche Klage erhoben worden ist, ebenso in Betracht kommen, wie der Klagantrag. Wenn aber noch ein Zweifel sein sollte, so wird dieser zugunsten der Revision durch einen Umstand erledigt, den das Berufungsgericht ganz übergangen hat. Die Klage ist nicht im persönlichen Gerichtsstande der Beklagten erhoben, sondern bei dem Landgerichte Prenzlau, also in demjenigen Gerichtsstande, der nach § 584 Z.P.O. der für die Nichtigkeitsklage ausschließlich zuständige ist, und auf den der jetzt klagende Vormund oder sein Prozeßbevollmächtigter gar nicht hätten kommen können, wenn sie mit der Klage nicht die Wiederaufnahme des durch rechtskräftiges Urteil geschlossenen Verfahrens im Sinne des § 578 Z.P.O. beabsichtigt hätten. Diese Erwägung mit dem hervorgehobenen Inhalte der Klage zusammen überwindet die Bedenken, die der Berufungsrichter aus dem Klagantrage entnommen hat. Die Klage — also schon der am 18. Dezember 1903 zugestellte Klageschriftsatz — muß daher seinem Gesamtinhalte nach als eine den gesetzlichen Erfordernissen in prozessualer Beziehung entsprechende Nichtigkeitsklage anerkannt werden. Freilich hat der Berufungsrichter für seine gegenteilige Meinung auch darauf Gewicht gelegt, daß in dem Nachtragsschriftsatze vom 11. Januar 1904 gesagt ist, die Klage werde „auch als Nichtigkeitsklage gemäß § 579 Abs. 1 Ziff. 4 Z.P.O. erhoben“; er meint, daraus ergebe sich der Rückschluß, daß die Klage, wenn sie jetzt erst (durch den Nachtragsschriftsatz) als Nichtigkeitsklage erhoben werde, bisher, d. h. soweit sie in dem Klageschriftsatze niedergelegt sei, nicht als Nichtigkeitsklage habe erhoben werden sollen

Das Argument wäre zwingend, wenn sich nicht auch eine andere Auffassung des Nachtragsschriftsatzes vertreten ließe. Es ist aber sehr wohl möglich, ihn dahin zu verstehen, daß er nur eine Verdeutlichung dessen, was in der Klage schon enthalten ist, bringen soll, daß er also der Klage nicht einen neuen rechtlichen Charakter geben, sondern den ihr innewohnenden rechtlichen Charakter nur entwickeln und klarstellen soll. In diesem Sinne hat ihn das Revisionsgericht verstanden.

Hiernach war die Aufhebung des Berufungsurteils geboten." ...

101. Kann nach Eintragung einer Zwangssicherungshypothek aus § 866 Z.P.O. für die Hauptforderung eine solche für die später festgesetzte Prozeßkostenforderung nacheingetragen werden, wenn diese den Betrag von 300 *M* nicht übersteigt?

V. Zivilsenat. Beschl. v. 1. November 1905 in der Grundbuchsache von Untersendling Plan Nr. 8427¹/14. Beschw.-Rep. V. 281/05.

I. Amtsgericht I München.
II. Landgericht daselbst.

Gründe:

„Johann W. in M. ist auf Klage der Gesellschaft m. b. H. B. K. & Co. durch Versäumnisurteil des Landgerichts vom 30. März 1905 zur Zahlung von 480 *M* nebst 6 Prozent Zinsen seit dem 13. März 1905 und 10,60 *M* Protestkosten und Spesen, sowie in die Prozeßkosten verurteilt; die Prozeßkosten sind dann durch Beschluß desselben Gerichts vom 28. April auf 37,73 *M* festgesetzt worden. Nachdem am 12. April auf Antrag der Klägerin gemäß § 866 Z.P.O. auf zwei Grundstücken des Beklagten Sicherungshypotheken vorgemerkt worden waren, und zwar auf dem einen für 200 *M* Hauptforderung nebst Zinsen, und auf dem andern für 280 *M* Hauptforderung nebst Zinsen, 10,60 *M* Protestkosten und Spesen und 6,15 *M* Vollstreckungskosten, beantragte die Klägerin am 18. Juli, auf dem ersten Grundstück auch eine Sicherungshypothek für die Prozeßkosten von 37,73 *M* auf Grund des erwähnten Festsetzungsbeschlusses einzutragen. Das Grundbuchamt lehnte den Antrag unter Berufung auf § 866 Abs. 3 Satz 2 Z.P.O. ab, weil die Kostenforderung weniger als 300 ℳ betrage. Die Beschwerde der Klägerin wurde vom Landgericht zurückgewiesen. Die Klägerin hat weitere Beschwerde an das Oberste Landesgericht für Bayern eingelegt, und dieses Gericht hält die Beschwerde für begründet, findet sich jedoch durch die Vorschrift in § 79 Abs. 2 G.B.O. gehindert, ihr stattzugeben, weil die dafür entscheidende Frage:

ob nach Eintragung einer Zwangssicherungshypothek aus § 866 Z.P.O. für eine den Betrag von 300 ℳ übersteigende Hauptforderung auf demselben Grundstück eine solche Hypothek auch eingetragen werden könne für die als Nebenforderung geltend gemachte, aber ihrem Betrage nach erst später durch Beschluß (§ 105 Z.P.O.) festgesetzte Prozeßkostenforderung, wenn diese den Betrag von 300 ℳ nicht erreicht?

die es bejahen will, bereits von mehreren Oberlandesgerichten (Berlin, Karlsruhe, Colmar und Rostock) verneint worden ist. Gemäß der erwähnten Vorschrift hat es darum die weitere Beschwerde dem Reichsgerichte vorgelegt, das nach Abs. 3 des § 79 G.B.O. nunmehr über dieselbe zu entscheiden hat.

Das Oberste Landesgericht hat bereits in zwei früheren Beschlüssen gleichen Beschwerden stattgegeben, die auf Grund der dem § 866 Abs. 3 Z.P.O. nachgebildeten Vorschrift des Art. 56 Abs. 1 bayer. Ausf.-Ges. zur G.B.O. rc vom 9. Juli 1899 (für die Zeit bis zur Anlegung des Grundbuchs) bei ihm erhoben worden waren.

Vgl. die Beschlüsse vom 26. Mai 1900 und 13. Juli 1901 in Bay. Ob. L.G.Z. Bd. 1 S. 294 und Bd. 2 S. 536.

In Übereinstimmung mit der Begründung dieser Beschlüsse hat es jetzt zur Rechtfertigung seiner Auffassung im wesentlichen ausgeführt:

Für Forderungen im Betrage von mehr als 300 ℳ sei, abgesehen von dem Falle des Vollstreckungsbefehls, die Zwangssicherungshypothek unbeschränkt zulässig; es sei weder Einheitlichkeit des vollstreckbaren Titels erforderlich, noch die Eintragung eines geringeren Betrags ausgeschlossen. Der Gläubiger könne daher, wenn er bei einer Forderung zwischen 300 und 600 ℳ Teilurteile zunächst über einen Betrag von mehr als 300 ℳ, und dann über den Rest erwirke und für den Betrag des ersten Urteils eine Sicherungshypothek erlangt habe, den Rest nachträglich eintragen lassen. Es genüge, daß die vollstreckungsreife Forderung zu der Zeit, wo eine Eintragung erfolgen solle, mehr als 300 *M* betrage; sei dies der Fall, so könnten die darüber erstrittenen Teilurteile selbst dann jedes für sich eingetragen werden, wenn keins von ihnen über einen Betrag von mehr als 300 *M* laute. Nur müsse in solchen Fällen dem Grundbuchführer die Zusammengehörigkeit der Teilforderungen, etwa durch Vorlegung der beiden Urteile, nachgewiesen werden (§ 29 G.B.O.).

Nun finde die Eintragung der Sicherungshypothek nicht nur für die Hauptforderung, sondern, sobald diese mehr als 300 *M* betrage, auch für Nebenforderungen statt, insbesondere für die Kosten des Rechtsstreits, in dem der vollstreckbare Titel für die Hauptforderung erwirkt worden sei. Darauf komme es nicht an, ob die mitzuerkannten Kosten auch schon dem Betrage nach im Urteile festgesetzt seien (§ 103 Abs. 1 Z.P.O.), oder ob der Betrag erst in einem besonderen Beschlusse festgesetzt werde. Letzterenfalls liege die Sache ähnlich wie bei Teilurteilen über eine Forderung; die Kostenforderung sei zwar durch einen besonderen vollstreckbaren Titel festgestellt, habe aber dadurch nicht ihre Zusammengehörigkeit mit der Hauptforderung verloren, nicht aufgehört, Nebenforderung zu sein, und als solche könne sie auch nachträglich noch eingetragen werden. Anderenfalls müßte man annehmen, daß der Gläubiger vor die Wahl gestellt sei, entweder mit der ganzen Eintragung bis zur Kostenfeststellung zu warten, oder auf eine Sicherung der Kostenforderung zu verzichten. Das sei aber ein unbefriedigendes Ergebnis, wofür auch keine Zweckmäßigkeitserwägung spreche. Die Übersichtlichkeit des Grundbuchs komme überhaupt nur nebensächlich in Betracht, werde aber durch die Eintragung einer besonderen Hypothek nicht mehr beeinträchtigt, als durch die im § 1115 Abs. 1 B.G.B. vorgeschriebene besondere Angabe des Kostenbetrags in der Eintragung. Auch darauf sei kein entscheidendes Gewicht zu legen, daß für die Kostenforderung eine selbständige Hypothek eingetragen werden müßte. Trotzdem behalte die Kostenforderung die Eigenschaft einer Nebenforderung ebensogut wie im Falle des § 1119 B.G.B. die Zinserhöhung Nebenleistung bleibe, obgleich für sie eine besondere Hypothek bestellt werde; es werde auch für die Kostenforderung im Anschluß an die eingetragene Hauptforderung eine Belastung desselben Grundstücks herbeigeführt.

In dieser Darlegung seiner eigenen Ansicht hat das Oberste Landesgericht bereits die Gründe berührt, die von den obenbezeichneten Oberlandesgerichten, insbesondere vom Kammergericht, für die entgegengesetzte, die Eintragungsfähigkeit verneinende Ansicht angeführt worden sind.

Sie gehen in Kürze dahin:

Es komme nicht darauf an, ob die Kostenforderung — was zugegeben wird — Nebenforderung der schon eingetragenen Hauptforderung geblieben sei, sondern entscheidend sei, daß sie auf Grund eines selbständigen Schuldtitels, des Feststellungsbeschlusses, und als selbständige Hypothek eingetragen werden solle. Der Grundbuchrichter dürfe nicht neben dem Kostenfeststellungsbeschlusse noch die Vorlegung des zugrunde liegenden Urteils fordern, und sei auch nicht befugt, den Vollstreckungstitel für die Kostenforderung aus dem für die Hauptforderung zu ergänzen, falls nicht etwa beide zur gleichzeitigen Eintragung vorgelegt würden. Um eine Erweiterung der schon eingetragenen Hypothek für die Hauptforderung handle es sich nicht, sondern es solle für die Kosten eine selbständige Hypothek mit besonderem Rang eingetragen werden. Das entspreche nicht dem Zwecke des Gesetzes, das die Belastung des Grundbuchs mit Hypotheken von nur 300 ℳ und darunter im Interesse des Realkredits und der Übersichtlichkeit des Grundbuchs verhindern wollte.

Vgl. die Beschlüsse des Kammergerichts vom 26. März 1900 in Entsch. F.G. (R.J.A.) Bd. 1 S. 33, vom 9. April 1900 in der Rechtspr. der O.L.G. Bd. 1 S. 103, vom 17. Juni 1901 dort Bd. 3 S. 15; des O.L.G. in Karlsruhe vom 21. März 1902 in Bad. Rechtspr. Bd. 68 (1902) S. 159; des O.L.G. in Colmar vom 2. August 1902, erwähnt in Zbl.F.G. Bd. 3 S. 256, und des O.L.G. in Rostock vom 30. Mai 1903 in Meckl. Z. Bd. 22 S. 51.

Die letztere Ansicht, der nach der vom Obersten Landesgericht gegebenen Zusammenstellung auch die weit überwiegende Mehrzahl der juristischen Schriftsteller zur Seite steht, muß für richtig erachtet werden. Es ist zuzugeben, daß der Wortlaut der gesetzlichen Bestimmung:

„Auf Grund eines anderen Schuldtitels darf eine Sicherungshypothek nur für eine den Betrag von 300 *M* übersteigende Forderung eingetragen werden; die Vorschriften der §§ 4. 5 finden entsprechende Anwendung"

insofern Zweifel erregen kann, als darin die Eintragungsfähigkeit durch einen bestimmten Betrag der „Forderung" begrenzt wird. Unter der Forderung wird man zunächst die im Eintragungsantrage bezeichnete zu verstehen haben; aber wenn diese nur Teil einer größeren Forderung, oder nur Nebenforderung einer Hauptforderung ist, so kann der Zweifel entstehen, welche Forderung das Gesetz meine, die durch den Eintragungsantrag umgrenzte Forderung, oder die, zu welcher diese sich als Teil oder Nebenforderung verhält. Der vorliegende Eintragungsantrag betrifft nicht eine Teilforderung, sondern eine Nebenforderung; denn das kann keinem begründeten Zweifel unterliegen, daß die Prozeßkostenforderung, für die eine Sicherungshypothek verlangt wird, von Anfang an eine Nebenforderung zu der eingeklagten Hauptforderung von 480 *M* gewesen und dies auch nach der erstrittenen Verurteilung und nach Eintragung einer Sicherungshypothek für die Hauptforderung geblieben ist. Es können demnach die Erörterungen des Obersten Landesgerichts auf sich beruhen, die sich auf die Eintragungsfähigkeit einer Teilforderung beziehen; hier steht nur in Frage, ob sich die Eintragungsfähigkeit der für die Nebenforderung begehrten Sicherungshypothek nach dem Betrage dieser Nebenforderung, oder nach dem der Hauptforderung richte.

Für die Beantwortung dieser Frage ist nun aber schon die Erwägung von ausschlaggebender Bedeutung, daß die Eintragung der Zwangssicherungshypothek aus § 866 Z.P.O. eine Maßregel der Zwangsvollstreckung ist und darum den gleichen Voraussetzungen unterliegt wie diese. Die Zwangsvollstreckung erfordert einen vollstreckbaren Titel; ihre Zulässigkeit überhaupt und ihr möglicher Umfang sind lediglich von dem Vorhandensein und dem Inhalte des Titels abhängig. Für die Vollstreckungsmaßregel der Sicherungshypothek ist dies noch besonders in der Begründung zu dem dem § 866 Z.P.O. zugrunde liegenden § 757b des Entwurfs der Novelle vom 17/20. Mai 1898 hervorgehoben worden, indem dort betont wurde, daß die nach § 873 B.G.B. zur Entstehung der Hypothek erforderliche Einigung zwischen Gläubiger und Eigentümer, sowie die im § 19 G.B.O. bezeichnete Eintragungsbewilligung des Eigentümers hier durch den vollstreckbaren Titel ersetzt werde (Hahn-Mugdan, Materialien Bd. 8 S. 166). Dies findet auch noch eine Bestätigung im § 868 Abs. 1 Z.P.O., indem danach die Wirksamkeit der Zwangssicherungshypothek für den Gläubiger aufhört, und der Übergang der Hypothek auf den Eigentümer eintritt lediglich infolge der Beseitigung des vollstreckbaren Titels, ohne Rücksicht auf materiellrechtliche Erlöschungsgründe. Hiernach ist es völlig ausgeschlossen, daß ein Vollstreckungstitel für sich allein über den Betrag der darin für vollstreckbar erklärten Forderung hinaus zu einer Zwangsvollstreckung und insbesondere zur Eintragung einer Zwangssicherungshypothek führen könnte. Daß die vollstreckbare Forderung eine Nebenforderung ist, kann darin keinen Unterschied begründen. Es ist zwar möglich, die Zwangsvollstreckung wegen der Hauptforderung und wegen der Nebenforderung einheitlich zu betreiben, beide durch eine Pfändung, und so auch durch Eintragung einer Sicherungshypothek zu vollstrecken; das setzt aber vollstreckbare Titel für beide und deren gleichzeitige Vorlegung voraus. In solchem Falle würde allerdings — vorausgesetzt, daß die Hauptforderung ohne Einrechnung der Nebenforderung (§ 4 Z.P.O.) den Betrag von 300 *M* übersteigt — die einzutragende Sicherungshypothek den niedrigeren Betrag einer Nebenforderung mitumfassen können. Um diesen Fall handelt es sich aber nicht; hier ist die Hauptforderung von 480 *M* bereits vollstreckt auf Grund des vollstreckbaren Versäumnisurteils vom 30. Mai 1905, das zwar auch schon in die Prozeßkosten verurteilt hatte, aber nur allgemein, ohne Angabe des Betrags, und daher in diesem Punkte nicht vollstreckbar war, sondern nach Vorschrift des § 104 Z.P.O. noch einer Ergänzung durch einen besonderen Kostenfestsetzungsbeschluß bedurfte. Dieser ist aber gleichwohl als selbständiger Vollstreckungstitel entstanden, besteht auch unberührt durch die Schicksale des Vollstreckungstitels für die Hauptforderung selbständig weiter fort, und soll nun auch für sich allein vollstreckt werden. Diese Vollstreckung umfaßt aber nur einen Betrag von 37,73 *M*.

Es fällt für die vorliegende Frage aber weiter noch ins Gewicht, daß für die Nebenforderung eine selbständige Hypothek eingetragen werden müßte, wenn die Hauptforderung schon vorher eingetragen ist, daß aber für deren Umfang wiederum nur die ihr zugrunde liegende Forderung maßgebend sein könnte, hier also der einzutragende Kostenbetrag. Von einer Erweiterung der schon eingetragenen Zwangssicherungshypothek für die Hauptforderung, nämlich deren nachträglicher Erstreckung auf die Kostensumme, könnte dabei keine Rede sein; eine solche Erweiterung kennt das Hypothekenrecht nur in dem einen Falle des § 1119 B.G.B. bei einer nachträglichen Erhöhung des Zinssatzes auf 5 v. H. In diesem Falle freilich wird die Hypothek im eigentlichen Sinne erweitert, indem dann nicht für die Zinserhöhung eine besondere Hypothek bestellt, sondern die schon eingetragene Hypothek mit ihrem Range auf sie ausgedehnt wird. Die Kostenforderung erhält dagegen, wenn sie auf Grund eines besonderen Titels und für sich eingetragen wird, eine besondere, für sich bestehende Hypothek mit dem sich bei ihrer Eintragung darbietenden Range, die auch für die Zukunft von dem Schicksal der voreingetragenen Hypothek für die Hauptforderung unabhängig bleibt.

Diese Erwägungen zwingen zu dem Schluß, daß die nachträgliche Eintragung einer besonderen Zwangssicherungshypothek für eine in einem besonderen Titel für vollstreckbar erklärte Kostenforderung im Betrage von 300 ℳ oder weniger nach der mehrgenannten gesetzlichen Bestimmung unzulässig ist. Es kann auch nicht wohl bezweifelt werden, daß dies den schon obenerwähnten Zwecken entspricht, die der Gesetzgeber mit der Ausschließung von Vollstreckungshypotheken so kleinen Betrags aus dem Grundbuche verfolgte. Dies gilt insbesondere auch von der Überfüllung des Grundbuchs, die vermieden werden sollte; die Bemerkung des Obersten Landesgerichts, daß die nach § 1115 B.G.B. erforderliche Angabe des Kostenbetrags, wenn dieser neben der Hauptforderung eingetragen werden soll, die Übersichtlichkeit des Grundbuchs in gleich hohem Grade beeinträchtige, beweist hiergegen überhaupt nichts, ist aber auch unrichtig. Allerdings kommt dabei der Gläubiger in die vom Obersten Landesgericht hervorgehobene Zwangslage; das kann aber die anderweit zwingend gebotene Auslegung des Gesetzes nicht beeinflussen.

Ob der Grundbuchrichter überhaupt in der Lage wäre, die Vorlegung des Urteils zu verlangen, um daraus den fehlenden Nachweis der Zusammengehörigkeit der noch einzutragenden Kostenforderung mit der eingetragenen Hauptsache zu ergänzen, kann dahingestellt bleiben. Dadurch würde nur festgestellt werden können, ob es sich um eine Nebenforderung handle, womit für die Frage der Eintragungsfähigkeit nichts gewonnen ist.

Der erhobenen weiteren Beschwerde war aus diesen Gründen der Erfolg zu versagen." ...

102. Haftet der mit der Widerspruchsklage nach § 771 Z.P.O. auf Freigabe gepfändeter Sachen verklagte Gläubiger für Schadensersatz nach den Bestimmungen über die Verletzung des Herausgabeanspruchs durch den Besitzer (§§ 987 flg. B.G.B.), oder nach den allgemeinen Vorschriften über unerlaubte Handlungen (§§ 823 flg. B.G.B.)? Zur Frage des Verschuldens in einem solchen Falle.

VII. Zivilsenat. Urt. v. 7. November 1905 i. S. S. (Bekl.) w. H. (Kl.). Rep. VII. 53/05.

I. Landgericht Hamburg.
II. Oberlandesgericht daselbst.

Der Kläger schloß mit dem Kaufmann F. zu H. unter dem 25. Juli 1901 einen notariellen Vertrag, wonach F. den Empfang eines Darlehns von 2000 ℳ seitens des Klägers bekannte, und einen weiteren Kredit von 2000 ℳ zugesichert erhielt. Nach § 2 des Vertrags übertrug der Schuldner dem Kläger zur Sicherheit für seine Forderungen das in einer Anlage näher verzeichnete Geschäftsinventar zu freiem Eigentum mit der Maßgabe, daß dieser berechtigt sei, bei einem etwaigen Ausfall an Kapital oder Zinsen die Sachen sofort an sich zu nehmen, sie öffentlich oder unter der Hand zu veräußern und sich aus dem Erlöse schadlos zu halten, einen etwaigen Überschuß aber an den Darlehnsnehmer auszuzahlen; nach Tilgung der Forderungen sollte der Kläger verpflichtet sein, das Eigentum an den Gegenständen zurückzuübertragen. Dem Schuldner wurde das Inventar einstweilen mietweise belassen; die Miete war durch Zahlung der Darlehnszinsen zu begleichen. Ein Teil der zu dem Inventar gehörigen Sachen wurde am 7. März 1903 auf Betreiben der Beklagten wegen einer vollstreckbaren Forderung gegen den Veräußerer F. gepfändet. Die Aufforderung zur Freigabe der Pfandstücke vom 25. März 1903 beantwortete der Prozeßbevollmächtigte der Beklagten mit dem Ersuchen um abschriftliche Mitteilung des Vertrags vom Jahre 1901, die am 28. desf. Mts. erfolgte. Am 30. März 1903 wurde der Beklagten die Interventionsklage zugestellt. Nach mehrfachen Verhandlungen wurden die Sachen am 11. oder 14. April 1903 freigegeben. Der Kläger machte darauf Schadensersatzansprüche geltend, die er damit begründete, daß er die Pfandstücke am 30. Januar 1903 der Witwe R. mit dem übrigen Inventar für 7000 ℳ verkauft gehabt habe, und daß diese, weil er die für den 1. April 1903 vereinbarte Lieferzeit und die bis zum 4. desf. Mts. gewährte Nachfrist nicht habe innehalten können, vom Vertrage zurückgetreten sei und ihn regreßpflichtig gemacht habe. Die Klage wurde in erster Instanz abgewiesen. Das Oberlandesgericht erklärte den Anspruch des Klägers dem Grunde nach für berechtigt. Auf die Revision der Beklagten ist das erste Urteil wiederhergestellt.

Aus den Gründen:

... „Ob das Vorhandensein eines Schadens dergestalt festgestellt worden ist, daß ein Zwischenurteil über den Grund des Anspruchs erlassen werden konnte, kann auf sich beruhen, weil der Berufungsrichter, wie die Revision mit Recht geltend macht, unter Verletzung des Gesetzes angenommen hat, daß der Beklagten ein ihre Ersatzpflicht begründendes schuldhaftes Verhalten zur Last falle, ein solches Verhalten vielmehr nach dem festgestellten Sachstand ausgeschlossen erscheint. Der Berufungsrichter geht davon aus, daß der Kläger die Eigentumsklage auf Herausgabe der im Besitze der Beklagten befindlichen Sachen angestellt habe, und daß die Beklagte als unredliche Besitzerin, die mit der Herausgabe im Verzuge gewesen sei, auf Schadensersatz gemäß § 990 Abs. 2 B.G.B. hafte. Der Kläger hatte indessen die Widerspruchsklage nach § 771 Z.P.O., die sog. Exekutionsinterventionsklage, erhoben, und bei ihr handelt es sich um die Zulässigkeit der Zwangsvollstreckung. Ihr Gegenstand ist die Beseitigung der Pfändung; der Pfändungsgläubiger soll nicht sowohl die Sache als Besitzer dem Eigentümer zurückgeben, wie sein äußerlich bestehendes Pfandrecht, das nach der Darstellung des Klägers sich mit dem Eigentum, als dem die Veräußerung hindernden Recht, in Widerspruch setzt und einen unrechtmäßigen Eingriff in dieses Recht enthält, aufgeben; er soll die Sache freigeben und damit die Unwirksamkeit der Pfändung anerkennen. Darum sind aber auch für die Verpflichtung zum Schadensersatze, die aus einer ungerechtfertigten Pfändung hergeleitet wird, nicht die Sondervorschriften über die Verletzung des Herausgabeanspruchs des Eigentümers durch den Besitzer (§§ 987—993 B.G.B.), sondern die allgemeinen Normen über den Schadensersatz aus unerlaubten Handlungen (§§ 823 flg. B.G.B.) maßgebend.. Die Frage ist nicht dahin zu stellen, ob der Pfändungsgläubiger redlicher, oder unredlicher Besitzer, und ob er als unredlicher Besitzer im Verzuge war und deshalb für den gesamten aus der Zögerung in der Rückgabe entstandenen Schaden haftet, sondern dahin, ob der Gläubiger, indem er pfänden ließ und die Pfändung aufrecht erhielt, vorsätzlich oder fahrlässig das Eigentum des Dritten widerrechtlich verletzte. Daß der Berufungsrichter nicht von diesem Gesichtspunkte aus den Anspruch des Klägers geprüft hat, würde jedoch zur Aufhebung des Urteils nicht führen, da, wenn die Voraussetzungen des § 990 Abs. 2 B.G.B. ausreichend festgestellt wären, sich von selbst auch die Anwendbarkeit des § 823 B.G.B. ergeben würde. Allein an einer solchen Feststellung fehlt es. Der Berufungsrichter leitet die Schlechtgläubigkeit der Beklagten und ihre Verpflichtung zur unverzüglichen Freigabe der Pfandstücke im wesentlichen daraus her, daß sie von dem den Eigentumserwerb des Klägers vermittelnden Vertrage vom 25. Juli 1901 am 28. März 1903 Kenntnis erlangt und stichhaltige Einwendungen gegen den Vertrag nicht vorgebracht habe. Es wird als grobe Fahrlässigkeit bezeichnet, daß der Vertreter der Beklagten, Rechtsanwalt M., in Anlehnung an eine abgetane Rechtsprechung die Gültigkeit der durch den Vertrag beurkundeten Sicherheitsübereignung bezweifelt habe, und ebenso sei die aus dem Anfechtungsgesetze hergeleitete Einrede unbegründet. In ersterer Beziehung ist es zwar richtig, daß das Reichsgericht die Rechtswirksamkeit der fiduziarischen Eigentumsübertragung anerkannt hat (vgl. Entsch. in Zivils. Bd. 57 S. 177, Bd. 59 S. 146); aber dies ist nicht in dem Sinne geschehen, daß jeder konkrete, äußerlich im Gewande fiduziarischer Abmachungen auftretende Vertrag auch als gültig anzusehen sei. Abgesehen davon, daß die Rechtsfrage immer noch zweifelhaft bleibt, kann im Einzelfalle stets das Bedenken entstehen, ob wirklich der Wille, Eigentum zu übertragen, vorhanden war, oder ob nur eine verschleierte Verpfändung vorlag. Es kommt aber überhaupt nicht darauf an, ob schließlich dieses Bedenken durch Richterspruch oder auch von dem Gläubiger selbst als unbegründet erkannt worden ist. Vielmehr ist zu prüfen, ob die Beklagte berechtigt war, es aufzuwerfen, und ob sie in Erwägungen nach dieser Richtung, die eine gewisse Zeit erforderten, eintreten durfte, oder ob sie gehalten war, die Pfändung sofort zurückzunehmen. Hierbei ist in Betracht zu ziehen, daß der Anspruch des Klägers sich lediglich darauf stützt, daß die Beklagte die Sachen nicht bis zum 4. April 1903 — dem Tage des Ablaufs der von der Witwe R. gewährten Nachfrist — freigegeben habe, und daß der Vertrag erst am 28. März 1903 in die Hände der Beklagten gelangt ist. Nun ist es ohne weiteres klar, daß bei Verträgen der vorliegenden Art immerhin der Verdacht nicht ausgeschlossen ist, daß die Kontrahenten nur ein Pfandrecht haben begründen wollen, und daß der Gläubiger nicht gegen ein Gebot des Verkehrs verstößt, wenn er eine gewisse Zeit der Überlegung, ob diesem Verdachte Folge zu geben sei, für sich in Anspruch nimmt. Es steht im gegenwärtigen Falle fest, daß die Beklagte alsbald, nämlich am 1. April, mit ihrem Anwalt konferiert hat, und daß im Anschluß an diese Konferenz ein Anwalt in H. um Auskunft über die Praxis der dortigen Gerichte ersucht worden ist. Aus diesem Grunde ist die Freigabe der Sachen erst nach dem 4. April erfolgt. Eine Außerachtlassung der im Verkehr erforderlichen Sorgfalt ist, wie auch der erste Richter zutreffend ausgeführt hat, in dem Verhalten der Beklagten nicht ersichtlich. Zu einer kostspieligen telegraphischen Korrespondenz war die Beklagte um so weniger genötigt, als der Kläger, obschon die Pfändung bereits am 7. März erfolgt war, erst am 28. März die Beklagte durch Übersendung einer Abschrift des Vertrags in den Stand gesetzt hatte, seinen Anspruch zu prüfen. Ebendeshalb ist ihr auch kein Vorwurf daraus zu machen, daß sie aus der Mitteilung von der angeblichen Forderung der Witwe R. keinen Anlaß zur Ergreifung besonders schleuniger Maßregeln nahm. Nach Lage der Sache war das Verlangen des Klägers, das der Berufungsrichter durch seine Entscheidung gebilligt hat, die Pfandstücke unverzüglich und ohne weitere Erörterungen freizugeben, nicht gerechtfertigt. Auch in Ansehung der Anfechtungseinrede war es unerheblich, ob der Berufungsrichter sie für unbegründet erachtete. Es kam darauf an, ob die Beklagte ihre Aussichtslosigkeit so frühzeitig erkannt hat oder erkennen konnte, daß die sofortige Anerkennung des Eigentums des Klägers geboten war. Dafür liegt jedoch nichts vor. Der Schadensersatzforderung des Klägers mangelt es daher an der rechtlichen Grundlage; ein Verschulden der Beklagten gegenüber der Intervention des Klägers ist nicht erkennbar." ...

Register.

Die beigesetzten Zahlen beziehen sich auf die Seiten.

A. Sachregister.

A

G

L

M

N

U

V

W

Z

B. Gesetzesregister.

1. Reichsgesetze.

2. Landesrecht.

Preußen.

a. Allgemeines Landrecht.

b. Allgemeine Gerichtsordnung.

c. Einzelne Gesetze und Verordnungen.

Bayern.

Württemberg.

Hamburg.

3. Französisches Recht.

Code civil.

C. Chronologische Zusammenstellung der Entscheidungen.

Zusammenstellung

der

im einundsechzigsten Bande, der neuen Folge elften Bande

mitgeteilten Entscheidungen

nach

Oberlandesgerichtsbezirken.

Berichtigungen.

Achter Band.

S. 151 Z. 19 v. o. statt „berufungsmäßig" lies „berufsmäßig".

Neunzehnter Band.

S. 106 Z. 2 v. o. statt „§ 13" lies „§ 12".
„ 457 „ 15 v. o. statt „§ 13" lies „§ 12".

Generalregister zu Band 1—30.

S. 827 Z. 20 v. u. statt „§ 313" lies „§ 310".
„ 873 Sp. 3 zwischen Z. 3 u. 4 v. o. schiebe ein „§ 12 . . . . 19 101. 106'".
„ „ „ „ Z. 4 v. o. streiche „19. 101".

Sechsunddreißigster Band.

S. 175 Z. 1 v. o. vor „rechtsverbindlich" schieb ein „als".

Generalregister zu Band 41—50.

S. 481 Z. 1 v. u. statt „§ 281" lies „§ 282".

Fünfundfünfzigster Band.

S. 275 Z. 15 v. o. statt „Landgericht" lies „Amtsgericht".

Sechzigster Band.

S. 5 Z. 15 v. u. statt „folgern" lies „folgen".
„ 7 „ 16 v. u. statt „berechtiger" lies „berechtigter".
„ 12 „ 18 v. o. statt „der" lies „den".
„ 20 „ 17 v. o. statt „keineswegs" lies „keinesfalls".
„ 99 „ 16 v. o. statt „eine" lies „ein".
„ 348 „ 8 v. o. statt „den" lies „beim".
„ „ „ „ v. o. hinter „Schiffahrtsperiode" schieb ein „die Nachfrist".
„ 423 „ 16 v. o. statt „228" lies „288".
„ 429 „ 14 v. u. statt „Vormerk" lies „Vermerk".

Einundsechzigster Band.

S. 180 Z. 16 v. u. statt „52 S. 212" lies „50 S. 266".
„ 228 „ 5 v. o. statt „B.G.B" lies „Berggesetz".
„ 259 „ 11 und 12 v. u. statt „Verpfändung" lies „Vorpfändung".

Kolibri 360 GmbH
Ferdinand-Jühlke-Straße 7
99095 Erfurt, Deutschland
produktsicherheit@kolibri360.de